民事裁判
実務論点大系

裁判官からみた
手続運用と実践知

摂南大学法学部特任教授
（元大阪高等裁判所部総括判事）田中　敦〔編〕

民事裁判実務研究会〔編著〕

ぎょうせい

推薦の辞──「理論に裏付けられ、実践を導く海図」

東京大学名誉教授
日本学士院会員

伊 藤　　眞

　民事裁判実務の運用に係る解説書は多く、星の数ほどと申し上げたら、お叱りを受けるかも知れません。その中で、田中敦教授（摂南大学法学部、元大阪高裁部総括判事）の編になる本書を手に取り、頁を繰る読者は、2つの意味で特色に気づかれることでしょう。

1．基本原理の記述と実務運用の具体像

　第1は、執筆者が練達の実務家（裁判官、裁判所書記官）としての経歴をもつ方々であり、訴状の提出から始まり、手続の流れに沿って、設例に即した具体的な記述がされていることです。

　それは、民事訴訟のIT化（第2編⑤）、民事訴訟における当事者の住所、氏名等の秘匿、閲覧等の制限（同編⑫）のような先端的領域、審理期間の長期化（同編⑥）、大規模訴訟における争点整理と審理（同編⑦）のように社会的注目を集める領域などはもちろん、釈明権と釈明義務違反（同編⑧）、共同訴訟における実務上の留意点（同編⑨）、時機に後れた攻撃防御方法の却下（同編⑮）、損害額認定の考慮要素（同編⑰）、因果関係と経験則（同編⑱）、訴訟上の和解──勧試と調整上の留意点（第3編㉒）のように、古典的問題ですが、適正な審理を実現するうえで運用に工夫を要する領域、簡易裁判所の審理の特則（同編㉕）のように紛争解決制度の特質をどのように実現するかが課題となる領域など、第1審から上訴審までのすべてに及んでいます。また、訴訟物の構成（第1編①）や弁論主義の運用（同編④）など、民事訴訟の基本概念についても、抽象的ではなく、具体例を示した記述に読者は納得されるでしょう。

　上に示したのは、例にすぎません。基本原理の内容を明確にし、それに基づく実務運用の姿を具体的に示すという姿勢は、本書の記述全体を貫く通奏低音となっています。

2．実務運用の基礎となる規範と解釈の明示

　第2は、民法（債権法）改正に基づく債権者代位訴訟に関する規律が訴訟の運営にどのような変化をもたらすかという、理論と実務、実体法と手続法が交錯する場面に踏み込んだ検討がなされ（第2編⑩）、とるべき方針が、その理由付けとともに明確にされていることです。登記手続を命ずる判決に関する諸問題（第3編㉑）などについても、同様です。

　入門書の中には、わかりやすさを過度に意識するためでしょうか、考え方が分かれる問題に立ち入るのを避けたり、複数の考え方を併記したりするものもみられます。しかし、裁判官であれ、弁護士であれ、実務家は、眼前にある問題について常に最適の「解」を探らなければならないのですから、入門段階から、本書のような記述に接することが有益と思われます。各編各章の記述について、その根拠となる判例や学説が豊富に引用され、「一歩進んだ学習・調査」への手掛かりが示されているのも、本書の特徴です。

3．多様な読者層へ

　本書の主たる読者層として司法修習生や若手実務家が想定されます。しかし、それにとどまらず、法曹志望の学生諸君にとっても、さらには研究者にとっても、基本原理を確認しつつ、見えぬ暗礁を避け、最適の航路（審理）を選び、紛争解決の目的地に到る海図として、実務運用の妙諦を学ぶことができる点で、他の追随を許さないものとして本書を推薦いたします。

　2025年2月

はしがき

　平成8年の民事訴訟法改正は、明治23年の制定以来の大規模な法改正であり、従来の運用を根本から変更した。しかし、その後の社会情勢の変化、とりわけ、急激なIT化の進展等を踏まえ、令和4年5月には、国民にとって利用しやすい裁判を目指した改正民事訴訟法（同年法律第48号）が成立し、順次施行されている。

　編者は、約39年余にわたる裁判官生活のほとんどで民事事件を担当し、この間、大阪地方裁判所で租税・行政、建築・調停、交通・労災（当時）の各専門部のほか、大阪高等裁判所において、種々の民事事件を手がけてきた。今回、ぎょうせいから書籍の編集・刊行の依頼を受け、民事訴訟における重要な論点を、理論と実務の両面から検討しようとの意図の下に、『民事裁判実務論点大系』の名称で、書籍を刊行する機会をいただいた。民事訴訟制度は、上記法改正に伴い、その運用が大きく変わろうとしている。このような折に、民事裁判に関する重要な論点を俯瞰し、今後あるべき実務の運用や方向性を示すことは、大きな意義があるものと思われる。そこで、大阪地方裁判所などの専門部や最高裁調査官など、民事事件について豊富な実務経験をもちで、かねてから存じ上げている裁判官、元裁判官などに本書への執筆をお願いしたところ、多くの方々が趣旨に賛同され、それぞれの専門分野や得意分野の執筆に参加いただいた。本書は、こうした経緯から刊行されることになった。

　各論考には、項目ごとに分量や体裁について一定の基準を設け、執筆をお願いした。執筆者の皆さんには、公務等でご多忙な中をいろいろ注文やご無理を申し上げ、脱稿後にも、適宜の修正をお願いした。各項目は、執筆者の個性や対象項目の内容により、完全とはいえないまでも、最低限の統一を図ることができたのではないかと思う。また、長年にわたって民事訴訟法の第一人者として、常に第一線においてご研究に携われ、これまでに多くのご執筆、ご論考を発表され、かねてからご厚誼もいただいている伊藤眞先生には、研究者としてのお立場から本書に対し、身に余るご懇篤な推薦文を賜った。ご厚志に対し、心から御礼申し上げたい。

　このように、本書は、限られた紙数ながら、民事訴訟の実務を反映し、上述

した多岐にわたる内容を盛り込むことができ、手続を主宰する裁判官のみならず、代理人となる弁護士、司法書士などの専門家にとっても、参考になるものと思われる。本書が、これら実務家の方々が、民事訴訟制度の手続や実務の運用に関する知識を習得され、紛争の適正・妥当な解決に向けた活動をされる際の手掛かりとなり、ひいては、民事訴訟の運用の充実・改善にいささかでも寄与することができれば、編者としては、この上ない喜びである。

　なお、ぎょうせい出版事業部の安倍雄一氏には、本書の企画段階から、各執筆者との連絡調整、さらには刊行に至るまでの長期間にわたり、多大のお世話になった。同氏の精緻な企画力、行動力、出版に対する旺盛な情熱がなければ、本書が実現することはなかったものと考えられる。この場をお借りして、心からお礼を述べさせていただきたい。

　令和7年2月

編者　田中　　敦
（摂南大学法学部特任教授）

執筆者一覧

（執筆順）

中 垣 内 健 治（神戸家庭裁判所長）
和 久 一 彦（東京地方裁判所判事）
森 　 鍵 　 一（大阪地方裁判所部総括判事）
山 　 地 　 修（大阪地方・家庭裁判所堺支部長）
横 田 典 子（大阪地方裁判所部総括判事）
井 上 直 哉（大阪地方裁判所所長代行）
宮 﨑 朋 紀（大阪地方裁判所部総括判事）
田 中 健 治（大阪高等裁判所部総括判事）
増 森 珠 美（佐賀地方・家庭裁判所長）
堀 部 亮 一（大阪地方裁判所部総括判事）
谷 口 哲 也（大阪地方裁判所部総括判事）
髙 原 知 明（大阪大学大学院教授）
松 田 桂 子（大阪高等裁判所主任書記官）
窪 田 俊 秀（鹿児島地方・家庭裁判所部総括判事）
横 田 昌 紀（大阪地方裁判所部総括判事）
德 岡 由 美 子（大阪高等裁判所部総括判事）
齋 藤 　 聡（京都地方裁判所部総括判事）
小 林 　 薫（和歌山地方裁判所判事補）
武 田 瑞 佳（大阪地方裁判所部総括判事）
藤 倉 徹 也（東京高等裁判所判事）
中 川 博 文（大阪法務局長）
小 河 好 美（神戸家庭・地方裁判所判事）
黒 野 功 久（大阪高等裁判所部総括判事）
福 田 修 久（松山地方・家庭裁判所長）
濵 本 章 子（奈良地方・家庭裁判所長）
鈴 木 紀 子（大阪高等裁判所判事）
加 藤 　 優（大阪簡易裁判所判事）
大 島 眞 一（関西学院大学司法研究科教授・弁護士〔元大阪高等裁判所部総括判事〕）
植 屋 伸 一（尼崎簡易裁判所判事〔元大阪高等裁判所部総括判事〕）
土 井 文 美（大阪地方裁判所部総括判事）
西 田 隆 裕（公証人〔元大津地方・家庭裁判所長〕）

（2025年1月末日現在）

凡　例

1　法令名の略語

　本文中の法令名は、特に言及のない限り原則として正式名称で記したが、（　）内は次に掲げる略語を用いた。

会更	会社更生法
会社	会社法
会社非訟規	会社非訟手続規則
家事	家事事件手続法
仮登記担保	仮登記担保契約に関する法律
行訴	行政事件訴訟法
刑	刑法
刑訴	刑事訴訟法
裁	裁判所法
司書	司法書士法
自治	地方自治法
実用新案	実用新案法
借地借家	借地借家法
商	商法
人訴	人事訴訟法
仲裁	仲裁法
特許	特許法
独禁	私的独占の禁止及び公正取引の確保に関する法律
破	破産法
非訟	非訟事件手続法
不登	不動産登記法
不登令	不動産登記令
弁護	弁護士法
法務大臣権限	国の利害に関係のある訴訟についての法務大臣の権限等に関する法律
民	民法
民再	民事再生法
民執	民事執行法
民執規	民事執行規則

民訴	民事訴訟法
新民訴	新民事訴訟法（令和5年3月1日・令和6年3月1日・「令和8年5月25日までの政令で定める日」施行の民事訴訟法）
旧民訴	旧民事訴訟法（令和5年3月1日・令和6年3月1日「令和8年5月25日までの政令で定める日」施行前の民事訴訟法）
民訴規	民事訴訟規則
民訴費	民事訴訟費用等に関する法律
民調	民事調停法
民調規	民事調停規則
民保	民事保全法
民保規	民事保全規則
労基	労働基準法
労基則	労働基準法施行規則
労契	労働契約法
労審規	労働審判規則

2 裁判例

　裁判例を示す場合、「判決」⇒「判」、「決定」⇒「決」と略した。また、裁判所の表示および裁判例の出典については、次に掲げる略語を用いた。

(1) 裁判所名の略語

大	大審院
最	最高裁判所
○○高	○○高等裁判所
○○地	○○地方裁判所
○○支	○○支部

(2) 判例集・判例評釈書誌の略語

民録	大審院民事判決録
刑録	大審院刑事判決録
民集	最高裁判所（大審院）民事判例集
刑集	最高裁判所（大審院）刑事判例集
裁判集民	最高裁判所裁判集民事
裁判集刑	最高裁判所裁判集刑事
高民集	高等裁判所民事判例集
東高民時報	東京高等裁判所民事判決時報

下民集	下級裁判所民事裁判例集
家月	家庭裁判月報
訟月	訟務月報
金判	金融・商事判例
判時	判例時報
判タ	判例タイムズ
金法	金融法務事情
労判	労働判例
最判解民	最高裁判所判例解説　民事篇
重判解	重要判例解説（ジュリスト臨時増刊号）

3　定期刊行物の略語

ジュリ	ジュリスト
論究ジュリ	論究ジュリスト
曹時	法曹時報
法協	法学協会雑誌
民訴雑誌	民事訴訟雑誌
法時	法律時報
法セミ	法学セミナー
阪法	阪大法学
法雑	大阪市立大学法学雑誌

目　次

目　　　次

第１編　訴えの提起

1　訴状・答弁書等の当事者の主張から事件の実相を読み解く
……………………………………………………………… 中垣内健治・2

Ⅰ　民事裁判の目的と事件の実相 ……………………………………… 2
Ⅱ　事件の実相を把握するには ………………………………………… 4
1　訴状・答弁書の記載事項の充実・4／2　前記記載事項の遵守の要求・5／
3　本人訴訟における対応・8
Ⅲ　選択された訴訟物の適否の検討 …………………………………… 9
1　訴訟物等と事件の実相との適合性の検討・9／2　訴訟物等と事件の実相と
がかい離する背景・10／3　争点整理における議論の重要性と現状・11
Ⅳ　その他の第１回期日に向けた準備 ……………………………… 13
1　争点についての一歩突っ込んだ分析・13／2　経験則の習得と自分が通じて
いない取引や分野に関する紛争に関する基礎知識の収集・27／3　当事者間の関
係や関連する事情の把握・28／4　当事者双方の主張する事案の経緯（ストーリ
ー）の検討・29
Ⅴ　最後に ……………………………………………………………… 30

2　裁判管轄と移送 ……………………………………………… 和久一彦・31

Ⅰ　はじめに …………………………………………………………… 31
Ⅱ　裁判管轄 …………………………………………………………… 32
1　管轄の種類・32／2　法定管轄・32／3　合意管轄・37／4　応訴管轄・38
／5　管轄に関する調査・判断・39
Ⅲ　移　　送 …………………………………………………………… 40
1　種　類・40／2　要件・効果・41／3　手　続・51

1

目 次

③ 処分権主義と訴訟物 ·················森鍵 一・54

Ⅰ はじめに ··54
Ⅱ 訴訟物 ··54
1 訴えと訴訟物・54／2 訴えの類型・55／3 訴えの類型と訴訟物・56／4
訴訟物の特定・56／5 一部請求・58／6 訴え提起の効果・59
Ⅲ 処分権主義 ··59
1 処分権主義とは・59／2 処分権主義の及ぶ訴訟類型・61／3 処分権主義
の及ぶ範囲・65／4 処分権主義の下での審理のあり方・70

④ 弁論主義の規律と運用 ················山地 修・74

Ⅰ はじめに ··74
1 要 旨・74／2 叙述の順序・75
Ⅱ 弁論主義の規律 ··75
1 弁論主義の意義・75／2 弁論主義の対象・80／3 弁論主義に関連する審
理原則（関連審理原則）・83
Ⅲ 弁論主義の運用 ··85
1 訴訟の手続面①──審理段階・85／2 訴訟の手続面②──判決段階・88／
3 訴訟の内容面・90
Ⅳ 弁論主義や関連審理原則をめぐる実務上の諸問題 ·············95
1 専門訴訟の審理・95／2 法律問題を深める審理・99／3 裁判官の私知と
審理・100／4 抗告事件の審理・101／5 小 括・101
Ⅴ まとめ ··101

第2編 民事訴訟の審理

⑤ 民事訴訟のIT化（デジタル化）に向けた動き
···横田典子・104

Ⅰ　民事訴訟のIT化（デジタル化）に向けた改正法の施行等 ………… 104

1　改正法の経緯と概要・104／2　改正法の具体的内容と実務の運用等・106

Ⅱ　民事訴訟の審理運営の現状（フェーズ1、2における争点整理等）

……………………………………………………………………………… 113

1　争点整理におけるTeamsの機能の活用・113／2　争点整理における審理運営改善の動き・115／3　フェーズ3に向けた試み・117

Ⅲ　今後の課題等 ……………………………………………………… 120

6　現在の民事訴訟を取り巻く問題点 ………………… 井上直哉・121

Ⅰ　はじめに ……………………………………………………………… 121

Ⅱ　民事訴訟の審理期間の長期化 ……………………………………… 123

1　審理期間等の推移・123／2　長期化の要因・125／3　長期化に対する審理運営上の施策・128

Ⅲ　民事訴訟手続のIT化（デジタル化） ……………………………… 134

1　概　要・134／2　IT化（デジタル化）における審理運営改善・136／3　今後の課題・139

Ⅳ　最後に ………………………………………………………………… 140

7　大規模訴訟における争点整理と審理 …………… 宮﨑朋紀・141

Ⅰ　総　論 ………………………………………………………………… 141

1　本稿の概要・141／2　民事訴訟法等の規定・142／3　大規模訴訟の特徴・144／4　大規模訴訟の類型・145

Ⅱ　各　論 ………………………………………………………………… 146

1　法廷の運営等・146／2　事件の併合等・150／3　争点整理手続の選択・151／4　審理計画・151／5　主張の整理等・157／6　書　証・160／7　人証・161／8　判　決・162／9　和　解・164／10　書記官および事務官の役割・164／11　人的態勢の整備・165

Ⅲ　まとめ ………………………………………………………………… 165

8　釈明権と釈明義務違反 ……………………………… 田中健治・167

目　次

Ⅰ　釈明権の条文、趣旨等‥‥‥‥‥‥‥‥‥‥‥‥‥‥‥‥‥‥‥‥‥‥‥167
1　意　義・167／2　釈明権の行使と義務・167

Ⅱ　釈明の種類‥‥‥‥‥‥‥‥‥‥‥‥‥‥‥‥‥‥‥‥‥‥‥‥‥‥‥‥169
1　消極的釈明と積極的釈明・169／2　釈明の態様による分類・171

Ⅲ　最高裁における釈明についてのスタンスの変遷‥‥‥‥‥‥‥‥172
1　釈明権の行使（不行使）に関する判例の傾向・172／2　釈明義務違反を認
め た最高裁判例・172／3　小　括・184

Ⅳ　近時の訴訟運営と釈明‥‥‥‥‥‥‥‥‥‥‥‥‥‥‥‥‥‥‥‥‥184

9　**共同訴訟における実務上の留意点**‥‥‥‥‥‥‥‥増森珠美・187

Ⅰ　共同訴訟とは‥‥‥‥‥‥‥‥‥‥‥‥‥‥‥‥‥‥‥‥‥‥‥‥‥187
1　意義および種類・187／2　共同訴訟の成立・187／3　要　件・188／4
共同訴訟（併合審理）の意義・189

Ⅱ　通常共同訴訟‥‥‥‥‥‥‥‥‥‥‥‥‥‥‥‥‥‥‥‥‥‥‥‥‥190
1　共同訴訟人独立の原則（民訴38条）・190／2　通常共同訴訟の審理・191／
3　実務上の留意点・193

Ⅲ　必要的共同訴訟‥‥‥‥‥‥‥‥‥‥‥‥‥‥‥‥‥‥‥‥‥‥‥194
1　必要的共同訴訟とは・194／2　固有必要的共同訴訟に該当する訴訟類型・
194／3　類似必要的共同訴訟に該当する訴訟類型・200／4　必要的共同訴訟の
審理・201

Ⅳ　同時審判の申出がある共同訴訟（民訴41条）‥‥‥‥‥‥‥‥205
1　同時審判の申出の制度の意義および趣旨・205／2　同時審判の申出の要
件・206／3　同時審判の申出がある共同訴訟の審理・207

10　**訴訟参加と訴訟承継**‥‥‥‥‥‥‥‥‥‥‥‥‥‥‥堀部亮一・210

Ⅰ　はじめに‥‥‥‥‥‥‥‥‥‥‥‥‥‥‥‥‥‥‥‥‥‥‥‥‥‥‥210

Ⅱ　訴訟参加‥‥‥‥‥‥‥‥‥‥‥‥‥‥‥‥‥‥‥‥‥‥‥‥‥‥‥210
1　参加制度の概要・210／2　補助参加・211／3　独立当事者参加・213／4
共同訴訟参加・217／5　共同訴訟的補助参加・221

Ⅲ　訴訟承継‥‥‥‥‥‥‥‥‥‥‥‥‥‥‥‥‥‥‥‥‥‥‥‥‥‥‥223

4

1　承継制度の概要・223／2　当然承継・223／3　特定承継・227

⑪　民事訴訟の手続裁量とその限界 ………………… 谷口哲也・230

Ⅰ　裁判官による手続進行と手続裁量 …………………………… 230
1　手続裁量・230／2　手続裁量の合目的的行使・231

Ⅱ　手続裁量の行使に関する裁判例 ……………………………… 232
1　釈明権の行使・不行使が問題とされた事例・232／2　唯一の証拠方法に係る証拠採否が問題となった事例（最判昭和53年3月23日判時885号118頁）・236／3　口頭弁論の分離が問題とされた事例・237／4　弁論再開をしないで判決をした裁判所の措置が違法であるとされた事例（最判昭和56年9月24日民集35巻6号1088頁）・238／5　文書提出命令に係る抗告事件で、即時抗告申立書の写しを送付しなかった裁判所の措置を違法であるとした事例（最決平成23年4月13日民集65巻3号1290頁）・240／6　控訴審で従前の意見書と異なる新たな医師の意見書が提出されたが、両意見書の内容を十分に比較対照する手続をとることなく、第1回口頭弁論で終結し、1審判決の認容部分を取り消したことに採証法則違法があるとされた事例（最判平成18年11月14日判タ1230号88頁）・241

Ⅲ　手続裁量の行使における留意点 ……………………………… 242
1　民事訴訟の目的・機能や原則・理念に適合していること・243／2　当事者の意向を適切に踏まえること・252

Ⅳ　おわりに ………………………………………………………… 254

⑫　民事訴訟における当事者の住所、氏名等の秘匿、
　　閲覧等の制限 ……………………… 髙原知明／松田桂子・256

Ⅰ　はじめに ………………………………………………………… 256
Ⅱ　訴訟記録およびその電子化 …………………………………… 257
1　訴訟記録・257／2　電磁的訴訟記録の閲覧等・258／3　非電磁的訴訟記録の閲覧等・261／4　電磁的訴訟記録・非電磁的訴訟記録の転換・261

Ⅲ　当事者の住所等、氏名等の秘匿 ……………………………… 262
1　趣　旨・262／2　住所等の秘匿決定（秘匿事項届出書面の閲覧等の制限）・263／3　秘匿事項記載部分の閲覧等の制限・265／4　いわゆる職権による閲覧

目　次

等の制限・267／5　秘匿決定の取消し等・268／6　氏名等が秘匿事項とされる
場合・269

Ⅳ　秘密記載部分の閲覧等の制限 ……………………………………… 273

1　秘密記載部分の閲覧等を制限する事由・273／2　秘密記載部分の閲覧等の
制限の申立てへの対応・274／3　即時抗告・275／4　秘密記載部分の閲覧等の
制限の取消しの申立て・275

Ⅴ　むすびに代えて …………………………………………………… 275

13　陳述書、法律意見書の機能と運用 ………………… 窪田俊秀・277

Ⅰ　はじめに ……………………………………………………………… 277

Ⅱ　陳述書 ………………………………………………………………… 278

1　意　義・278／2　機　能・278／3　運用状況・280／4　陳述者に対する
反対尋問を経ない場合の証拠能力および証明力・286

Ⅲ　法律意見書 …………………………………………………………… 288

1　意　義・288／2　機　能・289／3　運用状況・290／4　わが国における
第三者による意見聴取制度・292／5　わが国における知的財産権事件における
意見募集・295／6　米国におけるアミカスキュリエ制度・296／7　今後の方向
性・296

Ⅳ　最後に ………………………………………………………………… 297

14　効果的な証人尋問および当事者尋問 ……………… 横田昌紀・299

Ⅰ　はじめに ……………………………………………………………… 299

1　尋問の意義・299／2　目的、機能・300／3　効果的な尋問・301

Ⅱ　的確な争点整理の必要性 …………………………………………… 301

1　口頭議論等を通じた活発な争点整理・301／2　ストーリー・301

Ⅲ　人証による立証計画 ………………………………………………… 302

Ⅳ　集中証拠調べ ………………………………………………………… 303

1　集中証拠調べの意義・303／2　集中証拠調べの効果・304

Ⅴ　陳述書の活用 ………………………………………………………… 304

1　陳述書の意義・304／2　機　能・305／3　記載内容・306／4　形　式・

6

306／5　分量、通数・307／6　提出時期・308

Ⅵ　効果的な尋問の準備 ……………………………………………… 308
1　尋問の対象および時間・308／2　順　序・309／3　出頭確保・309／4
書証の提出時期・309／5　主尋問の準備・310／6　反対尋問の準備・311／7
補充尋問の準備・311／8　証人の在廷・311

Ⅶ　主尋問および反対尋問に共通する留意点 ………………… 312
1　聞こえる声でゆっくりと明瞭な質問・312／2　質問は一問一答で・313／3
発問と答えが重ならない・313／4　代理人が複数の場合、尋問者を明らかにす
る・314／5　書証を示すとき・314／6　固有名詞の扱い・315／7　指示語の
扱い・315／8　尋問時間・315

Ⅷ　効果的な主尋問 …………………………………………………… 316
1　陳述書の活用と尋問の内容・316／2　主尋問を省略する尋問・317

Ⅸ　効果的な反対尋問 ………………………………………………… 317
1　反対尋問の目的・317／2　反対尋問を実施するかの判断・318／3　反対尋
問の実施・318

Ⅹ　介入尋問、補充尋問 ……………………………………………… 319
1　介入尋問・319／2　補充尋問・320

Ⅺ　まとめ ……………………………………………………………… 320

15　時機に後れた攻撃防御方法の却下 ……………… 德岡由美子・321

はじめに …………………………………………………………………… 321

Ⅰ　157条1項の趣旨 ………………………………………………… 321
1　条　文・321／2　適時提出主義（民訴156条）との関係・322／3　信義則
による攻撃防御方法の却下との関係・323

Ⅱ　要　件 ……………………………………………………………… 323
1　時機に後れた提出・323／2　故意または重大な過失・326／3　訴訟完結の
遅延・328／4　控訴審との関係・329／5　攻撃防御方法の却下の裁判・331

Ⅲ　実務上判断に迷い悩むような具体例 ………………………… 331
1　結論に影響する重要な証拠の提出・332／2　主張の追加・変更・335／3
専門訴訟における主張立証・337／4　本人訴訟・340

目　次

Ⅳ　むすび ……………………………………………………………… 341

16　証拠保全の手続と機能 ……………………… 齋藤　聡／小林　薫・342

Ⅰ　証拠保全の機能 ……………………………………………………… 342

Ⅱ　証拠保全の手続（実務上の論点・留意点を交えながら）………… 343

1　証拠調べの種類とその選択・343／2　申立てに関する手続・344／3　証拠
保全の要件の審査・346／4　決定および送達等・352／5　証拠調べ（検証）の
実施等・355／6　検証物提示命令・356／7　証拠調べ実施後の手続・360／8
証拠保全手続の費用負担・361

17　損害額認定の考慮要素 ……………………………… 武田瑞佳・363

Ⅰ　総　論 ……………………………………………………………… 363

1　金銭賠償・363／2　相当因果関係・363／3　損害の基準化・定額化・364
／4　民事訴訟法248条・365

Ⅱ　損害のとらえ方と損害算定の方法 ……………………………… 366

1　個別損害項目積上方式・366／2　包括一律請求方式・366

Ⅲ　損害の分類 ………………………………………………………… 368

1　人的損害と物的損害・368／2　財産的損害と非財産的損害（精神的損害）・
368／3　積極損害と消極損害・369／4　直接損害と間接損害・369

Ⅳ　人的損害 …………………………………………………………… 369

1　訴訟上の位置づけ・369／2　積極損害・370／3　消極損害・374／4　慰
謝料・382／5　間接損害・384

Ⅴ　物的損害 …………………………………………………………… 384

1　経済的全損の場合・385／2　修理費・評価損・385／3　代車使用料・385
／4　休車損害・386

Ⅵ　弁護士費用 ………………………………………………………… 386

18　因果関係と経験則 ……………………………………… 藤倉徹也・387

Ⅰ　一般不法行為の成立要件・要件事実における因果関係の位置づけ
……………………………………………………………………………… 387

1　一般不法行為の成立要件・要件事実・387／2　「因果関係」の要件に関する判例と学説・388

Ⅱ　事実的因果関係 ……………………………………………………………… 388
1　事実的因果関係とは・388／2　事実的因果関係の立証責任と証明度・389

Ⅲ　因果関係の認定と経験則 …………………………………………………… 395
1　経験則とは・395／2　因果関係の認定における経験則の獲得と証明の必要性・397／3　獲得した経験則を踏まえた因果関係の認定・400

Ⅳ　最後に ………………………………………………………………………… 409

第3編　民事訴訟の終結

19　民事訴訟事件と付調停事件との関係 ……………… 中川博文・412

Ⅰ　はじめに ……………………………………………………………………… 412
1　民事訴訟制度と民事調停制度・412／2　本稿の位置づけ・413

Ⅱ　民事調停の開始 ……………………………………………………………… 414
1　付調停に適すると考えられる事件・414／2　付調停の目的・419／3　付調停の時期・420／4　付調停後の訴訟手続・421／5　付調停の留意点・422

Ⅲ　民事調停の運営 ……………………………………………………………… 424
1　調停委員の指定・424／2　調停手続における裁判官と専門家委員の役割・427／3　第1回調停期日前の評議・428／4　第1回調停期日・429／5　争点整理・430／6　現地調査・430／7　意見の表明および当事者との意見交換・431／8　調停案の策定、提示および説得・433

Ⅳ　民事調停の終了 ……………………………………………………………… 434
1　訴えの取下げの擬制・434／2　調停が成立する見込みがない場合・434

Ⅴ　おわりに ……………………………………………………………………… 437

20　民事判決書の形式と認定判断の表現 ……………… 小河好美・439

Ⅰ　民事訴訟法改正と民事判決書をめぐる議論状況 ………………………… 439

目　次

Ⅱ　民事判決書の構造、形式 ……………………………………… 440
1　在来様式判決と新様式判決・440／2　新様式判決の構造、形式が目指した
もの・442／3　新様式判決の定着と修正・444

Ⅲ　新様式判決の各構成要素 ………………………………………… 447
1　総　論・447／2　「事案の概要」欄・448／3　「判断」欄・449

Ⅳ　新様式判決の現状と今後の展望 ……………………………… 452
1　令和時代における新様式判決の課題とその原点の再考・452／2　デジタル
化後の「事案の概要」欄（事案の要旨～当事者の主張）におけるデータ活用・
452／3　デジタル化後の「判断」欄における判断過程の明確な提示・454

Ⅴ　まとめ …………………………………………………………… 455

21　登記手続を命ずる判決に関する諸問題 ………… 黒野功久・458

Ⅰ　はじめに ………………………………………………………… 458

Ⅱ　登記手続を命ずる判決による登記の実現の基本構造 ……… 458
1　権利に関する登記についての共同申請の原則・458／2　共同申請の原則の
例外としての判決による登記・459

Ⅲ　登記手続を命ずる判決の意義等 ……………………………… 462
1　給付判決であること・462／2　確定判決であること・463／3　確定判決と
同一の効力を有する債務名義・463／4　登記手続を命ずる判決の対象となる登
記・464／5　登記手続を命ずる判決の主文の記載事項・466／6　登記手続を命
ずる判決の効力、執行文付与の要否・468

Ⅳ　登記請求訴訟の当事者等 ……………………………………… 471
1　登記請求訴訟の当事者（原告・被告）と登記請求権者・登記協力義務者と登
記権利者・登記義務者との関係・471／2　口頭弁論終結後に当事者の地位に変
動がある場合・475／3　登記名義人の変動等を想定した仮処分の検討・477

22　「訴訟上の和解」──勧試と調整上の留意点 …… 福田修久・479

Ⅰ　訴訟上の和解の意義 …………………………………………… 479

Ⅱ　民事訴訟のデジタル化に伴う法改正と留意点 ……………… 480
1　民事訴訟法の改正・480／2　人事訴訟・481／3　留意点・482

Ⅲ　和解勧試における留意点 ………………………………………… 483

1　和解勧試すべき事案か・483／2　和解成立の可能性の見極め・484／3　和解勧試のタイミング・485／4　和解勧試の方法・487／5　和解打切りのタイミング・488

Ⅳ　和解調整における留意点 ………………………………………… 489

1　和解の内容が強行法規や公序良俗に反するものでないか・489／2　和解調整の具体的な手法（誰がどのような提案をするか、提案に際しての意見聴取、合意に向けての働きかけ）・489／3　和解条項作成上の留意点・494

Ⅴ　おわりに ………………………………………………………………… 496

23　引換給付判決と執行 …………………………………… 濱本章子・497

Ⅰ　引換給付判決 …………………………………………………………… 497

1　概　要・497／2　具体例・498

Ⅱ　引換給付判決に基づく強制執行 ………………………………… 505

1　総　論・505／2　引換給付判決に基づく強制執行の概要・507／3　反対給付の履行またはその提供の証明・509／4　反対給付の履行またはその提供なしに行われた執行手続・512／5　その他の問題・512／6　反対給付との引換えに意思表示を命ずる判決の場合・515

Ⅲ　引換給付判決に基づく財産状況の調査 ………………………… 517

1　債務者の財産状況の調査・517／2　引換給付判決を債務名義とする債務者の財産状況の調査・517

24　訴えの取下げ、請求の放棄・認諾 ………………… 鈴木紀子・519

Ⅰ　訴えの取下げ（民訴261条） ……………………………………… 519

1　条文・趣旨・519／2　訴えの取下げの要件・520／3　訴え取下げの効果・524／4　留意を要する場面・528／5　取下げ擬制（民訴263条）・529／6　訴え取下げ契約・532／7　取下げの範囲（全部または一部）・533／8　取下げの無効・取消し・534

Ⅱ　請求の放棄・認諾（民訴266条） ……………………………… 534

1　意　義・534／2　方　式・534／3　要　件・535／4　効　果・537

目　次

25　簡易裁判所の審理の特則 ………………………………… 加藤　優・538

Ⅰ　簡易裁判所の役割等 ……………………………………………………538

1　簡易裁判所の役割・538／2　簡裁の訴訟手続の特色・539／3　手続案内・541

Ⅱ　簡裁の訴訟手続に関する特則（民訴270条以下） ………………………543

1　訴えの提起・543／2　第1回口頭弁論期日の指定および呼出し・549／3　審理・549／4　司法委員の参与とその活用・555／5　和　解・558／6　和解に代わる決定（民訴275条の2）・558／7　判決の言渡し・560／8　訴訟代理人・561

Ⅲ　少額訴訟手続 ……………………………………………………………562

1　意　義・562／2　少額訴訟手続の特徴・563／3　利用回数の制限等・564／4　審理の特徴・565／5　少額訴訟判決の特徴・570／6　異議審・570

Ⅳ　対話と自己決定による納得性の高い解決への志向 ………………………571

第4編　控訴・上告・再審

26　控訴審の審理 ……………………………………………… 大島眞一・574

Ⅰ　はじめに …………………………………………………………………574
Ⅱ　地裁における訴訟事件 …………………………………………………574
Ⅲ　高裁における控訴事件 …………………………………………………576

1　新受件数・576／2　控訴することができる場合・577／3　控訴権の放棄・不控訴の合意・579／4　控訴期間・579／5　控訴提起・580／6　控訴審での審理・581／7　控訴取下げ・586／8　附帯控訴・587／9　反訴の提起・588／10　終局区分・588

Ⅳ　上　告 ……………………………………………………………………593

27　抗告審の審理 ……………………………………………… 植屋伸一・595

Ⅰ　はじめに …………………………………………………………………595

12

Ⅱ　抗告の手続 ……………………………………………………………… 596

1　抗告の意義、趣旨・596／2　抗告の種類・597／3　抗告の提起（最初の抗告）・599／4　抗告審の審理・603

Ⅲ　各種の抗告事件の処理上の問題 …………………………………… 610

1　民事訴訟事件・610／2　民事執行事件・612／3　民事保全事件・614／4　倒産事件・616／5　会社非訟事件・618

Ⅳ　おわりに …………………………………………………………………… 619

［28］　許可抗告制度の運用 ………………………………… 土井文美・620

Ⅰ　はじめに ……………………………………………………………… 620

Ⅱ　手続概要 ……………………………………………………………… 621

1　許可抗告の対象となる裁判・621／2　抗告許可申立て手続の流れ・623／3　高等裁判所での抗告許可申立てに対する許可決定または不許可決定・624／4　最高裁判所での手続・625

Ⅲ　運用上の問題点 …………………………………………………… 628

1　抗告許可申立てに対する許否の判断・628／2　実　情・629／3　許可の基準・630／4　事件類型別の検討・634／5　まとめ・640

［29］　再審の訴え ……………………………………………… 西田隆裕・641

Ⅰ　再審の訴えの意義 ………………………………………………… 641

Ⅱ　再審の訴えの訴訟物・性質と審理手続の構造 ……………… 642

1　訴えの訴訟物・性質・642／2　審理手続の構造・642

Ⅲ　再審開始決定手続（再審理開始の許否についての審理手続） …… 643

1　訴えの提起・644／2　訴えの適法性判断・646／3　再審事由・652

Ⅳ　本案再審理手続（再審開始決定確定後の審理手続） ………… 659

1　審理の範囲・659／2　審理の方式・659／3　判決および不服申立て・660

事項別索引 ……………………………………………………………………… 663

編者紹介 ………………………………………………………………………… 676

第1編　訴えの提起

1 訴状・答弁書等の当事者の主張から事件の実相を読み解く

中 垣 内 健 治
神戸家庭裁判所長

I 民事裁判の目的と事件の実相

　民事裁判の目的は、当事者間の私法上の権利義務関係をめぐる紛争を適正・迅速に解決することである。前記権利義務関係は、権利・義務者がその意思に基づき自由に管理・処分できるものであるから（私的自治の原則）、それに対応して、民事訴訟においても、訴えを提起する当事者が、その対象や限度を決定することができる処分権主義が採用されるとともに（民訴246条）、裁判資料も当事者の提出した事実と証拠に限る弁論主義が採用されている。その結果、裁判所は、当事者が申し立てた事項（訴訟物）ではない事項について判決することはできず、裁判資料も当事者が提出したものに限られることにより、当事者にとって不意打ちの裁判がされないことが保障されているのである。

　しかし、裁判の対象は、実務上、実体法上の権利義務関係の同一性で判断すべきとされていること（旧訴訟物理論）からすると、原告が選択した訴訟物（権利義務関係）が、その解決を求めている社会的実態としての紛争の解決にふさわしいものではない場合、当該訴訟物（権利義務関係）についてした判決が確定しても、紛争の抜本的解決につながらないばかりか、確定しない場合には、かえって上訴審で訴えの変更[1]等を招来して、審理の遅滞を招きかねない。ま

1　もちろん遅滞を招く程度が著しい場合には、訴えを変更することは許されない（民訴297条、143条1項ただし書）。

た、訴訟物の設定に問題はなくても、要件事実により法律的な争点とされたものが、当事者が主要な争点と認識しているものとの間にかい離が生じている場合には、当事者に思わぬ争点で勝敗が決まったという不信感や不満感を抱かせることにもなる[2]。

　したがって、裁判所が民事紛争の解決機能を実質的に果たすためには、裁判手続に当事者が認識している紛争の実情が的確に反映されなければならないから、訴訟物が事件の実相、すなわち、対象となるべき民事紛争の実体と事件の成り立ち[3]に適合するものかの視点を常にもたなければならない[4]。

　また、当事者が選択した権利義務関係（訴訟物）に関する審理に絞ってみても、適正・迅速に判決を行うためには、当事者が提示した複数の争点の中で、実質的争点は何か、また、その中でも中心的争点[5]は何か、派生的な争点は何かという各争点の位置づけを行い[6]、集中証拠調べを行う対象を絞る必要があり[7]、その結果、絞られた争点に関する証拠の証明力を的確に判断して、適正な心証を形成する必要があることは論を俟たないが、訴訟上の攻撃・防御が社会的実態としての紛争の現れである以上、それらの判断を行うにあたり、紛争

2　福田剛久「一般民事訴訟」門口正人編『裁判官の視点 民事裁判と専門訴訟』（商事法務、2018年）24頁、武藤貴明『争点整理の考え方と実務』（民事法研究会、2021年。以下「争点整理の考え方と実務」という）3頁。

3　いかなる要因（紛争発生のきっかけ、当事者や関係者の関係、当事者の姿勢、代理人の訴訟態度、提訴の動機等）によって当該事件が成り立っているかという事件の構造（司法研修所編『民事訴訟のプラクティスに関する研究』（法曹会、1988年。以下「プラクティスに関する研究」という）30頁）。

4　事件の構造いかんで、判決よりも和解・調停のほうが、より適正・妥当な解決を図れる場合があり（プラクティスに関する研究30頁）、司法研修所／篠原勝美ほか『民事訴訟の新しい審理方法に関する研究』（法曹会、1996年。以下「審理方法に関する研究」という）67頁、68頁は、給付訴訟において被告の資力が乏しい場合の訴訟指揮のあり方を指摘している。

5　結論を導くうえで重要な争点（司法研修所編『民事第一審訴訟における判決書に関する研究』（法曹会、2022年。以下「判決書に関する研究」という）46頁脚注66、司法研修所編『10訂民事判決起案の手引〔補訂版〕』（法曹会、2020年。以下「判決起案の手引」という）91頁）。真の争点（事件の核心（結論を左右する判断の対象）となる論点（司法研修所編『対話で進める争点整理』（法曹会、2023年。以下「対話で進める争点整理」という）1頁）、プラクティスに関する研究29頁）ともいわれる。

6　一定の法律効果を発生させる複数の法的構成が主張されている場合には、その中で最も適切な法的構成を当事者に選択させる必要がある（審理方法に関する研究66頁）。

7　対話で進める争点整理1頁、判決書に関する研究107頁。

① 訴状・答弁書等の当事者の主張から事件の実相を読み解く

の全体像を把握することが重要である[8]。

したがって、裁判所においても、当事者の選択した訴訟物に対する審理を進める際には、当事者の申立てや主張を手掛かりに、事件の実相を把握し、それを十分理解することが、民事紛争をふさわしい解決に導く前提であり、また、基本的視点となると指摘されている[9]。

Ⅱ　事件の実相を把握するには

1　訴状・答弁書の記載事項の充実

そこで、裁判所が期日において実質的な審理を行うためには、まず当事者が基本的な主張立証関係をできる限り早期に明らかにすることが必要不可欠である。そのため、訴状においては、必要的記載事項[10]である訴訟物を特定するのに必要な請求の趣旨および請求の原因（「請求を特定するのに必要な事実」）の記載（民訴134条2項2号、民訴規53条1項）だけではなく、訓示規定ではあるが、「請求を理由づける事実」（主要事実）を、それに「関連する事実」（間接事実）と区別して具体的に記載するとともに、そのうち予想される争点（「立証を要する事由」）については、重要な間接事実（「関連する事実で重要なもの」）や具体的な証拠方法（「証拠」）を記載する[11]とともに重要な証拠の写しを訴状に添付すること（以下「重要な間接事実等の記載等」という）とされている（同規則53条1項・2項、55条）。そして、答弁書の記載事項についても、請求の趣旨に対する答弁や請求原因に対する認否（否認する場合はその理由）のみならず、抗弁事実について、訴状における請求原因と同様、重要な間接事実等の記載等をすることとされている（同規則80条1項・2項、79条2項～4項）。

8　審理方法に関する研究66頁。

9　審理方法に関する研究66～68頁、プラクティスに関する研究23頁。

10　記載が欠けると訴状却下命令を受けることになる（民訴137条1項・2項）。したがって、訴訟物が明らかではなかったり、複数の訴訟物相互間の関係や訴訟物と請求の趣旨との対応関係が不明確な場合は、それを補充させるべきである（大阪地方裁判所計画審理検討分科会「争点整理の現状と課題（続編）」判タ1437号（2017年）25頁）。

11　最高裁判所事務総局編『条解民事訴訟規則』（法曹会、1997年。以下「条解民訴規則」という）116頁、117頁。

Ⅱ　事件の実相を把握するには

したがって、処分権主義および弁論主義の制約があるとはいえ、前記記載等を遵守した訴状が提出されれば、裁判所は、その時点で、原告が設定した訴訟物（権利義務関係）について、予想される争点に関する重要な間接事実等の記載等から、どうして被告との間で紛争が生じたのか、争点について、被告はどのような主張をしているのかを把握することができる。

2　前記記載事項の遵守の要求

(1)　請求原因の補充

逆に、訴状の記載から、訴訟物は特定できるため、訴状却下命令はできないものの、請求原因に記載された主要事実を前提にしてもその請求を認容することができない場合[12]は、そのまま第1回口頭弁論期日（以下「第1回期日」という）を指定し、たとえ被告が欠席して前記事実について擬制自白が成立した（民訴159条3項本文・1項）としても、さらに原告に請求原因の補充を求めなければならず、審理が遅滞することは明らかである。したがって、まず、問題点について、裁判所書記官に命じて補充を促すべきこと（民訴規56条[13]）は当然である[14]。

12　訴えの利益に疑義がある場合（過去の法律関係や事実の確認を求めている場合）や、請求の趣旨と請求原因事実との間に矛盾・齟齬があったり、主要事実が欠けていたり、不明確な場合（可能な限り具体的に記載する義務があるというべきである（堀清史「訴状・答弁書の記載事項と争点形成の早期化」民訴雑誌70号（2024年）184頁）。例えば、損害賠償請求における不履行債務や不法行為、損害、過失の内容や因果関係）。
　　特に、複数の不法行為を主張する事案で、訴状に主要事実と事案の経緯（間接事実）が明確に区別されずに記載され、その特定が不十分である場合には、まず、それを明確にさせることが必須である（河合芳光ほか「争点整理に困難を伴う非典型的な訴訟において争点整理の道筋をつけるために裁判所及び当事者が取り組むべき課題について(1)」判タ1465号（2019年）7頁）。ただし、事案によっては事情に通じる被告に答弁書で事実関係を主張してもらったうえで、それを踏まえて前記釈明を行ったほうが効果的である場合もあろう（大阪地方裁判所計画審理検討分科会「争点整理の現状と課題」判タ1412号（2015年）78頁脚注21）。
13　民事訴訟規則56条による補正の促しは、裁判長の補正権限を背景とするから、訴状の必要的記載事項のみならず、同規則53条1項等の定める記載事項の補正や55条の定める書類の添付の促しも対象となる（条解民訴規則125頁）。
14　秋山幹男ほか『コンメンタール民事訴訟法Ⅲ〔第2版〕』（日本評論社、2018年）324頁、325頁、裁判所職員総合研修所監修『民事訴訟講義案〔3訂版〕』（法曹会、2016年。以下「民訴講義案」という）85頁、86頁（注2）、88頁。

5

⑵　重要な間接事実等の補充

　また、訴状の請求原因に記載された主要事実に欠けたり、不明確な点などがなくても、そのうち予想される争点について、重要な間接事実等の記載等を欠く場合には、裁判所において、訴状を受理した時点で、請求原因事実のうち、争点となるものを事前に把握できず、審理の見通しも立たないため、第1回期日で期待されているところの争いのある事件か否かの振り分けを行うことを前提にした期日指定等ができない。また、前記内容の訴状を送達された被告においても、原告の請求を争う場合に、訴状に原告の請求を理由づける重要な間接事実等の記載等を欠くので、答弁書において、それらについて認否・反論することができず、その結果、第1回期日において、原告に請求原因事実を理由づける前記主張や重要な証拠の提出を求めることにより、やはり審理が遅滞するといわなければならない[15]。

　したがって、予想される争点について、重要な間接事実等の記載等を欠く場合には、原告に対し、被告が争う見込みについて確認したうえ、争うことが予想される場合には、請求原因に主要事実の記載が欠けている場合と同様、やはり補正を促すのが妥当であろう[16]。そうすることによって、前記争点について、直接証拠として、それを裏付ける客観的証拠があるのか、あるいは、人証しかないのか、人証しかないとしても、その信用性を支える間接事実はどのようなものか、あるいは、直接証拠がなく、間接事実により推認できるかどうかが実質的な争点なのか、など今後の訴訟の見通しもおのずから浮かび上がってくるはずである。

⑶　間接事実等の記載等を前提にした主張が、書証の記載内容と齟齬する場合等

　さらに、訴状の重要な間接事実等の記載等を前提にした場合、その主張が、書証の記載内容と齟齬するなど、契約書の解釈等として合理的な疑問点が残り[17]、被告がその点を争う蓋然性が高いと認められる場合にも、やはり、前記

15　門口正人「裁判最前線第2回裁判所に提出する書面」金法1983号（2013年）40頁も同旨。

16　民訴講義案86頁、88頁、廣瀬孝ほか「『札幌地裁審理運営モデル』について」判タ1496号（2022年）57頁、58頁。

17　契約書の作成前や作成時に契約書に記載されていない合意が成立したと主張したり、他

(2)と同様に、原告に対し、被告が争う見込みについて確認したうえ、争うことが予想される場合には、その点につき、補充を求めるべきであろう[18]。なぜならば、被告からも、裁判所が抱く疑問点と同旨の主張がなされ、結局、第1回期日において、前記内容の補充を求めることにより、やはり審理が遅滞するといわなければならない[19]。

(4) 手続終了までの負担の総量を軽減するために

もちろん、真の争点把握に向けて、第1回期日前に、上記検討を行ったうえで当事者に対して必要な補正の促しを行い、その補充を得たうえで、前記期日を指定することは、重要な点に絞ったとしても[20]、裁判官にとって一定の負担になるとともに、第1回期日の指定も遅れるデメリットがあることは否定できない。しかし、そもそも、このような努力がすべての事件に必要になるものではないし、そのような努力が必要な事件こそ、訴状等や重要な書証の写ししか提出されていない訴訟記録が薄いときに、しっかり検討して、今後の審理の見通しを予測しながら実質的争点の絞り込みを行うことにより、その後の手続において、当事者に真に争点に絞った攻撃防御方法を提出させ、検討する訴訟記録の量を必要十分なものに絞ることができるし、当事者との意見交換を通じて争点に対する認識を共有することで、早期の和解で終了する事件が増加するなど、より迅速な紛争解決を図れるという大きなメリットを享受することができる。その結果、手続終了までの裁判官の負担の総量を軽減することにつながるものと確信するところである[21]。

の条項の記載等に照らして契約書の文言解釈に疑義がある場合があげられる。この点について、最判昭和47年3月2日裁判集民105号225頁は、国と私人間の売買契約について、契約当事者にとって極めて重要な特約は、契約書に通常記載されるもので、記載されていなければ、特段の事情のない限り、前記特約は存在しなかったものと認めるのが経験則であると判示している。

18　大阪地方裁判所計画審理検討分科会・前掲論文（注10）36頁。

19　大阪地方裁判所計画審理検討分科会・前掲論文（注12）78頁、同・前掲論文（注10）36頁。なお、堀・前掲論文（注12）は、当事者には、法的に有意な事実を、それが法規範との関係でどのように有意であるかを示しながら記載する義務があることを指摘している。

20　裁判官が事実関係や証拠を十分に把握していない訴状審査段階で訴状の問題点をすべて補正させることは現実的ではなく、かえっておかしな方向に補正がされて意図したところと異なる結果になってしまうことも少なくないので、特に裁判官の問題意識を口頭で丁寧に説明しないと趣旨がうまく伝わらないような部分については、第1回期日以降に指摘すべきとの指摘がなされている（争点整理の考え方と実務253頁）。

(5) 事件の実相の把握

その結果、被告からも前記記載事項を遵守した答弁書およびそれを裏付ける重要な証拠の写しが提出されれば、双方の主張や証拠を対照することによって、主要事実レベルでの主張を分析することができ、基本的にはそれで足りる。それ以上に、主張に表れていない事件の実相をいろいろと推測して、当事者に対し、その時点で判明した争点との関連性が不明なまま、細かな事実経過について補充を求めたりして、今後の訴訟の動向に備えるまでの必要はない。上記作業によっても、当然、原告が主張する訴訟物に関する要件事実とそれに関する被告の認否、抗弁等の主張が整理でき、当事者が自己の主張を理由あらしめるために主張している間接事実を含めると、事件の実相が一定程度うかがい知れるようになるはずである[22]。

もちろん、答弁書に記載された抗弁事実、あるいは、それに対する反論の準備書面で記載された再抗弁事実（民訴規81条）が主要な争点となる場合は、それらに関して、請求原因事実と同様な記載が要求されている結果、さらに、その反論の準備書面（答弁書と同様の事実の記載や資料の添付がなされるべきである[23]）が提出された時点で、事件の実相が一定程度把握できることになる。

3　本人訴訟における対応

ただし、本人が作成した訴状や答弁書（以下「訴状等」という）は、法的知識が不十分であったり、書面で的確に論述する能力に乏しいことなどから、主張の法的構成が不明確であったり、訴訟物や争点と関連性が乏しい事情に力点をおいて言及しているものが多い。その場合には、期日において主張や相手の主張に対する認否を直接聴取せざるを得ないが、それでは、第1回期日に相当

21　もちろん、現行法が期日前情報収集手段を訴状審査による補正の促しと訴訟進行についての参考事項聴取にとどめている趣旨に照らせば、事前準備を重視するあまり期日指定が著しく遅滞することは予定されていないというべきであり、早期期日指定を基本とすべきであるが（民訴講義案89頁（注1））、補正を促すことにより大幅に第1回期日が遅滞するとまではいえない場合には、逆に、それを求めないことにより第1回期日における争点把握が遅滞するデメリットを比較考量し、総体的に審理の促進が図れるのであれば、積極的に補正の促しを活用すべきではないかと考える。

22　福田・前掲論文（注2）20頁、21頁。

23　条解民訴規則178頁、179頁（注1）。

の時間を割く必要があるうえ、それまでの期間が空転することになるので、それまでに本人の主張を明確にさせるのが望ましい[24]。

Ⅲ 選択された訴訟物の適否の検討

1 訴訟物等と事件の実相との適合性の検討

　原告が訴状において選択した訴訟物（権利義務関係）は、あくまでも原告側の訴え提起時における事実関係の認識を前提とするものであるから、被告の反論により、前記訴訟物の選択自体の適否が問題になってくる場合が当然生じる。したがって、前記Ⅱ2(2)で述べたように、訴状等の各記載内容や提出された重要な証拠の内容を分析・整理した結果が、そこから一定程度うかがい知れるところの事件の実相と適合的かを意識する必要がある。すなわち、当事者双方がそれぞれ主張する事実関係について、まず双方が提出した書証の記載との整合性を検討したうえで[25]、それらを前提にすると、双方の主張が経験則[26]に照らして不自然な点はなく合理的なものかどうかを検討する[27]。その主張する事実関係を前提としても、その主張が合理的なものとは理解できないというこ

24　一定の論述能力のある本人には、不明点を指摘して補充を求めることができるが、そうでない場合には、本人が提出した書面から考えられる内容を複数の選択肢として提示するとともに、それに該当しない場合に記載する欄をも設けて書面で回答を求める方法が有効な場合もある。また、本人の主張している事実関係が断片的で、相互のつながりが不明などの場合には、事案の経緯について物語調の陳述書を提出してもらうことも有効である。被告が弁護士に委任して応訴した場合には、被告の主張する事案の経緯とそれに基づく主張を記載した準備書面を提出してもらったうえ、本人である原告にそれに認否・反論をしてもらうのが有用である（司法研修所編『本人訴訟に関する実証的研究』（法曹会、2013年）76〜80頁）。

25　裁判官が当事者から提出された主張を見比べるのみで書証に意を払わなければ、証拠の裏付けのない主張を当事者双方から惹起させ、争点の拡散を招くとの警告がなされていることに十分留意する必要がある（対話で進める争点整理11頁、福田・前掲論文（注2）25頁、26頁）。

26　経験から帰納（個々の具体的事実から一般的な命題ないし法則を導き出すこと（新村出編『広辞苑〔第7版〕』（岩波書店、2018年））して得られる事物の性状や因果関係等についての知識や法則（西田隆裕「証明と疎明／証明の対象」門口正人編『民事証拠法大系第2巻総論Ⅱ』（青林書院、2003年）28頁）。

27　司法研修所編『民事訴訟における事実認定』（法曹会、2007年。以下「民事訴訟における事実認定」という）26〜28頁。

とは、訴訟物の設定、あるいは、それに関する要件事実が認められるとする主張のいずれかが事件の実相に適合していないことがうかがわれるので、その点を当事者に指摘して検討を求めるべきであろう[28]。

その際に踏まえねばならないのは、当事者間に紛争が生じた契機と訴え提起に至るまでの経緯である。それは、原則3回の期日[29]において個別労働関係民事紛争の終局的解決を目指す労働審判手続において、申立書や答弁書に「当事者間においてされた交渉その他の申立てに至る経緯の概要」(労審規9条1項3号、16条1項6号)の記載が要求されていることからも明らかであろう[30]。それを把握することで、当事者間にいかなる利害が対立しているか、当事者がいかなる利益・損失を重視しているか、また、当事者の紛争解決の方向性に対する希望を把握することにより、それらを含めた事件の実相をつかむことができる[31]。

2 訴訟物等と事件の実相とがかい離する背景

もちろん、原告は、訴訟の帰すうを予測して準備したうえで、訴訟を提起する以上、訴状において、あえて通らない訴訟物を設定して主張を構成するということは通常想定しがたいが、当事者や訴訟代理人の法的知識や検討が不十分であったり、事実認識が自己の主観によりゆがめられているなどの結果、より適切な訴訟物を選択していない場合が時折認められる。また、そのような場合よりもむしろ、メインで設定した訴訟物や主張につき、裁判所が採用しない場合のリスクヘッジとして、より採用されにくい訴訟物や主張を並行して予備的

---

28 審理方法に関する研究106頁、判決書に関する研究111頁、争点整理の考え方と実務79頁、80頁。

29 労働審判法15条2項。

30 これは、労働審判委員会に、当該紛争の経緯、背景を理解させ、解決の方向性を見出す手掛かりを与えることを企図したものである(最高裁判所事務総局行政局監修『条解労働審判規則』(法曹会、2013年)22頁)。民事訴訟においては、訴状等の必要的記載事項とされていないが、当事者双方において、予想される争点に関する重要な間接事実(立証を要する事由に関連する事実で重要なもの。民訴規53条1項)に準ずるものとして記載するのが有益であるし(門口・前掲論文(注15)40頁)、裁判所においては、「訴訟の進行について参考とすべき事項」として聴取することができる(同規則61条。条解民訴規則135頁(注1)、民訴講義案89頁、90頁)。

31 審理方法に関する研究66頁、67頁。

に行う場合も散見される。

　他方、被告側においては、敗訴の蓋然性が高い場合に、あえて採用される可能性が低い主張を多数主張して、訴訟を引き延ばしたり、裁判官の心証形成を混乱させようとしているのではと思われる場合も見受けられる。

　このような当事者の上記攻撃・防御における態度は、権利義務を争う訴訟において避けられないものであり、いくら採用される可能性が低い主張であるからといって、当該当事者においては、いったん提起した訴訟物や主張を撤回することも、立場上難しい場合が多い[32]。

3　争点整理における議論の重要性と現状

　しかし、訴訟における争点整理は、裁判所が当事者との意見交換をしながら、適切な訴訟指揮（釈明権等）を行使し、その結果、適宜合理的な範囲で心証を開示しつつ、中心的争点を絞り込むことである[33]から、たとえ、当事者が採用される可能性が低い争点に関する主張を撤回しなくても、その重要性や採用可能性について、意見交換を通じて裁判所と認識を共有することができれば、それで目的はほぼ達成できるのであり、その結果、事件の見通しも立ち、おのずとあるべき紛争解決の方向に向けた和解による解決の道筋も開けてくるのである[34]。

　したがって、当事者が設定した訴訟物（法律構成）が、紛争の実態に適合していないと思われる場合は、基本的には、その旨を指摘したうえで、原告において他に適切な訴訟物を選択できないかを検討してもらうべきではないかと思える。

　さらに進んで、最高裁判所[35]は、釈明の制度は、弁論主義の形式的な適用による不合理を修正し、訴訟関係を明らかにし、できるだけ事案の真相を究めることによって、当事者間における紛争の真の解決を図ることを目的として設け

32　弁護士会のアンケートにおいても、中心的争点でないとされた点に関する主張を撤回することについて、7割以上が消極の回答をしている（東京地方裁判所プラクティス委員会第二小委員会「争点整理の現状と今後の在るべき姿について」判タ1369号（2014年）14頁、15頁）。

33　対話で進める争点整理1頁、11頁、12頁。

34　判決書に関する研究107頁、108頁（脚注150）、113頁。

35　最判昭和45年6月11日民集24巻6号516頁。

られたものであるから、原告の申立てに対応する請求原因として主張された事実関係とこれに基づく法律構成が、それ自体正当ではあるが、証拠資料によって認定される事実関係との間に食い違いがあって、その請求を認容することができないと判断される場合においても、その訴訟の経過やすでに明らかになった訴訟資料、証拠資料からみて、別個の法律構成に基づく事実関係が主張されるならば、原告の請求を認容することができ、当事者間における紛争の根本的な解決が期待できるにかかわらず、原告においてそのような主張をせず、かつ、そのような主張をしないことが明らかに原告の誤解または不注意と認められるようなときは、その釈明の内容が別個の請求原因にわたる結果となる場合でも、事実審裁判所としては、その権能として、原告に対しその主張の趣旨とするところを釈明することが許されると判示して、積極的釈明権の行使を容認している。これは、消滅時効の効果を享受するか否かを債務者の意思に委ねているところの消滅時効の援用を促すかどうか、あるいは、立証責任を転換させるような訴訟物に変更すること[36]を裁判所が積極的に示唆することはどうかなどで問題になる。当事者主義と当事者間の訴訟追行能力の開き、裁判所の中立・公平の確保、紛争の抜本的解決に資するか否かなどの観点から、当・不当を検討すべきではないかと思われる[37]。

ところが、近年争点整理が長期化していることが指摘され、その原因として、争点整理の主導権をとるべき裁判官が積極的な訴訟指揮をしないことや、心証開示に消極的であることがあげられている[38]。裁判官においては、前記作業を怠ることが、そのまま、真の争点をつかむことができず、また、心証の形成も困難な状態で判決を作成し、当事者の納得感が低下する事態を招くことを

---

36 例えば、受任者に対して横領を不法行為とする損害賠償を請求する事案について、具体的な横領行為の立証が十分でない場合に、受任者に対する受け取った金銭の引渡請求（民646条1項）を示唆することなど。

37 争点整理の考え方と実務37～40頁。

38 裁判の迅速化に係る検証に関する検討会「第9回迅速化検証結果報告書」（2021年）〈https://www.courts.go.jp/vc-files/courts/2021/09_houkoku_zentai.pdf〉55頁、120頁、森宏司「争点整理の対象と手法」森宏司ほか編『争点整理の手法と実践』（民事法研究会、2021年）5頁。その点も含め、民事訴訟の現状の問題点をわかりやすく指摘したものに、村田渉「裁判手続における要件事実の機能と争点整理・事実認定における代理人の役割」日本弁護士連合会編『日弁連研修叢書 現代法律実務の諸問題〈令和元年度研修版〉』（第一法規、2020年）92～96頁がある。

肝に銘じなければならない。

Ⅳ　その他の第1回期日に向けた準備

1　争点についての一歩突っ込んだ分析

当事者の主張が、前述した規律を遵守した訴状等を提出する限り、第1回期日前に、各争点についての当事者双方の主張は一応揃っていることになる[39]。しかし、それらによって、いまだ真の争点についての絞り込みがなされていない場合には、第1回期日後の争点整理手続において、争点の絞り込みを行う必要があり、ここからが争点整理における裁判官の腕の見せ所ということになる。

ただ、すべての事件で裁判所が積極的に介入して争点整理を行わなければならないというものではなく[40]、第1回期日において揃った当事者双方の主張を対照することにより裁判所が予想する真の争点について、当事者との間で認識に齟齬がない場合には、今後の当事者間の主張交換によりおのずと真の争点の絞り込みがなされていくことが予想されるから、基本的には、それに委ねれば足りる[41]。したがって、裁判所において、今後の争点整理の方向性と介入の要否を見極める意味で、各種類型ごとに押さえるべき点に言及することとする。

---

[39]　しかし、例えば、賃貸借紛争のように、訴訟物の構成（物権的請求か契約終了による債権的請求か）によって請求原因が異なり、また、契約の終了原因が複数主張され（複数の解除事由や解約申入れ、あるいは期間満了）、それぞれにつき、解除ならば催告の要否や催告の特定、また、正当事由や背信行為と認めるに足りない特段の事情などの規範的要件に関する評価根拠・障害事実などにつき、主張事実が揃っているか否かを検討しなければならない事件については、争点の把握漏れや主張立証責任に関する誤解等を防ぐためにも、後記4で述べるとおり、簡単なブロック・ダイアグラムを作成して整理するのが望ましい。

[40]　当事者主義に立脚する民事訴訟においては、裁判所は争点整理においても当事者の自主的解決への意欲を尊重し、必要な範囲で関与すべきであり、紛争の実態を踏まえた争点整理を行うにあたっても、事案を最もよく知る当事者が中心となって、争点整理において紛争の実態を明らかにする作業を行うべきことは当然である（審理方法に関する研究70、71頁、東京地方裁判所プラクティス委員会第三小委員会「効果的で無駄のない争点整理について」判タ1369号（2014年）44頁、45頁）。

[41]　谷口安史ら「争点整理手続における口頭議論の活性化について(1)」判タ1436号（2017年）9頁。

1 訴状・答弁書等の当事者の主張から事件の実相を読み解く

(1) 法律構成を明確にしないまま、請求原因（法律効果）を争っている場合

この場合には、当然のことながら、法律構成を明確にさせたうえで、争点を絞り込むべきである。

二、三の具体的な例をあげて、問題となる場合にいかにすべきかに言及することにする。

ア　法人の代表者の法律行為の効果の帰属先が争われる場合

法人の代表者がした法律行為の効果の帰属先について、代表者個人か法人かが争われる場合がある。法律効果は争点ではなく、その効果を発生させる要件事実の有無が争点であるから[42]、いかなる法律構成でその法律効果が発生するかを主張させたうえで、当事者双方が主張立証すべき要件事実を分析しなければならない。前記の場合には、代表者本人のした法律行為の効果は原則として代表者本人に帰属することを前提に、その法律効果が法人に帰属することを主張する側に、代理（代表）に関する要件事実[43]を主張させる必要がある[44]。また、法人が法律行為をしたという主張につき、相手方が否認したり、その法律行為に瑕疵がある旨の主張[45]をした場合には、法律行為を主張する側に、法律行為の行為者とその代表権（代理権）の発生原因事実を主張させる必要がある[46]。

イ　不当利得返還請求[47]について概括的に争う旨の主張にとどまっている場合

例えば、法人所有の自動車を代表者死亡後に買い受けた者に対し、法人がそ

42　判決書に関する研究57頁。

43　顕名（民99条）による代理、民法100条ただし書によるもの、商事代理（商504条。例えば最判昭和44年9月11日裁判集民96号497頁の事案）などがあげられる。

44　司法研修所『増補民事訴訟における要件事実第一巻』（法曹会、1986年。以下「要件事実第一巻」という）71頁。

45　なお、上訴審からみて、法律行為の瑕疵について、当事者の主張欄に記載された要件事実の分析が不十分な例がみられる。例えば、強迫による意思表示（民96条1項）というためには、強迫行為（故意、違法性）の特定、表意者の畏怖、意思表示との因果関係が必要であり、強迫行為が権利行使の主張である場合には、それが違法となる根拠事実も記載する必要があると思われる（司法研修所編「事実摘示記載例集——民法（債権関係）改正に伴う〔補訂版〕」判決起案の手引別冊（以下「記載例集〔補訂版〕」という）47頁、川島武宜＝平井宜雄編集『新版注釈民法(3)総則(3)』（有斐閣、2003年）504〜508頁〔下森定〕）。

46　判決起案の手引42頁、43頁、要件事実第一巻71頁。

47　なお、不当利得返還請求の場合に、請求原因である「原告の損失」と「被告の利得」の主張が概括的で、具体的な事実・証拠に裏付けられていないものがみられる。例えば、会社の支配権の争いを背景とする場合には、その損失は代表者のものか会社のものか（大阪地

14

IV　その他の第1回期日に向けた準備

の使用利益につき不当利得返還請求をした事案において、買受人は、売却を担
当した者が代理権のないことを争い、有効な売買契約により取得したとは主張
するものの、その者が法人からどのように代理権を授与されたかについて具体
的に主張しない場合には、不当利得返還請求権の「法律上の原因がないこと」
の主張立証責任が原告にあるとする見解[48]に立ったとしても、売買契約の効果
が法人に帰属しないこと（法律上の原因のないこと）は推認されるといわざるを
得ず、後は、売買契約が有効であると信じたという買受人の主張が、不当利得
返還請求を排斥する法的根拠となるかが問題となる。したがって、その法的根
拠（抗弁として、善意占有者の果実収取権（民189条1項）が考えられる）を明確に
させたうえで、買受人の善意・悪意について、それぞれ基礎づける間接事実を
主張させるべきである。

(2)　契約の成否が争点となる場合

ア　争点が明確になっているか

この場合には、前記Ⅱ1で述べた訴状等の記載事項等を当事者が遵守するな
らば、契約の成立を主張する側において、その契約が書面によるものか、口頭
によるものか（処分証書[49]の存否）[50]を明らかにしたうえで、処分証書がある場合
には、それを重要な証拠の写しとして添付し、それが真正に成立した経緯（特
に二段の推定を基礎づける事実である署名・押印した者は誰か、また、その名下の

　　方裁判所計画審理検討分科会・前掲論文（注12）78頁脚注18）、被告が会社の経営に関与
　　している以上、被告個人が利得したといえるかを検討する必要がある。会社がペーパーカ
　　ンパニーである（実態がない）旨の主張がなされた場合には、会社の存在に争いがない
　　か、法人格否認の法理を主張するのか等も確認しておく必要があろう。

48　司法研修所編「事実摘示記載例集（平成18年8月）」判決起案の手引別冊8頁、9
　　頁。

49　意思表示等の法律行為が記載されている文書（難波孝一「文書の種類」門口正人編『民
　　事証拠法大系第4巻各論Ⅱ書証』（青林書院、2003年）12頁、民事訴訟における事実認定
　　18頁。あるいは、前記法律行為が文書によってされた場合のその文書（司法研修所編『改
　　訂事例で考える民事事実認定』（法曹会、2023年。以下「事例で考える民事事実認定」と
　　いう）14頁）。その違いにつき、判決書に関する研究112頁（脚注153）、村田・前掲論文
　　（注38）110頁、111頁。

50　売買について、「ごく親しい友人親族等の間では契約書など作らない場合もよくあるこ
　　とで、契約書ができて初めて売買が成立したと見なければならない経験則はない」と判示
　　した判例がある（最判昭和23年2月10日裁判集民1号73頁）。しかし、少額ではない売買
　　においては通常作成されるはずの契約書がなければ、そのこと自体重要な間接事実になる
　　場合がある（民事訴訟における事実認定37頁）。

15

印影は本人の印章か否か）を間接事実として主張しているはずであるし[51]、口頭による契約の場合には、意思表示が明示か黙示か、明示の場合には、申込みと承諾の各意思表示[52]の特定、黙示の場合には、それを基礎づける具体的事実は何か[53]が、主張されているはずである。他方、その成立を争う相手方において、それらの点について認否が理由を付してなされていれば、契約の成立をめぐる争点が明確になっているはずである[54]。それらが遵守されていない場合は、補正の促しを行うべきことは、前記Ⅱ2で述べたとおりである。

また、請負契約における追加・変更工事の有無が争われる事件[55]のように、契約成立後の口頭の合意による変更の有無や、変更合意の内容（有償か否かなど）が争点となる場合には、それを直接裏付ける直接的な証拠が少ない場合が多いため、問題となる事項ごとに、合意の有無やその内容とそれに至る経緯を具体的に主張させるとともに関係する証拠[56]を提出させることになる。

なお、契約の一部の内容が争われる場合には、当該部分が、特約という文言が用いられていたとしても、その合意がなければ契約としての成立要件が欠けるような当該契約の本質をなす不可分のものか、可分な附款[57]にあたるかを意

51　文書の実質的証拠力を肯定する前提として、その文書が形式的証拠力を有すること（真正に成立したこと、すなわち、作成者の意思に基づいてその文書が作成されたこと）が証明されなければならず（民訴228条1項）、その証明がなければ、当該文書の記載内容を係争事実を認定する証拠資料として用いることはできない（秋山幹男ほか『コンメンタール民事訴訟法Ⅳ〔第2版〕』（日本評論社、2019年）544頁）。

52　商人が平常取引をする者から自己の営業の部類に属する契約の申込みを受けた場合には、遅滞なく諾否の通知をしないと、それを承諾したと擬制されることに注意を要する（商509条2項）。

53　要件事実第一巻39～42頁。

54　判決書に関する研究112頁。

55　本工事（当初契約）の内容を特定したうえで、現実に施工した内容と対比した結果、本工事（当初契約）に含まれない工事が施工されている場合には、経験則上追加変更工事施工の合意があったことを一応推認するのが合理的であることが少なくないとされる（德岡由美子「建築関係事件と和解」田中敦編『和解・調停の手法と実践』（民事法研究会、2019年）159頁。澤田博之「追加変更工事の合意の主張立証上の留意点は何か」岸日出夫ほか編『Q&A 建築訴訟の実務──改正債権法対応の最新のプラクティス』（新日本法規、2020年）179～181頁も同旨か）。

56　澤田博之「追加変更工事が争われる事案において早期に提出すべき書証にはどのようなものがあるか。提出する際の留意点は何か」岸・前掲書（注55）203～210頁。

57　その対象となった法律行為の成立要件とは区別される可分なもので、当該法律行為によって発生すべき法律効果についての特別な約定として抗弁となる（要件事実第一巻48～51頁）。

識して主張整理をする必要がある[58]。

　イ　処分証書の真正な成立の有無が争点となる場合

　処分証書を作成する場合には、後の紛争を防止するために印鑑登録がされた印章の押印を要求されることが多く、そのような場合には、精巧に印章が偽造されたと主張されない限り、相手方においても、当該文書の自己名下の印影が自己の印章によることを認めたり、そうでなくても、印鑑登録証明書との対照[59]により比較的容易に認定することができる。

　ただ、印章が押印されず、署名のみがなされているものについては、委任状[60]や尋問の宣誓書[61]等の署名と対照しても、必ずしも同一性が明らかとはいえない場合があり、尋問の結果や筆跡鑑定によって、真正の有無を判断することにならざるを得ない[62]が、そのような事案においては、双方の主張の信用性に関する間接事実（当該文書が作成された経緯やその内容の合理性等）について

58　例えば、請負契約が成立するためには、報酬額または報酬額の決定方法が確定していることが必要で（司法研修所編『4訂紛争類型別の要件事実』（法曹会、2023年）196頁）、それについては、①定額請負（報酬額が確定している場合）、②概算請負（概算額を定め、実費等に応じて報酬額の増額、減額のいずれかまたはその両方を認める場合）、③単価請負（単位面積または単位体積当たりの工事価格を決めるもの）、④報酬額の定めのないもの（報酬額の決定方法が確定していることが必要であるとすると、実費、仕事の内容等に応じた相当額の合意がある場合と解することになるとされる（司法研修所・前掲書196頁））などがあるとされていること（幾代通＝広中俊雄編『新版注釈民法(16)債権(7)』（有斐閣、1989年）129頁、130頁〔広中俊雄〕、山本豊編集『新注釈民法(14)債権(7)』（有斐閣、2018年）137頁、138頁〔笠井修〕、良永和隆『建築・請負（注解不動産法第2巻）』（青林書院、1989年）904頁、905頁、小久保孝雄＝徳岡由美子編著『リーガル・プログレッシブ・シリーズ建築訴訟』（青林書院、2015年）36頁〔島戸真〕）などに照らすと、報酬額の上記各定めは、請負代金請求の請求原因としては並列の関係であって（司法研修所・前掲書196頁、後藤勇『請負に関する実務上の諸問題』（判例タイムズ社、1994年）41～51頁）、①を原則として②を附款と解することはできないと思われる。

59　民訴229条1項。

60　民訴規23条1項。

61　民訴規112条3項、127条本文。

62　秋山ほか・前掲書（注51）555頁、高田裕成ほか編集『注釈民事訴訟法第4巻』（有斐閣、2017年）776頁〔名津井吉裕〕（脚注11で掲記されているものも含む）も同旨。なお、第1審が重要な書証の署名部分について書証を提出した当事者の筆跡鑑定の申出を採用することなくその部分が真正に成立したものと認めていた場合に、右署名の筆跡とその名義人が宣誓書にした署名の筆跡とが明らかに異なると断定することができないなど判示の事情の下においては、控訴審があらためて筆跡鑑定の申出をするかどうかについて釈明権を行使することなく第1審の判断を覆したことには、釈明権の行使を怠った違法があるとした判例がある（最判平成8年2月22日裁判集民178号265頁）。

丁寧に主張整理を行っていく必要がある[63]。

処分証書が真正に成立したものと推定される根拠となる「本人又はその代理人の署名又は押印」[64]は、それらの意思に基づいていることが必要であるから、当該文書の相手方名下の印影が相手方の印章によることを認めながら、その真正な成立を争う場合には、それが相手方の意思に基づいて顕出されたものと事実上推定される[65]、いわゆる1段目の推定を争う場合と、当該文書全体が真正に成立したものと推定される、いわゆる2段目の推定を争う場合とがある[66]。

1段目の推定を争う反証としては、①当該印章が三文判で、他人と共有・共用されている場合[67]、②当該印章を盗まれた、あるいは紛失した場合（盗用型）、③預託した印章を冒用された場合（冒用型）[68]、④文書の内容や外形、作成されていること自体等が不自然不合理な場合などがある[69]。

2段目の推定を争う反証[70]としては、白紙に署名・押印したとか、署名・押印後に文書が改ざんされた旨の主張が考えられる[71]。

いずれも、前記各推定を減殺する各事情を、真正な成立を争う側に主張させることになる。

63　民事訴訟における事実認定でも紹介されている最判昭和37年5月24日裁判集民60号819頁は、自筆証書遺言の有効性が争われ、本人名の押印もなされている事案であるが、本人の自筆によるものかについて疑義が残るのに、筆跡鑑定（複数の鑑定結果の結論は分かれたが、自筆したとするものが多数であった）や証言等から本人のものと認定したのは審理不尽として原審に差し戻した。

64　民訴228条4項。

65　最判昭和39年5月12日民集18巻4号597頁参照。

66　本人の筆跡による署名がある場合には、通常、この署名は本人の意思に基づくものと認められるから、2段目の推定のみが働き、1段目の推定は問題にならない（事例で考える民事事実認定19頁）。

67　最判昭和50年6月12日裁判集民115号95頁、最判平成11年3月9日判時1708号38頁。

68　最判平成5年7月20日判時1508号13頁は、作成者が作成時に不在の場合は、署名・押印の代行を指示したか否かを審理すべきであるとしている。

69　民事訴訟における事実認定113〜126頁。

70　2段目の推定を法律上の推定とする立場では、推定事実に対する反対立証を要することになる（民事訴訟における事実認定104頁、105頁）。

71　民事訴訟における事実認定128〜134頁、田中豊『事実認定の考え方と実務〔第2版〕』（民事法研究会、2021年。以下「事実認定の考え方と実務」という）88頁。一読してその記載内容全部を了解できるようなものであれば、急いでいたという事情は、成立の推定を妨げる事情とはならない（最判昭和38年7月30日裁判集民67号141頁参照）。

IV　その他の第 1 回期日に向けた準備

　　ウ　処分証書の真正な成立は争わないものの、同書面に記載された内容の
　　　　契約の成立を争う場合[72]

　処分証書の真正な成立が認められる場合には、特段の事情のない限り、記載
されている法律行為の存在が認定されることになる[73]。したがって、相手方に、
①処分証書に記載された法律行為（表示行為の外形が合致すると契約は成立する
とされる[74]）は認めたうえで、抗弁として、その法律効果を否定する虚偽表示
等の瑕疵の主張をするのか、あるいは、②そもそも前記法律行為をしたこと自
体を否認するのかを確認しなければならない[75]。

　①であれば、抗弁事実（虚偽表示であれば、当該法律行為をする意思がないの
に、その意思があるもののように仮装することを合意した事実[76]）を主張してもら
うことになる[77]。

72　これに類似する事例として、過去に当事者双方が署名・押印した離婚届書を用いて離婚
　　届出をした場合に、その協議離婚の効力が争われる事案がある。離婚届書に署名・押印す
　　る行為は、その時点において、「法律上の婚姻関係を解消する意思」（「離婚意思」という。
　　最判昭和38年11月28日民集17巻11号1469頁）を表示するとともに、それを相手に交付して
　　離婚届書の提出を委託したことは、届出意思を表示したと解することができる。その場合
　　の離婚意思は、夫を戸主にする方便のため（前掲最判昭和38年11月28日）や、生活保護費
　　受給のため（最判昭和57年 3 月26日裁判集民135号449頁）であっても欠けるところはない
　　ものの、協議離婚の成立には、届出時に離婚意思・届出意思が存在することを要し（最判
　　昭和53年 3 月 9 日裁判集民123号181頁）、少なくとも届出時までに離婚意思の翻意が明確
　　になった場合には、それを相手に表示等をしなくても、協議離婚の届出は無効となる（最
　　判昭和34年 8 月 7 日民集13巻10号1251頁。ただし、同判決の補足意見は、届出意思の撤回
　　は、受理前にその効力発生を妨げるに足りる何らかの行為がなされなければならないとの
　　旨指摘する）。したがって、離婚届書の成立が認められる場合には、虚偽表示や離婚届書
　　の記載文言の解釈が問題となることは少なく（届出以外の目的で作成されたなど離婚意思
　　を表示したものではないと認める特段の事情があるなどの主張は残る）、もっぱら離婚届
　　書に表示された離婚意思等が届出時までに撤回されたか否かが争点になると考えられる。
73　最判昭和42年12月21日裁判集民89号457頁、最判昭和45年11月26日裁判集民101号565頁、
　　前掲最判昭和47年 3 月 2 日、最判昭和32年10月31日民集11巻10号1779頁参照。
　　　なお、処分証書のみならず、作成者の認識、判断、感想等が記載された文書（報告文
　　書）であっても、通常は信用性を有すると考えられるもの（公文書や領収証等）は、通
　　常、それに記載された事実が存在しなければ作成されない文書であるから、真正な成立が
　　認められる場合には、その記載および体裁から類型的にみて信用性が高いと考えられるの
　　で、類型的信用文書といわれている（事例で考える民事事実認定25〜28頁）。
74　四宮和夫＝能見善久『民法総則〔第 9 版〕』（弘文堂、2002年）210頁、211頁、遠藤浩ほ
　　か編『民法注解財産法第 1 巻民法総則』（青林書院、1989年）385頁〔藤原弘道〕。
75　事例で考える民事事実認定36頁。
76　記載例集〔補訂版〕45頁。
77　その際には、最判昭和55年 6 月 5 日判時1003号 9 頁が「通謀虚偽表示は、相手方と通じ

19

②であれば、否認の理由、ⓐ処分証書に基づき一定の法律行為をしたことは認めるものの、同文書に記載された文言（法律行為）の解釈を争うのか[78]、あるいは、ⓑその主張する法律行為の内容が処分証書の文言に反するなど、その解釈の限界を超える場合や、あくまでも処分証書記載の法律行為をしていないと主張する場合には、前記法律行為をしたとはいえない特段の事情を具体的に主張するのかを確認する必要がある。

ⓐ法律行為の解釈を争う場合には、当事者双方が法律行為を行ったことには一定の目的（その内容に従った権利義務を発生させる必要性）があったはずであるから、その点や、当該法律行為をするに至った事情、慣習および取引の通念などを斟酌しながら、合理的にその意味を明らかにするように主張を補充させる必要がある[79]。

なお、特定の契約条項に基づく解除等の法律行為の有効性や合意解除の効果が争われる場合、法律効果は争点ではなく、前記解除権等は当事者間の合意により発生するものであるから、まずは、その条項の解釈について争いの有無を

て真意でない法律行為の外観を作り出すことであるが、当事者がこのような法律行為の外観を作り出すのは、通常、これによって達成しようとするなんらかの目的があるからであり、したがって、ある意思表示が当事者の通謀による虚偽のそれであると認定するには、これにより一定の法律行為が生じたことの外観を作り出すことが特定の具体的な目的達成に役立つ関係の存することが是認される必要があると考えられる」と判示していることを参考に、それを支える間接事実を主張させるのが有益である。

78　処分証書に記載された法律行為の解釈は、別問題として残る（秋山ほか・前掲書（注51）536頁）、事実認定の考え方と実務115頁。

79　最判昭和51年7月19日裁判集民118号291頁参照。

また、契約書の特定の条項の意味内容を解釈する場合、その条項中の文言の文理、他の条項との整合性、当該契約の締結に至る経緯等の事情を総合的に考慮して判断すべきである（最判平成19年6月11日裁判集民224号521頁）。

さらに、この点に関連して、離婚時に養育費額について合意する事例（民766条1項）もみられるが、離婚公正証書（執行証書）を作成する場合から普通の紙に合意した養育費額を記載した簡単なものまでさまざまであり、前記合意を、通常争われるところの家事事件手続においてどのように取り扱うかは難しい問題である。しかし、それらを常に同じ内容に解釈することは、当事者の合理的な意思に反する場合もあろう。例えば、資力不足を訴える義務者の要請により、権利者が改定標準算定方式よりも低い額を了承し、簡単な書面を作成して義務者に差し入れたという場合であれば、それによって権利者が通常請求できる養育費請求権を一方的に放棄したと解するのは不合理であって（特に義務者が自ら約した低廉な養育費の支払さえ怠った場合には一層顕著となる）、義務者が前記金額の養育費額の支払を遵守する限りにおいては、権利者においてそれ以上の養育費支払義務の形成を家庭裁判所に求めることはしない旨約した書面と解する余地もあるのではないだろうか。

確認し、争いがある場合には、前記効果の発生を主張する側に、その主張する合意内容を具体的に主張させたうえで、その合意の有無を争点として主張を整理する必要がある[80]。

ⓑ前記特段の事情を主張する場合においては、処分証書に記載された法律行為がなされたことと整合しない諸事情[81]を主張立証することは、当該文書が処分証書であることを否定する反証であるが、それらの事実を主張させることになろう。

⑶ 不法行為等、事実行為の有無やその態様が争われる事件

ア 双方の主張内容を対照しながら検討する

まずは、不法行為等の具体的内容[82]やそれに至る経緯について、当事者双方に裏付けとなる客観的証拠とともに具体的に主張させて相違点を把握したうえで、双方の主張内容を対照しながら不合理・不自然な点はないかを検討することが重要である[83]。

その際には、たまたま当事者関係になった交通事故の態様が争われる紛争[84]

---

80 例えば、原告が賃貸借の合意解約に基づき建物の明渡しを請求する場合は、賃貸借契約時に引き渡した事実を主張すれば、被告が合意解約後の明渡し（債務者等が居住しまたは物品を置いて占有している所から、それを引き払って立ち退くことによって債権者に目的物の直接支配を得させること（鈴木忠一＝三ケ月章編『注解民事執行法⑸』（第一法規、1985年）52頁））を主張する必要があるのが通常だが、転貸前提で賃借したが転貸先を確保できずに賃借人が現実に建物を使用収益しないまま合意解約し、合意解約書においても明渡条項を定めていない場合には、合意解約において、賃借人の占有がそれにより消滅して明渡しを要しないことを合意していたかどうかが問題となり得る。

81 例えば、契約日（当該記載部分は、作成者の見聞、判断、感想等が記載されている報告文書である（民事訴訟における事実認定65頁脚注28））には当事者双方が法律行為を行っておらず、契約書は後日虚偽の書面として作成した旨の主張（事例で考える民事事実認定26、27頁参照）、同時に内容の異なる裏の契約書が作成された旨の主張（賀集唱『契約の成否・解釈と証書の証明力』民商法雑誌60巻2号（1969年）3頁）や、居宅として使用する条項のある賃貸借更新契約書を作成した時点で、すでにそれと異なる賃借人の使用をうかがわせる事実が存在したのに、賃貸人が特段異議を述べていないのは、前記条項は居宅以外の使用を禁止するものではない旨の主張（これは、同時に、ⓐの前記条項の解釈を争う主張でもある）。ただ、契約書の内容と異なる裏の合意が口頭でなされた場合には、処分証書に記載された法律行為がなされたことと両立しないとはいえず、前記①の虚偽表示の抗弁として主張立証を促すべきであろう。

82 特に態様が争われる事件については、図面等を用いて具体的に特定させる必要がある。

83 秋吉仁美編著『リーガル・プログレッシブ・シリーズ医療訴訟』（青林書院、2009年）15～41頁〔村田渉〕は、医療訴訟の訴状の留意点を詳細に解説している。

84 例えば、どちらが赤信号を無視して交差点に進入したかについて、ドライブレコーダー

においても、事故現場の地図、双方の車両の位置関係を示す図面、事故現場や事故車両の写真を提出するとともに[85]、当事者が当時、どのような目的で、どこへ移動しようとしていたのか、その際、何時までに目的地に到着しなければならないといった事情はあったのか、事故直後、どのような行動をとったのか[86]などを押さえることが、事故態様等の事実認定をするにあたり有用なことがある。

　イ　供述の信用性の判断

　特に、暴行、あるいは、わいせつ行為やセクシュアル・ハラスメントを行ったか否かをめぐり、当事者間で熾烈に争っていて、しかも、犯罪行為に該当するものであっても不起訴処分等とされるなどして刑事関係の証拠も提出されず、他に確たる客観的な証拠もないため、主として双方の供述の信用性が最大の争点となる事件が少なからずみられる。

　まして、被害者が幼児や小学生の場合には、成人の場合よりも、一層その記憶の正確性や、虚偽の供述をする動機や親等の働きかけ・暗示による記憶の変容の可能性等を慎重に検討しなければならず[87]、一層その供述の信用性を判断するのが難しくなる。

　訴状等から、そのような事案であることがうかがわれる場合には、動かしがたい事実[88]や間接事実[89]、そして経験則[90]を踏まえて各供述の信用性を判断する

　等の客観的証拠が存在せず、当事者双方の供述の信用性で認定せざるを得ない場合など。

85　佐久間邦夫＝八木一洋編『リーガル・プログレッシブ・シリーズ交通損害関係訴訟〔補訂版〕』（青林書院、2013年）19頁、20頁〔浦上薫史〕。

86　それが事故態様と整合するか（例えば、相手が信号無視したと主張しているのに、その場では相手を非難する言動をとらず、連絡先を確認して別れたなど）。

87　最判平成元年10月26日裁判集刑53号167頁等。

88　当事者間に争いがないか、成立の真正が認められる信用性が高い書証から認定できる事実（事例で考える民事事実認定46頁、47頁）。
　　　例えば、被告が行政機関等に虚偽の申告をしたかどうかが争点となっている事件については、行政機関等に調査嘱託をして申告内容を確定させたうえ、虚偽か否かが争点となる部分について当事者双方に主張させる必要があろう。

89　直接証拠である供述の証明力にかかわる事実（補助事実）として機能し、この吟味を経て初めて供述の証明力を判断できる（事実認定の考え方と実務177頁、178頁、後藤勇『民事裁判における経験則——その実証的研究』（判例タイムズ社、1990年）9頁）。

90　供述の信用性の判断資料としての機能を営む（事実認定の考え方と実務147頁、後藤・前掲書（注89）9頁、同『続・民事裁判における経験則——その実証的研究』（判例タイムズ社、2003年）19頁）。

ほかないから[91]、双方に詳細な事実経緯を主張させたうえで、それを対照して
争いのない事実と相違点を把握するとともに[92]、加害者側が加害行為を行う動
機、被害者側については、虚偽の供述を行う動機、被害者側の供述する一連の
加害行為やそれを申告するに至る経緯が自然であるか、変遷はないか、申告を
受けた加害者側の反応等、その他各供述の信用性に関する間接事実を慎重に検
討することになる。そして、客観的事実は、加害者が問題とする行為をしたか
否かのどちらかであるから、争いのある間接事実を安易に認定から落としたう
えで、被害者側の供述の信用性を減殺する事情も認定しないまま、動かしがた
い事実からだけではその供述の信用性を肯定するに足りず、また、それを裏付
ける的確な証拠もないという理由で、その供述を採用せずに棄却することは、
供述は証拠にはならないかのような誤解を当事者に与えるものであるから、避
けるべきである。特に、加害者が同時に被害者の被害申告が虚偽であると主張
して損害賠償請求をしている場合[93]には、前記審理を尽くしたうえで、可能な
限りどちらかの供述の信用性を肯定すべきであり、判断が微妙であるからとい
って、安易にどちらの供述も信用できず、真偽不明である旨説示して、立証責
任に基づき双方の請求を棄却するのは、裁判に対する信頼を揺るがすことにな
るから、避けるべきである[94]。

---

91 後藤・前掲書（注89）8頁、事実認定の考え方と実務145頁。
92 不法行為の有無が問題となっている事案においては、不法行為の態様や当事者の位置関
係の変遷を図面等（刑事手続で作成される実況見分調書や写真撮影報告書添付の図面に準
ずるもの）に落として、双方の主張を対照させるのが有益である。また、事案の経緯を含
めて自己に不利な事実を否認するとだけ主張し、自己の認識している具体的な事実関係の
主張をしない当事者がいるが、それを指摘した後の対応ぶりや主張内容（紛争発生当初か
ら相手が一貫して主張していることに対して積極的に主張してしかるべき内容を訴訟で指
摘されて初めて受動的に主張したり、その内容が抽象的にとどまる場合等）で、心証がと
れる場合もある。
93 痴漢の被害申告が虚偽であるとして損害賠償請求をした事案が最高裁まで争われ、原判
決が被害者の供述の信用性を肯定して痴漢行為を認定したことは審理不尽であるとして原
審に差し戻したものに、最判平成20年11月7日裁判集民229号151頁がある。
94 他方、供述の信用性はあくまで相対的なものであり、信用性を肯定できる側の供述内容
のすべてが直ちに信用できるわけでもなく、信用性が低いとされた側の供述内容の中にも
信用できる部分がありうることから、信用性の判断を包括的に人証単位で行うべきではな
く、供述内容ごとにその信用性を判断して、控えめな認定に心がけるべきである（事例で
考える民事事実認定30頁も同旨）。前掲（注93）最判平成20年11月7日の差戻し後控訴審
判決（東京高判平成21年11月26日判時2069号33頁）も、被害者供述の信用性に疑問があ
り、これを否定する加害者の供述には相当程度の信用性が認められるから、加害者が痴漢

ウ　加害者が細かく具体的な内容を列挙して主張する事案への対応

　また、本人訴訟などで、慰謝料を請求するにあたって、加害者が行った不法行為を細かく逐一具体的な内容を列挙して主張する事案がみられる。しかし、その一つひとつを取り上げても直ちに原告に金銭賠償を要する程度の精神的損害が発生したとはいいがたいような場合には、原因事実と被侵害利益を共通にする損害賠償請求権は1個であると考えられる[95]ので、始期と終期を特定し、代表的な行為を例示させたうえで、加害者が共通の意図で被害者に対して社会的相当性を逸脱した嫌がらせ（不法行為）を行ったとする概括的な主張としてまとめて、その具体的な内容は陳述書等の証拠に記載させることで足りると思われる。

⑷　規範的要件が争点となる事件や、形式的形成訴訟である境界確定訴訟のように形成の基準となる具体的な要件が定められておらず、判断の具体的内容が裁判所の判断に委ねられている事件

　　ア　規範的要件の認定

　まず、規範的要件[96]においては、それに関して、当事者双方が主張立証責任を負っている評価根拠事実（規範的評価を根拠づける事実）や評価障害事実（評価根拠事実と両立し、当該評価を妨げる事実）[97]が、①そもそもその主張どおり認定できるか、②認定できるとしても、それが当事者の主張するとおり、規範的要件の評価を根拠づけ、また評価を障害する事実といえるか（主張自体失当ではないか）、また、③規範的評価にかかわる事実であるとしても、その程度や重要性を評価したうえ、それら全体を総合した結果、最終的に規範的要件が認

　　行為をしたと認めることはできないものの、痴漢被害を受けたと一貫して訴える被害者の主張に沿う証拠や事実が存在する以上、被害者が故意に虚偽申告を行ったと認めるには足りないと判断している。

95　最判昭和48年4月5日民集27巻3号419頁。

96　規範的評価に関する抽象的概念が法律要件となっているもの（司法研修所編『改訂新問題研究要件事実』（法曹会、2023年）141頁）。（重）過失、債務不履行における「債務者の責めに帰することのできない事由」（民415条1項。債務者に故意・過失がないか、または債務者に債務不履行の責任を負わせることが信義則上酷に失すると認められるような事由（最判昭和52年3月31日裁判集民120号341頁））、不動産の物権変動に関する「背信的悪意者」、信義則（民1条2項）、権利の濫用（同条3項）や公序良俗（同法90条）のほか、後述するものなどがある。

97　最判平成30年6月1日民集72巻2号88頁。

められるかどうかを判断する必要がある[98]。したがって、このような裁量的判断を適正に行うためには、当該規範的要件に関する判断要素（その重みづけとその理由）と、それらに基づく総合的評価の方法や傾向を従前の裁判例や文献等で押さえておく必要がある[99]。

　特に、それまでの継続的契約関係の解消を制約する要件であるところの、賃貸借契約の解除に関する「背信事由と認めるに足りない特段の事情」[100]や更新拒絶や借家の解約申入れをするための「正当の事由」（借地借家6条、28条）等、労働契約の解雇に関する「客観的に合理的な理由を欠き、社会通念上相当であると認められない場合」（労契16条）、婚姻関係の解消（離婚）や縁組関係の解消（離縁）事由としての婚姻・縁組を「継続し難い重大な事由」[101]（民770条1項

98　司法研修所民事裁判教官室「規範的要件について（令和4年10月）」〈https://www.courts.go.jp/saikosai/vc-files/saikosai/shihoukensyujyo/206kihantekiyouken-r410.pdf〉3頁、4頁。

99　例えば、権利の濫用については、関係当事者の客観的利益状況（権利の行使によって権利者に生ずる利益と相手方または社会全体の被る不利益との比較）と主観的容態の両面を総合的に考察して判断すべきであるというのが現在の判例学説の一般的な考え方であるから（最判平成7年3月28日判タ876号135～137頁コメント欄）、それらの要素を裁判所が正確に把握する必要がある（公序良俗違反や権利濫用など公共性の強い一般条項の主要事実に弁論主義が適用されるかについては見解の対立がある）。また、判例が、同種事案につき、その成否の判断について一定の考え方を示している場合には、その事案との異同を踏まえた評価根拠・障害事実の主張を当事者に促すのが有用である（司法研修所民事裁判教官室・前掲資料（注98）2頁、4頁、8頁）。

100　賃料不払につき最判昭和39年7月28日民集18巻6号1220頁等、無断転貸につき最判昭和28年9月25日民集7巻9号979頁等、借地上家屋の増改築禁止特約違反につき最判昭和41年4月21日民集20巻4号720頁等。

101　最判昭和62年9月2日民集41巻6号1423頁は、民法770条1項5号（当時）は「夫婦が婚姻の目的である共同生活を達成しえなくなり、その回復の見込みがなくなった場合には、夫婦の一方は他方に対し訴えにより離婚を請求することができる旨を定めたものと解される」と判示しているから、前記要件（破綻）の評価根拠事実の中核は、相当期間にわたる別居であり、別居期間がある程度継続している場合には、事実上、破綻が推定されるから（秋武憲一＝岡健太郎編『リーガル・プログレッシブ・シリーズ離婚調停・離婚訴訟〔四訂版〕』（青林書院、2023年）117頁、118頁〔秋武憲一〕、阿部潤「離婚訴訟の審理と運営——初めて離婚訴訟を担当する裁判官のために」家月59巻12号（2007年）25頁）、被告が別居しているのに前記要件（破綻）の充足を争い、別居期間も破綻が推定される3年程度に達しない場合には、回復の見込みの有無を別居に至る経緯に照らして判断する必要がある。その際には、別居に至る直接的な経緯が中心となり（ただし、破綻の原因は、当事者双方または一方に有責事由がある場合に限らない。最判昭和31年12月11日民集10巻12号1257頁）、婚姻生活の全過程について個別的に判断する必要はないものの、別居の契機となった事由が当事者間の信頼関係に与える影響や当時の婚姻関係の実態（すでに家庭内別居状態等で長期間円滑な会話を欠く状態であったか、また、修復に向けた言動がみられた

4号、814条1項3号）などは、いずれも当該継続的法律関係の基礎である個人的信頼関係に与える影響に照らし、契約関係を解消してもやむを得ないとの規範的評価にかかわるものであることからすると、その評価を行うにあたっては、従前の契約関係の状況を踏まえて具体的に判断されるべきことは明らかである。

したがって、賃貸借の解除事由、更新拒絶・解約申入れの正当事由、解雇事由や離婚事由として複数の事由が主張されている場合には、前記制約要件（当事者間の信頼関係に与える影響）との関連で、その重みづけ（当事者がどれを最も重視していたかの順位づけ）をすることは不可欠であり、それを推認させる事実経過を併せて主張させるべきであるし[102]、その結果、最も重視されていた事由だけでは前記規範的評価を充足しないと判断される場合であっても、他の事由をも併せて総合考慮した場合に充足する余地はないかの検討も忘れてはならない[103]。

か等）をも考慮して回復の見込みを判断する必要があると思われる（安倍嘉人「控訴審から見た人事訴訟事件」家月60巻5号（2008年）11頁、12頁、15〜20頁、伊藤由紀子「人事訴訟──停滞させない審理のヒント」家月65巻7号（2014年）17〜19頁）、西岡清一郎ほか「〈座談会〉今、家庭裁判所に求められているもの」法の支配191号（2018年）9頁〔青木晋発言〕）。

102　例えば、労働者を複数の解雇事由をあげて解雇した事例では、各事由が解雇に相当するのであれば、当然使用者において、労働者の前記行為を注意したり、是正を求めてしかるべきであるから、解雇に至るまでのそれらに関する使用者側の対応の経緯を押さえると、使用者側が重視していた事情が何かが浮き彫りになるはずである（逆に、前記事由が従前から存在していたにもかかわらず、使用者が解雇を告知するまで、労働者に何らその点の指摘もしていなかった場合には、解雇の真の動機が他に存在することを疑わせる事情になる）。

　　また、用法違反を理由に賃貸借契約を解除した事案でも、同様に、賃貸人が賃借人の用法違反にどのような態度をとってきたかを押さえる必要があり、それが、前記違反の当事者の信頼関係に与える影響の重要な指標となる。さらに、借家について、賃借人の帰責事由による解除と、主として賃貸人の目的物の利用の必要性に基づく解約申入れを同時に主張している事案においては、事前に賃貸人がどちらに力点をおいて交渉していたのかを押さえる必要がある。

103　公務員の分限免職の事案であるが、一つひとつを個別的に取り出してみれば、さほど重大なものとはいいがたいものであっても、一連の行動・態度を相互に有機的に関連づけて評価すべきであるとして、規範的要件である国家公務員法78条3号所定の分限免職事由（「官職に必要な適格性を欠く」）を認めているし（最判平成16年3月25日裁判集民213号739頁）、また、賃貸借契約の解除原因には、特約を含む当該契約の要素をなす義務違反のみならず、同契約に基づき信義則上要求される義務に違反した場合も含まれる（最判昭和47年11月16日民集26巻9号1603頁）として解除原因を拡張し、当事者間の信頼関係が破壊

イ　境界確定訴訟の場合

　境界確定訴訟においても、判断要素となる事実や各資料の重要性や資料の正確性、それらを踏まえた裁判例の傾向を踏まえておく必要がある[104]。それに加えて、当事者の関心は、係争地についての所有権の帰属等にあることが多いことから、事件の実相を踏まえた判断をするためにも、共通図面を作成したうえで、当事者双方が主張する境界線を記入させるとともに、その間の係争地の所有権の範囲・帰属に関する証拠を提出させる必要がある[105]。

2　経験則の習得と自分が通じていない取引や分野に関する紛争に関する基礎知識の収集

　先に述べたように、経験則は、訴訟上、争点整理の際の当事者の主張の合理性の検討や事実認定のみならず、法律を適用する際の法律行為の解釈や規範的要件充足性の判断、さらには、証拠の採否を検討する際にも重要な働きをするもので、常識的な経験則については、裁判官は相当な常識・経験を有する者として、当然それを知っていることが期待されているから[106]、平素から常識的な経験則の習得に努めるべきことはいうまでもない[107]。

　また、自分が通じていない取引や分野の紛争を担当することがあるし、不動産取引であっても、不動産をめぐる公法的規制はさまざまなものがある。それらの取引をめぐる紛争について適正な判断をするためには、まず、当事者との知識格差を埋めるために、その取引や分野に関する基礎知識を押さえる必要がある[108]。そのような紛争の場合、それらの事項を熟知しているはずの当事者が、

　された場合には、その原因行為が当該契約と関係する限り解除原因となりうることを認めている（小堀勇「判解」最判解民〔昭和47年度〕432頁）。

[104]　境界確定訴訟の提起・追行（審理）上、留意すべき点について詳しく解説したものに、最近のものでは、野上誠一「境界確定訴訟」滝澤孝臣編『最新裁判実務大系第4巻不動産関係訴訟』（青林書院、2016年）583頁がある。

[105]　金地香枝「近隣事件と和解」田中・前掲書（注55）321頁、322頁、大阪地方裁判所民事訴訟実務検討委員会計画審理検討小委員会「訴訟類型に着目した訴訟運営」判タ1077号（2002年）5〜7頁、東京地方裁判所プラクティス委員会「訴訟類型別審理計画の指針」判タ1067号（2001年）49頁、50頁。

[106]　西田・前掲論文（注26）29頁、後藤・前掲書（注89）1〜21頁、同・前掲書（注90）17〜30頁、民事訴訟における事実認定31頁。

[107]　中本敏嗣『元裁判官が語る判決書からみた民事裁判』（新日本法規、2024年）25頁、橋本英史『講話民事裁判実務の要諦』（判例時報社、2024年）120〜124頁。

当事者間では当然の前提になっているため、あるいは、あえてその点を明らかにしないほうが自分に有利な判断が得られると考えたために、基礎知識に関する事項を十分に説明しないまま、訴訟物に関する攻撃防御方法を主張していることがままみられる。しかし、それでは、前記取引や分野に精通していない裁判官において、どうしてそのような紛争が生じたのか、当事者の利害状況が十分に理解できないことになる。

最近はインターネットにより、前記基礎知識に関する事項を容易に検索・収集することができるものの、それらが明白性により判断の客観性が担保されているため[109]、証明を要しないとされる顕著な事実（民訴179条。公知の事実）といえるかが明らかでない場合には、間接事実であっても、それを当事者に提示して、前提事実として判断に用いてよいか、確認する必要がある。

例えば、太陽光発電事業に関する紛争の場合は、それをめぐる法制度の変遷と、それを踏まえた事業者側の利害状況を把握しておく必要がある。

3　当事者間の関係や関連する事情の把握

さらには、前記Ⅰで述べたとおり、訴訟物とそれに関する主要事実のみならず、当事者双方が自己の主張を裏付ける間接事実をも含めた事実関係を対照して、事件の実相を想定するのが有益である。

すなわち、当事者の従前の関係、紛争に至った契機、特に、相手と一定の利害が折り合ったために、契約関係やそれに類する関係をもつに至った場合には、その出発点である利害の一致点を知ること[110]が、その後、利害が対立するようになった経緯を把握するのに有用である。しかも、当事者間に従前継続的な契約関係がある場合（離婚事件、労働事件、継続的な契約関係をめぐる紛争）には、当初一定の信頼関係があることで、客観的な証拠が存在せず、人証の信用

108　佐久間健吉「争点整理における口頭議論の活性化について」民訴雑誌64号（2018年）160頁では、製造物責任訴訟における当該製造物の仕組み、株価算定方法、新しいタイプの金融商品の仕組みなどの例があげられている。

109　高田ほか・前掲書（注62）91頁〔佐藤鉄男〕。

110　例えば、離婚訴訟においても、愛情と憎悪は裏返しの関係にあるから、当事者双方が婚姻時に相手のいかなる点を重視して婚姻し、破綻原因にかかわる事情（性格や生活態度等）が当時から存在していた場合には、どのようにとらえていたのかを把握することが、その後の破綻の経緯を理解するのに有益である。

性に依拠せざるを得ない場合も多いため、契約関係が円滑に履行されていた時期から、その関係が悪化した経緯[111]を押さえる必要がある。

4　当事者双方の主張する事案の経緯（ストーリー）の検討

　上記作業を通して、各当事者の主張する事案の経緯の概要が一応把握できた結果、その中で、事実認定の基礎となる動かしがたい事実は何か、また、両者の主張の主な相違点が浮き彫りになってくる[112]。そこで、今後展開される当事者双方の主張を整理して理解するとともに、多数の事件を処理していく中で、記録検討により把握・整理した内容について、後日容易に記憶喚起するためには、かねてからいわれているとおり、必要に応じて、時系列表を作成するとともに、当事者間の関係図を作成しておくことが有益である[113]。また、多数の主張がなされ、その要件事実や主張立証責任を正確に理解して争点整理をする必要のある事案は、ブロック・ダイアグラムの簡単なものを作成しておくことが有用である[114]。

　そのうえで、現時点で、どちらの主張が動かしがたい事実や書証に整合的であるか、また、当事者双方の主張を比較した際に、合理性に疑義がある点は何か、それを踏まえて、事実関係において考えられるいろいろな仮説を想定しながら、今後発展する可能性のある争点をも検討しておくこと[115]は、その後の争点整理を進めるうえで、適切な求釈明を基に当事者との議論を進め、早期に適

111　円滑に履行されているときから変化した事情は何か。それが複数ある場合、当事者が重視した事情は何かなど。

112　事例で考える民事事実認定46、47頁。

113　民事訴訟おける事実認定38、39頁、事例で考える民事事実認定42〜44頁。争点整理の考え方と実務65頁。福田・前掲論文（注2）では、時系列表は、紛争の成り立ちとその原因を明らかにし、その紛争における真の争点に迫ることを助けるのに最適で、要件事実による法律的な争点と真の争点とのかい離を防ぐための重要なツールとする（24頁、25頁）。

114　判決書に関する研究111頁、争点整理の考え方と実務64頁。

115　判決書に関する研究109頁。
　　人証調べにおいて最終的にその仮説は検証されるとしても、供述が対立している事件であればあるほど、書証や動かしがたい事実との整合性によって勝敗が決せられることが多いのであるから、争点整理手続において、当事者の主張を支える間接事実や証拠の有無を確認するとともに、それと整合しない間接事実や証拠との整合性を検討することにより、成り立ちうる仮説を絞っていくことができる（プラクティスに関する研究76頁、民事訴訟における事実認定27頁、41頁、43頁）。

切な法律構成に基づく争点を設定することにつながる。そして、当事者に対し、設定された実質的争点に関し、十分な事実主張とその認否やそれを裏付ける書証の提出を促し、その結果、尋問により確定すべき事実を抽出することにもつながる[116]。

その検討結果を踏まえて、第1回期日において、疑義がある点を当事者に指摘して主張を補充させるなどして、その後の争点整理手続において暫定的な心証を形成していくことで、当事者双方とおのずと訴訟の見通しについて認識を共有することにもなり、ひいては、紛争全体の最終的解決に向けた和解の機運も生まれることになる[117]。

V 最後に

民事訴訟の永遠の課題である、いかに早期に紛争の実相を把握するかというテーマにつき課題を与えられたため、いろいろな文献を参照しつつ、控訴・抗告審を担当した経験も踏まえて、上記のとおり、まとめてみた。

不十分な点が多々あると思われるが、ご容赦願いたい。取捨選択していただいたうえ、いくらかでも適正かつ迅速な訴訟運営の参考になれば幸いである。

---

[116] 婚姻費用や養育費に関する家事抗告事件において、しばしば別居した当事者の有責性（不貞や正当な理由のない別居）が争われ（争う側は通常夫婦関係の悪化によるものと主張する場合が多い）、抗告審は書面審理であるため、当事者双方にその主張の不明点や不合理な点（例えば、有責でないとしながら相手からの指摘に十分な説明をしていないこと等）、あるいは主張されていない重要な間接事実（例えば、夫婦関係悪化を裏付ける当事者の行動の有無等）について求釈明をしたうえで心証形成を行わざるを得ないが、並行して以前から係属している不貞による損害賠償請求訴訟が、和解協議ではなく争点整理が継続中で、抗告審の決定が先行する場合も散見される。それほど複雑でない事案の内容に鑑みると、争点整理において単に相手の書面に対する認否・反論の書面の交換を繰り返させているのではないかとさえ危惧するところである。そのような事実認定が最大の争点となる事案については、裁判所が積極的にそのポイントとなる、当事者の主張の不合理・不自然な点や、重要な間接事実等を指摘したうえで主張の補充を促し、当事者との意見交換を通じて、実質的争点に関する認識の共有に努めるべきである。
[117] 審理方法に関する研究68頁、90頁、92頁、93頁、民事訴訟における事実認定27頁。

② 裁判管轄と移送

和 久 一 彦
東京地方裁判所判事

I　はじめに

　民事訴訟においては、裁判所間での裁判権の分掌である管轄[1]に関連して、裁判所間での訴訟係属の移転である移送をすべきか否かが問題となることがある（民訴4〜22条等）。この場面の「裁判所」は官署たる裁判所を意味するから、ある裁判所の本庁と支部および支部相互間での分掌は管轄の問題ではなく（最判昭和41年3月31日裁判集民82号791頁）、これらの間での事件の送付（回付）は移送ではない（東京高決昭和35年6月29日下民集11巻6号1381頁）。

　管轄の有無・移送の要否は、実務上、提訴から間もない時期に問題となることが一般的であり（民訴12条、19条参照）、訴訟追行の負担という当事者の利害に相応の影響を与えるものであるため、管轄・移送に関する裁判は、適正かつ迅速に行う必要がある。

　なお、民事裁判手続のデジタル化（IT化）を実現するための「民事訴訟法等の一部を改正する法律」（令和4年法律第48号。以下「デジタル化改正法」という）は、管轄および移送に関する規定には変更を加えていないが、移送に関する規定の解釈に影響を与える可能性がある（詳細は後述する）。

1　特定の裁判所の管轄は、日本の裁判所の民事裁判権（民訴3条の2〜3条の12にいう「管轄権」）とは区別された概念である。

31

II　裁判管轄

1　管轄の種類

民事訴訟の管轄は、発生根拠に応じて、以下の４つに区分される。

①　法定管轄：法律の規定により生ずる管轄

②　指定管轄：裁判所の判断により生ずる管轄（民訴10条）

③　合意管轄：当事者の合意により生ずる管轄（民訴11条）

④　応訴管轄：被告の応訴により生ずる管轄（民訴12条）

法定管轄のうち専属管轄とされるものについては、合意管轄および応訴管轄は生じない（民訴13条１項）。以下では、実務上重要なものを中心に説明する。

2　法定管轄

法定管轄は、これを分配する基準により、職分管轄、事物管轄、土地管轄の３種に区別される。

(1)　職分管轄

職分管轄は、その裁判事務をどの種類の裁判所に分配するかの定めである（専属管轄）。

実務上重要な職分管轄としては、審級の順序関係を定める審級管轄があげられる。例えば、通常の民事訴訟については、地方裁判所または簡易裁判所が第１審裁判所となるが（裁24条１項１号、33条１項１号）、離婚の訴え等の人事に関する訴えについては、家庭裁判所が第１審裁判所となる（同法31条の３第１項２号、人訴４条）。また、人事訴訟に係る請求の原因である事実によって生じた損害の賠償に関する請求（典型例は離婚に伴う慰謝料請求）を目的とする訴えは、上記の原則により地方裁判所または簡易裁判所に提起することができるほか、当事者の立証の便宜および訴訟経済に資することから[2]、当該人事訴訟と併合して提起する場合またはすでに当該人事訴訟が家庭裁判所に係属している

2　小野瀬厚＝岡健太郎『一問一答新しい人事訴訟制度』（商事法務、2004年）36頁。

場合には、家庭裁判所にも提起することができる（人訴17条1項・2項）。

(2) 事物管轄

事物管轄は、訴訟の第1審裁判所を同一の土地を管轄する地方裁判所と簡易裁判所のいずれとするかの定めである（専属管轄ではない[3]）。

原則として、簡易裁判所は、訴訟の目的の価額（以下「訴額」という）が140万円を超えない請求について第1審の裁判権を有し（裁33条1項1号）、地方裁判所は、訴額が140万円を超える請求のほか、訴額が140万円を超えない請求のうち不動産に関する訴訟について第1審の裁判権を有する（同法24条1項1号）。この不動産に関する訴訟は、地方裁判所と簡易裁判所が競合して管轄権を有することとなるところ、この点に関し、移送の特則が設けられている（後記Ⅲ2(6)イ）。

事物管轄の基準となる訴額は、訴えで主張する利益によって算定し（民訴8条1項）、訴額を算定することができないとき（財産権上の請求でない場合）または極めて困難であるときは、160万円とみなされる（同条2項、民訴費4条2項）。訴額の算定が極めて困難なものの例としては、人格権に基づく差止請求訴訟、従業員たる地位の確認請求訴訟等があげられる[4]。また、訴額は、一の訴えで数個の請求をする場合には、各請求の価額を合算したものとするが[5]、訴えで主張する利益が各請求について共通である場合には、各請求の価額を合算せず、最も多額であるものによる（民訴9条1項、民訴費4条3項）。訴額の算定にあたり、附帯請求の価額は算入しない（民訴9条2項）。

(3) 土地管轄

ア　種　類

土地管轄は、その裁判事務につき職分管轄を有する同種の裁判所のうち、どの管轄区域（下級裁判所の設立および管轄区域に関する法律2条、別表第五表）を担当する裁判所に分掌させるかの定めである。土地管轄の原因となる地点を裁判籍というところ、裁判籍には、以下のものがある。

3　伊藤眞『民事訴訟法〔第8版〕』（有斐閣、2023年）74頁。

4　法務省民事局参事官室編『一問一答　新民事訴訟法』（商事法務、1996年）36頁。

5　民事訴訟法7条は事物管轄について規定するものではないことから、同法38条後段の要件を満たす共同訴訟についての事物管轄を判断するにあたっては、同法9条の適用は排除されない（最決平成23年5月18日民集65巻4号1755頁）。

① 普通裁判籍：特定の人について一般的に認められる裁判籍（民訴4条）
② 特別裁判籍：特定の事件についてのみ認められる裁判籍
  ⓐ 独立裁判籍：他の事件または手続と関係なく認められる裁判籍（民訴5〜6条の2等）
  ⓑ 関連裁判籍：他の事件または手続に関連して認められる裁判籍（民訴7条、146条1項等）

土地管轄は、一部の例外（民訴6条1項・3項等）を除き、専属管轄ではない（同法13条1項参照）。

イ 普通裁判籍

訴えは、応訴を余儀なくされる被告の利益を考慮し、被告の普通裁判籍の所在地を管轄する裁判所の管轄に属するとされている（民訴4条1項）。原則として、人の普通裁判籍は住所により、法人の普通裁判籍は主たる事務所または営業所により定まり（同条2項・4項）、国の普通裁判籍は法務大臣の所在地である東京都千代田区となる（同条6項、法務大臣権限1条）。

ウ 特別裁判籍

(A) 独立裁判籍

民事訴訟法5条は、各種の特別裁判籍を規定しており、普通裁判籍の定めに修正を加えている。実務上は、原告の普通裁判籍に近接した地に訴えを提起するため、義務履行地（民訴5条1号）や不法行為があった地（同条9号）の各裁判籍が主張されることが多いように思われる。

財産権上の訴えは、実体法とのバランスを考慮し、義務履行地を管轄する裁判所に提起することができるとされている（民訴5条1号）。人格権それ自体を内容とする訴え（例えば、人格権を有することの確認を求める訴え）は、「財産権上の訴え」にはあたらないが、人格権の侵害を理由とする損害賠償請求および差止請求は、「財産権上の訴え」にあたると解される[6]。契約に基づく債務の「義務履行地」は、当事者の明示または黙示の合意により定まるが、合意がない場合には、法律の規定により、原則として、特定物の引渡しは債権発生の時にその物が存在した場所であるが、その他は債権者の現在の営業所または住所

---

6 秋山幹男ほか『コンメンタール民事訴訟法Ⅰ〔第3版〕』（日本評論社、2021年）203頁。

となる（民484条1項、商516条）。契約に基づかない債務の「義務履行地」は、法律の規定または債務の性質により定まり、例えば、不法行為に基づく損害賠償債務や不当利得返還債務については、債権者の現在の住所となる。なお、債務不履行に基づく損害賠償債務の「義務履行地」について、本来の契約に基づく債務の履行地とすべきとする見解もあるが、損害賠償債務の履行地（債権者の現在の住所）によるべきとするのが判例である（大判昭和11年11月8日民集15巻23号2149頁）[7]。

　不法行為に関する訴えは、被害者の保護および証拠調べの便宜の観点から、不法行為があった地を管轄する裁判所に提起することができるとされている（民訴5条9号）。「不法行為に関する訴え」は、民法所定の不法行為に基づく訴えに限られるものではなく、違法行為により権利利益を侵害され、または侵害されるおそれがある者が提起する侵害の停止または予防を求める差止請求に関する訴え（例えば、不正競争防止法3条1項の規定に基づく不正競争による侵害の停止等の差止めを求める訴えおよび差止請求権の不存在確認を求める訴え）をも含むものと解されている（最決平成16年4月8日民集58巻4号825頁）。「不法行為があった地」とは、行為（ただし、共謀は含まない）が行われた地と損害の発生した地の双方を含み[8]、上記のような差止請求に係る訴えの場合には、違法行為が行われるおそれのある地や権利利益を侵害されるおそれのある地をも含むものと解される（民訴3条の3第8号に関する最判平成26年4月24日民集68巻4号329頁参照）。「不法行為があった地」が複数ある場合には、各土地の裁判所は競合して管轄権を有し、原告はそのうち一つを選択して訴えを提起することができる。

(B)　関連裁判籍

　当事者の便宜と訴訟経済を図る観点から、一の訴えで数個の請求をする場合には、一の請求について管轄権を有する裁判所にその訴えを提起することができるとされている（民訴7条本文）。これと同様の趣旨で、被告は、本訴の目的

7　なお、最決平成23年6月2日判例集未登載は、この見解を採用した福岡高宮崎支決平成23年1月21日判例集未登載の判断を正当として是認している（判例時報編集部編『許可抗告事件の実情——平成10〜29年度——』（判例時報社、2019年）562〜563頁）。

8　秋山ほか・前掲書（注6）224〜225頁。

である請求または防御の方法と関連する請求を目的とする場合に限り、本訴の係属する裁判所に反訴を提起することができるとされている（同法146条１項本文）。これらの関連裁判籍は、併合された請求の一部が他の裁判所の専属管轄（当事者が合意で定めたものを除く）に属する場合には生じない（同法13条１項、146条１項１号）。

民事訴訟法７条の関連裁判籍が生ずるのは、同条の文言上、普通裁判籍（民訴４条）および独立裁判籍（同法５条～６条の２）による管轄権がある場合に限定されているが、同法７条の趣旨に照らし、合意管轄、応訴管轄等により管轄が生じた場合も含まれると解されている[9]。

民事訴訟法７条本文にいう「一の訴えで数個の請求をする場合」には、訴えの客観的併合（民訴136条）のほか、訴えの主観的併合（同法38条の共同訴訟）も含まれる。もっとも、後者については、応訴を余儀なくされる被告の不利益を考慮し、訴訟の目的である権利または義務が数人について共通であるとき、または同一の事実上および法律上の原因に基づくとき（同条前段）に限り、前記の規定が適用される（同法７条ただし書）。また、上記「一の訴えで数個の請求をする場合」には、後発的な併合である訴えの変更（同法143条）等も含まれ、追加的変更はもとより交換的変更がされた場合であっても、裁判所が旧請求について管轄権を有する限り、新請求についても管轄権を有する（これによる不都合は移送の活用により対応すべき）と解されている[10]。

エ　デジタル化改正法の立場

デジタル化改正法は、訴訟関係者がウェブ会議およびテレビ会議を利用して期日における手続に関与することを広く認める一方、土地管轄については、従前の規律をそのまま維持することとした。その理由について、要旨次のように説明されている[11]。

現行法が土地管轄につき被告の所在地等を原則としているのは、訴えられることとなる被告の利益を保護する趣旨等によるものであるとされている。そし

9　兼子一ほか『条解民事訴訟法〔第２版〕』（弘文堂、2015年）103頁〔新堂幸司＝高橋宏志＝高田裕成〕。

10　兼子ほか・前掲書（注９）103頁〔新堂幸司＝高橋宏志＝高田裕成〕。

11　法務省民事局参事官室「民事訴訟法（IT 化関係）等の改正に関する中間試案の補足説明」（令和３年２月）〈https://www.moj.go.jp/content/001342958.pdf〉109～110頁。

て、ウェブ会議等による手続への関与が広く認められた場合であっても、事件の性質や期日において予定されている手続の内容によっては、裁判所に現実に出頭して、裁判官の面前で手続に参加したいという意向を有している場合もあるものと考えられ、このような意向は尊重する必要があるものと思われる。

3　合意管轄

　当事者の利益を確保する観点から、当事者は、第1審に限り、書面（電磁的記録を含む）での合意により管轄裁判所を定めることができるとされている（民訴11条）。この合意は、「一定の法律関係に基づく訴え」に関してしなければならず（同条2項）、今後当事者間に生ずる一切の訴訟を対象とする管轄の合意は許されない。もっとも、管轄の合意において訴訟物を厳密に特定するまでの必要はなく、例えば「A建物の賃貸借契約に基づく一切の訴訟」のように、基本となる法律関係を特定した包括的な管轄の合意は、許されると解される[12]。

　管轄の合意は、私法上の契約と同時にされることが通例である（契約書や取引約款に管轄裁判所の定めに関する条項が設けられることが多い）が、管轄という訴訟法上の効果を生じさせる訴訟行為（訴訟契約）であることから、その要件および効果は訴訟法により規律され、その効果は私法上の契約から独立して判断される（ただし、意思表示に瑕疵がある場合については、民法の規定が類推適用されるため、私法上の契約と同様の取扱いを受け得る）[13]。

　管轄の合意は、その内容に従い、主に専属的合意と付加的合意の二つに分かれるものとされる。専属的合意は、他の裁判所の管轄を排除し、特定の裁判所のみを管轄裁判所とするものであるのに対し、付加的合意は、法定管轄裁判所に加え、法定管轄を有しない裁判所も管轄裁判所とするものである。管轄の合意が上記のいずれであるかは、実務上、取引約款における管轄裁判所の定めをめぐって争われてきた[14]。この問題は、当事者の合理的な意思の解釈により決

12　秋山ほか・前掲書（注6）283頁。
13　兼子ほか・前掲書（注9）112〜113頁〔新堂幸司＝高橋宏志＝高田裕成〕。
14　約款においては、作成者である企業に有利な土地（企業の本店所在地等）を管轄裁判所と定めることが多いため、これが専属的合意であれば消費者に不利となり、付加的合意であれば消費者に有利となる。

②　裁判管轄と移送

すべきであり、特定の裁判所を指示してされた管轄の合意は、特段の事情のない限り、専属的合意と解さざるを得ないと思われる。このように解しても、遅滞を避けるため等の移送（民訴17条。後記Ⅲ2(2)）をすることは排除されるわけではないから（同法20条１項かっこ書）、これを活用することにより上記の不都合を解消すべきであろう[15]。

4　応訴管轄

　合意管轄と同様の趣旨から、被告が第１審裁判所において管轄違いの抗弁を提出しないで本案について弁論をし、または弁論準備手続において申述をしたときは、その裁判所は、管轄権を有するとされている（民訴12条）。

　このことから、実務上、受訴裁判所は、訴状審査の段階で管轄権を有しないと判断した場合であっても、専属管轄の定めがある場合を除き、直ちに管轄違いによる移送（後記Ⅲ2(1)）をするのではなく、とりあえず被告に訴状を送達し、被告の対応をみるのが一般的な取扱いであると思われる[16]。

　実務上、争点および証拠の整理手続に先立って第１回口頭弁論期日が行われる場合（従前の実務の典型パターン）には、被告は、請求棄却の判決を求めるが、請求原因の認否は追って行う旨を記載した簡潔な答弁書を提出したうえで、同期日には欠席し、答弁書を陳述したものとみなされる（民訴158条）のが一般的である。民事訴訟法12条にいう「弁論」とは、口頭弁論期日に出頭して陳述することをいうから、上記のような陳述擬制をもって「弁論」をしたとはいえないと解されるが[17]、被告が期日に出頭して上記答弁書を陳述した場合には、当該陳述が上記「弁論」にあたるかについては争いがある。肯定説が多数説であるが[18]、判例（大判大正９年10月14日民録26巻1495頁）は否定説である。

15　兼子ほか・前掲書（注９）113〜114頁〔新堂幸司＝高橋宏志＝高田裕成〕、秋山ほか・前掲書（注６）288〜289頁。
16　三宅省三ほか編『注解民事訴訟法［Ⅰ]』（青林書院、2002年）171頁。
17　兼子ほか・前掲書（注９）117頁〔新堂幸司＝高橋宏志＝高田裕成〕。ただし、三宅ほか・前掲書（注16）170頁は、擬制陳述も「弁論」にあたるとする。
18　秋山ほか・前掲書（注６）291頁。

Ⅱ　裁判管轄

5　管轄に関する調査・判断

(1)　判断の基準時

　管轄は、その存在が訴訟要件であるところ、口頭弁論終結の時を標準として定まる他の訴訟要件とは異なり、訴えの提起の時を標準として定まる（民訴15条）。このことの反映として、訴え提起の時点で管轄が認められると、その後に事情が変動したとしても、原則として、そのことは管轄の有無に影響しない（管轄の恒定）。

　新たな訴えの提起を伴う訴えの変更（民訴143条）があった場合には、変更後の訴えについての管轄は、変更の時を標準として定まる[19]。例えば、訴額50万円の訴えを簡易裁判所に提起したが、その後に請求金額を200万円に拡張した場合には、訴額200万円を標準として事物管轄を定める必要があり、地方裁判所が管轄権を有することになる。

　上記に対し、訴えの提起の時点では管轄が認められなかったが、その後の事情の変動により、訴訟係属中のある時点を標準とすれば管轄が認められる場合には、いったん認められた管轄の恒定を趣旨とする民事訴訟法15条は適用されず、管轄違いの瑕疵が治癒されると解されている[20]。この場合に管轄が生ずる時期について、訴え提起の時に遡及するとした下級審の裁判例がある（東京高決昭和42年10月6日判時501号73頁）。

　第1審裁判所が管轄権を有しないことは、専属管轄（専属的合意管轄を除く）に違反する場合を除き、終局判決に対する上訴の理由とはならない（民訴299条1項、312条2項3号）。したがって、当事者（主として被告）は、裁判所が管轄権を有しないと判断する場合には、応訴管轄が生ずる前に、管轄違いによる移送（後記Ⅲ2(1)）の申立て等をする必要がある。

(2)　調　査

　管轄の存在は公益的な要請により求められることから、管轄の有無は、職権調査事項であるとともに、職権探知事項である（民訴14条）。もっとも、実務上、管轄に関する事項について、裁判所が職権証拠調べをすることは少なく、

19　秋山ほか・前掲書（注6）301頁。
20　兼子ほか・前掲書（注9）122頁〔新堂幸司＝高橋宏志＝高田裕成〕。

39

② 裁判管轄と移送

まずは当事者に主張立証を求めることが多い。

専属管轄以外の管轄（任意管轄）については、合意や応訴により当事者が変更し得るものであるから、当事者が管轄の存在を争わない場合には、格別の証拠調べを経ずに認めて差し支えないものと解される[21]。

他方、管轄の存在が争われる場合であって、義務履行地や不法行為地による特別裁判籍（前記2(3)ウ(A)）のように管轄原因（管轄の発生原因）が本案の請求原因と重なるときに、裁判所は管轄の有無を判断するためにどの程度の審理をすべきかについては、見解が分かれている[22]。前記のとおり職権証拠調べの規定が設けられている以上、原告の主張する事実のみによって判断するのは相当ではないように思われ、原則として、管轄を認めるに足りる客観的事実関係が認められるか否かという程度に審理することが必要である（国際裁判管轄に関する最判平成13年6月8日民集55巻4号727頁参照）としつつ、管轄に関する判断は本案の判断を拘束しないと解すべきであろう。

Ⅲ　移　送

1　種　類

民事訴訟の移送およびこれに関連する措置（以下「移送等」という）には、以下のとおり、第1審裁判所が行うものと上訴裁判所が行うものとがある。

①　第1審裁判所が行う移送等

　ⓐ　第1審裁判所に共通する移送等

　　・管轄違いによる移送（民訴16条1項）

　　・遅滞を避ける等のための移送等（民訴17条等）

　　・合意に基づく必要的移送（民訴19条1項）

　　・関連請求に係る訴訟の移送（人訴8条1項等）

　ⓑ　地方裁判所のみが行う移送等

21　兼子ほか・前掲書（注9）120頁〔新堂幸司＝高橋宏志＝高田裕成〕。

22　秋山ほか・前掲書（注6）296〜298頁、兼子ほか・前掲書（注9）120頁〔新堂幸司＝高橋宏志＝高田裕成〕。

・簡易裁判所の管轄に属する訴訟の自庁処理（民訴16条2項）

　　　・特許権等に関する訴え等に係る訴訟の移送（民訴20条の2第1項）

　　ⓒ　簡易裁判所のみが行う移送

　　　・裁量移送（民訴18条）

　　　・不動産に関する訴訟の必要的移送（民訴19条2項）

　　　・反訴の提起に基づく移送（民訴274条1項）

　②　控訴裁判所が行う移送

　　ⓐ　控訴裁判所に共通する移送

　　　・管轄違いを理由とする移送（民訴16条1項）[23]

　　　・第1審の管轄違いを理由とする移送（民訴309条）

　　ⓑ　高等裁判所のみが行う移送

　　　・特許権等に関する訴え等に係る訴訟の移送（民訴20条の2第2項）

　③　上告裁判所が行う移送

　　ⓐ　上告裁判所に共通する移送

　　　・管轄違いを理由とする移送（民訴16条1項）

　　　・破棄判決に伴う移送（民訴325条1項・2項）

　　ⓑ　高等裁判所のみが行う移送

　　　・最高裁判所への移送（民訴324条）

　以下では、実務的に重要と思われる第1審裁判所が行う移送等を中心に、その要件・効果と手続について説明する。

2　要件・効果

(1)　管轄違いによる移送

　裁判所は、訴訟の全部または一部がその管轄に属しないと認めるときは、申立てによりまたは職権で、これを管轄裁判所に移送する（民訴16条1項）[24]。訴訟の一部が管轄に属しない場合の典型例は、民事訴訟法38条後段の共同訴訟が

23　最決昭和23年5月13日民集2巻5号112頁参照。

24　第1審の管轄権を有しない高等裁判所または最高裁判所に訴えが提起された場合であっても、当該裁判所は、民事訴訟法16条1項により、第1審の管轄権を有する地方裁判所または簡易裁判所に訴訟を移送すべきである（最決昭和22年9月15日裁判集民1号1頁参照）。

41

2 裁判管轄と移送

提起された場合（民訴 7 条ただし書により関連裁判籍が生じない）であって、一部の共同訴訟人の訴えについて管轄を有しないときである。

　管轄違いの場合において、管轄裁判所が 1 個のときは、その裁判所に移送しなければならない。これに対し、管轄裁判所が複数あるときは、民事訴訟法17条（後記(2)ア）の趣旨を踏まえ[25]、そのうち 1 個を選択して移送する。

　ただし、当事者が他の裁判所の審判を受けない意思を明確にしている場合には、その意思を尊重して、移送せずに訴えを却下すべきである（最大判昭和27年10月 8 日民集 6 巻 9 号783頁参照）。また、家事審判事項とされている事件（家事39条、別表第 1 ・第 2 ）が訴訟事件として地方裁判所に提起された場合には、手続を異にする以上、特別の規定のない限り、家庭裁判所に移送することは許されず、これを却下すべきとするのが判例である（最判昭和38年11月15日民集17巻11号1364頁、最判昭和44年 2 月20日民集23巻 2 号399頁）[26]。

　管轄違いの場合には、他の訴訟要件が欠けていることが明らかであるとしても、上訴審の管轄に影響することから、裁判所は、自ら訴えを却下するのではなく、訴訟を管轄裁判所に移送すべきである[27]。

(2)　**遅滞を避ける等のための移送等**

　ア　**民事訴訟法17条による移送**

　　(A)　**総　論**

　第 1 審裁判所は、訴訟がその管轄（法令の定めによる専属管轄を除く）に属する場合においても、当事者および尋問を受けるべき証人の住所、使用すべき検証物の所在地その他の事情を考慮して、訴訟の著しい遅滞を避け、または当事者間の衡平を図るため必要があると認めるときは、申立てによりまたは職権で、訴訟の全部または一部を他の管轄裁判所に移送することができる（民訴17条、20条 1 項）。この移送が認められるのは、原告には特別裁判籍の規定により管轄裁判所の選択権が広く認められるため、このことによる不都合を是正することにある[28]。

25　最決平成20年 7 月18日民集62巻 7 号2013頁参照。

26　これに対し、秋山ほか・前掲書（注 6 ）305〜306頁、兼子ほか・前掲書（注 9 ）124頁〔新堂幸司＝高橋宏志＝高田裕成〕は、当事者の負担等を考慮して移送すべきとする。

27　民事裁判権がない場合の例外について、前掲最大判昭和27年10月 8 日、最判昭和55年 5 月 6 日裁判集民129号633頁参照。

上記の移送の申立ては、令和元年以前は、特に被告が受訴裁判所から遠隔地に居住している事案において、比較的行われていたものと記憶している[29]。もっとも、民事裁判手続のデジタル化（IT化）の一環として、令和2年以降、ウェブ会議等のITツールを活用した争点整理の新たな運用（フェーズ1[30]）が開始され、デジタル化改正法による改正後の民事訴訟法（以下「新民事訴訟法」といい、同改正前の同法を「旧民事訴訟法」という）により所要の法整備が行われた（フェーズ2）結果、当事者双方が期日に出頭しない形でのウェブ会議等の方法による争点整理手続の実施が定着し、上記申立てがされることが相当減少した印象を受けている。

民事訴訟法17条による移送の要件・効果の解釈についてはさまざまな問題があるが[31]、民事裁判手続のデジタル化との関係では、いわゆるe法廷の実現により、遠方の地に居住している当事者もウェブ会議等を通じて期日に参加することができるようになるため、同条の解釈に影響を与える可能性があるとの指摘[32]があることに留意する必要がある。以下では、紙幅の関係上、実務的に重要と思われる点を説明しつつ、必要に応じて、新民事訴訟法の規定にも触れることとする。

(B) 要 件

民事訴訟法17条所定の要件のうち、①「著しい遅滞を避け（る）」ため移送の必要があると認められること（以下「遅滞回避要件」という）を充足するか否かは、当該訴えが提起された裁判所で審理裁判すると、他の管轄裁判所で審理裁判する場合に比べて、訴訟の完結までに著しく時間がかかるかどうかにより判断される。また、②「当事者間の衡平を図る」ため移送の必要があると認め

28　秋山ほか・前掲書（注6）312頁、兼子ほか・前掲書（注9）126頁〔新堂幸司＝高橋宏志＝高田裕成〕。

29　移送についての司法統計は、平成11年以降は公表されていない。

30　裁判手続等のIT化検討会「裁判手続等のIT化に向けた取りまとめ──『3つのe』の実現に向けて」（平成30年3月30日）〈https://www.kantei.go.jp/jp/singi/keizaisaisei/saiban/pdf/report.pdf〉20頁。

31　詳細については、和久一彦「民事訴訟法17条に基づく移送について」判タ1446号（2018年）5頁、同論文掲記の文献参照。

32　公益社団法人商事法務研究会「民事裁判手続等IT化研究会報告書──民事裁判手続のIT化の実現に向けて」（令和元年12月）〈https://www.moj.go.jp/content/001322980.pdf〉156〜157頁。

2 裁判管轄と移送

られること（以下「衡平要件」という）を充足するか否かは、当該訴えが提起された裁判所で審理裁判すると、他の管轄裁判所で審理裁判する場合に比べて、訴訟追行にかかわる労力、出費等の点で当事者間の衡平を害することになるか否かにより判断される[33]。

上記の各要件は考慮要素を共通にしているため、その存否の判断は重なる場合が多い。もっとも、遅滞回避要件は公益の確保を理由とし、衡平要件は主に私益の確保を理由とするものであり、理念的には目的を異にしていること[34]から、その存否に関する判断が衝突する場合があることは否定しがたい。例えば、原告の住所地を管轄するＡ裁判所に不法行為に基づく損害賠償請求訴訟が提起された場合において、原告が経済的に困窮している一方、尋問が予想される証人の全員がＡ裁判所から遠隔の地を管轄するＢ裁判所の住所地に居住しているようなときに、問題になり得る。そこで、遅滞回避要件に係る判断と衡平要件に係る判断のいずれを優先させるべきかが問題となるが、個々の事案ごとに具体的な事情を踏まえて判断することを原則としつつ、衡平要件が設けられた趣旨に鑑み、相対的には当事者間の均衡を図る必要を重視するのが相当であるように思われる[35]。

(c) 考慮要素

民事訴訟法17条は、遅滞回避要件および衡平要件を判断するための考慮要素として、①「当事者及び尋問を受けるべき証人の住所」、②「使用すべき検証物の所在地」、③「その他の事情」をあげている。立法者は、③「その他の事情」には、当事者の身体的な事情、訴訟代理人の有無およびその事務所の所在地、当事者双方の経済力が含まれることを前提としていた[36]。

上記の考慮要素のうち、当事者および証人の住所並びに代理人の事務所の所在地は、審理（主として争点整理）および証拠調べ（主として本人尋問および証人尋問）に出頭する負担に関して考慮されるところ、この点に関する判断が、民事裁判手続のデジタル化（とりわけｅ法廷の実現）により影響を受ける可能

33　法務省民事局参事官室・前掲書（注４）42〜43頁。
34　秋山ほか・前掲書（注６）313頁。
35　和久・前掲論文（注31）12頁。
36　法務省民事局参事官室・前掲書（注４）43頁。

性がある。

　すなわち、旧民事訴訟法の下では、当事者が遠隔の地に居住しているとき等における弁論準備手続は、当事者の一方のみが期日に出頭すれば足りる電話会議の方法によることができ（旧民訴170条3項）、また、遠隔の地に居住している証人および当事者の尋問は、証人および当事者が最寄りの裁判所に出頭すれば足りるテレビ会議の方法によることができる（同法204条1号、210条、民訴規123条1項、128条）とされていた。このような規定の下で、裁判例は、上記の各手続（とりわけ前者の弁論準備手続）の利用が可能である点を、遅滞回避要件を否定する方向で考慮するものが比較的多い傾向にあった[37]。

　これに対し、新民事訴訟法の下では、当事者および関係者の期日への出頭を要しない手続が飛躍的に拡大することとなった。上記の問題に関連するものをあげると、ⓐ弁論準備手続は、相当と認められる限り、当事者双方が期日に出頭することを要しないウェブ会議または電話会議の方法によることができる（新民訴170条3項[38]）[39]ほか、ⓑ口頭弁論自体も、相当と認められる限り、当事者双方が期日に出頭することを要しないウェブ会議の方法によることができることとされた（同法87条の2第1項[40]）。さらには、ⓒ証人および当事者の尋問も、証人および当事者が受訴裁判所に出頭することが困難な場合または当事者に異議がない場合には、相当と認められる限り、ウェブ会議またはテレビ会議の方法によることができることとされた（同法204条1号・3号[41]、210条）。前記のような旧民事訴訟法下における裁判例の傾向を踏まえると、新民事訴訟法において広く当事者（代理人を含む）および証人が期日に出頭することを要しないとされていることは、より遅滞回避要件を否定する方向で考慮されやすくなったように思われる。もっとも、ウェブ会議等による証人尋問については当事者が異議を述べることも想定されるし、例外的ではあるにせよ、当事者が何らかの事情により毎回の期日への出頭を希望する場合も考えられないではない。他方

37　和久・前掲論文（注31）14〜17頁。
38　施行日は令和5年3月1日である。
39　新民事訴訟法下においては、当事者双方に異議がなければ、初回の期日からウェブ会議の方法による弁論準備手続に付するという運用も広がりつつある。
40　施行日は令和6年3月1日である。
41　施行日は、令和8年5月25日までの政令で定める日である。その具体的な方法は最高裁判所規則の定めるところによる。

で、当事者が、ウェブ会議等の方法を用いることに特段の支障がないにもかかわらず、あえてこれを利用しないような場合において、そのような当事者の判断をその者自身に有利な形で考慮することについては、議論があり得るようにも思われる。このような点に鑑みると、上記の各手続を利用し得ることにより遅滞回避要件が否定されるか否かは、事案の特性や内容を十分に踏まえたうえで、具体的かつ規範的に判断していくことになるのではないかと考えられる[42]。

　以上のような当事者の住所等のほか、上記③の「その他の事情」に関し、当事者間に受訴裁判所を管轄裁判所とする専属的管轄の合意が存在する場合に、そのこと自体を衡平要件の判断にあたり消極的な要素として考慮することができるか否かが問題となる。この点については見解が分かれているが[43]、事案に応じた妥当な処理を図る観点からは、専属的管轄の合意がされた過程を検討するのが相当であり、定型的な約款により合意がされた場合には特段の事情のない限りその存在を重視すべきでないが、対等な当事者間で合意がされた場合には、これを重視しても差し支えないと考えられる[44]。

　以上でみた各種の考慮要素は、全く平等にまたは一律に斟酌されるわけではなく、事件ごとに重要性の程度に差異があるというほかない。ただし、民事訴訟法17条が設けられるに至った経緯に照らすと、当事者間の経済的格差が著しく大きい場合（典型的には消費者対大企業の場合）には、当事者の資力や住所等が重視されるといえよう[45]。

イ　民事訴訟法17条以外の規定による移送

　特定の類型の民事訴訟については、他の法律に管轄の特則が定められている場合があり、その内容によっては、遅滞を避ける等のための移送に関しても、別途の規定が設けられていることがある。例えば、次のような規定がある。

・会社法835条3項（会社の吸収分割等の無効の訴えに関するもの）

・破産法126条3項（破産債権査定異議の訴えに関するもの）

42　福田剛久『民事訴訟のIT化』（法曹会、2019年）222〜224頁。

43　青山善充ほか「研究会・新民事訴訟法をめぐって(3)」ジュリ1104号（1997年）140頁以下。裁判例の状況につき、和久・前掲論文（注31）20頁参照。

44　和久・前掲論文（注31）20頁。

45　和久・前掲論文（注31）26頁。

Ⅲ　移　送

・会社更生法152条3項（更生債権等査定異議の訴えに関するもの）

・民事再生法106条3項（再生債権の査定の裁判に対する異議の訴えに関するもの）

・消費者の財産的被害の集団的な回復のための民事裁判手続の特例に関する法律6条5項（共通義務確認の訴えに関するもの）

・人事訴訟法7条（人事訴訟に関するもの）

　上記の各規定による移送の要件の解釈についても、民事訴訟法17条の解釈が参考になるものと思われる。

(3)　合意に基づく必要的移送

　第1審裁判所は、訴訟がその管轄（法令の定めによる専属管轄を除く）に属する場合においても、当事者の申立ておよび相手方の同意があるときは、訴訟の全部または一部を申立てに係る地方裁判所または簡易裁判所に移送しなければならない（民訴19条1項本文、20条1項）。この移送が認められる趣旨は、当事者の意思により管轄が発生すること（合意管轄、応訴管轄）との均衡上、移送についても当事者の意思を尊重するのが相当と考えられたことにある[46]。

　ただし、上記の移送は、①これにより著しく訴訟手続を遅滞させることとなるとき、または②その申立てが、簡易裁判所からその所在地を管轄する地方裁判所への移送の申立て以外のものであって、被告が本案について弁論をし、もしくは弁論準備手続において申述をした後にされたものであるときは、することができない（民訴19条1項ただし書）。この移送を審理が本格的に始まった後に認めると、訴訟経済に反するほか、脱法的に忌避（同法24条）を許す結果になるからである[47]。もっとも、上記②の場合には、民事訴訟法17条による移送が認められる余地はあろう[48]。

(4)　関連請求に係る訴訟の移送

　民事訴訟法自体に特段の規定はないが、他の法律において、関連請求に係る訴訟の係属する裁判所への移送をすることができる旨の規定が設けられている場合がある。実務的に重要な規定としては、人事訴訟法8条1項があげられ

46　法務省民事局参事官室・前掲書（注4）44〜45頁。

47　法務省民事局参事官室・前掲書（注4）46頁。

48　和久・前掲論文（注31）26頁。

47

2 裁判管轄と移送

る。同項によれば、家庭裁判所に係属する人事訴訟に係る請求の原因である事実によって生じた損害の賠償に関する請求に係る訴訟の係属する第1審裁判所（地方裁判所または簡易裁判所）は、相当と認めるときは、申立てにより、当該訴訟をその家庭裁判所に移送することができ、その移送を受けた家庭裁判所は、当該損害の賠償に関する請求に係る訴訟について自ら審理および裁判をすることができる。その趣旨は、上記の各請求については、主張立証の観点から緊密な牽連関係があり、併合審理を認めることが当事者の立証の便宜および訴訟経済に合致するからである[49]。

上記の損害賠償請求訴訟の典型例としては、不貞行為を理由とする離婚訴訟の原告が、当該離婚訴訟の被告を相手方として提起した、当該不貞行為を理由とする損害賠償請求訴訟があげられる。もっとも、上記の趣旨に照らすと、上記の損害賠償請求訴訟は、離婚訴訟の被告が、当該離婚訴訟の原告は第三者と不貞行為をした有責配偶者であると主張して、当該離婚請求の棄却を求めている場合において、当該被告が、当該第三者を相手方として提起した、当該不貞行為を理由とする損害賠償請求訴訟も含むと解される（最決平成31年2月12日民集73巻2号107頁）。

(5) **自庁処理**

実務上、裁判所が、訴訟を他の管轄裁判所に移送することなく、自ら審理および裁判をすることを「自庁処理」とよんでいる。自庁処理には、明文の規定により認められているものと、解釈上認められているものとがある。

ア **民事訴訟法16条2項による自庁処理**

地方裁判所は、訴訟がその管轄区域内の簡易裁判所の管轄（法令の定めによる専属管轄を除く）に属する場合においても、相当と認めるときは、申立てによりまたは職権で、訴訟の全部または一部について自ら審理および裁判をすることができる（民訴16条2項）。この自庁処理が認められる趣旨は、簡易裁判所が少額軽微な民事訴訟について簡易な手続により迅速に紛争を解決することを特色とする裁判所であること（裁33条、民訴270条）等を考慮して、地方裁判所において審理および裁判を受けるという当事者の利益を重視することにある

49　小野瀬ほか・前掲書（注2）36頁。

（最決平成20年7月18日民集62巻7号2013頁参照）。

　例えば、A簡易裁判所を管轄裁判所とする旨の専属的管轄の合意がされた場合において、その一方の当事者が、合意に反してA地方裁判所に訴えを提起したとする。このような事案においては、①原告が自庁処理の申立てをし、あるいは、②被告が管轄違いによる移送の申立てをすることにより、自庁処理をすべきか否かが争われることになる。A地方裁判所は、①の場合において、申立てを却下すべきと判断したときは、その却下の決定と同時に、職権で、管轄違いによりA簡易裁判所に移送する旨の決定をすることとなる。他方で、②の場合において、自庁処理をすべきと判断したときは、当該申立てを却下する決定の中でその判断を示すことになる。

　民事訴訟法16条2項の規定は、地方裁判所における審理および判断を相当とする地方裁判所の判断を尊重する趣旨に基づくものであるから、自庁処理をする旨の判断および簡易裁判所への移送の申立てを却下する旨の判断は、簡易裁判所の管轄が専属的管轄の合意により生じた場合であっても、広く当該事件の事案の内容に照らして地方裁判所での審判が相当かという観点からされ、地方裁判所の合理的な裁量に委ねられており、裁量の逸脱、濫用と認められる特段の事情がない限り、違法ということはできない（前掲最決平成20年7月18日）。そして、原告が事案の複雑性を理由に慎重な審理および判断を求めて地方裁判所に訴訟を提起した場合には、自庁処理を相当とする地方裁判所の判断が違法となることは実際上少ないものと思われる。このことの裏返しとして、自庁処理を否定する方向の裁量については、そもそも認められないか、認められるにしてもその範囲はごく狭いものであると考えられる[50]。

　　イ　民事訴訟法17条の類推適用による自庁処理

　上記アのような場合でなくても、B地方裁判所を管轄裁判所とする旨の専属的管轄の合意がされた場合において、その一方の当事者が、合意に反して法定管轄を有するC地方裁判所に訴えを提起したのに対し、他方の当事者が、管轄違いによる移送の申立てをすることがある。

　民事訴訟法には、上記のような場合について、同法16条2項のような自庁処

50　田中秀幸「判解」最判解民〔平成20年度〕440頁。

理を認めた明文の規定はない。もっとも、実務上、訴えを提起された裁判所（上記の事案におけるＣ地方裁判所）は、同法17条、20条１項の類推適用により、訴訟の著しい遅滞を避け、または当事者間の衡平を図るため必要があると認めるときは、訴訟の全部または一部について自ら審理および裁判をすることができるものと解されている（名古屋高決平成28年８月２日判タ1431号105頁等)[51]。この自庁処理をすべき旨の判断は、管轄違いによる移送の申立てを却下する決定の中で示されることになる。

　上記の自庁処理が問題となる場面は、当事者間で専属的管轄の合意がされている場合であるから、これが許されるか否かは、前記(2)ア(C)と同様に、当該合意がされた過程によって異なることとなろう[52]。

(6)　簡易裁判所のみが行う移送

　簡易裁判所を第１審裁判所とする民事訴訟については、簡易裁判所における手続の簡易迅速性という特色（民訴270条）を踏まえ、以下のとおり、地方裁判所への移送についての特則が設けられている。

ア　裁量移送

　簡易裁判所は、訴訟がその管轄（法令の定めによる専属管轄を除く）に属する場合においても、相当と認めるときは、申立てによりまたは職権で、訴訟の全部または一部をその所在地を管轄する地方裁判所に移送することができる（民訴18条、20条１項）。この移送が認められる趣旨は、民事訴訟法16条２項による自庁処理の趣旨（前記(5)ア）と同様である。

　上記の相当性の判断は、上記自庁処理の判断と同じく、広く当該事件の内容に照らして地方裁判所での審判が相当かという観点からされ、簡易裁判所の合理的な裁量に委ねられており、裁量の逸脱、濫用と認められる特段の事情がない限り、違法ということはできないと解される[53]。

イ　不動産に関する訴訟の必要的移送

　簡易裁判所は、その管轄（法令の定めによる専属管轄を除く）に属する不動産

51　なお、最決平成26年５月９日判例集未登載は、この見解を採用した大阪高決平成25年10月22日判例集未登載の判断を正当として是認している（判例時報編集部・前掲書（注７）726〜727頁）。

52　和久・前掲論文（注31）27〜28頁。

53　田中・前掲判解（注50）441頁。

に関する訴訟につき被告の申立てがあるときは、訴訟の全部または一部をその所在地を管轄する地方裁判所に移送しなければならない（民訴19条2項本文、20条1項）。訴額が140万円を超えない不動産に関する請求については、原告は地方裁判所または簡易裁判所のいずれかを選択して訴えを提起することができる（前記Ⅱ2(2)参照）が、原告が簡易裁判所を選択して訴えを提起した場合であっても、原告と被告の公平を図る観点から、被告にも地方裁判所で審理を受ける機会を保障するため、上記の移送が認められている[54]。

ただし、上記の移送は、その申立て前に被告が本案の弁論をした場合は、することができない（民訴19条2項ただし書）。もっとも、この場合でも、民事訴訟法18条または19条1項により移送が認められる余地はある[55]。

ウ　反訴の提起に基づく移送

簡易裁判所は、被告が反訴で地方裁判所の管轄に属する請求をした場合において、相手方の申立てがあるときは、本訴および反訴を地方裁判所に移送しなければならない（民訴274条1項）。反訴は、本訴が簡易裁判所に係属している場合には簡易裁判所に提起すべきこととなるが（前記Ⅱ2(3)ウ(B)参照）、本訴を簡易裁判所に提起した原告の利益を考慮して上記の移送が認められている[56]。

3　手　続

(1)　申立て

移送の申立ては、期日でする場合を除き書面で、かつ、その理由を明らかにしてしなければならない（民訴規7条）。実務上、移送の申立てにおいて移送先の裁判所が指定されるのが通常であり、裁判所は、この指定に拘束されないものの、この指定は重要な要素として考慮される[57]。また、移送の申立てにおいて複数の事由が主張されている場合であっても、現在の実務は、申立ては1個であり、移送の事由は攻撃防御方法にすぎないと解するのが一般的である（高

---

[54]　岡崎彰夫「裁判所法等の一部を改正する法律について——民事事物管轄の改正」曹時35巻1号（1983年）56頁。

[55]　秋山ほか・前掲書（注6）326〜327頁。

[56]　秋山ほか・前掲書（注6）366頁。

[57]　奈良次郎「移送決定の構造と若干の問題について(二)」判時1366号（1991年）5〜6頁参照。

② 裁判管轄と移送

松高決平成 3 年 2 月26日判タ764号253頁等）。

　民事訴訟法17条、18条または20条の 2 による移送について、裁判所は、申立てがあったときは相手方の意見を聴いて決定をするものとし、職権で移送の決定をするときは当事者の意見を聴くことができる（民訴規 8 条）。実務上は、それ以外の規定による移送についても、当事者の利益に配慮して意見を聴くことが一般的である。なお、訴状を送達する前に移送の裁判をすることは、法令の定めによる専属管轄に係る管轄権を有しないことが明らかな場合を除き、許されないとする裁判例がある（仙台高決昭和62年 1 月28日判時1223号66頁）。

(2)　不服申立て

　移送の決定および移送の申立てを却下した決定に対しては、決定の告知を受けた日から 1 週間の不変期間内に、即時抗告をすることができる（民訴21条、332条）。ただし、簡易裁判所のした反訴の提起に基づく移送の決定（前記 2 (6)ウ）に対しては、不服を申し立てることができない（同法274条 2 項）。

　また、民事訴訟法16条 2 項に基づく自庁処理に関する決定（前記 2 (5)ア）は、上記「移送の決定及び移送の申立てを却下した決定」にはあたらないため、これに対して不服を申し立てることはできない。もっとも、自庁処理の申立てを却下した決定については、これに不服のある当事者は、当該決定と同時にされた簡易裁判所への移送の決定（前記 2 (1)）に対する即時抗告により、自庁処理に関する判断の当否を争うことができる（前掲最決平成20年 7 月18日参照）[58]。

(3)　確定した決定の効力

　確定した移送の裁判は、移送を受けた裁判所を拘束し、当該裁判所は、さらに事件を他の裁判所に移送することができない（民訴22条 1 項・ 2 項）。その趣旨は、主として第 1 審裁判所の間で移送が繰り返されることにより、審理が遅延すること等を防止することにある（最決平成30年12月18日民集72巻 6 号1151頁）。このことから、移送を受けた裁判所は、移送の根拠とされた事由とは別の事由により、事件を他の裁判所に移送をすることはできると解される（東京高決昭和32年10月24日東高民時報 8 巻10号250頁等）。

　また、移送の裁判が確定したときは、訴訟は、初めから移送を受けた裁判所

---

[58]　以上のほか、移送に関する抗告の手続については、田中敦編『抗告・異議申立ての実務』（新日本法規、2021年）42頁以下参照。

に係属していたものとみなされる（民訴22条3項）ため、時効の完成猶予等の効力（同法147条）等に影響はない。なお、移送前に行われた訴訟行為の効力については、移送元の裁判所が管轄権を有していた場合には有効である一方、管轄権を有していない場合には争いがあり、確立した判例はないが、無効と解する見解が有力である[59]。

---

[59] 秋山ほか・前掲書（注6）338頁、兼子ほか・前掲書（注9）134〜135頁〔新堂幸司＝高橋宏志＝高田裕成〕。

③ 処分権主義と訴訟物

③　処分権主義と訴訟物

森　鍵　一
大阪地方裁判所部総括判事

I　はじめに

　処分権主義とは、原告がその意思で訴訟を開始させ、かつ審判の対象を設定・限定することができ、さらに、当事者（原告、被告）がその意思で判決によらずに訴訟を終了させることができるという建前である。民事訴訟法246条が「裁判所は、当事者が申し立てていない事項について、判決をすることができない」と規定するのが、その現れである[1]。

　訴訟物とは、原告の訴え、具体的には訴状の請求の趣旨および原因によって特定され、裁判所の審判の対象となる権利関係をいう[2]。

　処分権主義と訴訟物は密接な関連性を有するが、まずは訴訟物について説明し、その後に処分権主義の説明をすることとしたい。

II　訴訟物

1　訴えと訴訟物

　訴えとは、ある者（原告）が他の者（被告）に対する訴訟上の請求を定立し、

1　高橋宏志『重点講義民事訴訟法(下)〔第2版補訂版〕』（有斐閣、2014年）233頁以下参照。
2　伊藤眞『民事訴訟法〔第8版〕』（有斐閣、2023年）222頁。

裁判所に対して請求についての審判を申し立てる行為である[3]。

訴えを提起するにあたっては、訴状を裁判所に提出してしなければならず（民訴134条1項）、訴状には、当事者および法定代理人（同条2項1号）並びに請求の趣旨および原因（同項2号）を記載しなければならない。訴状にこのような記載をすることにより、当事者である原告と被告、そして審判対象である訴訟物が特定されることとなる。

訴訟物のとらえ方には、新訴訟物理論と旧訴訟物理論の対立があるが、判例および実務は旧訴訟物理論を前提としており、本書は民事裁判実務について概説するものであることから、この論争には立ち入らない。

2　訴えの類型[4]

訴えの内容である訴訟上の請求は、権利または法律関係の主張であるが、その権利関係についていかなる形式の判断を求めるかという、権利保護形式の指定も訴えの内容に含まれている。このような権利保護形式の違いにより、訴えの類型は、給付の訴え、確認の訴え、形成の訴えの3類型に分けられる。

給付の訴えとは、原告が、請求の内容として、原告の被告に対する給付請求権を主張し、それについての権利保護形式として、裁判所が被告に対して給付義務の履行を命ずるよう求める訴えのことをいう。すでに給付請求権の履行期が到来している場合は現在の給付の訴えといい、給付請求権の履行期が到来していない場合は将来の給付の訴えという。将来の給付の訴えは、あらかじめその請求をする必要がある場合に限り、提起することができる（民訴135条）。

確認の訴えとは、原告が、請求の内容として、原告と被告との間の権利関係が存在することまたは存在しないことの確認という権利保護形式での本案判決を求める訴えのことをいう。確認の訴えの対象は、原告と被告との間の権利関係であることが原則であるが、法律関係を証する書面の成立の真否を確認するための証書真否確認の訴えとしても提起することができる（民訴134条の2）。

形成の訴えとは、原告と被告との間の権利関係の変動、すなわち発生、消滅

3　伊藤・前掲書（注2）171頁。
4　伊藤・前掲書（注2）172〜178頁、秋山幹男ほか『コンメンタール民事訴訟法Ⅲ〔第2版〕』（日本評論社、2018年）14〜25頁。

または変更を生じさせる宣言という権利保護形式での判決を求める訴えの類型である。裁判上の離婚（民770条）、株主総会等の決議の取消しの訴え（会社831条）などが典型例としてあげられる。

3 訴えの類型と訴訟物[5]

　給付の訴えにおける訴訟物は、当該給付を基礎づける実体法上の請求権である。例えば、建物明渡しを求めるにしても、賃貸借契約の終了に基づく目的物の返還請求権と構成することも、所有権に基づく物権的請求権としての目的物返還請求権と構成することも可能であるが、旧訴訟物理論では実体法上の請求権としては両者が異なるものである以上は訴訟物として別個ととらえる。なお、新訴訟物理論の下では、両者は建物明渡しという1個の給付を求める地位を基礎づけるものにすぎず、その給付を求める地位自体が訴訟物であるとして訴訟物を一つと構成する。

　確認の訴えにおける訴訟物は、存否の確認を求められた、原告と被告との間の法律関係であり、新旧訴訟物理論にかかわらず結論に差異は生じない。

　形成の訴えにおける訴訟物は、原告と被告との間の権利関係を形成する法的地位である。裁判上の離婚を例にとると、民法770条1項は裁判上の離婚原因を1号から4号まで列挙しており、これを別個の離婚原因ととらえれば訴訟物は別個となるが、1号から3号までは4号の「その他婚姻を継続し難い重大な事由」の例示ととらえれば全体として1個の離婚原因となる。ただし、これは、原告と被告との間の法律関係の形成原因、すなわち実体要件の解釈の問題である。

4 訴訟物の特定[6]

　前記のとおり、訴状には請求の趣旨および原因を記載しなければならない。

　ここにいう請求の趣旨とは、訴えをもって審判を求める請求の表示をいい、原則として請求認容判決がされた場合の主文に対応する。ここにいう請求の原

5　伊藤・前掲書（注2）222～231頁、秋山ほか・前掲書（注4）14～25頁。
6　兼子一ほか『条解民事訴訟法〔第2版〕』（弘文堂、2011年）760～766頁〔竹下守夫〕、秋山ほか・前掲書（注4）37～55頁。

因とは、いわゆる狭義の請求原因、すなわち、訴訟物を特定するのに必要な事実をいう。特に給付請求訴訟の場合、請求の趣旨には給付の内容しか記載されないため、旧訴訟物理論を前提とする限り、当該請求権がどの訴訟物に基づくのかを判定することができないことがある。例えば、建物明渡しの請求であれば、賃貸借契約の終了に基づく目的物の返還請求権と構成することも、所有権に基づく物権的請求権としての目的物返還請求権と構成することもできるため、建物の明渡しという請求の趣旨を掲げただけでは、訴訟物を特定するに至らない。したがって、そのどちらの訴訟物についての判断を求めているかを特定するため、狭義の請求原因を摘示することにより、訴訟物を特定することが求められる。民事訴訟規則53条1項において、民事訴訟法134条を受けて、「訴状には、請求の趣旨及び請求の原因（請求を特定するのに必要な事実をいう。）を記載するほか、請求を理由づける事実を具体的に記載し、かつ、立証を要する事由ごとに、当該事実に関連する事実で重要なもの及び証拠を記載しなければならない」と定めているのは、そのような趣旨に基づくものである。このような、請求を特定するのに必要な事実としての請求原因のほかに、請求を理由づける事実（民訴規53条1項）も請求原因と称されるほか、訴訟物である権利の内容である数額の点を除外した権利の存否自体に関する事項も請求原因と称される（民訴245条参照）。

　提出された訴状に、民事訴訟法134条2項において定められた記載事項が記載されているか否かは、裁判長による訴状審査の対象となり、原告が不備を補正しない場合には、裁判長は命令により訴状を却下しなければならない（同法137条1項・2項）。訴訟物が特定されなければ、当該訴訟における審判対象を特定することができず、訴訟手続を進めようがないため、訴状提出段階でこのような審査を経ることとされている。そのような不備を看過して訴状送達に至った場合には、訴訟係属が生ずるので、訴状却下をすることはできず、不適法な訴えとして口頭弁論を経ることなく却下することができるにとどまる（同法140条）。

　訴状提出段階で、請求を理由づける事実が十分に記載されているか、証拠が適切に引用されているか等といった点（民訴規53条1項参照）は、本案審理の問題であるから、裁判長の訴状審査権の問題ではなく、受訴裁判所が判断する

3 処分権主義と訴訟物

こととなる。

　訴状は、当然ながら原告が提出するものであるから、訴訟物を特定して審判対象を設定するのは原告の権限であるといえる。他方、原告が訴訟物を特定しなければ適法な訴えの提起にならないという意味では、訴訟物を特定するのは原告の責務であるということもできる。

5　一部請求

　私的自治の原則からすると、自己の権利を行使するか否か、行使するとして訴え提起までするか否かは、原告の判断に委ねられている。その権利が可分であれば、その全部を行使するか、一部に限定して行使するかも、原告の判断に委ねられている。

　原告が、1個の債権の数量的な一部についてのみ判決を求める旨を明示して訴えを提起した場合、その一部分の権利のみが訴訟物となるというのが判例である（最判昭和37年8月10日民集16巻8号1720頁）。その場合、当該一部請求に対する判決の既判力は残部の請求に及ばないし（前掲最判昭和37年8月10日、最判平成20年7月10日判タ1280号121頁）、裁判上の請求（民147条1項1号）としての時効更新（中断）の効力も残部に及ぶものではない（最判昭和34年2月20日民集13巻2号209頁、最判平成25年6月6日民集67巻5号1208頁[7]）。

　他方、前訴において一部請求であることを明示していなければ、後訴において残部を請求することは前訴判決の既判力に抵触して許されない（最判昭和32年6月7日民集11巻6号948頁）。

　一部請求がされている訴訟において過失相殺をすべき場合、まずは債権全額から過失相殺による減額をし、その残額を請求額の範囲内で認容することとなる（最判昭和48年4月5日民集27巻3号419頁。いわゆる外側説）。このような事案で一部請求を選択する原告の意図は、過失相殺がされ得ることを考慮し、過失相殺相当部分を控除してもなお残存する金額の支払を求めるという点にあることが多いので、判例で外側説が採用されたとみられる。

　一部請求がされている訴訟において相殺の抗弁を容れる場合、まずは債権全

　7　最判平成25年6月6日では、明示的一部請求の訴えを提起したことには、残部の消滅時効に関しては、裁判上の催告としての効力（民150条1項）を認め得るとしている。

額から自働債権額を減額し、その残額を請求額の範囲内で認容することとなる（最判平成6年11月22日民集48巻7号1355頁）。

6 訴え提起の効果

　原告が提出した訴状が訴状審査により適法なものと認められると、訴状の副本が被告に送達される（民訴138条1項）。これにより、裁判所および当事者間で訴訟法律関係が成立するが、そのような関係を訴訟係属という。

　訴訟が係属すると、重複する訴えを提起することが禁止されるという効果が生ずることとなる（民訴142条）。

　また、訴えを提起することにより、消滅時効の完成が猶予され（民147条1項1号）、判決等により権利が確定したときは、その時点で時効が更新されるが（同条2項）、判決等によって権利が確定することなく終了した場合には、その時点から6か月が経過するまでは時効の完成が猶予される（同条1項柱書かっこ書）。

Ⅲ　処分権主義

1 処分権主義とは

(1) 処分権主義の意義

　前記のとおり、処分権主義とは、原告がその意思で訴訟を開始させ、かつ審判の対象を設定、限定することができ、さらに、当事者（原告、被告）がその意思で判決によらずに訴訟を終了させることができるという建前である。

　審理の対象たる訴訟物は、私的自治の原則から当事者による自由処分が許されるのだから、そのような訴訟物の審理を行う訴訟においても私的自治の趣旨を及ぼすというのが、処分権主義の趣旨である。

　処分権主義の背景にある私的自治は、主として訴えを提起する原告の立場からみたものであるが、これを被告の立場からみると、不意打ち防止機能を有するといえる。被告としては、処分権主義の下では、原告が特定した訴訟物を超えて受訴裁判所が判決をすることがないという予測を立てることができるた

め、その訴訟物をみて、どれだけの時間と労力をかけて対峙するかを決することができる。訴訟物が僅少であれば、敗訴を覚悟で放置するということもあり得る。換言すれば、処分権主義とは、受訴裁判所の判決の内容を原告の申立ての範囲に収めることにより被告にとっての予測可能性を確保するという機能を有する。もっとも、これらは処分権主義にとって付随的な機能であって、不意打ち防止そのものは、釈明権の行使等他の制度によって確保されるものである[8]。

(2) 訴訟の終了における処分権主義

処分権主義は、訴訟終了段階では、当事者の意思による訴訟終了を認めるという形で現れる。具体的には、訴えの取下げ（民訴261条）、請求の放棄、認諾（同法266条）、訴訟上の和解（同法89条、267条）である。その要件や効果などの詳細は、本書別項[9]を参照されたい。

(3) 弁論主義との関係

弁論主義とは、判決の基礎をなす事実の確定に必要な資料の提出（事実の主張、証拠の申出）を当事者の権能および責任とする建前であり、①裁判所は当事者によって主張されていない主要事実を判決の基礎とすることができない、②裁判所は当事者間に争いのない主要事実を当然に判決の基礎としなければならない（自白に拘束される）、③裁判所が取り調べることができる証拠は、当事者が申し出たものに限られる（職権証拠調べの禁止）の3点に整理される。その根拠は、私益に関する事項は当事者の自由な処理に任せるべきであるとする私的自治に根ざす（本質説）とされている[10]。私的自治に根拠を有するという点では、処分権主義と弁論主義は共通の思想に根ざすものであるが、処分権主義は請求や訴訟物、弁論主義は主張や証拠に関するものであるから、両者が連動する必然性はなく、現に人事訴訟などでは処分権主義の適用はあるが弁論主義の適用が限定されている分野もある[11]。

---

8 高田裕成ほか編『注釈民事訴訟法第4巻』（有斐閣、2017年）938～941頁〔山本和彦〕。

9 福田修久「『訴訟上の和解』——勧試と調整上の留意点」本書479頁、鈴木紀子「訴えの取下げ、請求の放棄・認諾」本書519頁。

10 高橋宏志『重点講義民事訴訟法(上)〔第2版補訂版〕』（有斐閣、2013年）404頁以下参照。

11 高橋・前掲書（注1）233頁以下参照。

2 処分権主義の及ぶ訴訟類型

(1) 通常の民事訴訟

処分権主義が、財産権上の請求に関する通常の民事訴訟に適用されることは論を俟たない。

(2) 人事訴訟事件、会社組織関係訴訟、行政訴訟等

人事訴訟においては、人事訴訟法19条1項において、民事訴訟法179条の規定中裁判所において当事者が自白した事実に関する部分は適用されないと規定しているので、弁論主義の第2テーゼの適用が排除されている。人事訴訟法20条に、裁判所は、当事者が主張しない事実を斟酌し、かつ、職権で証拠調べをすることができると規定されているので、弁論主義のうち第1テーゼおよび第3テーゼの適用は排除されている。すなわち、弁論主義の三つのテーゼのいずれもが適用を排除されている。

また、人事訴訟法19条2項は、人事訴訟における訴訟の目的については、民事訴訟法266条および267条の規定は適用しないとして、請求の放棄、認諾、和解の規定の適用が排除されている（ただし、人事訴訟法37条1項、46条により、離婚の訴えと養子縁組関係訴訟に関する部分については、和解と請求の放棄に関する部分が準用され、認諾に関する部分が一定の要件の下で準用されている）。

家庭は、国民の社会生活において一つのユニットをなすものであり、社会の基盤を形成するものであるから、身分関係を規律する法律は家族構成員の単なる私益にかかわるものではなく、当事者以外の家族構成員や家族を取り巻く社会に派生的に影響するため公益に関する事項ととらえられてきた。そのため、当事者による自由処分が制限されて処分権主義の適用が限定され、実体的真実の確保に努めるために弁論主義の適用も限定されている。ただし、離婚の訴えや養子縁組関係訴訟は、協議による離婚や離縁が認められているため訴訟における当事者処分を否定する根拠に乏しく、和解や請求の放棄、認諾も一定の要件の下で認められている[12]。

このように、人事訴訟法上、弁論主義の適用が除外されたり、和解や請求の

---

12 松川正毅＝本間靖規＝西岡清一郎編『新基本法コンメンタール人事訴訟法・家事事件手続法〔第2版〕』（日本評論社、2024年）6頁〔本間靖規〕。

認諾が限定されたりする部分はあるものの、民事訴訟法246条の準用自体は除外されていないから、処分権主義の適用はある。

　会社法は、一定の訴訟類型につき、紛争の画一的処理の観点から、認容判決につき第三者に対しても効力を有する旨を定めている。すなわち、株主総会等の決議の取消しの訴え（会社831条）などの会社の組織に関する訴えに係る請求を認容する確定判決は、第三者に対してもその効力を有する（同法838条）。会社法に処分権主義の適用を制限する旨の定めはなく、会社の組織に関する訴えに処分権主義の適用があること自体は異論がないものの、このような訴訟で馴れ合いなど不当な訴訟活動がされると第三者が不利益を被るおそれがあるため、当事者の意思による訴訟の終了に係る処分権主義の適用については、解釈上、限定が及ぶとする見解が有力である。具体的には、第三者への効力が及ばない訴えの取下げおよび請求の放棄については限定がないが、請求の認諾と訴訟上の和解（ただし訴えの取下げや請求の放棄を内容とする和解は除く）については、許されないと解する見解が有力である[13]。

　行政事件訴訟法7条は、行政事件訴訟に関し、この法律に定めがない事項については、民事訴訟の例によると定め、民事訴訟法を包括的に準用している。したがって、処分権主義も適用があることとなる。行政事件訴訟法24条は、裁判所は、必要があると認めるときは、職権で、証拠調べをすることができると規定する。処分または裁決を取り消す判決は、第三者に対しても効力を有すると定められており（行訴32条）、その結果が公益に影響することが少なくないので、審理のすべてを弁論主義に委ねるのではなく、多少とも職権審理主義を加味する必要があるとする見地から設けられたものであるとされる[14]。処分権主義のうち訴訟の終了に関する部分については、行政処分の適法性を争う抗告訴訟（同法3条）についていえば、行政処分は行政庁が法令に基づき公権力の行使として行うものであって、行政庁が法令に基づかずに判断することは許されないという性質に鑑み、訴えの取下げおよび請求の放棄は差し支えないが、

13　森田強司「会社訴訟における処分権主義・弁論主義の適用」垣内正編『会社訴訟の基礎』（商事法務、2013年）24頁、26〜27頁参照。

14　西川知一郎編著『リーガル・プログレッシブ・シリーズ6 行政関係訴訟〔改訂版〕』（青林書院、2021年）172頁〔田中健治〕。

請求の認諾および和解（ただし訴えの取下げおよび請求の放棄を内容とするなど行政処分の効力に変動を及ぼさない内容のものを除く）は許されないと解する見解が通説と考えられる[15]。

(3)　形式的形成訴訟[16]

通常の民事訴訟であるが、処分権主義の及ばない訴訟類型もある。

その一つが、形式的形成訴訟である。

その典型は土地の境界（筆界）確定の訴えである。土地境界確定の訴えとは、土地の公図上の境界線である筆界を定めるものである。そのような境界線を定めるための実体法規があるわけではなく、受訴裁判所は当事者の申立てに拘束されることなく、具体的事情を斟酌し、衡平の見地から合理的な裁量で境界線を定めることができるとされている。当事者による境界線の申立てに拘束されないのであるから、そもそも当事者が具体的な境界線を申し立てなくとも違法ではない。もっとも、実務では、原告のみならず被告も、自己が正当と考える境界線を申し立てるとともに、その根拠を主張するのが通例である。

形式的形成訴訟の典型例の二つ目は、共有物分割の訴えである（民258条1項）。境界確定の訴えと同様、分割の基準とする実体法規があるわけではなく、受訴裁判所は、当事者による分割方法の申立てには拘束されず、衡平の見地から合理的な裁量により分割方法を定めることができるとされ、当事者は具体的な分割方法を申し立てる必要もないとされている。共有物の分割方法には、現物分割、競売に付して売得金を分割する換価分割、一部の者に目的物を取得させて他の者に対する代償金を負担させる価額賠償（現物分割と併用される部分的価額賠償と、その併用がない全面的価額賠償とがある）などがあるが、そのどれを採用するかについても、当事者の申立てによる拘束は受けない。ただし、土地境界確定の訴えにしても、共有物分割の訴えにしても、受訴裁判所が有する裁量は合理的な範囲で行使すべきであることは当然のことである。

15　西川・前掲書（注14）207〜208頁〔和久一彦〕。

16　秋山幹男ほか『コンメンタール民事訴訟法V〔第2版〕』（日本評論社、2022年）59〜60頁、野上誠一「境界確定訴訟」滝澤孝臣『最新裁判実務大系4不動産関係訴訟』（青林書院、2016年）583頁。

(4) 非訟事件

次に、非訟事件については、処分権主義の適用はないと解される。例えば、財産分与は審判事項（非訟事件）であるが（家事別表第二第4項、150条5号参照）、訴訟事件である離婚訴訟の附帯処分としての申立てがされた場合についても非訟事件としての性質を失わず、当事者の申立てに拘束されない[17]。

(5) 民事保全

民事保全法7条は、特別の定めがある場合を除き、民事保全の手続に関しては、その性質に反しない限り、民事訴訟法第1編から第4編までの規定を準用するとして、手形訴訟等の特則以下の規定を除き、同法246条を含むほぼすべての民事訴訟法の条文を準用している。そのため、処分権主義は民事保全にも準用ないし類推適用されることには争いがないが、民事保全法24条が、裁判所に対し、仮処分命令の申立ての目的を達するために必要な処分を執ることを許容していることとの関係が問題となる。

民事保全法24条の趣旨につき、申立債権者による申立ての趣旨に裁判所が拘束されるという申立拘束説、申立債権者は申立ての趣旨を明らかにする必要はなく、仮に明らかにしたとしても一つの提案としての位置づけであり、裁判所はこれに拘束されることなく適切な処分をなし得るとする提案説、申立債権者は仮処分命令の申立てにあたって求める処分を具体的に明らかにする必要はないが、少なくとも仮処分によって達成しようとする目的は明らかにする必要はあり、裁判所はその目的に拘束されるが、その目的の範囲内であれば必要な処分を行うことができるという目的拘束説が代表的な見解であるとされる[18]。

このうち有力な申立拘束説と目的拘束説のうちどちらが適切かは議論が分かれて一概に決することができるものではないが、実務では両説に配慮した形で

17　秋山ほか・前掲書（注16）60頁、最判平成2年7月20日民集44巻5号975頁参照。この判決は、財産分与には処分権主義の適用はなく、申立人による申立てを超えて財産分与を命ずることも適法であり、上訴審においても不利益変更禁止の原則の適用はないと判示した。

18　申立拘束説を採用する文献として、山崎潮監修『注釈民事保全法(上)』（きんざい、1999年）329頁〔園部秀穂〕、竹下守夫＝藤田耕三編『注解民事保全法(上)』（青林書院、1996年）265～268頁〔藤田耕三〕、目的拘束説を採用する文献として、兼子ほか・前掲書（注6）1339～1340頁〔竹下守夫〕、瀬木比呂志『民事保全法〔新訂第2版〕』（日本評論社、2020年）309～311頁などがある。

運用されている。すなわち、仮処分の具体的な内容を決するにあたっては、事案に即しているか否か、申立債権者の目的に沿っているかという点も重要であるが、申立ての趣旨に現れた申立債権者の意向も十分に尊重する必要があるのであり、申立債権者が申立ての趣旨で示した処分と裁判所が発令しようとする処分の内容が異なるときは、この点についての申立債権者の意向を確認し、申立ての趣旨を発令すべき仮処分の内容に訂正させてから双方審尋を行い、債務者に対する手続保障を尽くしてから発令するという運用がされていると説明されており、これを前提とすると、申立拘束説と目的拘束説の実務上の差異はほとんど生じないこととなる[19]。

(6) 付随的、派生的裁判

そのほか、明文で定めのある例として、訴訟費用の負担の裁判は、受訴裁判所が職権で、事件を完結する裁判においてしなければならない（民訴67条）。仮執行宣言は、受訴裁判所が申立てまたは職権で、宣言することができる（同法259条1項）。これらは、当事者の申立てがなくともされる裁判であって、処分権主義の例外と位置づけられる。もっとも、仮執行宣言については、これが必要的である場合（例えば、民執37条1項）を除けば、当事者が申し立てていないのに職権で仮執行宣言を付する例は多くない。

3　処分権主義の及ぶ範囲

(1) 審判手続

処分権主義は、前記のとおり、原告が審判の対象を設定、限定することができるという建前である。原告の申立事項は、訴訟上の請求すなわち訴訟物を含むが、それ以外にも、審判の形式を含む。したがって、原告が手形訴訟による審理および裁判を求めた場合（民訴350条1項）、少額訴訟による審理および裁判（同法368条1項）を求めた場合に、通常の手続への移行の要件（同法353条1項、373条1項本文・3項）がないにもかかわらず、通常の手続で審理および判断をすると処分権主義違反となる。その逆、すなわち、原告が通常の手続での審理および裁判を求めているのに、手形訴訟による審理および判断や少額訴訟

19　竹下＝藤田・前掲書（注18）265〜268頁〔藤田耕三〕、瀬木・前掲書（注18）309〜311頁。

による審理および裁判をした場合も同様である[20]。

(2) 権利保護形式

前記と同様、原告の申立事項には、権利保護形式を含む。すなわち、原告は、請求の趣旨を訴状に記載することにより（民訴134条2項2号）、給付、確認または形成のいずれの権利保護形式による判決を求めるのかを明らかにしていることから、受訴裁判所は、その権利保護形式に従った判決をすることが求められることとなる。

例えば、原告が現在の給付の訴えを提起しているところ、当該給付に係る債権そのものは発生しているが期限が未到来であるため現在の給付請求は棄却せざるを得ない場合に、当該給付に係る債権の存在確認の訴えとして認容判決（債権存在確認判決）をすることは許されないと解されている。この点についての判例として引用されることの多い大判大正8年2月6日民録25輯276頁は、給付の訴えを提起した原告の申立ては、現に行使することができない請求権の確認判決を求める申立てを包含するものではないことを根拠として説示している。

他方、前記の設例において、原告の申立ては、弁済期が到来していないと判断されるときはその弁済期が到来した時点での給付を求める趣旨を含むものと解することができ、かつ、あらかじめその請求をする必要があると認められる場合には、将来給付の訴えとして認容判決をすることができると解される（最判平成23年3月1日判タ1347号98頁参照[21]）[22]。

原告が複数の請求を併合して提起している場合は、その順位づけも申立事項に含まれる。実務でよくみられる訴えの客観的併合について説明する。

訴えの客観的併合は、複数の請求について条件を付すことなく審判を求める単純併合、複数の請求のうちいずれかが認容されることを解除条件として他の請求についての審判を求める選択的併合、法律上両立し得ない関係にある複数の請求につきその一つ（主位的請求）について無条件に審判を求め、その余（予

20　兼子ほか・前掲書（注6）1343頁〔竹下守夫〕。
21　原告が、被告（再生債務者たる貸金業者）に対する不当利得返還請求を現在給付の訴えとして提起したところ、再生計画により変更された弁済期が未到来であったため、将来給付の訴えとして認容判決をすることが許されるとしたもの。
22　兼子ほか・前掲書（注6）1343頁〔竹下守夫〕。

備的請求）は主位的請求が認容されることを解除条件として審判を求める予備的併合とがある[23]。したがって、複数の請求が単純併合されている場合であれば、受訴裁判所はそのすべてについて判決しなければならない。選択的併合がされている場合であれば、受訴裁判所は、そのいずれかについて認容すれば、他の請求については判断の対象としないが、認容することができる請求がない場合は、すべての請求について棄却する判決をしなければならない。予備的併合がされている場合であれば、受訴裁判所は、まずは主位的請求について判断し、認容するのであれば予備的請求は判断の対象としないが、主位的請求を棄却するのであれば、予備的請求についても判断しなければならない[24]。

(3) 定期金賠償

原告が定期金賠償（民訴117条）を求めた場合に一時金賠償を命ずること、またはその逆が処分権主義違反となるか。

定期金賠償が認められることを前提とした民事訴訟法117条が平成8年の民事訴訟法全面改正により創設される前にも、定期金賠償は可能とされていたが、原告が一時金賠償を求めているのに裁判所が定期金賠償の判決をすることは処分権主義違反とされていた（最判昭和62年2月6日判タ638号137頁）。民事訴訟法の全面改正により定期金賠償を前提とした規定が明記され、定期金賠償に着目されるようになり、下級審裁判例では、原告が一時金賠償を求めても定期金賠償を命ずることができると判断したものも、そうでないものもみられる[25]。学説上は、実体法上、定期金賠償しか認められない類型と、定期金賠償も一時金賠償も認められる類型というものがあり、前者において一時金請求と

---

23 伊藤・前掲書（注2）673〜677頁。予備的併合が認められるのは、実体法上両立し得ない請求であれば、そのいずれかには原告に勝訴する利益が認められ、訴えの目的である利益の内容に差が存在するためであるとされるが、判例では、手形債権と原因債権のように、実体法上両立し得る関係であっても予備的併合が認められている（最判昭和39年4月7日民集18巻4号520頁参照）。

24 秋山ほか・前掲書（注16）58頁。

25 例えば、交通事故の被害者である原告が、一時金賠償を求めていても、将来の介護費用および在宅介護用品費用等について定期金賠償を命ずることができるとした福岡地判平成23年1月27日判タ1348号191頁がある。他方、その控訴審福岡高判平成23年12月22日判時2151号31頁は、これを取り消して一時金賠償を命じた。その理由として、当該事案においては原告（控訴人）の申立てに反して定期金賠償方式を採用することが相当であるとは解されないことをあげているが、これに加えて処分権主義違反をあげてはいない。東京高判平成25年3月14日判タ1392号203頁は、交通事故の被害者である原告が、一時金賠償を求

いう実体法で認められない申立てをした場合の合理的意思解釈の問題と指摘するものもあり[26]、議論は決着していない。

(4) 一部認容[27]

申立事項と異なる訴訟物について判断することはもちろんのこと、同一の訴訟物であっても、原告が求めた審判手続や権利保護形式とは異なる形で判断することも処分権主義違反となる。

これに対し、申立ての範囲内で、その全部または一部を排斥すること自体は、処分権主義に反するものではない。原告の申立てには、仮に全部認容できなくともその一部の認容を求める趣旨が含まれていると、合理的に解釈することができるからである。最も単純な例は、100万円の貸金返還請求訴訟を提起したとき、一部弁済の抗弁を認めて70万円の限度で請求を認容する場合である。原告が100万円の貸金返還請求訴訟を提起したときに、その全部が認められなくとも一部の認容を求める趣旨が含まれていると解するのは合理的であり、その点に異論は生じないであろう。そのほか、原告による売買契約に基づく目的物引渡請求訴訟に対し、被告からの同時履行の抗弁権や留置権の抗弁を認めて引換給付判決(一部認容判決)をすることも許される。同様の理由で条件付判決(一部認容判決)をすることも許される。

そのほか、土地所有者が原告となり、借地人たる被告に対して借地契約の終了に基づき建物収去土地明渡しを請求した訴訟で、被告が建物買取請求権(借地借家13条。14条も参照)を行使した場合、建物退去土地明渡請求の限度で一部認容することが許されると解されている。被告が売買代金との引換給付または留置権の主張をした場合は、前記と同様、引換給付判決をすることが許される。

建物賃貸人が原告となり、借家人を被告として、借家契約の終了に基づき建物明渡しを請求した場合、その借家契約終了原因が期間満了であれば解約申入れまたは更新拒絶には正当事由が必要となり(借地借家26条、27条、28条)、そ

めていても、将来介護費用について定期金賠償を命ずることができるとした。

26 秋山ほか・前掲書(注16)48〜49頁、高田ほか・前掲書(注8)959〜960頁〔山本和彦〕参照。

27 兼子ほか・前掲書(注6)1346〜1358頁〔竹下守夫〕。

の考慮事由の一つとして賃貸人による立退料の支払が考慮される。この場合、原告が立退料の支払を提示していればその額を下回らない範囲で引換給付を命ずることは許されるし、他方、予備的にも立退料の支払を提示していないのならば、立退料の支払と引換給付を命ずることは処分権主義違反となると解するのが有力である。

原告が被告に対して債務不存在確認の訴えを提起した場合（500万円の貸金債務の弁済を求められているが「貸金債務は100万円を超えて存在しないことを確認する」と請求）、原告と被告との間で債務の存否について争いとなっているのは、被告が主張する500万円と原告が自認する100万円との差額部分（400万円）であるから、これが訴訟物となる。仮に受訴裁判所が審理の結果、債務の残存額が100万円と判断したら請求認容、500万円と判断したら請求棄却となる。仮に受訴裁判所がその中間（200万円）と判断したら、200万円を超えて存在しない旨の一部認容判決をすべきであり、そのことは処分権主義に反するものではない（最判昭和40年9月17日民集19巻6号1533頁）。

(5) 一部認容に類似する例

最後に、一部認容に類似しているが、一部認容ではない例について説明しておきたい。

被相続人から債務を相続した相続人が限定承認をした場合、相続債務には影響はないが、責任の範囲が相続財産に限定されることとなる（民922条）。当該相続人が当該相続債務の履行を請求された場合、「相続財産の限度で」という留保付きの給付判決がされることとなる。ただし、給付請求訴訟の訴訟物は当該相続債務（債権）であり、当該債権については全額の給付を命じているので全部認容判決である（「その余の請求を棄却する。」という主文は掲げられない）。責任の制限は主文に掲げているものの、責任は訴訟物となっていない[28]。

債権者債務者間で、当該給付請求権については執行しない旨の合意をした場合、当該債務は責任なき債務となるので、その履行を求める給付訴訟では「強制執行することができない。」という留保付きの給付判決がされることとなる。この場合も、給付請求訴訟の訴訟物は当該債務（債権）であり、当該債権につ

28　最判昭和49年4月26日民集28巻3号503頁。

いては全額の給付を命じているので全部認容判決であり、責任は訴訟物となっていない[29]。

4　処分権主義の下での審理のあり方

(1)　これまでの審理と処分権主義

これまで述べてきたとおり、訴訟物とは、訴訟において審理の対象となる実体法上の請求権であり、訴えの提起にあたって原告が特定して提示するものである。原告は、そのように申し立てた事項の範囲内で受訴裁判所に判決をするよう求めることができ、他方で被告と訴訟上の和解を成立させるなどして判決によらずに訴訟を終了させることができるというのが処分権主義である。訴訟物の提示という形で、訴え提起の段階から審理対象は明確化されており、判決はその範囲内で判断をするだけであるから、見方によっては、処分権主義に沿った審理およびその結果としての判決を行うことは単純である。

(2)　最高裁判例からの示唆

ここ十数年でみられた最高裁判例で、処分権主義との関係が問題となったものをいくつかみていきたい。

一つ目は、処分権主義の前提として、申立事項の把握に関する判例である。

賃借権そのものの確認を求める訴えは適法であり、その場合は確認を求める賃借権を特定すれば足り、必ずしも賃料額、存続期間、契約年月日を主文に掲記する必要はないというのが判例である（最判昭和44年9月11日判夕240号137頁）。この判例を踏まえ、独立当事者参加人（賃借人）が賃借権そのものの確認を求めているのであって賃料額の確認を求めていないのに、賃料額の確認を求めているとして主文に掲記することは違法であるとしたもの（最判平成24年1月31日裁判集民239号659頁）がある[30]。

この事案では、原告が被告に対し賃貸借契約の無断譲渡・転貸を理由に建物

29　最判平成5年11月11日民集47巻9号5255頁。

30　他方、原告（賃借人）が主張する賃料より低額の賃料の賃借権の存在を確認した判決は、そもそも原告の申立て内容が賃借権の存否についての確認を求めるものであって賃料の額については確認の対象とするものではなかったとして処分権主義に反しないとしたもの（最判昭和32年1月31日民集11巻1号133頁）もある。本文記載の最判昭和44年9月11日、最判平成24年1月31日の趣旨に照らし、賃料額が判断の対象ではないと説示する部分は相当であるが、主文中で賃料額を認定した原判決を維持するのではなく、当該賃借権の

収去土地明渡しを求めていたところ、独立当事者参加人が、自分が賃借人であると主張して独立当事者参加したという経緯があったというのであるから、あくまで占有権原が確定されれば足りるはずであり、現に、その賃料額についても争点となることがなかったというのであるから、賃料額についても判断をする必要があったのか否かは、審理の過程で釈明等を求めるなどして見極めるべきであったと考えられる。

　二つ目は、処分権主義の前提たる申立事項の把握というよりは、事案の適切な解決方法の選択とこれに基づく釈明権の行使に関する判例である。

　X_1、X_2、AおよびYの共有名義で保存登記がされている建物につき、X_1およびX_2がYに対してY持分の抹消登記請求をしている部分は、Yに対して実体的権利に適合するように更正登記を求める趣旨と解することができるが、X_1およびX_2が請求できるのはX_1およびX_2に関する部分に限られ、Aに関する部分まで更正登記を求めることはできないとしたもの（Y名義持分部分の抹消登記請求を全部認容した第1審判決を維持した原判決を、X_1およびX_2に係る持分への更正登記請求として認容し、Aに係る持分への更正登記請求を棄却する内容に変更した）がある（最判平成22年4月20日判タ1323号98頁）。また、YからAに贈与、AからXに相続された土地持分について、原告が被告に対して実体法上許されない中間省略登記請求をしていたにもかかわらずこれを認容した原判決を破棄するにあたり、原告の請求は、Y持分をAに移転登記するよう求める趣旨を含むものと理解する余地があり、事実審において適切に釈明権を行使することにより上記趣旨を含むか否かを明らかにし、その趣旨を含むものであれば請求を認容することができると説示したものがある（最判平成22年12月16日民集64巻8号2050頁）。

　上記の平成22年の二つの判例に至ると、受訴裁判所は、申立事項と判決事項との間に権利としての同一性があるかどうかということよりも、事案を的確に把握したうえで、当事者が意図している法律効果は何か、当該事案においてその法律効果を得るために適切な法的手段はどのようなものか、申立事項が適切な法的手段に適合しているかということを考慮しなければならず、事案によっ

存在を確認するのみの主文に変更すべきであったとされる（兼子ほか・前掲書（注6）1337頁〔竹下守夫〕参照）。

ては、当事者の申立事項からうかがわれる意図を合理的に判断し、適切な法的知識（登記実務に対する理解）を用いて、受訴裁判所による適切な釈明権の行使等によって、法的に適切な解決方法に改める（請求の趣旨を改める必要があることを指摘し、適切な方法を示唆する）ことが求められているといえよう。

(3) これからの審理と処分権主義

以上の検討を踏まえたまとめをしたい。

処分権主義の下では、審判対象たる訴訟物は原告が特定するものであり、原告が提示した申立事項の範囲内で裁判所が判決をすることとなるのであるから、判決の段階で、判決の内容が申立事項を超えていないか判断する必要がある。そのためには、申立事項と判決を比較して、比喩的にいえば質および量（権利の性格や求める救済の内容、金額の多寡など）の着眼点から、後者が前者の範囲内にあるか否かを判定するという、いわば判決時点から振り返って検討するということが求められていたように思われる。

他方、前記の近時判例をみるに、申立事項を所与の前提として、判決の内容をこれに合わせるという観点というよりは、事案に応じた、当事者の真意に即した判決（解決方法）を模索し、申立事項をそれに合わせるよう釈明等を求めるということが必要となってきているように思われる。そのような釈明等は、訴訟物は何か、その要件事実は何か、これを裏付ける重要書証、重要な間接事実はどのようなものがあるのかというところから始まり、本件の紛争をどのように把握し、どのような解決方法を模索しているのか、その解決に当該訴訟物の選択は適切なものといえるのかなどというところまで、当事者との間で議論を繰り返すことを通じて行使されることになるであろう。多くの場合、裁判官がリーダーシップを執って争点整理を深めることとなる。このような争点整理ができれば、事案に即した適切な解決（判決）に適合するように申立事項（訴訟物）が整えられていくであろう。

これまでは、ともすれば、処分権主義とは判決時に判決が申立事項を超えていないか振り返る静的な概念ととらえられてきたように思われるが、むしろ、現在の活性化した争点整理の下では、事案に即した解決（判決）に合わせて申立事項（訴訟物）を整えるという、動的な概念ととらえることができるように思われる[31]。

Ⅲ　処分権主義

31　林道晴「申立事項と裁判事項論と訴訟の審理」新堂幸司監修『実務民事訴訟講座［第3期］第2巻民事訴訟の提起・当事者』（日本評論社、2014年）137頁、147頁以下参照。

④ 弁論主義の規律と運用

山 地 修
大阪地方・家庭裁判所堺支部長

Ⅰ　はじめに

1　要　旨

弁論主義[1]とは、判決の基礎をなす事実の確定に必要な資料の提出を当事者の権能・責任であるとする規律をいう。弁論主義の内容は三つのテーゼ（原則）の集合体として理解される。すなわち、第1に、裁判所は当事者によって主張されていない事実を判決の基礎とすることができない（以下「第1テーゼ」という）。第2に、裁判所は当事者間に争いのない事実については当然に判決の基礎としなければならない（以下「第2テーゼ」という）。第3に、裁判所が調べることのできる証拠方法は原則として当事者が申し出たものに限られる（以下「第3テーゼ」という）。

---

[1]　弁論主義につき、兼子一『新修民事訴訟法体系〔増訂版〕』（酒井書店、1965年）197頁、上野泰男「弁論主義」伊藤眞＝山本和彦編『民事訴訟法の争点』（有斐閣、2009年）132頁、高橋宏志『重点講義民事訴訟法(上)〔第2版補訂版〕』（有斐閣、2013年）404頁、同『民事訴訟法概論』（有斐閣、2016年）114頁、新堂幸司『新民事訴訟法〔第6版〕』（弘文堂、2019年）467頁、秋山幹男ほか『コンメンタール民事訴訟法Ⅱ〔第3版〕』（日本評論社、2022年）176頁、三木浩一ほか『民事訴訟法〔第4版〕』（有斐閣、2023年）203頁〔三木浩一〕、高田裕成ほか編『注釈民事訴訟法第2巻』（有斐閣、2023年）224頁〔高田裕成〕、伊藤眞『民事訴訟法〔第8版〕』（有斐閣、2023年）332頁、山本弘＝長谷部由起子＝松下淳一（林昭一補訂）『民事訴訟法〔第4版〕』（有斐閣、2023年）184頁〔山本弘（林昭一補訂）〕等参照。

弁論主義は、裁判実務上、審理・判決における規律として、安定的に運用されている。すなわち、弁論主義に関する判例理論（第1・第2テーゼにおける「事実」とは主要事実を指すとするもの等）は確立している。判例上弁論主義の対象となる「主要事実」が何かを決定する基準としての要件事実の考え方（所有権の来歴に関するもの、規範的要件に関するもの等）も定着している。弁論主義の形式的適用による不合理を修正するものとしては、釈明（民訴149条）が重要な役割を果たしている。第3テーゼに関しては証拠方法ごとに明文がおかれている（同法207条1項等）。

同時に、弁論主義や関連する審理原則は、裁判実務上、特に審理上判断・選択に迷う場面において、有益な指針を提供している。

2　叙述の順序

以下では、Ⅱで弁論主義の規律について概観し、Ⅲで弁論主義が実際にどのように運用されているかを検討したうえで、Ⅳで判断・選択に迷う場面において弁論主義や関連する審理原則から導かれる審理上の指針を検討する。

なお、以下では、基本的には訴訟手続を念頭におくが、非訟手続等についても若干触れる。

Ⅱ　弁論主義の規律

Ⅱでは、弁論主義の規律について判例・通説に沿って概観する。

1　弁論主義の意義

(1)　弁論主義とは何か

弁論主義とは、判決の基礎をなす事実の確定に必要な資料の提出（事実の主張、証拠の申出）を当事者の権能であり責任であるとする規律をいう。

弁論主義は、職権探知主義（事実の確定に必要な資料の探索を裁判所の職責でもあるとする規律。人訴参照）と対置される[2]。

2　鈴木正裕「弁論主義に関する諸問題」司法研修所論集77号（1986年）1頁は、弁論主義と職権探知主義という用語を提唱したドイツのゲンナーの考え方と、そこで参照された18

当事者と裁判所は、民事訴訟において、それぞれの役割を分担しながら、同時に協力し合う関係に立つ（役割分担と協力の二面性）。弁論主義は、このうち当事者と裁判所との間の役割分担の側面に着目したものである。

弁論主義の上記定義を徹底すれば、「裁判所は、訴訟資料の提出を当事者に完全に任せるべきであり、この点において積極的に活動すべきでなく、当事者の提出したものだけで判断すべきである」とか、「当事者の訴訟資料の提出は、提出時期も含めて全く制約されない」という考え方もあり得る（弁論主義の形式的適用）。しかし、釈明権、釈明処分、適時提出主義、時機に後れた攻撃防御方法の却下の規定（民訴149条、151条、156条、157条）等に照らせば、このような考え方は、民事訴訟法上採用されていないといえる[3]。

また、弁論主義は、当事者が自ら真実に反すると認識している事実を主張してその証明のために証拠を提出したり、自ら真実であると認識している相手方の主張を争って反証を提出したりすることまで許容するものではない（真実義務。民訴2条参照）。もっとも、真実義務は、その違反に対する直接の制裁[4]がないという意味で訓示的なものにとどまる。

以上によれば、弁論主義の上記定義は、職権探知主義と対比して弁論主義のイメージを把握させるために有用であるという限度にとどまり、弁論主義は後記(3)で述べる三つのテーゼ（原則）の集合体ととらえるのが適切である[5]（〈図1〉）。

なお、弁論主義に関する各論点においては、民事訴訟における当事者と裁判所の役割分担に関する各論者の訴訟観の違い（当事者の主体的役割を重視するか、裁判所の後見的役割を重視するか等）が影響を及ぼすことがある[6]。

世紀のプロイセン民事訴訟法の概要と実情を詳述する。

3 坂原正夫「弁論主義」法学教室208号（1998年）13頁。

4 制裁につき、古谷真良「民事訴訟手続における制裁権限の淵源と限界について」判時2460号（2020年）15頁、酒井博行「制裁の多様化」民訴雑誌67号（2021年）94頁。なお、三木浩一「日本の民事訴訟における裁判官および弁護士の役割と非制裁型スキーム」民訴雑誌50号（2004年）90頁も参照。

5 山本克己「弁論主義論のための予備的考察」民訴雑誌39号（1993年）179頁。なお、戦後ドイツにおける弁論主義論、特に弁論主義の根拠と内容をめぐる論議の史的展開を、各論者の解釈論的な立論の背後にある基本的な訴訟観をも取り込んで検討分析を行ったものとして、同「戦後ドイツにおける弁論主義論の展開(1)〜(3)」法学論叢133巻1号（1993年）1頁、134巻2号（1993年）1頁、139巻5号（1996年）1頁も参照。

Ⅱ　弁論主義の規律

〈図1〉　弁論主義の位置づけ

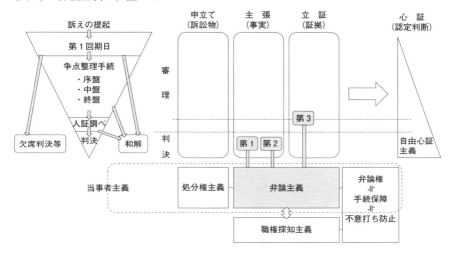

(2)　**弁論主義の根拠**

　弁論主義の形式的根拠（根拠条文）として、これを直接的に規定したものはない。民事訴訟法179条の規定のうち裁判所において当事者が自白した事実は証明することを要しないとする部分は、第2テーゼが認められることの結果といえる。人事訴訟法19条1項、20条が職権探知主義を規定するが、民事訴訟法にはそのような規定がない。

　弁論主義の実質的根拠として、通説は、民事訴訟の対象が私的自治の領域であるため、私的自治の延長として、訴訟でも国家権力である裁判所が当事者の間に余計な介入をしないとしたものであるとする（私的自治説）。ここにいう「私的自治」とは、当事者間に裁判所の介入を受けない水平空間が確保されることを意味する。すなわち、当事者は、裁判所から釈明権（民訴149条1項）の行使により特定の主張の促しを受けたとしても、これを拒否する自由が保障されており、これが弁論主義の実質的根拠であるといえる（〈図2〉）[7]。これに対

---

[6]　中野貞一郎＝松浦馨＝鈴木正裕編『新民事訴訟法講義〔第3版〕』（有斐閣、2018年）218頁〔鈴木正裕〕は、弁論主義をめぐる論争、特に私的自治説と手段説の争いは、その論者のよって立つ世界観、イデオロギーに影響されるところが少なくないとする。

[7]　山本・前掲論文（注5）民訴39号180頁、高田裕成「弁論主義」法学教室242号（2000年）18頁、畑瑞穂「弁論主義とその周辺に関する覚書」青山善充ほか編『民事訴訟法理論

4 弁論主義の規律と運用

〈図2〉 弁論主義と私的自治

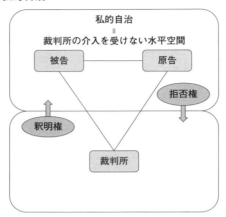

し、弁論主義の実質的根拠として、真実発見という民事訴訟の目的を実現するための一手段として、訴訟の勝敗に利害関係を有する当事者の利己心を利用したものであるとする見解もある（手段説）。

なお、事案解明（真実発見、あるいは紛争の実相を踏まえた審理・判断）と弁論主義との関係について、私的自治説では対立的にとらえられ、手段説では調和的にとらえられるといった単純な図式化はできないように思われる。実際には、いずれの説に立ったとしても、弁論主義が事案解明に制約を課すという意味で対立的関係に立つ場面もあれば、弁論主義が事案解明に資するという意味で調和的関係に立つ場面もある。裁判所は、審理にあたり、事案解明と弁論主義の双方を常に意識しているというのが実情に近いように思われる。

(3) 弁論主義の三つのテーゼ（原則）

ア 第1テーゼ（主張原則）

第1テーゼは、裁判所は当事者によって主張されていない事実を判決の基礎とすることができないというものである。第1テーゼにつき、明文の根拠規定はないが、解釈上異論はない[8]。第1テーゼは判決段階で機能する。

第1テーゼは証拠上現れている事実であっても主張されていなければ判決の

の新たな構築下巻』（有斐閣、2001年）85頁。
8 弁論主義違反が上告理由となることも判例上確立している。

基礎とすることができないということを意味する（訴訟資料と証拠資料の峻別[9]）。

　また、ある事実が当事者から主張されていなければ、当事者の一方が不利益を受ける（主張責任）。主張責任は、民事実体法の構造・内容分析から導き出される基準であって、弁論主義の支配する領域のみで問題となる[10]。もっとも、弁論主義は両当事者と裁判所の間で権限と責任をどうするかという問題であるから、どちらかの当事者から主張があれば裁判所は判決の基礎としてよい（主張共通の原則）。このため、例えば、800万円の貸金返還請求訴訟において、原告が1000万円の貸付けの事実に加えて200万円の弁済の事実を主張したのに対し、被告が貸付けの事実だけでなく弁済の事実も否認した場合であっても、裁判所は、被告に主張責任がある弁済の抗弁について判決の基礎としてよいことになる（不利益陳述の問題。最判昭和41年9月8日民集20巻7号1314頁[11]、最判平成9年7月17日裁判集民183号1031頁[12]）。

　第1テーゼに違反する場合とは、判決で記載された事実と当事者の主張した事実とを対比して、判決で記載された事実を当事者が全く主張していない場合か、または判決で記載された事実が当事者の主張した事実と社会観念上同一性が認められない場合（最判昭和32年5月10日民集11巻5号715頁[13]）を指す。

9　民事訴訟の事件記録の編成上も、弁論関係書類は第1分類に、証拠関係書類は第2分類に綴られ、両者は峻別されている（司法研修所監修『民事訴訟第一審手続の解説〔第4版〕』（法曹会、2020年）2頁）。

10　これに対し、立証責任は、訴訟の場において裁判官の自由心証が尽きた後、法律要件事実の真偽不明の事態を解決する基準であって、弁論主義はもちろん職権探知主義の領域でも問題となる。したがって、主張責任と立証責任は、その趣旨・適用範囲・沿革を異にし、常に一致するとは限らない。もっとも、実際には、立証の難易・公平等を考慮したとしても、主張責任と立証責任は一致することが多い（奥田昌道＝佐々木茂美『新版債権総論上巻』（判例タイムズ社、2020年）177頁。なお、司法研修所編『新問題研究要件事実〔改訂〕』（法曹会、2023年）8頁も参照）。

11　当事者の主張した自己に不利益な事実で相手方の援用しないものが訴訟資料となるとされた事例である。

12　請求の一部についての予備的請求原因となるべき事実を被告が主張した場合に原告がこれを自己の利益に援用しなくても裁判所はこの事実を斟酌すべきであるとされた事例である。

13　注射の日につき、主張では10月26日、判決では同月23日頃であったところ、両者間に同一性を認め得るとされた事例である。

イ　第2テーゼ（自白原則）

第2テーゼは、裁判所は当事者間に争いのない事実については当然に判決の基礎としなければならないというものである。第2テーゼにつき、民事訴訟法179条は、「裁判所において当事者が自白した事実及び顕著な事実は、証明することを要しない」とし、自白の不要証拠の観点から規定する（人訴19条1項対照）。第2テーゼは判決段階で機能する。

ウ　第3テーゼ（証拠原則）

第3テーゼは、裁判所が調べることのできる証拠方法は原則として当事者が申し出たものに限られるというものである。第3テーゼにつき、民事訴訟法は、207条1項の当事者尋問等の例外的な場合を除き、職権での証拠調べを認めていない（人訴20条、行訴24条対照）。第3テーゼは審理段階で機能する。

2　弁論主義の対象

(1)　事実とは何か（法的観点の除外）

民事訴訟において認定対象となる事実とは何かについては、さまざまな議論がある。裁判実務上、事実と評価（法的評価）の区別がいわれるが、実際には、概念自体または認定判断上、法的評価を伴うものも事実として扱われることがあり（例えば、事実的因果関係、承諾）、その区分が難しいこともある[14]。

第1・第2テーゼの対象は、「事実」であって、法的観点を含まないと解される。すなわち、法的観点に関する主張について弁論主義の適用はない。

そこでいう法的観点とは何かが問題となる。消極的には「事実」を除くものということになるが、法的観点の中にも幾つかの類型がある[15]。例えば、法解釈・契約解釈[16]、法適用、法的評価（間接事実の重み付け、経験則の内容も含

14　土屋文昭『民事裁判過程論』（有斐閣、2015年）108頁、136頁、伊藤滋夫『要件事実の基礎〔新版〕』（有斐閣、2015年）281頁、同『事実認定の基礎〔改訂版〕』（有斐閣、2020年）5頁、40頁。

15　山本和彦『民事訴訟審理構造論』（信山社、1995年）22頁。

16　契約から生ずる債権の場合は、所定の要件が備わると法的三段論法によって所定の法律効果が一義的に生ずる法定債権（不法行為に基づく損害賠償債権等）と異なり、契約を締結したという要件にあたるものが備わったとしても、それだけで直ちに法律効果にあたるものがすべて定まるわけではなく、この場合に発生する法律効果は、当事者が選択する契約の内容に従って定まる。このことは、この場合に適用される法規範が、法律効果の内容の決定を国家が当事者に委ねていること（承認規範）によるものである。そこで、契約か

〈図3〉　法的観点の例

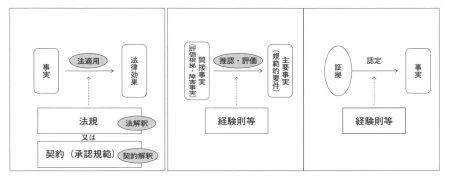

む[17]）等がある（〈図3〉）[18]。

　もっとも、不意打ち防止の観点から、釈明義務の一つの現れとして、裁判所には一定の場合に法解釈に関する見解を当事者に開示する義務（法的観点指摘義務（法律問題指摘義務））があると解される[19]。

(2)　**主要事実とは何か（間接事実・補助事実の除外）**

　民事訴訟における事実は、①主要事実（法規が権利または法律関係の発生・変動・消滅に直接必要なものとして定める要件に該当する具体的な事実）、②間接事実（主要事実を推認するのに役立つ事実。積極否認（民訴規79条3項）も間接事実に含まれる）、③補助事実（証拠の証明力の評価に関連する事実）に区分される（〈図4〉）。何が主要事実であるかは実体法の解釈問題である。

　そして、民事訴訟における当事者の主張立証責任の分配を基準として主要事

ら生ずる債権の内容（発生する法律効果）は、契約内容に従って確定される（契約の解釈）（山本敬三「現代社会におけるリベラリズムと私的自治(2)」法学論叢113巻5号（1993年）12頁、山本克己「契約の審理における事実問題と法律問題の区別についての一考察」民訴雑誌41号（1995年）25頁）。なお、磯村哲編『現代法学講義』（有斐閣、1978年）87頁〔磯村哲〕も参照。

17　相羽洋一ほか「〈民事裁判シンポジウム〉民事裁判プラクティス・争点整理で7割決まる⁉　より良き民事裁判の実現を目指して」判タ1405号（2014年）19頁〔笠井正俊発言〕参照。

18　岩松三郎「民事裁判における判断の限界」同『民事裁判の研究』（弘文堂、1961年）55頁参照。なお、斎藤朔郎『事実認定論』（有斐閣、1954年）81頁も参照。

19　山本・前掲書（注15）19頁。

4 弁論主義の規律と運用

〈図4〉 認定判断の構造と弁論主義

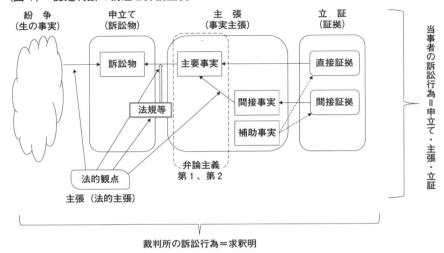

実を整理したものが、要件事実の考え方である[20]。要件事実の考え方が定着したことに伴い現在では実務上解決済みの問題として、所有権の来歴に関するもの、規範的要件に関するもの、意思表示の主体が本人か代理人かに関するもの等がある。

第1・第2テーゼにおける「事実」とは、主要事実を指し、間接事実・補助事実を含まないとするのが、判例（最判昭和41年9月22日民集20巻7号1392頁[21]、最判昭和46年6月29日裁判集民103号319頁[22]）・通説である（これに対し、重要な間接事実も含むとする有力説もある）。その理由として、間接事実・補助事実も含むことになると、訴訟の機動性や裁判所の自由心証主義を害する点があげられる[23]。

---

20 訴訟においては、法的概念を用いて現実の紛争に係る事実を整理・分析・認識することが中心課題となる。その際に重要になる認識手段が要件事実の考え方である（司法研修所編『民事訴訟のプラクティスに関する研究』（法曹会、1989年）25～27頁）。
　要件事実の考え方は、わが国において、戦前の司法官試補に対する教育が、戦後の司法研修所に引き継がれ発展したものである。戦前の教育の一例として、村松俊夫「民事事件の実務的研究(1)(2)」法曹会雑誌20巻6号1頁、7号25頁（1942年）がある。
21 第2テーゼに関するものである。
22 第1テーゼに関するものである。

82

3　弁論主義に関連する審理原則（関連審理原則）

　3では、弁論主義に関連する審理原則として、弁論権、当事者主義、釈明、裁判の基本理念としての適正、公平（以下、これらを「関連審理原則」という）を取り上げる。

(1)　弁論権

　弁論権[24]とは、裁判所は当事者の主張事実をそれが当該事件において意味のあるものである限り必ず斟酌しなければならない（弁論権の積極的効果）、また、裁判所は当事者に事前にそれに対する意見を表明する機会を与えなかった事実または証拠調べの結果を裁判の基礎に据えてはならない（弁論権の消極的効果）というものである。

　弁論権と弁論主義との関係についてはさまざまな見解がある。一般に、弁論主義の重要な機能として弁論権の保障、不意打ち防止があるとされる（〈図1〉）。

(2)　当事者主義

　当事者主義[25]とは、弁論主義・処分権主義を包含する上位概念として用いられるほか[26]、法準則の集合体である弁論主義とは区別して民事訴訟の手続過程における役割分担についての一般的傾向を指す概念としても用いられる[27]。

(3)　釈　明

　釈明[28]とは、訴訟関係を明瞭にするため、事実上および法律上の事項に関し、

23　なお、「法的に整理された事実」と対比して「生の事実」という言葉が実務上用いられるが、「生の事実」という言葉はやや多義的であることに注意を要する（坂田宏「事実に関する一覧書」民訴雑誌56号（2010年）74頁）。

24　山木戸克己「弁論主義の法構造」同『民事訴訟法論集』（有斐閣、1990年）1頁、山本克己「当事者権」福永有利ほか編『民事訴訟法の史的展開』（有斐閣、2002年）61頁、高橋・前掲書（注1・民事訴訟法概論）114頁等。

25　当事者主義は、職権主義と対比される。英米法上の Adversary System の訳語としては、当事者主義の語のほか、当事者対抗主義の語が用いられることもある。

26　例えば、「弁論主義を始めとする当事者主義」といった用法がこれにあたる（〈図1〉）。

27　例えば、「当事者主義的訴訟運営」といった用法がこれにあたる。当事者主義的訴訟運営につき、山本和彦「当事者主義的訴訟運営の在り方とその基盤整備について」民訴雑誌55号（2009年）60頁。また、訴訟上の合意または審理契約を活用した訴訟運営につき、山本・前掲書（注15）335頁。

28　本来は、裁判所がするのが求釈明、求釈明に応じて当事者がするのが釈明である。しか

当事者に対して問いを発し、または立証を促すという訴訟指揮上の措置をいう（民訴149条1項）。

釈明と弁論主義との関係について、判例（最判昭和45年6月11日民集24巻6号516頁）は、「釈明の制度は、弁論主義の形式的な適用による不合理を修正し、訴訟関係を明らかにし、できるだけ事案の真相をきわめることによって、当事者間の紛争の真の解決をはかることを目的として設けられたものである」としており、弁論主義を修正・補充するものと位置づけている（これに対し、釈明は、弁論主義の単なる補完ではなく、弁論権保障の観点から裁判所と両当事者との間で十全な討議をさせるためにあるとの見解[29]も有力である）（〈図4〉）。

(4) 裁判の基本理念（適正、公平）

裁判の基本理念として、適正、公平、迅速、経済がいわれる（民訴2条参照）。このうち弁論主義に関連するのは適正、公平である。

適正とは、裁判の内容が正しいこと（内容的適正性）、裁判の手続が適正であること（手続的適正性）をいう。

内容的適正性の一環として、裁判は可能な限り客観的または実体的真実に即したものでなければならないとされる（真実発見[30]の要請）。

手続的適正性の内容として、手続に関与する機会を保障されなかった者に裁判の不利な効果を帰すべきではなく（手続保障）、当事者に対する不意打ちが防止されるべきであり（不意打ち防止）、当事者にとって裁判の過程の透明性（裁判の過程をブラックボックス化せず、検証可能にすること）が確保されるべきである（手続の透明性の確保）とされる。手続的適正性は弁論権に関連する。

公平とは、裁判所が当事者（典型的には原告と被告）を公平に扱うこと（当事者間の公平）をいう[31]。

し、実務上、裁判所がするのを釈明、釈明に応じて当事者がするのを釈明に対する回答と呼称することもある（司法研修所・前掲書（注9）38頁）。

29　高橋・前掲書（注1・民事訴訟法概論）124頁。
30　事案解明、あるいは紛争の実相を踏まえた審理・判断ともいわれる。
31　もっとも、当事者間の公平の実現は、実際には容易でない。例えば、一方が本人訴訟の場合や多数当事者訴訟の場合に当事者間の公平をどのように図るかなど訴訟運営上難しい

Ⅲ　弁論主義の運用

　Ⅲでは、訴訟の手続面、訴訟の内容面に分けて、弁論主義の規律が実際にどのように運用されているかをみる（〈図1〉）。弁論主義は、実際の訴訟の審理・判決において、重要な基本原則として機能する。

　なお、地裁第1審の通常民事訴訟における終局事由として、欠席判決等（約2〜3割）、対席判決（約2〜3割）、和解等（約5割）があるが、以下では、争点整理手続、人証調べを経て対席判決に至るものを念頭において説明する。

1　訴訟の手続面①──審理段階

　訴訟手続は、審理段階（争点整理手続段階、人証調べ段階）と判決段階とに大別される。そこで、各段階における弁論主義の働きを検討する。

　審理段階において、第1テーゼの関係では、事実や法律に関しての釈明権の行使（民訴149条）[32]を始めとする口頭議論[33]が、争点[34]の洗い出しや絞り込みのために重要な役割を果たす（争点整理のツール[35]としては、争点整理案[36]のほか、

問題がある。

[32]　必要な釈明権の行使を怠った場合には上訴審で釈明義務違反とされる。

[33]　口頭議論は、口頭の討論、討議ともいわれる。「口頭議論」のイメージが当事者と裁判所との間で共有されていないことも少なくない。中には、「口頭議論」で裁判所が結論に関する心証を形成してしまうのではないかと懸念する代理人もいるようである。「口頭議論」の内実としては、両当事者および裁判所の三者間の双方向の率直な意見交換による、誤解の解消、書面で表現しがたいニュアンスの確認、対立点や真の争点の確認（議論のかみ合わせ）、共通認識の形成、事案理解の深化等といったところが実情に近いように思われる（司法研修所・前掲書（注20）82頁参照）。

[34]　審理段階で整理された「争点」は、判決段階において、新様式判決の「争点及び当事者の主張」につながる（司法研修所編『民事第一審訴訟における判決書に関する研究』（法曹会、2022年）56頁）。

[35]　民事訴訟のデジタル化を契機として争点整理のツールの意味づけを論じたものとして、小河好美＝安木進＝菅野昌彦「情報集約型審理を目指して」判タ1501号（2022年）5頁。

[36]　争点整理案としては、当事者双方の主張を要件事実の考え方に沿ってまとめたものが多いが、時系列や証拠の整理を盛り込んだものもみられる。後者は、「争点及び証拠の整理」をより意識した争点整理案といえる。

　争点整理案は、争点中心型の審理を円滑に進めるためのツールとしてだけではなく、審理段階から判決の準備を進めるためのツールとしての意味をもつ。すなわち、争点整理案を作成する目的は、当事者と裁判所との間で争点に関する共通認識を得ることにより、争

ブロックダイアグラムや瑕疵一覧表等が用いられる）。第2テーゼの関係では、主要事実の自白だけでなく間接事実や補助事実の自白も、動かしがたい事実[37]を固めていくために重要な役割を果たす（争点整理のツールとしては、争点整理案のほか、時系列表、診療経過一覧表等が用いられる）。第3テーゼの関係では、紛争の実相を踏まえた審理・判断（事案解明、真実発見）のためには、証拠に関する釈明権の行使や各種嘱託の活用が重要である。

(1) 設 例

[設例1]　Xは、Yに1000万円を貸し付けたとして、貸金返還請求訴訟を提起した。Yは、金員交付の事実を否認した。そこで、Xは、甲号証として、貸付日と主張されている日に銀行から1000万円を引き出したことを立証するため、その旨が記載された預金通帳を書証として提出した。当該預金通帳には、弁済期と主張されている日にYから50万円の振込みがされた旨の記載もあった。

[設例2]　[設例1] で、裁判所が弁論準備手続期日でX代理人に対し50万円の振込みの趣旨を確認したところ、X代理人は、口頭で、「一部弁済を受けた趣旨と思われるが、後日書面で正式に回答する」と発言し、期日後に提出した準備書面では、「50万円の振込みを受けた事実は認めるが、それは本件とは別の債務の弁済としてされたものである」と主張した。これに対し、Y代理人は、その後の準備書面で、一部弁済の抗弁を主張するとともに、「X代理人は弁論準備手続期日で一部弁済を自白したから、その撤回は許されない」と主張した。

[設例3]　[設例1] で、Y代理人は、「50万円の振込みとは別に、300万円をXの代理人と称するAに支払った」と主張した。これに対し、X代理人は、「Aに弁済受領権限を授与したことはなく、仮にXがAに弁済をしたとしても効力を有しない」と反論した。

[設例4]　Xは、Yに1000万円を貸し付けたとして、貸金返還請求訴訟を提起した。Yは、金員交付の事実を否認した。YもXも弁済の主張をしていない。Y

　点ごとにメリハリのある審理を実現することのほか、判決書の一部を前倒しして作成することにより、必要な検討の漏れを未然に防ぐということもある（司法研修所・前掲書（注34）68頁）。

37　審理段階で整理された「動かし難い事実」は、判決段階で、新様式判決の「前提事実（争いのない事実等）」につながる（司法研修所・前掲書（注34）46頁）。

本人尋問の尋問事項書に弁済に関する事項が含まれていた。

> **［設例 5］** Ｘは、Ｙに1000万円を貸し付けたとして、貸金返還請求訴訟を提起した。Ｙが一部弁済をしたことに当事者間に争いはない。Ｙ本人尋問申出の尋問事項書に弁済に関する事項が含まれていた。

(2)　設例の検討

［設例 1 ］では、書証（預金通帳）に現れた50万円の振込みの趣旨に関して求釈明することが考えられる。このように、争点整理手続段階では、弁論主義の形式的適用は相当でなく、釈明権の行使を始めとする口頭議論の活性化がいわれている。

［設例 2 ］では、Ｘ代理人が弁論準備手続期日で発言した内容をＹ代理人が準備書面で引用することの適否が問題となる（ノンコミットメントルール[38]の問題）。Ｘ代理人の発言の趣旨に照らすと、裁判所は、Ｙ代理人作成の準備書面のうち当該部分の陳述を制限するのが相当といえる。この点は自白の拘束力の問題として第 2 テーゼにかかわる。

［設例 3 ］では、裁判所は、両当事者との間で、事案の解決に必要な限度で、法解釈等の法的観点について（両当事者の解釈適用上の対立点を確認するなどして）議論をするのが相当であろう。法解釈等の法的観点は弁論主義の対象ではないが、不意打ち防止の観点から、裁判所には一定の場合に法的観点指摘義務があると解される。

［設例 4 ］では、第 1 テーゼは、審理段階では、「裁判所は当事者が主張した事実以外の事実に関して証拠調べをしてはならない」というテーゼとして現れるとされる[39]。しかし、実際には、人証調べにおいて、争点そのものに関する事項以外にも、一連の事実経過がストーリーとして語られるため、厳密な切り分けが難しいことも多い。

38　ノンコミットメントルールとは、争点整理手続における口頭議論の活性化をめぐる近時の議論において、内容の充実や進行の迅速化のため、当事者や訴訟代理人ができるだけ自由に発言できるように、直ちに裁判上の自白に扱うことや言葉尻をとらえて後日の準備書面でこれを引用することなどをしないようにして、両当事者（代理人）と裁判所との自由なやり取りを可能とすることをいう（笠井正俊「争点証拠整理のための口頭議論をめぐって」高田裕成ほか編『民事訴訟法の理論』（有斐閣、2018年）469頁）。

39　山本・前掲論文（注 5 ）法学論叢133巻 1 号10頁。

4 弁論主義の規律と運用

　［設例5］では、第2テーゼは、審理段階では、「裁判所は当事者間に争いの
ない事実に関して証拠調べをしてはならない」というテーゼとして現れるとさ
れる[40]。しかし、［設例4］と同様に、実際には厳密な切り分けが難しいこと
も多い。

2　訴訟の手続面②──判決段階

　判決段階において、第1・第2テーゼは、第1審判決の際に遵守すべきルー
ルとして機能するほか、上訴審（特に上告審）で弁論主義違反の論旨に理由が
あるか否かという形で問題となる。なお、明文に反して職権で証拠調べがされ
るような事態は実務上まず生じないので、第3テーゼが判決段階で問題となる
ことはほとんどない。

(1)　設　例

> ［設例1］　貸金返還請求訴訟で弁済の証拠があるが、主張がなかった。判決で弁
> 済が主張として取り上げられなかった。

> ［設例2］　貸金返還請求訴訟で弁済の証拠があるが、主張がなかった。判決で弁
> 済が主張として取り上げられ判断された。

> ［設例3］　貸金返還請求訴訟で弁済の主張があった。判決で弁済が摘示・判断さ
> れなかった。

> ［設例4］　貸金返還請求訴訟で弁済の主張があった。判決で弁済が摘示されず弁
> 済の判断だけがされた。

> ［設例5］　貸金返還請求訴訟で弁済の事実に争いがなかった。判決で証拠に照ら
> して弁済が認められなかった。

> ［設例6］　貸金返還請求訴訟で弁済の主張があり、原告は「金員交付」を否認し
> た。判決で「金員交付」が認定されたうえで「別口債務につきされた」と認定

40　山本・前掲論文（注5）法学論叢133巻1号10頁。民事訴訟規則115条2項2号、刑事訴
　訟規則199条の3第3項2号も参照。

　　　　　　　　　　　　　　　　　　　　　　　　　Ⅲ　弁論主義の運用

　され抗弁が排斥された。

(2)　設例の検討

　［設例1］では、当事者によって主張されていない弁済の事実を判決の基礎
としなかったというのであるから、第1テーゼには違反しないが、釈明義務違
反は別途問題となり得る（なお、釈明義務違反があった結果、審理不尽の違法があ
るともいえるが、現行民事訴訟法下で釈明義務違反のほかに審理不尽をあげる最高
裁判決は少ない[41]）。

　［設例2］では、当事者によって主張されていない弁済の事実を判決の基礎
としたというのであるから、第1テーゼに違反する（近時の判例として最判令和
3年4月15日判時2524・2525号9頁[42]）。

　［設例3］では、当事者によって主張されている弁済の事実を判決の基礎と
しなかったというのであるから、第1テーゼには違反しないが、判断遺脱の違
法（民訴338条1項9号参照）がある（近時の判例として最判平成26年11月4日判時
2258号12頁[43]、最判令和元年11月7日裁判集民262号151頁[44]）。

41　石丸将利「判解」最判解民〔平成23年度〕298頁。

42　交通事故による損害額の算定において損害の元本から原告が控除して請求しているもの
　　として障害特別支給金を控除した原審の判断につき弁論主義違反があるとされた事例であ
　　る。原審は、原告が損害の元本から障害特別支給金も含む既払金を控除して請求をしてい
　　ると解されるとした。原審が弁論主義違反に至った事情は明らかではないが、損害論に関
　　する多数の争点について認定判断する中で、障害特別支給金の法的性質（最判平成8年2
　　月23日民集50巻2号249頁〔特別支給金は被災労働者の損害額から控除することができな
　　いとされたもの〕）を十分に検討することなく、既払金に関する主張を控除対象とする旨
　　の主張と速断して原告の意思を誤解した可能性等が考えられる。

43　賃貸借契約終了に基づく建物明渡請求とともに未払賃料または賃料相当損害金の支払請
　　求がされた訴訟において、弁済の抗弁についての判断をすることなく、金員支払請求の全
　　部を認容した原審の判断に判断遺脱の違法があるとされた事例である。原審が判断遺脱に
　　至った事情は明らかではないが、主要な争点である更新拒絶の「正当の事由」の有無の判
　　断にのみ関心を集中させてしまい、附帯請求の検討が不十分になってしまった可能性や、
　　原被告間の感情的対立を背景に原告が賃貸借契約を解除して賃料相当損害金を求めている
　　以上、その後原告が賃料を任意で受領することは通常考えがたいと思い込んだ可能性等が
　　考えられる。

44　有期労働契約を締結していた労働者が労働契約上の地位の確認等を求める訴訟におい
　　て、契約期間の満了により当該契約の終了の効果が発生するか否かを判断せずに請求を認
　　容した原審の判断に違法があるとされた事例である。主張共通の原則から、当事者が主張
　　していた有期労働契約の契約期間の終了の事実を斟酌して判断すべきであるとされたもの
　　である。原審が判断遺脱に至った事情は明らかではないが、原審が、労働契約が期間満了
　　により終了した旨の被告の主張を時機に後れた攻撃防御方法にあたるとして却下している

89

〔設例 4〕では、弁済の事実摘示はないものの、弁済の主張はあるから、第1テーゼには違反しないが、判決の事実摘示（民訴252条1項2号）が正しくされていないという問題はある。

〔設例 5〕では、当事者間に争いのない事実を判決の基礎としなかったというのであるから、第2テーゼに違反する。

〔設例 6〕では、弁済の抗弁において被告が主張・立証すべき事実は、①被告（または第三者）が債務の本旨に従った給付をしたこと、②それがその債権についてされたこと（給付と債権との結び付き）であるとするのが多数説である。この説によれば、「別口債務につきされた」との事実主張は、上記②の事実を否認したうえでその理由を述べたもの（積極否認。民訴規79条3項）であって、間接事実の主張であるから、第1テーゼには違反しない（前掲最判昭和46年6月29日）。

以上、設例に沿って検討したが、弁論主義違反等があるとされた近時の判例を踏まえると、実務上の留意点としては、①主要事実が何であるか等に関する実体法的な検討、②主張共通の原則等の訴訟法的な検討、③多数の争点がある場合における附帯的な争点の検討が重要である。そして、これらの検討は、判決段階の問題というよりは、むしろ審理段階の問題であるといえる[45]（なお、判決段階で初めて問題が発見された場合には、内容に応じて弁論の再開（民訴153条）をすることが考えられる）。

3 訴訟の内容面

前記1、2では訴訟の手続面に着目して弁論主義の運用をみた。他方、訴訟では手続の進行と並行して裁判所による実体的な心証形成がされる（〈図1〉）。そこで、3では訴訟の内容面に着目して弁論主義の運用をみる。

民事訴訟における心証形成の特質として、一般に、申立て・主張・立証が、

ことに照らすと、有期労働契約の地位確認等の訴訟物および攻撃防御方法について十分に検討していなかった可能性、原告の主張の訴訟法上の位置づけを十分に整理していなかった可能性等が考えられる。

45 藤原弘道「弁論主義は黄昏か」司研研修所論集89号（1993年）21頁は、弁論主義違反をしないためには「審理の過程において（ということは、結審してからでは遅いということです）、的確に争点を整理し、充実した審理をする、ということに尽きる」とする。

Ⅲ　弁論主義の運用

連動しながら並行的に進み（民訴規53条、55条、79条、80条、81条等）、両当事者と裁判所が議論を重ねながら、相互作用的な協働作業を通して、動態的に、徐々に心証が形成されていくという点があげられる（〈図１〉〈図４〉）[46]。

（1）設　例

[設例１]　Ｘは、Ｙに対する400万円の貸金返還請求を提起した。訴状の請求原因の末尾（「よって書き」）には３個の消費貸借契約に基づく請求と書かれているが、請求原因の別の箇所には、令和２年５月に100万円を貸し付け（甲１号証がその借用証書。残額は50万円[47]）、令和３年４月に150万円を貸し付け（甲２号証がその借用証書）、令和４年３月にさらに200万円を貸し付け、その際に従前の２個の貸付残額200万円と併せた400万円の借用証書（甲３号証）を徴求したと書かれている。甲裁判官が担当した第１回口頭弁論期日で、原告は単に「訴状を陳述する」と述べた。乙裁判官は、甲裁判官に代わって、第１回弁論準備手続期日から本件訴訟を担当することになり、同期日で、この点をＸ代理人に求釈明した。

[設例２]　[設例１]で、第１回口頭弁論期日で陳述されたＹの答弁書には、令和２年５月の貸付け、令和３年４月の貸付け、令和４年３月の貸付けをすべて否認すると書かれていた。乙裁判官は、第１回弁論準備手続期日で、この点をＹ代理人に求釈明した。

[設例３]　[設例２]で、第１回口頭弁論期日で陳述されたＹの答弁書には、甲１号証～甲３号証の成立をすべて否認すると書かれており、訴訟記録の書証目録の該当箇所の「陳述」欄は空欄であった。乙裁判官は、第１回弁論準備手続期日で、この点をＹ代理人に求釈明した。

[設例４]　[設例３]で、乙裁判官は、第２回弁論準備手続期日以降の争点整理の進行について検討した。

46　中村治朗『裁判の客観性をめぐって』（有斐閣、1970年）84頁、田中成明『法的思考とはどのようなものか』（有斐閣、1989年）43頁、257頁、土屋・前掲書（注14）257頁。なお、民事訴訟規則53条２項、79条２項において、主要事実と間接事実との区別が前提とされている。

47　一部請求に関する実務上の留意点につき、司法研修所編『紛争類型別の要件事実〔４訂〕』（法曹会、2023年）２頁、10頁。

(2) 設例の検討

[設例1] では、訴訟物に関する求釈明が問題となる。訴状では、訴訟物が3個の消費貸借契約に基づく貸金返還請求権3個（以下「消費貸借構成」という）なのか、1個の準消費貸借契約に基づく貸金返還請求権1個（以下「準消費貸借構成」という）なのかが明らかでないため[48]（この点がはっきりしないと主要事実が何かも明らかにならず、的確な争点整理ができない）、この点をX代理人に求釈明することになろう[49]。このように、申立てレベル（訴訟物レベル）においては弁論主義ではなく処分権主義が妥当するが、実際には法律構成も釈明の対象となる（前掲最判昭和45年6月11日）。

[設例2] では、主要事実に関する求釈明が問題となる。答弁書では、3個の貸付けをすべて否認するとされているが、民法587条の関係で、金員交付の事実から否認する趣旨なのか、金員交付の事実を認めたうえで返還合意の事実を否認する趣旨なのかが明らかでないため[50]、この点をY代理人に求釈明することになろう。また、準消費貸借構成の場合、民法588条の関係で、準消費貸借の合意が請求原因事実となり、その認否をY代理人に求釈明することになろう。このように、第1・第2テーゼにおける「事実」とは主要事実を指すところ、訴訟物が明らかになれば、要件事実の考え方に沿って、まず主要事実レベルでの主張整理が行われる。

[設例3] では、書証の成立に関する事実（補助事実）に関する求釈明が問題となる。答弁書では、甲1号証～甲3号証（これらは、いずれも返還合意の処分証書であり、かつ、金員交付の重要な報告文書である）の成立をすべて否認するとされているが、民事訴訟法228条および判例法理に従い、その趣旨を具体的に明らかにするために、Y代理人に求釈明することになろう[51]。例えば、求釈

---

[48] この点に関する実体法・手続法上の問題点につき、司法研修所監修『民事訴訟第一審手続の解説〔4訂〕』（法曹会、2001年）45～46頁。

[49] なお、当事者の釈明内容を、事実上のものにとどめるか、期日調書に残すか、別途準備書面で明確に主張してもらうか等は、その内容や当事者の意向等による。

[50] 金員交付や返還合意の事実は、消費貸借構成の場合は請求原因事実となり、準消費貸借構成の場合で旧債務の存否の主張立証責任が被告にあるとする見解（最判昭和43年2月16日民集22巻2号217頁）に立てば、その不存在の事実またはその存在と旧債務の発生障害事実・消滅事実が抗弁事実となり、いずれにしても主要事実である。

[51] これにより証拠レベルでの具体的な争点が明らかになる。

明の結果、Y代理人の釈明が、「甲1号証の成立は認めるが、Xの言われるままに署名押印したにすぎない。」、「甲2号証のY名下の印影がYの印章により顕出されたことは認めるが、これは別の機会にXに預けた印章をXが冒用したものである。」、「甲3号証のYの署名押印部分の成立は認めるが、署名押印時に金額欄は空白であった。」となれば、間接事実・補助事実レベル（証拠レベル）での具体的な争点が明らかになった[52]といえる（書証目録の該当箇所の「陳述」欄に記載することが適切といえる[53]。民訴規145条）。このように、間接事実・補助事実は弁論主義の適用外となるものの、実際には、間接事実・補助事実の自白があれば、当該事実が認められることが通例である（すなわち、間接事実・補助事実についての自白の拘束力はないとされているが、相手方が間接事実・補助事実を争わない場合には、これを積極的に立証する必要はない）[54]。間接事実・補助事実・証拠の現れ方は、個別事案ごとにさまざまであるが、基本的な構造は「主要事実―直接証拠―補助事実」（直接証拠型）または「主要事実―間接事実―間接証拠」（間接事実型）のいずれかである（〈図5〉）[55]。処分証書等の証拠力の判断枠組みにおいても、弁論主義の考え方が基礎とされている（〈図6〉）。

　［設例4］では、［設例1］～［設例3］で訴訟物、主要事実、間接事実・補助事実の争点整理が一応できたとして、さらに双方のストーリーを明らかにしてもらうことが考えられる。例えば、「Xは個人の金主でYは個人事業者で共通の知人を介して知り合いになり、Xは金融機関からの借入れが困難になったYのために継続的に事業資金を貸し付けるようになった」、「Xは男性、Yは女性で、交際の過程で金員を交付するようになった」などのストーリーが展開されることにより、生身の人間が関与する現実の社会事象として紛争を把握することが可能となり、また、動かしがたい事実との整合性が検証可能になる（ストーリーは、陳述書、人証調べ、事実認定へとつながっていく）[56]。

52　司法研修所・前掲書（注9）41頁。
53　司法研修所編『10訂民事判決起案の手引〔補訂版〕』（法曹会、2020年）72～74頁。
54　山本克己「間接事実についての自白」法学教室283号（2004年）74頁、81頁、高田裕成「間接事実の自白」徳田和幸ほか編『民事手続法制の展開と手続原則』（弘文堂、2016年）357頁。なお、司法研修所・前掲書（注9）27頁も参照。
55　司法研修所編『事例で考える民事事実認定〔改訂〕』（法曹会、2023年）11頁。
56　司法研修所・前掲書（注55）44頁。実際の民事訴訟の多数は、ストーリーを時系列的に認定したうえで、争点判断を行うものである（森宏司「事実型争点整理と事実認定」松川

[4] 弁論主義の規律と運用

〈図5〉 事実認定の構造

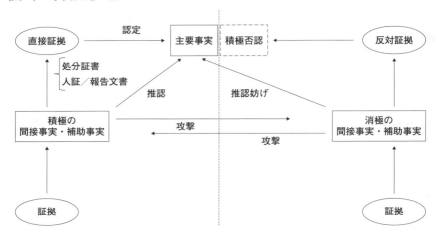

〈図6〉 処分証書等の証拠力の判断枠組み

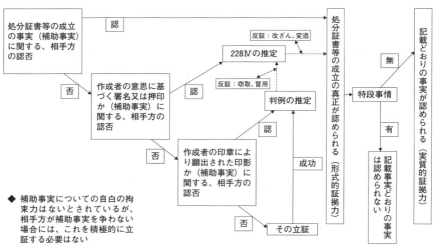

◆ 補助事実についての自白の拘束力はないとされているが、相手方が補助事実を争わない場合には、これを積極的に立証する必要はない

正毅編『家族と倒産の未来を拓く』(金融財政事情研究会、2018年) 304頁)。

Ⅳ　弁論主義や関連審理原則をめぐる実務上の諸問題

　民事裁判の審理上、判断・選択に迷う場面[57]で、弁論主義や関連審理原則から示唆を得られることがある[58]。幾つかの例をあげて検討する。

1　専門訴訟の審理

　専門的な知見を必要とする民事訴訟（以下「専門訴訟」という[59]）については、各訴訟類型のものを中心に審理のプラクティスが研究されつつあるものの[60]、実際の審理では判断・選択に迷うことが多い（特に非典型の専門訴訟）。この種の訴訟では、審理の中で、メカニズムの解明（事故や不具合の原因や機序）や法的評価（過失、契約不適合等）に関連して、専門的な知見を有する者（以下「専門家」という）の知見を取り込む必要がある[61]。その方法としては、専門調停（民調）、専門委員（民訴92条の2）、鑑定（同法212条）、私鑑定（専門家証人）等がある。方法選択において、法律上両当事者および裁判所の三者合意が求められる場面は（争点および証拠の整理が完了した後の付調停に関する民調20条1項ただし書等を除き）基本的にないものの（民訴92条の2第1項、民調20条1項本文等）、当事者が強く反対しているにもかかわらず、裁判所がある方法を選択したとしても、円滑な進行にならないことが多いため、実際には、両当事者および裁判所の三者合意によって方法選択がされるのが通例である[62]。この点は当事者主義的訴訟運営（訴訟上の合意の活用）にかかわる。また、専門的知見の取り込みについては、例えば、専門委員の関与決定をする場合でも最終的に鑑

57　例えば、①事実が複雑、②当事者・請求が複雑、③法律論が複雑、④専門的知見を要するもの、⑤非典型の契約・不法行為紛争等が考えられる。

58　実際には、弁論主義と関連審理原則（やその他の審理原則）との調整・衡量が必要となる場合もある。

59　専門訴訟の典型例としては、医事関係訴訟、建築関係訴訟、ソフトウェア開発関係訴訟等があげられる。

60　司法研修所編『専門的な知見を必要とする民事訴訟の運営』（法曹会、2000年）等。

61　杉山悦子『民事訴訟と専門家』（有斐閣、2007年）2頁。

62　その過程においては、当事者からさまざまな懸念が示されることもあるため、裁判所が、当事者に対して各方法のメリット・デメリットを示しながら、選択するのが相当であると考える方法を説得的かつ具体的に説明することが求められる場面も多い。

④ 弁論主義の規律と運用

〈図7〉 専門訴訟の構造

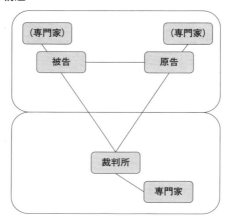

定の機会を保障する[63]など、当事者の反論の機会を実質的に保障することが重要である。この点は弁論権や手続保障にかかわる。

また、専門訴訟においては、当事者または裁判所に専門的知見を補う専門家がいるという構造となるが、法律家以外の者にとって法的概念である弁論主義の考え方はややわかりにくい面があることから、審理上留意すべき事項が生じ得る[64](〈図7〉)。

(1) 専門調停

> ［設例］　Xは、Yの歯科診療に注意義務違反があったとして、損害賠償請求訴訟を提起した。注意義務違反の有無等につき当事者間に争いがあったが、両当事者は、第三者である専門家（歯科医師）が関与するのであれば話合いによる解決もやぶさかでないという意向を示した。裁判所は、両当事者の合意の下で、事件を調停に付し、歯科医師Aを調停委員の一人として指定した（民調20条1項、5条1項本文、7条2項)[65]。

63　後に鑑定を採用する余地を一律に否定することはないという趣旨であって、常に鑑定を採用するという趣旨ではない。
64　例えば、これまでの訴訟において当事者間で問題とされていなかった診療上の問題点や建築技術上の問題点を専門家が発見したときにどうするかといった問題がある。
65　本文で述べた方式は、調停委員会型（民調5条1項本文）といわれるものである。これと異なり、意見聴取型（同項ただし書、18条1項、21条）も考えられる。なお、歯科診療

IV　弁論主義や関連審理原則をめぐる実務上の諸問題

　［設例］では、歯科医師の調停委員の関与する専門調停が選択されている。専門調停手続は、事情聴取→調停案提示→調停の成立・不成立または調停に代わる決定（民調17条）という進行をたどることが多い。調停手続では、事情聴取で現れた重要な事実関係等については相手方に反論の機会を与えるなど適正手続に配慮した調停運営が望ましい[66]。この点は弁論権や手続保障にかかわる。また、専門家調停委員の説明・意見（調停に代わる決定中の理由等の形で訴訟資料（弁論の全趣旨）または証拠資料となり得る）に当事者が承服できないとき、訴訟に戻ってから当該調停委員に対する尋問権が認められるべきであるとの見解もあり得るが、私鑑定の提出など適宜の方法により実質的な反論の機会が保障されれば足りるように思われる。この点は専門的知見に関する弁論権や手続保障にかかわる。

　なお、訴訟上の和解（民訴89条）や現地での進行協議（民訴規97条）等においても、実務上、適正手続の確保が意識されている[67]。

(2)　専門委員

> ［設例］　甲土地を所有するXは、隣接するY所有の乙土地との間の境界に争いがあるとして、境界確定請求訴訟を提起した。共通図面が作成できないなど両当事者の議論がかみ合わなかったことから、裁判所は、両当事者の合意の下、争点または証拠の整理をするにあたり、専門的な知見に基づく説明を聴くため、専門委員の関与決定をし、土地家屋調査士Ａを専門委員に指定した（民訴92条の２第１項、92条の５第２項）。

　［設例］では、争点整理のための専門委員制度が選択されている。争点整理のための専門委員の関与方法の実際として、一期日で関与するものと数期日にわたって継続的に関与するものとがあるが[68]、［設例］では、両当事者の議論

　　に関する損害賠償請求訴訟は、医事関係訴訟の中では訴額が比較的大きくなく、話合いによる解決の契機があるものが多いなどの点で、専門調停に適することが少なくない。

66　本多俊雄「民事調停手続に関する基本問題」田中敦編『和解・調停の手法と実践』（民事法研究会、2019年）40頁。

67　山地修「和解の進め方」田中・前掲書（注66）50頁、60頁。

68　林圭介「専門委員の関与のあり方」判タ1351号（2011年）13頁。なお、田中敦＝山地修「専門委員制度の適用　建築関係事件」判タ1190号（2005年）30頁、山地修＝冨上智子「医事関係訴訟における争点整理」森宏司ほか編『争点整理の手法と実践』（民事法研究会、2021年）309頁も参照。

97

がかみ合っていないということであるから、後者が想定される[69]。そのうえで、専門委員Aの説明内容としては、共通図面作成のための準備事項、共通図面の実際の作成方法、関係する資料等の収集方法等があげられる。裁判所は、両当事者の意見を聴きながら、説明を求める事項・内容、質問事項の書面化の要否、専門委員の説明の記録化の方法、専門委員の説明の訴訟法上の位置づけ等について、三者合意を形成していくことになる。他方で、裁判所は、専門委員が説明をしやすい環境整備に留意する必要がある。このように、裁判所は、専門委員制度の運営にあたり、両当事者との関係で手続保障や手続の透明性に留意するとともに、専門委員の立場にも配慮しながら、専門訴訟における専門的知見を取り入れつつ争点整理を進めていくことが求められる。その意味で、弁論主義や関連審理原則は、専門委員手続の運営に重要な役割を果たしている。

(3) 鑑 定

> [設例] ゴルフ場向けの傘1000本の買主Ｘは、傘の骨組みに強度不足があり契約不適合があったとして、売主Ｙに対する損害賠償請求訴訟を提起した。傘に契約不適合があったか否かが争点となり、裁判所は、鑑定を採用し、大学から推薦を受けた工学部教授を鑑定人に指定した(民訴213条)。

[設例]では、鑑定が採用されている。鑑定手続は、鑑定採用→鑑定書提出→補充鑑定という進行をたどることが多い。鑑定採用までには鑑定事項確定、鑑定人選定、鑑定資料確定等があり、鑑定書提出までには実験・分析、現地調査、中間協議[70]等があり、補充鑑定(民訴215条3項)では補充鑑定事項確定等がある。いずれの手続においても、裁判所は、両当事者の意見を聴きながら、一つひとつ丁寧に問題点を解消していき、三者合意を形成していくことになる。他方で、裁判所は、鑑定人が鑑定をしやすい環境整備に留意する必要がある。このように、裁判所は、鑑定の運営にあたり、両当事者との関係で手続保障や手続の透明性に留意するとともに、鑑定人の立場にも配慮しながら、手続を進めていくことが求められる。その意味で、弁論主義や関連審理原則は、鑑定手続の運営に重要な役割を果たしている。

---

69 百谷要一ほか「大阪地裁における専門委員と裁判官のパネルディスカッション」判タ1371号(2012年)9頁〔西田寛発言〕。

70 田中敦＝山地修「建築関係事件と鑑定」判タ1190号(2005年)104頁。

なお、専門家証人の尋問にあたっても、適正手続に配慮しつつ、専門的知見を的確に証拠資料としていくための工夫（議論をかみ合わせた意見書、対質、主尋問連続方式等）が求められる[71]。

2　法律問題を深める審理

> ［設例］　ある行政事件において、基本的な事実関係に争いはないが、特定の法解釈が強く争われた。

　［設例］で、審理の中で法律問題をどのように、どこまで深めていくかが課題となる。法律問題といってもさまざまであり、法令の文言の解釈が問題となる場合、法の欠缺が問題となる場合、一定場面における法解釈が問題となる場合、事実認定と法解釈が相まって問題となる場合等がある。主に事実認定が問題となる訴訟の争点整理のプラクティスは相当詳しく研究されてきたのに対し、主に法解釈が問題となる訴訟の争点整理のプラクティスはまだ十分に研究が進んでおらず、今後の課題といえる。

　［設例］では、例えば、法令の文言の解釈が問題となる場合であれば、審理段階で深めるべき課題としては、関連規定も含めた文理に関するもの、趣旨・目的に関するもの、制度全体の構造に関するもの、法令の沿革に関するもの[72]、関連する判例の射程に関するもの、前提となる社会実態に関するもの等が考えられる[73]。これらの位置づけ・重み付けを考える際には、法解釈の方法論も参考となろう[74]。裁判所は、適切に釈明権を行使しつつ、両当事者と協働しながら、法解釈に関する議論を深めていくことが考えられる。この点は弁論

71　杉山・前掲書（注61）383頁、平野哲郎「カンファレンス尋問」判時2315号（2017年）3頁。

72　行政文書の開示請求により法令等の沿革に関する資料が入手できる場合もある。

73　これらに関する事実は、司法事実と対比して、立法事実ともよばれる。立法事実とは、政策形成的な訴訟等において、類似の紛争の背景・原因となったり、判決の結果、将来において生じたりするような一般的な事実で、特定の事件を超えて政策的な判断をする際に考慮される事実をいう。立法事実は弁論主義の規制に服さないと解されているが、その重要性に鑑みると、手続保障に留意すべきであろう。この点に関し、第三者意見募集制度に係る特許法105条の2の11の規定も参考となる。なお、原竹裕『裁判による法創造と事実審理』（弘文堂、2000年）51頁、303頁も参照。

74　例えば、中川丈久「行政法解釈の方法」山本敬三＝中川丈久編『法解釈の方法論』（有斐閣、2021年）65頁。

4　弁論主義の規律と運用

権や法的観点指摘義務にかかわる。

3　裁判官の私知と審理

> ［設例］　専門部・集中部の甲裁判官は、判決において、当事者から指摘されてい
> なかったものの、自ら知っていた先端的な論文の見解に依拠して、主要な争点
> に関して認定判断した。

　［設例］では、上記論文の見解は専門的な経験則を示したものといえる。専
門的な経験則については証拠によらなければ裁判所は確定することができない
という見解に立てば、甲裁判官は、証拠により立証されるべき事実について、
証拠に基づかないでこれを用いて、主要な争点に関して認定判断したことにな
る[75]。

　［設例］に関連して、どこまでが専門的な経験則といえるか、甲裁判官が審
理の中で上記論文の存在を指摘してその検討を促す旨求釈明した場合はどうな
るかなどの問題がある。このような裁判官の私知利用については、「顕著な事
実」（民訴179条）等との関係で、どのような基礎づけにより、どの範囲で許容
されるのかが問題となる。この問題は、インターネットの発達等により裁判官
が独自に入手できる情報が飛躍的に増大した現在において、実務上も重要な問
題となっており、今後の課題といえる[76]。この点は弁論権や当事者主義等にか
かわる。

75　もっとも、この点が上訴審でどのように扱われるかという問題は残る。

76　髙田昌宏「裁判官によるインターネット情報の収集について」山本克己＝笠井正俊＝山
田文編『民事手続法の現代的課題と理論的解明』（弘文堂、2017年）213頁、道垣内弘人ほ
か「現代における裁判所の情報収集や裁判のための証拠等収集の在り方をめぐる問題」論
ジュリ25号（2018年）124頁、岡成玄太「裁判官の私知利用の禁止」法雑68巻1号（2021
年）1頁、杉山悦子「裁判官による専門知識の収集と利用」民訴雑誌69号（2023年）103
頁。

4　抗告事件の審理

> ［設例］　訴訟救助却下決定に対する即時抗告事件において、抗告審は、原決定を
> 取り消して訴訟救助を認めるべきであるという心証に至った。

　［設例］では、抗告審として、相手方に対して即時抗告申立書の写しを送付
するなどして反論の機会を与える必要があるか否かが問題となる。最決平成23
年4月13日民集65巻3号1290頁は、即時抗告申立書の写しを即時抗告の相手方
に送付するなどして相手方の攻撃防御の機会を与えることなく、相手方の申立
てに係る文書提出命令を取り消し、同申立てを却下した抗告裁判所の審理手続
に違法があるとして職権により破棄した（最決平成20年5月8日裁判集民228号
1頁も参照）。その後、この点に関する規定が整備された（民訴規207条の2、非
訟69条1項、70条、家事88条1項、89条1項）。この点は弁論権や手続保障にかか
わる[77]。

5　小　括

　以上のとおり、弁論主義や関連審理原則は、民事裁判の審理の各場面におい
て、適正・円滑な手続進行の指針となる。

Ⅴ　まとめ

　以上のとおり、Ⅱで弁論主義の規律について概観し、Ⅲで弁論主義の運用に
ついて具体的に検討したうえで、Ⅳで実務上判断・選択に迷う場面における弁
論主義や関連審理原則からの審理上の指針について検討した。

　民事裁判の運営や解釈・立法上の諸課題の検討において、弁論主義や関連審
理原則の基本に立ち返ることで有益な示唆が得られることは、少なくないよう
に思われる。

---

[77]　田中敦編『抗告・異議申立ての実務』（新日本法規、2021年）14頁〔宮﨑朋紀〕。

第**2**編　民事訴訟の審理

⑤ 民事訴訟の IT 化（デジタル化）に向けた動き

横　田　典　子
大阪地方裁判所部総括判事

I　民事訴訟の IT 化（デジタル化）[1]に向けた改正法の施行等

1　改正法の経緯と概要

(1)　改正法の公布と施行

　令和 4 年 5 月25日に「民事訴訟法等の一部を改正する法律」（令和 4 年法律第48号。以下「改正法」といい、上記改正前の民事訴訟法を「改正前民訴法」という）が公布された[2]。

1　民事訴訟の IT 化については、近時、「デジタル化」という言葉が用いられている。これは、単に紙を電子情報に変えることにとどまらず、デジタルをツールとして仕事のやり方自体も変えていくという、民事訴訟における DX（デジタルトランスフォーメーション）を意味するものである（山本和彦ほか「〈座談会〉裁判手続のデジタル化の展望〜民事訴訟手続を中心に〜」法律のひろば76巻第 4 号（2023年）9 頁参照。

2　改正法の公布までの経緯については、おおむね以下のとおりである。詳細は、山本和彦『民事裁判手続の IT 化』（弘文堂、2023年）11頁参照。
　・平成29年10月に内閣官房日本経済再生総合事務局に設置された「裁判手続等の IT 化検討会」での検討が開始され、平成30年 3 月に同検討会の報告書「裁判手続等の IT 化に向けた取りまとめ─『3 つの e』の実現に向けて─」（以下「検討会報告書」という）が取りまとめられた。
　・平成30年 7 月に公益社団法人商事法務研究会に設置された「民事裁判手続等 IT 化研究会」での検討が開始され、令和元年12月に同研究会の報告書「民事裁判手続等 IT 化研究会報告書──民事裁判手続の IT 化の実現に向けて」が取りまとめられた。

改正法は、以下の①ないし③のとおり段階的に施行されており、全面的な施行は公布日から4年以内の政令で定める日とされている（改正法附則1条）。

① 令和5年2月20日から施行（改正法附則1条2号）

  ・当事者に対する住所、氏名等の秘匿制度（改正法133条から133条の4まで）

② 令和5年3月1日から施行（改正法附則1条3号）

  ・電話会議等による和解期日（改正法89条2項・3項）

  ・当事者双方不出頭での弁論準備手続期日（改正法170条3項）

③ 令和6年3月1日から施行（改正法附則1条4号）

  ・ウェブ会議による口頭弁論期日（改正法87条の2第1項）

  ・電話会議等による審尋期日（改正法87条の2第2項）

(2) 改正規則の公布と施行

前記(1)①ないし③の改正法の施行を受けて、令和4年11月7日に「民事訴訟規則等の一部を改正する規則」（同年最高裁判所規則第17号。以下「改正規則」といい、上記改正前の民事訴訟規則を「改正前民訴規則」という）が公布され、以下の①ないし③のとおり段階的に施行されている（改正規則附則1条）[3]。

なお、改正法のうち前記(1)①ないし③の部分以外に係る民事訴訟規則の改正は、上記の改正規則には含まれておらず、今後の改正が予定されている。

① 令和5年2月20日から施行（改正規則附則1条本文）

  ・当事者に対する住所、氏名等の秘匿制度（改正規則3条、52条の9から52条の13まで）

  ・秘密保護のための閲覧等制限（改正規則34条）

  ・電話会議等による弁論準備手続期日、書面による準備手続における協議

  ・令和2年2月に法務大臣から法制審議会に対し、民事訴訟制度の見直しに関する諮問がされ、同年6月から「法制審議会民事訴訟法（IT化関係）部会」における調査審議が開始された。その後、令和3年2月に「民事訴訟法（IT化関係）等の改正に関する中間試案」が公表され、パブリック・コメントの手続等を経て、さらに調査審議がされたうえで、令和4年2月に「民事訴訟法（IT化関係）等の改正に関する要綱」が採択され、法務大臣に答申された。

  ・令和4年3月に上記要綱案に基づいて「民事訴訟法等の一部を改正する法律案」が国会に提出され、同年5月18日に成立し、同月25日に公布された。

3　橋爪信ほか「『民事訴訟規則等の一部を改正する規則』の解説」『令和4年最高裁判所規則（民事関係）逐条説明』（法曹会、2023年。以下「逐条説明」という）136頁、184頁参照。

（改正規則88条、91条）

・宣誓（改正規則112条、134条）

② 令和 5 年 3 月 1 日から施行（改正規則附則 1 条 1 号）

・和解期日（改正規則32条）

・写真撮影等の制限（改正規則77条、88条）

・電話会議等の方法による進行協議期日（改正規則96条）

③ 令和 6 年 3 月 1 日から施行（改正規則附則 1 条 2 号）

・ウェブ会議等による口頭弁論期日等の実施に係る改正（改正規則30条の
 2 、30条の 3 ）

2　改正法の具体的内容と実務の運用等

(1)　総　論

実務においては、改正法の全面的な施行に向けて、IT 化（デジタル化）の実現段階に応じて三つのフェーズ[4]に分け、順次、新たな運用が開始されており、現在はフェーズ 2 の段階にある。

(2)　フェーズ 1

ア　ウェブ会議による争点整理等（令和 2 年 2 月以降）

Teams（Microsoft 社のアプリケーション）の導入によりウェブ会議による争点整理の運用が開始され、当事者が裁判所に出頭することなくウェブ会議により争点整理手続に参加することが可能となった。改正前民訴法の下においては、当事者双方が不出頭の場合（当事者双方がウェブ会議により参加する場合）

4　平成30年 3 月に取りまとめられた検討会報告書では、裁判手続等の全面 IT 化に向けたプロセスとして、実現段階に応じて以下の三つのフェーズに分け、順次、新たな運用を開始していくアプローチが相当とされた。現在の実務においても、このような三つのフェーズに応じて民事訴訟の IT 化（デジタル化）が順次進められている。
　・フェーズ 1
　改正法の施行を待つことなく、改正前民訴法の下において実現可能となるもの（ウェブ会議による争点整理等の運用）
　・フェーズ 2
　改正法の施行により初めて実現可能となるもの（改正法に基づく弁論、争点整理等の運用）
　・フェーズ 3
　改正法の施行とともに、システム等の環境整備を実施することにより初めて実現可能となるもの（インターネットによる申立て等の運用）

にも実施が可能な手続として、ウェブ会議による争点整理手続の多くは書面による準備手続（改正前民訴法176条3項）として行われていた[5]。

このようなウェブ会議による争点整理手続は、令和2年2月から知的財産高等裁判所および高等裁判所所在地にある地方裁判所本庁8庁において運用が開始されたところ、当時、依頼者との打合せ等にウェブ会議を利用することが多かった代理人弁護士から積極的に受け入れられたこともあり[6]、その運用は急速に広まった。同年12月からはすべての地方裁判所本庁での運用が開始され、順次運用が拡大し、令和4年11月からはすべての高等裁判所および地方裁判所（支部を含む）において運用が行われている。

イ　mintsによる裁判書類の電子提出（令和4年4月以降）

mints（最高裁判所が新たに開発した民事裁判書類電子提出システム）は、改正前民訴法132条の10に基づき、裁判書類をオンラインで提出するためのシステムである[7]。mintsは、主張書面、書証の写し、証拠説明書等の民事訴訟規則3条1項によりファクシミリで提出することができる書面等を、電子提出することができるというものであり、当事者双方に訴訟代理人があり、双方の訴訟代理人がmintsの利用を希望する事件において、利用することができる[8]。

mintsは、令和4年4月から、甲府地方裁判所本庁および大津地方裁判所本

5　改正前民訴法下においては、ウェブ会議等による争点整理手続を行う場合、弁論準備手続や進行協議を行うためには、当事者の一方の出頭が必要であったことから（改正前民訴法170条3項、改正前民訴規則96条1項）、当事者双方が不出頭の場合でも実施が可能な書面による準備手続（改正前民訴法176条3項）が選択されることが多かった。

6　平成2年2月は、新型コロナウイルス感染症が拡大していた時期であったため、社会一般にウェブ会議等の非対面での打合せ等が多く行われており、代理人弁護士も、依頼者との打合せ等にウェブ会議を利用することが多かった。

7　mintsを用いた裁判書類の電子提出は、「民事訴訟法第132条の10第1項に規定する電子情報処理組織を用いて取り扱う民事訴訟手続における申立てその他の申述等に関する規則」（令和4年最高裁判所規則第1号）が令和4年1月14日に交付され、同施行細則（令和4年最高裁判所告示第1号）が同日に告示され、これらが同年4月1日に施行されたことにより可能となった。なお、実際にmintsの運用が可能となる裁判所は、別途、最高裁判所告示により指定されている（上記規則1条2項）。

　　上記規則の解説として、橋爪信＝武見敬太郎「『民事訴訟法第132条の10第1項に規定する電子情報処理組織を用いて取り扱う民事訴訟手続における申立てその他の申述等に関する規則』の解説」逐条説明1頁がある。

8　最高裁判所ウェブサイト「民事裁判書類電子提出システム（mints）について」、橋爪信ほか「民事裁判書類電子提出システム（mints）の概要と運用状況」金法2191号（2022年）26頁参照。

⑤ 民事訴訟のIT化（デジタル化）に向けた動き

庁において運用が開始され、令和5年1月からは全国の高等裁判所所在地の地方裁判所本庁において運用が開始され、順次運用が拡大し、同年11月からはすべての高等裁判所および地方裁判所（支部を含む）において運用が行われている。

(3) フェーズ2

ア 当事者に対する住所、氏名等の秘匿制度（令和5年2月20日以降）

当事者に対する住所、氏名等の秘匿制度は、裁判所が、申立てにより、一定の要件[9]の下で、申立て等をする者またはその法定代理人の住所等または氏名等を秘匿する旨の裁判（秘匿決定）をすることができるというものである（改正法133条1項）。従前は、第三者に対する記録の閲覧等を制限する制度はあったが、当事者による記録の閲覧等を制限する制度がなかったことから、例えば、性犯罪による被害者が住所、氏名等を加害者に知られることをおそれ、訴え提起を躊躇するなどの指摘があり、このような事態が生じないようにする観点から当事者に対する住所、氏名等の秘匿制度が新たに創設された[10]。

秘匿決定の効果としては、秘匿決定において定められた秘匿対象者の住所または氏名に代わる事項（代替事項）を当該事件等の手続において記載した時には当該秘匿対象者の住所または氏名を記載したものとみなされ（改正法133条5項）、また、秘匿事項届出書面[11]の閲覧等が秘匿対象者に限られることになる（同法133条の2第1項）。

さらに、秘匿決定を得た場合に、訴訟記録中の秘匿事項届出書面以外のもので秘匿事項記載部分[12]の閲覧等を秘匿対象者に限る必要があるときは、当事者

　　もっとも、mintsは改正前民訴法下でのシステムであるため、電子提出された書面は、裁判所がこれをプリントアウトして訴訟記録にする。

9　申立て等をする者またはその法定代理人の住所等または氏名等が当事者に知られることによって、当該申立て等をする者または当該法定代理人が社会生活を営むのに著しい支障を生ずるおそれがあることにつき疎明があった場合（改正法133条1項）である。

10　脇村真治編著『一問一答新しい民事訴訟制度（デジタル化等）』（商事法務、2024年）206頁、石黒清子「第1回 当事者の住所・氏名等の秘匿制度」NBL1235号（2023年）21頁参照。

11　秘匿事項届出書面とは、秘匿決定の申立てをする者またはその法定代理人の住所、氏名等その他（改正規則52条の10で定める事項）を届け出た書面である（改正法133条2項）。

12　秘匿事項記載部分とは、秘匿事項または秘匿事項を推知することができる事項が記載され、または記録された部分である（改正法133条の2第2項）。

等の閲覧等の制限の申立てを行い、同閲覧等の制限の決定を得ることができる（改正法133条の2第2項）。

イ　当事者双方不出頭での弁論準備手続等（令和5年3月1日以降）

フェーズ1においては、当事者双方が不出頭の場合（当事者双方がウェブ会議により参加する場合）に実施が可能な争点整理手続は、書面による準備手続（改正前民訴法176条3項）のみであったが、令和5年3月1日以降、当事者双方が不出頭の場合のウェブ会議等による和解期日、弁論準備手続期日、進行協議期日の実施が可能となった（改正法89条2項・3項、170条3項、改正規則96条）。

また、改正法170条3項では、いわゆる遠隔地要件が削除されたことに伴い、ウェブ会議等の実施に先立ち、裁判所が確認すべき事項として「通話先の場所」は不要となり[13]、「通話者の所在する場所の状況が当該方法によって手続を実施するために適切なものであること」が確認の対象となった（改正規則88条2項2号、91条4項、96条3項）。

ウ　ウェブ会議による口頭弁論等（令和6年3月1日以降）

フェーズ1においては、非公開の争点整理手続においてのみウェブ会議が利用されてきたが、令和6年3月1日以降、ウェブ会議による口頭弁論期日の実施が可能となった（改正法87条の2第1項、改正規則30条の2）[14]。

ウェブ会議による口頭弁論期日は、裁判所が「相当と認めるとき」に「当事者の意見を聴いて」行うことができるとされている（改正法87条の2第1項）。当事者の一方が出頭し、他の一方がウェブ会議により参加することも可能であり、具体的な事案における相当性の判断は、当該当事者ごとに判断されることになる[15]。相当性の判断においては、個別の事件や期日ごとに、事案の性質、予定される手続の内容、当事者のウェブ会議を利用するための環境、現実に出頭することの容易性の程度等の諸事情を総合的に考慮することになる[16]。

現時点において、ウェブ会議による口頭弁論が実施されている例としては、

13　改正前民訴法170条3項では「当事者が遠隔の地に居住しているとき」といういわゆる遠隔地要件が必要とされていたことから、遠隔地要件を判断するために「通話先の場所」の確認が必要とされていた（逐条説明164頁）。

14　ほかに、ウェブ会議または電話会議による審尋期日の実施も可能となった（改正法87条の2第2項、改正規則30条の3）。

15　脇村・前掲書（注10）59頁参照。

16　橋爪信「ウェブ会議を用いた口頭弁論の運用開始」ジュリ1595号（2024年）82頁参照。

5　民事訴訟のIT化（デジタル化）に向けた動き

例えば、口頭弁論終結期日において当事者双方または一方がウェブ会議により
参加する場合や、第1回口頭弁論期日において被告の欠席が見込まれるような
事案で原告がウェブ会議による参加を希望する場合等がある。

(4)　フェーズ3

ア　総　論

改正法が全面的に施行されるフェーズ3は、公布日（令和4年5月25日）か
ら4年以内の政令で定める日からとなるが、フェーズ3において予定されてい
る主要な改正点（上記(3)以外のもの）は、以下のとおりである。

イ　インターネットによる申立て等（改正法132条の10から132条の13ま
で）

民事訴訟に関する手続における申立てその他の申述（申立て等）のうち、当
該申立て等に関する民事訴訟法その他の法令の規定により書面等をもってする
ものとされているものであって、裁判所に対してするものは、最高裁判所規則
で定めるところにより、インターネットを使用して電磁的記録を提出する方法
により行うことができることとなった（改正法132条の10第1項）。

原則として、上記「申立て等」の方法については、①書面を提出する方法に
よるか、②インターネットを使用する方法によるかを、当事者の選択に委ねて
いるが、例外として、弁護士等の訴訟代理人[17]については、②インターネット
を使用する方法によることが義務づけられている（改正法132条の11）。これは、
インターネットを利用した申立て等により、訴訟記録の電子化と相まって、書
面管理等のコストの削減、民事訴訟に関する手続の社会全体のコストの削減に
つながることから、申立て等は、可能な限り②インターネットを使用する方法
によることが望ましいため、弁護士等の訴訟代理人については②インターネッ
トを使用する方法によることが義務づけられたが、弁護士等の訴訟代理人以外
の者については、これに十分対応できない者も一定数存在することを考慮し
て、これを義務づけることまではされなかったものである[18]。

17　委任を受けた訴訟代理人、法務大臣の権限等に関する法律の規定による指定代理人、地
　　方自治法の規定による指定代理人（改正法132条の11第1項1号から3号まで）をいう。
18　脇村・前掲書（注10）32頁、山本・前掲書（注2）34頁参照。

I 民事訴訟の IT 化（デジタル化）に向けた改正法の施行等

ウ　送達（改正法99条から113条まで）

改正法下における電磁的記録の送達は、原則として、(A)出力書面[19]による方法として、出力書面を書類の送達と同じ方式により送達する方法によって実施されるが（改正法109条）、(B)インターネットによる方法として、裁判所の使用するサーバのファイルに記録された電磁的記録については、インターネットを使用して送達することができることとなった（改正法109条の2から109条の4まで）[20]。

上記(B)インターネットによる方法とは、①送達を受けるべき者がインターネットによる方法により送達を受ける旨の届出をした場合に（改正法109条の2第1項ただし書）[21]、②裁判所書記官が、送達を受けるべき者がデータを閲覧またはダウンロードすることができる措置をとり（同項本文）、③裁判所書記官が、送達を受けるべき者に対して上記措置がとられた旨の通知を発する方法により実施するものであり（同項本文）、具体的な手続の内容は、今後最高裁判所規則において定められる[22]。

そして、上記(B)インターネットによる方法による送達の効力は、改正法109条の3第1項により、送達を受けるべき者がデータを閲覧した時（同項1号）、送達を受けるべき者がデータをダウンロードした時（同項2号）、送達を受けるべき者に対する上記③の通知から1週間が経過した時（同項3号）の、いずれか早い時に生じることになる。

エ　法定審理期間訴訟手続（改正法381条の2から381条の8まで）

法定審理期間訴訟手続として、一定の要件の下で[23]、手続の開始から5か月以内に争点整理等を終え、6か月以内に口頭弁論を終結し、7か月以内に判決の言渡しをする手続が創設された。

19　出力書面とは、裁判所の電子情報処理組織のファイルに記録された送達すべき電磁的記録に記録されている事項を出力することにより作成した書面である（改正法109条）。

20　脇村・前掲書（注10）39頁、山本・前掲書（注2）42頁参照。

21　インターネットによる方法により送達を受ける旨の届出をする場合には、当該届出をする者（当該方法により送達を受けるべき者）は、送達受取人の届出をすることができる（改正法109条の2第2項後段。脇村・前掲書（注10）44頁）。

22　脇村・前掲書（注10）40頁参照。

23　裁判所が、事案の性質、訴訟追行による当事者の負担の程度その他の事情に鑑み、法定審理期間訴訟手続により審理および裁判をすることが当事者間の衡平を害し、または適正な審理の実現を妨げると認めるときを除く（改正法381条の2第2項）。

111

法定審理期間訴訟手続が創設された趣旨は、従前の民事訴訟の制度において
は、審理期間や判決までに要する期間等についての予測が困難であるとの指摘
があったこと等を受け、審理期間や判決までに要する期間を法定することによ
り、紛争解決までに要する期間の予測可能性を高め、民事訴訟手続を利用しや
すくするという点にある[24]。

　法定審理期間訴訟手続の具体的な流れは、以下のとおりである。①当事者双
方の申出により（改正法381条の2）、②裁判所が法定審理期間訴訟手続により
審理および裁判をする旨の決定をする（同条2項）。③上記②の決定の日から
2週間以内に口頭弁論または弁論準備手続期日が、同期日から6か月以内に口
頭弁論終結日が、同日から1か月以内に判決言渡期日が、それぞれ指定される
（同法381条の3第1項・2項）。④当事者は、原則として5か月以内に攻撃また
は防御の方法を提出し（同条3項）、⑤裁判所は、当事者双方との間で、上記
④の期間満了までに、争点整理の結果に基づいて判決において判断すべき事項
を確認し（同条4項）、⑥証拠調べは、原則として6か月以内に行われる（同条
5項）。

　もっとも、当事者は、通常の手続に移行させる旨の申出をすることができ
（改正法381条の4）、判決に不服がある場合に控訴をすることはできないが（同
法381条の6）、異議を申し立てることができ（同法381条の7）、適法な異議があ
ったときは、通常の手続により審理判断される（同法381条の8）。

　　オ　訴訟記録の閲覧等（改正法91条から92条まで）

　訴訟記録が原則として電子化されることに伴い、インターネット等を使用し
た電磁的訴訟記録の閲覧等の規定が整備された[25]。

　何人も、裁判所書記官に対し、最高裁判所規則で定めるところにより、電磁
的訴訟記録の内容を最高裁判所規則で定める方法により表示したものの閲覧[26]
を請求することができることとされ（改正法91条の2第1項）、また、当事者お

24　脇村・前掲書（注10）187頁、山本・前掲書（注2）100頁、垣内秀介「民事訴訟におけ
　る手続の簡易化に関する覚書——法定審理期間訴訟手続の創設を契機として」曹時74巻6
　号（2022年）1頁、大坪和敏「第9回　法定審理期間訴訟手続」NBL1260号（2024年）
　91頁参照。
25　脇村・前掲書（注10）91頁、山本・前掲書（注2）89頁参照。
26　「閲覧」の具体的な方法については、最高裁判所規則で定められることになるが、裁判
　所設置端末を用いて閲覧する方法等が考えられる（脇村・前掲書（注10）92頁参照）。

およびび利害関係を疎明した第三者は、裁判所書記官に対し、電磁的訴訟記録に記録されている事項について、インターネットを使用してその者の使用に係る電子計算機に備えられたファイルに記録する方法等による複写[27]を請求することができることとされている（同条2項）。

Ⅱ 民事訴訟の審理運営の現状（フェーズ1、2における争点整理等）

1 争点整理における Teams の機能の活用

(1) 総 論

フェーズ1、2においては、裁判所と当事者双方が、期日等における協議の結果や次回までの準備事項等について認識を共有し、充実した争点整理を行うため、Teams の会議機能だけでなく、メッセージ機能、ファイル共有機能、画面共有機能等が活用されている[28・29]。

(2) メッセージ機能

ア 内 容

メッセージ機能は、Teams にメッセージ等を投稿するものであり、裁判所と当事者双方とが簡易かつ即時に意思伝達をすることができる便利なツールとして活用されている。

イ 利用状況

(A) 事前メモ

期日等に先立ち、裁判所が、メッセージ機能を用いて「事前メモ」を投稿す

---

27 「複写」の具体的な方法については、最高裁判所規則で定められることになるが、自己のパソコン等にインターネットを使用してダウンロードする方法等が考えられる（脇村・前掲書（注10）93頁参照）。

28 松尾吉洋「第2回 フェーズ1の運用状況とフェーズ2・3の一部先行実施」NBL1242号（2023年）77頁参照。

29 Teams のこのような機能は、主として弁論準備や書面による準備手続等のウェブ会議を利用した争点整理手続において多く用いられるが、手続を口頭弁論で行う場合であっても、期日間には Teams のメッセージ機能等を併用する運用も行われており、裁判所と当事者双方との認識の共有に役立っている。

113

る運用が行われている。これは、必要に応じて行われているものであり、当事者双方が期日等における協議の内容を事前に把握し、準備したうえで期日等に臨むことにより、期日等における充実した協議ができるようにするためのものである。

事前メモの内容としては、裁判所が期日等において釈明を予定している事項や協議事項等を記載したもの、期日等において確認をすべき争点項目をまとめたもの等がある。

(B) 事後メモ

期日等が終了した後に、裁判所が、メッセージ機能を用いて「事後メモ」を投稿する運用が行われている。これは、多くの事件で行われているものであり、期日等における協議の結果や次回の期日等までの準備事項等を可視化し、裁判所と当事者双方との間で認識を共有し、当事者が充実した期日間準備を行うことができるようにするためのものである。

事後メモの内容としては、裁判所と当事者双方が、期日等において確認した、協議の結果の内容、次回の期日等までの準備事項、今後の主張立証の予定や審理計画等がある。

(3) ファイル共有機能、画面共有機能等

ア 内 容

ファイル共有機能は、Teams 上でデータを共有することができるものであり、期日間に、裁判所または当事者がデータをアップロードし、データを共有する方法として利用されている。

画面共有機能は、Teams の画面で一覧表、図面等の資料を共有することができるものであり、期日等において、裁判所および当事者が資料を画面で見ながら協議するために利用されている。

イ 利用状況

(A) ファイル共有機能

従前から、特定の類型の事案では各種一覧表（建築事件における瑕疵一覧表、医事事件における診療経過一覧表、遺留分減殺請求事件等における財産一覧表等）を用いた争点整理が行われてきたが、ファイル共有機能を用いることで、期日間に各種一覧表のファイルをアップロードし、当事者双方が適宜修正しながら

Ⅱ　民事訴訟の審理運営の現状（フェーズ１、２における争点整理等）

一覧表を完成させることが簡易かつ容易になった。

　そこで、近時は、一般の事件においても、事案に応じて、裁判所と当事者双方とが争点項目を確認したうえで、争点項目に沿った主張一覧表（主張対照表）のファイルをアップロードし、当事者双方が主張内容や証拠を書き込んでいくという、一覧表形式を用いた争点整理も行われている。これによって、情報が集約され、争点整理の内容が可視化されることで、審理が促進されるというメリットがある。

　また、期日間に、和解条項案をファイル共有し、裁判所と当事者が、メッセージ機能等を使って協議しながら、調整することも一般的に行われている。

　　　Ⓑ　画面共有機能

　期日等において、ファイル共有した和解条項案や一覧表等を、画面共有機能を用いて画面共有しながら協議をして和解条項等を調整したり、また、ドライブレコーダー等の動画を画面共有しながら協議したりする場合もある。画面共有機能は、協議の対象が可視化されるため、充実した協議が可能となるというメリットがある。

2　争点整理における審理運営改善の動き

⑴　総　　論

　民事裁判手続のIT化（デジタル化）は、それ自体が目的ではなく手段であることから、IT化（デジタル化）を契機として、裁判所と当事者が早い段階で口頭協議等により主要な争点について認識を共有し、紛争の核心をとらえた適正かつ迅速な審理判断を行うことができるよう、民事訴訟の審理運営を改善していく必要がある。そこで、大阪地方裁判所では、争点整理における審理運営改善のため、以下のような試みが行われている。

⑵　Formsを用いた参考事項聴取

　第１回口頭弁論期日前の参考事項聴取（民訴規61条）については、従来の紙

30　大阪地方裁判所では、民事部各部においてカスタマイズされたFormsの回答用フォームが用いられているが、例えば、大阪地裁交通部におけるFormsを利用した参考事項聴取の運用について、大阪地裁第15民事部「大阪地裁交通部における一覧表による審理及び参考事項聴取の取組」法曹876号（2023年）25頁参照。

115

ベースのものに代え、Microsoft365の Forms のアンケート機能を用いて行うこととし、担当部から訴訟代理人に対して回答用フォーム[30]の URL（またはURL の二次元コードを印字した書面）を送付し、訴訟代理人にスマートフォンやパソコンから回答をしてもらうという運用が行われている。

　これにより、訴訟代理人から手軽に回答してもらえるようになり、例えば、口頭弁論期日を経ずに弁論準備手続等に付すことについての意見（民訴規60条1項ただし書）、ウェブ会議や mints の希望の有無、事前交渉の有無、和解の意向の有無・内容等の訴訟の進行に関する参考事項に係る情報を的確に得ることができ、訴訟提起後の早い段階から、審理の見通しや審理計画を立てることが可能となっている。

(3) 序盤の口頭協議等

ア　口頭弁論期日を経ずに弁論準備手続等に付す運用

　従前の第1回口頭弁論期日は、原告は出頭して訴状を陳述し、被告は出頭せず形式的な答弁書（いわゆる三行答弁）の擬制陳述（民訴158条）だけで終了することも少なくなかったが、近時、裁判所が相当と認めるときで、かつ、当事者に異議がない場合には、口頭弁論期日を経ずにウェブ会議による弁論準備手続や書面による準備手続に付して争点整理を進める運用が多く行われている（改正法170条3項、民訴規60条1項ただし書）。

　被告の実質答弁が出る前にこのような期日等を入れる場合には、早期に進行（和解を含む）についての意見等を双方から聴取することにより審理の見通しを立てることや、訴状の記載内容について原告から補充の説明を求めるなどして実質答弁をより充実したものにすることなどを目的とすることが多い。また、被告の実質答弁を待ってこのような期日等を入れる場合には、最初の期日等から、当事者双方と裁判所が、主要な争点等について実質的な協議を行うことなどを目的とすることが多い。

イ　序盤の口頭協議

　争点整理の早い段階（被告の実質答弁が出た段階等）から、当事者双方と裁判所が、争点項目、争点の軽重、証拠の有無、今後の主張立証の予定等について協議したうえで、主要な争点について認識を共有し（序盤の口頭協議）、紛争の核心をとらえた適正かつ迅速な審理判断を行うという試みが行われている。

II 民事訴訟の審理運営の現状（フェーズ1、2における争点整理等）

従前は、序盤の段階で、原告が主張すれば、被告も反論し、さらに原告が再反論せざるを得ない状況が続くことで、主要な争点とは関連性が薄い部分での主張の応酬が続き、争点が拡散することもあったのに対し、当事者双方と裁判所が序盤の口頭協議を行ったうえで、主要な争点について認識を共有し、さらにその協議の結果を事後メモ等で可視化することにより、当事者双方は主要な争点についての主張立証に注力することができ、裁判所も紛争の核心をとらえた適正かつ迅速な審理判断を行うことが可能となっている。

(4) 中盤・終盤の争点整理結果の共有等

争点整理の中盤・終盤では、当事者双方と裁判所が争点項目や争点の軽重等について口頭で確認しているほか、裁判所が争点骨子メモを作成したり、あるいは前記1(3)イ(A)のように当事者双方が作成した争点項目に沿った主張一覧表（主張対照表）を利用したりするなどして、争点整理結果を確認するなどの試みが行われている。これによって、証人尋問や判決に向けて、争点整理の結果を可視化し、認識を共有することが可能となっている。

3 フェーズ3に向けた試み

(1) 総 論

フェーズ3では、訴訟記録が原則として電子化されることとなるため、当事者の主張立証活動や裁判官の審理運営のあり方について、さまざまな変化が予想される。例えば、データの性質を生かし、主要な争点に絞った、一覧性のある主張整理表や証拠説明書等を用いることができれば、当事者双方と裁判所との認識の共有が進み、当事者は主張立証の見通しが立てやすくなり、裁判所は当事者双方の主張立証の内容を正確に理解することができるようになり、紛争の核心をとらえた適正かつ迅速な審理判断の実現に資するというメリットがあると考えられる。そこで、大阪地方裁判所では、以下のようなフェーズ3に向けた試みが行われている。

(2) データ活用型審理

ア データ活用型審理の内容

データ活用型審理は、フェーズ3に向けて、データを用いた審理を先行して体験し、審理運営改善を行うための試みである。当事者双方の意見を聴いたう

えで、了解が得られる限度において行われているものであることから、事案の性質や当事者双方の意向によって、また裁判官によって、さまざまなバリエーションがあるが、おおむね以下の①ないし③のような内容を含むものである。

①当事者双方と裁判所が、序盤の口頭協議を行ったうえで、主要な争点について認識を共有し、さらにその協議の結果を Teams に事後メモ等を投稿することで可視化する。この段階で、大まかな審理スケジュールを立てることもある。

②準備書面、書証、証拠説明書等については、Teams 上にデータをアップロードすることによりデータで情報を共有し[31]、さらに争点整理を進める。

③その結果、和解が相当な場合には、裁判所が心証開示を行ったうえで、当事者双方と和解の協議を行い、Teams のファイル共有機能を用いて和解条項を調整したうえで、ウェブ会議等による和解が成立する（改正法89条2項・3項）[32]。

和解が困難で証拠調べや判決に進む場合には、Teams 上にアップロードされている準備書面、書証、証拠説明書等のデータのうち、必要なものを選別したうえで、当事者双方が、あらためて紙ベースで提出するか、あるいは後記(3)の mints を利用して提出する。

　イ　データ活用型審理における工夫

データ活用型審理においては、裁判所と当事者双方が序盤の口頭協議において争点項目を確認したうえで、データの状態での見やすさと理解のしやすさを高めるため、前記1(3)イ(A)のような、争点項目に沿った主張一覧表（主張対照表）を用いた争点整理が行われることが多い[33]。

さらに、証拠説明書をエクセルを用いて作成し、かつ、原告と被告が、証拠説明書のファイルをそれぞれ一つに集約し、証拠を提出するつど、それぞれが

31　この段階では、紙ベースでの準備書面や書証は提出しないので、期日において準備書面の陳述や書証の提出等は行わない。

32　大阪地方裁判所では、事件が和解等で終局した後に、「和解成立後の振り返り」として、裁判所が、代理人弁護士等から、当該事件の争点整理のあり方等についての感想や意見を聴く取組みも、多く行われている（林潤＝小河好美「大阪地裁第3民事部における『和解成立後の審理の振り返り』について」法曹852号（2021年）7頁）。

33　例えば、大阪地裁交通部における一覧表の基本書式を利用した審理の取組について、大阪地裁第15民事部・前掲論文（注30）22頁。

一つのエクセルファイルに追加して書き込む方法によることで、書証に関する情報を集約してわかりやすくするという試みも行われている[34]。さらに、このような証拠説明書を同一フォルダ内の書証データにリンクを付けるものにする（自動リンク付き証拠説明書）場合もあり、このような自動リンク付き証拠説明書は、証拠説明書の立証趣旨と書証を対照することが容易になり、書証の内容をよりよく理解することができるというメリットがある。

(3) mints の活用

ア　mints のメリット

mints は、主張書面、書証の写し、証拠説明書等の民事訴訟規則3条1項によりファクシミリで提出することができる書面等を、電子提出するものであるから、訴訟代理人にとっては、フェーズ3に向けて、上記各書面をオンライン提出することを先行して体験することができるものであり、また、従前、パソコンで作成した準備書面等のデータを、いったんプリントアウトしたうえで、裁判所にファクシミリで送信し、さらに相手方にもファクシミリで送信していた手間を省き、作成した準備書面等のデータをシステムにアップロードすることで、裁判所に電子提出することができると同時に相手方にも直送でき、さらに受領書面の作成および提出についてもシステム上で手軽に行うことができるという便利なシステムである。

イ　mints の活用例

mints は、当事者双方が「主張書面」、「書証の写し」、「証拠説明書」、「その他の書面」（以下、合わせて「正式書面」という）としてアップロードし、裁判所がこれをプリントアウトして訴訟記録にするという運用が一般的であるが、以下のような活用例もある。

まず、上記(2)のような Teams を利用したデータ活用型審理の場合は、和解が困難で証拠調べや判決に進む場合等に、Teams 上にアップロードされている準備書面、書証、証拠説明書等のデータのうち、必要なものを選別したうえで、当事者双方が mints を利用してデータをアップロードして提出するという

34　エクセルを用いた証拠説明書の活用については、大分地裁における運用の紹介として、大分地方裁判所「審理運営改善に向けた弁護士会との協働」法曹882号（2024年）22頁がある。

5 民事訴訟のIT化（デジタル化）に向けた動き

試みが行われている。

　また、mintsには、データを「正式書面」としてアップロードする機能のほかに、「参考書面」としてアップロードする機能があるところ、事案に応じて、書証については、まずはデータを「参考書面」としてアップロードした状態で審理を進め[35]、一定の時期（和解が困難で証拠調べや判決に進む場合等）に、「参考書面」としてアップロードされている書証のデータのうち、必要なものを選別したうえで、当事者双方が書証のデータを「正式書面」としてアップロードして提出する（二段階書証提出）という試みも行われている[36]。

Ⅲ　今後の課題等

　民事裁判手続のIT化（デジタル化）は、それ自体が目的ではなく手段であるから、民事裁判手続のIT化（デジタル化）を契機として、紛争の核心をとらえた適正かつ迅速な裁判を目指す必要があり、そのためには、民事訴訟の審理運営を改善すべく、裁判所と代理人弁護士との協働が不可欠となる。

　今後、フェーズ3に向けて、準備書面のあり方、書証の提出のあり方、判決書のあり方等についても、検討を進める必要があるが、裁判所と代理人弁護士が協力して、より良い民事訴訟の審理運営を目指すことができるよう、議論とプラクティスの実践を継続する必要がある。

---

35 「参考書面」としてアップロードしたデータは、裁判所および当事者間のデータ共有等を目的とするものであり、訴訟記録として扱われることはない（橋爪ほか・前掲論文（注8）29頁参照）。

36 mintsを活用し、主張書面および書証のすべてを二段階提出することにより、ペーパーレス審理を行う運用の紹介として、桃崎剛「民事裁判手続のデジタル化の現状について」法律のひろば76巻4号（2023年）31頁がある。

120

⑥ 現在の民事訴訟を取り巻く問題点

井 上 直 哉
大阪地方裁判所所長代行

I　はじめに

　現行の民事訴訟法は、平成8年に制定、平成10年に施行され、それまでの「五月雨式」、「漂流型」等とよばれた審理から、争点に的を絞った集中的な審理を目的として、弁論準備手続等の争点整理手続が整備され、証拠の提出について随時提出主義から適時提出義務に改められ、証人等の尋問を集中的に行う集中証拠調べが原則化されるなどした[1]。この民事訴訟法の施行に伴い、運用面でも積極的な取組みがされ、民事訴訟の審理期間は短縮されてきたが、なお人証調べを行った事件の平均審理期間が20か月を超える状況にあった。平成13年6月に取りまとめられた司法制度改革審議会の意見書には、「民事司法制度の改革」として「民事裁判の充実・迅速化」があげられ、「国民の期待に応えるためには、なお一層の審理の充実を図り、民事訴訟事件全体（人証調べ事件に限る。）の審理期間（平成11年で20.5か月）をおおむね半減することを目標」とすることが記載され、その具体的な対応策として、計画審理の推進、証拠収集手続の拡充、人的基盤の拡充等が提言された[2]。これを受けて、平成15年に

1　法務省民事局参事官室編『一問一答新民事訴訟法』（商事法務、1996年）157頁、168頁、223頁。

2　司法制度改革審議会「司法制度改革審議会意見書――21世紀の日本を支える司法制度」ジュリ1208号（2001年）185頁。

6 現在の民事訴訟を取り巻く問題点

民事訴訟法が改正され、計画審理に関する規定が設けられたほか、訴え提起前の証拠収集処分の制度、専門的な知見を要する事件に対応するための専門委員制度が設けられた[3]。これとともに、同年、裁判の迅速化に関する法律（以下「迅速化法」という）が制定され、訴訟の審理期間の目標について、「第一審訴訟手続を2年以内のできるだけ短い期間内に終局させること」が規定されるとともに（迅速化法2条1項）、最高裁判所により2年ごとに裁判の迅速化に係る総合的、客観的かつ多角的な検証を行うこととされた（同法8条1項）。しかし、迅速化法が制定されて以降、民事訴訟の審理期間は、むしろ長期化する傾向にある[4]。平成28年に実施された「日本の民事裁判制度についての意識調査」（利用者調査）によれば、裁判に時間がかかることが裁判に躊躇を感じる最も大きな理由になっており[5]、審理期間の長期化は、民事訴訟の大きな課題の一つである。

　このような中、裁判手続のIT化（デジタル化）に向けた動きが生じてきた。平成29年に内閣官房に設置された「裁判手続等のIT化検討会」は、平成30年に検討結果を取りまとめ、民事訴訟手続の全面的なIT化に向けて、「e提出（e-Filing)」、「e法廷（e-Court)」、「e事件管理（e-Management)」の三つの「e」を実現するため、三つの段階（フェーズ）に分けて運用を開始することが相当であるとした[6]。これに沿って、令和2年2月から当時の民事訴訟法の下でも実施可能なウェブ会議による争点整理手続の運用が開始されるとともに、法制審議会民事訴訟法（IT化関係）部会における調査審議が開始され、令和4年5月に民事訴訟手続の全面的なIT化（デジタル化）を実現する内容の民事訴訟法の一部を改正する法律が制定された。その後、段階的に施行されているところであるが、民事訴訟手続のIT化（デジタル化）は、単にこれまでの紙による審理をデータに置き換えるだけではなく、IT化（デジタル化）を契機として、民事訴訟の審理運営の方法を抜本的に見直し、合理的・効率的な審

3　小野瀬厚「民事訴訟法改正の経緯と概要」ジュリ1252号（2003年）6頁。

4　最高裁判所事務総局「裁判の迅速化に係る検証に関する報告書（第10回）」（令和5年7月）84頁。

5　山本和彦ほか「2016年民事訴訟利用者調査の分析」論究ジュリ28号（2019年）158頁。

6　裁判手続等のIT化検討会「裁判手続等のIT化に向けた取りまとめ—『3つのe』の実現に向けて—（平成30年3月30日）」〈https://www.kantei.go.jp/jp/singi/keizaisaisei/saiban/pdf/report.pdf〉。

理を通じて「より良い司法サービス」、「より適正かつ迅速な裁判」の実現を目指すものであり、上記の審理期間の長期化の問題の解消につながることが期待されるものである。全面的なIT化（デジタル化）によって、これまで紙ベースの審理であったものがデータベースの審理となり、インターネットによる訴え提起等が可能になるなど、民事訴訟の運用は大きく変容することになり、これにどのように対応するかが大きな課題である。

　本稿では、現在の民事訴訟を取り巻く状況について、審理期間の長期化およびIT化（デジタル化）にスポットをあて、審理期間の長期化について、その状況を概観して解決に向けた課題について取り上げるとともに、IT化（デジタル化）について、これまでの経緯等を簡単に説明したうえで、実践されているIT化（デジタル化）を踏まえた審理運営改善の取組みを紹介し、今後の課題等についても少しコメントしたいと思う。

　なお、民事訴訟のIT化に向けた動きについては、別の論稿で詳しく説明されているので、詳細はそちらを参照されたい。また、意見にわたる部分は、個人的な見解である。

Ⅱ　民事訴訟の審理期間の長期化

1　審理期間等の推移

　地方裁判所の民事第1審訴訟事件の平均審理期間（事件の受理日から終局日までの期間の平均値）は、平成18年が7.8月であったものが、平成20年に6.5月となって短縮した後、平成22年に6.8月と長期化に転じ、平成27年に8.7月となった後は、おおむね横ばいで推移していたが、その後、平成30年に9.0月となって再び長期化に転じ、令和4年には10.5月となっている[7]。これは、迅速化法が制定された平成15年から最も長い期間である。平成20年までの平均審理期間の短縮および平成22年からの長期化傾向は、審理期間が比較的短い過払金等返還請求事件の増減の影響が大きいが、過払金等返還請求事件を除いた数値をみ

7　最高裁判所事務総局・前掲（第10回）報告書（注4）84頁。

⑥ 現在の民事訴訟を取り巻く問題点

ても、平成21年以降長期化傾向を示しており[8]、平均審理期間の長期化には過払金等返還請求事件以外の要因も関係しているものと考えられる。なお、令和2年以降の長期化の背景には、新型コロナウイルス感染症の感染拡大や緊急事態宣言等による裁判所の業務縮小が影響を与えているものと思われるが、全体として長期化傾向にあることは否定しがたいところである。

　また、人証調べを実施して対席判決で終局した事件について、その平均審理期間をみると、平成26年が20.0月であるのに対し、令和4年は23.9月となっており、その間一貫して長期化傾向が続いている[9]。手続段階別にみると、①訴え提起から第1回口頭弁論まで、②第1回口頭弁論から人証調べ開始までの各段階の平均期間が長期化している。近時は、ウェブ会議の活用が広がり、第1回口頭弁論期日を経ることなく争点整理手続を行い、第1回口頭弁論は人証調べ前に行う運用が拡大していることから、①の段階の平均期間が大幅に増えているが、①と②に合わせた期間でみると、平成26年に15.4月であったものが、令和4年は19.4月となって、4月増加している[10]。このことからも、平均審理期間の長期化の内実は、争点整理期間の長期化であることがわかる。

　さらに、係属期間が2年を超える未済事件についてみると、事件数は、平成19年まで減少傾向が続いたが、その後、過払金等返還請求事件による増減はあるものの、おおむね増加傾向が続いており、また、全未済事件に占める割合についても、平成27年が7.4％であったところ、それ以降おおむね増加傾向にあり、令和4年には11.7％となっている[11]。

　一方で、地方裁判所の民事第1審訴訟事件の新受件数をみてみると、平成18年以降、過払金等請求事件の増加に伴って急増し、平成21年に23万件を超えてピークとなった後に減少に転じ、平成25年以降は、14万件台で推移しておおむ

8　最高裁判所事務総局「裁判の迅速化に係る検証に関する報告書（第8回）」（令和元年7月）20頁。なお、過払金等返還請求事件を除く平均審理期間は、平成28年および平成29年に短縮したが、その後再び長期化している。

9　最高裁判所事務総局「裁判の迅速化に係る検証に関する報告書（第6回）」（平成27年7月）31頁、同・前掲（第10回）報告書（注4）93頁。

10　最高裁判所事務総局・前掲（第10回）報告書（注4）92頁。

11　最高裁判所事務総局・前掲（第10回）報告書（注4）92頁。なお、令和4年は、係属期間が2年を超える未済事件の事件数および全未済事件に占める割合が、ともに令和3年よりも若干減少している。

ね横ばいとなっていたが、平成30年以降、再び減少傾向となり、令和4年は約12万6000件となっている[12]。

以上のように、平成18年以降の過払金等返還請求事件の増加や令和2年以降のコロナウイルス感染症等による影響があるものの、民事第1審訴訟事件は、新受件数が総じて減少傾向にあるにもかかわらず、審理期間は長期化傾向にあり、長期未済事件も増加傾向にあるなど、事件処理にかける時間が長くなっているといえる。令和4年の数値では、人証調べを実施して対席判決で終局した事件の平均審理期間が2年に迫っており、係属期間2年超の未済事件の全未済事件に占める割合も1割を超えるなど、迅速化法が目指した審理期間の目標にはほど遠い状況にあるといえる。

2　長期化の要因

(1)　裁判手続に内在する要因

審理期間、特に争点整理期間の長期化の要因について、「裁判の迅速化に係る検証に関する報告書」（以下「迅速化検証報告書」という）では、争点整理に関して一般に共通する長期化要因として、以下の指摘がされている[13]。

「訴訟の準備段階における事情」として、①弁護士が訴え提起前に証拠関係を含めた事案の全容を把握することが困難であるうえ、訴え提起前の証拠収集処分がほとんど利用されず、準備が不十分なまま訴えを提起していること、②被告となった依頼者が弁護士に相談する時期が遅いことがあげられ、「当事者側の事情」として、①依頼者と弁護士との意思疎通等が困難であること、②準備書面等の作成等期日間の準備に最低でも1か月程度が必要であること、③当事者は事件全体の真相解明を期待し、裁判所は紛争の全体的解決の観点から当事者の主張立証を制限しない場面も少なくないため、過剰や不必要な主張立証がされ、争点の絞り込みが困難となること、④当事者によっては、迅速な解決

12　最高裁判所ウェブサイト「裁判所データブック2024」34頁。なお、令和5年は、約13万500件と前年よりも約9000件増加している。

13　最高裁判所事務総局「裁判の迅速化に係る検証に関する報告書（分析編）（第3回）」（平成21年7月）6頁。同報告書には、上記の要因のほか、証拠収集に関連する要因、専門的知見を要する事案に関連する要因、裁判所、弁護士の執務態勢等に関連する要因があげられている。

よりも真相解明を求めて時間をかけた進行を希望する者がおり、争点整理を裁判官に委ねる意識の者も多いことがあげられ、「裁判所側の事情」として、①裁判官が争点と無関係な主張を制限しない、当事者の不明確な主張を明確化する対応をとらない、準備書面の交換以外に関与しないなど、争点整理を積極的に進めない場合があること、②和解の調整のために長期化することがあげられている。

(2) 裁判手続外の社会的な要因

上記の要因は、裁判手続に内在する一般的な要因といえるが、裁判手続外の社会的な要因として、近年の状況に関して、以下の指摘がされている[14]。

「事件」に関する実情として、当事者同士での紛争解決、ADR 利用の進展、費用面等からの提訴回避等によって訴訟事件が減少している一方、労働関係訴訟、損害論の認定が困難な交通関係訴訟、IT システムに関する事件など科学技術面の先端的知見を必要とする訴訟、複雑な金融商品に関する事件など新たな取引形態が問題となる訴訟、感情的対立が激しく、事実関係が長期にわたる親族間紛争の訴訟などの質的に困難な事件類型が増加していることがあげられている[15]。また、「当事者」に関する実情として、インターネットの普及、法曹人口の増加、法律相談ツールの多様化等が図られるなど社会情勢が変化し、当事者の法的意識の高まり等により、依頼者と代理人との信頼関係の構築が一層困難となり、代理人が依頼者に十分な説明や説得をすることができず、代理人の裁量に委ねられる範囲が狭まる傾向にあることがあげられている。

確かに、従前よりも当事者本人と弁護士との関係が薄れていることは実感されるところであり、紛争解決に向けて裁判所と当事者との間の円滑な関係を築くことが難しくなっているように感じられる。また、事件に関する実情としても、例えば、電子メールや LINE 等の SNS を利用した当事者間のやり取りが

14　最高裁判所事務総局「裁判の迅速化に係る検証に関する報告書（社会的要因編）（第5回）」（平成25年7月）9頁、同・前掲（第6回）報告書（注9）70頁。

15　最高裁判所事務総局「裁判の迅速化に係る検証に関する報告書（第7回）」（平成29年7月）69頁には、平成19年以降、平均審理期間が短い事件類型（建物、貸金等）の既済件数の割合が減少し、平均審理期間が比較的長い事件類型（その他の損害賠償、労働、知的財産等）の既済件数の割合が増加しており、定量的なデータからも、単純平易な事件の減少および相当程度複雑困難な事件の増加により、事件全体としては複雑困難化が進んでいるといえるとの指摘がある。

データとして残されており、それがそのまま証拠として提出されるなど、膨大な証拠の整理に時間を要する事件が増えているように思われる[16]。

(3) 考　察

上記(1)の裁判手続に内在する要因は、従来から指摘されているものであり、近年の一貫した長期化傾向については、上記(2)で指摘された社会的な要因が大きく影響しているのではないかと思われる。また、民事訴訟法が制定された当時の改革の熱気や情熱が薄れているという指摘がされることがあり[17]、争点整理期日において口頭議論が積極的にされずに、書面の交換と次回期日の指定で終わることが多いとの指摘もある[18]。一時期過払金等返還請求事件が急増し、その処理に追われる中で、裁判官としても、いわゆる「事件を落とす」ことに注力し、当事者との口頭議論により認識共有を図りながら、審理を進めていく意識が薄れていることもあるように思われる[19]。また、実際の事件処理では、当事者から速く進めてほしいと言われることは少なく、紛争の実相に迫ろうとするあまり、争点と関係の薄い事情に踏み込んで、必要以上に丁寧に審理をしたり、仕事の繁忙さや当事者の準備の遅れなどにより事前検討が不十分なまま期日を迎えて適切に期日を進行させられなかったり、当事者の納得を考えて慎重に判断しようとして主張立証を当事者任せにしたりすることもあるように思われる。事件の質的な変化も大きな要因と思われるが、当事者との口頭議論により主要な争点を絞り、必要な人証を集中して調べることで充実した審理を迅速に行うという、本来あるべき争点整理を行う意識が、裁判所および当事者ともに薄れているのではないかという点もあるように思われる。迅速化検証報告書には、「争点整理は、裁判所と当事者との間で主要な争点や重要な証拠につ

16　山本和彦ほか「裁判迅速化検証の20年とデジタル世代につなぐ理念～民事訴訟を中心に～」判タ1517号（2024年）18頁参照。

17　垣内秀介「民事訴訟の審理をめぐる問題状況――現行民訴法20年を振り返って」論究ジュリ24号（2018年）10頁。

18　相羽洋一ほか「争点整理で７割決まる！？――より良き民事裁判の実現を目指して」判タ1405号（2014年）10頁、大阪地方裁判所計画審理検討分科会「争点整理の現状と課題－大阪発より充実した審理を目指して－」判タ1412号（2015年）82頁、笠井正俊ほか「民事訴訟法施行20年を迎えて～争点整理等における現状と課題、あるべき姿～」判タ1447号（2020年）７頁。

19　過払金等返還請求事件の急増が影響を与えていることを指摘するものとして、山本ほか前掲論文（注16）12頁。

いて認識を共有することにより、攻撃防御を当該争点に集中させ、必要な人証を集中して調べることで、充実した審理を迅速に行うためのものであるところ、争点整理期間が長期化している状況からは、このような認識共有の作業が必ずしも円滑に行われていないことがうかがわれる」との指摘が継続してされている[20]。

3 長期化に対する審理運営上の施策

(1) 口頭議論の活性化による争点整理の充実

　質的に困難な事件類型が増加している中で、争点整理期間の短縮を図るためには、今以上に争点整理手続を合理的、効率的に行う必要がある。そのためには、裁判所と当事者との間で主要な争点や重要な証拠、審理の進行に関する認識共有を図り、裁判所と当事者とが相互理解の下で手続を進めることが、より重要になっている。

　認識共有を図り、争点整理を充実させる方策については、これまでも数多くの論稿で紹介されているが、裁判所が釈明権の行使や暫定的な心証の開示を積極的に行い、裁判所と当事者との間の口頭議論を活性化させることが基本であるといえる。口頭議論を行うことにより、当事者の主張の趣旨が明確になったり、当事者双方の主張の対立点をかみ合わせることができたりするほか、裁判所と当事者との間の認識の齟齬を気づかせ、その場で解消を図ることができるなど、書面のやり取りだけでは、時間がかかったり、不十分であったりする認識共有を短時間で明確に図ることができる。また、口頭議論をする前提で期日に臨むことで、事前準備を促進させる効果も期待できるなど、争点整理を充実させるうえで口頭議論が重要であることは、異論をみないところである[21]。

　しかし、実際には、争点整理期日において書面の交換と次回期日の指定で終わることが多いとの指摘もあるなど、口頭議論が必ずしも活性化しているとは

20　最高裁判所事務総局・前掲（第7回）報告書（注15）67頁、同・前掲（第8回）報告書（注8）72頁、同「裁判の迅速化に係る検証に関する報告書（第9回）」（令和3年7月）115頁、同・前掲（第10回）報告書（注4）142頁。

21　口頭議論の有用性については、最高裁事務総局・前掲（第6回）報告書（注9）99頁、大阪地方裁判所計画審理検討分科会・前掲論文（注18）77頁、谷口安史ほか「争点整理手続における口頭弁論の活性化について(1)」判タ1436号（2017年）7頁、笠井ほか・前掲シンポジウム（注18）8頁。

いいがたい状況にある。釈明権行使や暫定的心証開示に関しては、暫定的心証開示をすると、代理人から反発されてその後の進行に支障が出たり、主張立証が弱いと指摘された代理人がさらに関連性の薄い主張立証をして争点が拡散するなど、積極的な行使を妨げる要因が指摘されたり、中立公平性への配慮等から婉曲的な表現となり、裁判所の意図が明確に伝わらないことがあり、裁判所としては釈明権の行使や暫定的な心証開示を積極的に行っていると認識しているのに対し、弁護士会からはそうではないと指摘されるなど、双方の認識も大きく異なっている[22]。また、口頭議論の活性化を阻害する要因としては、①準備書面や書証が期日直前に提出され、裁判所や相手方が期日までに内容を十分検討できないこと、②訴訟代理人が事実関係の詳細を十分に把握していないこと、③訴訟代理人が期日での発言を引用されることを危惧して自由な発言を躊躇すること、④専門的、技術的な事案等では訴訟代理人の知識および理解に限界があり、議論が困難であること、⑤裁判所が積極的にイニシアティブを発揮しないことなどが指摘されている。

　これらの指摘に対しては、さまざまな対策が検討されているところである。準備書面や書証が、提出期限が順守されずに期日直前に提出されることは、従前から指摘されている問題である。準備書面や書証は、期日における口頭議論の前提になるものなので、これがきちんと提出されなければ口頭議論の活性化が図れないことは明らかであり、提出期限の前後に書記官から督促したり、期日直前に提出された準備書面を陳述させない扱いとするなどしているものの、それでも提出状況にバラツキがあるのが実情である。時機に後れた攻撃防御方法の却下の活用や制裁（失権効）の導入の検討を進めるとの提示もされているところである[23]。弁護士と依頼者との関係にも絡む問題であり、効果的な方策を講じることが難しい面もあるが、単に期限順守を働きかけるだけでなく、準備書面の提出にあたり、抽象的に反論することを指示するのではなく、具体的な反論事項を指示することや、期限までに提出することで期日での口頭議論の

22　相羽ほか・前掲論文（注18）17頁、笠井ほか・前掲シンポジウム（注18）13頁、最高裁判所事務総局・前掲（第10回）報告書（注4）31頁。
23　最高裁判所事務総局「裁判の迅速化に係る検証に関する報告書（施策編）（第4回）」（平成23年7月）23頁。

充実感が得られることにより、期限順守の意識が高まることがあると思われる。このように、期限順守の点のみをとらえるのではなく、期日間の準備事項の明確化、口頭議論の充実化等と合わせて対策を講じ、全体として改善を図ることを考えることが有用ではないかと思われる。

また、訴訟代理人が期日での発言を引用されることを危惧して自由な発言を躊躇することについては、従来は暗黙のルールとなっていたノンコミットメントルール（自由な意見交換の場での発言は、暫定的で撤回可能であり、裁判所は暫定的発言を主張として扱わず、相手方も暫定的発言を準備書面で引用しないというルール）が、現時点では、弁護士全体に浸透しておらず、弁護士によって認識・温度感に差があると指摘されており[24]、当事者間でノンコミットメントルールの共通認識をしっかりと形成したうえで口頭議論を開始することが重要である。そのために、事件ごとのチームにノンコミットメントルールの案内文を掲載したり、口頭議論の冒頭でノンコミットメントルールを説明したうえで議論を開始することなどが行われている[25]。

さらに、婉曲的な表現で裁判所の意図が明確に伝わらない、裁判官が積極的にイニシアティブを発揮しないことについては、前述したように、仕事の繁忙さや当事者の準備の遅れなどにより事前検討が不十分なまま期日を迎えたり、当事者の納得を考えて主張立証を当事者任せにしたりするなどして、裁判官が明確な審理方針をもたないまま期日を進行させることも要因にあると思われる。手持事件を多く抱えて時間的余裕がない者は、手持事件全体のマネジメントを考えて、メリハリのある効率的な事件処理を行うことが必要であると思われるし、主張立証を当事者任せにする者は、それが当事者の納得につながるものではないことを理解し、当事者の主張を整理して争点に絞った必要な審理を行うことを、当事者との間であらためて認識共有する必要があると思われる。裁判官としては伝えたつもりでも当事者には伝わっていないことがあることを常に意識し、相手の反応をみながらきちんと伝わっているかを確認することも

24　笠井ほか・前掲シンポジウム（注18）11頁。最高裁判所事務総局・前掲（第8回）報告書（注8）74頁には、要因として、近年は弁護士数の増加等により弁護士同士の関係が希薄になっていることもあり、代理人間にノンコミットメントルールについての共有認識が形成されにくくなっているとの指摘がある。

25　最高裁事務総局・前掲（第10回）報告書（注4）63頁。

必要である。裁判官が当事者との口頭議論を通じて、審理方針を明確にもち、その審理方針を当事者と認識共有しながら手続を進めることが重要である。

(2) 合議体による審理の活用

　合議体による審理は、多角的な観点から争点整理を行うことができ、①判決の内容が深みのあるものとなる、②裁判所から提示される和解案の説得力が高まる、③審理の方向性が早期に定まるなどの効用があり、特に複雑困難な事件では、単独事件として処理するよりも審理期間の短縮の効果が期待できるものといえる。

　迅速化検証報告書では、「争点又は当事者多数の事案及び先端的で複雑困難な問題を含む事案においては、検討すべき論点が多く、論点整理や法的問題点に関する調査に膨大な労力を要することなどに照らし、多様な観点からの検討を重ね、適正迅速な解決を実現するため、裁判所における人的基盤の整備を図りつつ、合議体による審理をこれまで以上に活用することについて検討を進める」と指摘され[26]、その後の迅速化検証においても、合議体による審理の活用に関する実情調査、検証検討会での議論、今後に向けての課題について検討がされている[27]。

　現状としては、多くの部において付合議基準が策定され、新件受理の際に合議相当性を合議体で検討したり、定期的に部内の単独事件について合議相当かどうかを検討する棚卸しを行うなど、合議にふさわしい事件が合議に付されるようになってきており、従前よりも広く合議体による審理が活用されている。審理期間が2年超の既済事件の合議率についてみると、平成25年に29.1％であったものが、それ以降増加傾向が続き、令和元年には34.6％になっている[28]。合議体による審理を活用することにより、早期に中心的な争点を把握することがより容易になり、争点をいたずらに拡大させずに、当事者が主張立証すべき事項を明確化させることができるので、審理期間の短縮につながるものといえ

26　最高裁判所事務総局・前掲（施策編・第4回）報告書（注23）40頁。
27　最高裁判所事務総局・前掲（第6回）報告書（注9）102頁、同・前掲（第7回）報告書（注15）70頁、同・前掲（第8回）報告書（注8）79頁、同・前掲（第9回）報告書（注20）122頁。
28　最高裁判所事務総局・前掲（第10回）報告書（注4）98頁。なお、令和2年以降減少し、令和4年には29.1％となっているが、これはコロナ禍における裁判所の業務縮小を得て、その後単独事件が増加した影響が大きいと思われる。

る。一方で、合議体による審理については、弁護士会から、合議事件の進行を主任裁判官である左陪席裁判官に任せきりにして議論の整理が不十分であり、迅速な審理につながらない例があるとの指摘もあるほか[29]、合議事件の開廷日が少なく証拠調べ等の期日の調整が困難になるなど、機動的な運営がしがたい面もある。

合議体による審理を活用することで審理期間の短縮効果がどの程度あるかについては、それに関する数量的なデータは持ち合わせていないが、前述のとおり、長期未済事件が増加傾向にあることからすると、まだ目に見えるほどの効果は上がっていないように思われる[30]。合議にふさわしい事件を合議に付して審理することは、充実した審理を行ううえでは重要であるところであり、それをさらに迅速化につなげるためには、合議体における審理をより合理的に運用することが必要になってくる。

(3) IT化（デジタル化）を踏まえた審理運営改善

令和2年2月からウェブ会議を利用した争点整理手続の運用が開始され、令和4年5月に、全面的なIT化（デジタル化）を実現する民事訴訟法等の一部を改正する法律（以下「改正法」という）が成立し、その後、段階的に施行されている。現在、民事訴訟手続のIT化（デジタル化）を踏まえて、さまざまな審理運営改善の取組みがされているところ、これらの取組みは審理期間の短縮にもつながるものである。このIT化（デジタル化）を踏まえた審理運営改善については、次項で述べる。

(4) 法定審理期間訴訟手続

改正法により、法定審理期間訴訟手続が新しく設けられ、令和8年5月までに施行されることとなっている[31]。法定審理期間訴訟手続は、裁判所が同手続において審理および裁判をする旨を決定すれば、2週間以内に開かれる初回の期日において、口頭弁論終結日（初回の期日から6か月以内）が指定されるとともに、判決言渡日（口頭弁論終結日から1か月以内）が指定されることになる

---

29 最高裁判所事務総局・前掲（第8回）報告書（注8）79頁。
30 令和4年は、係属期間が2年を超える未済事件の事件数および全未済事件に占める割合がともに減少しており（前掲注11）、この減少が続くか注意してみていく必要がある。
31 脇村真治編著『一問一答新しい民事訴訟制度（デジタル化等）』（商事法務、2024年）268頁。

（改正法381条の３第１項および第２項）。すなわち、法定審理期間訴訟手続に付されると、初回の期日から６か月以内に審理が終わり、その後１か月以内に判決が出ることになる。この手続は、すべての民事訴訟で利用されるわけではなく、消費者契約に関する訴えや個別労働関係民事紛争に関する訴えを除く民事訴訟において、当事者双方による申出または同意がある場合に利用することができ、裁判所が審理および裁判をすることが当事者の衡平に反し、または適正な審理の実現を妨げると認めるときは利用することができないこととされている（改正法381条の２第１項および第２項）[32]。

　法定審理期間訴訟手続は、審理期間や判決の時期に関する予測可能性が低いことが民事訴訟のデメリットとして指摘されていることを踏まえ、民事訴訟手続の一層の迅速化および効率化を図り、民事裁判を国民がより利用しやすいものとする観点から設けられたものであるが[33]、この手続に対しては、審理や判断が拙速になるのではないかなどの問題点が弁護士等から指摘されている[34]。

　裁判に時間がかかることが裁判に躊躇を感じる最も大きな理由となっている中、審理期間の予測がついて、迅速な審理判断を望む当事者も多いのではないかと思われる。この手続は、両当事者の申出または同意が必要であり、いったん手続が開始されても、当事者の一方が相手方の同意を要することなく通常の手続での審理を求めることができるほか、裁判所は、この手続による裁判等をするのが困難であるときは、通常の手続による審理にすることができる（改正法381条の４）など、当事者の意向に反して手続を進めることができないものとなっており、迅速な裁判を望む当事者のニーズに適切に応えられるように、この手続が広く活用されることが期待されるところである。当事者から拙速な審理と受け止められないように、裁判所と当事者とが十分に認識共有を図りながら、審理運営を進めていくことが重要であると思われる。

32　脇村・前掲書（注31）193頁では、当事者双方に訴訟代理人が選任されているとはいえない場合については、弁護士等が訴訟代理人に選任されている場合と同視できるような場合を除き、「適正な審理の実現を妨げると認めるとき」に該当するものとして、手続開始の要件を満たさず、法定審理期間訴訟手続の利用はできないとされている。
33　脇村・前掲書（注31）187頁。
34　近畿弁護士連合会主催「シンポジウム『法定審理期間訴訟手続の問題点』報告書」（2022年）57頁。

133

Ⅲ　民事訴訟手続の IT 化（デジタル化）

1　概　要

(1)　ウェブ会議による争点整理手続

　民事訴訟手続の IT 化（デジタル化）は、「 e 提出（e-Filing)」、「 e 法廷（e-Court)」、「 e 事件管理（e-Management)」の三つの「 e 」を実現するため、三つの段階（フェーズ）に分けて運用が開始されることになっている。

　令和 2 年 2 月から、フェーズ 1 として、当時の民事訴訟法の下でも実施可能なウェブ会議等の IT ツールを利用した争点整理手続が、一部の地方裁判所の本庁および知的財産高等裁判所において運用開始され、その後、同年12月までにすべての地方裁判所の本庁、令和 4 年 7 月までにすべての地方裁判所の支部に運用が拡大した[35]。当時の民事訴訟法では、原告および被告の双方当事者（代理人）がともにウェブ会議を利用して弁論準備手続を行うことができなかったため（旧民訴170条 3 項）、書面による準備手続に付してウェブ会議を利用した協議（民訴176条 3 項）を行うことによって争点整理手続を進めることが主流となっていった[36]。

　争点整理手続においてウェブ会議を利用することは、モニター上ではあるものの当事者の表情や仕草をみながら手続を進めることができ、電話会議システムを利用するよりも格段に意思疎通が図りやすく、対面で行う場合と比較してもほぼ遜色がない。また、当事者にとっては裁判所に出向く必要がなくなり、移動の負担が軽減されるなど利便性も高い。さらに、人と接触せずに手続を行えるため、新型コロナウイルス感染症の感染防止対策に有用であったことも相まって、ウェブ会議を利用した争点整理手続は、一気に運用が拡大し、当事者（代理人）が遠方に所在するかどうかを問わず、当事者双方に訴訟代理人が就いて争点整理を行う事件の大半でウェブ会議が利用されるようになっており、

35　橋爪信「民事裁判の IT 化——裁判所における現行法上の取組と運用」法の支配208号（2023年）53頁。
36　橋爪・前掲論文（注35）54頁、55頁。

ウェブ会議を利用した争点整理手続は、ほぼ定着しているといってよい状況にある[37]。

(2) 民事訴訟法の改正

令和4年5月に改正法が成立し、準備等の期間を見込んで段階的に施行されることになった。具体的には、①令和5年5月までに双方当事者がウェブ会議を利用した弁論準備手続、和解手続等が可能になり（改正法附則1条3号）、②令和6年5月までに当事者がウェブ会議を利用した口頭弁論期日を行うことが可能になり（同条4号）、③令和8年5月までにインターネットを利用した訴え提起や記録の電子化等の全面的なIT化（デジタル化）が実現されることになる[38]。①および②がフェーズ2、③がフェーズ3にあたる。

実際には、フェーズ2のうち、当事者双方によるウェブ会議を利用した弁論準備手続や和解手続が令和5年3月から運用開始され、ウェブ会議を利用した口頭弁論期日が令和6年3月から運用開始されている。前述のとおり、ウェブ会議を利用した争点整理は、すでに定着しているものといえるが、ウェブ会議を利用した口頭弁論については、運用開始から間がなく、現在は、ウェブ会議による争点整理手続に引き続き口頭弁論を行う場合や、原告代理人が遠方に所在し、被告の欠席が見込まれる事件の第1回口頭弁論の場合などで実施するのが多い状況である。ウェブ会議による口頭弁論は、実施場所、具体的な機材の配置、事件の選別、当事者への案内、期日の指定・進行等の具体的な事務フロー等、留意すべき事項や検討すべき課題も多く、円滑で安定した運用を維持するため、継続して運用のあり方を検討していく必要がある[39]。

現在、フェーズ3に向けて、全面的なIT化（デジタル化）を実現するためのシステム（「TreeeS」との呼称が用いられている）の開発が進められている[40]。

---

[37] 山本和彦ほか「民事訴訟手続のIT化──立法の経緯と論点」ジュリ1577号（2022年）19頁、20頁。

[38] 脇村・前掲書（注31）268頁。

[39] ウェブ会議を利用した口頭弁論の運用イメージや留意点について、橋爪信「ウェブ会議を用いた口頭弁論の運用開始」ジュリ1595号（2024年）82頁。

[40] 染谷武宣「裁判所のデジタル化──目指すものと基本的な考え方」法の支配208号（2023年）47頁。

6 現在の民事訴訟を取り巻く問題点

2　IT化（デジタル化）における審理運営改善

　前述したように、民事訴訟手続のIT化（デジタル化）は、単にこれまでの紙による審理をデータに置き換えるだけではなく、IT化（デジタル化）を契機として、民事訴訟の審理運営の方法を抜本的に見直し、合理的・効率的な審理を通じて「より良い司法サービス」、「より適正かつ迅速な裁判」の実現を目指そうとしており、現在、審理運営改善の取組みが積極的に行われている。

⑴　ウェブ会議以外の各種機能を活用した工夫

　ウェブ会議で利用されるアプリケーションは、Microsoft社のTeamsであるが、Teamsのウェブ会議機能だけでなく、各種機能を活用して審理運営を工夫している[41]。

ア　メッセージ機能

　メッセージやチャット機能を利用して、期日前に当該期日で議論したい事項や確認したい事項をメモにして投稿したり、期日後に当該期日での議論の到達点、次回期日までの準備事項、書面提出期限等をメモにして投稿している。期日前にメモを投稿することで、当事者が期日当日までに準備することや期日での議論の心積もりができ、期日における口頭議論を充実させ、無駄な期日の防止につながる。また、期日後にメモを投稿することで、曖昧になりがちであった口頭での伝達を視覚化することで認識の齟齬を防止するとともに、手続経過が残ることで争点整理の過程を「見える化」する効果がある。

イ　ファイル共有機能、画面共有機能

　ファイル共有機能を利用して、期日間に争点整理や時系列の一覧表や和解条項案をアップロードして期日間で調整したり、画面共有機能を利用して、期日において当事者と同じ画面を見ながら議論し、その場で共同編集を行うなどしている。これまで当事者とのやり取りは、ファクシミリや電話を利用していたが、ファイル共有機能を利用することで、瞬時に当事者に連絡することができ、アップロードされたデータを利用することで調整も容易にできる。また、画面共有機能を利用することで、動画等を含む画像を見ながら当事者と議論が

41　松尾吉洋「第2回フェーズ1の運用状況、フェーズ2・3の一部先行実施」NBL1242号（2023年）77頁。

136

でき、わかりやすい審理につながっている。

(2) 早期に充実した口頭議論を行うための工夫

ア 第1回口頭弁論期日を経ずに争点整理手続を行う運用

双方当事者に訴訟代理人が就いて実質的に争う事件について、当事者の意向を確認したうえで、第1回口頭弁論期日を取り消し、または指定せずに、当初から争点整理手続を行う運用が広がっている。これは、実質的に争いがある事件でも、被告が形式的な答弁書を提出して第1回口頭弁論期日を欠席することも多いことから、早期に実質的な争点整理を行うことを目的としたものである。裁判所にとっては、早期に事案を把握し、事件の見立てを可能にし、代理人にとっても、形式的な期日のために裁判所に出向く負担が軽減されることから、審理の迅速化、合理化につながるものといえる。迅速化の観点からは、最初の争点整理手続の時期が重要であり、被告からの実質答弁が速やかに提出されることがポイントとなる。事案によっては、被告から実質答弁が提出される前でも、概括的な認否や主張の概要について口頭議論を行い、審理の方向性について共通認識を得る運用も行われている。

イ オンラインによる参考事項聴取

第1回口頭弁論期日前の参考事項聴取（民訴規61条）は、これまで紙媒体で行っていたが、必ずしも積極的に利用される状況ではなかったところ、Microsoft 社の Forms のアプリケーションを利用し、オンラインにより回答する参考事項聴取の仕組みをつくって運用している。質問事項としては、事前交渉の有無、被告代理人の有無、和解の意向、ウェブ会議の希望等のほか、事件類型に応じて自由にカスタマイズできるようになっている。紙を提出する手間が省かれ、回答へのアクセスが格段に容易となり、回答率が向上しているとともに、質問内容を柔軟に設定することで進行に関する有益な情報を事前に収集することができ、早期の口頭議論の充実につながっている。

(3) データを活用した審理運営

全面的な IT 化（デジタル化）が実現するフェーズ3を見据えて、データを活用した審理運営の改善の試みが進んでいる。審理序盤に裁判所と当事者との間で実質的な口頭協議を行い、主要な争点等について共通認識をもち、これを前提に、争点に注力した審理判断を行うということは、現行の民事訴訟法が制

定された当初から議論されていたところであるが、IT化（デジタル化）を踏まえ、ITツールやデータを活用することの有用性を取り入れて、あらためて紛争の核心（コア）をとらえたコンパクトな審理判断を目指してさまざまな取組みが実践されている。以下、実践例をいくつか紹介する。

ア　下線式（脚注式）認否

相手方の主張書面のデータを利用し、それに下線を引くことや脚注に記載することで認否を行うもの。これまで相手方の主張書面と対比しながら確認していたものが、主張と認否の対応関係が一目でわかるようになる。

イ　追記型証拠説明書

エクセル表に追記していく形で証拠説明書を作成するもの。これまでは証拠提出のつど、証拠説明書を提出していたが、この方法によれば、一つの表に集約され一覧できるようになり、時系列や争点ごとの並び替えも可能となる。さらに、証拠のデータをリンクさせることにより、証拠説明書から直接当該証拠を確認できる工夫もしている。

ウ　各種一覧表の作成

争点が複数で当事者の主張が入り組んでいる事案では、時系列や争点の主張対照表が有用な場合が多い。あらかじめ枠を設定し、当事者の主張のデータを利用して作成することで、負担をかけずに一覧表を作成することができる。

エ　書証の二段階提出

書証が大部になる場合には、正式に書証を提出する前に、書証のデータをアップロードして当事者双方と協議して必要な部分に絞り込んだうえで、必要な部分について書証として提出する運用をしている。

オ　ペーパーレス（ECO）審理

主張書面や書証を紙媒体で提出せずに、データをアップロードして、データにより審理を進めるもの。フェーズ3を見据えた運用であるが、書記官の記録管理等の負担が大幅に軽減され、その余力を、争点整理期日への立会いや期日間の当事者との連絡調整等に振り向けることができる。迅速かつ充実した審理判断を行うには、裁判官と書記官とが協働して事件処理にあたることが重要であるところ、書記官事務の合理化が進められ、弁論準備手続期日を選別立会いにするなど、書記官の事件関与が薄くなる傾向もみられたが、IT化（デジタル

化）によって記録管理等の事務の負担が軽減され、そこで生じた余力を裁判官との協働を踏まえた紛争解決に向けた能動的事務に振り向けることで、より迅速かつ充実した審理判断を実現することが期待される[42]。

3 今後の課題

令和8年5月までに実現するフェーズ3では、記録の電子化、インターネットによる訴え提起等全面的なIT化（デジタル化）となり、民事訴訟の運用は大きく変容することになる。現在、システム（TreeeS）が開発されているところであり、今後は、全面的なIT化（デジタル化）における民事訴訟の運用のあり方が最大の課題となる。そのほかにもさまざまな課題があるが、ここでは2点あげる

(1) ウェブ会議による口頭弁論の運用

ウェブ会議による口頭弁論は、令和6年3月から運用が開始されているところであるが、実施場所はどこがよいか（通常法廷かラウンドテーブル法廷か）、どのような場合に行うのが相当か、逆にウェブ会議による口頭弁論に適さないのはどのような場合か、機材の配置をどのようにするか、接続トラブルがあった場合の対応をどうするか、ウェブ会議の接続先の同席者の規律をどうするか、証人尋問や本人尋問をどのように行うか[43]など、まだ検討すべき課題も多く、今後の運用の状況をみながら、検討する必要がある。

(2) 本人訴訟への対応

これまでウェブ会議は訴訟代理人との間で行うことが多かったが、全面的なIT化（デジタル化）の段階であるフェーズ3に向けて、訴訟代理人が就いていない本人訴訟においても、当事者本人との間でウェブ会議を行うことが増えてくると思われる。当事者本人がウェブ会議に参加する場合には、①第三者が本

---

42 IT化（デジタル化）における裁判官と書記官との協働について記載したものとして、小河好美「大阪地裁第3民事部における書記官のアクティブ・コートマネジメント—ITツールを用いた能動的・積極的な書記官事務に関する試み—」法曹860号（2022年）39頁、棚橋朋子ほか「大阪地裁第3民事部における裁判官と書記官との協働を通じた審理運営改善について—進化したリアルタイム録取の実践—」法曹885・886号（2024年）23頁等がある。

43 ウェブ会議を用いた証人尋問に関する規定（民訴204条）は、改正法の全面施行時に改正されることとなっている。

人になりすまして参加していないかどうか、②傍らにいる第三者から本人が影響を受けていないかどうか、③録音・録画がされていないかどうかなどに注意する必要がある。これらの事態を防止するためには、本人確認を徹底すること、同席者、在室者がいないことの確認を徹底すること、録音・録画が禁止されていることの周知を徹底することが求められる。家庭裁判所では、代理人が就いていない当事者本人との間でもウェブ会議による家事調停を行っており、家庭裁判所における運用も参考にしながら、適切に運用できるよう検討していく必要がある。

Ⅳ　最後に

　民事訴訟の審理期間は長期化傾向にあり、これにどう対応するかが大きな課題であるところ、これまでもさまざまな対策を講じて審理期間の短縮に努めており、着実に審理運営改善の取組みが進んでいると思われる。そして、社会のIT化（デジタル化）が進み、社会全体のスピード感が増している中で、民事訴訟においてもIT化（デジタル化）に向けて検討が進められ、デジタル技術を活用したさまざまな審理運営改善の取組みが積極的に行われている。これらの取組みが個々の取組みとしてではなく全体として広がるようになれば、審理の合理化、効率化が図られ、より適正迅速な裁判を目指すことが期待できる。民事訴訟手続が国民のニーズに合致し、これからも紛争解決の手段として機能していくためには、審理期間を含めた審理運営改善を推し進めていく必要があり、IT化（デジタル化）は、その絶好の機会であるといえる。時代にふさわしい民事訴訟の運用を目指すためには、これまでの運用にとらわれない柔軟で大胆な発想が必要であり、裁判所と代理人弁護士とが相互に理解・協力しながら、より良い民事訴訟の運用を目指すことを期待したい。

7 大規模訴訟における争点整理と審理

宮﨑　朋紀
大阪地方裁判所部総括判事

I　総　論

1　本稿の概要

　大規模訴訟は、当事者が著しく多数で、かつ、尋問すべき証人または当事者本人が著しく多数である訴訟をいうと定義されている（民訴268条）。その典型例として、公害、薬害、食品被害、自然災害、大規模事故（飛行機、船舶、列車等の事故）、大規模施設の設置（原子力発電所、基地等）、経済的な集団被害等をめぐる訴訟があげられる。

　大規模訴訟の審理に関する代表的な論稿として、司法研究報告書29輯1号「集団訴訟における訴訟手続上の諸問題」（以下「昭和50年度司法研究」という）および司法研究報告書50輯2号「大規模訴訟の審理に関する研究」（以下「平成8年度司法研究」という）がある。昭和50年度司法研究は、昭和40年代のいわゆる四大公害訴訟、じん肺訴訟等の実例を紹介し、平成8年度司法研究は、昭和60年頃から平成10年頃までの東京・大阪各HIV訴訟、大阪西淀川大気汚染公害訴訟等の実例を紹介したうえ、いずれも、さまざまな審理上の問題とその対処法を検討したものであり、その内容は現在も参考になる。本稿は、これらの論稿を踏まえつつ、その後の実務家の論稿の内容や筆者のいささかの経験等も加えて、大規模訴訟の審理上の問題とその対処法等について整理を試みるも

のである。

2　民事訴訟法等の規定

(1)　大規模訴訟に関する規定の制定・改正の経緯

　平成8年制定の現行民事訴訟法の前の旧民事訴訟法には、大規模訴訟に関して特に規定は設けられていなかった。

　平成8年制定の民事訴訟法（同年法律第109号）において、「第2編　第一審の訴訟手続」の「第6章（現在の第7章）　大規模訴訟に関する特則」の下に、受命裁判官による裁判所内での証人および当事者本人の尋問を定める268条並びに地方裁判所における5人の裁判官の合議体による審理および裁判を定める269条の2か条が設けられた。また、受命裁判官による裁判所外での証人および当事者本人の尋問を定める195条および210条は、特則でなく一般の訴訟手続に適用されるが、大規模訴訟の審理に活用することができる。そして、平成8年制定民事訴訟規則（同年最高裁判所規則第5号）では、「第2編　第1審の訴訟手続」の「第6章（現在は削除）　大規模訴訟に関する特則」の下に、当事者双方との協議による審理計画の策定を定める165条、連絡担当の訴訟代理人の届出を定める166条および裁判所への磁気記録媒体等の提出を定める167条の3か条が設けられた。

　平成15年改正民事訴訟法（同年法律第108号）では、審理すべき事項が多数でありまたは錯綜しているなど事件が複雑である場合における当事者双方との協議による審理計画の策定を定める147条の3が設けられ、これはおおむねすべての大規模訴訟に適用されるといえる。そして、同年改正民事訴訟規則（同年最高裁判所規則第19号）では、これにより不要となった民事訴訟規則165条が削除された。同改正民事訴訟規則では、一般の訴訟手続について磁気記録媒体等の提出を定める3条の2が設けられ、これにより不要となった民事訴訟規則167条が削除された。

　平成27年改正民事訴訟規則（同年最高裁判所規則第6号）では、一般の訴訟手続について連絡担当の訴訟代理人の届出を定める23条の2が設けられ、これにより不要となった民事訴訟規則166条が削除された。

Ⅰ 総 論

(2) 規定の制定・改正の趣旨等

　平成8年の民事訴訟法制定の際には、一般に裁判迅速化が主要なテーマの一つとなっており、特に社会的に注目を浴びる大規模訴訟における訴訟遅延が批判の対象となっていたことから、大規模訴訟に関する特則がおかれた。もっとも、立法段階において、従前の大規模訴訟の審理により蓄積された経験等を踏まえて議論がされた結果[1]、設けられた規定は、民事訴訟法では2か条、民事訴訟規則でも3か条のみとなった。その理由は、主に次の2点であると推測される。1点目は、大規模訴訟では、個々の事件ごとに、その事件の特性や当事者の主張立証方針等に応じて、裁判所と当事者双方との間で協議しながら、手続の進め方について、柔軟に調整し、ときに創造もする必要があるため、手続を画一的に規律することは困難であるし適切でもないと考えられたためである。2点目は、平成8年制定民事訴訟法では、第1審の訴訟手続全体について、審理の効率化、迅速化を実現するための規定が設けられ、これらにより大規模訴訟についても相当部分について対応することができると考えられたためである。

　そして、民事訴訟法ないし民事訴訟規則の平成8年制定、平成15年改正、平成27年改正でみられたように、いったん大規模訴訟に関する特則として定められた事項につき、実務の運用の中で広く有効性が認識され、一般の訴訟手続に適用される規定に置き換えられる流れもあり、これは、審理の合理化、迅速化に向けた実務の運用および規定の改正が順調に進んできたことを示すものといえる。

　各改正後も残存している大規模訴訟に関する特則である民事訴訟法268条および269条の趣旨を改めて確認すると、次のとおりである[2]。大規模訴訟においては、①争点・証拠の整理および②証拠調べの両局面で、極めて長期間を要する場合が多く、そのような場合は、裁判による救済の迅速な実現が著しく困難になる。そこで、まずは上記②に係る問題への対策として、著しく多数の人証

1　立法段階の議論につき加藤新太郎＝松下淳一編『新基本法コンメンタール民事訴訟法2』（日本評論社、2017年）199頁以下〔川島四郎〕参照。
2　法務省民事局参事官室編『一問一答新民事訴訟法』（商事法務研究会、1996年）315〜318頁。

143

の尋問を迅速に行うことができるようにするため、民事訴訟法268条において、担当裁判体内の受命裁判官が分担して裁判所内で人証の尋問をすることができる手続が設けられた。また、上記①および②の問題へのさらなる対策として、同法269条において、合議体の裁判官の数を5人に増やすことで、受命裁判官による①争点・証拠の整理手続の分担や、②裁判所内での尋問手続の分担を可能にし、効率的かつ迅速な裁判を実現することができるものとした。

　以上のとおり、民事訴訟法等の規定は、大規模訴訟の審理について、人証調べの受命裁判官による分担および合議体の構成員の増員という方策のみを特則として設ける一方、他の方策としては、一般の訴訟手続についても適用される規定が活用されて、個々の事件ごとに、裁判所および当事者双方の間で協議を重ね、上記規定を踏まえながらも、手続の進め方について、柔軟に調整し、ときに創造もして、審理の効率化、迅速化を図ることを想定しているといえる。

3　大規模訴訟の特徴

　大規模訴訟の特徴として、主に以下のような点があげられる。

　第1に、当事者および代理人が多数であり、原告らを支援する組織が形成され、社会運動として訴訟に取り組まれる場合も多い。

　これらのことから、当事者の主張立証準備に時間を要するほか、期日調整自体にも時間を要し、審理期間が長期化する傾向がある。当事者や支援組織が社会運動として訴訟に取り組んでいる場合には、その姿勢次第では訴訟指揮権や法廷警察権の行使のあり方の検討が必要となる。さらに、当事者本人、代理人、傍聴人等の出廷希望者数が多く、法廷の収容能力に問題が生じることもある。

　第2に、審理の運営面として、膨大な主張書面および書証が提出され、多数の証人および当事者本人の尋問が申し出られることが多い。

　これらのことから、裁判所において、記録を整理し、審理を運営し、判決起案に至る過程で多大な労力と時間を要することになり、裁判官、書記官および事務官を含む人的態勢の整備および役割分担の検討が必要となる。また、主張書面および書証の整理の方法や、証人および当事者本人の尋問をどの範囲でどのようにして実施するかなども問題となる。

Ⅰ　総　論

　第3に、審理の内容面として、争点が複雑・困難であり、専門性や新規性のある問題について判断を求められることが多い。

　これに加えて、前記のとおり膨大な情報が提供されることから、どのようにして争点整理を適切かつ効率的に行うかが問題となる。また、裁判所の合議および判決起案には大きな負担があり、人的・時間的な制約の中で、どのようにして適正な判断をし、質の高い判決をすることができるかが課題となる。

　第4に、訴訟が社会的耳目を集め、大きく報道されることが多い。

　このことから、被害者の迅速な救済が求められる訴訟において、審理が長期化して判決まで長期間を要した場合には、「裁判には時間がかかる」といった一般のイメージが増幅し、司法への信頼が低下することになり得る。他方、社会的にみて評価が大きく分かれる困難な問題について、裁判所がバランスのよい判断をし、それを受けて立法や行政において救済措置等を講ずる動きが出たような場合には、訴訟の当事者以外の被害者や請求外の事項等を取り込んで紛争を最終決着させる大きな力となり、司法への信頼が高まることになり得る。

4　大規模訴訟の類型

　大規模訴訟については、総論型事件、各論型事件、混合型事件に分類して検討するのが有益であるとされる[3]。

　総論型事件とは、主な争点が共通論点（総論）に絞られ、個別論点（各論）があまり問題とならない事件をいう。例として、原子力発電所の運転差止訴訟等があげられる。総論型事件においては、原告が一人でも多数でも審理の内容にそれほど違いがなく、当事者多数という面の困難性より、共通論点に係る専門性、新規性等という面の困難性が大きいといえる。

　各論型事件とは、共通論点（総論）があまり問題とならず、個別論点（各論）が主な争点となる事件をいう。例として、個々の詐欺的行為の有無・内容が主な争点となる多数の被害者の損害賠償請求訴訟があげられる。各論型事件においては、個別論点に係る主張整理と証拠調べに要する労力・時間が当事者の数に応じて増大し、当事者多数という面の審理の困難性が主な問題となり、原告

3　平成8年度司法研究84頁以下。

145

のグループ分け、代表者選抜方式等のほか、受命裁判官による証拠調べ等も取り入れることを検討して、審理の効率化を図る必要があるといえる。

混合型事件とは、共通論点（総論）および個別論点（各論）の双方が主な争点となる事件をいう。例として、薬害訴訟、公害訴訟等のように、原因物質の危険性、被告側の予見可能性、原因物質と疾患一般との因果関係等の共通論点（総論）と、原因物質と個々の原告の疾患発症との因果関係、原告の損害等の個別論点（各論）の双方が争点となるもの等があげられる。

上記の3類型の中では、混合型事件が大規模訴訟の代表格であり、共通論点に係る専門性、新規性等による困難性と、個別論点に係る当事者多数による困難性の両面を有するため、審理・判断に長期間を要することが多い。そこで、裁判所および双方当事者の協議により、共通論点および個別論点のそれぞれについて主張立証方針を確認し、審理計画を定める必要性が特に高いといえる。

Ⅱ　各　論

1　法廷の運営等

⑴　法廷における配席等

裁判所は、多数の当事者本人、代理人等が出廷を希望する口頭弁論には大法廷を使用することが多い。その場合、通常の当事者席の横や後ろ等のスペースに椅子等を補充して当事者席を増設するが、それでも不足するときは、傍聴席の一部を特別傍聴席として当事者および代理人に割り当てることになる。裁判の公開の要請（憲法82条）からすれば、相当数の一般傍聴席を確保する必要もあるため（大規模訴訟では、別途、報道記者席の確保を求められることも多い）、通常は傍聴席全体の半分を大きく超える割合の特別傍聴席の設定は望ましくないと考えられ、その旨を当事者側に伝えて交渉し、応じられることが多い。もっとも、上記の割合は確たるものでなく、個々の事件における事情次第では変更の検討を要する[4]。

4　昭和50年度司法研究42頁は、全傍聴席中の一般傍聴席の割合について、一概にはいえないが、少なくとも2、3割は確保すべきではなかろうかとする。

(2) 法廷への物の持込み等の禁止

社会運動として取り組まれる訴訟においては、当事者本人やその支援者である傍聴人らが、当事者の要求をプリントしたゼッケン、腕章、Ｔシャツ、バッジ等を着用して傍聴をしようとすることがある。

従前、裁判所は、基本的に、代理人を通じて上記ゼッケン等を着用しないように説得するという対応をとってきたと思われる[5]。その論拠としては、①民事訴訟は、裁判所が当事者の提出する主張と証拠に基づいて冷静に判断をするものであり、上記ゼッケン等はその判断に影響しない無意味なものであること、②一方の当事者等が上記ゼッケン等を着用していることにより他方の当事者が心理的圧力を受け、その当事者側の人証の供述、訴訟活動等に不当な影響が生ずる心配があること、③客観的に上記①、②のような影響がないとしても、一方の当事者、傍聴人等の集団が上記ゼッケン等を着用した状態で法廷の手続が進行した場合には、他方の当事者や一般傍聴人において、裁判所がそのような示威行為の影響や心理的圧力を受けて判断をするのではないかという疑いをもつおそれがあるから、それを防止して裁判所の判断の公正らしさを確保する必要があることなどがあげられる。

当事者本人、傍聴人等が代理人を通じた上記の説得に応じない場合の対応として[6]、裁判長は、裁判所傍聴規則１条２号に基づく措置をとることが考えられる。同条は、裁判長は、法廷における秩序を維持するため必要があると認めるときは、裁判所職員に傍聴人の被服または所持品を検査させ、法廷において所持するのを相当でないと思料する物の持込みを禁じさせるなどの措置をとることができると定めるところ、上記ゼッケン等は、上記の「法廷において所持するのを相当でないと思料する物」にあたり得る。裁判長は、当事者本人、傍聴人等に対し、上記ゼッケン等を外すよう指示し、その指示に従わない場合は、退廷を命じたり期日を終了したりすることが考えられる。裁判所は、事前に、できるだけ情報を収集し、必要な場合に上記措置をとり得るように警備態勢を整えるなどの準備をしておく必要がある。

5　昭和50年度司法研究42頁。
6　近時、インターネットで呼びかけて原告を集めて訴訟をする場合があるといわれ、そのような場合には、代理人による本人らの統制が困難であることもある。

もっとも、最近、裁判所がゼッケン等を外すよう求めたのに対し、これを不当として国家賠償等を請求する訴訟が一定数提起されている。上記の指示の当否につき、より慎重な判断が求められるようになっているといえる。

また、遺族である原告らが遺影を持ち込む場合がある。上記①〜③と同様の事情を考慮して、その持込みを基本的に認めないとする運用もあったが[7]、近年は、被害者への配慮の要請を重視して、第1回または最終の口頭弁論期日や判決期日等の節目の期日には（相手方当事者側の人証の尋問期日等は認めないことが多い）、傍聴席で通常サイズのものを膝の上に置き、高く掲げることはしないなどの条件を付して遺影の持込みを認めることが増えてきているようである。

(3) 原告本人の意見陳述

大規模訴訟では、原告本人の意見陳述の機会を求められることがある。その訴訟法上の位置づけは、準備書面に記載された主張を本人として補充して陳述するものであり、主張ないし弁論であるとみることになると考えられる。実質的な目的は、原告本人が、自らの被害の内容を法廷の場で裁判官、相手方当事者、傍聴人等に訴えかけることや、自ら訴訟をしているという実感を得ることなどであると考えられ、その内容が報道されることも多い。他方、それが過度に長時間ないし頻回になると、被告側から一方的であり意見陳述の域を超えているなどの不服が述べられることがある。そこで、意見陳述は、第1回または最終の口頭弁論に、一人5分ないし10分程度、数人の範囲で認められることが多いといえる。記録化としては、意見陳述書の提出を受けて、口頭弁論調書に添付するか、訴訟記録の第3分類に綴るという扱いがされることが多い。

(4) 裁判所外の施設での開廷の希望

大規模訴訟においては、当事者から、多数の当事者本人、代理人等が出廷を希望し、法廷に入りきらないとして、裁判所外のホール等の大規模施設での開廷を希望されることがある。昭和50年度司法研究22頁以下は、当事者本人には出廷権があるが、①最高裁判所が必要と認めるときは下級裁判所に裁判所外で法廷を開かせることができるとする裁判所法69条2項は、災害、伝染病等のた

7　昭和50年度司法研究34頁。

めに裁判所内で法廷を開くことができないなどの場合を想定しており、関係者が多数であるために法廷への収容が困難である場合に適用されるとは解されないこと、②裁判長は、一人で出廷者全員の状況、行動等に目を配りつつ訴訟指揮権および法廷警察権を行使するところ、その適正な行使が期待し得る出廷者の数には限界があること、③訴訟代理人を選任している当事者本人には、訴訟手続の進行との関係では具体的な出廷の必要性が高いとはいいがたいことなどの事情をあげて、裁判所外での開廷を認めるべきではないとする。そして、当事者側と交渉を尽くして、出廷者数を一定の限度に絞るよう調整を求めるのが相当であるとする[8]。現在まで同様の考え方がとられてきており、裁判所は、法廷の収容人数の範囲内に出廷者数を絞るよう求め、当事者側もこれに応じるという運用がされてきたといえる。

　令和6年3月施行の民事訴訟法および民事訴訟規則の改正（令和4年法律第48号、同年最高裁判所規則第17号）によるウェブ口頭弁論の導入後は、法廷と上記のような大規模施設をウェブでつないで口頭弁論を実施し得るかという問題がある。ウェブ口頭弁論の実施について、民事訴訟法87条の2は、「相手の状態を相互に認識しながら通話をすることができる方法」であることを求めたうえ、裁判所が「相当であると認めるとき」に限って行うことができるものとし、民事訴訟規則30条の2は、その実施の際に「通話者の所在する場所の状況が当該方法によって手続を実施するために適切なものであること」を確認しなければならないとする。多数の来場者につき当事者であるか否かを確認することには困難があるほか、前記のとおり、裁判長が出廷者全員の状況、行動等に目を配りつつ、訴訟指揮権および法廷警察権を適切に行使しなければならず（無断録画・録音の禁止、前記のゼッケン等の着用禁止等も含む）、そのコントロールを及ぼし得る人数の範囲でなければ法廷を開くべきではないとみれば、通話先にいる当事者および代理人の人数がその範囲を超える場合は、民事訴訟法87

8　交渉の過程では、一期日中に時間を区切って当事者本人を入れ替えたり、期日ごとに出廷する当事者本人を入れ替えたりするなどの案の検討を求めることが考えられる。これにより、当事者側が調整に応じるのが通常であるが、最後まで調整に応じない場合は、当事者本人に出廷権があるという立場に立つ以上、職権で手続を分離することのほかに方法が見当たらない。昭和50年度司法研究46頁は、この問題を指摘して、将来的には訴訟代理人を選任している当事者本人の出廷権については合理的範囲で制限することを検討すべきであると提言している。

条の2の「相当であると認めるとき」にあたらないと考えられそうである。他方、通話先に多数の当事者および代理人がいる場合でも、通話先に対して、当事者であるか否かの確認をする方策や、訴訟指揮権および法廷警察権の行使を確保し得る方策があれば、ウェブ口頭弁論の実施を認めてよいという考え方もあると思われ、今後の運用が注目される。

2　事件の併合等

　大規模訴訟については、最初の訴訟の原告らと同様の被害を受けたと主張する者らにより、第2次、第3次などとして追加訴訟が提起される場合がある。これらを併合することには、共通論点（総論）につき一括して審理することができるなどの長所がある一方、当事者数が増加し、個別論点（各論）の審理の長期化を招くなどの短所もある。その併合の当否は、共通論点および個別論点の共通性の程度や、審理の進行状況を踏まえて、効率的な紛争解決に資するか、それとも訴訟を遅延させるかなどの観点から、個別に判断せざるを得ない。

　薬害訴訟、公害訴訟等においては、多数の企業が被告として訴えられ、被告らがそれぞれ別の代理人弁護士を選任して主張立証活動をする場合がある。このような場合について、平成8年度司法研究67頁は、徳島じん肺訴訟（第1次は作業員である原告ら34人、ゼネコンである被告ら38社、第2次は原告ら11人、被告ら21社）において、被告らの代表に総論的な主張を進めさせ、他の被告らはそれを最終的に援用することを想定して見守るという審理方式を裁判所が提案し、被告らがこれを了解して審理が円滑に進んだという例を紹介している。平成8年度司法研究88頁は、東京スモン訴訟において、約1300人の原告らが3グループに分かれて対立していた状況で、各グループの代表者一人ずつ三人分の事件を先行して審理し、終結前に他の事件と併合するという進め方をした例を紹介しており、工夫例として参考になる。もっとも、原告ら間または被告ら間の調整が困難な場合には、可能な範囲で共通化、類型化をして対処するほかないと思われ、個々の事件ごとに、原告ら間または被告ら間の主張の違い等を踏まえて検討すべきものといえる。

3　争点整理手続の選択

　争点整理を口頭弁論（民訴87条1項）、準備的口頭弁論（同法164条）、弁論準備手続（同法168条）、進行協議期日（民訴規95条）等のいずれの手続で進めるかについて、それぞれ長所・短所があることは、一般の訴訟と同様である。大規模訴訟においては、特に原告側が社会運動として訴訟に取り組んでいる場合に、支援者らの傍聴の機会やマスコミの報道の機会を確保するため、公開手続である口頭弁論または準備的口頭弁論の手続をとるよう要請することがある。他方、大法廷で報道関係者や支援者らを含む多数の傍聴人らの前でやり取りをする場合には、裁判所および双方代理人が無用な誤解を避けるために発言を慎重にせざるを得ず、率直な意見交換が困難となる面があるため、非公開手続である弁論準備手続または進行協議期日で争点整理をする要請も強い。そこで、双方の要請を満たすため、口頭弁論期日等の前後に進行協議期日を実施し、その協議結果を口頭弁論期日等で報告するという折衷的な形で進めることも多い。

4　審理計画

　審理計画については、平成15年の民事訴訟法改正により、大規模訴訟に限らずに適用される規定が整備された（民訴147条の3、156条の2、157条の2等）。その大規模訴訟における運用について検討すると、以下のとおりである[9]。

(1)　大規模訴訟における審理計画の策定の必要性

　民事訴訟法147条の3第1項は、審理すべき事項が多数でありまたは錯綜しているなど事件が複雑であることその他の事情によりその適正かつ迅速な審理を行うため必要があると認められるときは、裁判所は、当事者双方と協議をし、その結果を踏まえて審理計画を定めなければならないとする。大規模訴訟については、上記のように認められる典型的な訴訟であるから、基本的に計画審理を策定する必要があるといえる。

9　一般的な訴訟における運用について、東京地方裁判所プラクティス委員会編著『計画審理の運用について』（判例タイムズ社、2004年）参照。

[7] 大規模訴訟における争点整理と審理

(2) 審理計画の内容

審理計画においては、①争点および証拠の整理を行う期間、②証人および当事者本人の尋問を行う期間、③口頭弁論の終結および判決の言渡しの予定時期の三つの事項を必ず定めなければならず（民訴147条の3第2項。「必要的計画事項」とよばれる）、そのほかにも、特定の事項についての攻撃または防御の方法を提出すべき期間その他の訴訟手続の計画的な進行上必要な事項を定めることができる（同条3項。「特定計画事項」とよばれる）[10]。

裁判所は、審理の現状および当事者の訴訟追行の状況その他の事情を考慮して必要があると認めるときは、当事者双方と協議をし、その結果を踏まえて審理計画を変更することができる（民訴147条の3第4項）。

特定の事項についての攻撃または防御の方法を提出すべき期間が定められている場合において、当事者がその期間の経過後に提出した攻撃または防御の方法は、これにより審理の計画に従った訴訟手続の進行に著しい支障が生ずるおそれがあると認めたときは、裁判所は、申立てまたは職権によりこれを却下することができる（民訴157条の2。「失権効」とよばれる）。

特定計画事項には、準備書面や証拠の提出期間のほか、審理期日の間隔、尋問申請を予定する証人に係る情報を開示する時期、和解勧試のタイミング、和解協議に充てる期間等のさまざまな事項が含まれると考えられるが、失権効との関係によっては、審理計画でなく事実上の予定の合意にとどめるほうが柔軟な扱いが可能になるとも考えられ、いずれとするかは、裁判所と当事者双方の間で協議して選択することになる。

(3) 審理計画の策定の支障となる事情

大規模訴訟においては、審理計画の策定の支障となる事情として以下のようなものがあり、その複数が併存していることも多い。

① 証拠の偏在、事実調査能力や専門的知識の不足のため、原告側において、早期の段階から的確な主張立証をすることができない。原告側が提訴

---

10 民事訴訟法156条の2は、審理計画に従った訴訟手続の進行上必要があると認めるときは、裁判長は、当事者の意見を聴いて、特定の事項についての攻撃または防御の方法を提出すべき期間を定めることができるとする。これは、審理計画の中でその期間を定めなかった場合でも、必要が生じた場合は、審理計画の変更によらずに別途その期間を定めることができるとするものである。

時点で必要な証拠を十分に保持しておらず、文書送付嘱託、調査嘱託、文書提出命令等の申立てをし、その処理に時間を要する。

② 被告側において、「結果発生に至る機序、注意義務の具体的内容等について、原告側の主張が特定されておらず、特定されるまでは認否及び反論をすることができない。」などと主張し、積極的な主張をしない。

③ 多数の原告らに加えて支援者らを含む支援組織が形成され、総会、役員会等により意思決定がされており、弁護団が、上記組織に裁判の内容を説明し、意見に配慮しながら、主張立証を進めなければならない。

④ 全国の地方裁判所等で共通論点を同じくする大規模訴訟が係属しており（多庁係属型訴訟）、原告弁護団において、他庁の原告弁護団と連絡調整をする必要があるとか、国や大企業である被告側において、波及効を考慮しながら応訴方針、主張内容等の意思決定をする必要があるなどとされる。

⑤ 公害訴訟、薬害訴訟等においてしばしばみられるように、専門性・新規性があって医学界等においても先鋭な見解の対立があり、しかも深刻な被害が広がって社会問題となっているような問題が共通論点として争われ、当事者双方が、時間や労力を惜しみなく投入し、協力してくれる専門家や海外の文献等を探しながら、主張立証を進めている。

⑥ 多数の原告らが包括一律請求[11]をせず、個別項目の損害額の積上げ計算による損害賠償請求をし、主張の整理、人証調べ等に時間を要する。

(4) 判決までの予定期間

当事者側から、前記(3)のような事情が複数あるとされた場合、訴訟係属後の早い段階で詳細な審理計画を策定するのは困難であることが多い。もっとも、この段階でも、審理計画の策定をあきらめるのは得策ではない。判決までの予

---

11 重篤な人身損害を訴える多数の被害者が提起する損害賠償請求訴訟においては、包括一律請求の方法がとられることが多い。これは、個別項目の損害額の積上げ計算によることなく、原告らを通じて財産的損害を含めた一律の額の慰謝料請求をするものである。これに準じて、被害者の重症度等に応じて分けたグループごとに一律の額の慰謝料請求をするものもある。慰謝料に財産的損害を含めることができる（慰謝料の補完的機能）という考え方を背景としつつ、実質的機能として、個々の被害者の損害額を主張立証することによる訴訟遅延およびそれに伴う被害者救済の遅延を回避することができるという有用性が重視され、実務上、許容されてきたといえる。被害者側が、上記有用性を承知のうえで包括一律請求をせず、個別項目の損害額の積上げ計算による額の請求をする場合、審理の長期化の要因となる。

定期間の目標を大まかでもよいから設定して可視化することにより、何の目標
も設定せずに審理を進める場合と比べると違いがあると思われ、大まかな目標
設定でも十分な意義があるといえる。

その目標設定の足掛かりとして、裁判の迅速化に関する法律がある。同法2
条1項は、裁判の迅速化は、第1審の訴訟手続については2年以内のできるだ
け短い期間内にこれを終局させることを目標として、充実した手続を実施する
こと等により行われるものとすると定めている。他方、同条3項は、裁判の迅
速化にあたっては、当事者の正当な権利利益が害されないよう、手続が公正か
つ適正に実施されることが確保されなければならないと定めている。

大規模訴訟については、前記(3)の事情が複数併存していることが多く、2年
以内に終局し得ることは多くないといえる。裁判所が、それらの事情に十分に
配慮を示さず、審理の早期終局のみを優先して判決までの予定期間を設定し、
逆算して主張立証の期間等を定めるという方法をとった場合は、当事者双方と
の信頼関係を損ない、かえって審理が進まなくなるおそれがあるばかりか、審
理全体や判決に不満をもたれることになりかねない。裁判所は、当事者双方か
ら審理計画の策定の支障となる事情を十分に聴き取る一方、訴訟の遅延から生
ずる当事者双方の負担や、裁判所が社会から求められる迅速な紛争解決の役割
等にも目を向けるよう促し、主張立証方針につき意見交換を重ねながら、上記
予定期間の合意の形成に努めるのがよいといえる。上記の支障となる事情が複
数併存していたとみられる過去の訴訟についてみると、以下の表のとおり、第
1審の終局までの期間が3～4年程度であった例もあれば、10年以上であった
例もあり、一概にはいえないが、特段の事情がない限り、第1審の審理期間が
5年を大きく超えるのは適正とはいいがたく[12]、当事者双方と意見交換を重ね
て適正な上記予定期間を設定するのが相当であるといえる。

〈昭和50年度司法研究214頁で紹介された訴訟の審理期間〉

富山イタイイタイ病訴訟	約3年3月・約1年2月（～1審判決・同～2審判決）

12　平成8年度司法研究90頁、183頁は、大規模訴訟でも、国民の信頼に応えるには、提訴
　　から判決までの期間を原則として3年～3年半程度（争点整理1年、証拠調べ1年半～2
　　年、証拠調べ後判決まで半年）に収めるべきであるとする。

新潟阿賀野川有機水銀中毒訴訟	約4年3月（〜1審判決・確定）
四日市大気汚染訴訟	約4年10月（同上）
熊本水俣病訴訟	約3年9月（同上）
東京サリドマイド訴訟	約8年11月（〜和解）

〈平成8年度司法研究20、48、49頁で紹介された訴訟の審理期間〉

東京HIV訴訟	約5年5月（〜和解）
大阪HIV訴訟	約6年2月（〜和解）
第1次西淀川大気汚染訴訟	約12年11月・約4年（〜1審判決・同〜和解）
第2次西淀川大気汚染訴訟	約11年2月・約2年（同上）

〈建設アスベスト訴訟〉

東京訴訟第1陣	約4年7月・約5年3月（〜1審判決・同〜2審判決）
神奈川訴訟第1陣	約3年11月・約5年5月（同上）
京都訴訟第1陣	約4年7月・約2年7月（同上）
大阪訴訟第1陣	約4年6月・約2年8月（同上）

(5) 審理計画の策定

ア 審理計画の策定の概要

　前記(3)のような審理計画の策定の支障となる事情が複数併存する大規模訴訟において、早期に詳細な審理計画を立てても、審理の途中で新たな争点が現れるなどして変更の必要が生ずる可能性が高い。そこで、審理の最初の段階の審理計画は、ある程度幅のある期間、時期を定める大まかなものとし、審理が進むにつれて次第に内容を具体化していくのが基本となる。そして、当初策定した審理計画に固執するのではなく、審理中に生じたり判明したりした事情に応じて、柔軟に変更をする姿勢が必要である。

イ 審理の序盤における審理計画

　双方の主張の骨格が判明する頃までの審理の比較的早い段階では、前記(4)の

7 大規模訴訟における争点整理と審理

判決までの目標期間を設定するのが第一歩である。そのためには、当該事件について、双方代理人から、事件の概要のほか、共通論点および個別論点としてどのような主張および争点が予想されるか、どのような証拠の提出が予想されるか、文書提出命令等の申立ての予定の有無等を聴き取り、意見交換をする必要がある。過去および現在の同種先行事件の有無および内容を調査することも重要であり、それにより、審理内容につきかなり具体的な見通しがつく場合もある。これらの情報を得たうえ、上記目標期間の共通認識を形成するが、この段階の上記目標期間は、あくまで目標にとどまり、柔軟な変更を許すことを予定するものである。

　審理の早い段階では、上記目標期間のほか、期日のおおむねの間隔を定め、数回先、できれば1年程度先まで具体的な期日を定めることが多い。当事者双方の代理人が多数であることが多いため、1回ずつ指定すると次の回の期日が数か月先になりかねないからである。

ウ　審理の中盤以降における審理計画

　当事者双方の主張の骨格が判明し、立証方針の見通しがついた段階では、裁判所は、争点を確認したうえ、当事者双方から、争点ごとに予定する人証等を聴き取るなどして、審理計画の具体化を進め、判決までの予定期間における審理期日と各期日に実施する予定の事項等を記入した進行予定表の作成を目指すことになる。最終段階の審理計画では、尋問をする人証、その各尋問期日、最終準備書面の提出期限、終結時期、判決言渡し時期を具体的に定める必要がある。

　証拠調べで最も時間を要するのは、人証調べであり、大規模訴訟においては、多数の人証が申請されるのが通常である。裁判所としては、人証調べに充てることのできる期間、開廷可能期日数等を考慮しながら、当事者側にも、立証事項が類似する人証については代表して尋問を受ける者を選定したり、陳述書を活用したりするなどの方策により人証を厳選することの検討を求めたうえ、必要に応じて受命裁判官による尋問の分担等の方策を検討し、相当期間内に人証調べを終えることのできるように協議を重ねることになる。併せて、反対尋問の準備期間を確保する観点から（特に、専門家証人の場合には十分な準備期間を確保するよう求められることが多い）、人証を特定してその属性等の情報を

開示する期限、その正式の申請をする期限、陳述書に記載すべき事項、陳述書の提出期限、尋問時に示す予定の書証を開示する期限等を定めるなど、人証調べに向けた詳細な審理ルールを定めておく必要がある。

このようにして、進行予定表を含む審理計画に加えて、詳細な審理ルールの策定を進めていくが、その内容は、個々の事案ごとに、裁判所と当事者双方が意見交換を繰り返し、民事訴訟法や民事訴訟規則の定めに基づきつつも、それらを修正したり、それらにないルールを創設したりしながら、当該事案に最適な審理計画、審理ルール等をつくり上げていくことになるといえる。

エ　審理計画の修正

ある程度具体化した審理計画についても、当事者の準備状況や審理の進行状況を考慮しつつ、常に見直す必要があることは、前記のとおりである。昭和50年度司法研究108頁は、四大公害訴訟において、いずれもおおむね訴訟の半ばの段階で、裁判所が審理計画を再検討し、当事者をリードして迅速な審理を実現したという例を紹介している。

5　主張の整理等

大規模訴訟においては、当事者双方から膨大な主張書面が提出されるため、各争点に関する主張や各原告に関する主張が散在して必要な主張を検索することが困難であったり、撤回または変更されて不要になった主張が混在していることが多いという問題がある。このような問題に対処するため、主張書面については、①当初の提出段階における工夫をするとともに、②その提出が一段落した段階で、一次資料である主張書面を踏まえた二次資料の作成等の工夫をすることが考えられる。

(1)　当初の提出段階における工夫

主張書面については、争点項目ごと（共通論点は、「過失」、「因果関係」等の項目ごと、個別論点は原告または原告グループごと）に分けて作成し、表題または副題において、その主張書面が取り上げる争点項目を明記することが考えられる。特に、類似事案につき先行訴訟が存在し、すでにその事案における争点項目が把握されている場合には、当初から、上記の形で主張書面を提出するようルール化をするとよいといえる。

また、主張書面と共にそのデータの提出を受けることにより、裁判所において、そのデータを使用して主張整理書面や判決の主張摘示部分の起案をすることが可能になる。

(2) 一次資料である主張書面を踏まえた主張整理のための工夫

主張書面がおおむね出揃った段階で、これを一次資料として、二次資料である主張整理書面ないし主張対照表を作成することが有益であることは異論がないと思われるが、その段階で多大な時間と労力を投入してまでそれを作成すべきかどうか、それを作成する場合に当事者側と裁判所のいずれが作成すべきかなどの点は、一般的な訴訟でも悩ましい問題である。平成8年度司法研究56頁は、西淀川大気汚染公害第2次訴訟において、裁判所が、弁論終結予定の1年半前にデータの提出を受け、数か月かけて主張整理書面を作成し、争いのない事実を摘示したうえで当事者双方の主張を並べたところ、かみ合わない箇所が多く、その調整に苦労し、多大な時間と労力を要したが、ほぼ完璧な主張整理ができたという例を紹介している。このように、裁判所が主張整理書面等を作成する場合には、判決の主張摘示部分にそのまま使用し得るようなものができる可能性が高いという長所がある一方、当事者双方から各数十通ないし100通を超える主張書面が提出されているような事件において、裁判所が一から主張整理書面等を作成するために必要な時間と労力は多大であり、他の担当事件の処理に優先して作業をしても、それだけで数か月の期間を要することになりかねないという短所もある。従前の主張の経緯および最新の主張の状況は、自ら主張をしてきた当事者が最もよく把握しているため、基本的には、まず当事者が主導して主張整理書面等の作成を進め、それが困難である事情がある場合に裁判所が主導するという方針が合理的ではないかと思われる。

主張整理書面(双方の主張が共に記載されているもの)等とは別の主張整理のための二次資料として、当事者それぞれに対し、主張要約書面(一方の主張の要約のみが記載されているもの)の提出を求めたり、主張の説明会ないしプレゼンテーションの実施を求めてその際の説明資料の提出を受けたりすることもある。いずれも、それぞれの主張の全体像を把握することができる点や、主張整理書面、判決の主張摘示部分等に活用し得る点で、極めて有益である。また、当事者双方にとってより負担の少ない方法として、裁判所において、争点項目

ごとに原告欄と被告欄を分けた表を作成し、原告と被告のそれぞれが、各欄に、当該項目に係る主張を中心的に記載した主張書面の日付ないし番号を記入して、いわば主張書面の索引をつくるという工夫も考えられる。さらに、筆者の経験では、約3年間にわたり多数の人証調べが実施され、その結果を踏まえた内容の主張が最終準備書面で提出されるという審理計画が策定されていた事案において、尋問の記憶が新鮮なうちに上記内容の主張を提出してほしい旨を要請し、当事者の協力を得て、人証調べの中盤で、実施済みの尋問の結果を踏まえた60頁程度の主張の提出を受け、尋問結果の理解のために非常に有益であると感じたことがあった。

　以上のとおり、合計1万頁を超えるような主張書面が提出されている大規模訴訟において、途中から審理を引き継ぐ裁判官は、最終的にはその全部に目を通す努力をするものの、それに取りかかる前に全体像を把握するためや、主張整理書面、判決の主張摘示部分等に活用するために、数十頁ないし100頁程度で主張の要点をまとめた書面があることは極めて有益であり、当事者の協力を得て、上記のようなさまざまな形でその作成を働きかけるのがよいといえる。

(3) 主張整理の内容面

　一般的な訴訟において、主張整理は、①訴訟物を確認し、②主要事実の主張およびそれに対する認否を確認して争点を明らかにし、③争点ごとに、それぞれに有利・不利な事情を確認して、各事情が主要事実を推認する力の強さ（結論への影響の大きさ）を評価することにより、争点整理後の証拠調べの対象とする重要な事情を絞り込むなどの手順で行われる。この主張整理の過程では、上記③が中核であり、当事者双方が重要でない事情に関する主張を繰り返している場合には、裁判所がその旨の見解を示して、重要な事情に関する主張に注力するよう軌道修正をし、審理の無駄を防ぐことが必要であるといえる。もっとも、重要な事情であるか否かは、裁判所と当事者の評価が異なることがあり、特に、主張や証拠が出揃っていない早期の段階で、裁判所が確定的な形で心証を示してしまうと、当事者から決めつけに基づく偏った心証を押し付けたなどと非難されかねないため、その段階では、各主張への素朴な疑問の提示から始めて意見交換をしながら、中立的立場から、現状ではこのようにみえるなどと緩やかに心証を示し、徐々に裁判所と当事者双方の共通認識を形成してい

くことにより、争点を絞っていくという過程を経ることになる。

　大規模訴訟でも、基本的には同様であり、当事者双方が重要でない事情に関する主張の応酬に時間を費やしているとみられる場合は、裁判所が、適切な形で心証を示して軌道修正をすることは、審理の無駄をなくし、長期化を防ぐために重要なことである。もっとも、大規模訴訟においては、専門性や新規性のある争点について当事者双方も手探りで主張を進めざるを得ない場合や、主張の分量が膨大であって裁判所が訴訟の序中盤で精度の高い心証を示すことが難しい場合もあるため、上記同様の手法をとることが困難であることもある。平成8年度司法研究27頁では、無理に詳細な主張整理をせずに人証調べに入った例として、東京・大阪各HIV訴訟や新潟阿賀野川有機水銀中毒訴訟の例が紹介されている。どのような争点整理を行うかは、裁判所が、個々の事件ごとに、その事件の特性や当事者の主張の状況等を見極めて検討すべきものといえる。

6　書　証

　大規模訴訟においては、当事者双方から膨大な書証が提出されることが多い。これを当事者から提出された順に記録に綴るだけでは検索が困難になるため、効率的に書証を整理する必要があり、実務上、以下の工夫がされている。

(1)　書証符号、原告番号等による整理

　書証の立証趣旨を分類して分類項目ごとに書証符号を付すという工夫がされている。例えば、責任原因に関する書証にA、因果関係に関する書証にB、損害に関する書証にCなどの符号を付すなどの扱いである。また、個別論点に関する書証には、原告番号を付す扱いもある。このように「甲A100号証」、「甲C①10号証」などの書証番号を付すことにより、記録中の書証の検索の便宜が向上する。そこで、大規模訴訟においては、審理の冒頭段階の裁判所と当事者双方の協議により、書証符号、原告番号等に係るルールが定められることが多い。

(2)　証拠説明書

　民事訴訟規則137条1項本文は、書証の申出の際に証拠説明書の提出を求めており、一般的な訴訟でもその提出がほぼ定着しているが、大規模訴訟におい

Ⅱ　各　論

ては、その提出の重要性が特に高い。証拠説明書は、書記官による書証目録の作成の合理化のために必須であるほか、裁判官にとっても、判決起案を含む記録検討の際に、証拠説明書が非常に有用であり、証拠説明書の写しを手控えとして利用したり、証拠説明書のデータの提供を受けて検索機能により必要な書証に速やかに到達し得るようにしたりして、その活用がされている。

7　人　証

(1)　多数の原告本人尋問の実施に関する工夫

　大規模訴訟には、多数の原告らが被告の行為により被害を受けたと主張して集団で損害賠償を求める事案が相当割合を占め、その種の事案における原告本人尋問には多大な時間・期間を要するため、審理期間の長期化を防ぐためには、その実施方法について工夫をする必要性が高い。

　まず、各原告を共通の特徴により類型化してその代表を取り調べるという代表者選抜方式が考えられる。争点整理の段階から、多数の原告らについて、被害を受けた状況、被害の程度等の事情によりグループ分けをして主張・反論がされている事案では、各グループの代表者１名または数名の本人尋問を実施する方式がとられることがあり、これは上記の時間・期間の短縮のために有効である。本人尋問を実施する原告の選定の際は、原告側のほか被告側の希望も聴取する必要があるといえる。上記の方式をとる場合には、尋問を実施しない原告について陳述書が提出されることが多い。その際は、各陳述書の記載項目を統一することにより、必要な情報の記載漏れがなくなり、読み手も効率よく情報を把握することができる。

　当事者の意向等により代表者選抜方式をとることができない場合や、それをとってもなお多数の本人尋問が必要となる場合には、民事訴訟法268条（受命裁判官による尋問）、269条（５人構成の合議体による審理）等を活用し、受命裁判官による尋問の分担を検討することになる（前記Ⅰ２(2)）。

(2)　その他の工夫

　医学界等においても先鋭な見解の対立があるような共通論点が問題となる訴訟が、複数の裁判所に同時に係属している場合がある。このような訴訟では、共通論点に関し、多数の専門家証人の尋問が申請されるが、当事者双方の協力

を得て、各裁判所で全証人を尋問するのでなく、ある裁判所で実施した証人尋問の調書を他の裁判所で書証として提出し、尋問調書の相互利用をすることにより、尋問の実施回数を減らす方式がとられた例があり（平成8年度司法研究27頁の東京・大阪各HIV訴訟の例）、筆者も同様の方式がとられた事件を担当したが、このような方式をとらなければさらに数年の審理を要したであろうと考えられる。

　人証調べに向けて詳細なルールを定めておく必要があることは、前記4(5)ウのとおりである。それに加えて、多数の書証を示しながら尋問がされる場合に、尋問の円滑な進行の目的で、示す書証のコピーの綴りが提出されることがあり、非常に有用であると感じられる。当事者双方との協議において、裁判官の人数分に加えて互いに相手方当事者の分も提出することなどをルール化しておくなどの工夫が考えられる。

8　判　決

(1)　判決起案の人的態勢

　大規模訴訟の判決については、主任裁判官（左陪席裁判官か、事案によってはより経験年数の長い右陪席裁判官）が、数か月間、専従して起案し、これを順次他の合議体構成員が検討して修正するという手順がとられることが多いと思われる。もっとも、平成8年度司法研究186頁は、これによると、主任裁判官の負担があまりにも過重になり、時間のロスも大きいなどの問題を指摘し、共通論点における争点項目ごとや、個別論点における当事者ごとに、合議体構成員の間で分担して起案をするのが望ましい旨を提言している。同様の提言は、昭和50年度司法研究190頁でもされていた。実際に、筆者の聞いた範囲でも、裁判長が、裁判長を含む合議体構成員に起案担当部分を割り振り、比較的短期間で起案を完成させた例がある。事案の内容にもよるが、一般的には、膨大な時間と労力を要する判決起案に対しては、合議体がチームとして取り組み、分業を図りながら進めるのがよいと考えられる。その際は、裁判長が主導して、起案前の合議を充実させ、完成される判決のイメージの共通認識を形成し、各起案担当部分を割り振ることが必要であるといえる。

　また、大規模訴訟の判決起案は、その内容および分量に照らして、同時に多

Ⅱ　各　論

数の事件を並行して審理している裁判官の通常の業務状況の下で行うことは難しいため、相当期間にわたってできるだけ起案に専従することのできる態勢を整えることが望ましい[13]。これについても、裁判長が、判決起案着手の相当前から、裁判官の増員または部への事件配てんの調整等の処置を求めて働きかけをすることが必要である。

(2)　判決の内容

判決の内容については、裁判所が、審理の結果に基づき、判断の結論と理由を過不足なく説示すべきものであり、個々の事案に応じて最も適切な説示となるよう全力を傾けるものであるが、大規模訴訟の判決の起案には、膨大な時間と労力を要するため、効率化の観点から、重要度に応じて説示すべき内容にめりはりをつける必要性が高いといえる。この観点から、平成8年度司法研究184頁は、川崎大気汚染公害訴訟の第1審判決について、①当事者の主張の摘示部分等および②裁判所の判断の説示部分のうち、上記①が占める割合が5％程度にすぎず、大部分が上記②に費やされている旨を肯定的に紹介したうえ、大規模訴訟を担当した裁判長に対する調査結果によっても、上記①の摘示はできるだけ合理化して、上記②の説示に全力を傾けたいとするものが多かったとしている。同様の問題意識は、昭和50年度司法研究186頁でも示されていた。読み手が判決に求めている内容を考えると、これらの方向性は合理的なものと考えられる。

また、専門性・新規性のある大規模訴訟の訴訟代理人は、一般に、経験が豊かで能力の高い弁護士が多いから、そのような訴訟代理人が作成した主張要約書面等には、基本的に自らの主張が的確に要約されていると考えられ、判決における上記①の当事者の主張の摘示部分には、そのような主張要約書面等に必要最小限の修正を加えて用いるという方針がよいと思われる。判決の当事者目録、代理人目録等についても、当事者双方の協力を求め、当事者、代理人に係る最新のデータの提出を求めるなどして、効率化を図るのがよいといえる。

13　平成8年度司法研究59頁は、西淀川大気汚染公害第2次訴訟（記録247冊）において、主任（右陪席）裁判官の完全専従期間約1年4か月、裁判長の完全専従期間約8か月が確保されたという例を紹介しているが、筆者の聞いた範囲では、最近は、記録の冊数が同様の訴訟でも、ここまでの専従期間は確保することができていないようである。

163

7 大規模訴訟における争点整理と審理

9　和　解

　一般に、和解には、判決より早期に紛争を終局的に解決し得ること、判決で
は取り込めない種々の問題を取り込んで紛争を全面的に解決し得ることなどの
大きな長所があるところ、大規模訴訟についても、これまで、訴訟係属中に被
害者らが亡くなっていくなどして救済が急がれる状況で、国、大企業等が、原
告となっている者以外の被害者らも含めた救済措置や将来の被害防止策を講ず
るなどの内容を取り込んで和解が成立し、早期の紛争の終局的・全面的解決が
実現した例が相当数あり、上記の長所は一般の訴訟と比べても大きいといえ
る。

　もっとも、大規模訴訟においては、被害者側と、国、大企業等との間の考え
が大きく違うことが通常であるうえ、国、大企業等は他の同種事件への波及効
を懸念するため、和解を成立させるのは容易でない。裁判所は、当事者双方の
意向、審理の状況等を踏まえたうえ、適切なタイミングで説得力のある和解案
を基本的に書面で提示するほか、平成8年度司法研究37頁、189頁等で紹介さ
れているように、同種事件の係属する他の裁判所との連携、双方代理人の代表
者を選抜したワーキングチームによる協議、裁判所と当事者や遺族との面談、
当事者や遺族と被告の代表的地位にある者の面談等のさまざまな手段を尽くし
て、当事者の協力を得ながらも主導的に和解による解決を働きかけることが考
えられる。

10　書記官および事務官の役割

　大規模訴訟における書記官および事務官の役割は大きい。主なものを列挙す
るだけでも、訴状の当事者目録と委任状等との対応の確認、期日の調整、各期
日の開廷準備（大法廷の確保、傍聴券配布や警備の準備、出廷予定者に係る当事者
や報道関係者との連絡調整、配席の検討等）、主張書面や書証等に係る記録の管理
（被害者の情報等に係る閲覧制限等の決定がある場合には、記録管理の負担が格段に
増大する）、文書送付嘱託、調査嘱託等の手続の処理、審理計画等の記録化、
人証調べの立会いと調書作成、当事者の承継の確認、判決の点検等のさまざま
な業務を処理するが、それぞれの業務量は膨大である。加えて、上記の業務に

164

は、担当合議体と当事者双方のほか、裁判所の他部門や報道関係者等との協議が必要となるものが多いが、書記官がそれらの間に入って連絡調整を担当する。これらの業務を的確に処理するには、通常、相当の経験を有する主任書記官が適任であるが、その業務量は一人で処理し得るものではなく、裁判長および主任書記官が働きかけて担当部全体でチームとして大規模訴訟に取り組むという意識を醸成し、他の書記官が人証調べの立会いと調書作成等を分担し、他の種々の事務についても書記官や事務官が補助するなどの態勢を組む必要がある。

11　人的態勢の整備

　民事訴訟を担当する裁判官は、同時に多数の事件の審理を並行して審理していることが多いところ、そこに大規模訴訟の担当が加わることによる負担は大きい。この点につき、昭和50年度司法研究3頁は、大規模訴訟の適正迅速な解決は、単に担当裁判官の努力のみによって達成されるものではなく、裁判所全体としての対応策を講ずべきものとする。平成8年度司法研究198頁も、これまで大規模訴訟は、担当部内でその処理が図られる傾向にあり、終結間近になってから担当部の事件配てんの軽減措置等がとられることはあったが、専従態勢をとるためには部内の努力等に負う面が大きい状況であったと指摘したうえ、今後は、各裁判所において、大規模訴訟の係属を想定して、裁判官の増配置をし得る態勢を整備することが考えられてよいとする。数十年前から的確な提言がされていたと考えられるが、現実には上記の指摘と同様の状況が続いている。前記10でみた事情によれば、書記官等の人的態勢の整備の必要性も高く、昭和50年度司法研究15頁は、個人的資質、献身的協力に期待することには限界があり、書記官ないし事務官の人員増も十分考えなければならないとしている。今後、裁判所による大規模訴訟の解決に対する社会の期待に応えるためにも、上記の提言に沿った人的態勢の整備が期待される。

Ⅲ　まとめ

　以上のとおり、大規模訴訟の審理については、個々の事件ごとに、その事件

の特性や当事者の主張立証方針等に応じて、裁判所と当事者双方との間で協議しながら、手続の進め方について、柔軟に調整し、ときに創造もしながら、いわばオーダーメイドで審理計画、審理ルール等を定めていく必要があるところ、その過程では多くの点につき双方代理人の意見が対立する。裁判所は、双方代理人の重視する事情を十分に聴き取り、それぞれの立場に理解を示しながら、裁判所の考えを真摯に説明してバランスのよい裁定をすることが求められるが、それを繰り返すことにより、当事者双方との信頼関係が醸成されていくのが望ましいといえる。こうした関係を築くことができれば、審理の中終盤においては、争点の内容面では激しい対立があるとしても、審理の進め方の面では、協力して、迅速な裁判という共通の利益の実現を図ることができると考えられる。このようにして審理を進めた後、裁判所は、社会的に注目され、評価が大きく分かれる困難な問題について、判断を示すことを求められることになる。このような大規模訴訟の審理および判決を担当することは、裁判官にとって、多大な時間と労力をかけて地道な努力をすることを求められ、重圧感も大きい一方、それまで蓄積してきた裁判官としての経験、能力が最も試される機会であって、昭和50年度司法研究および平成8年度司法研究が共通して指摘するとおり、社会の裁判所に対する期待に応えられるように、その責任と役割を強く自覚し、熱意をもって取り組むべき仕事であるといえる。

8 釈明権と釈明義務違反

田　中　健　治
大阪高等裁判所部総括判事

I　釈明権の条文、趣旨等

1　意　義

　民事訴訟法149条1項は、「裁判長は、口頭弁論の期日又は期日外において、訴訟関係を明瞭にするため、事実上及び法律上の事項に関し、当事者に対して問いを発し、又は立証を促すことができる」と規定して、釈明権について定めている。

　このように、釈明権とは、当事者の申立てや主張、立証に不明瞭な点や矛盾点、不正確な点、不十分な点があるときに、事実上および法律上の事項について当事者に問いを発するなどして、訴訟関係を明瞭にするために裁判所に与えられた権能である。この釈明の制度について、最判昭和45年6月11日民集24巻6号516頁は、「釈明の制度は、弁論主義の形式的な適用による不合理を修正し、訴訟関係を明らかにし、できるだけ事案の真相をきわめることによって、当事者間における紛争の真の解決をはかることを目的として設けられたものである」としている。

2　釈明権の行使と義務

　釈明権の行使は、裁判長が行うものであり（民訴149条1項）、陪席裁判官は、

8 釈明権と釈明義務違反

裁判長に告げて、当事者に問いを発する等の釈明を行うことができる（同条2項）[1]。また、当事者は、口頭弁論の期日または期日外において、裁判長に対して必要な発問を求めることができる（同条3項）。この点、旧民事訴訟法では、条文上は期日外において釈明を行うことができるかどうか明らかではなかったが（旧民訴127条参照）、現行法は、上記のとおり規定し、釈明権の行使が、口頭弁論期日においてのみならず、期日外においても行うことができる旨を明らかにしている（期日外釈明）。実務上も、期日間において釈明が行われることも多い。なお、期日外において一方当事者に対して釈明が行われた場合には、それが攻撃または防御の方法について重要な変更を生じ得る事項についてのものであるときは、手続保障や審理の公正確保の観点から、他方当事者に対し、その内容を通知しなければならない（民訴149条4項）[2,3]。

　釈明は、上記のように、裁判所（裁判長）の権能（釈明権）として規定されているが、一定の場合に、裁判所が釈明権を行使しないことが違法になる場合もあり、かかる場合には、裁判所に釈明を行うべき義務（釈明義務）が課せられているといえる。

1　一般の用語では、「釈明」とは、説明すること等とされており、訴訟においても、裁判長の行う釈明権の行使を「求釈明」とし、これに対する当事者の応答を「釈明」という言い方がされる場合もあるが、本文記載のとおり、裁判所（裁判長）が当事者に発問等を行うことが「釈明」である。

2　民事訴訟規則63条1項は、期日外釈明の場合には、裁判長または陪席裁判官は、裁判所書記官に命じてこれを行わせることができるとしており、裁判官の命を受けた裁判所書記官において、ファクシミリ送信あるいは電話連絡等の方法で、当事者に対して釈明内容を伝えていることも多い。なお、近時行われている Microsoft 社の Teams を用いたデジタル化の下での審理においては、裁判官がこのような釈明事項を Teams にアップロードすることによって、釈明を行っていることも多い。

3　他方当事者への通知は、期日外における釈明を文書で行った場合には、他方当事者にも参考送付の形で知らしめているのが通常である。また、前掲（注2）のとおり、近時は、釈明事項を Teams にアップロードすることで、双方当事者に同時に釈明内容を知らしめていることも多い。

Ⅱ　釈明の種類

1　消極的釈明と積極的釈明

(1)　意　義

　釈明は、当事者の申立てや主張、立証に不明瞭な点や矛盾点、不正確な点、不十分な点があるときに、事実上および法律上の事項について当事者に問いを発するなどして、訴訟関係を明瞭にするために裁判所（裁判長）が行うものであるが、その態様については、当事者が現に行っている申立てや主張等における不明瞭、矛盾、欠缺、不用意がある場合の補充的釈明である「消極的釈明」と、当事者が行った申立てや主張等が当該事案について不当または不適当である場合や、当事者が適当な申立てや主張等を行わない場合に、裁判所が積極的に示唆、指摘して、申立てや主張等を行わせ、あるいは、当該主張を理由あらしめるために必要と考えられる立証を行わない場合に、これを示唆、指摘して、必要な立証を行うよう促すなどする「積極的釈明」の2種類がある[4]。

(2)　釈明権行使の違法

　前者の消極的釈明が認められ、また、この点に係る釈明権を行使しない場合に、釈明義務の違反が認められ得ることは明らかと思われるのに対し、後者の積極的釈明の場合に、裁判所がどの程度まで釈明権を行使すべきか、これを行使しないことが釈明義務違反となるのか、あるいは、行き過ぎた釈明権の行使として、これが違法となることがあるのかなどが問題となる。

　この釈明権行使が違法となるかどうかが争われた裁判例として、前掲最判昭和45年6月11日がある。

　事案は、売掛代金請求事件において、被上告人（売主）の主張は、当初、上告人らが被上告人と訴外農業協同組合連合会（以下「連合会」という）との間に成立した商品についての売買契約上の代金債務を連帯保証したとして、上告人らの負担する保証債務の履行を求めるものであったが、原審において、売買

4　中野貞一郎「弁論主義の動向と釈明権」同『過失の推認』（弘文堂、1978年）220頁。

契約は上告会社と連合会を当事者として成立したことを前提とし、被上告人と
上告会社との間で、同契約に基づき上告会社がなすべき商品の納入を被上告人
が代わってなし、上告会社はその代金相当額を被上告人に支払う旨のいわば一
種の請負契約が成立したものとして、上告会社に対しては同請負代金の支払
を、上告会社の代表取締役に対しては同請負代金についての連帯保証債務の履
行を求めることに変更されたところ、上告人らは、原審における被上告人の陳
述内容は、原裁判所が被上告人に対し釈明を求めた結果なされたもので、この
ような釈明権の行使は、著しく公正を欠き、釈明権限の範囲を逸脱したもの
で、同釈明の結果に基づいてされた原判決は違法であるとの主張をしたもので
ある。

　最高裁は、釈明の制度は、弁論主義の形式的な適用による不合理を修正し、
訴訟関係を明らかにし、できるだけ事案の真相をきわめることによって、当事
者間における紛争の真の解決を図ることを目的として設けられたものであるか
ら、原告の申立てに対応する請求原因として主張された事実関係とこれに基づ
く法律構成が、それ自体正当ではあるが、証拠資料によって認定される事実関
係との間に食い違いがあって、その請求を認容することができないと判断され
る場合においても、その訴訟の経過やすでに明らかになった訴訟資料、証拠資
料からみて、別個の法律構成に基づく事実関係が主張されたならば、原告の請
求を認容することができ、当事者間の紛争の抜本的な解決が期待できるにもか
かわらず、原告においてそのような主張をせず、かつ、そのような主張をしない
ことが明らかに原告の誤解または不注意と認められるようなときは、その釈明の
内容が別個の請求原因にわたる結果となる場合でも、事実審裁判所としては、
その権能として、原告に対しその主張の趣旨とするところを釈明することが許
されるものと解すべきであり、場合によっては、発問の形式によって具体的な
法律構成を示唆してその真意を確かめることが適当である場合も存するとし、
原審における被上告人の陳述内容が原裁判所のした釈明の結果によるものであ
るとしても、その釈明権の行使は、事実審裁判所のとった態度として相当であ
るというべきであり、原審に釈明権行使の範囲を逸脱した違法はないとした。

　釈明権の行使も適正に行う必要があり、同行使が違法となる場合はあり得る
としても、裁判所が紛争の真の解決を図るために必要と考えて行った釈明につ

いて、これが違法となる場合は、非常に限られたものになろう。

2 釈明の態様による分類

(1) 5つの釈明の態様

また、釈明は、その態様に応じて、①不明瞭を正す釈明（当事者の申立て・主張が明瞭でない場合に、これを明瞭にするもの）、②不当を除去する釈明（当事者の申立て・主張が事案にとって不当・不適当である場合に、これを除去するためのもの）、③訴訟資料補完の釈明（当事者の申立て・主張に不備がある場合に、これを補充するもの）、④訴訟材料新提出の釈明（適切な申立て・主張を新たに追加し、または、従前の不適切な申立て・主張を新たに変更させるためのもの）、⑤立証を促す釈明に分類することができよう[5]。

(2) 釈明義務違反の考慮要素

上記のとおり、消極的釈明については、その不行使が釈明義務違反となり得ることは明らかであるが、積極的釈明について、これを行わないことが釈明義務違反になるかどうかについては、その考慮要素として、①判決における勝敗転換の蓋然性（その蓋然性が高いと、釈明義務を認める方向に働く）、②当事者の申立て・主張における法的構成の当否（法的性質決定の選択が不適当であるとき、適用されるべき実体法規についての法的見解が裁判所と当事者の間で食い違いがあるときには、釈明義務を認める方向に働く）、③期待可能性（当事者が裁判所から釈明されなければ適切な申立てや主張・立証ができないようであれば、釈明義務を認める方向に働く）、④当事者の公平（釈明することが当事者の公平を著しく害する結果になるようであれば、釈明義務を認めない方向に働く）、⑤その他の要素（釈明することにより抜本的解決を1回で図り得ることは、釈明義務を認める方向に働く。訴訟の完結を著しく遅滞させることになることは、釈明義務を認めない方向に働く）などがあげられている[6]。

5　磯村義利「釈明権」民事訴訟法学会編『民事訴訟法講座(2)』（有斐閣、1954年）475頁、奈良次郎「釈明権と釈明義務の範囲」鈴木忠一＝三ケ月章監修『実務民事訴訟講座1』（日本評論社、1969年）206頁、奈良次郎「訴訟資料収集に関する裁判所の権限と責任」新堂幸司ほか編『講座民事訴訟④』（弘文堂、1985年）141頁。

6　中野・前掲論文（注4）223頁。

171

Ⅲ　最高裁における釈明についてのスタンスの変遷

1　釈明権の行使（不行使）に関する判例の傾向

　釈明権の行使（不行使）に関する最高裁（ないし大審院）の判例も相当数存し、年代の経過とともに、その傾向にも変化がみられる。

　大まかな傾向としては、大審院においては、昭和10年前後から、釈明の範囲を拡張し、釈明義務違反による破棄事案を多数出したが、戦後、最高裁は、昭和30年前後までは釈明権不行使による破棄事案はみられなくなるなど、釈明権の範囲を狭く解するようになった。これは、職権証拠調べの廃止等の英米法の影響下における民事訴訟法改正の背後にあった当事者主義の風潮を強く受けたことが影響していると思われるとされている[7]。その後、昭和30年代から、釈明権の不行使を理由として原判決を破棄する判決がみられるようになったが、昭和40年代以降は、この傾向は明確になり、いわゆる積極的釈明をしなかったことを違法とする判例もみられるようになり、この傾向は、今日まで続いている[8]。

2　釈明義務違反を認めた最高裁判例

　以下、釈明義務違反を認めた最高裁の判例について概観する[9]。

7　秋山幹男ほか『コンメンタール民事訴訟法Ⅲ〔第2版〕』（日本評論社、2018年）309頁。

8　釈明権の行使に関する大審院や最高裁の判例の傾向を分析するものとして、秋山ほか・前掲書（注7）309頁以下、奈良・前掲論文（注5）「釈明権と釈明義務の範囲」209頁以下等。

9　昭和20年代から30年代前半の最高裁判例では、留置権のような権利抗弁につき、当事者がこれを行使しない場合に権利行使の意思の有無を確かめたり権利行使を促すべき債務はないとした最判昭和27年11月27日民集6巻10号1062頁、船舶の引渡義務不履行による損害賠償を求めた事案について、損害金の請求の有無について原審において釈明権を行使する必要はなく、釈明権不行使の違法があるということはできないとした最判昭和28年11月20日民集7巻11号1229頁、山林の不法伐採禁止を訴求された者が、伐採箇所は隣接する長男所有地の境界内の土地で長年継続して占有し、手入れをしてきた等の主張をして不法伐採を争った場合に、これは、山林の客観的範囲を明らかにする事情を陳述したにとどまり、取得時効完成の要件事実を陳述したものとは解されず、仮にその真意がこれを陳述するにあったとしても、時効を援用する趣旨の陳述はなく、原審が時効取得の有無を判断しなか

Ⅲ　最高裁における釈明についてのスタンスの変遷

(1)　最判昭和29年 8 月20日民集 8 巻 8 号1505頁

上告人からさらに所有権移転登記がされており、現に登記名義人でない上告人に対し、本件家屋が自己の所有であるというだけの理由で所有権移転の登記手続を求めることは許されないとしたうえで、被上告人の真意は抹消登記手続を求めることにあるかもしれないし、現登記名義人の所有権取得登記の抹消により登記名義を回復した後、被上告人に対し所有権移転登記をなすべきという将来の給付を求める趣旨であるかもしれないから、原審は、被上告人の訴旨を釈明して、その許否を決すべきであるとした。

(2)　最判昭和36年 4 月25日民集15巻 4 号891頁

民法770条 1 項 4 号（当時。現在は削除）の離婚原因を主張して離婚の訴えを提起したからといって、反対の事情のない限り同 5 号（当時。現 4 号）の離婚原因も主張されているものと解することは許されないとしたうえで、原審としては、被上告人が 4 号のほか 5 号の離婚原因をも主張するものかどうかを明確にし、 5 号の離婚原因をも主張するのであれば、上告人の入院を要すべき見込期間、被上告人の財産状態および家庭環境を改善する方策の有無など諸般の事情につき一層詳細な審理を遂げたうえ、同主張の当否を判断すべきであったとし、原審がかかる処置をせず、被上告人の本訴請求を認容したのは、法令の解釈を誤った結果審理不尽の違法に陥ったものであるとした。

(3)　最判昭和36年12月22日民集15巻12号2908頁

衆議院議員選挙における当選無効事件において、開票会で無効とされた投票についての有効の主張を退け無効としながら、同種の記載内容の投票であって開票会で有効とされた投票が検証調書に記載されているにもかかわらず、これらの投票に関する当事者の主張を明確にせず、有効とされたままで候補者の得票数を計算し当選の効力を判断したのは、当事者の主張について釈明を尽くさなかった違法があるとした。

(4)　最判昭和39年 6 月26日民集18巻 5 号954頁

ある地域を所有することを前提とし、同地域上に生立する立木の不法伐採を理由とする損害賠償の請求の当否を判断するにあたり、当該地域の一部のみが

ったのは不当ではなく釈明権不行使の違法はないとした最判昭和31年12月28日民集10巻12号1639頁など、釈明義務違反を否定した裁判例が見受けられる。

173

請求者の所有に属するとの心証を得た以上、さらにその一部に生立する立木で伐採されたものの数量、価格等について審理すべきであり、この点について、新たな証拠を必要とする場合には、裁判所は当該当事者に証拠方法の提出を促すことを要し、このような措置に出ることなく、証拠がないとして請求を棄却することは、釈明権の行使を怠ったものであるとした。

(5) 最判昭和43年3月7日民集22巻3号509頁

甲不動産につき抵当権設定契約および代物弁済予約形式の合意がされるとともに、乙不動産につき同一債権の担保を目的とする所有名義移転の合意がされた場合において、両不動産の価額と弁済期までの債務元利金額とが合理的均衡を失するときは、債権者は、特別な事情のない限り、両不動産を換価処分してこれによって得た金員中から元利金の弁済を受けることができるにとどまるものと解すべきであるとし、上告人において契約当時の同物件の価額と弁済期までの債務元利金額とが均衡を失するかどうかの点につき主張立証をしようとした趣旨をうかがえなくもないとして、釈明権を行使して審理を尽くすことなく、被上告人の意思表示により同物件の所有権が確定的に被上告人に移転し、もはや上告人においてその返還請求をなし得なくなったとした原判決には、審理不尽、理由不備の違法があるとした。

(6) 最判昭和43年10月31日民集22巻10号2350頁

建物所有を目的とする土地の賃貸借において、賃借権の譲渡・転貸ができる旨の特約があり、賃借権の設定および特約の双方について登記がされている場合に、賃借人である上告人Aの賃料不払を理由として被上告人から適法に解除されたが、A以外の上告人らはAから同賃貸借の賃借権持分の譲渡を受け、その持分取得登記を了していたことから、被上告人は、A以外の上告人らに対しては、賃借権の譲渡に関する登記手続がされる前に賃借権設定登記の抹消登記手続を経なければ、賃借権の消滅をもって対抗することはできないにもかかわらず、これと異なる原判決には、法令の解釈、適用を誤った違法があるとしたうえで、被上告人の上告人Aに対する請求については、Aは同賃借権をその余の上告人らと準共有していたものと解されるから、被上告人は上告人Aに対して同上告人の有していた賃借権の持分についてその移転登記手続を求め得たものであったとし、原審が何らこの点について釈明権を行使しなかったのは、審

理不尽のそしりを免れないとした。

(7)　最判昭和44年 6 月24日民集23巻 7 号1156頁

　農地所有権確認等請求事件において、当事者の主張が、法律構成において欠けるところがある場合においても、その主張事実を合理的に解釈すれば正当な主張として構成することができ、当事者の提出した訴訟資料のうちにもこれを裏付け得る資料が存するときは、直ちにその請求を排斥することなく、当事者または代理人に対してその主張の趣旨を釈明したうえ、これに対する当事者双方の主張・立証を尽くさせ、もって事案の真相をきわめ、当事者の真の紛争を解決することが公正を旨とする民事訴訟制度の目的に合致するものとし、当事者の主張を不明確のまま直ちに排斥することは、裁判所のなすべき釈明権の行使において違法があるとした。

(8)　最判昭和45年 8 月20日民集24巻 9 号1339頁

　破産管財人が破産法72条に基づいて物権変動を否認し、これを原因とする登記の抹消を訴求している場合において、同人の主張および弁論の全趣旨中に同法74条の要件を満たす事情があらわれておれば、裁判所としては、原因行為自体が否認の対象にならないとの判断に到達したときは、74条の否認についてもさらに主張・立証を備えさせることに努めたうえで、この点についても判断をすべきであり、原審としては、第 1 審と異なる判断に立って原因行為の否認を認めないのであれば、対抗要件の否認についても釈明権を行使して当事者の注意を喚起し、この点に関する主張・立証を備えさせたうえ、判断を下すべきとして、上告人が74条の要件事実を主張しないものとしてその点の判断をしなかった原判決は、釈明権の行使を誤った違法があるとした。

(9)　最判昭和49年10月23日民集28巻 7 号1473頁

　上告人らが停止条件付代物弁済契約における条件の成就によって建物の所有権を取得したことに基づき、同建物の仮登記の本登記手続を得るにつき、同仮登記に劣後する登記を有し、登記上の利害関係人である被上告人らに対して不動産登記法に基づく承諾を求める事案において、仮登記担保権の実行として所有者に対し同建物の仮登記の本登記手続請求訴訟を提起し、上告人ら勝訴の判決が確定しているところ、同訴訟提起の時が被上告人による同建物の強制競売手続開始の時より前であれば、この点において上告人らの本訴請求が認容され

175

る可能性があるが、原審の確定した事実によってはその前後関係が明らかではなく、審理不尽の違法があるとしたうえ、仮登記担保権者が特に自己固有の権利の実行について正当な法的利益を有する場合には、上告人らの本訴請求は認容される可能性があり、上告人らがこの点につき主張、立証をしていないのは原審が釈明権の行使を怠ったことによるものと考えられるから、原判決にはこの点においても審理不尽の違法があるとした。

⑩　最判昭和50年11月28日裁判集民116号729頁

農地法5条の知事の許可を条件とする所有権移転登記請求訴訟において、その土地が現在市街化地域に属し、当事者の主張によってもその現況が宅地化していることを疑わせる場合には、裁判所は、釈明権を行使して、同土地の現況が宅地であるかどうかなどを明らかにしたうえで請求の当否を判断するのが相当であるとして、売買契約締結に際し、同条所定の農地の転用について明示または黙示の合意があったことは証拠上認められないとして上告人の請求を棄却した原判決は、釈明権不行使または審理不尽の違法があるとした。

⑪　最判昭和51年6月17日民集30巻6号592頁

甲が乙に第2約束手形を、乙が甲に第1約束手形を相互に振り出し、甲は第1手形を債権担保のため銀行に譲渡した後倒産して所在不明となり、甲の債権者丙が甲に代位して銀行から甲への戻裏書をさせたうえ乙に対して手形金を請求する訴訟において、乙が第2手形債権の消滅時効前に両手形債権は相殺適状にあったとして相殺の抗弁を主張している場合に、第2手形債権は第1手形の戻裏書の時には時効消滅しているが、戻裏書の欄に裏書の日付のほかにそれ以前の日付による「買戻し」の記載があって、その時に甲が第1手形債権を実質的に取得していた疑いがあり、かつ、その時には第2手形債権がまだ時効消滅していないときには、裁判所は、釈明権を行使して乙に甲が第1手形債権を実質的に取得した時期等について主張立証を尽くさせたうえ相殺の抗弁を審判すべきであり、これをせずに戻裏書の時に第2手形債権が時効消滅していたことから直ちに相殺の抗弁を退けた原判決には、釈明権不行使の違法があるとした[10]。

10　この点につき、藤林益三裁判官の反対意見と、岸上康夫裁判官の補足意見があり、興味深い。すなわち、藤林裁判官は、釈明権は裁判所の不可欠の後見的機能であることをいか

Ⅲ　最高裁における釈明についてのスタンスの変遷

(12)　**最判昭和55年 7 月15日裁判集民130号237頁**

　所有権に基づく土地明渡請求事件において、上告人が抗弁として同土地の買受けを主張するとともに、事情として同土地を買受けの時まで長期にわたり賃借していた旨陳述し、被上告人も賃貸の事実を認めていたなどの訴訟の経過からすれば、原審は、訴訟関係を明瞭ならしめるため、上告人の上記陳述の趣旨を釈明し、同土地の占有権原として賃借権を主張する趣旨であれば、その賃借権の成否、存続についてさらに審理を尽くしたうえ、明渡請求について判断すべきであったとし、原審が同釈明をせず明渡請求を認容したのは、釈明権の不行使の違法があるとした。

(13)　**最判昭和58年 6 月 7 日裁判集民139号89頁**

　Ａ（1審相被告。1審で確定）に対して損害賠償債権を有する上告人がＡと被上告人間の売買を詐害行為であるとして、被上告人に対しその取消しを求めて提起した訴訟の控訴審において、上告人としては、Ａに対する関係で上告人勝訴の1審判決が確定していても、被上告人に対する関係においてはこれと別個に上記損害賠償債権の存在を立証する必要があったが、被上告人の控訴提起に基づいて行われた原審の審理においては、もっぱらＡと被上告人との間の売買契約が詐害行為にあたるかとの点に限られており、Ａに対する損害賠償債権の存否は全く触れられていないにもかかわらず、原審が、詐害行為の成否の点については何らの判断を示さず、全く立証の対象となっていなかったＡに対する損害賠償債権の存否の点をとらえて上告人敗訴の判決をすることは、著しく不相当であって、同債権の存在について判断をするのであれば、釈明権を行使

────────
に強調しても、それはついに後見的機能にとどまって事案解明の責任を裁判所が背負いこむことを意味するのではないのであるから、当事者が裁判所に依存しながらそのことを棚に上げて釈明権（釈明義務）不行使の違法を主張すれば、常に上告理由となるというのは不当であるとし、釈明義務不履行として上告審が破棄しうる限度は、具体的事案に照らして不行使のまま裁判することが公平を欠き、訴訟制度の理念に反すると認められる場合に限られるべきは当然であるとして、本件事案につき、上告人の自ら振り出した第 1 各手形の運命に関する無関心、第 2 各手形金の保管管理についての不注意、および訴訟手続上の失態を、裁判所の責任においてカバーすべきものであるとは、到底考えられないとする。
　これに対し、岸上裁判官は、藤林裁判官の上記一般的見解に同調しつつ、本件事案については、訴訟の経過に照らすと、原審としては釈明権を行使し、上告人をして甲の第 1 各手形債権取得の時期等に関する主張、立証を尽くさせたうえ十分な審理をすることこそ本件争訟を事案に即し公平に解決するために必要かつ適切な措置であったというべきであるとし、原審裁判所の釈明義務を否定することは相当でないとする。

177

し、上告人に対してその立証を促す必要があったとして、原判決には、釈明権の行使を怠った違法があるとした。

⒁　最判昭和58年10月28日裁判集民140号239頁

　上告人およびA（1審相原告）両名が、上告人の父でAの夫の交通事故による死亡に基づく損害賠償について保険会社に対する請求手続事務を被上告人に委任したが、被上告人が保険会社から受領した賠償額のうち450万円を上告人らに引き渡さないとして450万円と遅延損害金の支払を求めた事案について、合計して450万円と遅延損害金の支払を命じた第1審判決に対し、原審は、合計すると同認容額と同額の金員の支払義務を負うことを認めながら、上告人らが被上告人に対し、450万円の2分の1ずつの支払を求める旨の申立てをしていることは明らかであるとして、上告人の請求につき、225万円および遅延損害金を求める限度で認容し、これを超えて支払を命じた部分を取り消したところ、上告人らが同請求をするにあたって真に意図しているのは、同委任契約に基づいて支払を求め得べき残額450万円全額および遅延損害金の支払を求めることにあることがうかがわれなくはなく、原審は、上告人らに対し、本訴請求の趣旨につき釈明を求め、上告人らの各申立ての真に意図しているところを明らかにして審理判断すべきであったのに、この点につき何ら釈明を求めることなく、上告人らが残額の2分の1ずつの金員の支払を求める申立てをしているものと速断して上記判決をしたのは、釈明権の行使を怠ったものであるとした。

⒂　最判昭和60年6月18日裁判集民145号105頁

　甲所有土地についての乙の所有権取得原因として、ともに権利能力なき社団である甲と乙が社団として前後同一であるとの主張のほかに、乙が甲から承継取得したとの主張があるとみる余地がある場合において、原審としては、上告人に対して、同土地の承継に関する主張の趣旨を釈明したうえ、これに対する当事者双方の主張・立証を尽くさせて事案の真相をきわめ、当事者の真の紛争を解決することが公正を旨とする民事訴訟制度の目的にも適合するものであって、かかる釈明に及ぶことなく、前者の主張のみを排斥して直ちに上告人の各請求を排斥することは、釈明権の行使において違法があるとした。

Ⅲ　最高裁における釈明についてのスタンスの変遷

⒃　**最判昭和61年４月３日裁判集民147号489頁**

　上告人である破産管財人が破産会社のした代物弁済を否認してその相手方に対して目的物である中古トラックの価額償還を求めた事案において、上告人は同トラックの価額は減価償却残存価額を下らない旨主張したが、審理の対象は、主として破産会社の支払停止の有無など否認権の発生原因事実に向けられ、証人尋問はもっぱらこの点について行われ、被上告人は、同価額の点につき積極的に争わず、何らの反証も提出しなかったにもかかわらず、原審が、価額償還請求における価額の算定の基準時は否認権行使の時点であるとしたうえ、上告人に対し否認権行使時の時価の立証を促さないまま、その価額の立証がないとの理由で直ちに上告人の請求を排斥したことは、著しく不相当で、釈明権の行使を怠ったものであるとした。

⒄　**最判昭和62年２月12日民集41巻１号67頁**

　譲渡担保が処分清算型であることを前提としつつ、対象土地の売却によって清算金支払義務が確定したとして、同時点を基準時とする清算金の支払請求をした事案について、同譲渡担保が帰属清算型であることについては当事者双方から何らの主張もなく、立証も尽くされたとは認められず、その点について釈明をした形跡も全くないにもかかわらず、原審が同譲渡担保は帰属清算型の譲渡担保契約であると認定し、譲渡担保権行使の意思表示が上告人に到達した時を基準時とする清算金の有無および金額につき何らの主張・立証をしないとして、上告人の請求を棄却したのに対し、当事者が処分清算型と主張している譲渡担保契約を帰属清算型と認定することにより、清算義務の発生時期ひいては清算金の有無およびその額が左右されると判断するのであれば、そのような認定のあり得ることを示唆し、その場合に生ずべき事実上、法律上の問題点について当事者に主張・立証の機会を与えるべきであるのに、原審がその措置をとらなかったのは、釈明権の行使を怠ったものといわざるを得ないとした。

⒅　**最判平成７年10月24日裁判集民177号１頁**

　土地所有権確認訴訟において、上告人がいったん取得時効の予備的主張を提出しながらこれを撤回したのは、上告人の誤解ないし不注意に基づくものとみられるのであって、同撤回について上告人の真意を釈明し上告人が予備的主張を維持するのであれば、取得時効の成否についてさらに審理を尽くしたうえ、

179

係争部分の所有権の帰属について判断すべきであるとし、原審が、このような措置に出ることなく上告人の所有権確認請求を棄却したのは、釈明権の行使を怠ったものとした。

(19) 最判平成8年2月22日裁判集民178号265頁

重要な書証中にある署名の真正を主張する上告人が第1審では筆跡鑑定の申出をしたが、第1審はこれを採用することなく、同書証の被上告人作成名義の部分が真正に成立したものと認定し、上告人主張の抗弁事実を認めて被上告人の請求を棄却したため、上告人は、原審であらためて筆跡鑑定の申出をしなかったものの、準備書面中で「裁判所が書証の成立に疑問があるとする場合には釈明権の行使に十分配慮されたい」旨指摘していた場合に、原審が、上告人に対し、あらためて筆跡鑑定の申出をするかどうかについて釈明権を行使することなく、同書証の被上告人作成名義の部分が真正に成立したものとは認められないとして同抗弁を排斥したのは、釈明権の行使を怠ったものというほかないとした。

(20) 最判平成9年5月30日裁判集民183号423頁

土地の時効取得が問題となった事案において、被上告人の請求の当否は、自主占有への転換時期によって左右されるものであり、上告人が同事実の主張立証を怠ったというにとどまらず、当事者の主張に照らせば当然に審理判断されてしかるべき事柄であり、しかも、これをしなければ判決の結論が明らかに実体的真実に反するものとなる可能性が高かったのであるから、原審には、適切に釈明権を行使するなどして、この点について審理を尽くすべき義務があったとした。

(21) 最判平成9年7月17日裁判集民183号1031頁

上告人が土地賃借権および地上建物所有権の確認等を請求する訴訟に対して、被上告人らが土地を賃借して地上建物を建築したのは上告人の亡父である旨の積極否認をした場合において、上告人が、亡父からの相続により、同建物の所有権および同土地の賃借権の各9分の1の持分を取得したことを前提として、予備的に同持分の確認等を請求する場合に、原審は、同事実を確定した以上は、上告人がこれを自己の利益に援用しなかったとしても、適切に釈明権を行使するなどしたうえでこの事実を斟酌し、上告人の請求の一部を認容すべき

かどうかについて審理判断すべきものとした。

⑵ 最判平成12年4月7日裁判集民198号1頁

被上告人らが共有物である各土地の各一部を単独で占有することができる権原につき特段の主張、立証のない場合において、上告人は、同占有により上告人の持分に応じた使用が妨げられているとして、被上告人らに対して、持分割合に応じて占有部分に係る地代相当額の不当利得金ないし損害賠償金の支払を請求することはできるとし、上告人の被相続人の死亡によるその持分の相続取得の主張をしていないが、原審としては、これら事実を当事者の主張に基づいて確定した以上は、適切に釈明権を行使するなどしたうえでこれらを斟酌し、上告人の請求の一部を認容すべきであるかどうかについて審理判断すべきものであるとした。

⑵ 最判平成17年7月14日裁判集民217号399頁

建設重機の代金請求事件において、税務署による債権の差押えに基づき第三債務者として弁済したとの抗弁を上告人（債務者）が主張した事案について、上告人は、これを証する書証として債権差押通知書と領収証書を提出していたところ、領収証書には元本と遅延損害金の合計額の記載があるが、差押債権として遅延損害金の記載がされていた通知書につき代金等債権のすべてが差し押さえられた旨の記載があるものと誤解していた上告人に対し、原審は、同代金等の元本債権に対する担当職員による差押えについての主張の補正および立証をするかどうかについて釈明権を行使すべきであったとし、このような措置に出ることなく、同差押えの事実を認めることができないとして、上告人の同債権に対する弁済の主張を排斥したのは、釈明権の行使を怠った違法があるとした。

⑵ 最判平成21年12月18日民集63巻10号2900頁

被上告人が亡Ａの相続について上告人に対する遺留分減殺請求権（当時）を有しないことの確認等を求める事案について、原審は、上告人が被上告人の遺留分について価額弁償すべき額がないことの確認を求めるものであり、被上告人がいまだ価額弁償請求権を行使していないこと等を理由として、同確認の訴えは確認の利益を欠き不適法であるとしたが、同確認の訴えを合理的に解釈すれば、当該遺言による遺産分割の方法の指定は被上告人の遺留分を侵害するも

のではなく、同指定により上告人が取得した財産につき被上告人が持分権を有していないことの確認を求める趣旨と理解することが可能であり、そのような趣旨の訴えであれば、確認の利益が認められることが明らかであるから、原審は、上告人に対し、確認請求が上記の趣旨をいうものであるかについて釈明権を行使すべきであり、このような措置に出ることなく、確認の訴えを確認の利益を欠くものとして却下した点において、釈明権の行使を怠った違法があるとした。

⑳　**最判平成22年１月20日民集64巻１号１頁**

市が連合町内会に対し、市有地を無償で神社施設の敷地としての利用に供している行為が憲法89条、20条１項後段に違反し、その施設の撤去および土地明渡しを請求しないことが、違法に財産の管理を怠るものであるとして、怠る事実の違法確認を求めた住民訴訟において、原審が上告人において本件神社物件の撤去および土地明渡請求をすることを怠る事実を違法と判断する以上は、原審において、同利用提供行為の違憲性を解消するための他の合理的で現実的な手段が存在するか否かについて適切に審理判断するか、当事者に対して釈明権を行使する必要があったとして、原審が、この点につき何ら審理判断せず、釈明権を行使することもないまま、怠る事実を違法と判断したことは、怠る事実の適否に関する審理を尽くさなかった結果、法令の解釈適用を誤ったか、釈明権の行使を怠った違法があるとした。

㉖　**最判平成22年10月14日裁判集民235号１頁**

被上告人が、上告人との間で被上告人の定年を80歳とする旨の合意があったとして、雇用契約上の地位を有することの確認と未払賃金および将来の賃金等の支払を求めた事案について、同合意を認めず地位確認請求を棄却しつつ、定年規程による満65歳の退職時期の到来後も、具体的な告知の時から１年を経過するまでは、賃金支払義務との関係では、信義則上定年退職の効果を主張することはできないとして、一定期間の賃金請求を認容した原審に対し、もっぱら上記合意の存否が争点とされていた訴訟の経過の下において、信義則違反の点について判断をするのであれば、適切に釈明権を行使して、被上告人にこの点について主張するか否かを明らかにするよう促すとともに、上告人に十分な反論および反証の機会を与えたうえで判断をすべきであるとして、原審がそのよ

うな措置をとることなく上記の判断をしたことには、釈明権の行使を怠った違法があるとした。

⑵ 最判平成22年12月16日民集64巻8号2050頁

上告人からAに贈与され、A死亡後に遺産分割協議により被上告人が同土地を単独で取得した事案について、上告人が共有名義で登記されている土地について共有物分割等の本訴請求をしたのに対し、被上告人が同土地につき、真正な登記名義の回復を原因とする上告人持分全部移転登記手続を求める反訴請求をしたが、かかる反訴請求を認容した原判決は法令の解釈適用を誤った違法があり、原判決中反訴請求に関する部分は破棄を免れないとしたうえで、反訴請求を合理的に解釈すれば、予備的に、同土地について贈与を原因とする上告人からAに対する上告人持分全部移転登記手続を求める趣旨を含むものであると理解する余地があり、そのような趣旨の請求であれば、特段の事情のない限り、これを認容すべきものであるとし、反訴請求については、事実審において、適切に釈明権を行使するなどして、これが上記の趣旨の請求を含むものであるか否かについて明らかにしたうえ、上記の趣旨の請求を含むものであるときは、その当否について審理判断すべきものとした。

⑵ 最判令和4年4月12日裁判集民267号41頁

権利能力のない社団である上告人が建物の共有持分権を有することの確認を求めて提起した訴訟において、上告人が同建物の共有持分権の主体となり得るか否かについての主張はなく、この点が問題とされることもなかったが、原審が権利能力のない社団である上告人が所有権等の主体となることはできないとして、本件請求を棄却したのに対し、同建物の共有持分権が上告人の構成員全員に総有的に帰属することの確認を求める趣旨に出るものと解する余地が十分にあり、原審は、同共有持分権が上告人自体に帰属することの確認を求めるものであるとしてこれを直ちに棄却するのではなく、上告人に対し、本件請求が上記趣旨に出るものか否かについて釈明権を行使する必要があったとして、原審がこのような措置をとることなく、これを棄却したことには、釈明権の行使を怠った違法があるとした。

183

3　小　括

　以上概観したように、釈明権の行使（不行使）に関し、最高裁は、「釈明の制度は、弁論主義の形式的な適用による不合理を修正し、訴訟関係を明らかにし、できるだけ事案の真相をきわめることによって、当事者間における紛争の真の解決をはかることを目的として設けられたものである」（前掲最判昭和45年6月11日）との考えの下、いわゆる消極的釈明にとどまらず、積極的釈明についても、従前の主張とは異なる主張の促しや、立証の促し、さらには訴訟物を異にする請求を促すことを含め、幅広くその行使の必要性を説き、その不行使について釈明義務違反の違法を認めるなどしている。ただし、上記各最高裁判例は、釈明義務違反を認めたものを列挙したものであるが、当然、釈明義務違反は認められないとされたものも多数存すると思われるところであり、釈明権を行使することが考えられる場合であっても、その不行使が必ずしも釈明義務違反とはならないことは、いうまでもない。

Ⅳ　近時の訴訟運営と釈明

　前述のとおり、釈明権とは、当事者の申立てや主張、立証に不明瞭な点や矛盾していたり、不正確な点、不十分な点があるときに、事実上および法律上の事項について当事者に問いを発するなどして、訴訟関係を明瞭にするために裁判所に与えられた権能であり、前掲最判昭和45年6月11日がいうように、弁論主義の形式的な適用による不合理を修正し、訴訟関係を明らかにし、できるだけ事案の真相をきわめることによって、当事者間における紛争の真の解決を図ることを目的として設けられたものである。このような観点から、民事訴訟の審理においては、裁判官は、主として争点整理手続において、当事者の主張立証活動をベースにしつつも、その整理や進行管理のみに徹するのではなく、当事者の主張内容やその趣旨を確認し、趣旨の不明瞭な点については、弁論準備等の期日において、あるいは、期日間において、その内容を確認し、さらには、より明確にするよう求めたりし、また、不足していると思われる点について、主張をするよう促すなどするとともに、証拠についても、提出された書証

と主張との関連を確認するのみならず、当該事案において当然存すると思われる契約書等や、当事者間のやり取りに係る文書（ファクシミリ文書、メール文書等）の有無を尋ね、必要に応じて、その提出の検討を促すなどしている。このように争点整理手続（民事訴訟法第2編第3章第3節「争点及び証拠の整理手続」164条以下）においては、裁判官が当事者（代理人）と上記の諸点について議論を交わしながら、事案の真相をきわめ、紛争の実相に即した真の解決を図ることを目指しているといえる。その中で、当事者が立てた請求について、現れている事実関係や証拠等に照らして、他の構成がよりふさわしいと考えられる場合には、そのような構成（訴訟物を異にする場合もある）をとることを促し、あるいは、示唆することもある（これをどの程度具体的な形で促し、あるいは示唆するのかは、事案により、また、裁判官によっても、濃淡はあろう）。上記のように釈明権行使に関する一連の最高裁判例でみたように、裁判官が、紛争の実相を意識し、また、当事者に不意打ちとなることがないようにとの趣旨から行っているこれらの行為は、明示的に「釈明」という言葉を使うかどうかはさておき、釈明権の行使として行われることも多い。

　近時、民事訴訟の審理の充実をより図ろうという観点から、全国の裁判所において、その取組みが行われており、早期の段階における方向性協議の必要性を説くものなど、裁判所（裁判官）がより積極的に争点整理に関与し、適正かつ迅速な紛争の解決を図ろうとする傾向にあるといえる（もちろん、個々の事件において、また裁判官において、かかる裁判官の審理に向けての積極性、関与の度合いはさまざまであるが、意識としては、上記のような観点から審理を運営していこうという裁判官が増えてきていると思われる）[11]。

　そして、近時、民事訴訟のデジタル化（IT化）が進み、争点整理の手続も、

11　法曹849＝850号（2021年7・8月合併号）以降、「Road to New Practice 〜民事訴訟審理運営改善の取組〜」として、各地の裁判所における審理運営改善の取組みが紹介されている。

　このほか、判例タイムズ誌等においても、審理運営改善の取組みが紹介されている（桃崎剛ほか「名古屋地裁管内における争点整理の現状認識と今後の改善策についての検討」同1478号（2020年）5頁、横路俊一ほか「民事裁判手続に関する運用改善提言　現状の問題点を探り、あるべき民事裁判の運用を考える！」同1492号（2022年）5頁、日景聡ほか「福岡地方裁判所と福岡県弁護士会有志によるDX化後の民事訴訟を見据えた取組（F－JT）について」同1521号（2024年）5頁等）。

ウェブ会議により行うことがごく一般的になっているところ、このようなウェブ会議による争点整理手続（弁論準備手続等）においては、期日において、共通の主張整理書面等をみながら、場合によっては、そこでの議論、整理の内容をその場で打ち込んで裁判所と当事者とでこれを共有するなどしながら、整理を行い、争点の確認や、争点についての今後の主張立証の予定を確認して、裁判所と当事者間でこれを共通のものとするなどされている。また、上記のような期日における整理等にとどまらず、期日間においても、裁判所と当事者とで形成される Teams のチャット機能等を用いて、裁判所が弁論準備手続等の期日における整理等の内容をまとめて、これをアップロードし、当事者と共通認識をもったり、期日間の提出書面や書証等を踏まえ、裁判官において、次回期日において協議すべき点や、それに向けての準備を確認し、促すなどの発信をしていることもままみられる。裁判官が行う釈明権の行使も、期日においてされるにとどまらず、期日における整理、議論を充実したものとする趣旨から、裁判官が、期日間において、Teams にアップロードすることによって、上記記載したような諸点について、当事者に釈明することも増えてきている。このように、デジタル化の下で、その機能をより良く活用しながら、紛争の実相に即した真の解決を図るために、裁判官が適時適切な時期に釈明権を行使することは、今後、ますます増えていくと思われる。

9 共同訴訟における実務上の留意点

増　森　珠　美
佐賀地方・家庭裁判所長

I 共同訴訟とは

1 意義および種類

　共同訴訟とは、訴訟手続の当事者の一方または双方が複数人いる訴訟である。共同訴訟には、原則形態である通常共同訴訟（後記Ⅱ）と必要的共同訴訟（後記Ⅲ）の2種類があり、必要的共同訴訟はさらに、固有必要的共同訴訟と類似必要的共同訴訟に分かれる。

2 共同訴訟の成立

⑴ 原始的な発生原因

　複数人が原告となり、または複数人を被告として訴えを提起することにより、共同訴訟（原始的な共同訴訟）が成立する。

⑵ 後発的な発生原因

　後発的に共同訴訟が発生する原因としては、①裁判所による弁論の併合（民訴152条1項）、②共同訴訟参加（同法52条）および訴訟引受（同法50条、51条）、③複数人による受継（当事者が死亡し相続人が複数の場合や、破産債権等に関する訴訟における複数人の異議者による受継等）、④行政訴訟における第三者の参加または原告による追加（行訴18条、19条）等がある。

187

⑨　共同訴訟における実務上の留意点

3　要　件

(1)　共同訴訟の適法要件

　共同訴訟は、複数人からのまたは複数人に対する訴えであるから、主観的（主体的）にも客観的（客体的）にも複数の請求が併合されることになる。共同訴訟が適法であるためには、①併合された各請求がそれぞれの訴訟要件を満たすこと（民訴140条）のほか、②それらの請求を併合して審理するための要件（併合要件）を満たすことが必要であるが、以下では、共同訴訟に特有な併合要件のうち主観的併合要件（同法38条）について述べる。なお、共同訴訟に係る各請求のうち一部について訴訟要件を欠く場合、通常共同訴訟または類似必要的共同訴訟であれば当該請求についてのみ訴えが却下されるが、固有必要的共同訴訟であれば訴訟全体が不適法となり、訴え全部が却下される。

(2)　主観的併合要件

　複数人からのまたは複数人に対する請求を併合して審理するためには、①ⓐ訴訟の目的である権利または義務が数人について共通であるか、ⓑ同一の事実上および法律上の原因に基づくこと（民訴38条前段）、または、②訴訟の目的である権利または義務が同種であって事実上および法律上同種の原因に基づくこと（同条後段）のいずれかの要件を満たすことが必要である。

　①（民訴38条前段）のうち、ⓐ（権利または義務が共通）とは、訴訟物たる権利・義務が同一であるか、訴訟物の基礎となる法律関係に共通性が認められることをいう。その例としては、共有者らによる共有権確認請求訴訟、土地共有者らから不法占拠者に対する土地明渡請求訴訟、複数被告に対する同一物についての所有権確認請求訴訟、複数被告に対する連帯債務または不可分債務の履行請求訴訟、主債務者と保証人に対する債務履行請求訴訟等がある。また、ⓑ（同一の原因に基づく）とは、各請求原因事実が主要部分において一致することをいう（完全に一致する必要はない）。その例としては、共同不法行為者を被告とする損害賠償請求訴訟、同一の事故の被害者らが原告となる損害賠償請求訴訟、不動産の売主が売買契約の無効を主張して買主および転得者を被告として移転登記の抹消を求める訴訟等がある。

　②（民訴38条後段）は、各請求の訴訟物たる権利・義務やその発生原因事実

について具体的な関連性を必要としておらず、権利または義務が同種であって事実上および法律上同種の原因に基づくものであればよいとしている。例えば、貸金業者が相互に無関係の複数の借主を被告として貸金返還請求訴訟を提起する場合や、複数の不動産を賃貸している賃貸人が各不動産の賃借人を被告として賃料請求訴訟を提起する場合、商人が複数の取引先に対して売掛債権を請求する場合等がある。なお、併合請求においては、そのうち一つの請求について土地管轄権を有する裁判所は、他の請求についても土地管轄権を有するとされているが（民訴 7 条本文）、上記②（同法38条後段）の場合には、各請求の関連性が希薄であることから同規定は適用除外とされている（同法 7 条ただし書）。

　上記の主観的併合要件は、いずれも例示であって、厳密にいずれかに該当しなくとも類推を認めてよいとされる。また、客観的併合要件と異なり、主観的併合要件の有無は、被告に異議がある場合に調査すれば足り、これを欠いていたとしても、被告が異議なく応訴すれば、いわゆる責問権の放棄（民訴90条）としてその瑕疵は治癒される（大判大正 6 年12月25日民録23輯2220頁）。さらに、被告から異議が出され、調査の結果、主観的併合要件を欠くとされても、各請求が訴訟要件を欠くものでない限り、訴えが却下されることはなく、弁論を分離して別訴として扱われるにとどまる（大判大正 8 年12月17日民録25輯2324頁、大判昭和10年 4 月30日民集14巻1175頁）。他方、主観的併合要件を満たしていても、必要的共同訴訟でない限り、裁判所は職権で弁論を分離することができる（同法152条）。なお、当事者の異議があり、かつ主観的併合要件を欠くにもかかわらず併合したまま判決が出された場合、違法ではあるが、訴訟経済の要請から上訴理由にはならないと解されている[1]。これらのことから、管轄（併合請求の裁判籍（同法 7 条本文）が生じるかどうか）が争われる場合を除くと、実務上、主観的併合要件の有無が問題となる場面は多くはない。

4　共同訴訟（併合審理）の意義

　共同訴訟においては、複数人に係る請求が併合審理される結果、共通の争点

1　秋山幹男ほか編『コンメンタール民事訴訟 I 〔第 2 版追補版〕』（日本評論社、2014年）384頁ほか。

についての審理の重複が避けられ、審理の効率化が図られるほか、複数人に係る関連する紛争が、統一的な基準で解決される可能性が高くなる。したがって、法律上の争点を共通にする複数人間の紛争において、共同訴訟の制度を活用する意義がある。もっとも、必要的共同訴訟については、法律上、合一確定が要請されているのに対し、通常共同訴訟については、共同訴訟人独立の原則（後記Ⅱ(1)）がそのまま適用される結果、訴訟行為の効果等が共同訴訟人ごとに異なる事態が生じることがあり、紛争解決基準の統一という共同訴訟の効用は必ずしも保障されてはいない。しかし、実際には、共同訴訟人同士は利害を共通にすることが多く、共通の代理人を選任したり、足並みを揃えて訴訟行為を行ったり、相互に主張を援用したりすることも多いので、通常共同訴訟であっても、事実上、審理の効率化が図られ、紛争解決基準が統一されるという効果を期待することができる。

これに対し、法律上の争点を共通にしない複数人間の訴訟を共同訴訟として同一の期日で審理しようとすると、かえって審理の無駄や混乱が生じ、非効率となることがある。そのような場合には、被告の異議がなくとも、適宜弁論の分離を検討すべきである。

Ⅱ　通常共同訴訟

1　共同訴訟人独立の原則（民訴38条）

共同訴訟のうち後述する必要的共同訴訟（固有必要的共同訴訟または類似必要的共同訴訟）に該当しないものが通常共同訴訟である。各共同訴訟人に係る訴訟は互いに独立であり、基本的には相互に影響を及ぼすことはないとされる共同訴訟人独立の原則（民訴38条）が、必要的共同訴訟では合一確定の要請から種々の修正を受けるのに対し、原則的な審理形態である通常共同訴訟ではそのまま適用される。共同訴訟人独立の原則の具体的な内容は、以下のようなものである。

① 　訴訟要件は、各共同訴訟人の請求ごとに個別に判断される（大判明治36年6月20日民録9輯775頁）。

② 　各共同訴訟人が行う攻撃防御方法の提出その他の訴訟行為は、他の共同訴訟人に影響を及ぼさない。例えば、共同訴訟人の一人が自白をしても、他の共同訴訟人が自白をしたことにはならない。また、共同訴訟人の一人がした主張は、他の共同訴訟人が援用しない限り、他の共同訴訟人が主張したことにはならない。

③ 　共同訴訟人の一人に対してのみ主張しても、他の共同訴訟人に対して主張したことにはならない。例えば、共同原告のうち一人に対してのみ否認し、他の共同原告に対して否認しなかった場合は、弁論の全趣旨から争ったとみられるのでない限り、擬制自白が成立する。

④ 　訴えの取下げ、訴えの変更、請求の放棄・認諾、訴訟上の和解、上訴の提起・取下げ等の訴訟行為についても、各共同訴訟人は独立して行うことができ、当該行為をした共同訴訟人についてのみその効果を生じる。例えば、敗訴した共同訴訟人のうち一人のみが上訴した場合、上訴しなかった共同訴訟人については上訴の効果が生じず、当該共同訴訟人との間では判決が確定する[2]。

⑤ 　各共同訴訟人について生じた事項は、他の共同訴訟人に影響を及ぼさない。例えば、共同訴訟人の一人に中断・中止事由が生じても、他の共同訴訟人に係る請求については中断・中止の効果が生じない。

⑥ 　上訴期間その他の期間は、各共同訴訟人について独立に進行する。

2　通常共同訴訟の審理

(1)　共同訴訟人独立の原則の適用

通常共同訴訟については、共同訴訟人独立の原則がそのまま適用される。その帰結として、裁判所は、各共同訴訟人に係る訴訟の弁論を分離することや、共同訴訟人の一部についてのみ判決（一部判決）をすることができる（民訴152条1項、243条2項）。実務上も、例えば、不動産の買主が売主の相続人らを共同被告として所有権移転登記手続を請求する訴訟で被告らの一部のみについて（擬制）自白が成立する場合や、主債務者と保証人を共同被告とする訴訟[3]で主

2　上訴不可分の原則はこの場面では適用されないことに留意すべきである（高橋宏志『重点講義民事訴訟法(下)〔第2版補訂版〕』（有斐閣、2014年）598頁）。

債務者についてのみ（擬制）自白が成立するような場合は、当該被告に係る請求について弁論を分離するか、一部判決をすることが多い。

なお、主債務者と保証人が共同被告となっている訴訟において、主債務者のみが請求原因事実（主債務の成立）を争い、保証人はこれを争わず抗弁も提出しなかった場合（保証人が準備書面を出さず期日に欠席した場合等）、主債務者に対する請求は、審理の結果請求原因事実が認められないとの判断に至ったときは、主債務の不成立を理由として棄却されるが、保証人に対する請求は認容されることになる（保証債務の付従性は問題とされない）。このような場合、実務上は保証人に対する請求について弁論を分離することが多いと思われるが、弁論を分離するか、併合したまま審理するかによって結論は異ならない。このように、通常共同訴訟においては、必ずしも統一的な紛争解決は保障されないが、これも共同訴訟人独立の原則が適用されることの帰結である[4]。

(2) 共同訴訟人独立の原則の例外（証拠共通の原則）

共同訴訟人の一人がした攻撃防御方法の提出は他の共同訴訟人に影響を及ぼさないという原則（共同訴訟人独立の原則）については、例外がある。

共同訴訟人の一人が提出した証拠は、その相手方に対するばかりでなく、他の共同訴訟人とその相手方に対する関係においても証拠として認定資料に供することができる（最判昭和45年1月23日判時589号50頁）。その根拠には各説あるが[5]、裁判実務上、証拠共通という取扱い自体は確立している。

なお、学説上は、共同訴訟人間の主張共通（共同訴訟人の一人のした主張は、他の共同訴訟人が異を唱えない限り当該他の共同訴訟人も主張したことにするという考え方）についても認める見解が有力であるが[6]、判例はこれを否定している（前掲最判昭和45年1月23日）。したがって、例えば、主債務者と保証人が共同被告となっている場合に、主債務者が弁済の抗弁を提出し、証拠により同事

---

3 主債務者と保証人とを共同被告とする訴訟は必要的共同訴訟にはあたらない（最判昭和27年12月25日民集6巻12号1255頁）。

4 この場合、保証人敗訴の判決が確定した後に主債務者勝訴の判決が確定しても、保証人は、主債務者勝訴の判決確定を保証人敗訴の確定判決に対する請求異議の事由にすることはできない（最判昭和51年10月21日民集30巻9号903頁）。

5 秋山ほか・前掲書（注1）388頁、加藤新太郎＝松下淳一『新基本法コンメンタール民事訴訟法1』（日本評論社、2018年）124頁〔八田卓也〕）。

6 斎藤秀夫ほか編著『注解民事訴訟法(2)〔第2版〕』（第一法規、1991年）150頁ほか。

実が認められるとしても、保証人が弁済の主張をしないときは、保証人に対する請求について弁済により債務が消滅したとの判断をすることはできない。

3 実務上の留意点

すでに述べたとおり、通常共同訴訟において、各共同訴訟人が行う訴訟行為は、原則として他の共同訴訟人に影響を及ぼさない。そのため、被告が複数であって各別に代理人に委任する場合や、本人で訴訟を追行する場合などには、基本的な立場や利害を共通にしていても、細かな主張が区々になって効率的な審理運営に支障が生じたり、通常であれば提出されるはずの主張（例えば、保証人が主債務者とともに被告となっている場合における主債務弁済の主張）が失念等のため提出されず、統一的な紛争解決が図れなかったりすることがある。黙示の主張援用を認めたり（共同訴訟人の一人のした主張を根拠付ける証拠を他の共同訴訟人が提出した場合などに当該主張を黙示的に援用したものとする）、弁論の全趣旨として斟酌したりすることで、このような事態を避けられる場合もあるが、そのような方策には限界がある。裁判所としては、積極的に釈明権を行使し、遅くとも争点整理を終結する時点において、他の共同訴訟人の主張を援用するかどうかを明らかにしておくことが望ましい。なお、共同被告の一人（Y_1）が他の共同訴訟人（Y_2）の主張を援用する際、「Y_2の主張を Y_1 の有利に援用する」とか、「Y_2の主張のうち Y_1 に有利な部分を援用する」などと述べる場合があるが、主張内容が有利かどうかは必ずしも明確でない場合もあり、後日の紛争を招くおそれがあるから、このような援用の仕方は適切ではない。他の共同訴訟人の主張を包括的に援用する場合において、援用しない部分があるときはその部分を明らかにさせるべきであろう。また、共同訴訟人間で基本的には利害が一致していても、主張内容が一部異なる場合もあるが、このような場合には、主張の矛盾抵触を避けるため、「Y_2の主張を援用する（ただし、Y_1の従前の主張に反する部分を除く）」などとするべきである。

9 共同訴訟における実務上の留意点

Ⅲ　必要的共同訴訟

1　必要的共同訴訟とは

　共同訴訟人独立の原則がそのまま適用される通常共同訴訟に対し、各共同訴訟人に係る請求について、同時にかつ統一した内容の判決を出さなければならず（合一確定の要請）、そのために裁判資料および手続進行の統一が求められる訴訟形態を必要的共同訴訟という。

　必要的共同訴訟はさらに、①合一確定の要請に加えて、共同訴訟人とされる全員が当事者（原告または被告）として揃わなければ当事者適格を欠く（訴訟共同の必要がある）とされる固有必要的共同訴訟と、②合一確定の要請はあるが、訴訟共同の必要はないとされる類似必要的共同訴訟に区別される。類似必要的共同訴訟では、共同訴訟人となるべき者全員を当事者とする必要はないが、共同で訴えまたは訴えられて共同訴訟となった以上は、手続の進行および判決が法律上区々になることが許されず、したがって弁論を分離することもできない。

2　固有必要的共同訴訟に該当する訴訟類型

　合一確定の要請に加えて訴訟共同の必要がある固有必要的共同訴訟に該当する訴訟類型としては、以下のようなものがある。

(1)　共同所有（共有・総有等）に関するもの

　判例は、基本的には、訴訟物たる権利関係の実体法上の管理処分権限が共同所有者全員に共同に帰属する場合は固有必要的共同訴訟になるとし、処分権限が各共同所有者に帰属する場合には必要的共同訴訟にはならない（単独で訴訟を提起できる）とする立場[7]に立つとされるが、統一的な判断基準は形成されて

7　判例が採用するとされる立場（実体法説）に対し、学説上は、訴訟政策説（共有関係の対外的主張は基本的に固有必要的共同訴訟にあたるとしたうえ、個別提訴が許されないことからくる弊害については、一定の場合に当事者の一部を欠く訴訟でも適法と扱ったり、提訴を拒否する共有者を被告に回したり、訴訟告知によって瑕疵を治癒したりすることを認めるなど個別に対処するという見解。高橋・前掲書（注2）333頁等）や、これを批判

194

いない。判例に現れた具体的な事例は、以下のとおりである。

　ア　原告側（共同所有者が原告側として訴訟に関与する場面）

　　(A)　共有権、共有持分に係る訴訟

　第三者に対する共有権の確認（大判大正13年5月19日民集3巻211頁、最判昭和46年10月7日民集25巻7号885頁）や、共有者ら全員による共有権に基づく移転登記手続請求[8]（前掲最判昭和46年10月7日）は、いずれも固有必要的共同訴訟にあたる。

　これに対し、共有持分権の確認は必要的共同訴訟ではないとされる（最判昭和40年5月20日民集19巻4号859頁）。したがって、各共有者は、自己の共有持分権を争う第三者に対して単独で自己の共有持分権確認請求訴訟を提起することができる。また、自己の共有持分移転登記手続請求も、持分権に基づく請求であるから、各共有者が単独で提起することができると解される。

　共有持分権に基づく妨害排除請求としての抹消登記請求も、必要的共同訴訟ではなく、保存行為として各共有者が単独で訴訟を提起することができる。例えば、不動産の共有者の一人は、実体上の権利を有しないのに共有不動産について所有権移転登記を有する第三者に対し、単独で当該所有権移転登記の全部の抹消を求めることができる（最判昭和31年5月10日民集10巻5号487頁、最判平成15年7月11日民集57巻7号787頁）。なお、共有者の一人が単独で所有権登記を有している場合にも、他の共有者は、保存行為として単独で訴訟を提起するこ

───────────

　し、むしろ個別提訴可能を原則とすべきであるとする見解も主張されている（学説の状況につき秋山ほか・前掲書（注1）126～127頁）。

8　実務上、第三者に対する関係で共有権に基づく訴訟というのは極めてまれな類型である。例えば、土地の共同買主ら（共有者）全員が原告となって売主に対して所有権移転登記手続訴訟を提起した場合でも、実務上は、共有持分権に基づく各共有者の持分についての持分移転登記手続請求訴訟が併合提起されたもの（通常共同訴訟）とみて、一部の原告による訴えの取下げ等も自由にできると理解するのが通常であって、共有権に基づく訴訟（必要的共同訴訟）と構成することはあまりないであろう。

　本文中の最判昭和46年10月7日の事案は、共同原告（夫婦）のうち1名（夫）が第1審係属中に訴えを取り下げていたため、通常共同訴訟であるとすると、証拠上は原告夫婦の共有と認められるにもかかわらず、結論として妻と被告の共有になってしまうという若干特殊な事案であった。そのような事態が妥当性を欠くとの考慮から、共有権という訴訟法上の概念（実体法上は共有持分権の集合体である）を持ち出して「共有権に基づく登記請求訴訟」という理論構成をとったものとも考えられる。野山宏「判解」裁判解民〔平成7年〕808～809頁参照。

195

とができるが（必要的共同訴訟にはあたらない）、この場合、被告も共有持分を有するから、登記全部の抹消を求めることはできず、訴えを提起した共有者の持分の限度で更正登記請求をすることができるにとどまる（最判昭和38年2月22日民集17巻1号235頁ほか）。

　共有持分権に基づく共有建物明渡請求訴訟も、必要的共同訴訟ではなく、各共有者が単独で提起することができる（最判昭和42年8月25日民集21巻7号1740頁）。

　また、共有に属する要役地のために地役権設定登記を求める訴えは、固有必要的共同訴訟にあたらないとされている（最判平成7年7月18日民集49巻7号2684頁）。

(B) 共有地と隣接地との境界確定訴訟

　共有地と隣接地との境界確定訴訟は、固有必要的共同訴訟にあたる（最判昭和46年12月9日民集25巻9号1457頁）。したがって、共有者全員が訴訟当事者となる必要があり、共有者の一部を欠く訴訟は不適法である。もっとも、共有者のうちに訴えを提起することに同調しない者がいるときには、その余の共有者は、隣接する土地の所有者とともに訴えを提起することに同調しない者を被告にして訴えを提起することができる（最判平成11年11月9日民集53巻8号1421頁）。

(C) 入会権に係る訴訟

　入会権（総有関係）の確認を求める訴え（最判昭和41年11月25日民集20巻9号1921頁）、入会権に基づく妨害排除としての総有不動産に係る登記抹消請求（地上権設定仮登記の抹消請求につき最判昭和57年7月1日民集36巻6号891頁）は、いずれも固有必要的共同訴訟にあたるから、入会権者が全員で提起する必要がある[9]。

　これに対し、入会部落の構成員が有する使用収益権の確認または使用収益権に基づく妨害排除の請求は、必要的共同訴訟ではなく、構成員各自に当事者適格があるとされる。もっとも、共有持分権の場合と異なり、使用収益権に基づく妨害排除請求として地上権設定仮登記等の抹消登記請求をすることはできな

9　入会団体が権利能力のない社団である場合には、入会団体が原告適格を有し、その代表者が訴えを提起できることに留意されたい（最判平成6年5月31日民集48巻4号1065頁）。

いので（最判昭和57年 7 月 1 日民集36巻 6 号891頁）、結局、入会権者が単独で総有不動産に係る登記の抹消請求をすることはできないことになる。

なお、訴えの提起に同調しない構成員がいるときは、その構成員も被告に加え、構成員全員が当該土地について入会権を有することの確認を求める訴えを提起することができる（最判平成20年 7 月17日民集62巻 7 号1994頁）。

イ　共有者相互間

(A)　共有者内部における共有関係確認の訴え

共有者内部における共有関係確認の訴えは、共有者全員を当事者とする固有必要的共同訴訟である（大判大正 2 年 7 月11日民録19輯662頁、大判大正13年 5 月19日民集 3 巻211頁）。

(B)　共有物分割の訴え

共有物分割の訴えは、共有者全員を当事者とする固有必要的共同訴訟である（大判明治41年 9 月25日民録14巻931頁ほか）。

なお、新たに入会団体の構成員となったと主張する者らが旧入会権者に対し入会権の確認を求めて提起する訴えは、主張者全員が原告となって提起することを要する固有必要的共同訴訟ではないとされる（最判昭和58年 2 月 8 日判タ538号112頁。ただし、旧入会権者らは全員被告とされていた事案である）。

ウ　被告側（共同所有者が被告側として訴訟に関与する場面）

第三者が共有者を被告として訴えを提起する場合について、判例は、基本的には必要的共同訴訟ではないとしているが、固有必要的共同訴訟であるとしたものもあり、統一的な理解は困難である。

判例で必要的共同訴訟でないとされたもの（共有者の一部のみを相手方とする訴えの提起を認めたもの）として、①家屋台帳上の建物共有名義人に対する所有権確認請求訴訟（最判昭和34年 7 月 3 日民集13巻 7 号898頁）、②賃貸人の共同相続人に対する賃借権確認請求訴訟（最判昭和45年 5 月22日民集24巻 5 号415頁）、③不動産の売主の共同相続人に対する所有権移転登記請求訴訟（最判昭和36年12月15日民集15巻11号2865頁、最判昭和44年 4 月17日民集23巻 4 号785頁）、④農地の売主の共同相続人に対する農地法上の許可申請手続請求訴訟（最判昭和38年10月 1 日民集17巻 9 号1106頁）、建物の共同相続人に対する建物収去土地明渡請求訴訟（最判昭和43年 3 月15日民集22巻 3 号607頁）等がある。これらの請求につ

いては、共有者のうち争いがない者（任意に登記手続・明渡し等の協力を受けられる者）に対してまで訴訟を提起する必要がなく、争いがある者だけを相手方として訴訟を提起し、判決その他の債務名義を得れば足りる。

これに対し、不動産の共有名義人を被告として所有権移転登記の抹消を求める訴訟が固有必要的共同訴訟にあたるとした判例（最判昭和38年3月12日民集17巻2号310頁）があるが、この判例については、上記③の2判例と事実上抵触するとの指摘もあり、その射程を狭くとらえる見解が一般的である[10・11]。

(2) 相続（遺産）関係

ア 共同相続人間における遺産確認の訴え

共同相続人間における遺産確認の訴え（係争財産が被相続人の遺産に属することの確認を求める訴え）は、固有必要的共同訴訟にあたる（最判平成元年3月28日民集43巻3号167頁。これは、共有者内部における共有関係確認の訴え（上記(1)イ(A)）と同類型のものである。

なお、遺産確認の訴えについて、相続分を全部譲渡した相続人は当事者適格を有しないから（最判平成26年2月14日民集68巻2号113頁）、当該相続人を当事者とする必要はない。他方、前訴判決の既判力により所有権（共有持分権）の取得を主張することができなくても、遺産確認の訴えの当事者適格は失われないとされる（最判平成9年3月14日裁判集民182号553頁）。

イ 共同相続人間における相続権不存在確認の訴え

共同相続人間における相続権不存在確認の訴え（共同相続人が、他の共同相続人に対し、その者が被相続人の遺産につき相続人の地位を有しないことの確認を求める訴え）も、共同相続人全員を訴訟当事者とすべき固有必要的共同訴訟にあたる（最判平成16年7月6日民集58巻5号1319頁、最判平成22年3月16日民集64巻

---

10 林屋礼二「共有不動産に関する訴訟の当事者適格」中川善之助＝兼子一監修『不動産法大系Ⅵ訴訟』（青林書院新社、1970年）75頁等。

11 本文中の最判昭和38年3月12日は、共同被告Y₁、Y₂が第1審で敗訴したが、控訴審では勝訴したところ、Y₁の控訴は控訴期間経過後にされたものであったため、通常共同訴訟であるとすると、Y₁については第1審の敗訴判決が確定し、Y₁とY₂とで勝敗が区々になるという事案であった。同最判は、そのような事態を救済しようとしたものとみることもできる。実質的にはY₁、Y₂の共有権の不存在を主張する請求であるととらえ、同最判の射程を狭く解する見解として、大内俊身「数人を被告とする登記関係訴訟と固有必要的共同訴訟」香川最高裁判事退官記念論文集『民法と登記（中巻）』（テイハン、1993年）408頁参照。

２号498頁）。

　　ウ　遺産分割協議の無効・不存在確認を求める訴え、遺言無効確認の訴え

　遺産分割協議の無効ないし不存在確認を求める訴えは、共同相続人全員を訴訟当事者とする必要がある固有必要的共同訴訟である。

　これに対し、遺言無効確認の訴えは、遺言の内容によるが、単に相続分および遺産分割の方法を指定したにすぎない遺言についてその無効確認を求める訴えは、固有必要的共同訴訟にあたらないとされる（最判昭和56年９月11日民集35巻６号1013頁）。このような遺言の無効確認訴訟は、実質的には、（遺言によって取得するものとされた）相手方の所有権ないし共有持分権等の不存在確認訴訟に類似するものだからであると説明される。

(3)　身分関係

　他人間の身分関係の変動を生じさせる訴訟は、変動を生じさせられる法律関係の主体全員が訴訟当事者となる必要がある固有必要的共同訴訟であると解される。

　例えば、①第三者が提起する婚姻無効確認または取消しの訴え、②第三者が提起する養子縁組無効確認の訴え、③第三者が提起する親子関係存否確認の訴えは、いずれも、身分関係の主体（夫と妻、養親と養子、親（父または母）と子）を共同被告とすることを要する固有必要的共同訴訟である（人訴12条２項）。

　なお、数人が共同原告となってこれらの訴えを提起した場合、各原告の請求に係る訴訟は類似必要的共同訴訟となり、弁論を分離することは許されない（後記３①参照）。

　ただし、親子関係存否確認の訴えについて、親または子の一方のみが死亡しているときは、第三者は、生存している者のみを相手方として訴えを提起すれば足り、検察官を相手方に加える必要はないとされる（最判昭和56年10月１日民集35巻７号1113頁）。

　なお、前婚の妻の提起する前婚の離婚無効確認の訴えと後婚の婚姻取消しの訴えとは、必要的共同訴訟にあたらない（最判昭和61年９月４日裁判集民148号407頁）。これらは、法律上それぞれ独立の請求であって、合一にのみ確定すべき場合ではないからである。

(4) 会社関係

株式会社の役員解任の訴えは、会社と当該役員との間の会社法上の法律関係の解消を目的とする形成の訴えであるから、会社と当該役員の双方を被告とすべき固有必要的共同訴訟である（最判平成10年3月27日民集52巻2号661頁）。

(5) その他

数人が共同で管理処分ないし職務の執行をすることになっている場合には、原告側・被告側いずれの立場であっても訴訟共同の必要があるので、固有必要的共同訴訟となる。共同で管理処分ないし職務の執行をすることになっている以上、特別の定め等がない限り、単独での訴訟追行は認められないからである。　例えば、①数人の受託者のいる信託財産に関する訴訟、②数人の遺言執行者のいる場合における遺言執行に関する訴訟、③数人の破産管財人のいる破産財団に関する訴訟などは、当該数人の受託者、遺言執行人または破産管財人全員を訴訟当事者とすべき固有必要的共同訴訟であると解される。

3　類似必要的共同訴訟に該当する訴訟類型

訴訟共同の必要はない（したがって一部の者を原告または被告とする訴訟も適法である）が、共同訴訟となった場合には合一確定が要請されるという訴訟形態が類似必要的共同訴訟である。

類似必要的共同訴訟に該当する具体例としては、①数人が共同原告となって提起する婚姻・養子縁組等の取消しまたは無効確認の訴え（養子縁組無効確認の訴えにつき最判昭和43年12月20日裁判集民93号747頁、最決平成23年2月17日判タ1352号159頁）、②数人の提起する会社設立無効確認、会社合併無効確認、株主総会決議取消しまたは不存在・無効確認等、会社の組織に関する行為の無効確認等の訴え、③特許権の共有者のうち数人が提起する特許の無効審決または取消決定の取消訴訟[12]（最判平成14年2月22日民集56巻2号348頁、最判平成14年3月25日民集56巻3号574頁）、③複数の株主の追行する株主代表訴訟（最判平成12年

12　特許権の共有者の一人は、特許異議の申立てに基づき当該特許を取り消すべき旨の決定がされたときは、単独で取消決定の取消訴訟を提起することができる（固有必要的共同訴訟ではない）が、共有者の数人が取消訴訟を提起したときは、合一確定の要請が働く（類似必要的共同訴訟となる）。

7月7日民集54巻6号1767頁)、④複数の住民が提起する住民訴訟[13]（最判平成9年4月2日民集51巻4号1673頁）などがある。

4 必要的共同訴訟の審理

(1) 共同訴訟人独立の原則の維持

必要的共同訴訟は、同時にかつ統一した内容の判決を出さなければならないという合一確定の要請が働くことから、その限度で共同訴訟人独立の原則の修正を受けるが、その修正は、合一確定の実現のために必要な限度に限られ、それ以外は独立の原則が維持される。例えば、期日への呼出しや送達は各共同訴訟人に対して各別に行われ、訴訟要件の具備も共同訴訟人ごとに個別に判断される（その結果、一部の共同訴訟人について訴訟要件を欠くと判断された場合、固有必要的共同訴訟であれば全部の訴えが不適法として却下され、類似必要的共同訴訟であれば当該共同訴訟人に係る訴えのみが却下される）。また、上訴期間も共同訴訟人ごとに各別に進行する。

(2) 共同訴訟人独立の原則の修正

必要的共同訴訟は、合一確定の要請が働く限度で共同訴訟人独立の原則の修正を受ける。その審理運営に係る規律は、固有必要的共同訴訟と類似必要的共同訴訟とで基本的には異ならない。必要的共同訴訟における共同訴訟人独立の原則の修正内容は、具体的には以下のとおりである。

ア 共同訴訟人の一人のした訴訟行為

共同訴訟人の一人のした訴訟行為は、それが他の共同訴訟人にとっても利益である場合にのみ、全員がその行為をしたのと同じ効果が生じる（民訴40条1項）。これに対し、当該行為が他の共同訴訟人にとって不利益である場合には、当該共同訴訟人との関係を含めその効果を生じない。利益か不利益かは、経済的な観点からではなく、共同訴訟人が勝訴判決を受けるのに客観的に役立つか

---

13 同一の選挙区内の複数の選挙人の提起した選挙の効力に関する訴訟は、類似必要的共同訴訟に該当しない（最判平成10年9月2日民集52巻6号1373頁）。選挙の効力に関する訴訟については、取消判決の形成力の第三者効を規定した行政事件訴訟法32条1項が準用されるにすぎないから、結論が区々になることによる判決の効力の抵触という問題は生じず、住民訴訟の場合と違って別訴禁止の規定もおかれていないから、これを類似必要的共同訴訟と解さなければならない根拠はないと説明される。

9　共同訴訟における実務上の留意点

どうかという観点から決せられる。

(A)　自　白

共同訴訟人の一人が請求原因事実を自白した場合、自白することは上記の観点から不利益であるから、他の共同訴訟人との関係のみならず、自白した者との関係でも自白としての効力は生じない。

(B)　抗弁の提出

共同訴訟人の一人が抗弁を提出した場合、これは他の共同訴訟人にとっても利益な行為であるから、共同訴訟人全員が抗弁を提出したことになる。

(C)　応　訴

応訴も、利益な訴訟行為であるから、共同被告の一人でも応訴した場合は、他の共同訴訟人も含めて全員が応訴したことになる。固有必要的共同訴訟の場合、原告は、共同被告全員の同意を得なければ訴訟を取り下げることができない（大判昭和14年4月18日民集18巻460頁等）。

(D)　期日への出頭

期日への出頭も、利益な訴訟行為といえるから、共同訴訟人の一人でも期日に出頭していれば、全員が出頭したことになる。

(E)　上訴（控訴・上告または上告受理申立て）

上訴も、利益な訴訟行為であるから、共同訴訟人の一人が上訴期間内に上訴すれば、共同訴訟人全員のために判決の確定遮断の効力および移審の効力が生じる（住民訴訟につき最判昭和58年4月1日民集37巻3号201頁等）。ただし、上訴しなかった共同訴訟人が上訴人の地位につくかどうかについては別途検討を要する。後記エ参照）。

(F)　請求の拡張

共同原告の一人のした請求の拡張は、通常は原告にとって利益な行為であるから、他の共同原告にもその効力が及ぶ。

(G)　訴えの取下げ・請求の放棄

訴えの取下げおよび請求の放棄は、いずれも原告にとって不利益な行為であるから、共同原告の一人がしても、その全員について効力を生じない（固有必要的共同訴訟における訴えの取下げについて最判昭和46年10月7日民集25巻7号885頁、最判平成6年1月25日民集48巻1号41頁）。

もっとも、類似必要的共同訴訟においては、共同原告の一人による訴えの取下げは、当該原告の請求に係る訴えについては有効であると解される。類似必要的共同訴訟には訴訟共同の要請は働かないし、共同原告の一人による訴えの取下げを認めても、合一確定の要請に反することにもならないからである。

　⒣　請求の認諾

　請求の認諾は、被告にとって不利益な行為であるから、共同被告の一人が認諾しても、その全員について効力を生じない。

　イ　相手方のした訴訟行為

　共同訴訟人の一人に対する相手方の訴訟行為は、利益・不利益の区別なく、他の共同訴訟人全員にとって効力を生じる（民訴40条2項）。

　上記のとおり、共同訴訟人の一人でも期日に出頭していれば、民事訴訟法40条1項により共同訴訟人全員が出頭したことになるので（上記ア⒟）、相手方は、準備書面に記載していない事実でも主張することができ、同条2項により、他の共同訴訟人に対する関係でもこれを主張したことになる。

　また、共同訴訟人の一人に対して上訴すれば、共同訴訟人全員が被上訴人となる。

　なお、裁判所の共同訴訟人に対する行為については民事訴訟法40条2項の適用はないことに留意すべきである。例えば、裁判所による期日の呼出しや判決の送達等は、各共同訴訟人に対してされなければならず、共同訴訟人の一人に対してでも期日の呼出しを欠くときは、適法に期日を開くことができないし、呼出しを受けない共同訴訟人の一人が欠席しても、欠席の効果（民訴166条、170条6項、263条）は生じない。

　ウ　中断または中止

　共同訴訟人の一人について中断または中止の事由が生じたときは、共同訴訟人全員について中断または中止の効力が生じる（民訴40条3項）。必要的共同訴訟における手続の進行の統一を図り、一部の共同訴訟人との関係で先に判決が確定することを避けるためである。これを看過して進められた手続においてされた訴訟行為は無効である。もっとも、訴訟手続が必要的共同訴訟人の一人の死亡により中断した場合に、受継手続をすべき者が他の共同訴訟人の中にありながらその手続をとらないままに控訴申立ておよび控訴審における訴訟行為を

203

した場合には、共同訴訟人らが上告審においてその訴訟行為の無効を主張することは許されないとされた（最判昭和34年 3 月26日民集13巻 4 号493頁）。訴訟経済または訴訟上の信義則に反することを理由とする。

エ　上　訴

　上訴期間は、各共同訴訟人について別々に進行するから（共同訴訟人独立の原則の維持）、各共同訴訟人は、自己の上訴期間が徒過することによって上訴権を失う。しかし、共同訴訟人の一人のした上訴は、他の共同訴訟人についても効果を生じるため（上記ア(E)）、共同訴訟人の一人が上訴期間内に上訴を提起すれば、すでに上訴期間が徒過した共同訴訟人も含め、すべての共同訴訟人との関係で、判決の確定遮断および移審の効果が生じる。したがって、判決が確定して既判力が生じるのは、すべての共同訴訟人について上訴期間が経過し、すべての共同訴訟人が上訴を提起できなくなった時である[14]。

　上記のとおり、共同訴訟人の一人でも上訴すれば、上訴しなかった共同訴訟人との間でも移審の効果が生じるが、この場合、上訴しなかった共同訴訟人が上訴人の地位に立つかどうかについては議論がある。これを肯定するのが伝統的な通説[15]であるが、最判平成 9 年 4 月 2 日民集51巻 4 号1673頁は、類似必要的共同訴訟とされる住民訴訟について、通説の立場に立っていた従前の判例（最判昭和58年 4 月 1 日民集37巻 3 号201頁）を変更し、確定遮断効および移審効はすべての共同訴訟人との関係で生じるが、自ら上訴しなかった共同訴訟人は上訴人にはならないとした。また、最判平成12年 7 月 7 日民集54巻 6 号1767頁も、複数の株主が共同原告となっている株主代表訴訟について、同様に、自ら上訴しなかった共同訴訟人は上訴人にはならないとして、類似必要的共同訴訟における上訴審での審判対象（移審効）の問題と当事者の地位の問題が分離不能なものではないことを明らかにした。もっとも、これらの判例は、住民訴訟ないし株主代表訴訟の特殊性（個々の住民ないし株主にとっての個別的具体的利益が直接問題となるものではなく、原告である住民ないし株主の数が提訴後に減少しても、審判の範囲、審理の態様、判決の効力には格別差違を生じないこと、住民ないし株主全体の代表として訴訟を追行する意思を失った者に対して上訴人の地位

14　秋山ほか・前掲書（注 1 ）411頁。
15　松本博之＝上野泰男『民事訴訟法〔第 5 版〕』（弘文堂、2008年）669頁ほか。

に立ち続けるよう求めることが相当でないことなど）を考慮したものであり、他の類似必要的共同訴訟や固有必要的共同訴訟に直ちに射程が及ぶものではないと考えられる。他方で、最決平成23年2月17日判タ1352号159頁は、養子縁組無効確認訴訟（養母Aと養子Yとの養子縁組について、実子であるX₁およびX₂が共同原告となってその無効確認を求める訴訟）において、X₁が上訴した後にX₂も上訴したという事案で、類似必要的共同訴訟であることを指摘したうえで、X₂の上訴は二重上訴として不適法であると判断した。これは、X₁の上訴によってX₂も上訴人の地位に立つことを前提とするものと解される。

　　オ　不利益変更禁止の原則の修正

　いわゆる不利益変更禁止の原則は、必要的共同訴訟においては、合一確定に必要な限度で修正される。例えば、原告Xの共同被告Y₁およびY₂に対する訴えが固有必要的共同訴訟（共同訴訟人間においてY₂が相続人の地位を有しないことの確認を求める訴え）であるにもかかわらず、XのY₁に対する請求を認容し、XのY₂に対する請求を棄却するという趣旨の判決がされた場合には、Y₁のみが上訴し、Xが上訴していないときであっても、合一確定に必要な限度で、原判決のうちY₂に関する部分を、Y₂に不利益に変更することができる（最判平成22年3月16日民集64巻2号498頁）。

　　カ　弁論の分離・一部判決の禁止

　裁判所は、必要的共同訴訟においては弁論を分離することができず、また、一部判決をすることもできない。誤って弁論の分離または一部判決がされたときには、判決に当事者として表示されていない他の共同訴訟人も、その判決に対して上訴することができる。

Ⅳ　同時審判の申出がある共同訴訟（民訴41条）

1　同時審判の申出の制度の意義および趣旨

　被告が複数である共同訴訟において、一方の被告に対する請求と他方の被告に対する請求が法律上併存し得ない関係にある場合、原告は同時審判の申出をすることができ、その申出があったときは、弁論および裁判の分離が禁止され

る。

　両被告に対する請求が「法律上併存し得ない関係にある場合」とは、例えば、Y_1に対してY_2がその代理人であったことを前提とする請求をしつつ、Y_2に対して無権代理人としての責任（民117条１項）を請求するような場合である。このような場合、Y_1およびY_2に対する各請求に係る訴訟は通常共同訴訟であるから、本来は弁論を分離したり一部判決をしたりすることが可能であるが、弁論の分離等がされた場合には、訴訟資料を異にすることから、相互に整合しない判断がされ（Y_1に対する訴訟ではY_2に代理権がなかったとされ、Y_2に対する訴訟ではY_2に代理権があったとされるなど）、原告がいずれの被告に対する関係でも敗訴するという危険（両負けする危険）がある。そこで、このような事態をできるだけ回避するため、平成８年の民事訴訟法改正により、同時審判の申出の制度（民訴41条）が新設された。

　上記の民事訴訟法改正前において、両被告に対して両立し得ない請求をした原告が両負けするという上記のような事態を回避するための手段として、主観的予備的併合（Y_1に対する請求が認容されることを解除条件として、Y_2に対する請求についての審理および判決を求める併合形態）の適法性が主張されていたが、判例は、予備的とされた被告（Y_2）が不安定な地位に立たされることなどを理由として、このような併合形態は不適法であるとした（最判昭和43年３月８日民集22巻３号551頁）。平成８年の民事訴訟法改正の際にも、主観的予備的併合を認めるべきであるとの意見が出されたが、採用に至らず、原告の両負けの危険をできるだけ回避するという要請に応えるものとして、同時審判の申出の制度が創設されたものである。

2　同時審判の申出の要件

　同時審判の申出により弁論および裁判の分離が禁止されるためには、①被告側で共同訴訟が成立していること（原始的併合でも後発的併合でもよい）、および、②両被告に対する訴訟の目的である権利が法律上併存し得ない関係にあることが必要である。「法律上併存し得ない関係にある」とは、被告の一方に対する請求原因が他方の抗弁になるなど、主張（主要事実）レベルで請求が法律上両立し得ないことをいう。具体例としては、①代理人に代理権があることを

前提とした本人に対する請求と代理権がないことを前提にした無権代理人に対する民法117条1項の履行または損害賠償請求、②工作物責任（民717条1項）における占有者に対する損害賠償請求と所有者に対する損害賠償請求等が考えられる。

これに対し、複数の被告に対する請求が事実上併存し得ないにすぎない場合（契約の相手方がY₁かY₂のいずれかであると主張して双方に債務の履行を求める場合等）は、民事訴訟法41条にいう「法律上併存し得ない関係にある場合」にはあたらず（類推も認められない）、同時審判の申出はできない。もっとも、整合しない判断がされて原告が両負けするという事態を可能な限り回避しようとする同条の趣旨は、弁論の分離等に係る裁判所の訴訟指揮に事実上の影響を及ぼすことが考えられる。

3　同時審判の申出がある共同訴訟の審理

(1)　弁論および裁判の分離の禁止

上記2の要件を満たす共同訴訟において原告から同時審判の申出[16]があったときは、裁判所は、当該訴訟の弁論および裁判を分離することが禁止される。併合訴訟の類型としては通常共同訴訟であるから、必要的共同訴訟のような合一確定の要請からくる強い規制までは及ばないが、弁論の分離等が禁止されて併合審理が維持され、同一の訴訟手続において証拠共通の原則が働くことにより、事実上、両請求間で整合的な判決が出されることが期待される。

適法な同時審判の申出があったにもかかわらず、裁判所が弁論を分離して審理を進めた場合、違法であるが、これに対して原告から特に異議が出なかったときは、申出の黙示の撤回があったとみるか、責問権の放棄があったとみることになる[17]。

16　同時審判の申出のある共同訴訟は、主観的予備的併合と異なり、両請求はあくまで単純併合の関係にあるから（必ず両請求について判断される）、審判について順位をつけることは予定されておらず、仮に原告が順位をつけてきても、裁判所は、それに拘束されない。実際には、争点整理を進めていく過程で適切な審理判断の順序が定まっていくものと考えられる。

17　秋山ほか・前掲書（注1）420頁、加藤＝松下・前掲書（注5）132頁。

(2) 共同訴訟人独立の原則の維持

同時審判の申出があっても、訴訟類型としては通常共同訴訟であるから、弁論および裁判の分離が禁止されることを除けば、共同訴訟人独立の原則が維持される。例えば、共同被告の一方による自白は他の被告に影響を及ぼさず、原告が共同被告の一方のみに対して請求放棄したり、一方の被告の抗弁のみを自白したりすることもできる（主張共通の原則は働かない）。その結果として、両被告に対する関係で整合しない判断（原告の両負けまたは両勝ち）がされるという事態が生じる可能性は完全には否定されない。

また、認諾や訴訟上の和解は「裁判」ではないから、共同被告の一方のみが認諾することや、各被告との間で個別に和解することもできる。

(3) 中断・中止

共同被告の一人について中断または中止の事由が生じたとき（共同被告の一人が死亡したなど）、法律上は、他の共同被告に中断等の効果は及ばない。しかし、弁論の分離をすることができない以上、他の共同被告との間でのみ手続を進めても無駄になることが多いため、事実上、全体として訴訟手続を中断することになる。なお、原告が同時審判の申出を撤回すれば、弁論を分離して審理を続けることは可能である。

(4) 上訴との関係

上訴の提起については、共同訴訟人独立の原則が維持される。そのため、共同被告 Y_1、Y_2 に係る請求について各別に上訴された場合、本来は、上訴審において訴訟が各別に係属し、併合関係が解消されることになる。しかし、それでは、整合しない判断がされて原告が両負けする危険をできるだけ回避しようとした同時審判の申出の制度趣旨にそぐわない事態となるため、第1審で同時審判の申出がされていた場合において、各共同被告に係る控訴事件が控訴審に係属したときは、弁論を併合しなければならないとされた（民訴41条3項）。これにより、両被告に対する請求が同一の控訴裁判所に係属する限りにおいては、控訴審においても共同審判が維持され、証拠共通の原則が適用される結果、整合した判決が出される可能性が高まることになる。なお、同時審判の申出による共同訴訟は、証拠共通の原則によって事実認定が区々になることによる弊害を回避するための制度であるから、法律審である上告審には適用がな

IV　同時審判の申出がある共同訴訟（民訴41条）

い[18]。

　また、民事訴訟法41条3項は、各共同被告に係る控訴事件が控訴裁判所に係属している場合に弁論および裁判の併合を求めるものにすぎず、上訴（控訴）の提起との関係で共同訴訟人独立の原則を修正するものではないことに留意すべきである。したがって、例えば、原告Xが、共同被告 Y_1 に勝訴し、Y_2 に敗訴した場合に、Y_1 のみが控訴し、Xは控訴しなかったときは、確定遮断および移審効が生じるのはXと Y_1 との訴訟についてのみであって、Xと Y_2 との関係ではX敗訴の1審判決が確定する。その結果、控訴審でXの Y_1 に対する請求が棄却（X敗訴）に変更されたときは、Xが Y_1、Y_2 の双方に敗訴する（両負け）という事態が生じることになる。このような事態を回避しようとすれば、Xは、Y_1 に対して勝訴していても、敗訴した Y_2 に対する関係で控訴を提起する必要がある。

18　秋山ほか・前掲書（注1）421頁。

[10] 訴訟参加と訴訟承継

堀　部　亮　一
大阪地方裁判所部総括判事

I　はじめに

　民事訴訟における訴訟参加の制度は、多数当事者間における紛争の一回的解決を図るうえで重要な意義を有する一方で、不適切な参加がされると、かえって訴訟関係が混乱し、紛争の円滑な解決に支障が生じてしまう。また、訴訟手続の係属中に当事者に変動が生じた場合の訴訟承継の制度は、それまでの訴訟追行の結果を無意味なものとせず、迅速で合理的な紛争解決を図るうえで重要な意義を有する一方で、自らが関与していない既存の訴訟に係る訴訟上の地位を承継人に引き継がせるものであるから、関係者の利益状況を踏まえた適切な対応が必須である。これらの制度について解説する文献は多数存在するが、民事裁判実務上、日常的に活用されるものとまでいえず、判断に逡巡する場面も少なからずあることから、制度全体を概観しつつ、典型的場面を念頭において留意点について確認をしておきたい。

II　訴訟参加

1　参加制度の概要

　当事者ＸＹ間ですでに係属している訴訟手続に第三者Ｚが参加をしようとす

る訴訟参加の制度としては、Ｚ自身が当事者とならずに参加をする補助参加とともに、Ｚ自身が当事者として参加する独立当事者参加および共同訴訟参加がある。また、独立当事者参加や共同訴訟参加をする要件に欠けるが、ＸＹ間の訴訟の判決の効力を受けるＺがした補助参加について、通常の補助参加とは異なる手続保障を相当とする場合として、共同訴訟的補助参加という概念がある。

2　補助参加

(1)　意　義

補助参加は、当事者ＸＹ間ですでに係属している訴訟手続に参加をしようとする第三者Ｚのため、一定の要件の下、当事者に準じる立場に立って当事者のいずれか一方（説明の便宜上、本稿では被参加人をＹとする）を補助するための参加を許容する制度である（民訴42条）。

補助参加人となるＺは、自らの利益のため、自己の名で、Ｙとは独立した地位で訴訟行為をすることができる独立性を有する反面、あくまでＹの訴訟活動を補助し、Ｙの勝訴を通じてＺ自身の利益を確保しようとする者として、Ｙの立場に準じた一定の制約を受けるという従属性を有している。補助参加の申出は、「訴訟の結果について利害関係を有する」場合でなければならないが（民訴42条）、そもそもその要件を具備しているかは、当事者が速やかな異議を述べた場合にしか裁判所によって審理判断されない（同法44条１項・２項参照）。Ｚは補助参加を許さない裁判が確定するまで訴訟行為をすることができるし（同法45条３項）、仮に、補助参加を許さない裁判が確定した場合であっても、ＹがＺのした訴訟行為を援用すれば、その訴訟行為は有効なものとして扱われる（同条４項）。このように、補助参加の申出は、Ｚの訴訟行為があくまでＹの補助であり、従属性があることを前提に、比較的緩やかな手続で許容されている。

補助参加の申出をしたＺは、Ｙに従属する立場におかれる結果、Ｙがすることのできない訴訟行為（例えば、Ｙにおいて時機に後れたとされる攻撃防御方法の提出や、Ｙにおいてすることが許されない自白の撤回など）をすることはできないし（民訴45条１項ただし書）、Ｙの訴訟行為と矛盾抵触する訴訟行為（例えば、

211

Ｙが自白している事実をＺが否認することや、請求の放棄・認諾など）もできない（同条２項）。しかし、これらの例外を除けば、ＺはＹの勝訴をもたらすさまざまな訴訟行為をすることができ、Ｙのため、上訴の提起や[1]、再審の訴えの提起もできる（同条１項本文）。

(2) 参加的効力

ＸＹ間の本案訴訟に係る裁判の効力は、民事訴訟法46条の要件の下で、Ｚにも及ぶ。この効力は、当該本案訴訟に係る判決の既判力ではなく、判決の確定後にＺがＹに対してその判決が不当であると主張することを禁ずる参加的効力であり、判決の主文に包含された訴訟物たる権利関係の存否についての判断だけではなく、その前提として判決の理由中でされた事実認定や先決的権利関係の存否についての判断にも及ぶものと解されている（最判昭和45年10月22日民集24巻11号1583頁、最判平成14年１月22日判タ1085号194頁参照）。

ところで、上述のとおり、参加的効力は、Ｚ（補助参加人）とＹ（被参加人）との間で生ずるものであって、Ｘ（相手方）との間に生じるものではない。例えば、ＸのＹに対する損害賠償請求訴訟（前訴）に、Ｙと共同不法行為者となる立場のＺがＹに補助参加をしたが、Ｙが敗訴して判決が確定し、その後、ＹがＺに求償請求の後訴を提起したという事例であれば、ＺはＹに対し、後訴において、前訴の判決の主文に包含された訴訟物たる権利関係の存否についての判断や、その前提として判決の理由中でされた事実認定や先決的権利関係の存否についての判断（上記最判参照）と矛盾抵触するような主張をすることはできない。しかし、仮に、前訴確定後に、Ｙから十分な損害賠償を得られなかったＸがＺに対して新たな別訴を提起した場合、Ｚが別訴において、前訴の確定判決における上記各判断と矛盾抵触する主張をすることは、同条に定める参加的効力によって禁じられるものではない。前訴は、あくまでＹを被告とする訴えであり、Ｚは前記(1)のようにＹに従属する立場という制約の中で訴訟行為をしたにすぎず、かかる補助参加をしたことを理由に、Ｚ自身の権利主張が制約

---

1 上訴期間はＹに対する判決書の送達の日から起算される。最判昭和50年７月３日判時790号59頁参照。なお、Ｙのする上訴の提起とＺのする上訴の提起が競合した場合は、二重上訴となり、後れた上訴は不適法なものとして却下される。最判平成元年３月７日判タ699号183頁参照。

されるべき理由はないからである。このように解すると、Xの救済に支障があり、訴訟経済に反すると考える余地もあるが、実務上、かかる事案であれば、前訴でされた主要な主張立証を用いることで比較的短期間のうちに別訴の審理判断ができる場合が多いから[2]、上記のように解したうえで、必要に応じて訴訟上の信義則（民訴2条）の規定を用いた訴訟運営をすることが相当である。

(3) 補助参加への異議

Zが訴訟の結果について利害関係を有しているかといった補助参加の要件は、通常、異議が述べられた場合にしか疎明されないし（民訴44条1項後段）、補助参加についての異議を述べずに弁論をしたり、弁論準備手続における申述をしたりすると、もはや異議を述べることはできなくなるから（同条2項）、Xにおいて、Zのした補助参加に疑問があり、訴訟遂行に支障が生じる懸念を抱くような場合は速やかに異議申立てをすべきである。

他方、Zが補助参加をしても、その立場はYに従属するものであって、Yがすることのできない訴訟行為やYの訴訟行為と矛盾抵触する訴訟行為をすることはできないこと、また、仮に、補助参加を許さない裁判が確定した場合であっても、YがZのした訴訟行為を援用すれば、その訴訟行為が有効なものとして扱われてしまうことは前述のとおりである。補助参加について異議を出し、補助参加を許さない裁判が出たとしても、その裁判に対する即時抗告（民訴44条3項）は可能であるから、仮にその裁判の確定を待つことになると、訴訟進行が一定程度遅延するおそれがあることは否めない。Xにおいては、補助参加に伴う弊害がさほどない場合であれば、迅速な訴訟遂行のため、あえて異議申立てをしない対応が一考であろう。

3　独立当事者参加

(1) 意　義

独立当事者参加は、当事者XY間ですでに係属している訴訟手続に、その訴訟の結果によって権利を害されると主張したり（詐害防止参加）、訴訟の目的の全部または一部が自己の権利であると主張したり（権利主張参加）する第三者

---

[2]　必要に応じて前訴の訴訟記録を送付嘱託により取り寄せることが可能である（門口正人編『民事証拠法大系（第4巻）各論II書証』（青林書院、2003年）80頁）。

Ｚのため、一定の要件の下、その参加を許容する制度である（民訴47条）。

　独立当事者参加をしようとするＺは、独立した第三者としての立場でＸＹ間の訴訟にＺに係る訴訟物を追加して参加をし、訴訟行為をすることになる。このような参加を許容することは、既存の訴訟手続を利用して、Ｚに係る紛争も含めた紛争全体の統一的・一回的解決を図ることができるという利点がある一方で、既存の訴訟手続の当事者であるＸＹやその受訴裁判所においては、当事者が増え、審理判断の対象となる訴訟物が追加されることによって訴訟関係が複雑になる結果、従前の審理計画が修正を余儀なくされたり、審理が遅滞したりしてしまうおそれがある。そこで、補助参加とは異なり、独立当事者参加については比較的厳格な要件とその審査がされる仕組みになっている。独立当事者参加が認められるのは、前述のとおり、詐害防止参加（民訴47条１項前段）と権利主張参加（同項後段）の２類型に該当する場合である。いずれの類型の場合であっても、Ｚは、ＸＹ間の訴訟の結果によって自己の権利が侵害等されることを防ぐため、統一的な判断を求めて参加をするのであり、その実質は訴えの提起と同視される。それゆえ、独立当事者参加の申出においては、Ｚ自身の権利に係るＸＹの一方または双方に対する具体的な請求を請求の趣旨および原因を明らかにして提出する必要があり、単にＸやＹの請求に対して訴えの却下や請求棄却を求めるのみの参加申出は認められない（最判平成26年７月10日裁判集民247巻49頁）。なお、独立当事者参加の申出は、Ｚによる新たな訴えの提起という性質のものであるから、上告審においてすることはできないが（最判昭和44年７月15日民集23巻８号1520頁）、ＸＹ間の訴訟との関係で時機に後れているか否かは問題とならない[3]。

　独立当事者参加が認められると、必要的共同訴訟の規定が準用され（民訴47条４項）、三当事者間に矛盾が生じない態様で審理がされ、その全員を名宛人とする１個の判決がされる。例えば、共同訴訟人の一人の訴訟行為は全員の利益においてのみその効力を生じるから、Ｘが立証責任を負う請求原因事実についてＹが自白していたとしても、Ｚが否認すると、Ｙの関係でも自白の効力は認められない。また、Ｙ敗訴の１審判決が出て、Ｙが控訴を提起しなかったと

3　秋山幹男ほか編『コンメンタール民事訴訟法Ⅰ〔第３版〕』（日本評論社、2021年）616頁。

しても、Ｚが控訴を提起すれば、Ｙの敗訴部分を含む訴訟の全体について判決の確定遮断の効果と移審の効果が生じることとなり、自ら控訴しなかったＹは被控訴人の立場に立つことになるし、合一確定に必要な範囲でＹに有利な判決をすることも許される（最判昭和50年３月13日民集29巻３号233頁）[4]。

(2) 参加要件を満たさない場合

Ｚのした独立当事者参加の申出が、訴訟要件は満たしているものの、上記の参加要件を満たさない場合、受訴裁判所は当該申出をどのように扱うべきか。この点、旧法時代の判決ではあるが、東京高判昭和46年６月11日判タ267号332頁は、参加要件に欠けるとして直ちに却下をするのではなく、一般の訴訟要件を具備しているのであればその本案について審理をすべきである旨判示し、申立てを却下した原判決を取り消した。独立当事者参加の申出が、紛争の統一的な解決という面から既存のＸＹ間の訴訟手続への参加を求めるものであるものの、その本質が、自己の権利を主張するＺによる新たな訴えの提起であることを考慮すると、上記判決が示すとおり、参加要件に欠ける独立当事者参加の申出がされた場合の受訴裁判所としては、同申出に係る事件を別途新たな訴えの提起があったものとして取り扱うのが相当であろうし、参加要件に欠けるとしても、既存のＸＹ間の訴訟と密接に関連し、一括して審理判断をするのが適切と判断できるのであれば、民事訴訟法152条１項に基づく両事件の弁論の併合を検討するのが相当であろう（最判昭和42年９月27日民集21巻７号1925頁参照）。

(3) 補助参加との異同

独立当事者参加の申出を受けたＸやＹにおいて、補助参加の場合のような異議申立てができる制度は用意されていない。しかし、Ｚがした申出内容やＺがしようとする訴訟行為の内容いかんによっては、既存の訴訟手続に大きな影響が生じることになるから、ＸやＹは、参加要件の具備について意見があれば、受訴裁判所に対し適時適切に述べるべきである。上述のような参加要件に欠ける場合の取扱いを考慮すると、意見を述べる際は、参加要件の有無に加え、併合審理の是非も考慮した検討をする必要がある。

独立当事者参加では、補助参加とは違い、参加を許さない裁判が確定するま

4　井上繁規『民事控訴審の判決と審理〔第３版〕』（第一法規、2017年）20頁。

でにされた訴訟行為を有効とする規定や、参加を許さない裁判が確定した場合の援用に関する規定（民訴45条3項・4項）が設けられておらず、参加の可否が不明な期間が長期化すると、判断未了の間にされた訴訟行為の効力に疑義が生じることがあり得るから、受訴裁判所としては、Ｚの申出内容とＸＹの意見を踏まえ、参加要件の具備や弁論の併合の是非について速やかに判断する場合が多い。

(4) 二当事者間の和解の有効性

独立当事者参加が認められると、ＸＹ間の既存の訴訟手続に係る訴訟物と、Ｚのした参加申出に係る訴訟物とは合一確定させる必要が生じる。では、訴訟係属中に三者のうち二者（例えば、ＸＺ）間で和解の合意に達した場合はどうなるか。二当事者間の和解の有効性については、他の当事者（例えば、Ｙ）の同意がない限り無効であるとする考え方が伝統的理解とされ、これに沿う東京高判平成3年12月17日判時1413号62頁が存在する。ＸＺの合意がＹにとって不利益な効果をもたらさないのであれば有効とする考え方や、一律有効としてよいとする考え方もあるが[5]、実務上の対応として、和解の合意に参加せず、同意をしないＹがいて、和解の効力が将来的に争われるおそれがある以上、まずはＹを含めた全当事者間の和解成立に注力することが通例であろう。そのうえで、例えば、Ｚの参加後、Ｙが訴訟遂行意欲をなくして手続に参加しなくなり、Ｙの権利利益を特に害しない合理的な内容であるのに、Ｙの同意が得られないといった場合であれば、上記の伝統的理解を前提に、Ｙの同意を消極的な同意の擬制でも足りると考え、当該訴訟事件を調停に付し、民事調停法17条の決定をする方法が考えられようか[6]。もっとも、Ｙの所在が不明である場合のように、Ｙの異議申立権を実質的に保障できないような場合は、この方法によることは消極に解さざるを得ない[7]。

(5) 手続遂行意欲を失った当事者への対応

独立当事者参加の申出がされる事案は実務上さまざまであり、事案によって

5　秋山ほか・前掲書（注3）628頁参照。
6　その解決案の内容が、Ｙも含めた各当事者の衡平を考慮したもので、相当なものであること（民調17条前段参照）を要するのはいうまでもない。
7　田中敦編『和解・調停の手法と実践』（民事法研究会、2021年）89頁参照。

は、上記のように一部の当事者が手続遂行意欲をなくし、訴訟手続からの早期離脱を求める意向が示される場合がある。例えば、土地の所有者Xが、地上建物の所有者であるYに対し建物収去土地明渡請求の訴えを提起したが、その訴訟係属中に土地所有権をZに譲渡し、ZがYに対して建物収去土地明渡しを求める独立当事者参加を申し出てきたような事例であれば、土地所有者でなくなったXが訴訟を継続する意思をなくす場合があるだろう。また、上記の設例で、XとZとの間で土地所有権の帰属について争いがある一方で、Yとしては真実の土地所有者に対する履行意思はあり、XとZのいずれが所有者となるのかについて関心がないという事例であれば、Yにおいて、自らにあまり関心のないXZ間の所有権をめぐる訴訟手続に参加をする意欲をなくす場合があるだろう。独立当事者参加の制度が、三者間の紛争を矛盾なく画一的に解決させる観点から訴訟手続上さまざまな制約を伴うものであることからすると、手続遂行意欲に欠ける状況に陥ったYに対し、脱退の手続（民訴48条）を早期にするよう促したり、請求の放棄や認諾をするよう促したりする対応が考えられるであろう。

4　共同訴訟参加

(1)　意　義

共同訴訟参加は、訴訟の目的が当事者の一方および第三者について合一に確定すべき場合に、その第三者のため、訴訟参加を認めるための制度である（民訴52条）。

共同訴訟参加をする第三者は、合一に確定すべき権利関係に係る当事者適格を有していることが必要となるため（最判昭和36年11月24日民集15巻10号2583頁）、本条にいう参加は、固有必要的共同訴訟において脱落していた者が参加をする場合といった例外を除けば、類似必要的共同訴訟の場合を指すことになる。

共同訴訟参加をするZは、独立した第三者の立場でXY間の訴訟にZに係る請求を追加して（例えば請求者である原告Xに参加する場合[8]）、あるいは自らが求める裁判の内容を明記して（例えば義務者である被告Yに参加する場合）、参加の申出をすることになる。共同訴訟参加は、必要的共同訴訟として合一確定す

217

べき必要がある訴えであるという性質を有し、既存の訴訟物に係る審理判断が実質的に変わらないことから、時機に後れているか否かは問題とならず、上訴審で参加することもできると解されている[9]。

(2) 参加要件を満たさない場合

共同訴訟参加の申出がされたが、参加要件を満たさない場合は、上記3(2)に準じて考えることになるが、Zの申出が訴えの提起を伴わない場合（義務者である被告側に参加する場合）は、速やかにその申出を却下することになる。

この点、当事者適格を有しない者がした共同訴訟参加の申出について、補助参加の申出として取り扱った裁判例がある（名古屋地判昭和37年4月6日判タ132号114頁）。しかし、その事例は、申出書の記載をみても、申出に係る参加の態様自体が明確ではなかった事案に関するものであるから、同裁判例のような取扱いを一般化することには疑問がある。共同訴訟参加が認められると、補助参加とは異なり、必要的共同訴訟の規律（民訴40条）が適用されることになり、訴訟手続に与える影響が大きいことからすると、仮に、参加要件に欠ける共同訴訟参加の申出があった場合、受訴裁判所としては、その申出を取り下げ、補助参加の申出をするよう促すなど、Zの地位を訴訟手続上明確にさせるような訴訟指揮をするべきであろう。

(3) 債権者代位訴訟における参加をめぐる取扱い

共同訴訟参加に関しては、平成29年の民法改正を機に、債権者代位訴訟における参加をめぐる取扱いが議論されている。

平成29年改正前の民法では、債権者が債権者代位訴訟を提起すると、一定の要件の下、債務者は、目的債権について管理処分権を失い、当事者適格がなくなる結果、自ら訴えの提起をすることはできず（大判昭和14年5月16日民集18巻557頁）、債務者としては、債権者代位訴訟への補助参加はできるが、共同訴訟参加をすることはできないと解されていた。しかし、債権者代位権の行使後であっても、債務者が自ら権利行使をしようとするのであれば、これを代位債権者が制限するのは本来過剰な介入であるし、請求を受ける第三債務者において、代位債権者が債権者代位権の要件を的確に充足しているのかを確認するこ

8　必要的共同訴訟であるから、原告が掲げる請求の内容と同旨のものとなる。
9　秋山ほか・前掲書（注3）663頁参照。

とは容易でないといった問題点が指摘されていた結果、上記の民法改正によって、債権者代位権が行使されても債務者の取立権等は失われないことに改められ（民423条の5）、債権者代位訴訟を提起した代位債権者は、遅滞なく債務者に訴訟告知をしなければならないことが新たに義務づけられた（同法423条の6）。この結果、訴訟告知に伴う参加的効力が債務者に及ぶことになるとともに、債務者は、債権者代位訴訟につき、目的債権の行使につき当事者適格を有する者として、共同訴訟参加をすることができることになった[10]。仮に、債務者が、代位債権者の主張する被保全債権の存在を否認するなどして、代位債権者が当事者適格を有することを争うのであれば、第三債務者に対する訴えとともに代位債権者に対する訴え（例えば当該被保全債権に係る債務不存在確認請求）を提起して、独立当事者参加を申出することになる[11]。

　ところで、上記のようにして債権者代位訴訟に参加しようとする債務者は、自らの取立権に基づき、第三債務者に対して目的債権を債務者に履行するよう求めることになるから、参加後の訴訟手続は、代位債権者と債務者の請求が併存しているような状況になる。ここで、第三債務者に目的債権の不履行があるとして、目的債権の履行を命じる判決をしようとする場合、代位債権者と債務者のいずれに給付するよう命じる主文の判決をするべきかであるが、代位債権者および債務者の両請求を認容し、双方に支払うよう命じる判決をするべきとする見解[12]、債務者が、その請求を事実審の口頭弁論終結まで維持することを前提に、債務者の請求を認容して代位債権者の請求を棄却する見解[13]、代位債権者がする、代位債権者への支払を求める請求は債務者への支払を求めるものに変容したと考える見解[14]に大別され、確立した判例や実務上の取扱いはない状況にある。代位債権者が、債務者の第三債務者に対する請求債権を差押えないし仮差押えをしたうえで、債権者代位訴訟を取り下げるか、代位債権者への

10　当該目的債権が債権者代位訴訟における訴訟物になっている以上、債務者が当該目的債権について別訴を提起して請求することは、二重起訴の禁止（民訴142条）に抵触し、許されない。

11　潮見佳男『新債権総論Ⅰ』（信山社、2017年）700頁。

12　秋山ほか・前掲書（注3）660頁、潮見・前掲書（注11）700頁、近藤昌昭『判例からひも解く実務民事訴訟法』（青林書院、2023年）233頁など。

13　伊藤眞「改正民法下における債権者代位訴訟と詐害行為取消訴訟の手続法的考察」金法2088号（2018年）36頁。

給付を求める当初の請求の趣旨を、債務者への給付を求めるものに変更すれば疑義が残らないのであろうが、仮に、代位債権者が当初の請求を維持する場合はどのように取り扱うべきか。元来、債権者代位権が、債務者が自ら権利を行使しない場合に限って許されるものであり、債務者がその行使をしている場合は、その行使方法や結果の良否を問わず、債権者代位権は行使できないと理解されていたこと（最判昭和28年12月14日民集7巻12号1386頁）や、上記のように、代位債権者による過剰な介入に配慮した法改正の趣旨を踏まえると、債務者の請求を認容して代位債権者の請求を棄却することが説明としては簡明であるが[15]、代位債権者が債権者代位訴訟の提起を余儀なくされる訴訟の中には、債務者と第三債務者の通謀が可能な類型の事案が少なからずあるのであって[16]、たとえ上記の差押えや仮差押えをし、債務者のする給付訴訟に補助参加をしたとしても、財産隠匿等に対する代位債権者の懸念を容易に払拭できない場合があることは否定できない[17]。換言すれば、債務者が、債権者代位訴訟について共同訴訟参加をしてきたとしても、その一事をもって、代位債権者において「自己の債権を保全するため必要がある」（民423条1項本文）という要件を欠くとまでいいきれないように思われ、そうであれば、代位債権者の請求[18]と債務者の請求の双方を認容することも許容されるといえよう。

14　高須順一「債権法改正後の代位訴訟・取消訴訟における参加のあり方」名城法学66巻3号（2016年）69頁。

15　代位債権者と債務者の両請求を認容すると、第三債務者を困惑させることに加え、例えば代位債権者と債務者の求める請求額が異なる場合（代位債権者は、自己の債権の額の限度でしか被代位権利の行使ができないので（民423条の2）、このような場面が当然に生じ得る）に一部弁済がされたときの計算をどうするかなど、判決後の清算が煩雑なものとなることへの懸念はある。もっとも、かかる問題は、債権債務の一部について連帯関係が生じるような場面では常に生じることである。

16　債務者が、債務者と利害関係を共通にする親族が経営する第三債務者会社に対して有する債権が訴訟物になっているような事案など。

17　このような懸念があり、その懸念が不合理なものとまでいえないため、代位債権者の第三債務者に対する直接請求権が改正後の民法でも認められているし（民423条の3前段）、その結果として生じる代位債権者に対する事実上の優先弁済を禁じる規定は設けられていない。

18　代位債権者への支払を求める請求。なお、代位債権者の請求につき請求の趣旨を読み替えることについては、代位債権者が本文に記載したような請求の趣旨の変更の促しに応じず、その変更をしない意思を明らかにしている場面を想定すると、代位債権者の意思に明

Ⅱ　訴訟参加

5　共同訴訟的補助参加

⑴　意　義

　共同訴訟的補助参加とは、ＸＹ間の訴訟の判決の既判力がＺに及ぶ場合に、当該ＺがＸＹ間の訴訟についてする補助参加のことをいう。民事訴訟法115条１項３号の訴訟担当に係る利益帰属者（例えば、破産財団につき破産管財人が提起した訴訟に係る破産者[19]や、相続財産の管理や遺言の執行につき遺言執行者が提起した訴訟に係る相続人）は、その訴訟の既判力を直接受ける立場にあり、訴訟の結果に利害関係を有しているにすぎない通常の補助参加人（民訴42条）に比べ、より強い利害関係をもつ立場にあるといえるが、当事者適格が欠けるため、自らが独立当事者参加や共同訴訟参加をすることはできない。このように、補助参加人の中には、補助参加における従属性を排除し、共同訴訟参加人に準じて取り扱うことが相当な立場の者がいるとして解釈上認められているのが共同訴訟的補助参加である。共同訴訟的補助参加の概念は、独立当事者参加や共同訴訟参加ができず、やむを得ず補助参加を申し出る者の手続保障を図るためのものであるから、平成29年改正後の民法により当事者適格が認められることになった債権者代位訴訟における債務者（前記４⑶）のように、当事者として訴訟参加し得る立場にある者があえて補助参加の申出をしたような場合に、その参加を共同訴訟的補助参加として扱うことはできない（最判昭和63年２月25日民集42巻２号120頁参照）。なお、民事訴訟法上、共同訴訟的補助参加に関する規定はないが、人事訴訟では、検察官を被告とする人事訴訟の結果により相続権を害される第三者（利害関係人）が補助参加の申出をして参加をした場合に、補助参加人の従属性を定める同法45条２項の適用を排除し、必要的共同訴訟に関する同法40条の規定を準用する（人訴15条３項・４項）という明文規定が設けられている。

らかに反する読み替えをすることに躊躇せざるを得ない。

19　破産財団に属する財産の管理処分権が破産管財人に専属するものであること（破78条１項）を踏まえ、破産管財人が提起した訴訟に破産者が補助参加をした場合に共同訴訟的補助参加の効力を認める必要はないとする見解もある（近藤・前掲書（注12）290頁）。

221

(2) 詐害行為取消権において債務者がする補助参加

　平成29年の民法改正後、詐害行為取消権において債務者がする補助参加も、共同訴訟的補助参加である。すなわち、平成29年改正前の民法では、詐害行為取消権が行使された効果は、取消債権者と受益者等の間に及ぶが、訴訟の当事者とならない債務者には及ばず、債務者には当事者適格がないとされていた（大判明治44年3月24日民録17巻117頁）。しかし、その結果、受益者等は、詐害行為取消請求を認容する判決に従って財産を返還しても、債務者にその対価の返還を求めることが直ちにできないなど、紛争の統一的な解決が容易にできないという問題があったため、上記の民法改正によって、詐害行為取消請求を認容する確定判決は、債務者およびすべての債権者に対してもその効力を有すると改められ（民425条）、その効力が拡張されることとなった。もっとも、被告適格を有する者については、従前どおり受益者等のみとされたことから（同法424条の7第1項）、被告適格がないものの、確定判決の効力が及ぶことになる債務者を審理に参加させる機会を保障するため、詐害行為取消訴訟を提起した債権者は、遅滞なく債務者に訴訟告知をしなければならないことが新たに義務づけられた（同法424条の7第2項）。この結果、債務者としては、自らがした法律行為が詐害行為として取り消されることを防ぐため、受益者等のため補助参加をすることが考えられるが、この補助参加は、当該詐害行為取消請求訴訟の認容判決の既判力を直接受ける立場にある者がするものとして、共同訴訟的補助参加にあたる。

(3) 申出の手続

　民事訴訟における共同訴訟的補助参加は、一定の補助参加人に係る手続保障を手厚くしようとする法解釈上のものにすぎない。それゆえ、その申出の手続は、通常の補助参加の場合と同様であり、申出に際し、共同訴訟的補助参加であることを主張する必要はない（最判昭和40年6月24日民集19巻4号1001頁参照）。

　共同訴訟的補助参加であると認められる補助参加人のする訴訟行為は、被参加人の利益になるものである限り、被参加人の訴訟行為と抵触するものであってもその効力が認められる（被参加人が控訴を取り下げても、補助参加人がした控訴に取下げの効力は生じないし（前掲最判昭和40年6月24日）、上訴期間も、共同

訴訟人の場合と同様に、被参加人とは別に計算されることとなる（最決平成28年2月26日判タ1422号66頁））。

Ⅲ　訴訟承継

1　承継制度の概要

　当事者ＸＹ間で訴訟手続が係属しているときに、当事者Ｙが死亡して相続人Ｚがその地位を承継したり、訴訟の目的物の所有権をＹが第三者Ｚに譲渡したりしたような場合、当該紛争を早期にかつ実質的に解決するためには、新たに権利義務の主体となったＺを当事者とする別訴を新たに提起させるより、従前の訴訟手続におけるＹの地位をＺに承継させるほうが合理的といえる場合が多い。そこで、相続や合併のように当事者の地位が包括的に承継される場合（当然承継）や、訴訟の目的となっている特定の権利義務関係について当事者の地位が移転した場合（特定承継）のように、訴訟係属中に訴訟物に係る権利義務について変動が生じ、紛争の主体が従前の訴訟当事者から第三者に移転したときに当該第三者に当該訴訟手続を引き継がせるため、訴訟承継の制度が存在する。訴訟承継がされると、原則として、当該第三者は、自己に有利であるか不利であるかを問わず、当該訴訟手続をその状態のまま引き継ぐことになり[20]、訴え提起に伴う時効の完成猶予や期間遵守の効力も及ぶことになる（民訴49条参照）。

2　当然承継

(1)　当然承継の事由

　民事訴訟法は、当然承継自体を明文で定めてはいないが、訴訟係属中に124条1項各号に定める事由が生じるとその訴訟手続は原則として中断し、当該各

---

[20]　もっとも、旧当事者がした訴訟行為の内容や、その訴訟行為が新たに当事者となる承継人に与える影響によっては、一定の手続保障の機会を与える訴訟運営上の留意が必要であるとする指摘がある。伊藤眞『民事訴訟法〔第8版〕』（有斐閣、2023年）756〜757頁など。

号に定める者がその訴訟手続を受継するとされているため、これらの事由が当然承継の事由であると解されている。当事者に破産手続開始決定がされたとき（破44条1項）なども同様である。

(2) 訴訟係属中に当事者が死亡した場合

　当事者が訴訟係属中に死亡した場合、受継についての裁判（民訴128条1項）や続行命令（同法129条）がされるまで訴訟手続は中断する（訴訟代理人がある場合については後述）。

　ところで、当該訴訟が、その死亡した当事者の一身専属的な権利や法律関係を訴訟物としている場合は、当該訴訟物に関する訴訟が当然に終了する場合がある。例えば、人事訴訟の係属中に原告が死亡した場合等は訴訟が当然に終了する旨明文で定められている（人訴27条）。抗告訴訟の係属中に原告が死亡した場合については、処分の取消しによって回復すべき法律上の利益（原告適格を基礎づける法律上の利益）を訴訟承継しようとする者が実体法上承継しているといえるか否かで判断をするのが判例の立場である。生活保護法の保護受給権に基づく裁決取消訴訟（最判昭和42年5月24日民集21巻5号1043頁）や情報公開条例に基づく公文書の非開示処分取消訴訟（最判平成16年2月24日判タ1148号176頁）における原告が死亡した場合などにおいては当然終了となる一方で、公務員のする免職処分の取消訴訟（最判昭和49年12月10日民集28巻10号1868頁）やじん肺管理区分決定に係る取消訴訟（最判平成29年4月6日民集71巻4号637頁）における原告が死亡した場合などは相続人が訴訟を受継できると考えるのが判例の立場である。上記免職処分の取消訴訟の場合と異なり、私人間で、解雇の無効を理由とする雇用契約上の地位確認請求をしている原告が死亡した場合については当然終了になると解されているが（最判平成元年9月22日裁判集民157号645頁）、これは、行政処分の取消しをしなければ給与請求権等を回復させることができない公務員の任用関係と、端的に雇用契約上の地位があることを前提にした給与請求権等の行使が可能な雇用契約に基づく私人間の雇用関係との相違によるものである。

　当事者が訴訟係属中に死亡してもその者に訴訟代理人がいる場合、当該訴訟手続は中断せず（民訴124条2項）、当該訴訟代理人は、当然に、新たに当事者となった相続人の訴訟代理人として訴訟行為をすることができる（最判昭和33

年9月19日民集12巻13号2062頁）。かかる場合の訴訟代理人は、当事者が死亡した旨を速やかに受訴裁判所に書面で届け出たうえで（民訴規52条）、相続関係について調査確認し、相続人らにおける当該訴訟の受継の意思を確認したうえで、受継する相続人らの委任状を添えて、訴訟手続受継の申立てをするのが一般的な対応である。受継が原告側（権利者側）に生じた場合であれば、相続開始後、訴訟物である権利や法律関係が法定相続分を前提にしつつ、遺言や遺産分割協議によって相続人間にどのように帰属することになったのかを明らかにするため、請求の趣旨および原因の変更の申立てをして請求内容を特定する必要がある。なお、事案によっては、訴訟の係属をめぐって相続人間で意見の対立があることや、相続人と信頼関係を築けないことを理由に、訴訟代理人が辞任する場合がある。そのような場合、訴訟代理人の辞任は受訴裁判所に対する書面による届出が必要であり（同規則17条前段）、相手方に通知しない限り辞任の効力が生じないことに注意が必要である（同規則59条による36条1項の準用）。

(3) 訴訟係属中に破産手続開始決定がされた場合

ア 破産者を当事者とする破産財団に関する訴訟手続

　破産手続開始決定がされると、破産者を当事者とする破産財団に関する訴訟手続（この中には、「破産財団に属する財産に関する訴訟」と「破産債権に関する訴訟」がある）は中断する（破44条1項）。

イ 破産債権に関する訴訟の場合

　破産手続開始決定がされると、破産財団に関する訴訟手続のうち破産債権に関する訴訟手続（例えば、破産債権者の破産者に対する貸金返還請求訴訟など）は中断する（破44条1項）。そして、同決定の効果として、破産手続によらない破産債権の権利行使が許されず（同法100条1項）、破産債権が、破産法上用意された破産債権の届出と、その調査確定手続（同法111条以下）によって取り扱われることとなる結果、中断した訴訟手続の受継が問題となるのは、破産債権者が、異議等が出された破産債権について額等を確定するよう求める場合に限られる（同法127条1項[21]）。異議等がなく確定した破産債権については、破産債権者表への記載が確定判決と同一の効力を有することになるため（同法124条3

21　破産債権確定訴訟として審理判断されることになるため、訴えの変更が必要となる。

項）、当該訴訟手続は当然に終了する[22]。また、債権調査が留保され、配当がないまま破産手続廃止決定がされた場合（いわゆる異時廃止の場合）は、破産者が当該訴訟を受継することになる（同法44条6項）。破産者が自然人の場合で、免責許可決定（同法252条1項・2項）が確定した場合は、訴えの取下げにより終了する場合が多いが、事案によっては、当該訴訟物である債権が、破産者が悪意で加えた不法行為に基づく損害賠償請求権（同法253条1項2号）などの非免責債権に該当するなどと主張されて、審理が継続する例もある。破産者が法人の場合は、破産手続廃止決定によって法人格が消滅するのが原則であるものの（同法35条）、破産財団に属する財産に関する訴訟があれば、その財産に係る清算が終了するまではなお存続しているものとみなされる結果（会社476条）、清算人の選任[23]がされて審理が続けられる場合もある。

　　ウ　破産財団に属する財産に関する訴訟の場合

　他方、破産手続開始決定がされると、破産財団に属する財産に関する訴訟については、破産財団の管理処分権限を有する破産管財人が受継をするか否かを判断することになる（破44条2項本文）[24]。一般的に、破産管財人は、破産裁判所と協議をしつつ、当該財産の換価価値および収益の有無・程度、破産財団に占める割合、当該財産の維持費等の要否・負担額、受継後の訴訟終了までに要する期間、勝訴または有利な条件による和解の見込みの有無・程度、主要な債権者の意向等を総合考慮して、破産手続を迅速かつ有意義に進める観点から、受継をするか否かにつき判断することになる[25]。

　ところで、前述のように、破産管財人による受継が問題となるのは破産財団に関する訴訟手続であるから、破産財団に属しない差押禁止財産（破34条3項）を訴訟物とする訴訟手続はその対象とならない。それゆえ、行使上の一身専属性があり、差押えの対象にならないと解されている慰謝料請求権を訴訟物とす

22　当該破産債権者表を添付した上申書が破産管財人から提出されることによって、受訴裁判所は当該訴訟事件の終了認定をする。

23　当該法人の財産状況に精通している公平な第三者であるとの理由から、破産管財人に就任の打診がされ、選任される場合が多い。

24　破産手続開始決定と同時に破産手続廃止決定がされる場合（いわゆる同時廃止の場合）は、破産管財人が選任されず、当事者適格は当該当事者から変わらないため、訴訟手続は中断せず、当然に破産申立人本人が訴訟遂行を続けることになる（破44条6項）。

25　中山孝雄ほか編『破産管財の手引〔第2版〕』（きんざい、2015年）237頁。

る訴訟手続については、破産法44条1項の適用はないと解されている（最判昭和58年10月6日民集37巻8号1041頁参照）。問題となるのは、交通事故を原因とする人身損害に係る損害賠償請求訴訟において、請求されている損害費目の中に慰謝料が含まれているような事例である。確立した実務上の取扱いや判例は存在しないが、同一事故による同一の身体傷害を理由とする財産的損害と精神的損害の請求は、請求権も訴訟物も1個と解されるから（最判昭和48年4月5日民集27巻3号419頁）、当該訴訟手続自体は破産法44条1項に基づき中断し、破産管財人が受継をしたうえで、判決や和解によって確定した破産者の慰謝料相当額部分については破産者の自由財産として破産財団に組み込まない取扱いをする例がある[26]。

3　特定承継

(1)　意　義

当然承継とは違い、訴訟物となっている権利義務関係について当事者に変動が生じた場合であり、例えば、土地の所有者であるXが、当該土地上に建物を所有して当該土地の占有をしているYに対し、土地所有権に基づく建物収去土地明渡請求の訴えを提起したという事例を前提に、その訴訟係属中に、当該土地の所有権をXから譲り受けたとするZがいる場合であれば、承継人となる立場のZが申し立てる参加承継と、相手方となる立場のYが申し立てる引受承継とがある。権利者側でなく、義務者側に承継が生じたとき、例えば、上記の事例で、訴訟係属中に、当該建物の所有権を譲り受け、当該土地の占有を引き継いだZがいる事例についても同様である。

特定承継の原因については、実務上、やや緩やかに解されている。例えば、上記の事例とは異なり、土地の賃貸人であるXが、当該土地上に建物を所有して当該土地の占有をしている賃借人Yに対し、賃貸借契約の終了に基づく建物収去土地明渡請求の訴えを提起したが、その訴訟係属中に、当該建物をZが新たに賃借したという事例であると、XのZに対する請求は土地所有権に基づく建物退去土地明渡請求と構成することになるのであって、Zは、Yが負う賃貸

26　破産者の権利と手続保障に配慮する必要があるため、破産裁判所を含めた慎重な検討と対応が必要であろう。

借契約上の義務を承継する関係にない。しかし、このような事案につき、最判昭和41年3月22日民集20巻3号484頁は、Yが負う建物収去土地明渡義務の一部がZに承継したといえるし、実質的に考察しても、Zの占有権原の有無はXY間の主張立証関係に依存しているといった理由を示して、訴訟引受の申立てを認容した原審の判断を正当なものと判断し、訴訟物に関する主要な攻撃防御方法も含めたやや緩やかな意味での権利義務関係に変動が生じた場合の特定承継を許容している。

(2) 参加承継の申立て

参加承継の申立ては、既存の当事者の一方または双方との争いがあることを前提にされるものであり、独立当事者参加に類似する面があることから、参加申出や参加後の手続については独立当事者参加の規定が準用され（民訴51条、47条1項）、必要的共同訴訟に関する審理の特則が準用されている（同法47条4項）。

もっとも、独立当事者参加における参加人は、従前の訴訟状態に必ずしも拘束されないのに対し、参加承継の申立人は、前述のように、従前の訴訟状態に拘束されることが原則である。共通の訴訟資料に基づき、統一的な判断が受けられるという点につき両者に相違はないため、実務上、独立当事者参加の方法による例が多く、参加承継の方法による例は少ない印象を受ける。

(3) 訴訟引受の申立て

訴訟引受の申立ての場合は、既存の当事者であるXまたはYが、訴訟当事者ではなく、参加意思があるか不明なZを訴訟に引き込み、その訴訟の結果を負わせようとする場合であるから、Zの立場を考慮した手続が必要となる。具体的には、訴訟引受の申立てにおいては、引受けの範囲と理由を明確に記載するとともに、Zに対する請求を定立させ、訴訟引受後に審理の対象となる請求の趣旨および原因を明示するべきである[27]。そして、かかる記載のある申立書をZに送付し、当事者およびZに対する審尋が必ず行われる（民訴50条2項）。審尋の方式は定められていないため、当該第三者に対する審尋は、既存の訴訟手続における期日（例えば弁論準備手続期日）と合わせて審尋期日を指定して呼び

---

27 秋山ほか・前掲書（注3）652頁。

出す方法や、照会書等の書面を送付して行う書面審尋の方法による例が多いであろう。訴訟引受の申立てに理由がない場合は決定により申立てが却下され、訴訟引受の申立てに理由がある場合は、民事訴訟法50条1項（権利者の承継の場合は同法51条後段による準用）に基づき訴訟引受決定がされることになる。なお、申立却下決定は、口頭弁論を経ないで訴訟手続に関する申立てを却下した決定として、通常抗告の対象となるが（同法328条1項）、申立てを認容した訴訟引受決定は通常抗告の対象とならないため、同決定自体に不服申立てをすることはできず（大判昭和16年4月15日民集20巻482頁）、訴訟引受に不服のあるZは、当該訴訟手続の中で主張立証をしていくしかない。このように、引受承継の場合は、Z自身の意思で参加をした参加承継の場合とは異なり、参加意思に欠けていたり、引受承継の原因について不服を有したりしている（しかも不服申立手段が与えられていない）Zを当事者の地位におき、訴訟手続をする場合があるため、相互に矛盾抵触する裁判がされないよう同時審判申出共同訴訟の規定は準用されているが（同法50条3項、41条1項）、参加承継の場合のように、必要的共同訴訟に関する審理の特則は準用されていない。引受承継をするZは、承継前の訴訟状態に拘束されることが原則である。

(4) 事実審の口頭弁論終結後の申立て

参加承継の申立てや訴訟引受の申立ては、上述のように新たな請求の定立を前提とし、その事実関係の審理判断を不可欠とするものであるから、事実審の口頭弁論終結後に申し立てることはできない（大判昭和13年12月26日民集17巻2585頁、最決昭和37年10月12日民集16巻10号2128頁）。

(5) 被承継人の訴訟からの脱退

Zが参加承継をした場合やZへの訴訟引受がされた場合に、被承継人（XまたはY）は相手方（YまたはX）の承諾を得て訴訟から脱退することができること（民訴48条）は、独立当事者参加の場合と同様である。

11 民事訴訟の手続裁量とその限界

谷 口 哲 也
大阪地方裁判所部総括判事

I 裁判官による手続進行と手続裁量

1 手続裁量

　民事訴訟においては、第1審の一般的な訴訟手続だけをみても、訴え提起後、第1回口頭弁論期日、争点整理手続、その間の当事者双方の主張・書証等の提出、尋問、口頭弁論の終結、判決など、多くの手続が行われることが予定されている。また、その間に、和解や調停に代わる決定等によって判決以外の解決を模索したり、例えば専門的な知見が必要となる事案の場合には、専門委員の選任、鑑定、専門家調停委員が関与する付調停の利用などの手続選択をしたりすることもある。

　訴訟において行うべき手続や各手続を行う場合の申立て・決定等の内容といった基本的な枠組みは、民事訴訟法および民事訴訟規則等の関係法令によって規律されているが、実際の事件処理において、民事訴訟の目的・機能、理念・原則や民事訴訟法等が定める各手続の趣旨目的を踏まえて、裁判所および両当事者が、これらの手続をどのように活用することによって、必要十分な判断資料を訴訟の場に出すことができるか、適正妥当な紛争解決を公平迅速に導くことができるかが重要な関心になる。

　この適正妥当な紛争解決を公平迅速に導くためには、裁判所と両当事者が必

要な協働をしながらそれぞれの役割を十分に果たすことが求められる。民事訴訟法は、訴訟運営に関与する一定の権限を当事者に与えており、当事者がこの付与された権限をその趣旨に沿って主体的に行使・活用することによって、訴訟が充実したものになるが、民事訴訟法は、審理を円滑に進行させるという観点から、基本的に職権進行主義をとり[1,2]、法令が規律する枠組みの中で、個々の事件の具体的な進行を裁判所の職権判断に基づく訴訟指揮に委ねている。そのため、裁判官は、個々の事件において、中立的な判断者としての役割とともに、手続の主宰者として、訴訟の各段階をコントロールし、適正妥当な紛争解決を公平迅速に導く責務を有する。

そして、民事訴訟法は、裁判官が上記の責務を果たすべく、裁判官に対して、法令が規律する枠組みの中で手続主宰上の裁量（手続裁量）を付与していると解されるが、裁判官の手続裁量の行使の仕方いかんによって、訴訟の進捗のみならず訴訟の結論をも左右する場合があり得ることから、その適切な行使は訴訟上重要な問題である。

2　手続裁量の合目的的行使

裁判官は、実際の事件処理において手続裁量を行使するにあたっては、事案の性質、訴訟の進捗、争点の状況、証拠構造、当事者の意向・認識・訴訟態度、関連事件の状況を含む多様な要素を検討し、手続の取捨選択を積み重ねているが、この手続裁量は、民事訴訟法の目的・機能等を実現するために裁判所に付与されているものであるから、全くの自由裁量ではなく、裁判官は、民事

1　制度としての民事訴訟に投入できる人的・物的リソースと費用には一定の限界があり、個別訴訟の手続進行を当事者に委ねることは、この有限のリソースを一部の個別訴訟で濫費する事態が懸念され、他の裁判所利用者の利益を侵害する結果を招くことになるため、職権進行主義を採用したとされる（加藤新太郎「訴訟指揮の構造と実務」新堂幸司監修『実務民事訴訟講座［第3期］第3巻民事訴訟の審理・裁判』（日本評論社、2013年）69頁）。

2　民事訴訟法における裁判所と当事者との権限・責任の分配状況を全体的にみて、協同進行主義とよぶのがふさわしいとの指摘がある（竹下守夫＝今井功編『講座新民事訴訟法Ⅰ』（弘文堂、1998年）29頁）。もっとも、現状の評価については、現行民事訴訟法改正後の年月が経過する中で、当事者が次第に受動的・消極的な方向に進んできたとして、協同進行主義の前提が揺らいでいると指摘されている（福田剛久『民事訴訟の現在位置』（日本評論社、2017年）341頁）。

訴訟法が裁判官に当該裁量を付与した趣旨を踏まえて、裁量権を合目的的に行使することが求められる[3]。

II 手続裁量の行使に関する裁判例

裁判官の裁量権の行使・不行使は、それが裁量権行使の限界を超える等一定の場合には違法の問題が生じ得る。そのような最高裁判例は多岐にわたるが、一例として、次のようなものがある[4]。

1 釈明権の行使・不行使が問題とされた事例

(1) 別個の請求原因にわたる結果となる釈明権行使を適法とした事例（最判昭和45年6月11日民集24巻6号516頁）

釈明の制度目的が「弁論主義の形式的な適用による不合理を修正し、訴訟関

3　裁判官の権限の行使を合理的・合目的的なものにすべく裁量権行使を統制する方法としては、例えば、次のような見解がある。
　　① 手続裁量論：適正・迅速・公平・廉価という諸要請を満足させるため無駄を省いた効率的な審理を目標とし、事案の性質・争点の内容・証拠との関連性等を念頭におき、訴訟の進行状況、当事者の意向、審理の便宜等を考慮し、手続保障の要請にも配慮したうえで、当該場面に最もふさわしい合目的的かつ合理的措置を講じることを目指し、それぞれの問題状況に応じて考慮すべき要素を抽出し、その優先順位を定めて、裁量権行使のガイドラインないし裁判所の行為準則を設定し、それによって裁量を統制しようとする見解（加藤新太郎「民事訴訟の運営における手続裁量」新堂幸司先生古稀祝賀『民事訴訟法理論の新たな構築（上巻）』（有斐閣、2001年）193頁）
　　② 審理契約論：裁判所の裁量権を「審理契約」（民事訴訟手続の審理に関して、訴訟法上形成の余地が認められている事項について、裁判所と両当事者（訴訟代理人）との間でなされる拘束力のある合意）と「要因規範」（裁判所の裁量権行使にあたり考慮すべき要因、考慮すべきでない要因を列挙し、さらに規範目的に照らし各要因の重要度を明示することによって構成される規範）によって統制しようとする見解（山本和彦「民事訴訟における裁判所の行為統制」同『民事訴訟法の現代的課題』（有斐閣、2016年）209頁）
　　③ 裁量権行使の理由開示論：裁量権の行使に対して当事者が異議を述べる場合には、裁判所に、その行使の合理性の理由を開示する義務を認め、訴訟進行について当事者と裁判所との協議を実質化することによって、裁量権行使の合理性を確保しようとする見解（山田文「合意と民事訴訟」法セミ501号（1996年）76頁）
4　基本的には個別事案に即した判断であるため、やや長くなるきらいはあるが、判示部分をできるだけ引用した。なお、便宜上、固有名詞は適宜仮名にし、上告人・被上告人等の表示もわかりやすさのためにX・Y等に変更している。

係を明らかにし、できるだけ事案の真相をきわめることによつて、当事者間における紛争の真の解決をはかることを目的として設けられた[5]」ことを理由に、「請求原因として主張された事実関係とこれに基づく法律構成が、それ自体正当ではあるが、証拠資料によつて認定される事実関係との間に喰い違いがあつて、その請求を認容することができないと判断される場合においても、その訴訟の経過やすでに明らかになつた訴訟資料、証拠資料からみて、別個の法律構成に基づく事実関係が主張されるならば、原告の請求を認容することができ、当事者間における紛争の根本的な解決が期待できるにかかわらず、原告においてそのような主張をせず、かつ、そのような主張をしないことが明らかに原告の誤解または不注意と認められるようなときは、その釈明の内容が別個の請求原因にわたる結果となる場合でも、事実審裁判所としては、……原告に対しその主張の趣旨とするところを釈明することが許される」とし、「場合によつては、発問の形式によつて具体的な法律構成を示唆してその真意を確めることが適当である場合も存する」とする。そして、この一般論を前提に、当該事案について、Xの請求原因に係る主張が「YらがXとAとの間に成立した……売買契約上の代金債務を連帯保証したものとして、Yらの負担する右保証債務の履行を求める」から「売買契約はY会社とAを当事者として成立したことを前提とし、XとY会社との間で、右契約に基づきY会社がなすべき……納入をXが代つてなし、Y会社はその代金相当額をXに支払う旨のいわば一種の請負契約が成立したものとして、Y会社に対しては右請負代金の支払をY個人に対しては右請負代金についての連帯保証債務の履行を求める」に変更されたが、①Xは、本件でAもYらの共同被告として訴えを提起し、Aが本件取引の相手方であることを主張して売掛代金の支払を求めたところ、第1審は、XとAとの間に直接の契約関係が成立したことを否定し、Xによる納入はAのY会社に対する注文に基づいてY会社の下請的立場でなされたものにすぎないものと認定

5　審理のあり方を当事者自律型に転換する場合には、この判例理論は見直しが必要になるとの指摘があるが（加藤・前掲論文（注1）82頁）、実務の現状においては、なおこの考え方によっていると思われる。現実の訴訟において当事者・代理人の力量の差によって主張立証の精度にばらつきがあることや、主張立証をする者と判断をする者との間で事実や法的評価について一定の認識の差が生じるのは避けがたいことから、現状で、当事者の主張立証に委ねた場合には、審理の解明度が落ちるなど、裁判官が適切妥当と考える判断に支障が生じる場合があり得ることによると思われる。

し、Aに対する請求を棄却し、当該第1審判決が確定したこと、②しかし、Yらに対する請求については、Yらは、Xに対し、XがY会社の名においてAから代金の支払を受けられることを保証したもので、Xの請求をそのような約束の履行を求める意味に解すれば正当であるとして認容したので、Yらは第1審判決に対して控訴したこと、③Yら訴訟代理人は、控訴審第2回口頭弁論期日においてY個人の本人尋問を申請したが、その尋問事項には、「Y個人がY会社の保証人または連帯保証人になつた事実のないこと」の記載があり、Y個人自身においても、すでに自分がY会社の負担する債務を保証したことをも積極的に争う態度に出ていたとうかがわれることなどの訴訟の経過に照らすと、Xの陳述内容が控訴審裁判所のした釈明の結果によるものであるとしても、その釈明権の行使は、事実審裁判所のとった態度として相当であり、原審に釈明権行使の範囲を逸脱した違法はないと判示した。

本判決については、事実審裁判所の釈明のあり方について、積極的態度を示すものとして留意すべきであろうと評されている[6]。

(2) 釈明権不行使を違法とした事例 (最判昭和51年6月17日民集30巻6号592頁)

事案は、AがYに第二手形を、YがAに第一手形を相互に振り出し、Aは満期前に第一手形を債権担保のためB銀行に裏書譲渡したのち昭和45年4月21日頃に倒産して所在不明となり、Aの債権者Xが昭和48年6月5日にAに代位してB銀行からAへの戻裏書をさせたうえ、Yに対して約束手形金を請求したものであり、Yは、相殺を主張していた。本判決は、「裏書欄には……『昭和四五年五月六日買戻し』の記載がある」ことから、「Aが実質的にはすでに右昭和四五年五月六日に右手形債権を取得していた疑いがあり、もしAが実質的に昭和四五年五月六日に手形債権を取得したとすると、……Yの第二各手形債権がその後時効消滅しても右債権による第一各手形債権との相殺は許されることになる」「Yは原審において第二各手形債権は時効消滅前に第一各手形債権と相殺適状にあつたからその時効消滅後も相殺が許されると主張しているのであり、前記のような疑いのあることが明らかである以上、原審は釈明権を行使し

---

6 吉井直昭「判解」最判解民〔昭和45年度〕293頁。

て相殺適状の時すなわちＡが第一各手形債権を実質的に取得した時等について主張、立証を尽くさせ」るべきであったとして、それをしなかった原判決には釈明権不行使、審理不尽の違法があると判示した。

証拠等からみて事実関係のとらえ方に経験則上明らかな疑問があり、その点のさらなる審理が結論に影響し得る場合には、釈明権を行使して主張立証を尽くさせる義務を負うとするものである。

(3)　**釈明権不行使を違法とした事例（最判平成17年7月14日判タ1191号235頁）**

事案は、Ｘによる元本債権および遅延損害金債権の支払請求に対し、Ｙが、債権の差押えに基づき第三債務者として弁済したとの抗弁を主張したものである。本判決は、「Ｙが、いずれの債権についても同時にＸに対する滞納処分としての差押えがされその全額を支払ったと主張する一方、遅延損害金債権のみが差押債権として記載された債権差押通知書並びに差押債権受入金として上記各債権の全額を領収した旨の記載がある領収証書を書証として提出していることから、同通知書につき上記各債権が同時に差し押さえられた旨の記載があるものと誤解していたことが明らかであるという事情の下においては、裁判所が、Ｙは上記差押えに基づき各債権の全額を支払ったと認定しながら、元本債権に対する差押えについての主張の補正及び立証をするかどうかについて釈明権を行使することなく、同差押えの事実を認めることができないとし、元本債権に対する弁済の主張を排斥したことには、釈明権の行使を怠った違法がある」と判示した。

当事者の主張立証上の誤解があり、それが抗弁の内容および成否に影響する場合に、釈明権を行使して主張立証の機会を付与することを求めるものである。

(4)　**釈明権不行使を違法とした事例（最判平成22年10月14日判タ1337号105頁）**

事案は、法人Ｙから定年規程所定の65歳の定年により職を解く旨の辞令を受けた職員Ｘが、Ｙとの間で定年を80歳とする合意（本件合意）があったと主張して、雇用契約上の地位確認および賃金等の支払を求めるものである。原判決は、本件合意を否定して地位確認請求を棄却し、賃金請求については、定年退

職の告知の時から１年を経過するまでは賃金支払義務との関係では信義則上定年規程による定年退職の効果を主張することができないとしてその一部を認容した。本判決は、①弁論準備手続期日において本件の争点は本件合意の存否である旨が確認されたこと、②第１審判決は、本件合意があったとは認められないとしてＸの請求を棄却するものであり、これに対してＸから控訴が提起されたこと、③控訴理由もそれに対する答弁も、もっぱら本件合意の存否に関するものであったことといった審理経過を前提に、「上記……のような訴訟の経過の下において、……信義則違反の点についての判断をするのであれば、原審としては、適切に釈明権を行使して、被上告人に信義則違反の点について主張するか否かを明らかにするよう促すとともに、上告人に十分な反論及び反証の機会を与えた上で判断をすべきものである。とりわけ、原審の採った法律構成は、……従前の訴訟の経過等からは予測が困難であり、このような法律構成を採るのであれば、なおさら、その法律構成の適否を含め、上告人に十分な反論及び反証の機会を与えた上で判断をすべきものといわなければならない」として、釈明権の行使を怠った違法があると判示した。

　両当事者ともに主張しておらず、審理経過から予測できない法律構成で判決をすることを違法とし、法律構成の適否も含めて当事者の反論・反証の機会を十分付与すべきとするものである。

2　唯一の証拠方法に係る証拠採否が問題となった事例（最判昭和53年３月23日判時885号118頁）

　事案は、Ｘが本件土地の所有権を競落によりＹ₃から取得したとして、占有者であるＹ₁ないしＹ₅に対して建物収去土地明渡しを求めたものである。Ｙ側は、Ｘの所有権取得原因に対し、Ｙらの先代であるＡが本件土地（農地）の売渡処分を受けたにもかかわらず、登記手続未了のうちにＡが死亡したことで、耕作にかかわっていない長男のＹ₃名義の移転登記がされたが、実際にはＡの相続人であるＹ₁らの共有に属していると主張し、Ｙ₁本人尋問の申請をしたが、原審は採否を示さないまま口頭弁論を終結した。本判決は、「所論のＹ₁本人尋問の申出は、本件土地につきＸが完全な所有権でなく共有持分を有するにすぎないとのＹ₁らの主張に関する唯一の証拠方法の申出であるから、特段の事情

のないかぎりこれを取り調べることを要する……。……原審の口頭弁論終結に
あたって当事者双方が『他に主張立証はない。』と述べたこと……を以て前記
唯一の証拠方法を取り調べることを要しない特段の事情とすることはできな
い」として、原判決には証拠の採否に関する法の解釈適用を誤った違法がある
と判示した。

　自由心証主義を踏まえ、必要がないと認めた証拠は採用する必要はないのが
原則であるが（民訴181条）、ある主張を立証するための唯一の証拠方法の申出
については、特段の事情がない限り取り調べることを義務づけるものである。

3　口頭弁論の分離が問題とされた事例

(1)　予備的併合において、主たる請求を排斥する一部判決が許されないとした事案（最判昭和38年3月8日民集17巻2号304頁）

　事案は、Xが、主たる請求として、Yの代理人Aとの間で消費貸借契約を締
結したとして貸金の返還請求をし、予備的請求として、Aが代理人もしくは使
者といえないとしても、XがAに交付した金員をYがAから法律上の原因なく
利得したとして、不当利得の返還請求をしたものである。原審は、予備的請求
に関して判断を示さず、貸金請求についてのみ判断し、理由がないとして排斥
した。本判決は、「右のような関係にある訴が予備的に併合された場合には、
主たる請求を排斥する裁判をするときは、同時に予備的請求についても裁判す
ることを要し、これを各別に判決することは許されない」として、主たる請求
を排斥する裁判をしながら、予備的請求について裁判をしなかった原判決を違
法とした。

　両請求が代理権の有無に関して統一的な判断がされることを期待して予備的
併合された場合には、その意思ないし期待に照らして、弁論を分離すること
（そのうえで一部判決をすること）は認められないとするものである。

(2)　独立当事者参加がされた訴訟において、弁論を分離して判決をすることが違法とされた事例（最判昭和43年4月12日民集22巻4号877頁）

　事案は、Y信用金庫に対する定期預金債権および遅延損害金債権（本件債権）
の帰属が問題となった事案であり、①本件債権をAから譲り受けたと主張する
Xが、Y信用金庫に対し、本件債権の弁済を求める訴訟を提起し、②本件債権

（厳密にはそのうちの多くの部分）を転付命令によりAから取得したとするZが、旧民事訴訟法71条（現47条）の独立当事者参加をして、Xに対しては本件債権の確認を、Yに対しては本件債権の支払を請求した。1審判決はXの全部勝訴、YおよびZの全部敗訴であったところ、ZからXのみを被控訴人とする控訴が提起され、控訴審の審理・判決はXとZのみを当事者として進められ、控訴棄却の判決がされた。本判決は、「民訴法71条の当事者参加にもとづく、……訴訟関係にあつては、Zのなした右控訴、上告は、Yに対しても効力を生じ」るとし、「訴訟当事者の一部のみに関する判決をすることは許されない」と判示した。

　独立当事者参加においては、実体的権利関係の性質に照らして本質的に合一確定が求められる必要的共同訴訟とは趣旨は異なるとしても、制度趣旨に照らして合一確定の要請が働くことから、弁論の分離は許されないと判示したものである。

4　弁論再開をしないで判決をした裁判所の措置が違法であるとされた事例（最判昭和56年9月24日民集35巻6号1088頁）

　事案は、土地建物（本件不動産）を所有するX₁が、所有権移転登記等を受けたYに対し、当該登記の抹消登記手続を求めたものである。Yは、X₁またはその養子であるX₂から代理権を授与されたBとの間で契約を締結したもので、登記は有効であると主張したが、1審はX₁の請求を認容した。控訴審係属中にX₁が死亡したが、訴訟代理人がいたため中断せず、訴訟承継の手続もとられないまま、口頭弁論を終結した。その後、Yが、口頭弁論再開申立書を提出するとともに、X₁の死亡によりX₂がX₁の権利義務一切を承継したから、X₂ないしBの行為につき責任を負うべきである旨を記載した準備書面を提出したが、控訴審裁判所は、口頭弁論を再開せず、1審同様にX₁の請求を認容した。本判決は、「いつたん終結した弁論を再開すると否とは当該裁判所の専権事項に属」するとしつつ、「裁判所の右裁量権も絶対無制限のものではなく、弁論を再開して当事者に更に攻撃防禦の方法を提出する機会を与えることが明らかに民事訴訟における手続的正義の要求するところであると認められるような特段の事由がある場合には、裁判所は弁論を再開すべきものであり、これをしな

いでそのまま判決をするのは違法である」とし、「YはX₁が原審の口頭弁論終結前に死亡したことを知らず、かつ、知らなかつたことにつき責に帰すべき事由がないことが窺われるところ、本件弁論再開申請の理由は、……X₂がX₁を相続したことにより、X₂がX₁の授権に基づかないでAをX₁の代理人として本件不動産のうちの一部をB社に売却する契約を締結せしめ、その履行のために同人の実印をAに交付した行為については、X₁がみずからした場合と同様の法律関係を生じ、ひいてAは右の範囲内においてX₁を代理する権限を付与されていたのと等しい地位に立つことになるので、……Yは、原審に対し、右事実に基づいてAの前記無権代理行為に関する……表見代理の成否について更に審理判断を求める必要がある、というにあるものと解される……。右の主張は、本件において判決の結果に影響を及ぼす可能性のある重要な攻撃防禦方法ということができ、Yにおいてこれを提出する機会を与えられないままY敗訴の判決がされ、それが確定して本件各登記が抹消された場合には、……Yは、該判決の既判力により、後訴において右事実を主張してその判断を争い、本件各登記の回復をはかることができないことにもなる関係にあるのであるから、……自己の責に帰することのできない事由により右主張をすることができなかつたYに対して右主張提出の機会を与えないままY敗訴の判決をすることは、明らかに民事訴訟における手続的正義の要求に反する……。原審としては、……弁論を再開して上告人に対し右事実を主張する機会を与え、これについて審理を遂げる義務があるものと解するのが相当である」として、これをせずにY敗訴の判決を言い渡した点には、弁論再開についての訴訟手続に違反した違法があると判示した。

　再開後に求める審理の内容が判決の結果に影響を及ぼす可能性のある重要な攻撃防御方法に関するもので、口頭弁論終結までに当該主張をすることができなかった事情があり、後訴で権利救済を図ることができない場合に、弁論を再開せず、攻撃防御方法を提出する機会を与えないことは、手続的正義に反し許されない。

[11] 民事訴訟の手続裁量とその限界

5 文書提出命令に係る抗告事件で、即時抗告申立書の写しを送付しなかった裁判所の措置を違法であるとした事例（最決平成23年4月13日民集65巻3号1290頁）[7]

　事案は、時間外勤務手当の支払を求める訴訟において、第1審裁判所がXの申立てに基づいて使用者Yに対してタイムカード（本件文書）の提出を命ずる決定をしたため、Yが本件文書を所持している事実を争って即時抗告をしたところ、即時抗告審が、即時抗告申立書をXに送付しないまま、上記決定を取り消して、Xの申立てを却下したものである。本決定は、「本件文書は、……労働に従事した事実及び労働時間を証明する上で極めて重要な書証であり、本件申立てが認められるか否かは、本案訴訟における当事者の主張立証の方針や裁判所の判断に重大な影響を与える可能性がある上、本件申立てに係る手続は、本案訴訟の手続の一部をなすという側面も有する。そして、本件においては、Yが本件文書を所持しているとの事実が認められるか否かは、裁判所が本件文書の提出を命ずるか否かについての判断をほぼ決定付けるほどの重要性を有するものであるとともに、上記事実の存否の判断は、当事者の主張やその提出する証拠に依存するところが大きいことにも照らせば、上記事実の存否に関して当事者に攻撃防御の機会を与える必要性は極めて高い。しかるに、……Yが提出した即時抗告申立書には、Yが本件文書を所持していると認めた原々決定に対する反論が具体的な理由を示して記載され、かつ、原々決定後にその写しが提出された書証が引用されているにもかかわらず、原審は、Xに対し、同申立書の写しを送付することも、即時抗告があったことをXに知らせる措置を執ることもなく、その結果、Xに何らの反論の機会を与えないまま、上記書証をも用い、本件文書が存在していると認めるに足りないとして、原々決定を取り消し、本件申立てを却下しているのである。そして、……抗告人において、相手方が即時抗告をしたことを知っていた事実や、そのことを知らなかったことにつき、抗告人の責めに帰すべき事由があることもうかがわれない。以上の事情

7　現在は、抗告が不適法であるとき、抗告に理由がないと認めるとき、または抗告状の写しを送付することが相当でないと認めるときを除き、抗告状の写しを送付するものとするとの規定（民訴規207条の2）が整備された。

240

の下においては、原審が、即時抗告申立書の写しをXに送付するなどしてXに
攻撃防御の機会を与えることのないまま、……Xに不利益な判断をしたこと
は、明らかに民事訴訟における手続的正義の要求に反するというべきであり、
その審理手続には、裁量の範囲を逸脱した違法がある」と判示した。

　なお、最決平成23年9月30日判タ1358号76頁は、補助参加を許可する旨の
原々決定を即時抗告の相手方に不利益なものに変更するにあたり、即時抗告申
立書の副本の送達またはその写しの送付をしなかった原審の措置には、抗告審
における手続保障の観点からみて配慮に欠けるところがあったことは否定でき
ないとしたものの、原審においては、抗告人に補助参加の利益が認められるか
否か等の補助参加の許否をめぐる法的問題のみが争点となっていたこと、当該
法的問題については、原々審において攻撃防御が尽くされ、原審において新た
な法的主張が提出されたわけでもないことから、審理手続に裁判に影響を及ぼ
すことが明らかな法令の違反があるとはいえないと判示した。

　即時抗告手続の迅速性の要請に照らして、当時は一律に抗告申立書の送付が
求められていたわけではないが、両決定とも、不利益に変更する場合には手続
保障に配慮して即時抗告申立書を送付することを行為規範としては求めている
といえ、そのうえで、裁量を逸脱したかの評価にあたっては、当該手続と本案
審理との関係性の高さ、それまでの審理における攻撃防御の状況を踏まえた即
時抗告申立書に対する反論の必要性の程度（結論に与える影響）が影響したも
のと思われる。

6　控訴審で従前の意見書と異なる新たな医師の意見書が提出された　が、両意見書の内容を十分に比較対照する手続をとること　なく、第1回口頭弁論で終結し、1審判決の認容部分を取り消　したことに採証法則違法があるとされた事例（最判平成18年11　月14日判タ1230号88頁）

　事案は、ポリープ摘出手術を受けた患者Aが死亡した医療過誤訴訟におい
て、相続人であるXらが担当医であるY₁および病院開設者であるY₂を相手に
損害賠償請求をしたもので、争点の一つがY₁にAのショック状態による重篤
化を防止する義務の違反があったか否かであった。1審は医師Bの意見書を踏

まえて Y₁ の義務違反を認める判断をしたところ、控訴審では、Y₁ の過失を否定する医師Ｃの意見書が出され、第１回口頭弁論期日で弁論を終結したうえ、１審判決の認容部分を取り消し、Ｘらの請求を棄却した。本判決は、「Ａの状態や前記……の医学的知見から判断して、原審は、Y₁ において、Ａに対し輸血を追加すべき注意義務違反があることをうかがわせる事情について評価を誤ったものである上、医師Ｂの意見書の……意見が相当の合理性を有することを否定できないものであり、むしろ、医師Ｃの意見書の……意見の方に疑問があると思われるにもかかわらず、医師Ｂの意見書と医師Ｃの意見書の各内容を十分に比較検討する手続を執ることなく、医師Ｃの意見書を主たる根拠として直ちに、Ａのショック状態による重篤化を防止する義務があったとはいえないとしたものではないかと考えられる。このことは、原審が、第１回口頭弁論期日に口頭弁論を終結しており、本件の争点に関係する医師Ｂの意見書と医師Ｃの意見書の意見の相違点についてＸらに医師Ｂの反論の意見書を提出する機会を与えるようなこともしていないことが記録により明らかであること、原審の判示中に医師Ｂの意見書について触れた部分が全く見当たらないことからもうかがわれる。このような原審の判断は、採証法則に違反するものといわざるを得ない」と判示した。

採証法則違反と判断される原因となった審理経過の重要なポイントとしては、医師Ｃの意見書には疑問があるにもかかわらず、医師Ｃの意見書に対する反論の機会を与えないまま１審とは逆の結論を導く不利な判断をしたことにあると思われ、重要な証拠に対して当事者に十分に反証の機会を与えるべきことを示している。

Ⅲ　手続裁量の行使における留意点

手続裁量の行使においては、裁量権行使の考慮要素が明文の規定によって示されている場合もあるが（遅滞を避ける等のための移送に関する民事訴訟法17条、付添いや遮へいの措置に関する同法203条の２・203条の３、法定審理期間訴訟手続に関する同法381条の２第１項等）、そのような場合は多くない。上記各判例が、各事案における当該裁量権行使時の具体的な事実関係を踏まえてその適否を判断

しているとおり、手続裁量の行使は、手続の法的な根拠やその趣旨を前提に、上記Ⅰ2記載の多様な考慮要素を踏まえて、どのような措置を講じることが適切かを個々の事案の個別の場面で具体的に検討する必要がある。本来は手続の類型的な段階ごとに裁量権行使の留意点を検討するのが有益であるが[8]、本稿では、各手続を通じて、裁量権行使にあたって留意すべきと思われる事項を、上記各判例も踏まえて裁量行使の限界にも触れながら、検討する。

1　民事訴訟の目的・機能や原則・理念に適合していること

⑴　民事訴訟の目的・機能、原則・理念のとらえ方

　民事訴訟の目的・機能、原則・理念のとらえ方は多様であるが、権利保護や紛争解決に結び付くか、適正・公平・迅速・経済や手続保障等に適った手続になっているかに留意すべきである。

　もっとも、これらの要素は、相互に補完して民事訴訟制度を十全ならしめるものであるが、他方、個別の場面でみた場合には相衝突して相互の制約要素になることもある（例えば、原告はさらなる主張立証の機会を求めるが、被告はすでに判断可能であるとして速やかな弁論終結を希望する場面や、専門的知見を収集する場合に、適正さを重視して費用・時間を要する鑑定を行うか、その負担を避けて書証（医学文献）の提出や専門委員の選任によるかが問題となる場面などさまざまある）。

　これらの要素のうち何を重視し、どのようなバランスをとるべきかは、場面ごとに検討することが必要になるところ、訴訟運営については、①当事者から提出される主張・証拠などの攻撃防御方法を裁判官が的確に受け止めて、判断対象について心証形成をしていく実体形成面と、②裁判官が訴訟手続を適切・円滑に進行させていく手続運営面があることから[9]、これらに分けて検討する。

8　この意味では、本書全体がその趣旨を含んだものといえる。また、手続の類型的な段階ごとに手続裁量を行使するうえでの問題点を検討した文献として、大江忠＝加藤新太郎＝山本和彦『手続裁量とその規律』（有斐閣、2005年）参照。

9　審理運営をこのように二つに分けることにつき、加藤新太郎「審理における実質と形式の統合と手続裁量」同『手続裁量論』（弘文堂、1996年）64頁参照。なお、適正な裁判を実現することを目的とする実質的訴訟指揮と訴訟手続の円滑迅速な進行を図る形式的訴訟指揮に分ける考えもある（萩原金美「訴訟指揮と当事者」鈴木忠一＝三ケ月章監修『新・実務民事訴訟講座1』（日本評論社、1981年）195頁）。

243

(2) 実体形成面

ア 基本的なイニシアティブは当事者に

実体形成面では、民事訴訟法において弁論主義がとられていることのみならず、生の事実に近い当事者に実体形成面を委ねるほうが真実発見に近づくことから、主張立証の基本的なイニシアティブは当事者がもつべきである。そのため、裁判所は、まずは、適正さや当事者の手続保障（具体的には訴訟資料を提出する権利である弁論権の保障）を重視して、当事者がその意図する攻撃防御を尽くすことができるように、当事者の意向をできるだけ尊重した進行をするべきである。また、当事者が対等であって初めて双方の攻撃防御が適切に機能することから、公平性に対する配慮も重要である。

イ 裁判所が関与すべき場合

もっとも、次のとおり、実体形成面であっても、主張立証活動のすべてを当事者に委ねることは相当でない。

(A) 実体的真実発見（適正さ）や当事者の手続保障を実質化するため

まず、実体的真実発見（適正さ）や当事者の手続保障を実質化するために、裁判所が関与すべき場合がある。

すなわち、一つめの場面としては、当事者の主張に不明確・不足・矛盾等がある場合のほか、当事者の主張がそれまでの当事者双方の主張立証活動の積み重ねによって浮かび上がる（あるいは垣間みえる）紛争実体と整合しないなど、実体的真実に合致した紛争解決に反すると思われる場合には、上記Ⅱ1(1)の判例が示す釈明に対する積極評価に照らしても、単に当事者に攻撃防御方法の提出機会を与えるだけでは足りず、積極的に釈明を求めて、事実主張や証拠提出の補充の要否の検討を促し、あるいは法律構成や訴訟物の適否の検討を促すことが求められる。

そして、上記Ⅱ1(2)および(3)の各判例を踏まえると、証拠等からみて事実関係のとらえ方に明らかな疑問があり、あるいは当事者に明らかな誤解がある場合で、さらに主張立証させることで結論が変わり得るときは、実体的真実に反する紛争解決に至る現実的可能性があるから、裁判所がそれを看過することは許されず、裁判所が釈明権を行使しないことが、裁量を逸脱した釈明義務違反として評価され得ることになる。

このような釈明権に対する積極的な姿勢については、当事者の裁判所に対する依存を助長する結果になるおそれ、当事者間の公平を損なうおそれ、裁判所の意向に沿って「真相」が曲げられるおそれなどの問題が指摘されている。代理人の依存の実情等については不明であるが、これらの懸念は理解できるところである。もっとも、民事訴訟の目的・機能である権利保護や紛争解決は、実体法秩序を訴訟を通じて実現することによって果たされるものであり、そのためには、法の解釈を踏まえた要件事実の正確な分析と、その適用としての主要事実の正しい認定が不可欠である。真実に基づく裁判を求める国民の意識を踏まえ、重要な社会インフラである民事訴訟制度をわが国社会で機能させ、これに対する国民の信頼を維持するという見地からは、当事者の主張立証活動を踏まえてなお問題がある点については、主張立証を補いあるいは再検討をするかどうか促し、適正妥当な判断（心証形成）ができるまで事案の解明度を上げ、判断の合理性を高める努力をすることが重要と思われる。民事訴訟法が私的自治を基盤にして処分権主義・弁論主義を採用する以上、意識的に検討したうえで最終的に主張立証をどの範囲でするか等は、当事者が選択すべき問題であるが、当事者がそのような意識的な検討や最終的決断をする前の審理途中の段階において、その時点の主張や証拠を踏まえて判断者たる裁判官として疑問に思う事項については、結果的にいずれに有利になるかを問わず、虚心坦懐に当事者に尋ねることが、事案解明に向けた真摯な態度と思われる。ただし、それまでの審理経過や訴訟資料から合理的に生じる疑問を超えた釈明は、思い込みに基づく偏ったものである可能性があり、公平に反するのみならず、真実からかい離した争点設定・判断に結び付く危険があるから、控えるよう留意すべきである[10]。

二つめは、主として手続保障が問題になる場面で、裁判所が結論を示す過程で判断をする事項については、当事者に主張立証の機会を適切に与える必要がある。

---

10 代理人が自己の事件に対する事実認識を正確にし、かつその事実に従った主張を展開していくのを手助けするのが釈明であるとし、裁判所が勝手に事件をつくり上げることを戒めるものとして、武藤春光「民事訴訟における訴訟指揮」加藤新太郎編『民事訴訟審理』（判例タイムズ社、2000年）32頁。

争点については、裁判官と当事者との間で認識を共通にしておかなければならない。争点整理手続を実施した場合にその後の証拠調べによって証明すべき事実の確認が求められている（民訴165条1項、170条5項、178条）ように、民事訴訟法は、その他法解釈の争いも含めて、争点の認識が共有されていることを前提にしていると解される。複雑な事案になると、争点やそれに対する主張の認識の共有が難しくなることから、争点整理表を作成するなど審理運営上の工夫をしながら進める場合があるが、そうでなくても、事案や当事者の主張立証状況を踏まえて、随時争点を確認しておくのが相当である。これを怠り、当事者が争点として認識していないために主張立証をしておらず、審理経過からも当事者が予測できないような法律構成で判断をしたような場合には、Ⅱ1(4)の判例のように、釈明権の行使義務を怠ったとの評価がされることになる。

そして、争点自体はわかっていたとしても、相手方の主張立証の内容を理解して的確に反論をする機会がないと、防御権の行使が害され得る。審理において一方当事者から出された主張や証拠に対しては、その内容の重要性（結論に与える影響の程度）、従前の主張や証拠との関係、反論・反証の可能性とその内容、反論・反証に要すると考えられる時間等を考慮して、反論をさせるか否か、反論をさせる場合の準備時間を定めることになろう（後記のとおり、当事者の意向も当然に考慮する）。結論を左右する重要な証拠の提出があったにもかかわらず、十分な反論の機会を与えないまま、不十分な検討に基づく判断をした場合には、Ⅱ6の判例のように採証法則違反となるし、提出された主張書面を相手方に送付することが法令上求められていない附随的な手続の場合でも、本案の結論に与える影響の程度によっては、Ⅱ5の判例のように送付しないことが裁量逸脱と評価される。

(B) 当事者の実質的公平を考慮した訴訟指揮

また、当事者の実質的公平を考慮した訴訟指揮が求められることがある。

すなわち、医療訴訟や株主代表訴訟など、証拠が偏在し、立証責任を負う原告側が保有する証拠や情報が限られている場合には、真実の発見と当事者の実質的な公平という観点から、被告側が保有する情報の提出を促す釈明を裁判所がする場合もある。

例えば、医療訴訟の分野においては、主張立証責任の所在は審理および判決

における重要な指標であるとしつつも、裁判所は民事訴訟が公正かつ迅速に行われるように努め、当事者は信義に従い誠実に民事訴訟を追行しなければならないものであるから（民訴2条）、理論上の主張立証責任の所在にかかわらず、状況に応じた柔軟な訴訟指揮が要請されるとし、原告が主張立証責任を負う医師の過失に関する診療経過の主張整理の方法として、まず、カルテや検査データ等を所持する医師らの側において詳細に事実主張を展開させている[11]。株主代表訴訟においても、原告に資料が乏しく主張の特定が難しい場合、立証責任の所在にこだわらずに被告に主張立証を促す方法と、主張自体失当として棄却する方法があり得、個々の事案に応じてバランスのとれた訴訟運営が迫られると指摘[12]されているところである。

　被告側にどこまで事実を明らかにする法的な義務があるといえるのか一義的に明確とはいえず[13]、釈明を求める内容や釈明の仕方によっては裁判所の公平性に対する当事者の信頼を失うことにもなりかねないことに照らすと、双方の資料の偏在の状況に加えて、実体法の観点からみた原告と被告の関係や被告の行為によって原告に生じている不利益の内容、当該事案において請求原因に対する否認の理由（民訴規79条3項）として求められるべき内容、当該事項が当事者尋問や当事者照会であれば回答が義務づけられるものか否か、立証責任を負うべき側が尽くした手段の状況などの諸事情を考慮しながら、相手方にどのような内容の主張立証を促すのであれば信義則（民訴2条）を含む法の規範的な要求に基づくものといい得るかを、事案や場面に応じて丁寧に検討することが求められる。

11　太田幸夫「医療過誤訴訟における訴訟指揮」同編『新・裁判実務大系（第1巻）医療過誤訴訟法』（青林書院、2000年）456頁、459頁。

12　菅原雄二＝松山昇平「株主代表訴訟における訴訟運営」門口正人編『新・裁判実務大系（第11巻）会社訴訟・商事仮処分・商事非訟』（青林書院、2001年）115頁。

13　学説においては事案解明義務の理論が主張されているが（春日偉知郎『民事証拠法研究——証拠の収集・提出と証明責任』（有斐閣、1991年）233頁など）、どのような要件の下でどのような効果を認めるべきかは、なお問題があるように思われる。なお、事案解明義務に関して当事者間の主張立証の負担の分配を論じた近時のものとして、安西明子「当事者間の負担分配から見た事案の解明」春日偉知郎先生古稀祝賀『現代民事手続法の課題』（信山社、2019年）7頁以下、証明責任を負わない相手方による主張立証について、民事訴訟法の規定との関係を論じたものとして、山本和彦「民事訴訟における真実の発見」同『民事訴訟法の現代的課題』（有斐閣、2016年）364頁参照。

(C)　当事者の主張立証活動を制限する場面

　他方、当事者の主張立証活動を制限する場面もある。

　複数ある請求原因事実のうち、一つが認められないとの心証に達したような場合には、迅速な解決ないし訴訟の負担から被告を早期に解放するという観点から、他の請求原因事実や抗弁事実の主張立証は不要であると制限して弁論を終結することがある。

　また、当事者が多数の証人の尋問を申請するような場合にも、訴訟資源が有限であり、他の事件も含めた公平で効率的な分配をする必要があることから、心証や他の証拠状況も勘案しながら最良証拠のみを採用することが求められることも少なくない。

　さらに、争点整理の回数を重ねるごとに、その主張立証の対象が、主要事実から重要な間接事実、推認力が高いとはいえない間接事実、それら間接事実の推認力に関する事実、それらを弾劾する証拠の裏付けのない主張などと、徐々に結論にはさほど影響しないいわば枝葉の議論になりやすいが、当事者本人の心情から、相手方の主張に対しては反論せざるを得ず主張の応酬が繰り返されることがある。このような場合も、心証形成上無用な主張立証による訴訟の遅延の防止や訴訟経済の観点から、主張立証の途中であっても、それ以上の主張立証は不要である旨を示唆して、主張立証を終えることを促すこともある。

　主張立証が裁判官の判断（心証形成）のためであることからすると、権利保護や真実発見の見地からみても裁判官が不要と考える主張立証については、迅速性や訴訟経済の観点から制限をして、訴訟手続を全体として進めることが求められているといえる。

　もっとも、証拠の採否については、Ⅱ2の判例のように、唯一の証拠の場合には、特段の事情がない限り取り調べることが義務づけられる。

　また、訴訟を全体的にみた場合に、迅速性や訴訟経済を図る尺度は一様ではない。結論を導くうえで1審担当裁判官が不要と考える当事者の主張立証であっても、多少の時間を使ってそれを尽くさせたほうが、最終的には、1審での和解成立や1審判決の確定につながり、紛争全体としてみれば迅速・低廉に終えられることもある。結論の見通しを適切にもち、審理を漂流させないことを前提に、事案や当事者に応じた柔軟な対応が求められよう。

ウ　当事者が主張立証活動を十全に行うための環境整備

　さらに、当事者が主張立証活動を十全に行うための環境整備を訴訟指揮によって行う必要もある。

　近時、審理期間の長期化を受け、改善策の一つとして争点整理における口頭議論やその際の裁判官の心証開示の重要性が改めて注目されている[14]。口頭議論に関する運用の改善として、争点に関する裁判所および当事者の共通認識を実質的かつ効果的に形成するために、早期に口頭協議をして、そこで確認された争点の主張立証に当事者のエネルギーを効率的に注力してもらうような試みをしたり、争点整理期日において例えばノンコミットメントルール（①弁護士が、争点整理手続において、後日撤回する可能性を留保した暫定的発言をすることを認めること、②裁判所は、暫定的発言を主張として扱わないこと、③相手方代理人は、暫定的発言を次回の準備書面で引用したり、その発言を自白として扱うべきであるという主張をしないことを内容とするもの[15]）を明示して、当事者（代理人）が委縮することなく自由に争点整理期日における議論を行うことができる基盤をつくろうとするなどの試みがされている。

　争点について適正な判断を導くために当事者の主張立証活動を実質化・効率化させ、適正と迅速をともに実現するうえで、当事者の理解と協力を得ながら、裁判所が裁量権を行使して工夫をする余地とその必要性を示すものといえよう。

エ　小　括

　以上に鑑みると、実体形成面での手続裁量の行使にあたっては、概要、次の

14　現状において口頭議論が低調であることについて、当事者側の要因と裁判官側の要因に分けて論じ、対応策を検討するものとして、山本和彦「争点整理手続の過去、現在、未来」高橋宏志先生古稀祝賀論文集『民事訴訟法の理論』（有斐閣、2018年）769頁、村田渉「口頭による争点整理の手法に関する一試論」加藤新太郎先生古稀祝賀論文集『民事裁判の法理と実践』（弘文堂、2020年）139頁、争点整理における口頭議論のあり方（心証開示、自由な議論のためのルール）について論じたものとして、笠井正俊「争点証拠整理のための口頭議論をめぐって」前掲高橋宏志先生古稀祝賀論文集457頁参照。

15　笠井正俊ほか「民事訴訟法施行20年を迎えて〜争点整理等における現状と課題、あるべき姿〜」判タ1447号（2018年）9頁。なお、ノンコミットメントルールについて論じたものとして、堀清史「争点整理（弁論準備）手続における口頭議論とノン・コミットメントルールについて」本間靖規先生古稀祝賀『手続保障論と現在民事手続法』（信山社、2022年）395頁参照。

ようにいえるのではないか。

　まず、真実発見および手続保障の見地から、個々の主張立証のイニシアティブは基本的に当事者に与えるべきものである。また、裁判官は、当事者が有意な主張立証を十全に行うことができるように、環境整備をすることも求められる。

　他方、当事者の活動に委ねたところ心証形成上の具体的な支障や問題が生じた場面では、裁判官が抱いた疑問を指摘して主張立証の補充を適宜促すことが相当であるし、それが結論を左右する重要な事項である場合には、その指摘をする法的な義務も生じ得る。また、当事者の主張立証活動の目的は、裁判所の判断、すなわち担当裁判官の心証形成に向けられたものであるから、判断者兼手続主宰者である裁判官としては、主張立証が心証形成や判断にどの程度有益かも見極める必要があり、心証形成や判断に影響を及ぼさないと合理的にいえる場合には、唯一の証拠法則にあたるなど手続的正義に反するなどの事情がない限り、訴訟の効率化・迅速化のために主張立証活動を制限する場合もあり得る。

(3)　手続形成面

　手続形成面では、審理の効率化の要請が高まり、同様の水準の実体形成ができる場合には、できるだけ迅速化、訴訟経済（この中には、当事者の主張立証の便宜も含まれる）を重視して、柔軟かつ積極的に裁量を行使することが求められよう。

　もっとも、この場合でも、効率化以外の要素を重視すべき場面や、そもそも裁量の有無が問題になることもある。

ア　口頭弁論の再開

　まず、実体形成面とも密接に関連するが、例えば、口頭弁論の再開[16]（民訴153条）についてみると、口頭弁論は、訴訟が裁判をするのに熟したとき（同法243条1項）や、当事者の不出頭等があり、審理の現状および当事者の訴訟追

16　口頭弁論の再開に関する裁量について、再開義務はないが再開が望ましい場合、再開しなくてもよい場合、再開しても違法ではないが再開しないことが望ましい場合、再開すべきでない場合などに分けて論じたものとして、山田文「口頭弁論の再開」大江忠＝加藤新太郎＝山本和彦編『手続裁量とその規律』（有斐閣、2005年）301頁以下。

行の状況を考慮して相当と認めるとき（同法244条）に終結するから、口頭弁論再開の職権発動を求める当事者の申立てを受けて弁論を再開するか否かを判断するにあたっては、裁判所は、再開を求める理由や同時に提出される証拠等を踏まえた結論への影響の有無・程度（判断のためにはさらなる審理を必要とするか）、再開しなかった場合に当事者に与える不利益の有無および内容（請求異議や不当利得等による事後的な救済が可能か）、口頭弁論終結までの審理状況、再開後に予定する主張立証を口頭弁論終結前に提出できなかった理由（当該当事者に同法157条（時機に後れた攻撃防御方法の却下等）の故意または重大な過失があるかも含む）等を考慮して、再開をするか否かを判断することになる。ただし、上記Ⅱ4の判例のように、判決結果に影響を及ぼす可能性のある重要な攻撃防御方法に関するものであり、当事者に帰責性がなく、事後的な権利救済を図ることができない場合には、口頭弁論を再開することが義務づけられる。

　イ　口頭弁論の分離・併合

　また、口頭弁論の分離・併合[17]（民訴152条1項）については、請求・当事者の同一性・関連性、訴訟の進行状況、訴訟資料の共通性、弁論終結や判決をする時期・内容の見通し、当事者の意向などを考慮要素に、弁論や証拠調べを同時に行うことによる便宜、裁判の矛盾抵触の回避等の併合審理のメリットと、併合審理による手続の複雑化や遅延というデメリットとを比較考量することになり、この点では、審理の効率を考慮することになる。

　もっとも、明文規定で弁論の分離を禁じる場合（同時審判の申出があった共同訴訟や引受承継のされた訴訟に関する民事訴訟法41条1項・50条3項）や、弁論の併合を義務づける場合（同一の請求を目的とする会社の組織に関する訴えに関する会社法837条）があるほか、Ⅱ3(1)および(2)の判例の事案である予備的併合や独立当事者参加のように、請求相互の関連性や当該手続をとった当事者の意思から一つの手続で審理・判決をすることが不可欠であり、弁論の分離が解釈上許されない場合があり、このような場合には弁論を分離する裁量がないことになる。

17　口頭弁論の分離・併合に関する規制や裁量について論じたものとして、笠井正俊「口頭弁論の分離と併合」大江ほか・前掲書（注16）141頁以下。

2　当事者の意向を適切に踏まえること

(1)　当事者の訴訟運営に関与する権限

　訴訟手続の進行は、基本的には裁判官の裁量に委ねられているが、民事訴訟法は、次のとおり、当事者にも訴訟運営に関与する権限を認めている。

　　ア　一定の当事者の意思に裁判所が拘束される場合

　例えば、管轄権ある裁判所からの移送（民訴19条1項）、専門委員の関与決定の取消し（同法92条の4ただし書）、弁論準備手続に付する決定の取消し（同法172条ただし書）については、当事者双方の申立てがあるとき、または当事者の一方の申立てに他方が同意しているときは、裁判所はこれに拘束される。近時改正された法定審理期間訴訟手続による審理（同法381条の2）についても、当事者間の衡平を害しまたは適正な審理の実現を妨げると認めるときを除くという留保を付けながら、当事者双方の申出がある場合等には裁判所はこれに拘束される。

　また、専門委員の和解への関与（民訴92条の2第3項）、証人尋問に代わる書面の提出（同法205条）、口頭弁論調書における証人等の陳述等の記載の省略（民訴規68条）などについては、当事者双方に異議がないか、当事者双方が同意していることが必要である。

　さらに、同時審判の申出による弁論の分離の禁止（民訴41条1項）、弁論準備期日における第三者の傍聴（同法169条2項）については、当事者の一方の申立てがあれば、裁判所はそれに拘束される。

　　イ　当事者に申立権が認められており、裁判所が申立てに従うことは義務づけられないものの、許否の判断を示すことが義務づけられている場合

　例えば、遅滞を避ける等のための移送の申立て（民訴17条）、時機に後れた攻撃防御方法の却下の申立て（同法157条）がある。

　　ウ　裁判所が手続選択をするにあたり、当事者の意見を聴取することが義務づけられている場合

　例えば、専門委員の手続関与決定をする場合（民訴92条の2第1項・2項、92条の3）、弁論準備手続や書面準備に付す場合（同法168条、175条）、映像および音声（ウェブ）により口頭弁論を行う場合（同法87条の2第1項）、音声の送受

信により弁論準備手続を行う場合（同法170条３項）、証人尋問・当事者尋問の順序を変更する場合（同法202条２号、210条）、当事者本人を証人より先に尋問する場合（同法207条２項ただし書）がある。

(2) **手続規制がない場合でも、当事者の意向を確認・把握したほうがよい場合**

　上記(1)のような手続規制がない場合でも、当事者の意向を確認・把握したうえで、それと実体的真実発見や効率的な進行とをすり合わせながら手続を進めることが相当である。

　すなわち、手続を円滑に進めるためには、裁判官が選択した訴訟進行を当事者にできるだけ前向きに受け入れてもらい、かつ、裁判官が当該進行を選択した意図を理解してそれに沿った合理的な訴訟活動をしてもらう必要があり、そのためには、当事者の意向を踏まえ、その理解を得ながら進めることが重要になる。当事者の意向を無視して強引に進めても、反発を招いて審理が予定どおり進まなくなるのみならず、和解による妥当な解決の妨げになったり、判決に対しても納得が得られず控訴を招く結果となって紛争解決が長引くといったことになりかねない。また、実体形成に関する主張立証活動については、当該事件の事実関係や証拠状況をより理解する当事者の意向・方針を尊重することが、より実体的真実に近づくことにつながる。そういった観点から、裁判官が訴訟進行を決するにあたっては、当事者の意向を確認・把握し、裁判官と両当事者が手続進行について共通認識をもち得るように考慮しながら行うのが望ましいし、実際の実務においても一般的であると思われる。また、当事者は、訴訟の進行や審理のあり方に全般的に利害関係を有するから、主体的に進行について意見を述べることも、裁判官が手続裁量を合理的に行使するための判断材料を提供するものとして、有益である。

　実際の訴訟においては、オーソドックスな審理運営をする場面では、裁判官が逐一当事者に説明したり当事者の意向を確認しなくても、通常は共通認識の下で進めることはできる。イレギュラーな手続を行う場面でも、両当事者の利害がさほど対立しない場面であれば、当事者の明示・黙示の意向を踏まえて裁判官が一定のバランスをとった方針を示せば、両当事者とも異論なく受け入れて手続を進められるのが通常であるし、両当事者に多少の意見の相違があるよ

うな場合でも、裁判官が審理の効率や主張立証の充実を考えて、それらの意見を調整した方針を示せば、特段の反発なく手続が進むのが通常である。その意味では、一般的な事案では、裁判官と両当事者が明示・黙示にコンセンサスをつくりながら審理を進めているのが実情といえよう。

　他方、両当事者が深刻に対立しており、各当事者とも容易に妥協できないような場面（例えば、①証拠が被告側に偏在しているにもかかわらず、被告が原告の立証不十分を指摘して早期の口頭弁論終結を求める事案や、②一方当事者が些末な論点で詳細な主張立証を続けることにこだわる事案等）では、手続を主宰する裁判官が困難な状況に陥ることもある。この場合でも、まずは、両当事者の意向を理由とともに丁寧に聴取し、当事者の本音や立場をも考慮しながら裁判官として合理的と考える手続進行を検討し、その考え方を理由とともに適宜開示するなどしながら、可能な限りコンセンサスの形成を図る努力をすることが望ましい。もっとも、このような事案の中には、合理的と考える説明を尽くしても立場上あるいは感情的に理解を得られない事案もあるし、その時点で心証を開示できない等の事情があることによって、裁判所が手続選択の理由を十分示せない事案もあり、特に後者の場合には、可能な範囲で説明するにとどまることもやむを得ない。最終的に当事者の理解が得られない場合もあるが、その場合には、裁判官に手続を主宰する権限を与えた趣旨を踏まえて、裁判官が合理的と考える方法をとることでよい。

Ⅳ　おわりに

　しばらくすると民事訴訟のIT化もフェーズ3を迎えることになる。権利義務関係を規定する実体法や事実解明に向けた事実認定手法を含む民事訴訟の骨格となる部分は従前と同じであり、実体的な真実の発見や手続保障が重要であることも変わらない。他方、審理期間の長期化は、民事訴訟法に定めるさまざまな方法も駆使しながら審理運営をさらに改善することを求めているし、民事訴訟のIT化は、共有しやすくなったデータを活用して審理の効率や裁判官と当事者の認識の共有を促進するポテンシャルを秘めると同時に、法曹の執務環境・仕事の仕方に変化をもたらし、それが主張立証活動のあり方に影響を与え

る可能性がある。実体形成面においても手続形成面においても、裁判所が、当事者の意向を十分に踏まえて、場面ごとにバランスのとれた適切な裁量権の行使を柔軟に行っていくことが一層求められる。

12 民事訴訟における当事者の住所、氏名等の秘匿、閲覧等の制限

髙　原　知　明
大阪大学大学院教授

松　田　桂　子
大阪高等裁判所主任書記官

I　はじめに

　民事訴訟法等の一部を改正する法律（令和4年法律第48号。以下改正後の民事訴訟法を「令和4年改正法」という）は、第1編第8章として「当事者に対する住所、氏名等の秘匿」制度を新設した[1]。後述するように、秘匿対象者の住所等一定の事項に関する秘匿決定（秘匿事項届出書面の閲覧等制限）、それ以外の秘匿事項（推知事項を含む）の閲覧等制限、送達をすべき場所等の記録された調査嘱託の結果等の職権による閲覧等制限の手続を整えるものであるが、これらの規定は、令和5年2月20日から先行して施行されている。これに伴い、第三者の訴訟記録の閲覧に関する秘密記載部分の閲覧等の制限制度についても、所要の規定が追加されている。その後、刑事訴訟法等の一部を改正する法律（令和5年法律第28号。以下「令和5年刑訴法等改正法」という）の一部施行により、犯罪被害者等の情報を保護するための法整備の一環として、逮捕・勾留手続、起訴状等における個人特定事項の秘匿措置や、訴訟に関する書類等の閲覧・謄写措置における個人特定事項の秘匿措置に関する規定が整備された。刑事訴訟法290条の2第1項は、被害者特定事項（当該事件の被害者を特定させることとなる事項。氏名および住所が例示されている）を秘匿対象と定めており、

1　立案担当者による解説として、脇村真治編著『一問一答新しい民事訴訟制度（デジタル化等）──令和4年民事訴訟法等改正の解説』（商事法務、2024年）。

令和 4 年改正法の立案過程においても、当初、「当事者を特定するに足りる事項」を包括的に秘匿対象とすることが検討されたが、最終的には、そのような内容を有する「氏名等」とは別に「住所等」が分離されることとなった[2]。その結果、令和 4 年改正法には、当事者に対する住所等の秘匿制度と当事者の個人特定事項の秘匿制度とが同一条文中に存在していることになる[3]。

秘匿決定の申立ては、秘匿対象者の住所等の秘匿を求めるものを中心として、実務上一定規模の数がみられる。令和 4 年改正法の完全施行後は、紙媒体その他の有体物で構成されている訴訟記録は原則電子化されるのが既定路線であるから、上記の諸制度の解釈運用を論じるにあたっても、訴訟記録の電子化を踏まえたものであることが求められる。第三者の訴訟記録の閲覧に関する秘密記載部分の閲覧等の制限制度の解釈運用についても、同様のことを指摘することができる。

本稿では、このような問題意識を踏まえ、前提として、訴訟記録およびその電子化の概要について説明する（Ⅱ）。次に、新設された当事者に対する住所、氏名等の秘匿制度の概要について、事案の多くを占める秘匿対象者の住所等につき秘匿決定の申立てがされる事案に主に焦点をあてて、令和 4 年改正法の完全施行後の法令に基づき可能な範囲で説明する（Ⅲ）。第三者の訴訟記録の閲覧に関する秘密記載部分の閲覧等の制限に関する改正点につき、当事者に対する住所、氏名等の秘匿制度の新設に伴う影響の観点から説明し（Ⅳ）、むすびに代える。

Ⅱ　訴訟記録およびその電子化

1　訴訟記録

民事訴訟法には「訴訟記録」の定義規定はなく、解釈運用に委ねられてきた。令和 4 年改正法完全施行後も、この状況は変わらない。一般的には、裁判

2　山本和彦『民事裁判手続の IT 化』（弘文堂、2023年）114頁、同頁（注286）。
3　既存論文や図書等は両者を一括して論じているものが多いが、民事訴訟法133条 1 項が前段と後段とに書き分けられていることはこのことを推知させる。

所および当事者の共通の資料として利用されるために受訴裁判所に保管されているものの総称とされる[4]。

令和4年改正法は、以上の理解が原則として妥当する前提で、この「訴訟記録」の下位概念としての「電磁的訴訟記録」、「非電磁的訴訟記録」について規定する[5]。すなわち、訴訟記録の電子化により、訴訟記録のうち、民事訴訟法その他の「法令の規定により裁判所の使用に係る電子計算機……に備えられたファイル……に記録された事項に係る部分」を「電磁的訴訟記録」と、その余の部分を「非電磁的訴訟記録」とそれぞれ定義している（民訴新91条1項かっこ書、新91条の2第1項かっこ書）。

令和4年改正法は、後述する秘匿事項記載書面が訴訟記録〔非電磁的訴訟記録〕に含まれることを前提とした規定をおく（民訴新132条の12第1項2号、新133条の2第1項・5項）。これに対し、一定の裁判所提出書面等については訴訟記録に含まれないことを前提とした規定をおくが（民訴新227条2項、新231条の3第1項）、網羅的ではない。

2 電磁的訴訟記録の閲覧等[6]

(1) 当事者による閲覧等

当事者は、裁判所書記官（以下「書記官」という）に対し、最高裁判所規則で定めるところにより、電磁的訴訟記録として記録された事項（情報）の閲覧、複写その他一定の方式による提供を求めることができる（民訴新91条の2第1項〜第3項）。仮に、令和4年改正法において、裁判所設置端末の表示内容をディスプレイ装置を通じて視覚により知覚する行為を限定的に「閲覧」（同条1項）と称するのであれば[7]、それ以外の方式によるアクセスは「複写」[8]およ

---

4 脇村・前掲書（注1）70頁。

5 脇村・前掲書（注1）68〜70頁。訴えの提起前における証拠収集処分の記録については省略する。

6 髙原知明「民事訴訟法91条の構造・再考（1）〜（6・完）」阪法71巻5号1459頁、72巻1号275頁、2号539頁（以上、2022年）、73巻1号39頁、2号245頁、3号401頁（以上、2023年）。

7 「裁判所設置端末を用いた閲覧」は、裁判所使用のサーバから裁判所設置端末（クライアント端末）への電磁的訴訟記録の複写行為と、それを前提とする複写情報の裁判所設置端末の出力装置（ディスプレイ等）を通じた感得行為とに分節される。裁判所イントラネット内の電磁的訴訟記録は複製であってもオリジナルと同価値と考えれば、裁判所設置端

びその事後的行為の複合として整理されることとなる。この分析を貫徹すると、裁判所外端末による電磁的訴訟記録の「閲覧」行為なるものは存在しないという帰結が導かれることになる[9]。例えば、インターネットを使用して裁判所の使用するサーバにアクセスして自己のパソコン等で訴訟記録の閲覧等をするという典型的行為は、裁判所使用のサーバからの電磁的訴訟記録の複写行為と、それを前提とする複写情報の裁判所外の出力装置[10]を通じた視聴覚による感得行為とに分節されることとなる。

以上の考察は期日外における電磁的訴訟記録からの情報取得を念頭においたものであるが、裁判所の期日に出頭し、裁判官や相手方当事者に対し、手元にある自己使用端末に電磁的訴訟記録に係る情報をテキスト表示させたり、映像や音声をその場で再生させながら口頭でやり取りを行うという典型的場面でも、理論的には同様と考えられる。

(2) 利害関係を疎明した第三者による閲覧等

民事訴訟法新91条の2は、91条〔新91条〕の規律を維持して、「利害関係を疎明した第三者」を当事者と文言上同列に扱う。「当事者」と「利害関係を疎明した第三者」の境界は明確でないが、当事者と評価されなくても「利害関係を疎明した第三者」とされれば、訴訟記録に関し、前述した当事者と同様のアクセスが認められるのが原則となる。

令和4年改正法は、民事訴訟法新45条5項2号・3号、92条6項〜8項〔新92条6項〜8項〕として、秘匿対象者以外の第三者が訴訟に新たに関与する場面を想定して例外規定を設ける。後述する秘匿対象者に秘匿決定の申立て等を

　　末を用いた閲覧者の「閲覧」行為を観念することが可能である。

8　民訴新91条の2第2項は、複写の方法として「電子情報処理組織……を使用してその者の使用に係る電子計算機に備えられたファイル〔同条第1項にいう「ファイル」とは異なる内容を指示するものであることに注意〕に記録する方法」を例示している。脇村・前掲書（注1）93頁は「インターネットを使用してするダウンロードを意味するものであり、インターネットを使用して自己のパソコン等にその電磁的記録を記録することを意味する」と説明する。

9　本文は、前掲（注7）と異なり、同一情報の複写が容易であるという電磁的記録の特徴を承認しつつも、裁判所の使用するサーバに保管される書記官の保管管理の対象となる電磁的訴訟記録に係る情報とその複製に係る情報とは理論上区別する必要があるという考え方に基づいている。

10　ディスプレイ装置やスピーカー装置が典型例である。

考慮する機会を与える必要があるというのであれば、その一歩手前として、補助参加や当事者参加を検討中の第三者から電磁的訴訟記録の閲覧等を求める場合にも、同様の必要があるように思われる。民事訴訟法は、訴訟記録の閲覧等の申立てがあった旨を秘匿対象者に対して通知し、閲覧の時期や範囲を制限することは、後述する秘密記載部分の閲覧等の制限の申立てがある場合に限定して法律上要求している（民訴92条6項本文〔新92条6項〕）[11]。例えば、同僚からストーカー被害を受けて身を隠し、退職のやむなきに至ったという元労働者からの元使用者に対する損害賠償を求める訴えに係る訴訟において、訴訟の当座の相手方である元使用者との関係では自己の住所等を秘匿する必要はないものの、当該同僚が訴訟に関与するのであれば住所等を秘匿する必要があるような事例に接することがある[12]。このような事例において、当該元同僚による閲覧等請求があるかもしれないとして秘密記載部分の閲覧等の制限の申立てが定型的にされているという実情にあるわけではない。仮に、民事訴訟法92条6項本文〔新92条6項本文〕の要件が例外規定として厳格に解される方向に傾くとすれば、それを補完するものとして、書記官において閲覧等の申立てがあったことを通知し、または原告の対応振りを見極めるために必要な限度で閲覧等の時期や範囲につき一定の運用上の配慮を要請される場合が、一定範囲で今後も残ることが予想される。

(3) 一般第三者による裁判所設置端末による閲覧

民事訴訟法新91条の2第1項は、91条1項〔新91条1項〕を実質的に踏襲して、何人も、書記官に対し、電磁的訴訟記録に係る事項（情報）の内容を最高裁判所規則で定める方法により表示したものの閲覧を求めることができると規定する[13]、この「閲覧」には、文言の形式的解釈として、91条1項にいう紙媒体で構成される訴訟記録を「閲覧」することと、同価値としての裁判所設置端

11　立法趣旨につき脇村・前掲書（注1）101、102頁。山本・前掲書（注2）91頁参照。

12　後記Ⅳ(2)も参照。

13　越山和広「被害者の氏名等を相手方に秘匿する制度」ジュリ1577号（2022年）58頁、62頁は、立案担当者において、秘匿決定等が第三者に対しても訴訟記録等の閲覧等の権利が保障されている原則に対する制約と理解していることとの関連で「その前提として、第三者の記録閲覧権の法的性質について議論を深めることが必要である」と指摘する。筆者〔髙原〕の立場については、髙原・前掲論文（注6）、特に阪法73巻3号401頁、406頁以下。

末の画面上に表示された文字情報を視覚により認識することを含むことは疑いないが、これを超えて、例えば、裁判所設置端末を操作して、電磁的記録に係る事項（情報）を映像や音声の形で視聴する行為も新91条の2第1項にいう「閲覧」の範疇に含まれるであろうか。

民事訴訟法新91条の2の規定を訴訟記録の電子化に伴う整備の範囲内としてのみ理解するならば、映像や音声の視聴は同条にいう「閲覧」に含まれないという解釈に傾く。この解釈は、91条1項〔新91条1項〕にいう「閲覧」概念とも整合する。これに対し、訴訟記録の電子化を文字情報ないしそれに準ずる情報に限定することなく記録・保存可能とした規定ととらえ、それとの関係で新91条の2第1項を位置づけるならば、映像や音声の視聴行為をも「閲覧」概念の枠内でとらえる解釈論も成り立ち得る。後者のような把握は、裁判の一般公開の実質の拡充のほか、訴訟資料や証拠資料の質の向上という観点からも興味深い。

もっとも、電子化ないしデジタル化の実質をどのようにとらえるのか、それを踏まえて新91条の2第1項の規定する一般公開の実質化をどのようにとらえていけばよいのかの議論は、これからである。

3　非電磁的訴訟記録の閲覧等

「非電磁的訴訟記録」の意義や他の概念との区別は前記1を参照されたい。前述のとおり、訴訟記録の電子化により訴訟記録は原則電子化が既定路線であるが、若干の非電磁的訴訟記録が残ることが想定されている。後述のように、秘匿事項届出書、秘密保持命令の申立てがされている営業秘密が記載・記録された紙媒体や記録媒体（USBメモリ等）などについては、電磁的訴訟記録とは別媒体で非電磁的訴訟記録となることを予定した規定がある。

4　電磁的訴訟記録・非電磁的訴訟記録の転換

秘匿決定等や秘密記載部分の閲覧等の制限の申立ての有無、これらの申立てについての裁判の内容に応じて、後述する秘匿事項届出書面等につき、電磁的訴訟記録を消去等して非電磁的訴訟記録化したり、逆に非電磁的訴訟記録を電子化して電磁的訴訟記録化したりすることを内容とする規定が設けられた。後

261

12 　民事訴訟における当事者の住所、氏名等の秘匿、閲覧等の制限

記Ⅲ、Ⅳにおいて別途説明する。

Ⅲ　当事者の住所等、氏名等の秘匿

1　趣　旨

　民事訴訟においては、訴状の必要的記載事項として「当事者及び法定代理人」が規定されており（民訴134条 2 項 1 号）[14]、訴状、準備書面その他の当事者または代理人が裁判所に提出すべき書面には「当事者の氏名又は名称及び住所並びに代理人の氏名及び住所」等を記載し、当事者または代理人が記名押印するものとする（民訴規 2 条 1 項 1 号）[15]。民事訴訟法には、第三者による訴訟記録の閲覧等を制限する規定はあったが（民訴92条〔新92条〕）、当事者による記録の閲覧等を制限することを明確に規定するものはなかった（民訴91条〔新91条〕）。

　2000年代以降の一連の犯罪被害者保護法制の整備・拡充の流れの中で、実務上は、当事者がドメスティック・バイオレンス（DV）や犯罪の被害者で住所等の秘匿を希望する場合において、書面提出時、裁判所側の書類作成時、閲覧等請求時に、当時の法令の規律の範囲内での配慮が行われてきた。本稿の対象である訴訟記録の閲覧等についていえば、当事者の住所等情報が相手方当事者を含む第三者に流出することによって当事者や被害者等の利害関係人に危険が及ぶことなどが懸念される情報（以下、後述の秘匿事項と区別するために「秘匿情報」という）については、一般規定である民事訴訟法91条の規定を根拠として、裁判体での実質的判断を経て、秘匿情報として取り扱うこととなった部分をマスキングし、マスキングした状態の訴訟記録の範囲内で相手方当事者を含む第三者に閲覧等を求めさせる運用が広く行われてきたものであるが、明確な条文上の根拠を与えることが望ましいとされた。そこで、令和 4 年改正法にお

14 　当事者の記載を求めるのは、訴訟の主体となる当事者を識別特定するためである。その観点から「氏名等」「住所等」の明示が理論上当然の要請となるわけではない。

15 　前身規定であった旧民事訴訟法244条は、準備書面の記載事項として当事者の氏名または名称および住所のほか、商号および職業を記載すべきものとし、この規定が訴状に準用されていたが、民事訴訟法制定時には引き継がれなかった。

いて、被害者の住所等、氏名等を相手方に対して秘匿して訴訟を追行すること
を可能とする制度が設けられたものである[16]。

現行法は、前述したとおり、秘匿の対象を「住所等」と「氏名等」に分離し
て規定している。実務では「住所等」のみの秘匿が求められる事案が多数を占
めているので、その実情に鑑み、住所等を秘匿事項とする事案に焦点をあてて
考察し（後記2〜5）、それとの関係で氏名等が秘匿事項とされる場合について
若干の言及をすることとする（後記6）。

2　住所等の秘匿決定（秘匿事項届出書面の閲覧等の制限）

(1)　申立て

裁判所は、秘匿対象者（後記(2)）の申立てにより、決定で、その住所等の全
部または一部を秘匿する旨の裁判（秘匿決定）をすることができる（民訴133条
1項前段〔新133条1項前段〕。氏名等の秘匿決定等は後記6参照）。申立ては書面
でする（民訴規52条の9第1号）。秘匿決定の申立てをするときは、秘匿事項と
しての住所等その他一定の事項を表示した秘匿事項届出書面（民訴133条2項
〔新133条2項〕、民訴規52条の10第1項1号）を提出しなければならない[17]。令和
4年改正法完全施行後も、この秘匿事項届出書面は、非電磁的訴訟記録（民訴
新91条）を構成することが想定されている。

秘匿決定の申立てがあったときは、書記官は、当該秘匿決定の申立てに係る
秘匿対象者以外の者（以下「非秘匿対象者」という。後述の非秘匿対象当事者を含
む）からの訴訟記録等の閲覧等の請求があっても、秘匿事項届出部分の閲覧等
を許すことができなくなる（暫定効。民訴133条3項〔新133条3項〕）[18]。

閲覧等制限の対象となる秘匿事項届出書の情報の中核は、秘匿事項としての
住所、居所その他その通常所在する場所（住所等）の全部または一部である。
実務上は、住所等の構成部分としての文字列（テキストデータ）が請求を特定

16　越山・前掲論文（注13）58頁以下の説明を基礎としている。

17　民訴133条2項は書面による届出を要求している。民訴新133条2項は「書面その他最高
　裁判所規則で定める方法」による届出を要求している。「その他最高裁判所規則で定める
　方法」につき最高裁判所規則で特段規定を設けない限り、訴訟記録の電子化後も書面によ
　る届出が必要となる。脇村・前掲書（注1）208頁、209頁（注2）等。

18　筆者〔髙原〕は、秘匿決定の申立ての暫定効を、書記官の権限（民訴91条〔新91条〕、
　91条の2）に対する法令の規定に基づく制限と位置づけている。

263

するのに必要な場合も想定され（例えば当該文字列が含まれる脅迫文言等）、当該文字列に係る情報の秘匿をカバーできない可能性がある。仮に民事訴訟法133条の2第1項〔新133条の2第1項〕や133条の2第2項〔新133条の2第2項〕によっては当該文字列に係る情報記載部分を秘匿することができないという解釈をとる場合、訴状記載の当該文字列記載部分につき一般規定である民事訴訟法91条〔新91条の2〕の解釈論を根拠に閲覧を拒絶する処分を検討することが必要なケースが出てくる可能性がある。

(2) 審理等

秘匿決定の要件は、住所等についていえば、秘匿対象者の住所等の全部または一部が当事者に知られることによってその秘匿対象者が社会生活を営むのに著しい支障を生ずるおそれがあることであり、疎明で足りる（民訴133条1項前段〔新133条1項前段〕）。閲覧等制限の対象となる秘匿事項届出書記載の情報の中核は、前述のとおり、秘匿事項としての住所、居所その他その通常所在する場所（住所等）であり、「その他その通常所在する場所」としては、職場や通院先等が例示されることが多い。秘匿対象者は「申立て等[19]をする者又はその法定代理人」であり、これらの親族は該当しない。本案の当事者で秘匿対象者でないもの（以下「非秘匿対象当事者」という）が秘匿対象者の住所等を知らないことが論理的前提となる。

これらの要件を満たすことの疎明資料としては、例えば、保護命令決定書、住民票上の支援措置に係る書面、保護命令手続において警察署や支援センターから提出される書面、同手続で提出した診断書、陳述書等が考えられるが、これらの疎明資料も訴訟記録を構成するとされることに注意が必要である。秘匿決定の申立人において、秘匿事項やその推知事項が記載された書面を無用に裁判所に提出しないようにするとともに、これらの記載のある疎明資料の提出を要する場合は、適宜マスキング処理をし、秘匿事項記載部分の閲覧等の制限（後記3）を同時に申し立てることを検討すべきであろう。

(3) 裁判

秘匿決定の申立てが不適法であるか、理由がないときは、裁判所は却下決定

---

19 「申立て等」の定義規定は、民事訴訟法132条の10第1項〔新132条の10第1項〕にいう「申立て等」にある。脇村・前掲書（注1）23～25頁。

Ⅲ　当事者の住所等、氏名等の秘匿

をすることになるが、同決定に対しては即時抗告ができる（民訴133条 4 項〔新133条 4 項〕）。一部認容・一部却下決定もあり得る（前記(1)参照）。秘匿決定（部分）に対する即時抗告を認める規定はなく、同決定（部分）は直ちに確定する（秘匿決定の取消し等の問題となる）。秘匿事項届出書面は、訴訟記録の電子化後も、例外的に非電磁的訴訟記録（民訴新91条）として訴訟記録を構成することが想定されている（民訴新132条の13前段かっこ書・第 2 号参照）。

　裁判所は、秘匿決定において、秘匿対象者の住所に代わる事項（代替住所）を定める（民訴133条 5 項前段〔新133条 5 項前段〕）。秘匿決定の効果として、書記官は、非秘匿対象者から民事訴訟法91条〔新91条〕や新91条の 2 による訴訟記録の閲覧等の請求があっても、秘匿事項届出部分（訴訟記録等中133条 2 項の届出に係る部分であり、通常は秘匿事項届出書面全体）について閲覧等を許すことができなくなる（民訴133条の 2 第 1 項〔新133条の 2 第 1 項〕参照）。代替住所が定められると、代替住所等の記載〔記録〕は法令に基づく住所等の記載〔記録〕とみなされる（民訴133条 5 項後段〔新133条 5 項後段〕）から、実務上は、秘匿事項届出書面につき秘匿決定をしたうえで、これと併せて代替住所の記載〔記録〕のある訴状を被告に送達する運用が確立している。秘匿決定があったことは、秘匿事項記載部分の閲覧等の制限（後記 3 ）の要件ともなる。

3　秘匿事項記載部分の閲覧等の制限

⑴　申立て

　秘匿決定があった場合において、裁判所は、秘匿対象者の申立てにより、秘匿事項またはこれを推知させる事項（推知事項）が記載〔記録〕された部分（秘匿事項記載部分）に係る閲覧等の制限を秘匿決定に係る秘匿対象者に限る旨の決定をすることができる（民訴133条の 2 第 2 項〔新133条の 2 第 2 項〕）。民事訴訟法の「秘匿事項」には、133条 2 項〔新133条 2 項〕にいう秘匿対象者の「住所等又は氏名等」を指す狭義の用法のほか、推知事項を含む広義の用法の二つがあることに注意を要する。申立ては書面ですることを要する（民訴規52条の 9 第 2 号）。申立人において広義の秘匿事項記載部分を特定し（同規則52条の11第 1 項）、マスキング文書等を作成して裁判所に提出する（同条 3 項）。秘匿決定があったことは、秘匿事項記載部分の閲覧等の制限決定の要件である

265

が、申立ての要件ではない。秘匿決定の申立てと同時に秘匿事項記載部分の閲覧等の制限の申立てをすることは可能である。実務上も、同時申立てがほとんどである。

秘匿事項記載部分の閲覧等の制限の申立てがあったときは、書記官は、当該秘匿事項記載部分の閲覧等の制限の申立てに係る非秘匿対象者からの訴訟記録等の閲覧等の請求があっても、秘匿事項記載部分の閲覧等を許すことができなくなる（暫定効。民訴133条の2第3項〔新133条の2第3項〕）。狭義の秘匿事項である住所等の構成部分としての文字列の位置づけ（前記(1)）に関する議論は見当たらないものの、推知事項としての秘匿事項記載部分と位置づけておくのが妥当な事案が存在すると推測される（前記(1)も参照）。

(2) 審 理

秘匿事項記載部分の閲覧等の制限の要件や疎明資料は、その対象から秘匿事項届出部分（前記2(2)）が除かれること以外は、前述した秘匿決定の要件とおおむね同様であるので、繰り返さない（前記2(2)参照）。

住所等を狭義の秘匿事項とする場合、民事訴訟法133条の2第3項〔新133条の2第3項〕にいう広義の秘匿事項には、狭義の秘匿事項（秘匿対象者の住所等）のほか、推知事項が記載〔記録〕された部分が含まれる（前記(1)）。推知事項としては、病院、公的機関、勤務先、家族の通学（園）先、公的機関が発行する書類の官公署名、資料の透かし等にある校章や県章、近接店舗の文字等が考えられる。写真や動画に写り込んだ後景や、音声情報中のある者の発言における声紋等についても推知情報該当性が問題となり得る可能性があると思われる。訴訟記録の電子化に伴い、さまざまな場面において、非文字・図形等情報の扱いに関する問題点を把握、整理することを急ぐ必要があるが、難問となることが予想される[20]。

秘匿事項記載部分、特に（狭義の）秘匿事項を除いた推知事項の記載〔記録〕事項に該当するか否かの認定判断は、実際には、容易なことではない。前述した実務を出発点とすると、最低限の疎明があれば、（秘匿事項届出部分を対象と

---

20 テキストデータのマスキング対象部分を検索特定するのはそう難しくはないが、写真、動画や音声中に現れる狭義の秘匿情報やその推知情報を特定し、マスキングすることを求めるのにはかなりハードルが高い可能性がある。

Ⅲ　当事者の住所等、氏名等の秘匿

する）秘匿決定とともに秘匿事項記載部分の閲覧等の制限決定をする運用と、申立ての暫定効を前提として秘匿決定のみをして秘匿事項記載部分の閲覧等についての決定を留保し、その後の本案訴訟における審理状況等をも踏まえて終局的決定をするという運用が考えられる。

(3)　裁　判

秘匿事項記載部分の閲覧等制限の申立てが不適法であるか、理由がないときは、裁判所は却下決定をすることになるが、同決定に対しては即時抗告ができる（民訴133条の2第4項）。一部認容・一部却下決定もあり得る。秘匿事項記載部分の閲覧等制限決定（部分）に対する即時抗告を認める規定はなく、同決定（部分）は直ちに確定する（秘匿事項記載部分の閲覧等制限決定の取消し等の問題となる）。秘匿事項記載部分は、訴訟記録の電子化後も、例外的に非電磁的訴訟記録（民訴新91条）として訴訟記録を構成することが想定されており（民訴新132条の13前段かっこ書・3号）、電磁的訴訟記録を非電磁的訴訟記録化するための規定が新設される（民訴新133条の2第5項）。

4　いわゆる職権による閲覧等の制限

民事訴訟法133条の3第1項前段〔新133条の3第1項前段〕は、裁判所が、その名宛人に送達をするため、当事者または法定代理人（法人の代表者等を含む）の住所、居所その他送達をすべき場所についての調査を嘱託した場合において、当該嘱託に係る調査結果の報告が記載〔記録〕された書面〔電磁的記録〕が閲覧されることにより、当該当事者またはその法定代理人が社会生活を営むのに著しい支障を生ずるおそれがあることが明らかであるときは、決定で、当該書面〔電磁的記録〕およびこれに基づいてされた送達報告書等その他これに類するものの閲覧等を当該当事者または法定代理人に限る旨の決定をすることができると規定する。送達名宛人である当該当事者または法定代理人において秘匿決定の申立て等（前記2・3）をする機会を与えるための規定である。実務上は、送達報告書等の閲覧等制限決定をしたうえで、送達報告書等の閲覧等制限決定と併せて訴状を被告に送達する運用が確立している。訴訟記録の電子化後も、必要があれば、提出された送達報告書等を例外的に非電磁的訴訟記録（民訴新91条）として訴訟記録を構成することが想定されている（民訴

267

新132条の13第1項本文かっこ書・4号）。以上のとおり、送達の場面については立法的な解決が図られた。

　もっとも、それ以外の関係者から提出された文書〔電磁的記録〕に秘匿対象者の住所等情報（例えば電子カルテに記録された住所）が記載〔記録〕されていることもあり得る。これに対する運用上の配慮が必要かどうかは、提訴時に秘匿決定の申立てをしていたかどうかが、配慮の要否を決定的に左右する事情と考えるかどうかによるように思われる。

5　秘匿決定の取消し等

(1)　取消し

　非秘匿対象当事者（前記2⑵）は、訴訟記録等の存する裁判所に対し、秘匿事項届出書面の秘匿決定（前記2）、秘匿事項記載部分の閲覧等制限決定（前記3）または送達報告書等の閲覧等の制限決定（前記4）の要件を欠くことまたはこれを欠くに至ったことを理由として、決定の取消しの申立てをすることができる（民訴133条の4第1項〔新133条の4第1項〕）。非秘匿対象当事者以外の第三者も、同様に、決定の取消しの申立てができる。

　申立てがあったときは、取消対象である決定の内容に応じて、秘匿対象者等の意見を聴く必要がある（民訴133条の4第4項）。同申立てについての裁判に対しては即時抗告をすることができる（同条5項）。取消決定は確定しなければその効力を生じない（同条6項）。

　取消決定が確定すると、秘匿事項届出書面等の非電磁的訴訟記録はその範囲で電磁的訴訟記録化されて閲覧等に供されることとなる（民訴新132条の13第1項本文、同項各号かっこ書）。

(2)　非秘匿対象当事者による閲覧等の許可

　民事訴訟法133条の4第2項〔新133条の4第2項〕は、非秘匿対象当事者は、秘匿決定等がある場合であっても、自己の攻撃または防御に実質的な不利益を生ずるおそれがあるときは、訴訟記録等の存する裁判所の許可を得て、秘匿決定等により閲覧等が制限される部分につき閲覧等を求めることができると規定する。許可の裁判をするときは、取消対象である決定の内容に応じて、秘匿対象者等の意見を聴く必要があることは取消しの申立てがあったときと同様

Ⅲ　当事者の住所等、氏名等の秘匿

であり（民訴133条の4第4項）、許可の原因となる事実につき疎明があったときは閲覧等を許可しなければならない（同条3項）。即時抗告や効力発生時は取消決定と同様である（同条5項・6項）。許可を受けて訴訟記録等の閲覧等により情報を得た非秘匿対象当事者またはその法定代理人、訴訟代理人もしくは補佐人は、正当な理由なく、その許可により得られた情報を、当該手続の追行の目的以外の目的のために利用し、または秘匿決定等に係る者以外の者に開示することを禁止される（同条7項）。

　書記官としては、非秘匿対象当事者から民事訴訟法91条〔新91条〕や新91条の2に基づく訴訟記録等の閲覧等の求めがあっても、先行する秘匿決定等による閲覧等の制限決定により職務執行が制約される結果、閲覧等を許すことはできないこととなる。民事訴訟法133条の4第2項〔新133条の4第2項〕による非秘匿対象当事者による閲覧等の許可は、この制約を維持しつつ、特定の閲覧等請求者との関係で個別的に職務執行の制約を解除する趣旨の裁判という位置づけとなる。非秘匿対象当事者としては、まず閲覧等の許可決定を受けたうえで、民事訴訟法91条〔新91条〕や新91条の2に基づく訴訟記録等の閲覧等を別途求めることになる。

6　氏名等が秘匿事項とされる場合

　これまでは、秘匿事項として住所等のみが主張される場合を念頭に検討したが、以下では、住所等と併せて氏名等が秘匿対象者を特定するに足りる事実としての秘匿事項と主張される場合に焦点をあてて検討する。

⑴　申立て

民事訴訟法133条1項後段は、裁判所は、秘匿対象者[21]の申立てにより、その氏名等の全部または一部を秘匿する旨の秘匿決定をすることができると規定する。申立ての方式や、秘匿事項届出書面の提出を要する点については、住所等が秘匿事項とされる場合と同様である。

　秘匿決定の申立てがあったときは、非秘匿対象者からの訴訟記録等の閲覧等の請求があっても、書記官が秘匿事項届出書面の閲覧等を許すことができなく

21　秘匿対象者の意義については、前記2⑵参照。

269

なる暫定効（民訴133条3項〔新133条3項〕）が生じる。このことは、住所等が秘匿事項とされる場合と同様である。

　閲覧等制限の対象となる秘匿事項届出書の情報の中核は、秘匿事項としての「氏名等」である（民訴133条1項後段）。「氏名等」は、手続主体等の特定要素としての秘匿対象者の「氏名」および「その他当該者を特定するに足りる事項」[22]である。この「氏名」、「その他当該者を特定するに足りる事項」の構造は、「住所」を切り出して秘匿事項とし、その推知事項を広義の秘匿事項と整理している「住所等」概念の構造とは異なることに注意を要する。「氏名」はフルネームの文字列（例えば「淀屋橋花子」や「Hanako, YODOYABASHI」）を指すことは疑いないが、その一部を構成する文字列の組合せ（例えば「花子」や「Hana」など）をも含むと解すべきであろう。

(2)　審理等

　秘匿決定の要件は、氏名等についていえば、秘匿対象者の氏名等の全部または一部が当事者に知られることによってその秘匿対象者が社会生活を営むのに著しい支障を生ずるおそれがあることであり、疎明で足りる（民訴133条1項後段、前段〔新133条1項後段、前段〕）。

　「氏名等」を、前述した「住所」の意義と整合的に解釈する場合、ある者を、他者と識別特定する要素となる事項のみが「その他当該者を特定するに足りる事項」に該当すると考える。その者のその余の推知情報は、民事訴訟法133条の2第2項〔新133条の2第2項〕にいう「秘匿事項を推知することができる事項」と考える。例えば、その者の旧姓、通称、親族の氏名、電話番号、メールアドレス、職業、金融機関の支店名や口座番号等は、秘匿事項自体ではなく、氏名の推知事項ということになる。実務はこのように整理しているとみられるが、この整理は、例示したような事項が秘匿対象者の「住所等」を推知させる事項となり得ることを強調する立案担当者等の説明とも整合的である。

　ところで、この「氏名等」要件においても、前述した「住所等」要件（前記2(2)）と同様に、秘匿対象者の氏名等を非秘匿対象当事者が知らないことが論理的前提となる[23]。例えば、「性犯罪の被害者がその加害者を訴えるケースに

22　脇村・前掲書（注1）207頁は「本籍」を例示する。
23　脇村・前掲書（注1）212頁。

Ⅲ　当事者の住所等、氏名等の秘匿

おいて、加害者が被害者の住所又は氏名を知らないとき」[24]がしばしばあげられるが[25]、被害者の住所を加害者が知らないことは一般にあり得るにせよ、被害態様のみから、原告の氏名を知らないことを推認するのは、疎明のレベルであっても困難なことがある。前述したように、令和5年刑訴法等改正法の一部施行後は、逮捕手続、被疑者の勾留手続、起訴状の送達等の場面において被害者の個人特定事項秘匿措置が導入され、立法が想定している場面が実際に現れることには注意が必要であるが、これらの措置がとられている事情をどのような資料に基づいて認定するか。「住所等」の秘匿決定の要件とは異なる疎明資料の提出を求めることが必要となろう[26]。

　疎明資料作成の際の注意点は、前記2(2)を参照されたいが、裁判所において、捜査機関に対する調査嘱託が必要な場面も想定できるように思われる。

(3)　**裁　判**

　秘匿決定の申立てが不適法であるか、理由がないときは、裁判所は却下決定をすることになること、却下決定（部分）に対しては即時抗告ができるが秘匿決定（部分）は直ちに確定することは、住所等が秘匿事項とされる場合と同様である。

　裁判所は、秘匿決定において、秘匿対象者の住所に代わる事項（代替住所）のほか、氏名に代わる事項（代替氏名）を定める（民訴133条5項前段〔新133条5項前段〕）。秘匿対象者の「その他当該者を特定するに足りる事項」の代替表記に関する規定はないことに注意を要する。秘匿決定の効果として、書記官は、非秘匿対象者から民事訴訟法91条〔新91条〕や新91条の2による訴訟記録の閲覧等の請求があっても、秘匿事項届出部分について閲覧等を許すことができなくなること（民訴133条の2第1項参照）、代替氏名が定められると、代替氏名の記載〔記録〕は法令に基づく氏名等の記載〔記録〕とみなされることは、

24　脇村・前掲書（注1）206頁。

25　もう一つの典型例である「被告がDV等の被害者である訴訟において、被告の住所について調査の嘱託を受けて第三者が裁判所に提出した報告書の中に、DV等の被害者の現住所の記載がある」場合において、原告であるDV等の加害者が被害者の現住所のみならず、被害者の氏名等を知らないという状況は想定しがたいであろう。

26　令和5年刑訴法等改正法の一部施行後の令状実務においては、例えば、わいせつ事案では被害者の個人特定事項秘匿措置がほぼ全件において実施されている実情にあるものと承知している。

271

住所等が秘匿事項とされる場合と同様である[27]。注意すべきは、秘匿決定の対象となるのは「氏名等」、すなわち「氏名」と「その他当該者を特定するに足りる事項」の双方であるが、代替事項が定められるのは「氏名」のみであり、「その他当該者を特定するに足りる事項」は秘匿決定によっては匿名化されず、代替事項も定められないことである。秘匿対象者の氏名のほか「その他当該者を特定するに足りる事項」を秘匿する必要がある場合には、秘匿決定では足りず、秘匿事項記載部分の閲覧等の制限の申立て（民訴133条の2第2項〔新133条の2第2項〕）をし、同部分の閲覧等制限決定をする必要がある[28]。

　なお、住所等、氏名等の双方の秘匿決定の申立てに対し、住所等について秘匿決定をし、氏名等の全部または一部につき却下決定をする事案が実務上出てくることが予想される。抗告審において却下部分が取り消される可能性があることを踏まえると、一部秘匿・一部却下決定をした裁判所としては、その決定の確定または抗告審決定を待って、速やかに訴状を送達すべきであろう。

(4)　秘匿対象者の「住所等」の推知事項としての「氏名等」[29]

　秘匿対象者の「氏名等」が秘匿事項それ自体には該当しないとされる場合であっても、その「住所等」が秘匿事項に該当するとして秘匿決定がされている

27　刑事訴訟法271条の2第1項は、検察官は、起訴状に記載された一定範囲の者の個人特定事項について、必要と認めるときは、裁判所に対し、起訴状謄本の送達により当該個人特定事項が被告人に知られないようにするための措置を求めることができると規定し、当該求めに係る個人特定事項の記載がない起訴状の抄本その他の起訴状の謄本に代わるもの（起訴状抄本等）の提出（同条2項）、起訴状抄本等記載の公訴事実記載の擬制（同条3項において読み替えて適用する同法256条3項）、起訴状抄本等の送達（同法271条の2第4項において読み替えて適用する同法271条1項）等について規定する。

28　民事訴訟法133条2項〔新133条2項〕にいう秘匿事項として秘匿事項届出書面に記載を求められるのは秘匿対象者の「住所等」、「氏名等」または「住所等及び氏名等」であるが、代替呼称が定められるのは「氏名」と「住所」のみである。民事訴訟法133条の2第2項〔新133条の2第2項〕の対象となる「秘匿事項記載部分」は、秘匿事項のすべてではなく、秘匿事項届出部分が除かれる（同法133条の2第2項〔新133条の2第2項〕。その結果、訴状中に秘匿事項としての秘匿対象者を特定するに足りる事項の記載があっても、秘匿決定に伴う代替事項の定めによってはマスキングされないのである。同法133条の2第2項〔新133条の2第2項〕において「秘匿事項を推知することができる事項」と並列的に「秘匿事項」を規定していることは、秘匿決定に伴う代替呼称の定めを補完する機能を担うことになる。秘匿決定において特定されるはずの秘匿対象者の通常所在する場所（住所を除く）や秘匿対象者を特定するに足りる事項についても、単なるマスキングではなく、代替呼称を用いた匿名化の運用が考えられてよい。

29　脇村・前掲書（注1）215頁は「申立て等をする者又はその法定代理人の住所等又は氏

ときは、秘匿対象者の氏名等がその「住所等」の推知事項として秘匿事項記載部分の閲覧等制限（前記3）の対象となることがあり得る。

また、親族等の氏名等やその推知事項についても、同様に、秘匿対象者の「住所等」の推知事項として秘匿事項記載部分の閲覧等制限の対象となることがあり得る。

Ⅳ　秘密記載部分の閲覧等の制限

1　秘密記載部分の閲覧等を制限する事由

裁判所は、次の①②の事由につき疎明があったときは、当事者の申立てにより、決定で、秘密記載部分の閲覧等を制限する（当事者に限る）旨の決定をすることができる（民訴92条1項柱書〔新92条1項柱書〕）。

① 　訴訟記録中に当事者の私生活についての重大な秘密が記載され、または記録されており、かつ、第三者が秘密記載部分の閲覧等を行うことにより、その当事者が社会生活を営むのに著しい支障を生ずるおそれがあること（1号）

② 　訴訟記録中に当事者が保有する営業秘密（不正競争防止法2条6項に規定する営業秘密をいう。以下同じ）が記載され、または記録されていること（2号）

秘密記載部分の閲覧等の制限の申立てがあったときは、書記官は、当事者以外の第三者からの訴訟記録の閲覧等の請求があっても、秘密記載部分の閲覧等を許すことができなくなる（暫定効。民訴92条2項）。当事者の住所、氏名等の秘匿制度と、秘密記載部分の閲覧等の制度とは、保護法益を異にしているとい

名等に秘匿決定があった場合において、その親族の住所等又は氏名等が、秘匿決定があった申立て等をする者又はその法定代理人の住所等又は氏名等を推知させる事項であるときには、別途、閲覧等の制限の対象となることはあり得る」という。

条文の論理構造に忠実な説明であるが、秘匿対象者の「住所等」の秘匿決定がされるのが多い実務を念頭におくと、審理判断対象の明確化という観点からは、まずは以下の本文記載のように整理しておくのが適切であろう。秘匿対象者の「氏名等」を秘匿事項とするか否かは、それが問題となる事案に限定して別途考えてみてはいかがであろうか。

273

うのが立案担当者等の説明である[30]。

2　秘密記載部分の閲覧等の制限の申立てへの対応

　秘密記載部分の閲覧等の制限の要件のうち前記1①に関するものの審理の実情については、別稿においてすでに論じている[31]。そちらを参照されたい。疎明資料は、住所等やその推知事項に関してすでに説明したところが一定の参考となることが多いであろう。このほか、当事者の住所等、氏名等の秘匿の制度の実効性を確保する観点から、秘密記載部分の閲覧等の制限の申立てがあった場合において、その後に第三者がその訴訟への参加（補助参加、当事者参加）をしたときは、書記官は、その参加後直ちに当事者に参加の旨を通知し、通知日から2週間その第三者への秘密記載部分の閲覧等をさせてはならないことを規定している（民訴92条6項本文・7項本文。例外、同条8項）。

　ここでは、Ⅲにおいて前述した秘匿事項と、秘密記載部分の閲覧等の対象となる「私生活についての重大な秘密」に係る事項とは事実上重なり合う部分が出てくることがあるものの、前記1の説明を前提とすると、同一事項（例えば当事者の住所）につき、要秘匿性判断を異にすることが理論上・実務上あり得るということを指摘するにとどめる。かつて筆者らが同一部で関与した大阪地決平成11年8月30日判時1714号110頁・判タ1050号169頁のような事案[32]においても、秘密記載部分の閲覧等の制限の申立てがあれば、少なくとも一定範囲は認定される可能性が高いと思われる。

30　この説明を出発点とすると、同一事項（例えば当事者の住所）につき、秘匿決定の申立てと秘密記載部分の閲覧等の制限の申立てとを並行申立てすべき場合があり得ることになる。

31　髙原知明「民事訴訟記録の閲覧等制限決定の理論と実務――多義的な『秘密』からの解放」判タ2022号（2022年）37頁。

32　基本事件である大阪地判平成11年12月13日判時1735号96頁・判タ1050号165頁は、申立人（原告）が、自動車内で強制わいせつ被害を受けたとして、当時の大阪府知事個人に損害賠償を求めた事案である。この事案を現時点に引き直した場合、被告とされた当時の大阪府知事個人との関係で被害者の「住所等」や「氏名等」につき秘匿決定等の要件を満たすものではないように思われる。このほか、被告とされる可能性がある者として、自動車内で被告の護衛役を務めていた警察官等が考えられるものの、これらの者との関係でも秘匿決定等の要件を満たすのは難しいと予想される。

V　むすびに代えて

3　即時抗告

　秘密記載部分の閲覧等の制限の申立てが不適法であるか、理由がないとき
は、裁判所は却下決定をすることになるが、同決定に対しては即時抗告ができ
る（民訴92条4項）。一部認容・一部却下決定もあり得る。秘密記載部分の閲覧
等の制限決定（部分）に対する即時抗告を認める規定はなく、同決定（部分）
は直ちに確定する（取消しの問題となる）。営業秘密が記載〔記録〕された部分
は、訴訟記録の電子化後も、例外的に非電磁的訴訟記録化することを可能とす
る規定が新設されたが（民訴新92条9項）、私生活上の重大な秘密が記載〔記録〕
された部分については特段の手当てはされていない。秘匿事項としての「氏名
等」や、「住所等」の推知情報について非電磁的訴訟記録化することを可能と
する規定が新設されたこととの関係で、議論の余地があろう。秘密記載部分の
閲覧等の制限の対象となる非文字・図形等情報の扱いに関する問題点は、秘匿
事項記載部分の閲覧等の制限の場合と同様、難問となることが予想される。

4　秘密記載部分の閲覧等の制限の取消しの申立て

　秘密記載部分の閲覧等をしようとする第三者は、訴訟記録の存する裁判所に
対し、閲覧等制限の要件を欠くことまたは欠くに至ったことを理由として、決
定の取消しの申立てをすることができる（民訴92条3項）。
　秘匿決定のように当事者の意見を聴く必要がある旨の規定の整備はされてい
ないが、効果の重大性に鑑み、民事訴訟法133条の4第4項に準じて当事者の
意見を聴く運用が相当であろう。取消しの申立てについての裁判に対しては、
即時抗告をすることができる（民訴92条4項）。取消決定は確定しなければその
効力を生じない（同条5項）。

V　むすびに代えて

　当事者の住所、氏名等の秘匿制度の新設や秘密記載部分の閲覧等の制限の改
正は、独立のトピックとして各別に取り上げられる傾向が強いが、本稿では、
今後一定の利用が見込まれるこれらの制度を訴訟記録の電子化と関連づけなが

275

ら一体的に考察した。Ⅱでは、訴訟記録の電子化に関する改正内容を踏まえた論点を示したほか、Ⅲ、Ⅳでは、令和4年改正法の主な改正内容を紹介するとともに、現時点で想起し得る理論上・実務上の論点を示した。

　訴訟記録の電子化をデジタイゼーション digitization のみならずデジタライゼーション digitalization の観点からとらえ直すと、すでに議論が重ねられている判決書データのオープン・データ化[33]の枠内にとどまらず、電磁的訴訟記録の束を事件横断的に一つのビッグ・データのようなものとみなすことが可能となる地盤が構築されつつあるように思われる。適切な情報処理による利活用がなされるならば、類似の事件類型における着眼点を価値中立的に整理して提示することなどを通じて、審理裁判の質のさらなる向上に寄与する事件支援システム等を構想していくことも可能となろうが、これらは今後の課題である。

　本稿は、科学研究費（課題番号21K20089）による成果の一部である。

33　山本・前掲書（注2）179頁以下は、民事の紛争解決分野における AI 活用の想定例として、交通事故における加害者・被害者の過失割合（過失相殺等）の判断において、これまでの裁判例等の情報を集積して、当該事故態様であれば、どのような過失割合になるかを AI に解析させる場面を提示している。

13 陳述書、法律意見書の機能と運用

窪 田 俊 秀
鹿児島地方・家庭裁判所部総括判事

I　はじめに

　民事訴訟は、訴訟物である権利義務や法律関係の存否をめぐる紛争であり、その判断は法的三段論法、すなわち、大前提である規範の定立と小前提である事実認定、そして、認定事実を規範にあてはめるとの方法で行われる。このうち、事実認定の場面では、主要事実やその存否を推認させる間接事実のほか、証拠力の存否にかかわる補助事実の存否をめぐって主張立証が行われ、規範の定立の場面では、法令の解釈にあたって必要な事実に関する主張立証が行われる。前者の場面においては、立証の対象となる事実を直接または間接に体験した者が作成した陳述書が重要な機能を有しており、とりわけ、人証調べが行われる事案では、大半の事案で関係者の陳述書が提出されており、もはや不可欠の存在といっても過言ではない。また、後者の場面である法令解釈については、裁判所の専権に委ねられているものの、解釈論やその基礎となる立法事実に関しては、当該法令の分野に精通した研究者が作成した法律意見書が提出されることが少なくなく、とりわけ、各種法令の専門化細分化が進む昨今においては、その重要性は増しているといえる一方、中立性との関係でその信用性については慎重な吟味が必要とも考えられる。そこで、本稿においては、陳述書および法律意見書の機能および現在における運用について検討することとしたい。

Ⅱ　陳述書

1　意　義

　陳述書に関する民事訴訟法上の規定はないが、一般に当事者または事件関係者が当該事件に関して認識するさまざまな事情を記載したものをいい、書証として取調べがされる。

　争点および証拠の整理が終わった後、関係者である証人および当事者が1期日に一堂に会し、集中的に尋問が行われる集中証拠調べが定着した現状において、陳述書は、尋問をコンパクトかつ効果的に実施することを可能とするものとして不可欠のものとなっているといってよい。

2　機　能

(1)　人証調べの場面

ア　主尋問開示機能

　陳述書は、主として証人または当事者として尋問を受ける予定の者が、主尋問において供述する予定の内容を記載し、あらかじめ反対当事者に開示する機能を有している。

　証人および当事者の尋問を集中証拠調べの方法によって行うことが定着した現在の民事訴訟手続においては、尋問を連続して実施すべく、尋問に要する時間を短縮することが不可欠である。

　そして、これを達成するためには、あらかじめ主尋問で予定する供述の内容を開示し、争点および証拠の整理の結果を踏まえて（民事訴訟法は、集中証拠調べにつき、「争点及び証拠の整理が終了した後に」行われるものと規定しており（民訴182条）、争点整理が適切に行われることを当然の前提とするものと解される）、当事者および裁判所で議論し、連続して取り調べるべき人証の対象や尋問事項を絞り込むことが必要である。この主尋問開示機能は、現在における陳述書の最も重要な機能といえる。

イ　主尋問省略機能

尋問を受ける証人または本人が、あらかじめ予定供述の内容を書面化したものを取り調べておくことで、主尋問の一部を代替し、これを省略することも多い。集中証拠調べは、争点にかかわる事情を中心に尋問事項を絞り込んで行われる必要があることから、供述者の経歴や身分関係といった前提となる周辺事情のほか、関連する事情であっても争いのないものについては、あらかじめ陳述書に記載して主尋問を省略したり、誘導尋問を活用して時間を短縮することが広く行われている。また、複雑な計算関係や専門的知見にわたる事項などについては、その正確性を確保する必要があることから、陳述書に詳細に記載し、主尋問においてはその概要が述べられることがある。また、関連性がやや乏しいと考えられる背景事情について、感情的対立が激しい場合、その他種々の事情から当該事実に関する認識を証拠化することを求める場合には、これを陳述書に記載することで、主尋問を省略することもある。

(2)　争点整理場面──事案の提示機能

適正迅速に争点および証拠を整理していくためには、裁判所において事案の全体像をできる限り早期に把握する必要があり、それによって当該事案における具体的事情を踏まえた真の争点の設定にもつながるものと考えられるが、事案が複雑であったり、種々の事情から当事者においても事案の全体像が十分に把握できていなかったりする場合には、当事者の提出する主張や書証によっては、事案の全体像が把握できないことがある。

こうした場合に、裁判所側から当該事案における事実経過を時系列的に明らかにすることによって、紛争の全体像を把握することを目的として陳述書の提出を求めることがある。同様の目的で争点整理手続に当事者本人の同行を求め、事案に関する説明を求めたり、当事者尋問を実施したりすることも行われているが、陳述書の提出による場合が多いと思われる。

(3)　供述代替機能

陳述書である以上、本人の供述を代替する機能を有することは当然であるが、とりわけ、被告が請求原因事実の全部または一部を否認したものの、積極的な反論反証活動を行わない場合や擬制自白が成立しない公示送達の事案において、争いがあるか、証拠で立証する必要がある請求原因事実を裏付ける客観

的な証拠がなく、供述のみである場合には、尋問を実施しても主尋問を行うだけとなることが予想されることから、尋問までは行わずに陳述書の提出をもって、これに代えることがある。また、慰謝料が請求される事案では、同様の場合において、慰謝料額の算定の基礎となる事情を立証するため、陳述書の提出をもって尋問に代えることも少なくない。民事保全手続等即時に取り調べることができる証拠または疎明資料しか提出できない手続においても、事実関係全体を明らかにするものとして、しばしば陳述書が提出される。

(4) その他の機能

陳述書のその他の機能としては、①弁護士が事案を正確に把握するために行う情報および証拠収集作業を前倒しにする効用（情報収集機能）、②訴訟への参加意識の高揚、③当事者自身が作成するものであることから、事実についての当事者の主張を固定化する機能、④書記官や速記官が供述書を作成する際の参考資料、⑤ガス抜き機能などがあるとされている[1]。

3 運用状況

(1) 作成方法

陳述書の作成方法は、代理人が当該陳述者から事情を聴取し、当該事件の争点との関係で必要となる事情を中心に整理してその原案をパソコン等で作成し、陳述者本人がその内容を確認したうえで記名押印するものが多いが、陳述者本人がパソコンまたは手書きで作成する場合もある。なお、本人の署名押印に支障がある場合には、代理人が当該陳述者から事情を聴取したうえ、その内容を文書化し、代理人名義の聴取報告書として提出されることもある。こうした陳述書は、本人からの伝聞を記載した文書であり、信用性の点では陳述書に及ばず、準備書面に近いものといえるが、これによっても、主尋問開示機能を果たすことはできる。

(2) 作成時期

ア 主尋問開示を目的とする場合

前記のとおり、陳述書の主たる活用場面は、主尋問での供述予定事項を事前

---

1 門口正人編『民事証拠法大系（第3巻）各論Ⅰ人証』（青林書院、2003年）184頁。

に開示することによる尋問対象者や尋問事項、ひいては尋問時間の絞り込みであり、この目的での陳述書は、争点整理の最終段階で提出されることが多い。

なお、従前は、人証の採否に関し、尋問事項によって対象者を絞り込んだうえで採否を決めて、争点整理手続を終了し、陳述書については、反対尋問の検討を主たる目的として尋問の実施日の一定期間前に提出するという扱いも少なくなかったような印象である。しかし、前記のとおり、尋問事項の記載が抽象的なものにとどまることが少なくなく、むしろその機能は陳述書が果たしていることから、現時点においては、人証や尋問時間を絞り込む目的で人証の採否の判断に先立って陳述書の提出を求め、これを基に、取調べの必要性や尋問予定時間などについて議論を経たうえで、採否およびその尋問時間を裁判所が定め、争点整理手続が終了する例が大半であろう。

また、争点との関連性でより詳細な事情を明らかにする必要があると考えられる場合のほか、提出された陳述書に、争点の判断に重要であると考えられるのに、それまで明らかにされていなかった新たな事情が記載されていたような場合には、補充の陳述書の提出が相手方当事者や裁判所から求められる場合もある[2]。

イ　争点整理を目的とする場合

この場合は、争点整理手続の序盤から中盤に作成、提出されることになる。まずは、当事者双方の主張によって事実関係が明らかにされることになるが、明らかにされた事実関係の内容・程度・複雑さなどを考慮して、その作成時期が決まることになる。

(3)　主尋問開示目的で作成された陳述書の具体的な活用方法

ア　尋問の採否および尋問時間の判断資料

先に述べたとおり、集中証拠調べを実現するためには、尋問対象者および尋問事項を絞り込み、尋問時間を短縮することが不可欠であるが、そのためには、尋問予定者の主尋問での供述予定内容、すなわち立証趣旨を具体的に明ら

2　なお、実際に陳述書を作成する場面においては、それまでの争点整理の経過を踏まえ、作成する当事者において、主要事実だけでなく、間接事実や補助事実レベルでもその存否に争いがあるかないかを確認し、争いのある事実を中心にその分量を厚くし、また、記載内容が詳細になったりするものと考えられる。

かにすることが必要である。本来、この点は、尋問事項書（民訴規107条1項・2項）の提出によることが想定されていたが、現在の運用では、詳細な尋問事項が明らかにされることは少なく、その役割を陳述書が担っているといえる。尋問事項書に記載する尋問事項を具体化することも考えられるが、予定供述の内容が時系列的に記載されているほうが、取調べの要否や尋問予定時間の判断にあたって有用であることのほか、他の機能を有していることからも、陳述書の提出により、予定供述の内容を明らかにする実務の運用は、効果的なものとして定着しているといえる。いわゆる第三者証人など、事前の陳述書の作成が不可能な場合には、その採否の判断材料とされる。尋問事項書は、想定される尋問事項を証人に知らせることにより、事前の準備が可能となるため用いられてはいるが、陳述書が作成できないことは、その立証趣旨に沿う証言が得られる蓋然性が低いことを示す一事情でもあるため、陳述書が作成できないこと自体が、申し出られた当該人証の採用にとって消極的な判断に傾く一事情となり得るといえる。

　実際の手続の場では、陳述書によって明らかにされた予定供述の内容を踏まえ、当該事件の争点と関連性のある供述予定事実の特定や関連性の程度について、裁判所が暫定的な心証開示を行いつつ、当事者と裁判所との間で議論を行い、最終的に裁判所がその取調べの必要性や取調べに要する時間を判断する運用が一般的である。とりわけ、反対尋問の所要時間については、主尋問と同程度の時間を要するとの意見が出されることも少なくないが、争点の判断に重要な事実、逆にいえば弾劾の対象とすべき事実について、裁判所が各事実の重要性やそのように判断する理由を伝えるなどの暫定的心証開示を行いつつ、上記の議論を経ることで、当事者と共通認識を得、最終的には、反対尋問だけでなく、主尋問も含め、尋問の所要時間が短縮されることも少なくない。

　そして、このようにして確認された尋問によって証明すべき事実および採用される証人等に対する主尋問、反対尋問等の所要時間は、争点整理手続の終結の際（書面による準備手続の場合には終結後の口頭弁論期日の場）に当事者と裁判所との間で確認され（民訴165条1項、170条5項（165条1項）、177条）、調書に記載される（同法86条1項、88条4項、民訴規93条）。民事裁判手続のIT化におけるフェーズ1において、書面による準備手続に付される事案が増え、弁論準

備手続期日に代わるものとして協議が開かれるようになってからは、手続を終結する協議（同法176条3項前段）の場において、弁論準備手続を終結する期日の場合と同様の確認がされ、書面による準備手続調書に記載（同項後段、民訴規91条2項）されたうえで、口頭弁論期日においてこれを引用して確認されることも多い。

イ　反対尋問の準備

　予定供述の内容を踏まえ、相手方当事者においてあらかじめ反対尋問の準備を行うことが可能となる。相手方当事者としては、当該人証で立証しようとする事実に関する供述のうちその信用性を弾劾すべき事実を選定し、いかなる反対尋問を実施するかや所要時間を検討し、争点整理手続の終結の際に反対尋問に要する時間について意見を述べるとともに、これを踏まえ、必要な範囲で反対尋問を実施することで、コンパクトかつ効果的な尋問を実施することにつながる。相手方当事者または裁判所が、当該陳述書について、重要な事実に関連する事情が具体的に記載されていない（例えば、債務免除の意思表示の存否が争われている事案において、免除に至る具体的なやり取りについての記載が不十分であるなど）として、追加の記載を求め、これに応じて補充の陳述書が提出されることもある。

ウ　主尋問の省略

　あらかじめ予定供述の内容を書面化し、これを取り調べておくことで、主尋問の一部を代替し、これを省略することも多い。複雑な計算関係や専門的知見にわたる事項などについては、その正確性を確保する必要があることから、これを陳述書に詳細に記載し、主尋問においてはその概要が述べられることがあるほか、関連性がやや乏しいと考えられる背景事情について、感情的対立が激しい場合その他種々の事情から当該事実に関する認識を証拠化することを求める場合に、これを陳述書に記載し、主尋問を省略することもある。

　もっとも、争点の判断にかかわる重要な事実に関する供述まで省略するのは相当ではなく、かつ主尋問である以上、誘導尋問を避け、証人等に自らの記憶に基づいて供述させる必要があるのは当然である。実務においては、重要な事実に関しても誘導尋問が行われることが散見され、これに対して特段の異議がなされないことも少なくない[3]が、誘導尋問に対する供述でその信用性を直ち

に肯定することは困難である。主尋問において自らの記憶で語らせた結果、陳述書と異なる事実を述べたり、記載された事実を自ら否定する供述をしたりすることもままみられるところである。裁判所としても、争点整理手続の段階で、当該事実に関する供述の信用性が重要であることから、主尋問においては誘導尋問によらずに質問することを注意喚起しておくことも場合によっては必要であろう。なお、主尋問において、陳述書の記載を示してその真偽を確認する尋問がされることもあるが、基本的には相当ではないであろう（民訴203条）。

　　エ　陳述書が提出された場合の尋問の実施方法

　陳述書が提出された場合でも、主尋問を完全に省略する例は少なく、前記のとおり、争点である重要な事実の存否に関する部分については、主尋問において口頭で語らせる例が多いと思われる。陳述書を提出したものの人証の申出まではしない場合でも、反対尋問を行う目的で相手方当事者から尋問を申し出る意向が示された場合には、陳述書を提出した側で人証の申出をし、一定の主尋問を行うことも少なくない。当然ではあるが、主尋問において、本来証人の記憶に基づいて語らせるべき事項につき、陳述書を示して質問することは不相当である。

　陳述書に記載された事実関係のうち前提にわたる部分は、尋問を省略するか、適宜誘導尋問（民訴規115条2項2号）を活用してコンパクトに実施するのが相当であろう。逆に、前提事項や争点との関連性が乏しい事実関係に関する質問を、陳述書をなぞるような形で一つひとつ確認していく例も少なくないが、その結果、時間が足りなくなって、誘導を使わずに本人の記憶で語らせるべき重要な事実関係について質問することができなくなったり、時間を短縮すべく誘導尋問を多用したりする例もないではないので、避けるべきである。

　また、当該陳述者の主尋問の冒頭において、陳述書の作成方法や訂正の要否を確認する質問をする例が多い。相手方当事者が陳述書の成立を争っていない

3　実務においては、陳述書の記載すべてをなぞるような形で質問がされる例もないではなく、その結果、前提となる事項に関する尋問に時間を費やすこともないではない。裁判所が尋問の途中で質問をさえぎる形で介入すると、尋問の流れを阻害することにもつながるため、尋問前の弁論や争点整理の終結の際に、尋問で明らかにされるべき事項を確認するとともに、その点を中心に質問する必要があることを当事者と裁判所で確認しておく必要がある。

場合には、成立に関する質問を行う必要は必ずしもないと思われるが、その記載内容が真に陳述者の記憶に基づいているのかに関して、その作成経過が問題となることはあり得る。法廷で緊張する陳述者を落ち着かせる趣旨も含まれていると思われるため、制限までする例は少ない。

　反対尋問についても、相手方当事者において陳述書の記載を基に尋問事項について十分に準備したうえで臨んでいる例が多いと思われるが、主尋問において陳述書の内容と異なる供述をすることも当然にあり得るうえ、その点が主尋問での供述の信用性に大きく影響することもあるから、主尋問での供述内容を陳述書の記載と比較しつつ正確に把握し、これを踏まえて反対尋問事項を修正するなど、臨機応変な対応が求められる。

(4)　事案の提示目的で作成された陳述書の活用

ア　活用方法

　陳述書によって明らかにされた事案の全体像やこれに対する相手方当事者の認否を踏まえ、それまでの主張状況によって争点と設定されていた事実の存否につき、あらためて双方当事者のストーリーを提示してもらったり、争点である事実の存否の判断にとって重要な事情が何であるかについて、口頭議論を行って認識共有を図ったりすることになる。そのほか、事案の全体像が明らかにされることにより、当該紛争の実相をも踏まえ、それまでとは異なる点が中心となる争点として設定されることもある。

イ　準備書面との関係

　事案の提示機能は、基本的には準備書面による主張によって果たされるものであると考えられることから、書証である陳述書がこれを代替する役割を果たすことは、主張と証拠の同一化につながるとの指摘もあり得る。以前には、法が予定しておらず、尋問を予定していない者の陳述書が無差別に提出されることにつながる、などとこれを問題視する見解も示されている[4]。

　しかし、準備書面においては、主要事実に加え、その存否にかかわる間接事実やこれを裏付ける書証の成否および信用性にかかわる補助事実が、争点である主要事実との関連性を明らかにしつつ、争点ごとに記載されることも少なく

4　第二東京弁護士会民事訴訟改善研究委員会「陳述書に関する提言」判タ1181号（2005年）36頁以下など。

ない。一方、陳述書においては、事実経過が一本の線として記載されるため、これにより事案の全体像が明らかになることから、裁判所および相手方当事者にとって、準備書面とは別に提出される陳述書の有用性は否定できないと思われる。また、実際の実務の運用においては、代理人弁護士が、自らの法的主張との整合性、記載する事実と争点との関連性、将来における尋問予定の有無などの法的観点を踏まえ、適切な関係者につき適切な内容が記載された陳述書が提出されることが大半であり、争点との関連性が乏しい事情が多数記載されるとの弊害もほとんどみられない。

なお、事実経過を時系列的に明らかにする方法としては、いわゆる時系列表を主張書面として作成・提出することによっても可能であり、実際には当事者双方において、自らの事案把握のためにこれを作成していることも少なくないと考えられるものの、そのことをもって、将来の尋問予定を念頭におきつつ作成される陳述書の有用性が直ちに否定されることにはつながらないであろう。指摘される問題意識を踏まえつつ、事案の提示機能を果たす目的での陳述書の提出に関する運用は実務において定着しているといえ、今後も続くものと思われる[5]。

4 陳述者に対する反対尋問を経ない場合の証拠能力および証明力

(1) 問題の所在

前述（前記2(1)ア）したとおり、陳述書はその後に尋問を実施する予定がある者について作成されることが多く、尋問が実施された場合には、反対尋問において、主尋問における供述と併せてその証明力が吟味されることが一般である。しかし、実際には陳述者に対する反対尋問を経ない場合もあり、このような場合の証拠能力および証明力をどのように考えるかが問題となる。

(2) 証拠能力

陳述書は、事実に関する作成者の認識等が記載される報告文書の一種であ

5　なお、その他の方法として、事案把握のための尋問を先行して行う、当事者本人を争点整理手続に同行してもらい、事実関係について口頭で説明を受け、これを基に、あらためて主張を構成し、準備書面を提出する、などの方法も行われているが、実務においては陳述書の提出を求めることが多い。

る。現行民事訴訟法においては、刑事訴訟における伝聞制限（刑訴321条１項）に相当する規定はなく、その他反対尋問を経ない限り、証拠能力が制限される旨の規定もないことから、反対尋問の有無にかかわらず、証拠能力を有するものと考えられる。

(3) 証明力（実質的証拠力）

　陳述書は、通常、当該紛争について訴訟提起がされた後に作成されるものであること、一方当事者側の関係者の認識が記載されるものであること、直接体験した事実と伝聞による事実とが区別されずに記載されている可能性があること、当該事実が発生した時点から一定期間が経過した後に作成されるものであること、などの点で証明力はやや劣るものと考えられる。さらに、反対尋問を経ていない段階ではその信用性の判断は慎重に行うべきことになる。

　その信用性の判断手法は、証言や供述等の信用性の判断手法と基本的には同様と考えられ、記載された事実を含む事実関係全体のストーリー自体の合理性、動かしがたい事実との整合性のほか、他の陳述者の陳述書の記載や他の証人または当事者本人の供述と一致しているか等も踏まえて判断されることになろう。

　ただし、前記のとおり、陳述者が一方当事者側の関係者であることが少なくないことから、その信用性の判断にあたっては、陳述者と当事者との関係や立場を考慮する必要がある。例えば、解雇や懲戒処分の有効性が争われている事案において、使用者側から多数の非違行為や協調性欠如を基礎づける多数の事情が主張されることがあり、これを立証するものとして、早期の段階で多数の現職の従業員の陳述書が提出されることがあるが、当該従業員と使用者との関係から、使用者の意に沿うような陳述書が作成されている可能性があることから、その信用性の判断は慎重に行うべきであり、少なくとも多数の従業員の陳述書が提出されていること自体を過大に評価するのは避けるべきであろう。また、前記のとおり、陳述書の記載内容からは、直接体験した事実か伝聞による事実かが区別されていない場合も少なくない。この点は通常反対尋問で明らかにされるべきであろうが、陳述書の信用性の検討に際しては、常に意識しておく必要があろう。

　そのほか、記載された事実関係について相手方当事者がどの程度争っている

かも、弁論の全趣旨として陳述書の記載の信用性判断において考慮されること
になろう。もっとも、反対尋問を経ていない段階での信用性の評価は慎重に行
うべきであり、少なくとも、当該陳述者の陳述書の記載に重要な争点である事
実関係の存否に関する記載が含まれており、当該陳述書を書証として提出した
当事者が陳述者の尋問の申出をせず、相手方当事者が当該陳述者への反対尋問
を目的として尋問の申出をしたにもかかわらず、他の人証との比較その他の事
情から、取調べの必要性がないとしてこれを採用しなかった場合、相手方当事
者としては、当該記載をもって自らに不利な事実認定はされないものと判断す
るはずである。それにもかかわらず、当該陳述書で相手方当事者に不利な事実
を認定することは、裁判所側の従前の訴訟指揮に反し、不意打ちにもつながる
ことから、控えるべきであり、少なくともそのような心証に至った場合には、
当該陳述者の尋問をあらためて採用するなど、相手方当事者の手続保障を図る
必要がある。

　その意味では、事案の提示機能を目的として争点整理段階の序盤から中盤に
おいて提出される陳述書であっても、将来陳述者の人証調べ、少なくとも反対
尋問が実施される可能性があることを十分に念頭においたうえでこれを作成・
提出すべきであろう。

Ⅲ　法律意見書

1　意　義

　現行民事訴訟法に法律意見書に関する規定はないが、一般に法令等の解釈適
用に関して第三者が作成した意見書をいうものと考えられる。通常は、当該分
野の専門家である研究者や弁護士によって作成される場合が多い[6,7]。

6　訴訟外において、弁護士が依頼者が行う種々の行為に関し、法的観点から当該行為の法
　適合性やその前提となる法令解釈に関して意見を述べるものも法律意見書とよばれること
　がある。例えば、親会社が子会社の株式を一定の価格で買い取るに際して弁護士がその法
　的問題について述べた意見（最判平成22年7月15日裁判集民234号225頁）がこれにあた
　る。

7　経験則も法令に含まれるものと解されているところ、とりわけ専門的知見に基づく経験
　則やその適用結果について記載された当該分野の専門家による意見書も法律意見書に含ま

2 機 能

民事訴訟において証明の対象となり得るのは、法的三段論法における大前提である法規およびその解釈、小前提である事実、並びに事実認定の際に適用される経験則であるが、そのうち大前提である法規のうち国内の法令については、裁判所が職務上これを知り、または知っておくべきものとして要証事項ではないとされている[8]。また、これら国内法規の解釈についても、基本的に裁判所に権限が委ねられており、鑑定の対象にならないと解するのが通説とされている[9]。

これに対し、外国法、地方の条例および慣習法などは、裁判所が当然に知っているものではないことから、このような外国法、地方の条例および慣習法の規定内容やその解釈並びにその基となる立法事実については要証事項とされる[10]ところ、とりわけ、法の適用に関する準則法により、当該事案における準拠法が外国法とされる場合には、その規定内容や解釈論に精通した国内の研究者や、当該国家の弁護士などが作成した当該法令に関する意見書が書証として提出されることがあり、裁判所はこれら意見書の記載を参考としつつ、当該外国法等の規定内容やその解釈を決していくことになる[11]。

れるものとも考え得るが、これらの意見書は私的鑑定書などとよばれ、法律意見書には含めないものと考えられる。

8　秋山幹男ほか『コンメンタール民事訴訟法Ⅳ〔第2版〕』(日本評論社、2019年) 14頁。

9　高橋宏志『重点講義民事訴訟法(下)〔第2版補訂版〕』(有斐閣・2014年) 122頁。もっとも、高橋教授は、国内法の解釈問題についても、必要性は高くはないであろうが、鑑定の対象となることを否定する理由は乏しいとする。また、加藤新太郎『手続裁量論』(弘文堂・1996年) 251頁も、内国法の解釈・適用についての鑑定は、いずれも適当なものと解してよいと考えるとしつつも、これを積極的に採用すべきであると主張するものではないとし、もとよりそうした鑑定申請の採否に関しては一般原則である手続裁量が妥当するから、その結果かかる鑑定申請を採用することが必要とされる事例はまれであろうとする。また、山本克己「民事訴訟における立法事実の審理」木川統一郎博士古稀祝賀『民事裁判の充実と促進 (下巻)』(判例タイムズ社、1994年) 21頁には、ドイツにおける立法事実の調査およびこれを基にしたわが国における立法事実の調査に関する示唆がされており、参考になろう。

10　したがって、鑑定の対象となるものと考えられる。

11　外国法については、解釈論のみならず、当該規定の翻訳内容についても争いが生じることがあり、わが国の研究者による研究が乏しい法分野の場合、判断に困難を来すこともある。

もっとも、近時は、わが国の法令についても、その制定および改正のスピードが速くなっていることもあり、特定の法令の解釈に争いがある事案において、先例が乏しいことも少なくない。また、法令の専門化、細分化、詳細化もますます進んでおり、当該法令自体の意味内容を理解すること自体が必ずしも容易ではない場合もあるうえ、その解釈を検討するにあたっても、当該法令に関する立法事実や国会等での審議の状況や立案担当者の答弁といった立法経過を調査することが必ずしも容易ではなくなっているほか、これを理解するにあたって専門的技術的知見の理解が必要な場合も少なくない[12]。

さらに、とりわけ身分法に関する分野において、社会における価値観の変化や新しい人格的価値の考慮を要する場合もある。法令の解釈に関する判示が大きな波及効を有する場合も少なくないことからすると、裁判所が解釈にあたって考慮すべき事情やその理解のために知識を補充する必要は大きい。このような場合に、当事者から、当該法令の分野を専門的に研究する学者らが、当該法令の立法事実、当該法令の文言等を踏まえた一定の解釈論を記載した意見書が書証として提出されることがあり、これが法律意見書とよばれるものである[13]。

3 運用状況

(1) 外国法等に関する法律意見書

法律意見書のうち、外国法等の規定や解釈およびその基礎となる立法事実等に関するものは、裁判所が必ずしも知っておらず、要証事項であると考えられることから、当事者から提出された法律意見書を基に、相手方当事者の反論反証をも踏まえ、規定内容やその立法事実を認定するとともに、当該国家で通用しているとされる解釈論をも踏まえ、その解釈を行っていくことから、法律意見書は非常に重要なものと位置づけられる。仮に、当事者双方から相反する内

---

12 専門的技術的観点からの規制を定めた法律については、具体的な規制を政令または省令に委任しているほか、法令の規定の具体的な意味内容について、内規や告示が定められている場合も少なくなく、その意味内容が問題になることもある。例えば、発電用原子炉の設置許可処分の取消訴訟や運転差止訴訟では、原子力規制委員会が定める告示や審査ガイドなどの内規の解釈適用や合理性が問題となっている。

13 外国法や条例が鑑定の対象となることからすると、法律意見書はいわば私的鑑定書としての性質を有するといえる。

容の法律意見書が提出される場合には、裁判所は鑑定によってこれを明らかに
することもできる。

⑵　国内法に関する法律意見書

ア　規定内容や解釈の前提となる立法事実等に関する記載

　これに対し、国内法の規定は、裁判所が職務上知り、または知っておくべき
とされていることから要証事項とされず、その解釈についても裁判所に権限が
委ねられていることから、当事者から提出された法律意見書の記載に拘束され
ることはない。

　もっとも、解釈の前提となる立法事実や立法経過については、裁判所にこれ
を職権で調査する権限は与えられていないため、当事者の主張立証に委ねられ
ることになり、これらを立証する手段としての法律意見書は重要な意義を有す
る。特に、規定の意味内容やその立法事実および立法経過を理解するにあたっ
て専門的技術的知見を要する場合には、法律意見書の中で専門的技術的知見に
関する資料等が提供される場合もあり、裁判所がこれらを理解するにあたって
重要な役割を果たすことになる。さらに、身分法の分野を始めとして、当事者
が問題とする権利や利益が、新たに憲法上人権として保障され、あるいは法律
上保護されるべきものにあたるかなどが問題となる事案においては、解釈の前
提となる社会における権利意識や価値観の変化を当事者において主張立証する
必要があるところ、法律意見書は、これらの事情を提供するものとして重要な
主張立証の一手段と位置づけられることになる。

イ　解釈論に関する記載

　このように、国内法の解釈に関する法律意見書も、立法事実および立法経過
に関する情報や専門的技術的知見を提供する点で、裁判所が最終的に法令解釈
を行うにあたって重要な役割を果たしており、これらを踏まえた解釈論に関す
る部分も、当該法分野を専門とする研究者の見解として参考とすべき点は多
い。もっとも、これらの法律意見書が、一方当事者側から提出される私的意見
書であり、その作成者の中立性が確保されていない（作成にあたって報酬の支払
がされている可能性もある）ことから、一方当事者の立場を反映したものである
可能性に留意する必要がある。裁判所としては、法律意見書における立法事実
や立法経過に関する部分から相手方当事者の主張する解釈に沿うものが意図的

に除外されていないか、結論部分である解釈内容が立法事実や立法経過を適切に踏まえ、文理および目的に照らして相当なものであるかを十分に吟味し、必要に応じて相手方当事者に反論反証の機会を十分に与えたうえで、これらを踏まえて自ら法令解釈を行うことになる。その意味では、法律意見書は、あくまで解釈にあたっての参考意見との位置づけにとどまることとなる。

4　わが国における第三者による意見聴取制度

　先に述べたところによれば、裁判所が適切に法令解釈を行うにあたっては、当該法令の規定のみならず、その立法事実や立法経過、前提となる専門的技術的知見を適切に把握して行うべき必要があり、これらを当然に知っているわけではない裁判所の知識を補充すべき場合があることは否定できない。そのため、中立性が確保された形での第三者による法律意見を聴取する必要性が大きい場合も少なくない。また、こうした第三者による意見聴取制度が、法令上根拠づけられているものも少なくない。ここでは、こうしたわが国における第三者による意見聴取制度について言及することとしたい。

(1)　無効審判等に対する審決取消訴訟における特許庁長官の意見

　特許無効審判もしくは延長登録無効審判またはこれらの審判の確定審決に対する再審の審決に対する訴えは、その審判または再審の請求人または被請求人を被告としなければならず（特許179条ただし書）、同訴訟においては特許庁は訴訟当事者とならないため、その審理に関与できない。しかし、当該訴訟の結果は特許庁を拘束し、その法令解釈や運用基準、ひいては技術開発やその成果の利用に携わる多くの国民に大きな影響を与える可能性があることから、裁判所は、同訴訟の提起があったときは、特許庁長官に対し、当該事件に関するこの法律の適用その他の必要な事項について、意見を求めることができることになっている（同法180条の2第1項）。なお、特許庁長官も、同様の場合において、裁判所の許可を得て、裁判所に対し、当該事件に関するこの法律の適用その他の必要な事項について、意見を述べることができる（同条2項）。裁判所は、これらの意見を踏まえて終局的な判断をすることになる。

Ⅲ　法律意見書

⑵　**国の利害または公共の福祉に重大な関係のある訴訟における国による意見陳述**

　法務大臣は、国の利害または公共の福祉に重大な関係のある訴訟において、裁判所の許可を得て、裁判所に対し、自ら意見を述べ、またはその指定する所部の職員に意見を述べさせることができる（法務大臣権限4条）。この制度は、法務大臣が裁判所に対し、国家機関としての公共的立場での意見を提供することによって、国の利益の擁護または公共の福祉を図る趣旨に出たものとされ、裁判所等から意見陳述の要請があった場合に、法務大臣として同制度の趣旨および目的に照らし、意見陳述をすべき事案かどうかを慎重に判断し、相当と判断した場合には、一定の事実関係を前提としての法律上の意見を述べることになるが、裁判所に対する参考意見となるにすぎず、証拠方法でもなく、裁判所の事実認定に用いることはできないとされる[14]。この制度に基づいて法務大臣が意見陳述をしたのは、森林法186条の憲法29条適合性が問題となった事案（最大判昭和62年4月22日民集41巻3号408頁）と、日本放送協会との放送受信契約の締結を強制する放送法64条1項の憲法13条、21条および29条適合性が問題となった事案（最大判平成29年12月6日民集71巻10号1817頁）の2例[15]のみである。

⑶　**私的独占の禁止及び公正取引の確保に関する法律（独占禁止法）違反行為を理由とする損害賠償請求における意見聴取制度**

　法令の解釈そのものではないが、これに類するものとして、独占禁止法3条、6条、8条または19条違反行為を理由とする事業者または事業者団体に対する損害賠償請求訴訟において、裁判所は、公正取引委員会に対し、違反行為によって生じた損害の額について、意見を求めることができる（独禁84条、25条）。同訴訟においても、その損害額は被害者側が立証責任を負うが、その立

14　法務省大臣官房訟務企画課「逐条解説法務大臣権限法〔第2版〕」訟務資料623-594（2007年）72～73頁、南博方ほか編『条解行政事件訴訟法〔第4版〕』（弘文堂、2018年）963頁〔竹中章〕。

15　前者の事件につき担当であった柴田保幸調査官は、私人間の訴訟において法令の違憲問題が提起されたときには、立法事実等の審査に困難を来すことは明らかであるとして、本文記載の法務大臣の意見を求めること等の手続を検討してもよいのではないかとしている（同「判解」最判解民〔昭和62年度〕249頁）。また、後者の事案における意見の概要につき、冨上智子「判解」最判解民〔平成29年度〕650頁。

293

証が必ずしも容易でないことから、公正取引委員会に対する任意の意見聴取制度が設けられている。もっとも、公正取引委員会の意見は一つの参考資料にすぎず、裁判所の判断を拘束するものではなく（最判昭和62年7月2日民集41巻5号785頁）、実際にも裁判所は民事訴訟法248条を活用し、独自に損害額を認定することが多いとされる[16]。

(4) 調査嘱託

裁判所は、必要な調査を官庁もしくは公署、外国の官庁もしくは公署または学校、商工会議所、取引所その他の団体に嘱託することができ（民訴186条）、これによって、法令解釈の基礎となる立法事実や立法経過等の資料を収集することも考えられる。北朝鮮の映画著作物が著作権法6条3号の著作物に該当するかが争われた事案（最判平成23年12月8日民集65巻9号3275頁）の第1審（東京地判平成19年12月14日民集65巻9号3329頁）において、わが国と北朝鮮との間におけるベルヌ条約に基づく権利義務関係の存否等について、必要な調査を外務省および文部科学省に嘱託し、外務省および文部科学省の回答を得ている。

(5) 特許権侵害訴訟等における第三者意見募集制度

特許権またはその専用実施権の侵害に係る訴訟、補償金請求訴訟および実用新案権またはその専用実施権の侵害に係る訴訟においては、第1審裁判所およびその控訴審裁判所は、当事者の申立てにより、必要があると認めるときは、他の当事者の意見を聴いて、広く一般に対し、当該事件に関するこの法律の適用その他の必要な事項について、相当の期間を定めて、意見を記載した書面の提出を求めることができる（特許105条の2の11第1項・2項、65条、184条の10第1項、実用新案30条）。この制度は、近年、複数の業界が関係するIoT関連技術が目覚ましい発展をみせ、また、いわゆる標準必須特許に関するルールの形成が求められるなど、特許をめぐる情勢に変化が生じており、このような状況においては、裁判所の判断が、当事者のみならず、当該特許権等に関連する多数

16　村上正博編『条解独占禁止法〔第2版〕』（弘文堂、2022年）1034頁〔伊藤憲二ほか〕。なお、同執筆部分は、村上正博ほか『独占禁止法と損害賠償・差止請求』（中央経済社、2018年）103頁を引用し、公正取引委員会の事件審査は独占禁止法違反行為を立証する目的で行われるものであって、損害の額の立証を目的とするものではないから、本条は、公正取引委員会が審査の過程でたまたま損害の額についての資料を入手した場合に限り有効に機能するものにすぎず、一般的にはそれほど期待することができないとの指摘があるとする。

の業界に対して事実上の大きな影響を及ぼす可能性があることから、裁判所が当該第三者の事業実態等も踏まえて判断することが望ましい場合があり、また、事案によっては、国際的な観点からとらえるべき争点が含まれることがあり、広く海外からも意見を集めることが望ましい場合があることから、このような事案について、裁判所が、適正な判断を示すための資料を得るために、広く一般の第三者から意見を集めることを可能とするものとされる（知的財産高等裁判所ウェブサイトの第三者意見募集制度に関する記載参照）。同制度では第三者の意見は書面で裁判所に提出されるが、これが直ちに証拠となるのではなく、当事者が意見書を閲覧謄写し、書証として提出することによって証拠となるものとされる（特許115条の2の11第2項〜4項）。このように提出権を当事者に委ねているため、提出された意見のすべてを裁判所が当然に確認するものとはなっていない。

(6)　専門委員制度

　解釈適用にあたって専門的技術的知見を要する場合には、専門委員（民訴92条の2第1項）の関与を求め、法律の規定の内容、立法趣旨、一般的と考えられている解釈論について説明を聴取することが考えられる。

5　わが国における知的財産権事件における意見募集

　スマートフォン等に関する特許をめぐる損害賠償請求訴訟の控訴審において、知的財産高等裁判所特別部（大合議部）は、同訴訟の争点である標準化機関において定められた標準規格に必須となる特許について、いわゆる（F）RAND宣言（(Fair,) Reasonable and Non-Discriminatory な条件で実施許諾を行うとの宣言）がされた場合の当該特許による差止請求権および損害賠償請求権の行使に何らかの制限があるかについて、第三者による意見を募集し、日本および欧米計8か国から58件の意見が提出され、同裁判所はこれを参考にして判決を言い渡した例（知財高判平成26年5月16日判タ1402号166頁）がある。同訴訟においては、意見を当事者双方のいずれかの代理人に提出し、提出を受けた当事者代理人においてこれを書証として提出するものとされたとのことである[17]。

17　小田真治「知的財産高等裁判所の大合議事件における意見募集（「日本版アミカスキュリエ」）について」判タ1401号（2014年）116〜118頁。

6 米国におけるアミカスキュリエ制度

米国には、合衆国最高裁判所規則や連邦上訴規則などが規定するアミカスキュリエ（Amicus Curiae＝法廷の友）とよばれる制度があり、当事者以外の第三者（アミカスキュリエ）が、裁判所に係属中の事件において情報または意見を提出するというものである（提出された意見書はアミカスブリーフとよばれる）。このアミカスキュリエ制度は、多くの事件で活用されているとされており、合衆国最高裁判所規則や連邦上訴規則においては、これを提出するにあたっては、原則として全当事者の合意があるか裁判所の許可を得ることが必要とされ（連邦上訴規則においては、合衆国政府や州政府等が提出する場合には当事者の同意は不要とされている）、知的財産権関係事件に限定しても、特に司法長官の提出するアミカスブリーフは、連邦最高裁判所の判断に大きな影響を与えているとの指摘がされているようである[18・19]。

7 今後の方向性

前記4の各制度は、特定の第三者から意見を聴取する制度であるが、そのうち法務大臣による意見陳述が行われた例はこれまでに2例しかなく、特許法や独占禁止法に基づく意見聴取制度も知的財産権事件や独占禁止法違反事件などに限定されていて、広く第三者から意見を聴取する制度は存在しない。日本におけるアミカスキュリエ制度の導入は、以前から議論がされているが、知的財産権事件を除き、本格的な導入には至っていない。

しかし、裁判所が、法令解釈にあたって社会における価値観の変化や新しい人格的価値を考慮する必要がある場合には、中立性が確保されたさまざまな立場からの意見を聴取することで、その解釈がより厚みを増すことになるし、その波及効も、より正当化されるものと考えられる。このような法令解釈は、最終的には最高裁判所において統一されるものではあるが、地方裁判所および高

---

18 小田・前掲論文（注17）116～118頁。
19 飯村敏明「プロダクト・バイ・プロセス・クレーム最高裁判決とアミカスキュリエ」特許研究60号（2015年）3頁は、いわゆるプロダクト・バイ・プロセス・クレーム最高裁判決に絡み、重要な影響を与える事件において、裁判所限りで判断するのではなく、当事者以外の第三者から意見聴取をすることが望ましいとする。

等裁判所の法令解釈も、事案によって広く報道され、多くの国民の行動に影響を与える場合がある。これらを踏まえれば、前記5において実際に現行民事訴訟法の枠内で行われた意見募集や特許法上の第三者意見聴取制度を参考にしつつ、当事者双方の了解を得ての任意の意見募集も、今後、より多く行われる可能性がある[20]。

Ⅳ　最後に

　陳述書については、その提出自体は定着しているものの、改正民事訴訟法の全面施行も近づいており、その意義や活用方法について、あらためて従前の議論状況を踏まえつつ検討し、裁判所としてもこれを踏まえた訴訟指揮を行っていくなどの必要がある。とりわけ、令和4年5月25日の公布日から4年以内、すなわち令和8年5月25日までに改正民事訴訟法が全面施行され、新たに法定審理期間訴訟手続（新民訴381条の2以下）が創設される。訴訟が同手続により審理および裁判をする旨の決定がされた場合には、最初の口頭弁論期日または弁論準備手続期日から6か月以内に口頭弁論を終結する必要があり、攻撃防御方法の提出は5か月以内に、尋問を含む証拠調べは6か月以内に実施する必要がある。判決の言渡しも口頭弁論終結日から1か月以内に行われることが義務づけられる。このような時間的制約の下で適正な判断を行うことができるよう充実した尋問を実施するためには、まずは裁判所において事案を早期に把握することが必要となることから、そうした目的での陳述書を早期に提出する運用が考えられる。また、判断対象となる争点の整理についても、主要な争点の絞り込みが必要と考えられるほか、主要事実レベルにとどまらず、その存否にかかわる重要な間接事実や補助事実レベルの争点について裁判所と当事者との間で認識を共有し、それらを踏まえた争点の立証にかかわるコンパクトな陳述書の提出を別途提出することも考えられる。このように、その提出時期や記載内容について、Ⅱにおいて述べたこれまでとは異なる運用が求められることも考

20　小田・前掲論文（注17）には、前記4の意見募集の際の具体的な手続のほか、提出された意見の概要、訴訟手続における取扱い、これを検討する裁判所の負担、判決における取扱い等について具体的な説明や感想が述べられており、非常に参考になると思われる。

え得るため[21]、あらためて陳述書の活用について検討していく必要があると考えられる。

　一方、法律意見書については、改正民事訴訟法による特段の影響はないと考えられるが、第三者に対する意見聴取については、民事訴訟手続のデジタル化により、ハード面ではその実施にあたってのハードルは下がるといえる。とりわけ波及効が大きいと考えられる事案について、任意の意見募集が広く行われる可能性もあるといえ、裁判所と当事者との間での議論や実践の集積が期待される。

21　新民訴381条の3第2項・第3項および第5項。本文で述べた時間的制約からすれば、争点整理がおおむね終了した後に陳述書を作成・提出する場合の準備期間は限られることになるため、通常訴訟における現状の運用とは異なる運用を考える必要がある。労働審判手続においては、当事者間で事前交渉が行われている場合などでは、第1回期日までに事実関係や争点に関する詳細な陳述書が提出されることが少なくない。労働審判委員会もこれにより早期に事案の全体像や争点に関する当事者双方の認識内容を把握し、第1回期日において事実の調査としての口頭での陳述聴取を行うことで、早期の心証形成が可能となっていて、これが早期の紛争解決につながっているといえる。当事者間で事前交渉が行われている場合などでは、法定審理期間訴訟手続においても、このような労働審判手続の運用が参考になろう。

⑭ 効果的な証人尋問および当事者尋問[1]

横 田 昌 紀
大阪地方裁判所部総括判事

Ⅰ　はじめに[2]

1　尋問の意義

　民事訴訟法は、争点整理手続により要証事実（争点）を絞り込み、これを対象として集中証拠調べを実施し（民訴182条）、裁判所が争点について判断し、適正迅速な裁判を実現する構造をとっている。その証拠調べを人証で実施するのが証人尋問および当事者尋問（以下、両者を併せて単に「尋問」という）であ

1　尋問については、当事者の代理人である弁護士の立場（裁判所に対するプレゼンをする立場）と判断権者である裁判官の立場（心証形成する立場）からの見方がある。本稿は、弁護士の立場を踏まえつつ、主に裁判官の立場から尋問について述べるものである。

2　尋問に関する論稿は枚挙に暇がないが、近時のもので、①裁判官の立場からのものとして、加藤新太郎「民事尋問技術──裁判官に耳を傾けさせる尋問技術とは」日本弁護士連合会編『現代法律実務の諸問題〔平成13年版〕』（第一法規、2002年）301頁、深見敏正「裁判官から見た民事裁判における尋問」判タ1242号（2007年）65頁、東京地方裁判所プラクティス委員会第二小委員会「効果的で無駄のない尋問とは何か」判タ1340号（2011年）50頁、上拂大作「裁判官からみた証人尋問（当事者尋問）のあり方」日本弁護士連合会編『現代法律実務の諸問題〔平成26年度研修版〕』（第一法規、2015年）349頁、加藤新太郎「民事立証技術」日本弁護士連合会編『現代法律実務の諸問題〔平成28年度研修版〕』（第一法規、2017年）197頁、②弁護士の立場からのものとして、日下部真治「民事尋問の実務的課題」日本弁護士連合会編『現代法律実務の諸問題〔平成30年度研修版〕』（第一法規、2019年）197頁、小野純一郎「民事尋問技術について」日本弁護士連合会編『現代法律実務の諸問題〔令和元年度研修版〕』（第一法規、2020年）147頁。また、③民事尋問全体について、加藤新太郎編著『民事尋問技術〔第4版〕』（ぎょうせい、2016年）。

る。

2　目的、機能

　上記の尋問の意義からすると、尋問の目的および機能は、第 1 次的には、裁判官が要証事実について心証形成をすることである。裁判官は、争点整理段階で一定の心証を形成しているが、人証調べを経て確定的な心証を形成し、判断する[3]。

　もっとも、尋問の機能は、上記にとどまらず、副次的に当事者の納得を得ることも指摘されている[4]。

3　裁判官は争点整理段階で一定の心証形成をしているのが通常であり、その場合には、尋問はその心証を検証していく作業になるが、尋問の結果、心証が変化することがある。例えば、日弁連法務研究財団が実施した証人尋問に関する意識調査のアンケート（平成12（2000）年に弁護士を対象、平成14（2002）年に裁判官を対象）によると、裁判官の61％が 0 ％〜20％の事件で見通しが変わった、裁判官の37％が20％〜40％の事件で見通しが変わったとの結果が出ている（上記アンケートの結果につき、那須弘平ほか「民事訴訟における証人尋問」判タ1109号（2003年）4 頁）。また、平成26年 1 月30日に開催された民事裁判シンポジウムにおいて、全事件を通して 7 割くらいの事件では争点整理の段階で訴訟の帰すうがみえるとの弁護士および裁判官の感覚が紹介されている（相羽洋一ほか「民事裁判プラクティス　争点整理で 7 割決まる⁉　より良き民事裁判の実現を目指して」判タ1405号（2014年）5 頁）。これらは筆者の個人的な感覚にも合致しており、結果として80％程度の事件で尋問前の暫定的な心証が尋問によっても変わらないということができるし、逆にいえば、20％程度の事件では尋問によって心証が変わる可能性があるといえる。また、たとえ80％程度の事件で尋問の前後で心証が変わらないとしても、争点整理段階での暫定的な心証の度合いが、尋問により、合理的な疑いを差し挟まない程度に上がること（確信に至ること）はめずらしくなく、尋問の意義が損なわれるものではない。すなわち、裁判官は、争点整理段階から、要証事実を念頭において、争いがない事実や書証から認定できる事実を時系列で分析し、真の争点を探りながら事件の見通しを立てるが、時系列は、いわば点であり、点と点を結びつける作業を尋問で補うのであり、争点整理段階で一定の心証（暫定的な心証）を形成していたとしても、尋問により的確に事案を理解して確定的な心証を得て、説得的な判決をすることができる。

4　当事者が言いたいことを法廷で述べることができたことや自分の側で申し出た証人尋問が実施され、できる限り主張立証を尽くしたと考えることにより、判決が 1 審で確定したり、尋問を踏まえた裁判官の心証開示に基づく和解の勧試により和解が成立したりする事件が一定数ある。これは、尋問とその結果について当事者が納得したことによるところが大きいと思われる。尋問には当事者のガス抜き機能があると指摘されているが、これも当事者の納得に含まれよう。裁判官および弁護士の立場から尋問の機能に関する実務感覚について、佐藤公美ほか「尋問について(1)」判タ1202号（2008年）32頁。

3 効果的な尋問

　上記2のような尋問の目的や機能からすると、効果的な尋問とは、必要かつ十分な関係者の尋問により、裁判官が心証を形成でき、判決や和解による紛争解決が期待できるものをいうと考えられる。

Ⅱ　的確な争点整理の必要性

1 口頭議論等を通じた活発な争点整理

　効果的な集中証拠調べ（尋問）を実施するためには、尋問で明らかにすべき事項が明確になることが必要であり、争点整理手続において、主張や証拠の整理を通じて、適切に争点が整理され、裁判所および当事者双方が、紛争の実態と争点を把握し、尋問で明らかにすべき事項について共通認識を形成することが必要である。そのためには、単に当事者双方の主張をすり合わせて、争いがある主要事実を確認するにとどまらず、裁判所と当事者がそれを支える間接事実や証拠の評価にまで踏み込んで議論し、真に争いがある争点を確定する必要があり、近時、ノンコミットメントルール（暫定的な発言は撤回可能なものとし、裁判所は当該発言をもって心証形成することはなく、相手方も当該発言を準備書面で引用するなどしないこと[5]）による口頭議論の有用性が指摘されている[6]。

2 ストーリー

　事実認定では、動かしがたい事実（①争いがない事実、②成立の真正が認められ信用性が高い書証から認定できる事実）を有機的につなぎ、重要な事実関係が仮説として構成される。その動かしがたい事実（点）をつなぐ線がストーリーであり、当事者は、自己の立場からストーリーを提示する。もっとも、提示さ

5　最高裁判所事務総局「裁判の迅速化に係る検証結果の公表（第8回）について」判タ1464号（2019年）18頁。

6　民事訴訟法施行20周年記念シンポジウム「民事訴訟法施行20年を迎えて〜争点整理等における現状と課題、あるべき姿〜」判タ1447号（2018年）9頁、横路俊一ほか「民事裁判手続に関する運用改善提言」判タ1492号（2022年）18頁。

⌐14⌐　効果的な証人尋問および当事者尋問

れた段階では、ストーリーは仮説にとどまり、裁判所は、いずれのストーリーがより合理的かを検討し、立証責任を負う当事者が要証事実を立証できているかを検証することにより、要証事実の認定を行うことになる[7・8]。

III　人証による立証計画[9]

争点整理の結果、争点が明確になり、すでに提出された書証を踏まえて、人証によって何を立証しようとするかを検討することが必要である。例えば、保証契約の成否が争点の事案（いわゆる保証否認事案）において、(1)保証契約書がある場合と(2)これがない場合があり、(1)の場合、ア保証契約書の成立に争いがない場合と、イその書証の成立に争いがある場合があり、イの場合には、(A)保証契約書の印影が保証人の印章によって顕出された場合と、(B)そうでない場合が考えられる。これを整理すると、以下のとおりである。

(1)　保証契約書がある場合
　　ア　成立に争いがない場合……………………………………………………①
　　イ　成立に争いがある場合
　　　(A)　印影が保証人の印章によって顕出された場合………………………②
　　　(B)　(A)ではない場合……………………………………………………③
(2)　保証契約書がない場合………………………………………………………④

①の場合には、当該保証契約書による認定を排斥すべき特段の事情の有無が中心的争点になり[10]、この点を人証で立証することになろう。

②の場合、二段の推定が働き（最判昭和39年5月12日民集18巻4号597頁、最判

7　司法研修所編『民事訴訟における事実認定』（法曹会、2007年）25頁、同編『改訂事例で考える民事事実認定』（法曹会、2022年）42頁。

8　通常は当事者双方のストーリーを対比すればよいが、事案によっては第三のストーリーが考えられるケースがある。筆者の経験でも、原告が金銭消費貸借契約の成立を主張して貸金返還請求をしたところ、被告が同契約の成立を否認していた事案について、争点整理を進める過程で、準消費貸借契約が成立していた可能性が高いとの心証を抱き、当事者双方に釈明して、仕切り直したことがあった。このように、当事者双方のストーリーを対比するだけではなく、第三のストーリーがある可能性を念頭に、争点整理を進める必要がある。

9　人証計画の重要性を説くものとして、加藤・前掲書（注2③）82頁。

10　最判昭和32年10月31日民集11巻10号1779頁参照。

302

昭和40年7月2日裁判集民79号639頁、最判昭和43年6月21日裁判集民91号427頁）、その推定を破る事情（反証）の有無が中心的争点となり、保証契約書の記載、体裁、主債務者と保証人との関係、保証金額と保証人の資産状況、保証人の印鑑の保管状況、関係者の保証契約に係る言動や関係者間のやり取り等を人証で立証し、反証の成否を検討することになろう。

　③の場合、保証契約書の印影が保証人の印章によって顕出された事実の有無が中心的争点となり、この点を人証で立証し、保証契約書の印影が保証人の印章によって顕出された事実が認められれば②の場合と同じであり、その事実が認められなければ、二段の推定は働かず、④の場合と同じである。

　④の場合、主債務者と保証人との関係、保証金額と保証人の資産状況、保証契約に係る言動ややり取り等を人証で立証し、保証契約の成否を検討することになる。

　このように、中心的争点によって立証の対象を異にすることから、どの人証でどの事項を立証するかを検討する必要があり、これを踏まえて人証申出をする必要がある[11]。

Ⅳ　集中証拠調べ[12]

1　集中証拠調べの意義

　集中証拠調べは、尋問について、期日間隔をおいて何度も行う五月雨式証拠調べではなく、一期日または近接した期日に集中して行うことをいう。民事訴訟法182条は、「証人及び当事者本人の尋問は、できる限り、争点及び証拠の整理が終了した後に集中して行わなければならない」と規定し、民事訴訟規則101条は、争点整理手続を経た事件については、争点整理手続の終了または終結後における最初の口頭弁論期日において、直ちに証拠調べをすることができ

11　実務では、出頭可能性を考慮せずに証人の申出がされることがあるが、裁判所が勾引（民訴194条）を命じることはまれであり、出頭可能性も考慮して人証を選択することが必要である。

12　集中証拠調べについて、手嶋あさみ「集中証拠調べ」門口正人編集代表『民事証拠法大系（第3巻）各論Ⅰ人証』（青林書院、2003年）217頁。

14 効果的な証人尋問および当事者尋問

るようにしなければならない旨を規定し、同規則102条は、尋問に使用する予定の文書は、弾劾証拠として使用するものを除き、尋問を開始する相当期間前までに提出しなければならない旨を規定し、民事訴訟規則も集中証拠調べを支える定めをおいている。

集中証拠調べは、平成9年の民事訴訟法改正前後を通じて議論や運用上の工夫がされ、現在の実務に定着している。

2 集中証拠調べの効果

集中証拠調べにより、主尋問および反対尋問が一挙に実施されることにより、証言または供述の信用性が判断しやすく、裁判官が心証形成をしやすくなる。また、記録の検討等を含めて、裁判所および当事者の負担を軽減し、無駄を省くことができ、審理の途中で裁判官の交代による実質的な審理のやり直しが回避できるなど、効率的な審理が実施される。もっとも、一括して尋問が実施されることから、特に当事者は周到な事前準備が必要となる。集中証拠調べを可能にするために実務上活用されているのが陳述書である。

V 陳述書の活用[13]

1 陳述書の意義

陳述書とは、当事者または証人となる第三者の見聞した事実に関する供述が記載された文書をいう。事後的に裁判所に提出される目的で作成されたものであるから、その性質は報告文書である。

当初、陳述書は、口頭主義および直接主義に違反するとして、その活用に否定的な意見もあったが、実務の運用の積み重ねにより、現在では実務に定着しており、集中証拠調べに不可欠なものとなっている。

---

13 陳述書については、平成9年の民事訴訟法改正前のものを含めて多数の論稿があるが、加藤・前掲書（注2③）21頁の注23）に掲記の文献、東京地方裁判所プラクティス委員会第二小委員会・前掲書（注2①）60頁に掲記の文献参照。

V 陳述書の活用

2 機 能

　陳述書の機能には、①主尋問代替・補完機能、②争点整理機能、③証拠開示機能、④事前準備促進機能、⑤主張固定機能、⑥調書作成補助機能があるとされているが[14]、①②③、特に①③が重要である。

　①は、陳述書を活用することにより、尋問時間を合理的に配分し、メリハリのある効率的な尋問を実施することである。すなわち、紛争の背景事情などわざわざ尋問をするまでもない事項は陳述書に記載し、陳述書を活用し、争点に関連する尋問が必要な事項について要領よく重点的に尋問することにより、効率的な人証調べを実施することができ、心証形成もしやすくなる。これが陳述書の中心的な機能である。

　②は、争点整理段階において、時系列を中心に事案を整理し、当事者がストーリーを提示し、争点がどこか、争点に関連してどのような証拠が提出され、争点の認定のためにどのような証拠調べが必要かについて、裁判所と当事者が十分に議論し、どの事実をどの人証で立証するかについて共通認識を形成するものである。事案が複雑で、争点が多数あるような事案では、争点整理段階で陳述書を活用して争点整理をすることは有用であるが、それ以外の事案では、それほど活用されていないのが実状である[15]。

　③は、人証調べの前に提出されることにより、事案の理解が容易となり、相手方は陳述書の記載を踏まえて主尋問の内容を予想し、反対尋問の準備をすることができるし、裁判所は補充尋問の準備をすることができる。また、人証計画の策定段階において、人証採否や尋問時間の見通しなど、集中証拠調べを実施するための判断材料となる。

　これに対して、④⑤⑥は副次的な機能にとどまっている。

14　生島弘康「人証調べの充実・合理化」門口・前掲書（注12）182頁。

15　通常の事件では、審理の早期の段階で当事者本人の陳述書が提出されても、網羅的かつ散漫になって必ずしも争点が明らかにならないことが多く、提出の要否や時期等について裁判所と代理人間で協議が必要であろう。

3　記載内容

　陳述書には、供述者の紛争に関する認識を記載するが、上記2の陳述書の機能を踏まえると、時系列を踏まえて、①供述者の身上、経歴、供述者と紛争とのかかわり、②紛争に至る経緯（紛争前の事情）、③紛争に関する事情（紛争当時の事情）、④紛争後に訴訟に至った事情（紛争後の事情）が記載されていることが望ましく、裁判官が陳述書を閲読して、紛争の全体像と一連の流れを把握できるようなものが期待される。特に③について、5W1H（いつ、どこで、誰が、何を、どのように）を意識して事実関係を記載することが重要である。また、事実関係は供述者が直接体験したものか、伝聞かを明示すること、事実と評価を区分することが重要である[16]。

4　形　式

　陳述書の形式には、大別すると、①供述者本人が直接作成するものと、②代理人が供述者から供述を録取して文章を作成し、供述者にその内容を確認してもらったうえで、供述者の署名押印を得て、陳述書とするものがあり、②の派生形として、②′代理人が供述者から事情聴取した内容を代理人名義で供述録取書として提出するものがある[17]。

　①の方式は、供述者の認識が直接記載されており、生の事実が記載されることにより、心証形成に有益なこともあるが、重要な点とそうでない点が意識されず、また、事実とその評価が混同し、相手方に対する非難や感情的な訴えが

16　陳述書の内容について、加藤・前掲書（注2③）265頁、東京地方裁判所プラクティス委員会第二小委員会・前掲書（注2①）53頁。実務では、時折、準備書面を引き直したような陳述書（準備書面の「である」を陳述書で「です」に改めたようなもの）が提出されることがあるが、これでは陳述書の機能を十分に発揮することができない。裁判官は、当事者が提出した準備書面を踏まえて争点整理をしており、それと同内容の陳述書を提出しても心証には響かない。例えば、契約書等の書証がない売買契約の成否が争点となる事案では、争点整理で明らかにされた争いのない間接事実を中心に、当事者間の関係、売買に関するやり取り、契約書等を作成しなかった事情、目的物の引渡しや代金の支払等に関する事情等を認定し、売買契約の成否を検討することになるが、陳述書には、生の事実（例えば、当事者間でのビビッドな具体的なやり取り）を記載することが望ましい。このような陳述書が提出され、適切な尋問がされると、裁判官の心証に響くことになる。

17　東京地方裁判所プラクティス委員会第二小委員会・前掲書（注2①）53頁。

記載されたりして、閲読しにくいことが多い[18]。一方、②や②′は、代理人が作成に関与しており、文章が整理され、閲読しやすく、上記のような問題点は少ないが、内容が整理されすぎ、直接体験した事実と伝聞とが区分されずに記載されていることも少なくない。

それぞれ上記のような長所、短所があるが、上記2の陳述書の機能を考えると、代理人が作成し、上記3の内容を適切に記載したものが望ましく、その場合には、供述者が直接体験した事実と伝聞事実を区別し、記載が明確な部分とあいまいな部分を意識して書き分ける必要があろう[19]。

5　分量、通数

陳述書は、裁判所に対する報告文書の性質を有するから、読み手である裁判官を意識して適切な分量とすることが求められる[20]。もっとも、関係者多数で複雑な事案や長期間にわたる出来事を記載せざるを得ない事案について、陳述書の分量が長くなることはやむを得ないところである。しかし、陳述書が長くなると、重要な点に焦点が当たらず、総花的な内容になる傾向は否定できず、上記2の陳述書の機能や望まれる記載内容を踏まえて、合理的な分量にすることが望ましい[21]。

18　親族間紛争や人事訴訟では、当事者本人が作成した長大な陳述書が何通も提出されることがある。このような陳述書には、生の事実が記載されて心証形成に資することもないではないが、大半は相手方に対する非難や感情的な訴えが長々と記載されていることが多く、心証形成に資するところが少なく、かえって相手方を刺激して紛争を激化させ、陳述書合戦の様相を呈することがめずらしくない。代理人の立場からすると、当事者本人から裁判所に直接提出されることを強く求められ、やむなく提出せざるを得ないこともあろうが、陳述書を提出する目的を踏まえて、提出の当否や内容を慎重にスクリーニングすることが求められよう。

19　東京地方裁判所プラクティス委員会第二小委員会・前掲書（注2①）53頁。

20　東京地方裁判所プラクティス委員会第二小委員会・前掲書（注2①）54頁では、ほとんどの事件では5頁〜10頁程度でまとめることが可能とされており、実務感覚として首肯できる。

21　筆者の経験で、使用者と労働者間の出向の当否が問題となり、原告が三人でそれぞれに争点が複数ある事案で、使用者から100頁を超える陳述書が提出されたことがあった。その作成の労には敬意を表しながらも、代理人にせめて30頁程度に要約いただけないかと要請すると、30頁の陳述書が再提出され、これを踏まえて尋問を実施したが、心証形成にはこれで十分であった。長大な陳述書を提出する場合には、読み手の立場を考えて、その内容を慎重に吟味することが望まれる。

また、通数は、基本的に1通で足りる。実務では、陳述書が提出されると、それに対する反証としてさらに反対当事者から陳述書が提出されることがめずらしくない。しかし、通数が複数になると、裁判官は事案の把握が困難になるし、尋問でその信用性をスクリーニングすれば足りるから、特段の必要性がない限り、さらなる陳述書を提出する必要はないと考えられる。

6　提出時期

陳述書の提出時期は、上記2の②争点整理のために提出される場合には争点整理段階で提出されるが、そうでなければ、争点整理手続が終結する時点（人証調べを実施する口頭弁論期日の前の争点整理手続期日）で提出されていることが望ましく、一般的には実務でもそのように運用されている[22・23]。

Ⅵ　効果的な尋問の準備

1　尋問の対象および時間

人証の尋問の申出は、できる限り、一括して（民訴規100条）、尋問に要する見込み時間を明らかにしなければならず（同規則107条、117条）、尋問事項書は、できる限り、個別かつ具体的に記載しなければならない（同規則107条2項、117条）。

裁判官は、争点整理手続で確認した争点を踏まえて、どの人証が最良（ベス

22　実務上、尋問準備の段階で、代理人が関係者からあらためて事情聴取をし、それまで見落としていた点に気づき、尋問期日直前になって追加の陳述書が提出されることがまれにある。その内容が、従前提出された陳述書の補足のような内容であれば、それほど反対尋問に支障はないと考えられるが、従前明らかにされなかった新たな事実が記載されると、反対当事者は反対尋問のために事実や証拠を確認する必要が生じ、予定していた期日での尋問の実施や当該陳述書の採否をめぐり、訴訟進行が紛糾することがある。このような事態を避けるため、代理人は、訴訟の早い段階で関係者から慎重に事情聴取をし、事実や証拠を把握しておくことが望まれる。

23　陳述書については、上記1〜6のほかに、例えば、人証申出をしたが、採用されなかった者の陳述書のように、反対尋問を経ていない者の陳述書の扱いが実務上問題となる。一般的には、このような陳述書は証明力が低く、反対当事者が反対尋問権を放棄したような場合でない限り、裁判官はこれから事実を認定することはないと考えられるが、この点について、寺本昌広「陳述書の利用の現状と今後の課題」判タ1317号（2010年）53頁参照。

トエビデンス）かについて、当事者の意見、尋問事項書や陳述書の内容を考慮して、尋問の対象を選択し、それに伴い、尋問時間を合理的な範囲で決めることになる[24]。

2　順　序

民事訴訟法207条2項は、証人および当事者の尋問を行うときは、まず証人の尋問を実施することとし、適当と認めるときは、当事者の意見を聴いて、当事者尋問をすることができるとされており、実務でも、事案によっては、当事者尋問を先行させるケースもあり、当事者の意見を聴いて決めればよい[25]。

3　出頭確保

証人について、採用決定がされた場合、尋問の申出をした当事者は、証人を期日に出頭させるように努めなければならず（民訴規109条）、証人の不出頭により尋問実施期日が空転しないようにしなければならない。

4　書証の提出時期

基本書証は、訴え提起時に訴状に添付し（民訴規55条）、答弁書および答弁書に対する反論の準備書面を提出する際にも提出されることになっており（同規則81条、82条）、これらは適切な時期に提出しなければならない（民訴156条）。このため、争点整理手続が終了した段階では、書証は提出されていることが前提となっており、民事訴訟規則102条は、証人等の尋問において使用する予定の文書は、証人等の陳述の信用性を争うための証拠として使用するものを除き、その証人等の尋問を開始する時の相当期間前までに提出しなければならな

24　実務上、争点が多くない通常の単独事件では、陳述書を活用することにより、一人当たり主尋問および反対尋問を各30分程度で実施することが多い。

25　秋山幹男ほか『コンメンタール民事訴訟法Ⅳ〔第2版〕』（日本評論社、2019年）282頁は、当事者の供述に係る部分が時系列的に先行し、証人の証言に係る部分がこれに続くような場合には、当事者尋問を先行することが適当であるとし、本人訴訟の場合、事案の解明または争点整理を兼ねて当事者尋問を実施することも考えられるとする。証人といっても、実際の訴訟では、純粋に第三者的な立場にある証人（例えば、事故態様が争点となっている交通事故の目撃者）は少なく、例えば、当事者一方と関係がある場合や、個人と法人間の訴訟における法人の担当者であるなど実質的には当事者に準じた立場にある者が多い。このため、当該事案に応じて、尋問の順番を決めればよいであろう。

309

いと定め、尋問直前になって書証が提出され、尋問期日にその書証に基づいた適切な尋問が実施できないとして期日が空転しないようにしている[26]。もっとも、弾劾証拠は、事前に提出したのでは弾劾の実を上げることができないから、例外とされている[27]。ただ、弾劾証拠であっても、尋問の途中でいきなり提出されると、相手方のみならず裁判所もその取扱いについて時間と労力がとられ、尋問の流れが止まってしまうことになりかねない。このため、弾劾証拠であっても、遅くとも反対尋問の冒頭に提出する運用が望ましい[28]。

5　主尋問の準備

　主尋問では、陳述書を活用し、争点に関連する事項で重要な点を中心にメリハリをつけた尋問をすることが望ましい。代理人は陳述書を提出する段階で人証予定者から事情を聴取しているのが一般的であるが、尋問に際しては、あらためて尋問の進め方や尋問時間を確認するなど人証テストを行うことが望ましい。もっとも、弁護士職務基本規程75条は、「弁護士は、偽証若しくは虚偽の陳述をそそのかし、又は虚偽と知りながらその証拠を提出してはならない」と規定しており、偽証教唆という証人汚染は許されないので、人証テストの際には留意が必要である[29]。

　このほか、主尋問の準備とともに、相手方からの反対尋問を予想し、その準備をしておくことも重要である[30]。

26　弁論準備等の終了後に証拠を提出する場合には、その終了前にこれを提出できなかった理由を説明しなければならない（民訴167条、174条、178条）。

27　実務では、基本書証が弾劾証拠として提出されるケースが散見される。刑事訴訟では、弾劾証拠として提出された証拠の立証趣旨は、当該供述の弾劾に限定され、当該弾劾証拠によって罪体に関する事実を認定することはできないと解されている（最判昭和28年2月17日刑集7巻2号237頁参照）。この点について、民事訴訟では十分な議論がされているわけではなく、供述の弾劾に限定される見解とこれに限定されない見解があり得るところであるが、供述の弾劾に限定される見解に立つと、当該供述の信用性が排斥されるにとどまり、これを超えて基本書証から要証事実を認定することが制限されることになる。このような不利益が生じないよう、また、早期に自己に有利な心証を裁判官に形成させるためにも、基本書証は早期に提出することが切に望まれる。

28　東京地方裁判所プラクティス委員会第二小委員会・前掲書（注2①）56頁。

29　加藤・前掲書（注2③）190頁。

30　従前の主張や証拠から、相手方がどのような反対尋問をするかはある程度予想できる。尋問者の申し出た人証予定者が、反対尋問になって動揺しないように、想定される反対尋問への備えをしておくことは重要である。

6　反対尋問の準備

　反対尋問は、主尋問のように人証予定者と打合せができないので、展開の予測が困難である。反対尋問では、弾劾証拠を用いて劇的に証言の信用性を低下させることができれば理想的であるが、そのような事案は少ない。むしろ、反対尋問では、証言の前後の矛盾、一貫性がないことや他の証拠関係との整合性を欠くことをあぶり出し、供述の信用性を減殺することをもって目的を達するとしてよいであろう。そのためには、弾劾証拠がないかを確認し、あらためて主張および陳述書を含む証拠関係を精査し、証拠関係を頭に入れ、反対尋問の材料を探すことが重要である。通常であれば、陳述書に記載してしかるべきであるのに記載がないか、薄い記載しかないところがあれば、その点にも留意しておくとよいであろう[31]。

　また、主尋問およびその答えを予測し、反対尋問の想定問答集（尋問で「イエス」と答えた場合と「ノー」と答えた場合の二通りの想定問答集）を作成することが有用である[32]。

7　補充尋問の準備

　裁判官は、通常、争点整理段階で、主張整理メモや時系列メモを作成しているが、尋問期日前に、あらためて主張や証拠を精査し、判決起案をイメージして、争点に関連して判断に必要な事実で、陳述書等で明らかにされていない点、陳述書と主張および証拠との整合性を欠くような点等をピックアップしておき、主尋問および反対尋問で尋問されなかった場合には、尋問できるように準備しておくことが肝要である[33]。

8　証人の在廷

　民事訴訟規則120条は、「裁判長は、必要があると認めるときは、後に尋問す

31　東京地方裁判所プラクティス委員会第二小委員会・前掲書（注2①）56頁。
32　加藤・前掲書（注2③）236頁。その余の留意点につき、同書235頁。
33　筆者は、尋問に臨むにあたり、手控えに補充尋問をすべき事項を書き出し、主尋問および反対尋問で尋問された事項を消していき、残った事項を補充尋問で確認するようにしている。

べき証人に在廷を許すことができる」と定めている。これは、証人が他の証人の証言を聞いて影響を受け、自由に証言することを妨げられるようになっては裁判所の事実認定の妨げとなることから、一期日に二人以上の証人を尋問するときは、後に尋問する証人を法廷から退去させ、格別に尋問することを前提としながら、裁判長が職権で後に尋問する証人が在廷して他の証人の証言を傍聴することを許すとした規定である[34]。その趣旨に照らすと、後に尋問予定の証人を在廷させても、その証人が先行する他の証人の証言により不当な影響を受けるおそれがなく、効率的な尋問が期待できる場合には、在廷を認めてよいと考えられる[35・36]。

Ⅶ 主尋問および反対尋問に共通する留意点

1 聞こえる声でゆっくりと明瞭な質問

尋問者は、裁判官、書記官および速記官に聞こえる声で、ゆっくりと、明瞭に質問すべきである。時折、ボソボソと質問する代理人もいるが、聞き取りにくく、質問の内容を確認する必要が生じ、尋問の流れが止まってしまう。このため、尋問者は、質問の記録化を意識して、聞こえる声で、ゆっくりと、明瞭に発問すべきである[37]。

---

34 最高裁判所事務総局民事局監修『条解民事訴訟規則』（司法協会、1997年）262頁。
35 最高裁判所事務総局民事局・前掲書（注34）263頁では、在廷による弊害がない場合には、むしろ後の尋問予定の証人を在廷させ、先行する証人の尋問を聞かせておくほうがよいと考えられ、自己の見解との相違点を明確に認識し、相違点に絞って重点的に証言し、充実した尋問が展開され、尋問時間が短縮されることが指摘されている。秋山ほか・前掲書（注25）106頁、出口尚明「人証調べの充実・合理化」門口・前掲書（注12）245頁も同旨である。上記の趣旨は、当事者本人尋問を先行する場合にも妥当し、証人が一方の当事者尋問を聞いたほうが効率的かつ充実した尋問を実施できる場合には、証人の在廷を認めることが相当であろう。
36 裁判長が証人の在廷を許可するか否かは、人証の採否、時間および順序を決める際に明らかにしておくと、尋問当日に混乱を生じない。
37 深見・前掲書（注2①）65頁。

Ⅶ　主尋問および反対尋問に共通する留意点

2　質問は一問一答で

　民事訴訟規則115条１項は、「質問は、できる限り、個別的かつ具体的にしなければならない」と定めており、一問一答式の尋問を原則としていると解されている[38]。その際には、５Ｗ１Ｈを意識して質問することが望ましい[39]。

　例えば、共同事業に拠出した資金が貸金か出資金かが争点の事案において、関係者間のやり取りを尋問する場合の一例を示すと、以下のようなものが考えられる。

　問「あなたと○○さんとの間で△△のやり取りがありましたか」

　答「はい」

　問「それはいつのことですか」

　答「□□の頃です」

　問「そのやり取りを最初にもちかけたのはあなたですか、○○さんですか」

　答「私です」

　問「どうしてあなたからもちかけたのですか」

　答「○○さんは◎◎の事業のノウハウがあり、一緒に事業をしたいと思ったからです」

　問「あなたは、○○さんに対して最初にどのような話をしたのですか」

　答「一緒に◎◎の事業をしましょうと言いました」

　問「○○さんは了解しましたか」

　答「いいえ」

　問「○○さんはなぜ了解しなかったのですか」

　答「○○さんは、資金がないからと言いました」

　問「それであなたは○○さんに何と言いましたか」

　答「資金は私が準備すると言いました」

3　発問と答えが重ならない

　尋問者の発問と供述者の答えが重なると、記録に残らなくなり、再度確認す

38　最高裁判所事務総局民事局・前掲書（注34）252頁。
39　深見・前掲書（注２①）67頁。

る必要があり、尋問の流れが止まってしまう。このため、供述者は発問が終わってから回答し、尋問者は回答が終わってから次の発問をすべきである[40・41]。

4 代理人が複数の場合、尋問者を明らかにする

複数の代理人が尋問する場合には、名前を名乗るなどして尋問者が誰かを明らかにすべきである[42]。

5 書証を示すとき

書証を示すときは、裁判長の許可を得ることが必要である（民訴規116条）[43]。また、尋問の際には、単に号証番号を示すだけではなく、「甲第1号証の○○を示します」のように書証の標題を示すほうがよいとされている[44]。

時折、書証に関する問答が終了した後も、尋問者が書証を置いたままにしていることがあるが、書証を見て陳述しているとの疑いが生じないように、書証に関する問答が終了した後には、直ちに書証を引き上げるべきである。また、複数の代理人がいる場合には、効率的に尋問をするために、尋問者と別の代理人が書証を示すことが望ましい[45]。

なお、尋問（特に主尋問）で書証を示す必要がある場合には、人証テストの際、どの書証を用いるかを打ち合わせ、付箋を貼るなどして、順番を整えておくことが望ましい[46・47]。

40　深見・前掲書（注2①）66頁。
41　筆者は、供述者が宣誓した後、尋問の留意点として、①横から代理人が質問をするが、証言席の前にマイクがあるので、前を向いて供述してほしいこと、②発問と答えがかぶらないように、発問がすべて終わってから答えてほしいこと、③発問内容が不明なときには、もう一度発問してほしいと述べて構わないことを注意喚起している。
42　深見・前掲書（注2①）66頁。
43　練達の弁護士は、裁判官が書証を開いたことを確認してから発問している。
44　小野寺・前掲書（注2②）153頁。
45　深見・前掲書（注2①）66頁。
46　東京地方裁判所プラクティス委員会第二小委員会・前掲書（注2①）57頁。
47　筆者の経験でも、記録が大部な合議事件で、代理人が主尋問で示す書証の写しを合議体全員と書記官用に提供してくれたことがあり、尋問の際に非常に有用であった。

6 固有名詞の扱い

供述者が準備書面や陳述書に記載のない人名や地名を答えた場合、どのような字かを確認すると、記録化の際に有益である[48]。

7 指示語の扱い

例えば、長さを質問され、供述者が手を広げて「これぐらいの長さです」と答えることがある。しかし、このやり取りだけでは、客観的な長さがわからない。このため、その答えに続いて、尋問者は「今、あなたは右手と左手を広げてこれぐらいと言いましたが、その長さは30センチくらいですか、それとももっと長いですか」などと発問して、指示語の内容を具体化すべきである。また、例えば、暴行を受けた態様を質問されて、供述者が自分の手で実演しながら「このように手を動かして殴られました」と供述することがある。その答えに続いて、尋問者は「今、このように手を動かして殴られたと言いましたが、右手をグーにして、右ほほをパンチされたということですか」など、指示語を具体化しながら尋問すべきである。ただ、あくまでも供述内容を明確にするために発問するのであり、誘導尋問にあたらないように留意することが必要である。

8 尋問時間

裁判所および当事者は、別事件の期日や他の予定等を考慮して尋問予定時間を設定している。このため、尋問時間が予定時間を超過すると、別事件の期日や他の予定に支障が生じるので、尋問時間は厳守すべきである[49]。

---

48 深見・前掲書（注2①）67頁。
49 深見・前掲書（注2①）69頁。実務では、時折、代理人が争いのない事実を延々と尋問し、尋問時間が不足することがあるが、人証計画の変更を余儀なくされかねないので、予定時間を超えることは厳に慎まれるべきである。そのようなことがないように、人証テストで時間配分等を確認することが望まれる。

VIII　効果的な主尋問

1　陳述書の活用と尋問の内容

　Ⅵ5で述べたとおり、主尋問では、陳述書を活用し、争点に関連する重要な点を中心にメリハリをつけた尋問をすることが望ましい。もっとも、陳述書の活用といっても、代理人が争点に関連する事項について、陳述書の該当部分を読み上げて、陳述書に「○○の記載があるが、そのとおり間違いないか」と尋ねることがあるが、このような尋問は、誘導尋問にあたるため、してはならない（民訴規115条2項2号）[50]。

　そして、尋問の内容は、時系列に沿って展開することがわかりやすい。事前に陳述書を提出しているからといって、そのとおりに供述しなければならないわけではなく、供述者に生の事実を語らせることが望ましい。陳述書の記載を思い出して供述しようとすると、かえって迫真性が乏しくなり、主尋問の意義が減殺されることに留意が必要である[51]。

　主尋問は、あらかじめ人証テストをすることが可能で、予測可能であり、成功して当たり前ということができ、主尋問が効果的に実施できなければ、裁判官の心証形成にマイナスに作用することになろう[52]。

---

[50]　このような場合には、相手方は間髪入れずに異議を述べ（民訴規117条1項）、質問の制限（同規則115条3項）を求めるべきである。

[51]　東京地方裁判所プラクティス委員会第二小委員会・前掲書（注2①）57頁。主尋問の際、証人または当事者が事前に暗記したとおりに供述しようとするケースに接することがある。おそらく、主尋問をする側に不利な事実を供述しないように、入念に事前準備をしたものと推察されるが、そのような供述態度は、裁判官に供述の信用性に疑念を生じさせることになる。むしろ、自然な流れで、主尋問をする側に不利な事実を淡々と供述するほうが信用性は高いと感じる。筆者の経験でも、中心的争点である4年前の原告本人と被告関係者とのやり取りについて、原告本人が逐一詳細かつ描写的な供述をしたことがあった。そのやり取りが、特異でインパクトが強く、記憶に残るようなものであれば格別、そうでなければ、4年前の出来事の概要は記憶に残っていても、逐一詳細な出来事が記憶に残ることは考えがたく、不審に思っていると、案の定、反対尋問で突っ込まれ、しどろもどろになって崩れたことがあった。やはり供述者の記憶に従って自然に供述させることが望ましい。

[52]　筆者も、主尋問で自滅する尋問を経験したことがある。ある事案では、原告本人が主尋問でしどろもどろになり、体調不良等がないのに、主尋問の途中で原告代理人の尋問に答

2 主尋問を省略する尋問

　一般的には、主尋問を省略して反対尋問を実施すると、尋問者と供述者との間で、円滑な受け答えがされない可能性があり、供述の信用性の吟味が困難になるおそれがあり、反対尋問もやりにくくなるとされている[53]。もっとも、多人数の関係者を1期日で尋問しなければならないような場合には、双方代理人が了解し、上記のような弊害が少ないような事案であれば、主尋問を省略する、または主尋問を短時間で終えるなどの方法で実施することも考えられよう[54]。

IX　効果的な反対尋問[55]

1 反対尋問の目的

　V6で述べたとおり、反対尋問は、弾劾証拠があれば効果的であるが、そのような場合は少ない。反対尋問は、展開の予測が困難であり、証言の前後の矛

えられなくなり、尋問が続行不能となり、反対尋問前に尋問を打ち切り、訴えの取下げで終局したことがあった。別の事案では、原告本人が、主尋問の途中で人証テストのときと質問が違うなどと原告代理人を怒り出し、尋問を中止した。当初、演技ではないかと疑ったが、いったん休廷し、事情を確認すると、そうではなく、原告本人がそれ以上尋問に応じないとのことであり、反対尋問前に尋問を打ち切り、請求棄却の判決をした。同僚裁判官に聞いても、主尋問で自滅する尋問は一定数あるようである。このような事案に接すると、訴訟提起前の事情聴取の重要性をあらためて痛感する。

53　東京地方裁判所プラクティス委員会第二小委員会・前掲書（注2①）58頁。主尋問で自滅する事案があることからすると、主尋問で供述の信用性をスクリーニングする意義は存在する。

54　このほか、供述者が関連訴訟ですでに供述し、その尋問調書がすでに提出されているような場合にも、主尋問の合理化が図られてよいであろう。

55　反対尋問に関する古典的な名著として、フランシス・ウェルマン（梅田昌志郎訳）『反対尋問』（ちくま学芸文庫、2019年）がある。同書には、エイブラハム・リンカーン（第16代アメリカ合衆国大統領）が弁護士時代にした有名な反対尋問（同人がある殺人事件の被告人の弁護人となり、目撃証人が被告人の射殺現場を夜間であるのにはっきりと目撃したと証言したことについて、目撃証人に「月が出ていた」ことを証言させた後に、目撃したとされる時間に月が出ていなかったことを示す暦を提出し、証言を弾劾したケース（同書98頁））を含め、反対尋問の豊富な実例があげられている。このほか、ステファン・M・コズロー「反対尋問のテクニック」判タ515号（1984年）49頁。

14　効果的な証人尋問および当事者尋問

盾、一貫性がないことや他の証拠関係との整合性を欠くことを浮き彫りにして、供述の信用性を減殺することをもって成功したといっても過言ではないであろう[56]。

2　反対尋問を実施するかの判断

反対尋問は諸刃の剣であり、反対尋問をしたことにより、場合によっては、反対尋問者にとって不利益な供述を引き出してしまうこと（主尋問を固めてしまうこと（いわゆる塗り壁尋問））があり、反対尋問を実施するか否かは、反対尋問の目的達成の可能性、不利な事実が顕出される危険性を証人の態度や主尋問の内容から判断することになろう[57]。

3　反対尋問の実施

供述全部が事実に反する場合もないではないが、一般的には、供述全部が事実に反していることは少ない。このため、反対尋問は、総花的に尋問するのではなく、事前準備を踏まえて、証言の前後の矛盾、一貫性がないことや他の証拠関係との整合性を欠くことにポイントを絞って尋問することが効果的である。また、虚偽の事実を供述していることを認めさせようと深追いして、かえって弁解されてしまい、それまでの反対尋問の結果が損なわれることがある。供述者が主尋問の内容を固めかけたり、反対尋問者に不利な供述が出そうになったりした場合には、質問を切り上げて、次の質問に入るなどして対応する必要性があり、反対尋問を切り上げるタイミングを見極める必要がある[58]。

それでは、上記のような反対尋問の材料がない場合には、どうすればよいであろうか。供述は、知覚⇒記憶⇒表現のプロセスを経るから、反対尋問では、その各プロセスにおいて、問題点がないかをスクリーニングしていくことが有効であろう[59・60]。もっとも、この場合、かえって主尋問を固めてしまうリスク

---

[56]　筆者の経験でも、反対尋問で決定的な弾劾証拠が提出されることは少ない。ただ、近時はスマートフォン等で容易に録音することができ、一方当事者が重要なやり取りを否定していたにもかかわらず、弾劾証拠として、そのやり取りに係る録音媒体およびその反訳書が提出され、効果的であったことがある。

[57]　加藤・前掲書（注2③）241頁。同241頁には反対尋問を実施すべきか否かの判断基準があげられており、参考になろう。

[58]　反対尋問の技術について、加藤・前掲書（注2③）244頁。

もあるので、尋問するか否かについて見極めが必要である。

X 介入尋問、補充尋問

1 介入尋問

　当事者主義の下では、証人および当事者の供述は、主尋問および反対尋問によって得るのが原則であるし、当事者双方の代理人は、陳述書を含む証拠関係を精査し、尋問の組立てを考えているはずである。このため、裁判官が尋問の途中で介入尋問をすると、組み立てられた尋問の流れを阻害する可能性があるし、当事者による尋問で不十分な点は補充尋問で補うことができる。そうすると、介入尋問は、必要最小限であることが望ましく、供述者から争点に関する事実を聞き出して事実認定の材料にするという尋問の目的に照らして、尋問が合理的かつ効率的に行われず、後の補充尋問によることが適切ではない場合に行うのが相当である。

　具体的には、①質問の意味内容が不明確で、供述しようがないと考えられるときに、質問の意味内容を質したうえであらためて質問する場合、②供述者が質問の意図を理解できないために質問と答えがかみ合わないとき、これをかみ合わせて質問する場合、③証言内容があいまいで、肯定か否定か不明のまま次の質問に進もうとするとき、再度肯定か否定かを明確に問い直す場合が考えられる[61]。このほか、④反対尋問の際に供述者が故意に質問に対する答えをはぐらかして、真摯に供述しない場合、⑤供述者が感情的になって、中立の第三者である裁判官からの質問が適当であるとき、⑥主尋問で、尋問者が争点と関連性のない事項について繰り返して質問するなどして、尋問予定時間を超過するおそれがあるとか、審理に必要な部分に関する供述が得られなくなることが明

59　加藤・前掲書（注2③）255頁。
60　筆者の経験でも、交通事故の事故態様が争点の事案で、当該事故の目撃者の証人尋問を実施し、証人が主尋問ではっきりと事故態様を証言したことがあったが、反対尋問でその事故を目撃した距離、位置や視力等を逐一確認していくことで主尋問の信用性が減殺されたケースに接したことがある。
61　出口・前掲論文（注35）204頁。

14 効果的な証人尋問および当事者尋問

らかな場合なども許容されよう[62]。

2 補充尋問[63]

補充尋問では、主尋問および反対尋問が十分でなく、心証形成のための材料が出てこない場合には、裁判官は、補充尋問を実施して、主尋問および反対尋問で不足していた点や不十分な点を補い、心証形成の材料とする。

このほか、心証を得たところを確認する（チェックする）ための尋問や心証開示のための尋問があるとされている[64]。

XI まとめ

裁判官は、効果的な尋問が実施されることにより、心証形成がしやすく、より妥当な判決をすることができるし、紛争の実情に即した和解を勧試することができる。また、当事者の立場からしても、効果的な尋問を実施することにより、不全感を残さず、訴訟の結果について納得感を得やすいということができよう。もっとも、効果的な尋問を実施するためには、その前提となる争点整理が的確になされ、適切な尋問の準備がされ、裁判官および代理人である弁護士との適切な協働が不可欠である。拙稿が、今後の訴訟運営の一助となれば幸いである。

---

62 東京地方裁判所プラクティス委員会第二小委員会・前掲書（注2①）59頁。

63 大別すると、裁判官によって、補充尋問に積極的なタイプと、謙抑的なタイプがある。前者は、事案解明のために積極的に踏み込んで尋問し、勝つべき者が勝つというタイプであり、後者は、事案の解明は当事者に委ね、ゲームにおけるアンパイアのタイプである。事案等にもよるが、いずれもあり得るところであり、裁判官の訴訟観によることになろう。

64 加藤・前掲書（注2③）300頁。筆者の経験でも、供述者が当事者本人の場合には、主尋問および反対尋問で言及されたことでも、重ねて確認し、あらためて判断の見通しを示唆するような補充尋問をして、当事者の納得を得たり、和解への布石としたりすることがある。また、当事者の資産状況や資力など、それまでの審理に顕れず、和解のために必要な情報収集として補充尋問をすることもある。

15 時機に後れた攻撃防御方法の却下

徳 岡 由 美 子
大阪高等裁判所部総括判事

はじめに

本稿は、適正迅速な審理を遂げるためのすぐれたルールである民事訴訟法157条1項（以下単に「157条」という）の「時機に後れた攻撃防御方法の却下」をテーマにして、理論、裁判例等基本を押さえつつ、実務上遭遇する具体例をあげて、どのように対応していくのが相当かなどを検討するものである[1]。

I　157条1項の趣旨

1　条　文

157条は、「当事者が故意又は重大な過失により時機に後れて提出した攻撃又

1　本稿全般にわたって、秋山幹男ほか編『コンメンタール民事訴訟法Ⅲ〔第2版〕』（日本評論社、2018年）370〜387頁（157条）、363〜367頁（156条）、高田裕成ほか編『注釈民事訴訟法第3巻』（有斐閣、2018年）535〜553頁（157条）〔田邊誠〕、525〜531頁（156条）〔田邊誠〕、兼子一ほか編『条解民事訴訟法〔第2版〕』（弘文堂、2011年）940〜944頁〔新堂幸司＝上原敏夫〕、中野貞一郎ほか編『新民事訴訟法講義〔第3版〕』（有斐閣、2022年）253〜255頁、伊藤眞『民事訴訟法〔第8版〕』（有斐閣、2023年）321〜324頁、法務省民事局参事官室編『一問一答新民事訴訟法』（有斐閣、1996年）157〜158頁、竹下守夫ほか編『研究会新民事訴訟法——立法・解釈・運用（ジュリスト増刊）』（有斐閣、1999年）151〜156頁、中田昭孝「適時提出主義②——裁判官の立場から」鈴木正裕先生古稀祝賀『民事訴訟法の史的展開』（有斐閣、2002年）412〜427頁を参照した。

は防御の方法については、これにより訴訟の完結を遅延させることとなると認めたときは、裁判所は、申立てにより又は職権で、却下の決定をすることができる」と規定する。この規定は、平成8年法律第109号による改正前の民事訴訟法（以下単に「旧法」といい、改正後の民事訴訟法を「平成8年改正法」ともいう）においても同じ内容の規定（旧法139条）があった。

2 適時提出主義（民訴156条）との関係

(1) 適時提出主義の採用

旧法においては、口頭弁論の一体性を前提にして、口頭弁論の終結に至るまで訴訟の進展に応じて適宜に攻撃防御方法を提出することができるとする随時提出主義を採用していた（旧法137条）。そのため、旧法下では争点整理手続が十分に機能していなかった状況もあって、当事者は、準備の都合や訴訟戦略上の事由から攻撃防御方法の提出時期を決定し、重要な主張・証拠も小出しに提出することが可能であり、審理が長期化する原因の一つになっていた。ただし、旧法下でも、随時提出主義の例外として、不当な引き延ばしを防止するための規定として、旧法139条がおかれていた。

これに対し、平成8年改正法は、争点整理手続を整備し、集中証拠調べを法定したが、集中証拠調べの実をあげるためには、攻撃防御方法の適時の提出が不可欠となる。そこで、平成8年改正法は、迅速で充実した効率的な審理を実現するために、攻撃防御方法の提出時期について、156条で「攻撃又は防御の方法は、訴訟の進行状況に応じ適切な時期に提出しなければならない」と規定して、適時提出主義を採用することを明らかにした。

(2) 攻撃防御方法を提出すべき「適切な時期」

攻撃防御方法を提出すべき「適切な時期」は、訴訟の進行状況に応じ、個別具体的にかつ客観的に定まる。例えば、裁判長が特定の事項に関する主張を記載した準備書面や特定の事項に関する証拠の申出をすべき期間を定めた場合（民訴162条）は、一般的には当該期間内が、争点整理手続を経た場合は、一般的には当該争点整理手続の終了時までが、それぞれ攻撃防御方法を提出すべき適切な時期といえる。そして、適時提出主義の顕れとして、争点整理手続終了後に新たな攻撃防御方法を提出する場合には、相手方の求めがあれば、相手方

に対し、当該争点整理手続の終了前に提出することができなかった理由を説明しなければならないとして、提出者に説明義務が課されている（民訴167条、174条、178条）。

(3) 156条との関係における157条の意義

平成 8 年改正法の157条は、156条の適時提出主義につき、具体的に実効性をもたせるための規定と解される。そこで、以上のことを念頭において、157条の解釈・運用を考える必要がある。

3　信義則による攻撃防御方法の却下との関係

攻撃防御方法の提出は当事者の権限・責務であり、当事者がその責務を十分果たさないときは、そのために不利益を被ってもやむを得ないという当事者責任の原則が157条の根底にあると考えられ、157条は当事者間の信義則という観点も内包しているものといえる。この点に関し、信義則違反を直接の理由として、時機に後れた攻撃防御方法を却下することができるかが問題となるが、禁反言にあたる場合（主張立証しないと何度も明言した攻撃防御方法をその後提出してきた場合など）に端的に信義則違反を理由として却下し得る場合等を除き、時機に後れた攻撃防御方法を却下する場合は、一般条項の信義則違反ではなく、157条の要件該当性を検討したうえで、157条によって却下することが相当と考えられる。

Ⅱ　要　件

1　時機に後れた提出

時機に後れた提出か否かは、各事件の具体的な進行状況や当該攻撃防御方法の性質に即して、実際の提出時期よりも早期に提出することが期待できる客観的な状況にあったか否かを判断する必要がある。すなわち、通常の当事者であれば当然に提出することができる時機を基準にし、その時機を過ぎて提出された場合には、却下の対象として検討することになる。

323

[15] 時機に後れた攻撃防御方法の却下

(1) 「適切な時期」を経過した後に提出された攻撃防御方法

156条は、理想的な攻撃防御方法の提出を当事者に義務づけたものであるのに対し、157条は攻撃防御方法を却下する場合の規定であるから、「適切な時期」を経過した後に提出された攻撃防御方法が、直ちに時機に後れた提出に該当するものとはならないものと解される。「時機」とは、当該攻撃防御方法を提出するのにふさわしい時期という意味であって、「適切な時期」から一定程度後れて提出された攻撃防御方法が「時機に後れた」ものとして、却下の対象となるものと解するのが相当である。

(2) 事件の具体的な進行状況との関係

ア 争点整理手続終了後の攻撃防御方法の提出

争点整理手続を実施する場合には、当事者は、この手続において争点整理を完結すべく努力するものであって、この手続終了後に特別の理由もなく新たな攻撃防御方法を提出することは、争点整理の結果を無駄にし、相手方に対する信義に反し許されないというべきである。したがって、適時提出主義（156条）との関係では、争点整理手続終了後に、その整理の結果に反する攻撃防御方法を提出することは、原則として、時機に後れた攻撃防御方法の提出と評価するのが相当である[2]。

そして、争点整理手続終了後の攻撃防御方法の提出には、前記のとおり、当事者は理由の説明義務を負う（民訴167条、174条、178条）が、これは信義則上課される相手方に対する義務と解される[3]。そうすると、当該攻撃防御方法の提出をした当事者が、相手方の説明要求に応じず、または何ら適切な説明をすることができなかった場合には、故意・重過失も推認されることになる。

2　争点整理手続終了後に提出した攻撃防御方法につき時機に後れているものとして却下した例として、防音工事の瑕疵を理由とする損害賠償請求事案で、Ｓ防音の工事を行うべき契約に違反したとする原告の主張を前提として弁論準備手続を経て、人証調べが終了した後、原告がＡ防音の性能にも達していなかったとする新主張を追加したもの（東京地判平成11年12月10日判タ1079号301頁）、集中豪雨による被災につき、国家賠償法に基づく損害賠償請求をした事案で、被告が集中証拠調べ終了後に、午後9時8分とされていた避難を促す放送の正確な放送時間が9時10分以降であったから、被災者の死亡等との結果との間には因果関係がない旨主張し、これを裏付ける報告書を提出したもの（神戸地姫路支判平成25年4月24日判タ1405号110頁）等がある。
3　法務省民事局参事官室・前掲書（注1）184～185頁。

イ　攻撃防御方法の提出につき裁定期間を設けた場合

裁判所が攻撃防御方法の提出につき裁定期間を設けた場合（民訴162条、170条3項、301条1項、148条1項）、当該期間が経過した後に当該攻撃防御方法を提出することは、原則として時機に後れたものと評価すべきである。

ウ　相手方当事者の主張立証との関係

被告が提出する予備的抗弁については、原告の請求債権の存在が認められる可能性が高く、主位的抗弁が認められない可能性が高くなってから提出しても、時機に後れたものと評価するのは相当でない。

エ　特許訴訟の場合

特定論、侵害論、損害論と、審理が段階的に行われることから、各段階を過ぎて提出された攻撃防御方法につき、157条の適用を主張される例が多い[4]。

(3) 攻撃防御方法の性質との関係

ア　抗弁として実体法上の形成権の行使を主張する場合

相殺権や取消権、解除権等の実体法上の形成権の行使を抗弁として主張する場合の抗弁事実は、①形成権行使の原因となる事実（相殺適状や取消原因、解除原因）の発生、②形成権行使の意思表示が要件となるが、当該抗弁の提出が時機に後れたか否かを判断するのは、①の時点を基準とすべきである。裁判外における②を遅らせることによって、時機に後れたとされないようにするのは相当でなく、②の時点を基準とすべきではない。

イ　相殺の抗弁等の提出時期の評価

相殺の抗弁については、自働債権の存在を認定するためには、別途証拠調べが必要であり、自働債権に対する再抗弁が提出されることもあり得るうえ、当該訴訟の判決が確定しても、請求異議訴訟を提起することによって相殺を主張

4　知財事件に関して、時機に後れているとして却下した例として、原審裁判所が侵害論についての主張立証の追加は認めないとした主張期限から6か月以上も経過した後に被告が本件各特許の無効理由の追加をし、控訴審の控訴理由書においても無効理由を追加したもの（知財高判平成25年1月30日判時2190号84頁）、原審で侵害論の争点整理を終え、損害論に移行し、判決がされた事案の控訴審の控訴理由書で、被告が無効の抗弁および公知技術の抗弁を追加主張したもの（知財高判平成30年11月20日判時2413・2414合併号136頁）、原審でも、本件特許は無効であるとの心証開示後に、原告が本件特許につき訂正する旨の再抗弁を主張して却下されていたところ、控訴審の控訴理由書でも訂正の再抗弁を主張したもの（知財高判令和4年7月6日判例秘書登載）等がある。

することが可能であることからすると、上記アの①の時機から相応の時機に予備的抗弁として提出を求めることが酷とはいえず、他の抗弁と区別して、時機の認定を穏やかに解する必要はないと考えられる[5][6]。

建物買取請求権の行使の抗弁についても、当該抗弁が157条により却下されても、建物買取請求権を失うわけではないので、相殺の抗弁と同様、格別の扱いは不要と考えられる。

2　故意または重大な過失

(1)　意　義

「故意」とは、時機に後れて攻撃防御方法を提出した当事者が、時機に後れることを認容していたことであり、「重大な過失」（重過失）とは、わずかな注意を払えば時機に後れることなく提出することができたのに、その程度の注意を怠ったことであり、いずれも主観的事情である[7]。いずれも、時機に後れて提出することについて存在すれば足り、訴訟の完結を遅延させることについてまで存在する必要はない。

5　最判昭和32年12月24日裁判集民29号555頁（家屋明渡請求事件の控訴審で、第1審被告が修繕費償還請求権でもって賃料との相殺を主張したことにつき、修繕箇所が散在し、損害の算定に非常な困難を極め、その証拠調べには経験上多大の日時を要するから、訴訟の完結を遅延させることは明らかであり、控訴審において、すでに判決に熟した時期に初めてこのような複雑な主張をすることは少なくとも重大な過失があるとして、原審が上記主張を時機に後れたものとして却下したのは相当であるとした）。

6　東京地判令和2年11月19日（判例秘書登載）は、原告が元代表取締役の被告に対し、準消費貸借契約に基づき貸金等の支払を求めた事案で、被告が集中証拠調べ期日を迎えた当日に委任契約に伴う報酬および旅費交通費等の未精算経費を請求する反訴を提起し、口頭弁論終結日に同反訴に係る請求権を自働債権とする相殺の抗弁を提出したのは、相殺の抗弁であることを考慮しても、その提出はあまりに遅きに失するとした。

7　東京地判平成22年2月12日判タ1343号167頁は、交通事件で、口頭弁論終結日の前日に提出された準備書面に記載された過失相殺の主張が、第1回弁論準備手続で原告から提出された事故態様を裏付ける書証を根拠とするものであり、その後の2年近くの間に当該主張を早期に行うことは十分可能であったとして、故意または重大な過失により時機に後れて提出したものにあたるとして、上記主張を却下した。一方、東京地判令和2年7月17日（判例秘書登載）は、新築住宅の瑕疵担保責任に基づく損害賠償請求等がされた事案で、原告が口頭弁論終結日に提出したA建築士作成の意見書につき、同意見書の内容は、証人Bの証言に対するA建築士の反論を含むものであるから、証人Bの尋問を経ないで作成を期待できるものではなく、それ以前に提出できたものを重過失によって提出しなかったとまでは認められないとして、被告による157条に基づく却下の申立てを却下した。

Ⅱ　要　件

⑵　立証責任

　裁判所は、当事者に故意または重大な過失があったことにつき確信を得た場合に、時機に後れた攻撃防御方法を却下することができるので、当該攻撃防御方法の提出者が故意および重過失がなかったことを証明する必要はない。しかし、時機に後れて攻撃防御方法が提出されたときは、故意または重過失があったものと事実上推認されることが多い（その意味では、時機に後れたか否かとの要件と一体的に判断される面がある）から、実際には、提出当事者が故意および重過失がなかった旨の反証をする必要があることになる。

⑶　当事者本人と訴訟代理人の関係、差異等

ア　故意または重大な過失の主体

　訴訟代理人がついている場合、故意または重過失の要件は、当事者本人および訴訟代理人の双方に存在する必要はなく、そのいずれかに存在すれば足りる。したがって、当事者本人が訴訟代理人に対し重要な事実や証拠を告げなかったために、訴訟代理人がこれらに基づく主張立証ができなかった場合も、重過失があるというべきである。

イ　差　異

　当事者本人と訴訟代理人とでは、法的知識に差がある。そこで、訴訟代理人がついている場合は、訴訟代理人に通常期待される法的知識をもって適時に攻撃防御方法を提出しなかったことにつき、故意または重過失があるとされる場合でも、本人訴訟で、本人にとっては法的知識を用いて当該攻撃防御方法を適時に提出すべきか否かを判断するのを期待することが困難である場合は、同じ攻撃防御方法を時機に後れて提出したとしても、故意または重過失があると判断するのが相当でないこともある。

ウ　専門訴訟との関係

　専門訴訟等における専門的知見を前提とした主張立証については、訴訟代理人であっても、時機に後れたことに重過失がないと認められる場合がある[8]。

8　逆に、医療過誤訴訟でも重過失ありとして却下された例として、従前原告が主張していたＡ医師の過失を前提として争点整理、集中証拠調べともほぼ終了していた時期に、Ｂ医師の過失を新たに主張することは、医療訴訟の専門性を考慮しても、重大な過失があるとされたもの（札幌地判平成20年１月30日判タ1281号257頁）、被告担当医師の注意義務違反が発生する時点につき、集中証拠調べ後に従前の平成26年11月14日から同月17日に変更し

エ　法的観点指摘義務との関係

判例・学説が分かれていたり、先例がなかったりするような法律問題に関する主張については、訴訟代理人にとっても、重過失があるといえない場合がある。特に、裁判所に釈明義務（法的観点指摘義務）違反があるような場合には、訴訟代理人に重過失があるといえないが、裁判所から釈明されても対応せず、時機に後れて主張がされた場合は、重過失があると認定される。

3　訴訟完結の遅延

⑴　意　義

157条においては、当該攻撃防御方法の提出（新たな主張や証拠の提出）を認めると、訴訟の完結が遅れる（そのためだけに弁論が終結できない）が、これを却下することにより、訴訟の完結の遅延を避けることができる（直ちに弁論を終結できる）という状況が想定されていると考えられる。そうすると、訴訟完結の遅延とは、当該攻撃防御方法の提出を認めて審理した場合、それを却下する場合よりも、弁論の終結が遅れることを意味するものと解するのが相当である（絶対的遅延概念）。

⑵　訴訟の完結が遅延する場合

新たな主張が提出されたのに対し、相手方がこれを争い、あらためて争点整理や証拠調べを必要とする場合や、相手方が認否・反論等の対応をするために相応の期間を要する場合は、通常、訴訟の完結が遅延する。

⑶　訴訟の完結が遅延しない場合

相手方が新たな主張を認めたり（事実については自白）、新たな主張を裏付けるために提出した書証の成立を認めたりして、それ以上の証拠調べの必要がないとき、新たな主張であっても、法的評価を変えただけのときのほか、新たな主張の前提となる事実関係について、前の証拠調べの結果で認定でき、それに基づき判断できる場合は、時機に後れた攻撃防御方法でも訴訟の完結を遅延させることにはならない。

借地契約の更新拒絶等に基づく建物収去土地明渡請求訴訟において、被告が

たもの（東京地判令和4年6月29日（判例秘書登載））がある。

Ⅱ　要件

予備的抗弁として建物買取請求権（借地借家13条等）を主張する場合、その要件の存否は従前の審理から明らかであり、ただ、その行使の結果として明渡しの態様が建物収去明渡しから建物退去明渡しに変更されるだけであるから、それだけでは訴訟の完結を遅延させることにはならない[9]。これに対し、被告が上記予備的抗弁とともに、建物代金の支払との同時履行の抗弁を主張し、引換給付の判決を求める場合で、建物の代金額につきさらに審理が必要な場合は、訴訟の完結が遅延することになる[10]。

4　控訴審との関係

⑴　基本的な考え方

　控訴審の訴訟手続についても、157条は準用される（民訴297条）。控訴審が続審であり（同法298条1項）、平成8年改正法では、第1審の争点整理手続終了後に攻撃防御方法を提出した当事者に対する相手方の求めがある場合の説明義務の規定は、第1審で上記争点整理手続を経て、控訴審で攻撃防御方法を提出した当事者についても準用されている（同条2項。第1審でいったん生じた説明義務を控訴審においても存続させることになる）。そうすると、控訴審における攻撃防御方法の提出が時機に後れたものに該当するか否かは、第1審からの経過を通じて判断すべきであり[11]、これにより第1審における争点整理手続およびこれを経た集中証拠調べ（集中審理）の充実が図られる。

　そこで、控訴審において新たな攻撃防御方法を提出した当事者が、相手方の

9　最判昭和30年4月5日民集9巻4号439頁（家屋収去土地明渡請求事件の原審で、第1審被告が建物買取請求権を行使すると同時に本件家屋所有権は第1審被告に移転したものであり、上記主張に基づき本件家屋所有権移転の効果を認めるについて、訴訟の完結を遅延せしめる結果を招来するものとはいえないとした）参照。

10　最判昭和46年4月23日裁判集民102号571頁（建物収去・土地明渡請求事件における借地法10条による建物買取請求権の行使に関する主張が、同条所定の時価として裁判所が相当と認める額の代金の支払があるまで、建物の引渡しを拒むために同時履行等の抗弁権を行使する前提としてされたもので、同時価に関する証拠調べになお相当の期間を必要とするものである場合において、すでに訴訟は裁判をなすに熟し、さらに審理を続行する必要がないとして弁論を終結すべきであるときは、同主張は、訴訟の完結を遅延せしめるものであるとした）参照。

11　前掲（注9）最判昭和30年4月5日は、控訴審において初めて提出された防御の方法が時機に後れたものであるかどうかは、第1審以来の訴訟手続の経過を通観してこれを判断すべきであるとする。

329

求めに応じて第1審の争点整理手続終了前に提出することができなかった理由を説明できなかったときは、当該攻撃防御方法は故意または重過失により時機に後れたものと評価されることになる。また、第1審において157条により却下された攻撃防御方法は、特段の事情がない限り、控訴審でも却下される。

さらに、平成8年改正法によって、控訴審においては、裁判長は、当事者の意見を聴いて、攻撃防御方法の提出等をすべき期間を定めることができ（民訴301条1項）、この期間の経過後に攻撃防御方法の提出をする当事者は、裁判所に対し、その期間内にこれをすることができなかった理由を説明しなければならない（同条2項）と規定された（適時提出主義の理念を実現するための規定と解される）。そうすると、当該攻撃防御方法が時機に後れたか否かは、当該当事者が説明したかや、どのような内容・程度の説明をしたかによって、判断されることになる。

(2) 第1審判決の結果を踏まえた対応

第1審判決の結果が当事者の見立てと異なった場合について、控訴審で当事者から新たな攻撃防御方法が提出されることが少なくない。当事者が予期しなかった理由に基づき第1審で敗訴し、控訴審で新たな攻撃防御方法を提出する場合のほか、第1審で主要な争点として主張立証した攻撃防御方法によっては請求が認容されず、控訴審になって、第1審の攻撃防御方法との関係では、予備的主張にあたる攻撃防御方法が提出される場合等は、時機に後れたもの、故意または重過失によるものとはいえないことがある[12]。

12　逆に、東京高判平成16年8月25日判時1899号116頁・判タ1212号133頁は、ビデオ化されたアニメ作品に係る目的外使用料が請求された事案で、1審で敗訴し、支払を命じられた被告らが、原審における弁論準備手続で争いのないものとして整理した原告らの請求額の算定方法（ビデオ化使用料率）について、控訴審で従来の訴訟対応を覆し、膨大な請求の個別の事実関係について争って異なるビデオ化使用料率を主張することは、時機に後れた攻撃防御方法であるとして却下している。また、福岡高判令和3年10月29日労判1274号70頁は、工場でガラス研磨機に手を巻き込まれて負傷した事故に関する労災保険給付の求償請求事案で、1審で敗訴した原告が控訴し、被告の注意義務違反の内容として、原審から主張していた労働安全衛生法20条1号および同規則101条1項違反に加え、安全衛生推進者等を選任する義務（同法12条の2、同規則12条の3）、安全衛生教育を実施する義務（同法12条の2、10条1項2号、59条1項）等の主張を追加することにつき、これらの主張を原審ですることは容易であったなどとして、157条に基づき却下している。

5　攻撃防御方法の却下の裁判

⑴　裁　判

　前記１ないし３の要件があるときは、裁判所は当事者の申立てまたは職権に基づき却下することができる。その方法は、独立した却下決定をするほか、終局判決の理由中で却下の判断を示すこともできる。前者の場合は、訴訟指揮の裁判であるから、いつでも取り消すことができる（民訴120条）。

⑵　裁量の有無

　攻撃防御方法が157条の要件を満たす場合に、裁判所は却下しないことができるかについては、①裁量を許す明文の規定がない以上、裁量の余地はなく却下すべきものとする考え方、②裁判所は、却下の結果、不完全な資料に基づいて裁判をすることの妥当性を考慮して判断すべきであるから、必ず却下しなければならないわけではないとする考え方、③①の考え方に立ちつつ、157条の各要件は判断の幅が広いから、却下すると、不完全な資料に基づき誤った裁判をするおそれがある場合には、これを避けるような判断をすることができるとする考え方がある。裁判が目指すべきものは、適正迅速な裁判であることに鑑みると、③の考え方が妥当であり、実務も、③の考え方に立って運用されているといってよい。

⑶　不服申立て

　却下の判断は口頭弁論を経てされるから、独立の決定でされた場合も、これに対し独立の抗告をすることはできず（民訴328条１項）、終局判決に対する上訴の際に不服を申し立てることになる（同法283条、313条）。

　一方、却下申立てを却下した決定に対しては、裁量的な判断であるから、不服申立てはできないとする考え方と、終局判決に対する不服に伴って不服を申し立てることができるとする考え方とがある。

Ⅲ　実務上判断に迷い悩むような具体例

　それでは、これまでの理論や判例も踏まえて、実務上判断に迷い悩むような場面を取り上げ、具体的な設例を掲げて検討してみよう。

1 結論に影響する重要な証拠の提出

【設例1】

　原告（元請）が被告（下請）に対し、被告が負担すべき材料費を立て替えたと主張して、立替払合意に基づき2000万円の立替金返還請求をした訴訟で、被告は立替払合意を否認して争った。1審で、原告は、最終頁に原告が記載した2200万円という合計金額の下に了承した旨署名（以下「本件署名」という）した材料費請求書の綴り（以下「本件署名入り請求書綴り」という）を裏付証拠として提出したのに対し、被告は、上記署名は原告から深夜呼び出され、長時間迫られた結果、請求書の中味も確認しないまま、署名したものであると争っていた。1審は、基本的に上記被告の主張に沿い、本件署名入り請求書綴りをもって立替払合意を裏付けるものとしては評価せず、原告の請求を棄却した。

　ところで、原告が1審の審理の終盤になって、原告・被告間において取引当時LINE上で交わされていた膨大な会話を時系列に清書した書面を書証として提出した（以下「本件清書書面」という）のに対し、被告は、時機に後れた攻撃防御方法であるとして却下を求めた。本件清書書面には、取引の当初は材料費が原告支給であったものの、途中からは材料費が被告負担で取引がされていたことや、被告が原告の立て替えた材料費の支払の猶予を求めていたことがうかがわれる部分が存在するなど、立替払合意を裏付ける重要な証拠であって、結論に影響するものである。本件清書書面の書証申出時期が、①弁論準備手続終結後集中証拠調べ1週間前、②集中証拠調べ後、③1審で原告が敗訴し、控訴したときである場合、裁判所はどう対応すべきか。

　いずれの場合も、時機に後れているといえるから、故意または重過失、訴訟完結を遅延させるかについて検討することになる。その際、相手方の求めがある場合はもちろん、それがない場合でも、争点整理手続終了前に本件清書書面を提出することができなかった理由を原告に尋ねる必要がある。通常、LINEの履歴が残っておれば、重要な証拠として整理のうえ、争点整理手続中に提出できたはずであり、故意または重過失が認められる場合が多いと考えられる。そして、訴訟の完結を遅延させるかについては、被告にとっては、膨大なLINEの会話を清書した本件清書書面を検討し、反論する機会が必要であることを念頭に、1審では、上記①、②いずれの場合も却下する（①の場合は、集

中証拠調べを行う口頭弁論期日の冒頭に却下し、本件清書書面に関する尋問は許さないとする）か、証拠としての重要性（有用性）も考慮し、①の場合は、集中証拠調べ後に最終準備書面を提出するなど、もう一度口頭弁論期日を設ける機会があるかどうかとの兼合いも加味し、訴訟の完結を遅延させるとまではいえないものとして、集中証拠調べを行う口頭弁論期日の冒頭書証申出を採用して、集中証拠調べでも取り上げたうえで、最終口頭弁論期日までに反論させる対応することも選択肢となるであろう。

　②につき１審で却下されたが、再度原告が控訴審で本件清書書面の書証申出をした場合や③の場合は悩ましい。そもそも、事案の見通し（結論）との関係で、原審の書証の成立や評価に関する判断とは異なり、本件署名入り請求書綴りに関する被告の弁解を排斥して、書証の成立を認め、被告が了承した旨その内容どおりの認定ができる（その旨の明快な心証が採れ、かつ、当事者の納得も得られる）のであれば、本件清書書面は取調べの必要がないといえ、いずれの場合も控訴審では却下（②の場合は再度却下）することでよいと考えられる。これに対し、控訴審としても本件署名入り請求書綴りについての評価は微妙であり、本件清書書面の内容も併せて判断することによって結論が異なる（立替払の合意が認められる）とみられる場合は、本件清書書面の証拠としての重要性に鑑み、いずれの場合も採用し、被告に反論の機会を与える（控訴審では第１回口頭弁論期日前に進行協議期日を設けるなどして、採用見込みを伝え、反論の準備をさせるなどの工夫をする）という対応を採らざるを得ないと考えられる。

【設例２】

　亡母名義の建売住宅につき、購入したのは亡母（亡母の遺産）（原告二女の主張）か、長女（被告長女の主張）かが争点の遺産確認請求の事案で、売買契約書の買主は長女であるのに対し、売買代金を出捐したのは亡母であることは動かしがたい事実であったが、亡母が自己のために代金を出捐したのか、それとも亡母が長女に当該代金相当の金員を貸し付け、長女は当該金員でもって自己のために代金を支払ったのかが争われていた。審理の終盤になって、長女は、亡母が生前、上記売買代金の内訳を記載し、それらの合計に相当する金員を貸した旨記載した手書きのメモ（以下「本件メモ」という）を発見したとして、書証申出をした。本件メモは、長女の主張事実を推認させる有力な間接事実を裏付ける重要な

証拠であって、結論に影響するものである。本件メモの書証申出時期が、①弁論準備手続終結後集中証拠調べの１週間前、②集中証拠調べ後、③１審で被告長女が敗訴し、控訴したときである場合、本件メモの書証申出に対し、原告二女から157条による却下の申立てがされた。時機に後れているのは【設例１】と同じであり、その余の要件につき検討するために、１審の裁判官が争点整理手続終了前に本件メモを提出することができなかった理由を被告長女に尋ねたところ、④亡母の遺品整理をしていて、たまたま最近発見したと述べた場合、１審の裁判官はどう対応すべきか。

　④の理由の場合、故意または重過失があるとまではいえないところ、本件メモは、【設例１】の本件清書書面とは異なり、１枚ものの単純な書証であり、そのうち上記①の場合は、集中証拠調べを行う口頭弁論期日の冒頭に採用し、書証の認否をとったうえで尋問を行わざるを得ないが、②の場合は、集中証拠調べ後に発見したとしても、相手方に反論反証の機会を与えるためには訴訟の完結を遅延させるものとして却下を免れない場合が多いと考えられる。

　進んで上記③の場合（控訴審）に、裁判所が被告長女に１審の弁論準備手続終了前に提出できなかった理由を尋ねたところ、⑤１審では書証申出の必要はないと考えていた（前記売買契約書の買主名義が被告長女であるほか、被告長女作成の毎月の貸金返済が記載された日記を援用していた）が、１審で敗訴した（上記日記の貸金返済の記述の信用性が否定された）ので提出する、⑥従前、原告二女・被告長女とも本件メモの存在を認識していたものの、被告長女は、弁論準備手続において本件メモは提出しないと明言していた（本件メモには亡母の他の遺産に関し、被告長女に不利とも解される記載もある）が、１審で敗訴したので提出すると述べた場合はどうか。

　⑤の場合については、被告長女は、１審の結果を踏まえて対応しており、控訴審で提出することにつき故意または重過失があるとはいえず、ベストエビデンスの観点からも許容することを検討して、採用する方針で臨むことが考えられ、その場合には原告二女側にも十分反論反証の機会を与える必要がある。⑥の場合は、時機に後れ、故意または重過失があるうえ、１審以来の訴訟活動を翻し、信義則にも反する一方、不完全な資料に基づき真実に反しかねない裁判をするおそれがある場合であり、非常に悩ましい。控訴審としては、前者を重

Ⅲ　実務上判断に迷い悩むような具体例

視すると、157条の要件にあたり却下するほかないことになるが、後者を重視し、訴訟遅延の程度も大きくないことやベストエビデンスの観点から採用する場合もあり得なくはないと考えられる。

2　主張の追加・変更

【設例3】
　上記【設例1】の事案で、原告は、1審の段階から、本件署名入り請求書綴りのほかに、本件署名入り請求書綴りの作成時期より3か月前に、被告が署名押印して原告宛てに差し入れた金額1900万円の借用証書と題する書面（以下「本件借用証書」という）を提出していたが、原告は、控訴提起とともに、原審の立替払合意に基づく立替金返還請求を予備的請求にし、新たに本件借用証書を援用して、立替金返還債務を旧債務とする準消費貸借契約に基づく貸金返還請求を主位的請求として追加した。これに対し、被告は、準消費貸借契約に基づく貸金返還請求につき、157条に基づき却下を求めた。控訴審の裁判所はどのように対応すべきか。

　原告は、原審でも提出していた本件借用証書に基づき準消費貸借契約との法的主張は可能であったとはいえるが、1審の結果が当事者の見立てと異なったこと（本件署名入り請求書綴りでは立替払合意が認められなかった）を踏まえて、控訴審になって異なる書証に基づき法的主張を変えたものであって、時機に後れているが、故意または重過失があるとまではいえない。しかし、被告は、1審では本件借用証書にスポットライトがあたっておらず、被告本人尋問では、本件借用証書につき少なくとも「準消費貸借契約」という法的構成を意識した尋問はされていなかったので、仮に控訴審の裁判所がこの新主張を却下しない場合には、被告本人尋問を再度請求する必要があり、訴訟の完結が遅延すると主張した。この点に関しては、確かに、1審では「準消費貸借契約」という法的構成を意識した主張立証まではされていなかったものの、新主張は1審でも提出されていた証拠に基づき法的主張を変えただけであり、本件借用証書の成立や評価をめぐる主張はされており、尋問でも本件借用証書を示した尋問自体は行われているので、控訴審ではあらためて証拠調べをするまでの必要はなく、主張や証拠の評価の問題として判断すれば足りることや、本件借用証書を

335

重要な間接事実を裏付ける重要証拠として位置付け、そもそも【設例1】で検討したように、本件署名入り請求書綴りを基に元の立替払合意に基づき立替金返還請求を認容することも可能であるのであれば、訴訟の完結を遅延させるとはいえず、新主張を却下する必要はないと考えられる。

【設例4】

甲土地を所有する原告は、甲土地の西側に隣接する乙土地を所有する被告を相手方として、甲土地と乙土地との境界確定および所有権の範囲の確認を求める訴えを提起した。原告は、境界付近に南北方向に設置されているブロック塀の外面であるＡ点とＢ点を結ぶ線（ＡＢ線）を境界線として主張したのに対し、被告は、ＡＢ線より1メートル東側の位置に南北に連なる原告方の西側屋根の軒先に設置された樋の外面であるＣ点とＤ点を結ぶ線（ＣＤ線）を境界線として主張した。1審は、ＣＤ線を境界と認定し、原告敗訴の判決をしたところ、原告は、控訴を提起するとともに、予備的請求として、Ａ、Ｃ、Ｄ、Ｂ、Ａの各点を結ぶ土地部分につき時効取得の主張を追加した。これに対し、被告は、時効取得の主張は157条に基づき却下されるべきであると主張した。控訴審の裁判所はどう対応すべきか。

境界確定請求と所有権確認請求を併合して訴えを提起した場合、予備的主張として1審段階から時効取得が主張される場合が少なくない。しかし、原告は、本件のように西端のブロック塀に沿うＡＢ線が境界線であると確信しており、ＣＤ線が境界線として認定されることを慮り、1審で予備的請求として時効取得を主張する意思がなく、1審の敗訴判決を踏まえて控訴審になって初めて予備的に時効取得を主張するに至る場合もある。この場合は、必ずしも時機に後れたとはいえず、また、時機に後れたといえても、故意または重過失があるとまでも認めがたいが、時効取得の要件である占有開始時期や占有態様につき争いがある場合は、客観的証拠や陳述書では足りず、控訴審でも再び人証調べの必要があるときもある。人証調べまで必要な場合は、訴訟の完結を遅延させるものではあるが、上記新主張の経緯や不完全な資料に基づき誤った裁判をするおそれを払拭するべく、新主張を却下せずに、控訴審で時効取得を争点として集中審理をすることもやむを得ないものといわざるを得ない。

Ⅲ　実務上判断に迷い悩むような具体例

3　専門訴訟における主張立証

⑴　医療過誤訴訟

【設例5】
　高齢の入院患者に褥瘡が発生し、手術をしたが、その後敗血症になり死亡したことにつき、遺族である原告が被告（病院）を相手方として損害賠償請求をした。原告は、弁論準備手続において、被告病院医師の過失として、手術実施時期の遅延と手術方法の不適切の2点を主張しており、この2点につき1年にわたって弁論準備手続が重ねられた。その後、①弁論準備手続終結の直前、②担当医師の尋問終了後、③1審の鑑定実施後、④1審で敗訴し、控訴提起時に、それぞれ原告が術後の経過観察の不適切の点を過失に追加し、それを裏付ける医師の意見書を提出し、被告がそれぞれ157条に基づき却下を求めた場合、裁判所はどのように対応すべきか。

　まず、①は、適切な時期に主張しておらず、争点整理手続終了間際という点で時機に後れ、訴訟の完結を遅延させるものといえるが、専門訴訟であり、原告側から遅れた事情を聴き、ようやく意見書を書いてもらえる専門医師がみつかり、書いてもらうことができたなどの事情等、やむを得ない場合とみられるのであれば、故意または重過失の点を緩やかに解して過失の追加主張を認めることが考えられる。

　次に、②は、争点整理手続および集中証拠調べ終了後であり、専門訴訟であるといっても157条の要件該当性は認められる。ただし、例えば、被告担当医師の尋問を実施し、その中で確認できた事実関係や医学的知見に基づいて新たな過失を追加したものであり、新たに証拠調べの必要がなく、被告に反論の機会を与えるだけで判断が可能であるなどの事情がある場合は、訴訟の完結を遅延させるまでのものではないとして、却下はしないと考えられる。

　また、③は、鑑定まで実施した後の新たな過失の主張であって、②以上に157条の要件該当性は認められるが、例えば、鑑定の中で死因との関係で鑑定人がコメントした術後の経過観察の問題点の指摘をとらえて、原告が専門医の意見書で補強して新たな過失の主張をしたなど、新たに証拠調べの必要がなく、被告に反論の機会を与えるだけで判断が可能であるなどの事情がある場合

337

は、訴訟の完結を遅延させるものとまではいえず、却下はしないと考えられる。

　さらに、④も、1審以来の経過を通してみると、157条の要件該当性は肯定される。ただし、1審の結果を踏まえた対応であり、例えば、1審の審理で事実関係は出ており、被告に反論の機会を与えて判断が可能であるとか、被告の反証が必要であるが、補充の文献や被告担当医師の陳述書等で対応可能であるなどの事情がある場合は、訴訟の完結を遅延させるものとはいえず、却下する必要はない。控訴審の見通しとの関係で、新たな過失の主張を採用すると結論が変わる可能性が大きい場合に、1審では医療過誤事案の本質に迫った審理（紛争解決）ができておらず、それを是正する必要が大きいと見込まれるのであれば、被告担当医師の陳述書の提出や再尋問まで必要となるなど、訴訟の完結は遅延するものの、157条に基づき却下せず、必要に応じてこれらの取調べをするか、そこまではせずに控訴審の心証に基づき和解をすすめることが考えられる。

(2)　建築関係訴訟

【設例6】

　施主の原告は、新築住宅の建築を請け負った被告会社に対し、外壁の下地材（ラスカット）の釘打ちの間隔が広すぎ、ジョイント部分に目地を入れていないなど（雨漏りしている箇所に近い外壁を一部剥がして、これらの施工事実を立証している）など、標準仕様書どおりになっておらず、そのため外壁にひび割れが多く発生して建物内に雨漏りが発生したとして損害賠償を提起した。釘打ち間隔については、1審では、当初、建築事件の専門ではない代理人が被告会社について、単に原告の請求を争う程度で、特段の反論反証をしていなかった。裁判所は、一級建築士の専門家調停委員を構成委員とする調停に付し、現地調査を経たうえで、釘打ち間隔が広いのは標準仕様書違反であり、それによって外壁に多数のひび割れが生じており、雨水が浸入する原因となり得るとし、上記サンプル破壊によって、すべてのラスカットも同様の釘打ち間隔であろうとの推認を前提として、すべての外壁を剥がしてラスカットを標準仕様書どおり補修するためには1000万円程度の補修費用を要するとの一級建築士の専門家調停委員の意見に基づく調停委員会の調停案が示された。そうしたところ、被告は、調停案を受け容れず、口頭弁論終結直前になって、従前の代理人を解任して建築専門の代理人を選

Ⅲ　実務上判断に迷い悩むような具体例

任し、仮にすべてのラスカットで釘打ち間隔が広く、ジョイント部分に目地を入れていないとしても、当該建物の外壁は、外壁通気工法（外壁の外装材と下地の間に連続した通気層を設ける工法。通気層が壁内の水分を外部に逃す通路となり、雨漏り防止が可能になる）で施工されているので、ラスカットの釘打ち間隔等の標準仕様書違反が本件建物の雨漏りの原因とは考えられない、雨漏りの原因は、建物の取合い部分の防水が不十分であるなどの他の原因によるもので、その補修費用は多くても200万円程度であるなどと反論反証した。１審は、上記被告の反論反証を時機に後れたものとして取り上げず、調停委員会の意見をベースに弁護士費用も含めて1100万円の損害賠償を命じる被告敗訴の判決をした。

　被告が控訴し、上記建築専門の代理人が本格的に控訴理由書で上記反論反証を再度展開したのに対し、原告は、当該被告の反論反証につき157条に基づき却下を求めた。１審の裁判所の対応は是認できるか。控訴審の裁判所としては、どのように対応すべきか。

　上記１審においては、すべての審理を終えた口頭弁論終結直前になって、新たな代理人によって瑕疵原因について専門的な反論反証がされるに至ったものであって、当該反論反証は時機に後れ、訴訟の完結を遅延させるものである。ただ、本件は建築の専門訴訟であり、従前の審理は紛争の本質に迫れておらず、客観的には被告の新たな代理人による反論反証は合理的であって、これを採用するならば、事案の見通し（結論）が変わる可能性が大きいものである。１審の裁判所がこの点を見抜くことができれば対応も異なったであろうが、１審でも専門調停に付して一級建築士の意見を聴いており、その見解を採用し、１審の審理経過も踏まえて157条の該当性があると判断し、被告の反論反証を却下して判決をしたのもやむを得ない面がある。しかし、控訴審の裁判所としては、適正な裁判の観点から、客観的にみて不合理な判決をするのは相当ではなく、157条の要件との関係では、専門訴訟に鑑み、故意または重過失がないと解釈するか、157条の要件には該当するものの、上記の理由で裁量により却下はせず、被告の反論反証は合理的との心証を示唆するなどして和解勧告するなど、迅速に紛争解決に努めるのが妥当と考えられる。

339

4　本人訴訟

【設例7】

　広大な山林（甲土地）を所有している原告（代理人を選任していない）が隣接する山林（乙土地）を開発し、キャンプ場を建設して営業している被告（会社）に対し、被告が甲土地の一部をキャンプ場の敷地の一部として不法に占有使用しているとして、不法行為に基づく損害賠償を請求した。原告は、被告が占有使用している甲土地の範囲（以下「本件占有使用部分」という）につき、手持ちの簡易な現況図面に手書きで囲んで記入したのに対し、被告は、不法占有使用を否認するとともに、原告の主張では本件占有使用部分が特定されていないとして争い、専門の測量士が現地を測量し、甲土地と乙土地との境界を明らかにしたうえで、本件占有使用部分を特定する測量図面を作成することを求め、裁判所も検討を促し、その準備のため10回の口頭弁論期日を重ねたが、その間原告は、一方的に被告に現地立会日時を告げるなど、被告の協力も得られず、結局測量士に測量を依頼せず、最終弁論期日においても「測量図面は提出しない」と述べたため、「本件占有使用部分が特定されていない」との理由で敗訴判決を受けた。そこで、原告は、控訴するとともに、測量士に依頼して作成した甲土地・乙土地および本件占有使用部分を特定した測量図面によって、本件占有使用部分を特定する主張を控訴審の第1回口頭弁論期日になって初めて行った。これに対し、被告は、原告の上記主張は157条に基づき却下されるべきであるとして、口頭弁論の終結を求めた。控訴審の裁判所はどのように対応すべきか。

　控訴審になってようやく行われた原告の測量図面に基づく本件占有使用部分特定の主張は明らかに時機に後れている。また、本人訴訟とはいえ、1審で被告から再三正確な測量図面による本件占有使用部分の特定を要請され、裁判所からも検討を促されていたので、測量図面による特定の必要性は認識していたといえ、故意または重過失もある。さらに、控訴審で初めて本件占有使用部分が特定され、被告の認否やそれを踏まえた双方の主張立証を要するので、訴訟の完結を遅延させることになる。したがって、本人訴訟であることを考慮しても、原告の上記主張は時機に後れたものとして却下せざるを得ないと考えられる。

Ⅳ　むすび

　本稿執筆にあたって、下級審の判例を調査したところ、平成8年改正法下の民事訴訟実務においては、157条に基づく却下が求められる場面が散見され、そのうち少なくない場面で却下していることがうかがわれた。

　ところで、現在、民事裁判実務の現場では、民事訴訟のデジタル化を見据えて、平成8年改正法が法定した争点中心主義の審理を発展深化させるべく、核心をとらえたコンパクトな審理判断を目指した審理運営改善の取組みが行われている。その中では、判決を見据え、判決に必要な範囲で主張立証がされるように、審理の序盤、中盤、終盤といった審理の各段階において、当事者双方と裁判所との間で口頭議論を行って争点を確認し、今後の主張立証の見通しを立てて、重要な証拠を早期に提出するなど、認識を共有しながら主張および証拠の整理をして、中心的争点や判断対象を収れんしていく手法が試みられている。そして、そのような審理においては、ますます適時提出主義が求められることになり、争点整理手続終了後の攻撃防御方法の提出は、時機に後れたものとして却下されることが一層徹底されていくのではないかと見込まれる。

　そこで、当事者においては、確認された争点について速やかに重要な書証を整理して提出する必要があるし、手続を主宰する裁判所においては、上記のような口頭議論の結果を適切に記録化するなどして、認識共有の実をあげることが重要になる。そのようにすることによって、適時適切な主張立証がされて、民事訴訟においても核心司法が達成されるとともに、時機に後れた攻撃防御方法の提出が減ることになり、万一、時機に後れた主張立証がされた場合にはためらわず却下することも可能になるものと考えられる。

　今後争点中心主義を極める核心司法が根付いていく過程で、本稿が157条を適切に使いこなす何らかの手掛かりとなれば、誠に幸いである。

[16] 証拠保全の手続と機能

齋 藤　　聡
京都地方裁判所部総括判事
小 林　　薫
和歌山地方裁判所判事補

I　証拠保全の機能

　証拠保全は、訴訟における本来の証拠調べが行われるまで待っていては、証拠調べが不能または困難になるおそれがある場合に、訴訟係属の前後を問わず、将来の訴訟において利用するために行われる独立の証拠調べ手続である。こうした性格から、証拠保全は、将来における証拠使用の不能または困難という事態を避け、証拠を保全しておく機能（証拠保全機能）を本質的に有している。

　これに加え、証拠保全手続においては、相手方が所持している証拠を取り調べることになるから、証拠保全は、挙証者に対して証拠が事前に開示されるという機能（証拠開示機能）を併せ持つことになる。証拠開示機能により、事実関係が明確化され、勝訴の見込みのない訴えの提起が予防され（濫訴の防止）、あるいは、訴えの提起前の和解・示談が促進されるなどして、紛争が早期に解決できるという事実上の効果も期待できる。

　証拠保全の有する二つの機能のうち、証拠保全機能が本来的・本質的な機能であり、証拠開示機能は派生的・付随的機能であると理解することができる[1]。ただ、医療訴訟事件など、一般的に証拠の偏在が問題となる事件を念頭に、証

---

[1]　証拠保全の有する二つの機能については、町村泰貴「証拠保全制度の機能」青山善充＝伊藤眞編『民事訴訟法の争点〔第3版〕』（有斐閣、1998年）228頁参照。

拠開示機能を重視し、証拠保全の事由に係る疎明の程度を緩やかに認めるといった弾力的な運用をすることの是非が議論されてきた[2]。この点は、証拠保全の事由に関する疎明の程度と大きく関連するため、後記Ⅱ3⑷の中で詳述する。

Ⅱ　証拠保全の手続（実務上の論点・留意点を交えながら）

1　証拠調べの種類とその選択

　証拠保全は、訴訟手続であるから、その性質に反しない限り、民事訴訟法の証拠調べの規定が適用される。したがって、理論上は、調査嘱託、人証（証人尋問、当事者尋問）、鑑定、書証（ここで文書の提出を求める方法としては文書提出命令と文書送付嘱託がある）、検証の各証拠調べの方法によることが可能である。

　これらは、証拠保全の事由によって使い分けられるべきである。証人等となるべき者が余命いくばくもない場合、長期の海外渡航や海外への帰国が予定されている場合などには人証を選択し、改ざんのおそれが問題とならず、保管期間満了等の理由でもっぱら廃棄のおそれが問題となる事案では、調査嘱託や書証の方法によるべきである[3]。他方で、改ざんのおそれが問題となり、単に文書等の意味内容だけを保全するのではなく、修正箇所の有無等の形状についても保全する必要がある場合には、検証の方法を選択することになろう。

　この点に関し、本案訴訟で書証として証拠調べの対象とされる文書を対象物とする場合は、書証としての取調べをするべきであるとする考え方（書証説）もあるが、改ざんのおそれが証拠保全の事由とされている場合には、その時点

2　佐藤鉄男「証拠保全の意義と機能——証拠開示的運用の功罪」新堂幸司監修『実務民事訴訟講座［第3期］第4巻民事証拠法』（日本評論社、2012年）289頁以下（特に292〜296頁）。

3　電気通信事業者が所持するメールの送信者の特定に資する情報が記録された文書等について、3か月程度しか保管されず、廃棄のおそれがあることを証拠保全の事由として、検証および検証物提示命令の申立てがされた事案（最決令和3年3月18日民集75巻3号822頁）についても、検証ではなく書証の申出をすべきであったとされている（宮﨑朋紀「判解」最判解民〔令和3年〕183頁）。

における文書の外形的な文字配列等の状況を取り調べ、文書の記載内容については、将来の本案訴訟において、あらためて書証としての取調べをすれば足りることなどを理由として、検証によることができると解する（検証説）[4]。

　実務上は、改ざんのおそれが主張されないことがほぼないためか、検証の方法による証拠保全の申立てがほとんどであると思われる。そこで、以下では、検証の場合を中心に、典型的な手続の流れと実務上の諸問題を論じる。

　証拠調べ実施日までの一般的な手続の概略は、検証の場合、申立て→審理→決定→期日の呼出し・相手方への送達→検証の実施→（場合によって）検証物提示命令の発令または（任意提示を受け）提示命令の取下げ勧告・取下げ→検証期日の続行または終了である。

2　申立てに関する手続

(1)　書面性

　証拠保全の申立ては、書面でしなければならない（民訴規153条1項）。申立書の作成や審査において留意すべき主要な点としては次のものがある。

(2)　管　轄

　訴えの提起前の証拠保全の場合、尋問を受けるべき者もしくは文書所持者の居所または検証物の所在地を管轄する地方裁判所または簡易裁判所（事物管轄はなく、申立人の選択に委ねられる）に管轄がある（民訴235条2項）。他方、訴え提起後の場合には、その証拠を使用すべき審級の裁判所に管轄がある（同条1項本文）が、本案訴訟が実質的に進行している口頭弁論期日指定後や、争点整理手続に付されている間は、受訴裁判所に管轄がある（同条1項ただし書）。そのほか、急迫の事情がある場合[5]には、訴え提起後であっても、訴え提起前の管轄裁判所に証拠保全の申立てをすることができる（同条3項）。

　上記管轄は、専属的であると解されている[6]が、証拠保全については、移送

4　検証によると、提示義務が課された場合に、文書提出義務の制限を潜脱するとの批判もあるが、後述するように、現在は検証物提示命令の発令に際し、文書提出義務の有無にも配慮されている。

5　「急迫の事情」とは、証拠保全の一般的要急性を充足していることに加えて、さらにその文書が大量でかつ各地に分散し、一受訴裁判所の証拠保全手続をもってしては、地理的労力的に多大の時間を要するものと認められるなど、文書の滅失ないし廃棄の可能性が一段と進むような場合である（東京高決昭和53年10月6日判時915号59頁）。

の諸規定（民訴16条〜19条）も類推適用される[7]から、民事訴訟法16条1項により、申立てによりまたは職権で、事件を管轄裁判所に移送することができる[8]。もっとも、移送決定は相手方に告知され（同法119条）、証拠保全の申立てがあることが知られてしまうこと、移送の事務に時間を要し、証拠保全の迅速性の要請に反することなどから、実務上は、いったん申立てを取り下げ、あらためて管轄裁判所に申立てを行うのが通常である。

土地管轄を異にする複数の証拠方法について証拠保全の申立てをする場合、民事訴訟法7条（併合請求における管轄）の規定を類推適用できるかという問題がある。否定説も有力であるが、そもそも証拠方法の所在地が管轄とされている（民訴235条）のは迅速性の見地からと解され、相互に関連する証拠方法（検証とそれに関連する証人尋問等）を土地管轄が異なるだけで同一の裁判所で証拠調べを実施できないとするのは迅速性の要請に反し、当事者にも不便である。よって、同法7条の類推適用を認めつつ、複数の管轄地にわたる申立てが濫用といえるような場合[9]には、分離のうえ、管轄違いの部分を管轄裁判所に移送するなどの処理をするのが相当である[10]。

なお、複数の支店等を検証物所在地とする関連事件が複数の裁判所に同時に係属することもあるが、このような場合、一つの事件のみを先行して検証を実施すると、他の事件において改ざんを誘発することにもなりかねないから、申立人等を通じ、適宜情報を共有して各事件の証拠調べ期日を近い日に調整するなどの対応をすることも考えられる。

⑶　相手方の表示

「相手方」（民訴規153条2項1号）は、将来本案訴訟が提起された場合に被告となる者である。

6　齋藤隆ほか「証拠保全」門口正人ほか編『民事証拠法大系（第5巻）各論Ⅲ鑑定・その他』（青林書院、2005年）165頁。

7　民事訴訟法17条が類推適用される場面については議論がある。秋山幹男ほか編『コンメンタール民事訴訟法Ⅳ〔第2版〕』（日本評論社、2019年）605頁参照。

8　このような移送を認めたものとして、大阪高決昭和33年11月19日下民集9巻11号2275頁がある。

9　証拠価値の乏しい証拠方法を付加し、相手方または第三者に不利益を与える目的で申し立てられた場合などが考えられる。

10　齋藤ほか・前掲論文（注6）167頁。

相手方が自然人であるか法人であるかには注意が必要である。特に、医療機関が相手方となる場合、病院の名称に医療法人の文字がない場合でもその病院が法人である場合がある[11]。

また、加害者不明の不法行為事案のように、相手方が不明である場合にも、証拠保全の申立てが可能である（民訴236条前段）。この場合、裁判所は職権で、相手方となるべき者のために特別代理人を選任することができる（同条後段）。特別代理人を選任するかどうかは、当事者の申立てを必要とせず[12]、裁判所の裁量に委ねられていると解されるが、相手方の権利保護のため、時間的ゆとりがあり、適切な候補者がいる限り、特別代理人を選任するのが相当である[13・14]。

他方、単に相手方の住所が不明である場合には、民事訴訟法236条の適用はなく、相手方の記載が必要である。そのうえで、決定書謄本・期日呼出状の送達は、（その要件を満たせば）公示送達によることとなる。ただし、公示送達の効力を生じる2週間（民訴112条1項本文）を待っていては証拠調べができなくなるおそれがある場合には、呼出しの必要はない（同法240条ただし書）。

3 証拠保全の要件の審査

(1) 審理の方式

証拠保全の裁判は決定によるから、その審理について口頭弁論を経る必要はない（民訴87条1項ただし書）。

実務上は、裁判官による書面審理および申立人（の代理人）の面接（事実上の面接[15]）のみ実施し、相手方の面接や審尋を経ないという形で審理を行うのが一般的である。

11　そのほか、医療機関を相手方とする場合の注意点については、森冨義明＝東海林保編著『新版証拠保全の実務』（金融財政事情研究会、2015年）78～80頁が詳しい。
12　民事訴訟法35条の場合と異なる。
13　秋山ほか・前掲書（注7）610頁。
14　仮に特別代理人を選任しない場合、送達先を観念できないため、相手方に対する決定書等の送達は不要と考えられる。
15　事実上の面接であれば調書の作成は不要であるが、審理としての審尋を行った場合は、調書の作成を要する（民訴160条1項、民訴規78条）こともあり、事実上の面接によるのが通常である。

(2)　検証対象物の特定

　証拠保全の申立てにおいては、取り調べるべき証拠方法（民訴規153条2項3号）を記載し、特定の文書や個々の検証物を特定しなければならない。もっとも、相手方が保有する文書等の対象物を申立人において厳密に特定するのは困難であり、実務上は、ある程度概括的な特定も許容されており、裁判所も申立人に対し、検証の現場での判断に困難を来さない程度に、検証物目録の一部削除や訂正を求めている。

　この点に関し、情報公開請求訴訟の訴え提起と同時にされた証拠保全の申立てについて、最高裁は、原審（東京高決平成29年6月30日判例集未登載）が、検証の目的を選別することができる外形的な指標が示されているとはいえず、本件申立てに係る検証を全うしようとすれば、電磁的記録および関連資料をすべて網羅的に検証せざるを得ず、その過程では無関係なものをも何ら選別し得ないままに見分することとなるから、このような網羅的内容の本件申立ては、いわゆる探索的な証拠申出にあたるというほかなく、証明しようとする事実との関係において検証の目的の特定が実質的にされていない不適法な申出といわざるを得ないとした判断を是認した（最決平成29年9月14日判例集未登載[16]）。

　なお、上記事案に直ちに妥当するものではないが、検証の対象を選別するための外形的な指標を設定する実務上の工夫として、コンピュータ内部の資料であれば、検索機能により検証物を特定することが可能であるため、証明すべき事実との関連性が明らかとなるような特定のキーワードを設定するという方法によることも考えられる。さらに、対象となる検証物が膨大となる場合には、1回で行える証拠保全期日の時間にも限りがあることから、優先順位（例えば、数台のコンピュータがある場合、どの端末から実施するか、コンピュータ内のファイルの保存場所や検索キーワードの検索順序等）を事前に検討しておくことが望ましい[17]。

16　小林宏司＝浅野良児「許可抗告事件の実情――平成29年度」判時2393・2394合併号（2019年）10頁【8】（判例時報編集部編『許可抗告事件の実情〔平成10〜29年度〕』（判例時報社、2019年）880頁【9】所収）。

17　櫻庭信之「電子証拠の民事証拠保全と証明活動」町村泰貴＝白井幸夫編『電子証拠の理論と実務――収集・保全・立証』（民事法研究会、2016年）142頁参照。なお、同書第2版では同部分に相当する記載が見当たらない。キーワード検索の手法は関連性のないものがヒットしやすいこと等の限界から、人工知能によるフォレンジック手法の有用性が紹介さ

(3)　証明すべき事実の記載

証拠保全の申立てには、証明すべき事実（民訴180条1項）の記載が必要である（民訴規153条2項2号）。

証明すべき事実の記載があいまいな程度にとどまると、証明すべき事実との関係（民訴規99条1項）をみて関連性の乏しい証拠を対象から除外する審査が困難となるし、申立てが相手方に対する何らかの請求原因や証拠の探索目的[18]、あるいは嫌がらせ目的に基づくなど証拠保全制度を濫用しているのではないかとの疑いを生じさせかねないことから、証明すべき事実の記載はなるべく具体的であることが望ましい。もっとも、提訴前の証拠保全の場合、その時点で証明すべき事実を具体的かつ詳細に記載することが困難なことも多いと考えられるから、個々の事案ごとにある程度概括的な記載も許容されると解される[19]。

(4)　証拠保全の事由

ア　証拠保全の事由の意義

証拠保全の事由とは、あらかじめ証拠調べをしておかなければその証拠を使用することが困難となる事情（民訴234条）をいう。

文書や物についての証拠保全の事由は、改ざん、廃棄、散逸のおそれなどであり、人証については、証人等となるべき者が余命いくばくもない場合や長期の海外渡航や海外への帰国が予定されている場合などである。

特に改ざんのおそれを理由に証拠保全を申し立てる場合には、自己に不利益な証拠を改ざんするおそれがあるといった抽象的な記載では足りず、交渉経過等を含め、具体的な事情の記載が必要である。この点は証拠保全の機能とも関連して議論があり、下記ウで詳述する。

れていることによると思われる。もっとも、キーワード検索によるデータ調査の意義自体は否定されていない（櫻庭信之「民事訴訟法の電子証拠とIT化——デジタル・フォレンジックの視点」町村泰貴＝白井幸夫＝櫻庭信之『電子証拠の理論と実務〔第2版〕——収集・保全・立証』（民事法研究会、2021年）124頁、195〜207頁参照）。

18　特に証拠保全の証拠開示的機能が本来的な機能ではなく、派生的なものにすぎないという立場からは、このような目的のみによる申立てを許容できないことになろう（齋藤ほか・前掲論文（注6）173頁参照）。

19　齋藤ほか・前掲論文（注6）172頁、森冨＝東海林・前掲書（注11）99頁。

Ⅱ　証拠保全の手続（実務上の論点・留意点を交えながら）

イ　検証対象物の存在

存在しない証拠について証拠調べをする余地はないから、証拠保全の対象物が存在していることも証拠保全の事由に含まれると解すべきである[20]。診療録の存在について、診察後8年2か月余りが経過した後に証拠保全の申立てがされた事案につき、相手方が所持していると認めるに足りる証拠はないとして申立てを却下した裁判例[21]がある。もっとも、この要件を厳格に解すると申立人に不可能を強いることになりかねず、相手方や第三者が所持している文書等が保存期間内であれば、特段の事情のない限り、その文書等の存在は疎明されているとみることもできる。

他方、そもそも検証対象物と相手方や第三者とのつながりが希薄であり、相手方や第三者が検証対象物を作成または所持している形跡が何も疎明されていないような場合にはこの要件を欠くと解すべきであろう。

ウ　疎明の方法、程度

(A)　疎明の方法

証拠保全の事由は疎明することが必要である（民訴規153条3項）。疎明方法は、即座に取り調べられる証拠に限られ（民訴188条）、通常は、陳述書も含む書証によって疎明が行われている。なお、疎明資料は裁判所での面接の際などに原本確認が行われる[22]。

(B)　疎明の程度に関する学説（改ざんのおそれ）

改ざんのおそれの疎明の程度については、医療訴訟事件等の証拠の偏在が問題となる事件類型を中心に、証拠開示的な機能をどこまで重視するかによって、疎明の程度を軽減すべきかどうかという点につき、大きく分けて次の2説の対立がある[23]。

① 一般的・抽象的な改ざんのおそれの疎明で足りるとする見解[24]

20　森冨＝東海林・前掲書（注11）101頁。

21　東京地決昭和51年6月30判タ346号271頁。

22　申立人（代理人）が管轄裁判所から遠方であったりして、電話会議等を利用して非対面式の面接を行うことがあるが、このような場合には、事前に裁判所に対して原本を郵送し、面接時に裁判所が同原本を確認した後に郵送で返還を受けるという扱いが考えられる。

23　学説の分類については、森冨＝東海林・前掲書（注11）104〜107頁等参照。

24　小林秀之「民事訴訟における訴訟資料・証拠資料の収集（四・完）」法協97巻11号（1980

この見解は、相手方が検証対象物を改ざんするおそれがあると抽象的に疎明すれば足りるとする。その理由は、ⓐ証拠保全の証拠開示的機能（上記Ⅰで述べた、事実関係が明確化され、勝訴の見込みのない訴えの提起が予防され、あるいは訴えの提起前の和解・示談が促進されるなどの機能）を積極的に評価すべきこと、ⓑ自己に不利益な証拠を所持していること自体から主観的な改ざんのおそれが認められるといえ、医療訴訟事件については実際に医療機関が改ざんをしたことを指摘する判決も多いこと、ⓒ具体的な改ざんのおそれの疎明を要求すると、交渉過程において相手方に提訴を察知させ、かえって改ざんを誘発させかねないこと等である。

② 具体的な改ざんのおそれの疎明が必要であるとする見解[25]

この見解は、関係人の社会的地位・資格、利害関係、改ざんの前歴、容易性、紛争の経過等の具体的事実に基づき、客観的に改ざんのおそれがあると認めるに足りる疎明を要するとする。その理由は、ⓐ証拠保全の一般的証拠開示機能を正面から認めることは、証拠保全を証拠調べとして規定する現行法の解釈論の枠を超えていること、ⓑ一般的に不利な証拠を有する者がそれを改ざんするおそれがあるという経験則は認められず、改ざんのおそれの有無は個々の事情によって異なること、ⓒ裁判官が申立人の一方的申立てと抽象的な改ざんのおそれの疎明のみにより、改ざんのおそれという証拠保全の事由を認めて検証を実施するとすれば、それが相手方の心理的反発を受けやすい事柄であるだけに、相手方から不意打ちと受け止められ、当事者の裁判所に対する信頼感を損なうおそれがあること等である。

年）1578頁、同『民事裁判の審理』（有斐閣、1987年）240頁等。なお、医療訴訟事件について、新堂幸司「訴訟提起前におけるカルテ等の閲覧・謄写について」判タ382号（1979年）16頁は、診療録等につき、実体法上の閲覧請求権が認められることを前提に、この権利の簡易迅速な実現のために証拠保全制度を利用する観点から①の見解の結論をとる。さらに、現在では、個人情報保護法上の情報開示請求権や、その範囲外であっても、厚生労働省による指針およびガイドラインから医療機関の患者に対する診療録等の開示が求められることをも考慮して、新堂教授の見解が妥当すると述べるものとして、畑宏樹「判批」民事訴訟法判例百選〔第5版〕（2015年）155頁がある。

25 秋山ほか・前掲書（注7）599頁、大竹たかし「提訴前の証拠保全実施上の諸問題──改ざんのおそれを保全事由とするカルテ等の証拠保全を中心として」判タ361号（1978年）76頁等。

Ⅱ　証拠保全の手続（実務上の論点・留意点を交えながら）

(C)　疎明の程度に関する実務の運用等

　上記の両説を検討するに、②説が述べる①説への批判はかなり説得的であり、現行法の解釈論としては、②説が妥当であるといえる。現在の実務上も基本的には②説の考え方によって、具体的な改ざんのおそれの主張・疎明を求めつつ、証拠保全の派生的な機能としては証拠開示機能等があることも認め、事案に応じ弾力的に対処する余地を残した運用がされていると考えられ[26]、学説上もこのような見解が多数説であるとされる[27]。診療録についていえば、交渉や医師の説明の経過等に照らし、患者やその家族に不信感を抱かせるような不誠実な態度をとったこと等が主張されるのが典型であるが、必ずしも直接的な交渉がなくとも、診療経過が極めて不自然であって、重大な悪しき結果が生じているのに医師の側から十分な説明がないなど、個々の事案ごとの間接的な事情も積み重ねて改ざんのおそれの疎明ありと認めることができる場合もあろう。

(D)　廃棄・散逸のおそれ

　廃棄・散逸のおそれがあることについても、具体的事情に基づき、客観的に疎明することが必要である。

　法定の保存期間が定まっている文書等[28]については、その保存期間が経過し

26　森冨＝東海林・前掲書（注11）107頁、齋藤ほか・前掲論文（注6）184頁。
27　畑・前掲判批（注24）155頁。同判例評釈の対象となった広島地決昭和61年11月21日判時1224号76頁も「人は、自己に不利な記載を含む重要証拠を自ら有する場合に、これを任意にそのまま提出することを欲しないのが通常であるからといった抽象的な改ざんのおそれでは足りず、当該医師に改ざんの前歴があるとか、当該医師が、患者側から診療上の問題点について説明を求められたにもかかわらず相当な理由なくこれを拒絶したとか、或いは前後矛盾ないし偽の説明をしたとか、その他ことさらに不誠実又は責任回避的な態度に終始したことなど、具体的な改ざんのおそれを一応推認させるに足る事実を疎明することを要する」と判示するが、原審で疎明不十分とされた事由につき、同様の疎明資料から疎明ありと判断したもので、弾力的判断を許容するものとみることもできよう。
28　このような文書等の例として、診療録（5年。医師法24条2項、歯科医師法23条2項）、病院日誌、各科診療日誌、処方せん、手術記録、看護記録、検査所見記録、エックス線写真、入院患者および外来患者の数を明らかにする帳簿並びに入院診療計画書（2年。医療法21条1項9号、同法施行規則20条10号）、保険診療の場合の療養給付記録（完結から3年。保険医療機関及び保険医療養担当規則9条）、商業帳簿（閉鎖の時から10年。商19条3項、会社432条2項）、賃金台帳（最後の記入をした日から5年。労基109条、労基則56条）、貸金業者の帳簿（最終の返済期日（債権の消滅した日）から10年。貸金業法19条、同法施行規則17条1項）等がある。

351

16 証拠保全の手続と機能

ているか期間経過が間近である場合、その後も相当期間保管され続けることが明らかでない限り、廃棄・散逸のおそれがあるといってよい[29]。

また、法定の保存期間を待たずして書類等を廃棄する傾向を有する相手方であること（廃棄の前歴があることや法令を軽視する傾向があること等）が疎明されれば、期間経過まで相当の日時があるとしても廃棄・散逸のおそれがあると評価できる[30]。

エ　その他証拠保全の事由に関して問題となり得る事項

(A)　証拠調べの必要性・重要性

証拠保全の申立ての時点で本案における証拠調べの必要性や重要性を見通すことは困難であり、原則としてこれらは審査対象とならない[31]。

もっとも、証拠調べの必要性がないことが極めて明白である場合には申立てを却下することができると解される[32]。

(B)　本案請求の認容可能性

本案請求の認容可能性は、本案の判断事項であり、証拠保全における審理の対象外である。

もっとも、本案請求の内容が主張自体失当であるとか、本案の訴えが訴訟要件を欠き、不適法で却下を免れないなど、認容可能性がないことが明白である場合には、申立てを却下することができると解される[33]。

4　決定および送達等

(1)　決　定

裁判所は、証拠保全の要件を充足していると認めるときは、証拠保全決定を行い（義務的であり裁量の余地はない）、要件を充足しない場合は、申立てを却下する決定をする。検証対象物の一部や複数の証拠調べの申立ての一部が証拠保全の要件を欠いている場合には、当該部分につき、一部却下決定をすることとなる。

29　齋藤ほか・前掲論文（注6）187頁。
30　齋藤ほか・前掲論文（注6）187頁。
31　東京高決昭和51年6月30日判時829号53頁参照。
32　東京高決昭和60年8月29日判タ578号94頁。
33　髙橋宏志『重点講義民事訴訟法(下)〔第2版補訂版〕』（有斐閣、2014年）224頁、227頁。

352

Ⅱ　証拠保全の手続（実務上の論点・留意点を交えながら）

　なお、全部却下決定をする場合には、相手方への告知は不要（告知しない運用）であるが、一部却下決定の場合、証拠保全決定の主文には、認容部分に加え、「申立人のその余の申立てを却下する」などと記載され、相手方にその決定書謄本が送達される。

(2)　不服申立て

　証拠保全を命ずる決定に対しては、不服を申し立てることができない（民訴238条）。証拠保全の緊急性の要請と、証拠保全に基づく証拠調べ自体は相手方に特に不利益を与えるものではないとの考慮による。

　証拠保全の申立却下決定（一部却下決定を含む）に対しては、通常抗告をすることができる（同法328条1項）。抗告裁判所の決定に対しては再抗告ができる（同法330条）。

　なお、証拠保全の申立てを受けた裁判所としては、（一部）却下の判断が見込まれる場合には、決定に先立ち、申立人に対し、疎明資料の追加や対象物の絞り込みを促すのが相当である。これは、一部却下決定が申立書副本とともに相手方に送達されると、対象物の内容が知られ、改ざんを誘発する可能性が生じるため、申立人に対し、任意の補正や一部取下げの機会を与えるためである。

(3)　送　達

ア　送達すべき書類

　証拠保全決定は、当事者に対し、「相当と認める方法」で告知することで効力を生じる（民訴119条）ところ、相手方に対しては、実務上、①決定書謄本または正本[34]を執行官によって送達する方法によって告知するのが一般的である。

　そのほか、立会いの機会を保障するため、②証拠調べ期日の呼出状（民訴240条、94条）、事案の概要を知らせるため、③申立書副本および疎明資料を併せて送達するのが通常である。しかし、③申立書副本および疎明資料の送達は法律上要求されるものではなく、内容によっては、相手方を過度に刺激し、円滑な手続の実施が困難になるという弊害もあり得るため、個々の事案に応じ、

34　証拠保全決定について、謄本または副本による送達をしない場合の特別の定め（民訴規40条1項）は存在しない（森冨＝東海林・前掲書（注11）156頁参照）。

これらの全部または一部を送達しないという扱い[35]も考えられる。

イ　送達先と証拠調べの場所が異なる場合

相手方が法人である場合、主たる事務所の所在地と証拠調べの場所が異なる場合がある。その場合、原則として法人の主たる事務所の所在地に送達すべきであるが、検証場所となる支店や病院等には、上記の送達が奏功した後、決定書の写し等をファクシミリで送信するなどして、あらかじめ連絡をしておくと検証がスムーズに実施できる場合が多い。

ウ　公立病院等への送達

相手方が国立病院の場合、国が当事者となってする訴訟手続については、法務大臣が国を代表するとされ（法務大臣権限1条）、国の利害に関係のある民事・行政に関する訴訟についての事項については、法務省の所轄事務とされ、その下部行政機関である法務局および地方法務局が分掌すると定められている（法務省設置法2条4号、3条25号、26号、8条1項、法務省組織令67条1項、69条）から、当該病院の所在地を管轄する法務省または法務局・地方法務局に送達するべきであり、現場の病院は送達場所にならない[36]。

ただし、独立行政法人国立病院機構所管の病院を相手方とする場合には、国立病院機構の本部や各ブロック事務所には訟務担当者等の人員が十分でないこと、各病院が営業所または事務所に該当することなどから、同法人の代表者（理事長）を名宛人としつつも、カルテの所在する各病院を送達場所として送達することが相当であると考えられている[37]。

公立病院を検証場所とする場合、見解は分かれるが、地方公共団体を当事者とする訴訟では、地方公共団体を代表する長（自治147条）が受送達者となり、送達場所は地方公共団体の営業所または事務所所在地になる（民訴37条、103条1項ただし書）。地方公共団体の長は、都道府県庁または市役所等に所在すること、訴訟事務を主に取り扱う部署は、都道府県庁または市役所等にあること等

---

[35] 申立人側から改ざんのおそれに関する具体的事情を記載できない理由としてこのような相手方を刺激したくないということが述べられることがあるが、本文記載の扱いも検討されるべきである。

[36] 最判平成3年12月5日訟月38巻6号1029頁、同最判の原審広島高判平成3年1月31日判タ753号222頁参照。

[37] 東京地方裁判所証拠保全・収集処分検討委員会「独立行政法人国立病院機構に対する証拠保全決定の送達について」判時1853号（2004年）5頁。

II　証拠保全の手続（実務上の論点・留意点を交えながら）

を考慮すると、公立病院を検証場所とする証拠保全決定を行う場合、証拠保全決定は都道府県庁または市役所等に送達するのを原則とすべきである[38]。

5　証拠調べ（検証）の実施等

(1)　検証場所での裁判所の対応

ア　検証場所への立入り

検証場所への立入りについては、検証場所の管理者の承諾が必要であり、強制的な立入りは許されない[39]。したがって、管理者が不在の場合は、検証不能とするかまたは期日を延期して対応するほかない。

イ　検証の実施を拒否された場合

証拠保全において、相手方から検証の実施を拒否された場合、物理的強制はできないから、任意に協力してもらえるよう説得し、それでも拒否された場合には、検証不能として証拠保全手続を打ち切ることとなる。

拒否の理由によっては、（判断を留保中であれば）検証物提示命令を発令するか、その発令後であれば、真実擬制の不利益等を説明して説得することも考えられる。

(2)　検証の実施と記録化の方法

検証とは、裁判官が五官の作用によって自ら対象物の性状等を検査してその認識を証拠資料とすることである[40]。検証にあたっては、裁判官が、相手方の指示説明を求めながら、文書等に目を通し、修正等の有無、カラー部分の有無等を確認し、とりわけ意味のありそうなもの[41]は（相手方の説明内容とともに）その認識を書記官に口授して調書に記録させる。

このような検証が終了したものから、コピーや写真撮影等により記録化の作業を行うことになる。

デジタルデータが検証の対象となっている場合には、そのデータ自体に可読

38　森冨＝東海林・前掲書（注11）171頁。
39　大判昭和8年7月10日刑集12巻14号1227頁。
40　検証の現場において文書をコピーしたり、写真を撮ったりすることもあるが、これは調書作成のための準備作業というべきものである。
41　その場で証拠価値を判断することは困難であり、またすべきでもなく、調書に記載する部分の取捨選択に関しては、申立人の意見も参考にするのが相当である。

性がないため、当該データをディスプレイに表示してもらうか、紙に印刷して
もらう方法によって、見分可能な状態で検証することになる。そのうえで、当
該表示を写真撮影または印刷した写しをもらう方法で記録化を行うことになる
が、情報の種類、分量等によっては、外部媒体に情報をコピーして持ち帰り、
そのデータ自体をCD-R等に保存して検証調書に添付する方法で記録化を行う
ことも考えられる[42]。

6 検証物提示命令

(1) 検証協力義務

検証物の所持者が検証協力義務を負うとの明文の根拠規定はないが、証人義
務と同様の公法上の一般的義務として、検証協力義務があると解されている
(通説)[43]。証拠保全として検証決定をすれば、検証物提示命令の有無にかかわ
らず、検証物提示義務が発生し、さらに提示命令を発令すれば、従わない場合
の一定の不利益を科すことで間接的に強制ができるという意味で検証物提示義
務が具現化する。なお、検証物提示義務と検証物の所在場所で検証を受忍する
義務(検証受忍義務)を併せて、検証協力義務とよばれている[44]。

(2) 発令の要件

ア 申立て

検証物提示命令は、当事者の申立てが発令の要件であり、裁判所の職権では
発令できない(民訴232条1項、223条1項)。

イ 文書提出義務との関係

検証物提示義務について文書提出義務に関する民事訴訟法220条の準用はな
いが(民訴232条1項)、同法232条2項において、正当な理由があるときは上記
義務を免れることができるとされており、文書の検証を行う場合、所持者の立
場からすれば、書証の取調べを行う場合と実質的に異ならないから、文書の所
持者が負う検証物提示義務の範囲は、文書提出義務の範囲を類推して確定すべ

---

42 東海林保=森冨義明「民事訴訟における電子証拠の取扱い」町村=白井=櫻庭・前掲書
   (注17)289頁、290頁〔森冨義明〕。
43 秋山ほか・前掲書(注7)581頁。
44 宮﨑・前掲判解(注3)185頁。

きであり、文書の所持者は、文書提出義務を負わない文書については、検証物提示義務を負わない（最決平成23年9月30日判例集未登載[45]ないし最決平成23年12月15日判例集未登載[46]、最決平成28年8月30日判例集未登載[47]参照）。

　ウ　提示拒絶の正当事由

　検証対象物に証言拒絶事由（民訴196条、197条）にあたる内容が記載されている場合、所持者はその検証物提示義務を免れると解される。その根拠としては、①一般義務である検証物提示義務は正当な事由があれば免れると解したうえ、証言拒絶事由があれば、その正当な事由があるとするもの[48]、②民事訴訟法196条、197条が類推適用されるとするもの[49]等、考え方は分かれているが、この結論自体に異論は見当たらない。

　この問題に関し、電気通信事業者が所持する脅迫的表現を含む匿名の電子メールの送信者の特定に資する情報が記録された文書等について、廃棄のおそれがあることを証拠保全の事由として、検証および検証物提示命令の申立てがされた事案につき、最決令和3年3月18日民集75巻3号822頁は、「電気通信事業従事者等（筆者注・電気通信事業に従事する者およびその職を退いた者を指す）は、民訴法197条1項2号の類推適用により、職務上知り得た事実で黙秘すべきものについて証言を拒むことができる」としたうえで、「電気通信事業者は……送信者情報で黙秘の義務が免除されていないものが記載され、又は記録された文書又は準文書について、当該通信の内容にかかわらず、検証の目的として提示する義務を負わない」と判示して、証言拒絶事由にあたる検証対象物の検証物提示義務を否定した[50]。

45　綿引万里子＝今福正己「許可抗告事件の実情──平成23年度」判時2164号（2012年）14頁【12】（判例時報編集部・前掲書（注16）569頁【12】所収）。原審・大阪高決平成23年3月29日（平成23年（ラ）第204号）D1-LAW。

46　綿引＝今福・前掲論文（注45）15頁【14】（判例時報編集部・前掲書（注16）571頁【14】所収）。原審・東京高決平成23年7月19日判例集未登載。

47　小林宏司＝後藤一章「許可抗告事件の実情──平成28年度」判時2348号（2017年）5頁【3】（判例時報編集部・前掲書（注16）846頁【3】所収）。原審・仙台高決平成28年4月20日訟月63巻1号1頁。

48　東京高決平成11年12月3日判タ1026号290頁等。

49　秋山ほか・前掲書（注7）581頁等。

50　なお、同最決は、この結論に至る法的構成（本文の①②等）を明示していないが、この点は、今後の議論に委ねたものと考えられる（同最判の調査官解説である宮﨑・前掲判解（注3）185頁参照）。

16　証拠保全の手続と機能

(3)　発令の効果
ア　物理的強制力がないこと

検証物提示命令を発令しても物理的な強制力を行使することはできず、次に述べる間接的な強制力が生じるにすぎない。

イ　所持者が相手方の場合

相手方が検証物提示命令を拒絶した場合、その後の本案訴訟において、受訴裁判所は、申立人（本案訴訟の原告。以下同じ）が主張する検証物の性状が真実であると認めることができ（民訴232条1項、224条1項）、さらに、申立人が、検証物の性状等に関して具体的な主張をすることおよび当該検証により証明すべき事実を他の証拠により立証することが著しく困難であるときは、その事実に関する申立人の主張を真実と認めることができる（同法232条1項、224条3項）。

もっとも、このような真実擬制は、裁量的なものであり（他の証拠や弁論の全趣旨から真実と認めないこともできる）、証拠保全において提示命令を拒否しただけで、常に真実擬制が働くわけではなく、制裁としての効果には限界がある。

ウ　所持者が第三者の場合

第三者が検証物提示命令を拒絶した場合には、過料の制裁がある（民訴232条2項、223条1項）。

(4)　発令に関する手続
ア　審尋の要否

検証対象物の所持者が第三者の場合、提示命令の発令にあたって、当該第三者の審尋が必要である（民訴232条1項、223条2項）。一方所持者が相手方である場合には、審尋は不要と解されている[51]。

イ　発令のタイミング

実務上、裁判所は、検証物提示命令の申立てがあっても、証拠保全の決定段階ではその発令を留保し、検証場所において、任意の提示が受けられなかった場合に説得の材料として口頭で検証物提示命令を発令する[52]という運用が比較

51　大阪高決昭和38年12月26日下民集14巻12号2664頁参照。
52　決定書の作成は義務ではなく、告知も相当な方法で足りる（民訴119条）から、口頭で

Ⅱ　証拠保全の手続（実務上の論点・留意点を交えながら）

的多い。提示命令に対する相手方の反発の考慮や提示命令の発令に先立ち、相手方の意見を聴く機会を与えることができる[53]等がその理由であると考えられる。裁判所が現場で検証物提示命令を発する場合には、調書に告知時期を記載して、即時抗告期間の始期を明確にする必要がある[54]。

一方、現場で検証の目的を一応達し、結局提示命令を発令しないという場合、申立人が口頭で提示命令の申立てを取り下げる扱いが一般的である。

検証不能で手続が終了した場合には、証拠保全の申立てに付随する申立てにすぎない検証物提示命令の申立てを独立して維持する利益はないから、格別の処理をしなくとも黙示の却下決定がされたと解することは可能である。この処理を認める場合には、却下決定の告知は、検証期日が終了した時点と解する[55]。

(5)　不服申立て

ア　即時抗告

検証物提示命令（書証の取調べの方法による場合の文書提出命令も同様）の決定ないしは却下決定に対しては、即時抗告をすることができる（民訴234条、232条1項、223条7項）。即時抗告期間は、裁判の告知を受けた日から1週間（不変期間）である（同法332条）。

この即時抗告は、証拠保全決定自体の効力には何ら影響を及ぼさない[56]。

なお、即時抗告は、官署としての裁判所に抗告状を提出してしなければならず（民訴331条、286条1項）、口頭での申立てはできず、検証場所で抗告状を受理することもできない。

検証対象物の所持者が提示命令を争う姿勢をみせて、即時抗告の申立てをすると述べる場合、裁判所としては、抗告が確定するまで証拠保全手続が終了しないようにするため、次回期日を定めずに検証期日も続行するという運用もある[57]が、期日を続行する間に改ざん等が行われるおそれがあることから、その

の発令も可能と解される。

53　必要に応じてインカメラ審理（民訴232条1項、223条1項・6項）を行うこともある。

54　齋藤ほか・前掲論文（注6）195頁。

55　仙台高決平成22年6月23日金判1356号23頁。実務上は、申立人による取下げがなければ、明示の却下決定をしておくべきであろう。

56　任意の検証を続けることはできるが、提示命令の効力は停止すると解される。

57　大阪高決平成25年4月5日金法1981号91頁の事案ではそのように扱われたようである

359

ようなおそれが強い場合には、検証不能として手続を終了するなど[58]事案に応じて慎重に対応することが必要である。

イ　証拠保全の必要性・関連性との関係

文書提出命令と同じく、検証物提示命令についてもその必要性や関連性を争う趣旨で、独立に不服申立てをすることは制限される。すなわち、文書提出命令の決定に対しては、必要性の有無を理由として不服申立てをすることはできない[59]。検証物提示命令の必要性についても、その判断は原審の専権であって、相手方は、対象物について証拠保全の必要性がないとの理由で、抗告審で検証物提示義務を争うことはできない[60]。

7　証拠調べ実施後の手続

(1)　調書の作成

証拠調べ終了後には、裁判所書記官により調書が作成される。調書には形式的記載事項（民訴規66条1項）に加え、記録化した検証対象物（文書の写し、写真、CD-R等の記録媒体）と検証物目録記載の物件との対応関係を明示し、修正痕のような性状の有無や当事者の指示説明内容、場合によっては、不自然に待たされた状況などの時間的経過、検証不能となった場合その事情や拒絶文言等を記載したうえ、提示命令等の扱いについての手続的事項についても漏れなく記載する必要がある。

(2)　完結後の証拠保全記録の扱い

証拠保全の記録は、本案訴訟が提起された場合、本案の訴訟記録の存する裁判所の裁判所書記官に対し送付される（民訴規154条）。その端緒として、訴状には、訴え提起前の証拠保全のための証拠調べを行った裁判所および証拠保全

（同判決の同誌匿名コメント参照）。

58　なお、証拠保全手続自体が終了した場合に、検証物提示命令の判断に対する抗告の利益が認められるかについては、裁判例の見解は分かれているように思われる（仙台高決平成22年6月23日金判1356号23頁、大阪高決令和2年5月26日証券取引被害判例セレクト57巻178頁（同大阪高決は証拠保全手続終了後であっても抗告の利益が認められる旨の主張については判断を示していないが、抗告の利益があることを前提に判断したと考えられる）。

59　最決平成12年3月10日民集54巻3号1073頁、最決平成12年12月14日民集54巻9号2743頁。

60　大阪高決平成25年4月5日金法1981号91頁、大阪高決平成25年7月18日判時2224号52頁、大阪高決令和2年5月26日証券取引被害判例セレクト57巻178頁参照。

事件の表示の記載が必要である（同規則54条）。送付された証拠保全記録は本案事件の記録の一部として編綴される。

(3) 本案訴訟における記録の位置づけ

ア　上程手続

証拠保全手続で行われた証拠調べの結果は、本案訴訟で使用するのが目的であるから、本案訴訟の口頭弁論に上程して証拠資料とするための手続を執ることになる。具体的には、当事者（挙証者に限られない）が口頭弁論において、証拠調べの結果を援用する旨の訴訟行為を行い、調書上は「第○回弁論　結果陳述」と記載される[61]。

本案の裁判所は、当事者から上程がされない限り、証拠保全記録を証拠資料として使用することはできない[62]。上程がされると本案訴訟において証拠調べがなされたのと同一の効力を有することとなる。

イ　あらためて書証として提出を要する場面

証拠保全の証拠調べが検証として行われた場合、本案訴訟に上程されるのは、検証物の形式・体裁等にすぎないから、検証物の内容についての証拠調べのためには、記録を謄写するなどしたうえで、書証として提出する必要がある[63]。

本案訴訟が証拠保全の相手方とは異なる当事者を被告として提起された場合や、証拠保全の際に予定していた訴訟物と本案訴訟の訴訟物が異なる場合も、上記の上程手続によることはできないから、証拠調べ調書を本案訴訟の書証として提出することになる[64]。

8　証拠保全手続の費用負担

証拠保全手続では、訴訟費用負担の裁判はされない。本案訴訟が提起された場合には、証拠保全手続の費用もその訴訟費用の一部として（民訴241条）、終局判決や和解において負担が定められる。

61　齋藤ほか・前掲論文（注6）212頁。
62　最判昭和28年5月14日民集7巻5号565頁。
63　森冨＝東海林・前掲書（注11）238頁。もっとも、医療訴訟事件において、カルテは病院側から提出されるのが一般的である。
64　森冨＝東海林・前掲書（注11）238頁、239頁。

16 証拠保全の手続と機能

　本案訴訟が提起されなかった場合の費用負担については、訴訟が裁判によらずに完結した場合に準じて、民事訴訟法73条を準用して訴訟費用の確定と負担の決定を求めることができると解される[65]。

65　齋藤ほか・前掲論文（注6）215頁、秋山ほか・前掲書（注7）616頁。

17 損害額認定の考慮要素

武 田 瑞 佳
大阪地方裁判所部総括判事

Ⅰ 総 論

1 金銭賠償

不法行為による損害の賠償は金銭賠償が原則とされている（民722条１項、417条）。金銭賠償の方法として一時金賠償のほかに定期金賠償（民訴117条）がある（後記Ⅳ２(4)イ）。

2 相当因果関係

不法行為による損害賠償を受けるためには加害行為と損害との間に因果関係が存することが必要である（民709条参照）。

因果関係については事実的因果関係、すなわち、加害行為がなければその損害が発生することはなかったという条件関係が必要である。

しかし、加害行為と条件関係がある損害がすべて加害者による賠償の対象となるとすると、個々の事案において加害者の賠償責任の範囲が無限定に広がるおそれがある。

判例は、伝統的に不法行為についても民法416条を類推適用し、通常生ずべき損害が賠償の対象となるほか、特別の事情によって生じた損害であっても、当事者がその事情を予見すべきであったときは、被害者は、その賠償を請求す

ることができるとしてきた（最判昭和48年6月7日民集27巻6号681頁等）。しかし、学説からは、不法行為の場合は、契約責任と異なり、加害行為の前に当事者間に接点がないことが多いため、予見可能性を問題とすることは適当でない[1]など[2]と指摘されている[3]。

　裁判例は、学説からの指摘を受けた後も、相当因果関係によって賠償の範囲を画しており、損害の中のどの範囲のものを加害者が賠償するのが損害の公平な分担に沿うかという観点から相当因果関係の有無を検討している。すなわち、現在でも実務上は、被害者に発生した損害が加害行為に起因して発生したと認められるか（条件関係）を検討し、これが肯定できる場合に、どの範囲のものを加害者が賠償すべきかについて相当因果関係の有無の問題として検討しており、被害者に生じた損害が、加害行為と条件関係があるものであっても、加害行為との関連性が薄く、非常に遠い関係にある場合は賠償の対象とは認められず、また、被害者に生じた損害が同程度の加害行為によって通常生ずると考えられる同種の損害よりも過大である場合には、賠償の対象はその一部に限定されることになる（必要性・相当性などの文言が用いられることがある）。なお、裁判例は通常損害であることを前提として判断しているものが多いと思われるが、特別損害の予見可能性について判断した事例もある[4]。

3　損害の基準化・定額化

　不法行為による損害賠償請求訴訟における損害額の認定にあたっては、公平

1　最判昭和49年4月25日民集28巻3号447頁等は、交通事故の被害者の近親者が看護等のため外国から被害者の下に往復した場合の旅費について通常損害であるとしたが、大隅健一郎裁判官は、結論には賛成しながらも、過失による不法行為の場合に損害について予見し得たということは通常はあり得ず、不法行為に民法416条を類推適用すべきではないとしている。

2　相当因果関係の概念は、ドイツにおいて完全賠償の原則による不都合を回避するために導き出されたものであるが、民法416条はイギリスの判例に由来するものであり、相当因果関係の概念を結びつける必要はないとの指摘もある（窪田充見『不法行為法〔第2版〕』（有斐閣、2018年）345頁、内田貴『民法Ⅱ〔第2版〕』（東京大学出版会、2007年）404頁等）。

3　学説上は、賠償の範囲の問題は因果関係の問題と区別すべきであるとして保護範囲（平井宜雄『損害賠償法の理論』（東京大学出版会、1971年）138頁）や危険性関連・危険範囲（前田達明『現代法律学講座民法Ⅵ2（不法行為法）』（青林書院、1980年）131頁）の問題として範囲の限定を検討すべきとする考え方が有力である。

4　大阪高判令和元年9月25日判時2446号32頁等。

性の観点からの損害の基準化や定額化を無視することができない。

　すなわち、不法行為による損害賠償請求に関しては、特に交通事故訴訟等において人的損害および物的損害のいずれについても同種の事案が多数存在することから、同じ損害についての判断や考え方が裁判官によって大きく異なるとすると、被害者相互の公平性に問題が生じ、裁判に対する信頼にも影響を及ぼしかねない。そこで、古くから損害を算定する際に、損害の項目ごとに基準化が図られ、また、被害者が損害を被ったために支出を余儀なくされた財産的損害のうち、金額がそれほど大きくないにもかかわらず裁判における立証の負担が大きい損害項目を中心として定額化が図られてきた[5]。また、基準化や定額化がされていない損害項目についても、被害者相互間の公平を損なわないように、算定に関する基本的な考え方が共有されている[6]。

　損害額の算定にあたって同じ類型の他の事案との間で公平を保つ必要性は、交通事故以外の不法行為によって生じた損害や、安全配慮義務違反によって生じた人的損害等についても妥当するところであり、これらの事案において損害額を認定する際にも、生じた損害が交通事故事案における損害と同種のものである場合は、これらの基準を考慮したうえで損害額を認定するほうが妥当な結論を導くことができると考えられる。

　もっとも、基準化といっても、事案ごとの事情を度外視するということではなく、基本的な考え方を共有しつつ、それを前提に、事案の内容に応じて妥当な結論を導くべきである。

4　民事訴訟法248条

　損害が生じたことが認められる場合において、損害の性質上その額を立証することが極めて困難であるときは、民事訴訟法248条によって、裁判所は、相当な損害額を認定することができるが、不法行為による損害賠償請求に関し、

5　基準を示すものとして、日弁連交通事故相談センター東京支部『民事交通事故訴訟損害賠償額算定基準』（赤い本）、大阪弁護士会交通事故委員会『交通事故損害賠償額算定のしおり〔21訂版〕』（緑のしおり）（大阪弁護士会、2022年）、大阪民事交通訴訟研究会『大阪地裁における交通損害賠償の算定基準〔第4版〕』（緑の本）（判例タイムズ社、2022年）、日弁連交通事故相談センター『交通事故損害額算定基準——実務運用と解説——〔29訂版〕』（青い本）（2024年）など。

6　個別の損害に関する基本的な考え方は、赤い本の講演録等に示されている。

同条を適用した裁判例もある[7]。

Ⅱ　損害のとらえ方と損害算定の方法

1　個別損害項目積上方式

　不法行為による「損害」について、加害行為がなかったとしたならば存在したであろう利益状態と、加害行為がなされたことによる現在の利益状態との差をいい、その差を金銭で評価したものが損害であるとする差額説が伝統的な考え方であり、判例も差額説を採用している（最判昭和39年1月28日民集18巻1号136頁は、民法上の損害とは、侵害行為がなかったならば惹起しなかったであろう状態（原状）を（a）とし、侵害行為によって惹起されているところの現実の状態（現状）を（b）とし、a－b＝xそのxを金銭で評価したものが損害であるとした）。

　差額説からは、被害者に生じた損害を、その性質上財産的評価が可能な財産的損害と非財産的損害（精神的損害）に区別して算定し、各損害項目に属する個別損害項目を積み上げて合算して算定するいわゆる個別損害積上方式がとられる。交通事故等の不法行為による損害賠償請求訴訟実務においては、差額説を基礎として個別損害項目積上方式によって損害が算定されている。

2　包括一律請求方式

　これに対し、公害訴訟や薬害訴訟等の集団訴訟において、損害項目を積み上げるのではなく、被害者が受けた身体的・経済的その他さまざまな面で生じた損害の賠償を包括的に請求する包括請求や、多数の原告が、一律に同一金額ま

　7　交通事故に関し、民事訴訟法248条を適用した裁判例は多くはないが、中古の車両や被害者の着衣および携行品に関して同条を適用して損害額を認定した裁判例として東京地判平成28年12月20日判例秘書L07133863、東京地判平成24年9月28日判例秘書L06730472などがあり、また、火災により焼失した家財道具の損害額の認定に関する東京地判平成11年8月31日判タ1013号81頁、東日本大震災後の福島第一原子力発電所の事故に関する訴訟のうち、家財の滅失毀損に関して同条を適用して損害額を認定した千葉地判平成29年9月22日判例秘書L07250845、福島地いわき支判平成30年3月24日判例秘書L07351560などがある。

たは同一基準による損害賠償を請求する一律請求がされることがある。

これらの請求には、損害を慰謝料とするものと、慰謝料にとどまらない経済的精神的損害すべてとするものがある。これらの請求がされた当初の裁判例は、伝統的な個別損害項目積上方式を前提として、後者の請求についても慰謝料請求として理解し、経済的損害は慰謝料の算定にあたり斟酌するにとどまるとするものが多かったが[8]、経済的精神的損害すべてであることを前提として認容した裁判例もあり[9]、最近の裁判例でもいずれの形式の請求についても認容した事例がある[10]。

これらの方式、特に包括請求は、不法行為による損害を権利侵害の結果ないし不利益状態それ自体ととらえ、人身損害が生じた場合には、財産的・非財産

8　熊本地判昭和48年3月20日判時696号15頁（熊本水俣病第一次訴訟）、金沢地判昭和53年3月1日判時879号26頁（金沢スモン訴訟）、熊本地判昭和54年3月28日判時927号25頁（熊本水俣病第二次訴訟）等。もっとも、慰謝料の請求のみの場合、他の項目による再訴の可能性が問題になることから、慰謝料以外の損害について、原告が将来もこれを請求する意思がないことが明らかであることを前提として、慰謝料の算定にあたり経済的損害を斟酌するとするものが多かった。

9　福岡地判昭和53年11月14日判タ376号58頁、広島地判昭和54年2月22日判時920号19頁、札幌地判昭和54年5月10日判時950号53頁（いずれもスモン訴訟）、大阪地判平成7年7月5日判時1538号17頁（西淀川公害第4次訴訟）等。

10　一律請求（慰謝料）に関するものとして福島地判令和5年3月14日D1-Law判例体系ID28311199、仙台高判令和3年1月26日判タ1497号93頁（いずれも東日本大震災による福島第一原子力発電所の事故に関する訴訟）。包括一律請求に関するものとして広島高判令和5年3月17日D1-Law判例体系ID28311113、東京地判令和4年10月25日（平成23年（ワ）385885号、平成24年（ワ）5806号、同33998号）裁判所ウェブサイト（いずれもB型肝炎訴訟）。ただし、B型肝炎訴訟は国家賠償請求訴訟であり、平成24年施行の特定B型肝炎ウイルス感染者給付金等の支給に関する特別措置法により、確定判決等を得ることを要件として、病態等に応じた支給金額が定められたため、訴訟では病態等被害状況の立証に重点がおかれると考えられる。なお、ほかにも被害者救済の目的から国家賠償請求訴訟を背景として制定された定額の支給金額を定める法律がある（最近の法律について小林由＝湯原裕子「特定石綿被害建設業務労働者等に対する給付金等の支給に関する法律」論究ジュリ37号（2021年）198頁参照）。また、不法行為ではないものの、原告多数のじん肺訴訟等の労災訴訟でも、包括一律請求がされることについて、加藤新太郎「包括一律請求をめぐる諸問題」塩崎勤編『現代民事裁判の課題⑧』（新日本法規、1989年）889頁参照。

11　損害事実説は、差額説に対し、損害が生命身体に関する人的損害である場合に、一見精緻そうにみえながら実質的にはフィクションに基づくものであり（例えば、まだ就労していない未成年者の死亡逸失利益など）、また、そもそも人間を、利益を生み出す機械とみるものであり、人間の平等にもとるものであると批判して損害の定額化を目指すものである（西原道雄「生命侵害・傷害における損害賠償額」私法27号（1965年）107頁、ジュリ381号（1967年）148頁）。

的損害を区別せずに、一つの損害とみる損害事実説[11]を前提として主張されてきたものとされるが、包括請求を認容した裁判例は、公害訴訟や薬害訴訟等の原告が多数である訴訟に関するものであり、損害事実説を採用したというより、あくまでもこの類型の訴訟において、個別損害項目積上方式によった場合に、多数の原告がそれぞれ多岐にわたる個別の損害項目を立証することにより審理が非常に長期化し、被害者に対する賠償が遅延することを回避し、長期間にわたって支出した治療費等の積極損害について証拠の散逸により立証が困難となっている負担を軽減するという実践的要請により認容したものと考えられる[12]。

Ⅲ　損害の分類

個別損害項目積上方式を前提とすると、損害は、次のとおり分類される。

1　人的損害と物的損害

損害は、被侵害利益が人であるか、物であるかによって人的損害と物的損害に分けられる。損害は人的損害と物的損害では請求権が別であり、訴え提起の際の訴訟物も別である（最判令和3年11月2日民集75巻9号3643頁参照）。

2　財産的損害と非財産的損害（精神的損害）

損害が財産上のものであるか、そうでない精神的な苦痛であるかによって、財産的損害と非財産的損害に区別される。

人的損害について精神的損害に対する慰謝料が認められるのは当然である。物的損害に関し、慰謝料が認められるかについて、物的損害は被侵害利益が財産権であるから、一般的には、財産的損害が賠償されれば精神的損害も一応回復されたとみることができ、原則として認められないが、例外的に、長年居住していた家屋が損壊され、移転を余儀なくされることにより精神的苦痛を被っ

12　包括一律請求は、民事訴訟法248条の要件を満たしうるものと解されるという指摘もある（秋山幹男ほか『コンメンタール民事訴訟法Ⅴ〔第2版〕』（日本評論社、2022年）146頁）。

た場合など経済的損害のみによっては評価できない場合に限り、慰謝料が認められることがある。

3 積極損害と消極損害

　財産的損害は、加害行為による被害者の負傷に対する治療費や物の破損に対する修理費など経済的負担を被る積極損害と、加害行為がなかったならば得られたであろう逸失利益等の消極損害に分けられる。

　人的損害の積極損害には、治療費、入院雑費、通院交通費等があり、消極損害には、治癒または症状固定までに被害者に生じた減収に関する休業損害と、被害者に後遺障害が生じた場合に、症状固定後に被害者に生じる減収に関する後遺障害逸失利益、被害者が死亡した場合の死亡逸失利益がある。物的損害の積極損害は、修理費やレッカー費用等であるが、消極損害として休車損があげられる。

4 直接損害と間接損害

　そのほかに、加害行為との関連性によって直接損害と間接損害に分けられる。加害行為を受けた被害者自身が負った損害が直接損害であり、被害者が加害行為を受けたことによって休業し、その結果、被害者が経営していた会社に生じた損害が間接損害である。直接損害と間接損害は請求者が異なる。

Ⅳ　人的損害

1 訴訟上の位置づけ

　不法行為による損害賠償を請求する場合で、その損害が人的損害のみである場合は、訴訟物は1個である（最判昭和48年4月5日民集27巻3号419頁は、同一の身体障害を理由とする財産上の損害と精神上の損害とは、原因事実および被侵害

13　この判決は、不法行為に基づく1個の損害賠償請求権のうちの一部が訴訟上請求されている場合に、過失相殺をするにあたっては、損害の全額から過失割合による減額をし、その残額が請求額を超えないときはその残額を認容し、残額が請求額を超えるときは請求の

利益を共通にするものであるから、その賠償の請求権は1個であるとしたうえで、財産上の損害と慰謝料との間のいわゆる費目流用を肯定した[13]。

前記Ⅱのとおり、損害賠償請求訴訟において、損害の算定は個別損害項目積上方式によって行うのが基本であり、被害者である原告は、個別の損害項目とその金額を主要事実として主張立証責任を負うことになる（最判昭和28年11月20日民集7巻11号1229頁は、損害賠償を請求する者は損害発生の事実だけではなく損害の数額をも立証すべき責任を負うとした。もっとも慰謝料については立証の対象ではないとされる（最判昭和32年2月7日裁判集民25号383頁等））。

包括一律請求方式による場合は、損害は慰謝料または経済的精神的損害すべてとして請求することになるが、根拠となる被害の状況について主張立証責任を負うのはもちろんであり、これを立証することによって請求している定額の損害額が発生していることを裏付けることになる。なお、一律請求の場合に、被害の程度に応じてランク付けをし、ランクごとに基準額を設定して損害賠償請求をする事案も多く、この場合は、ランクに応じた被害の程度についての主張立証責任を負う。

2　積極損害

積極損害は、被害者が実際に支出するなどして負担する財産的損害であるから、基本的には支出等に関する具体的な立証が必要であるが、金額と立証の問題等により定額化されているものもある。

(1)　治療関係費、装具代、診断書料

治療関係費、装具代、診断書料等の積極損害は、被害者が現実に支出した費用に基づいて算定され、領収証等によって損害額が認定される。

もっとも、被害者が加害行為の後に支出したとしても、加害行為によって被った負傷と関係のない治療費（例えば、足を打撲した場合の歯科治療費など）はそもそも条件関係がなく損害と認められず、また、条件関係があっても、必要性相当性が認められないとして損害として認定されない場合があり、例えば、入院中の特別室（個室）使用料について、医師の指示や症状が重篤であったな

全額を認容することができるとし、いわゆる外側説を採用した。

どの特別の事情があれば必要性が認められるのに対し、軽傷であったが、被害者の希望により特別室を使用したなどの事情がある場合には認められない。なお、被害者が加害行為（事故）による症状であると考え、病院を受診したものの、結果的にはその症状が事故によるものと認められない場合の受診の費用について、明らかに事故による症状とは考えられないという場合は因果関係がないとされることが多いが、その症状が通常そのような態様の事故および被害者の受傷状況によって生じたとしても不自然ではないといえるようなものである場合は、事故後間もない時期の検査費用を中心に相当因果関係が認められる場合もあると思われる。

　整骨院施術費について、症状により有効かつ相当な場合、ことに医師の指示がある場合などは認められるとされているが、個別の事案において、症状に照らして有効と認められる場合であっても、その期間があまりに長く、あるいは頻度があまりに多い場合などには、期間の一部や、金額の一部につき、相当因果関係がないとされることがある。整骨院における施術は、柔道整復師が国家資格を有しており、医師が指示した場合は特に、またそうでない場合であっても、捻挫や挫傷については施術効果があることが一般に認められているものの、医療行為ではない点で、治療費とは明らかに性質が異なることによる[14]。

　症状固定は、被害者の傷害や病気について、これ以上治療を続けても症状の改善が見込まれないと判断されることを指す[15]ところ、症状固定後の治療費は、原則として賠償の対象とは認められないが、被害者の症状の内容や程度によって、例えば、症状固定後に医療行為を受けなければ身体機能を維持できないような事情がある場合には認められる。

(2)　入院雑費、付添看護費

　入院雑費は定額化されている。すなわち、被害者が入院した事実がある以上、衣類や寝具等の支出を余儀なくされたことは認められるものの、被害者が

14　負傷の内容により施術が禁忌とされている場合には損害とは認められない。

15　一般的に症状固定時期は、後遺障害診断書において医師が症状固定と判断した日をもって認定されることが多い。もっとも、当事者のいずれかがこれを争い、診療録等の証拠によって、明らかに後遺障害診断書に記載された症状固定日より前に症状固定の状態に至っていたと認定される場合もある。症状固定日は、傷害慰謝料（入通院慰謝料）の算定に影響するほか、休業損害と後遺障害逸失利益を区別するものである。

その額についての具体的な立証を行うのは、個々の損害額が小さく煩瑣であるため、具体的な支出の立証を要することなく日額1500円と算定して損害と認めるとされている。

また、親族による入院付添費や通院付添費についても、被害者が幼児であったり、重傷であったりするなど入院付添いや通院付添いの必要性がそれぞれ認められる場合には、定額の入院付添費[16]および通院付添費[17]が認められる。

(3) 通院交通費

通院交通費は、領収証等によって現実の支出額を立証する必要がある。例えば、タクシーを利用した場合は、領収証等が支出の証拠となるが、タクシー利用の必要性をも立証する必要がある。もっとも公共交通機関を利用し、証拠が残存していない場合は、自宅から病院までに通常要する料金を立証することで足りる。なお、公共交通機関を利用した場合であっても、加害者から、経路が遠回りであるとか、交通手段に合理性がないなどと主張され、被害者が必要性相当性を基礎づける事情を立証できない場合には、相当な範囲に限定される。

(4) 介護費——将来介護費・定期金賠償

ア 介護費の額

被害者の症状が重篤であり、介護が必要である場合（遷延性意識障害や脊髄損傷がある場合等）には介護費が請求できる[18]。

介護をする者が親族である場合は、具体的症状および具体的看護の状況によるものの基本は日額8000円とされる。親族介護の場合は被害者による現実の支出がないので、ある程度定額で評価せざるを得ないためである[19]。

これに対し、介護者が職業付添人である場合は実際に支出した実費とされる。職業付添人による介護の実費について、被害者が介護保険法による介護給付金や障害者総合支援法による給付金など公的給付を受けていることが多いところ、被害者がすでに支給を受けているか、支給決定がされている部分につい

---

16 赤い本では6500円、緑の本および緑のしおりでは6000円。

17 赤い本では3300円、緑の本および緑のしおりでは3000円。

18 介護を必要とする被害者が訴訟係属中に不法行為とは別の原因により死亡した場合について、最判平成11年12月20日民集53巻9号2038頁は、介護費用の賠償は、被害者において現実に支出すべき費用を補填すべきものであることなどを理由として、死亡後の介護費について請求できないとした。

19 関係する判例として最判昭和46年6月29日民集25巻4号650頁。

ては、給付金の性質により争いはあるものの、症状固定の前後にかかわらず、これを介護費から控除する裁判例が多い。

他方、将来介護費については、被害者が自己負担額を前提として請求する事案もあるが、自己負担額にとどまらない既発生の介護費実額を前提として請求する事案において、将来の給付の不確実性を理由として公的給付を控除せずに算定する裁判例が多い。もっとも、公的給付を控除しないとしても、既発生の介護費実額があまりに高額である場合、例えば、被害者がさまざまな介護事業者を利用しているとして職業付添人による高額な介護の利用実績を立証している事案において、場合によっては介護費の額が相当因果関係によって一定の範囲に画されることもある。

将来介護費について一時金請求をする場合は、将来発生する損害について中間利息を控除して現価に引き直す必要があり[20]、現在ではライプニッツ方式によるのが一般的である。

　イ　定期金賠償

将来介護費等の将来発生する費用について、被害者は、金銭賠償の方法の一つとして定期金賠償を請求することもできる（民訴117条参照）。

定期金賠償の利点は、判決が確定した後に、被害者の病状や介護状況が口頭弁論終結時に認定された内容と大きく変わったという事情変更がある場合に、このような事情変更に柔軟に対応することができる点である。他方、短所としては、加害者の資産状態が悪化した場合の支払不能の危険を被害者に負わせることになる点、判決が確定した後も、民事訴訟法117条による変更の可能性があることにより、当事者間の紛争が終局せず、紛争の一回的解決に沿わない点があげられる。

将来介護費を請求する事案では、一時金賠償請求によるものが多く、定期金賠償請求によるものは数が少ないが、被害者側の理由として、受領できる金額が明確であることなどがあげられる。また、被害者が定期金を請求しても、加害者やその任意保険会社が、紛争の一回的解決のメリットに加え、定期金の継続的な支払の管理のコストを回避するために一時金の支払を希望し、一時金の

20　中間利息控除の利率は、民法417条の2により損害賠償の請求権が生じた時点における法定利率であり、不法行為時の利率である。

支払による和解が成立することも多い。

(5) 家屋改造費、家屋購入費

　被害者の後遺障害の内容や程度によっては、以前から居住していた家屋を改造したり、新たに介護に適した家屋を購入したりすることがある。

　家屋改造費については、例えば足に後遺障害が生じた場合の手すりの設置や車椅子移動しかできなくなった場合の廊下の拡張工事など改造の内容が後遺障害の内容との関係で必要と認められる範囲で相当因果関係があるとされる。他方、家屋購入費については、被害者に資産としての家屋が帰属し、また、被害者以外の家族も利益を受ける面があることなどを理由として、全額ではなく、事案に応じてその一部を損害と認めることが多い。

(6) 葬儀費用

　被害者が死亡した場合の葬儀費用についても、原則として150万円とされており、これを上回る支出があっても同額の範囲で相当因果関係があるとすることが多い。

3　消極損害

(1) 総　論

ア　消極損害の種類

　消極損害は、被害者が、加害行為がなかったならば得られたのに、加害行為の結果得ることができなくなった損害であり、被害者が加害行為により負傷した場合については、被害者が負傷により休業した結果、収入が減少したことによる休業損害と、症状固定したものの、後遺障害が残存し、これによって就労可能期間における収入の減少が見込まれる場合の後遺障害逸失利益があり、被害者が死亡した場合については死亡逸失利益がある。

イ　差額説と労働能力喪失説

　消極損害に関し、被害者の減収によって消極損害を算定するという差額説と、被害者が、後遺障害を生じ、あるいは死亡したことにより、労働能力を喪失したという事実を損害とみる労働能力喪失説が対立してきたが、判例は基本

21　同判決は、逸失利益の算定にあたり、労働能力喪失率が有力な資料となることを認めつつ、減収が生じなかった被害者について逸失利益の発生を否定した。

的には差額説を採用している（最判昭和42年11月10日民集21巻9号2352頁[21]）。もっとも、次の点からすると厳格な差額説ではなく、結論において労働能力喪失説との違いはそれほど大きくないといえる。すなわち、まず、幼児や主婦等の事故前に収入がなかった者についても死亡逸失利益を認めている[22]。また、一般的な後遺障害逸失利益の算定方法は、被害者の基礎収入に、後遺障害による労働能力喪失率を乗じ、現価として算定するために中間利息を控除すべくライプニッツ係数を乗じるというものであり[23]、算定にあたり労働能力喪失率を考慮している。加えて、最判昭和56年12月22日民集35巻9号1350頁[24]は、14級に該当する後遺障害が生じたものの、減収のなかった者について、特段の事情のない限り、労働能力の一部喪失を理由とする財産上の損害を認める余地はないとしており、特段の事情がある場合には減収がなくとも逸失利益が発生することを認めている。

22　厳格な差額説を採用すると、主婦や幼児などの事故前に具体的な収入がなかった者についての算定が困難となるが、最判昭和39年6月24日民集18巻5号874頁は、交通事故により死亡した幼児の得べかりし利益を算定するに際しては、裁判所は、諸種の統計表その他の証拠資料に基づき、経験則と良識を利用して、できる限り蓋然性のある額を算定すべきであり、蓋然性に疑がもたれるときは、被害者側にとって控え目な算定方法を採用することにすれば、被害者側の救済に資する反面、不法行為者に過当な責任を負わせることともならず、損失の公平な分担を窮極の目的とする損害賠償制度の理念にも副うのではないかと考えられるとし、算定不可能として得べかりし利益の喪失による損害賠償請求を排斥することは許されないとした。
　　また、最判昭和49年7月19日民集28巻5号872頁は、不法行為による損害額の認定にあたり、家事労働に専念する妻は、平均的労働不能年齢に達するまで、女子雇用労働者の平均的賃金に相当する財産上の収益を上げるものと推定するのが適当であるとした。
23　以前はホフマン係数を使用している裁判所もあったが、平成11年11月12日「交通事故の逸失利益の算定方式についての共同提言」（いわゆる三庁共同提言・判タ1014号62頁）以降、ライプニッツ係数が使用されるようになった。なお、同提言は、就労年齢に達していない者や主婦について、基礎収入を全年齢平均賃金または学歴別平均賃金によることなどをも明らかにしている。
24　同判決は、交通事故により身体障害等級14級の右下肢の神経症状の後遺障害が生じたものの事故後の減収がなかった研究所勤務の技官について、「かりに交通事故の被害者が事故に起因する後遺症のために身体的機能の一部を喪失したこと自体を損害と観念することができるとしても、その後遺症の程度が比較的軽微であって、しかも被害者が従事する職業の性質から見て現在又は将来における収入の減少も認められないという場合においては、特段の事情のない限り、労働能力の一部喪失を理由とする財産上の損害を認める余地はないというべきである」とし、特段の事情について、「たとえば、事故の前後を通じて収入に変更がないことが本人において労働能力低下による収入の減少を回復すべく特別の努力をしているなど」をあげた。

ウ　両説からみた損害の算定

　損害賠償実務においては、賠償請求の時点からみて過去に発生した損害である休業損害について、将来にわたり発生する損害である逸失利益と比較すると、差額説の考え方がより強く表れるということができる。すなわち、休業損害は、請求時からみるとすでに確定した過去の事実によって認定するため、現実の減収の有無の判断が容易であり、差額説を前提として、休業しても現実に事故前の収入との比較において事故後の収入が減少していない場合には損害はないとされる[25]。

　これに対し、後遺障害逸失利益は、症状固定時から被害者の就労可能期間という将来にわたり発生する損害であり、請求時において現実の差額を認定することはできず、予測の要素が含まれることから、算定が抽象的にならざるを得ない面がある。被害者に後遺障害が生じているにもかかわらず、何らかの事情により症状固定から請求時までに減収が生じていない場合に逸失利益をどのように算定するかは難しい問題であるが、後遺障害の内容および程度や労働能力喪失期間を前提としつつ、被害者保護の観点から、減収が生じていないことに関する具体的な事情を検討したうえで、逸失利益を認めることができるかどうかを検討していることが多いと思われる[26]。

　死亡逸失利益についても、将来の予測の要素が含まれるという点においてあ

25　もっとも、被害者が治療のために有給休暇を取得したことが立証された場合には、減収はないものの、被害者は、有給休暇を他の目的のために使用できたのに、治療のために使用したことにより他の目的のために欠勤せざるを得なくなることもあり得、また、有給休暇に財産的価値を認めることなどができることから、使用した年次有給休暇についての休業損害と認めるという取扱いがされている。

26　労働能力喪失率については、傾向として、後遺障害の内容が軽く、例えばむち打ち症により14級9号に該当し、労働能力喪失期間が5年と考えられる事案で、症状固定後に減収が生じていない場合は否定する方向に働きやすいといえるが（もっとも、このような場合でも、前掲最判昭和56年12月22日のとおり、被害者が労働能力低下による収入の減少を回復すべく特段の努力をしていること等特段の事情が立証されれば認められる）、後遺障害が重大で労働能力喪失期間も長期間にわたる事案では、症状固定後に減収が生じていないとしても将来長期間にわたり逸失利益が発生しないとすることについて慎重に検討していると思われる。

　　基礎収入についても、例えば、被害者が事故前に無職であり、事故後症状固定時までに休業損害が発生したと認められない場合であっても、将来、収入を得る見込みがあれば、逸失利益が認められる場合があり、この点においても、将来の予測の要素が含まれ、ある程度検討の内容が抽象的なものとなっている。

る程度抽象的な検討になることは後遺障害逸失利益と同じであり、加えて生活費控除を被害者の属性に応じて定型的に設定しているという点でも損害の算定が抽象化されているといえる。

(2) 休業損害

ア 給与所得者

給与所得者については、負傷により現実に喪失した給与収入額を休業損害とみることになり、交通事故ではほとんどの場合、被害者は、勤務先が作成する休業損害証明書によって立証することになり、事故直前3か月間の収入を基礎として算定する。休業損害証明書によって認定できる休業の事実に関し、加害者から相当因果関係について争われる場合は、診療録等の証拠により認定される負傷の内容や程度による休業の必要性等により判断されることになる。

イ 事業所得者

事業所得者の休業損害は、算定に困難が伴い、実務上争点となることが多い。現実の減収を休業損害とみることが基本であるが、減収をどのように認定するかについて問題となる事例が多い。

被害者が確定申告をしている場合に、その内容が控えめであり、実際の所得は申告額より相当程度多かったから実際の所得額を基礎収入として算定すべきであると主張する事案がある。客観的な証拠により実際の所得が申告所得額より多かったことを立証できれば、実際の所得を基礎収入とすることは可能であるが、立証のハードルはそれなりに高いと思われる。

また、賃料等の固定費についても考慮されることがある。すなわち、被害者が一人で事業を営んでいた場合等は、被害者の休業によって収入は生じないのに、固定費は事業の維持存続のために支払わざるを得なかったといえるため、休業期間に対応する部分について休業損害として計上することができるとされている。なお、後遺障害逸失利益については、将来に向けて事業の一部を維持できない場合は固定費を抑制するという選択肢があることから、基礎収入に固定費を計上しないことが一般的である。

ウ 役員報酬

被害者が会社役員である場合、役員報酬のうち労務対価と評価される部分について休業損害が算定され、利益配当と評価される部分については、休業によ

る減収は観念できないため休業損害は認められない。どの部分を労務対価部分とみるかは難しい問題であるが、会社の規模や経営状態、被害者の会社における役割や実際の業務内容等、役員報酬の額に加え、他の役員や従業員の業務内容や給与額等が考慮される。

エ　主　婦

被害者が主婦である場合の休業損害について、現実の収入減少は認定できないものの、女性労働者の平均的賃金を年額の収入とみたうえ、休業を要した期間について、負傷により症状固定時までにどの程度家事労働能力が制限されたかにより制限割合を検討したうえで、その割合に応じた休業損害を認めるのが一般的である。なお、被害者が家事労働も行うものの、就労して給与収入を得ている場合、給与収入額が賃金センサス学歴計・全年齢女性の平均賃金より低い場合には兼業主婦として家事労働を前提とした休業損害を算定していることが多い。

オ　無職の者

無職の者については、事故がなかったとしても収入を得られなかったと考えられるから、原則として休業損害は認められないが、就職について内定を得ていたにもかかわらず、事故によって就労できなくなった場合など事故がなければ収入を得られたことが立証されれば認められる。

(3)　後遺障害逸失利益

ア　算定方法

(A)　後遺障害逸失利益とは

後遺障害逸失利益は、被害者の身体に症状固定時になお障害が残存し、これが症状固定後の就労に影響し、収入が減少する場合にこれを填補するものであり、被害者の基礎収入に労働能力喪失率を乗じ、就労可能期間に対応するライプニッツ係数を乗じることによって算定される。

(B)　基礎収入

基礎収入については、事故前の実収入によるのが原則であるが、被害者が若年である場合、年齢が高くなるに従って収入が増加するのが一般的であるため、長期の就労可能期間について事故前の低い収入を基礎とすることは相当でないと考えられ、平均収入を基礎とするとされている[27]。他方、被害者が給与

所得者であり、事故前の実収入が平均収入より高額である場合、加害者から、60歳を超えると一般的に給与所得がそれ以前より減少することが多いことを指摘されることがある。この場合は、被害者の勤務先の定年制度や給与体系等をも考慮するが、被害者の学歴や職種や対応する年齢別平均収入の額等も踏まえたうえで検討することになる。また、被害者が年少女性である場合、以前は学歴計全年齢の女性労働者の平均収入を基礎収入として請求され、これにより算定されることが多かったが、最近では男女を合わせた学歴計全年齢の平均収入を用いて請求され、これにより算定される例が増えている。

(C) 労働能力喪失率

労働能力喪失率は、労働省労働基準局長通牒（昭和32年7月2日基発第551号）別表労働能力喪失率表を参考とし、傷害の部位や程度、被害者の職業、事故前の稼働状況等を総合して判断するとされている。交通事故に関しては、強制加入保険である自賠責保険において、被害者に関し、後遺障害の等級認定が行われ、自動車損害賠償保障法別表第一および第二に定められている等級が認定されるが、自賠責保険においても原則として労働者災害補償保険における障害等級認定基準に準じて行われ、また、等級ごとの労働能力喪失率も同じである[28]。

損害賠償訴訟を審理する裁判所は、まず、被害者の症状がどの等級の後遺障害に該当するかについて認定するのが一般的であるが、その際、自賠責保険や労災保険による後遺障害の等級認定に拘束されることはなく、訴訟に提出された主張立証を前提として判断する[29]。裁判所は、後遺障害の等級を認定した後、等級に応じた労働能力喪失率（1級から3級までが100％、14級が最も低い5％で

27　前掲（注23）三庁共同提言参照。

28　被害者が通勤途上に交通事故に遭遇した場合などは、労災保険と自賠責保険の両方から後遺障害等級の認定を受けることがあるが、基準は同じであっても、個々の事案において認定される等級が異なることがしばしばある。労働者保護を目的とする労災保険と、被害者救済を目的とする加害者加入の強制保険である自賠責保険の制度の違いが影響していると考えられる。

29　訴訟において、自賠責保険の等級認定は、被害者と加害者の間において中立的に判断されたものとして尊重はされるものの、診療録が裁判においてのみ提出されるなど判断の資料が異なることもままあり、等級認定が判決と自賠責保険とで異なることがある。自賠責保険は、裁判以上に大量の事案を画一的に処理していることに加え、裁判と異なり、素因減額を考慮しないことなども事実上影響していると考えられる。

ある）を参考とするものの、これに拘束されることはなく、実際の後遺障害が就労に与える影響を検討して被害者の労働能力喪失率について判断している。このため、脊柱変形や腸骨採取について、訴訟において、等級については労災保険や自賠責保険と同じ等級と判断されても、実際に労働能力に与える影響が大きくないと認定されたうえで労働能力喪失率は等級から導かれる等級より低いものとされることも多い。

　また、外貌醜状の後遺障害についても、神経症状を伴わない場合は、労働能力に影響しないとされる職種も多く、後遺障害逸失利益が認められない場合も多い（この場合、後記4⑶のとおり後遺障害慰謝料において考慮されることもある）。外貌醜状については、平成22年までは、男女で取扱いが異なり、外貌に著しい醜状を残すものについて、女性で7級、男性で12級とされていたが、京都地判平成22年5月27日判タ1331号107頁[30]の後、男女を問わず7級とされ、外貌に相当程度の醜状を残すものが9級、外貌に醜状を残すものが12級とされ、男女差が解消されている。

⒟　労働能力喪失期間

　労働能力喪失期間は、一般的には症状固定時から67歳までの期間とされ、年長者については、症状固定時から平均余命までの期間の2分の1に相当する期間を就労可能期間として算定されるが、後遺障害がむち打ち症等の神経症状である場合は、労働能力喪失期間について、12級13号に該当する場合は10年前後、14級9号に該当する場合は3年から5年に限定されることが多い。

イ　定期金賠償

　後遺障害逸失利益についても、最判令和2年7月9日民集74巻4号1204頁は、将来介護費と同様に定期金として賠償請求することが可能であることを明示した。具体的には、後遺障害逸失利益について、将来、その算定の基礎となった後遺障害の程度、賃金水準その他の事情に著しい変更が生じ、算定した損害の額と現実化した損害の額との間に大きなかい離が生ずることもあり得るとして、民事訴訟法117条の趣旨に照らし、口頭弁論終結後に著しい変更が生じた場合には、事後的に上記かい離を是正し、現実化した損害の額に対応した損

30　この事案は、作業中の事故により生じた醜状に関する労働者災害補償保険法による障害補償給付の支給に関する処分の取消しを求めたものである。

害賠償額とすることが公平に適うとしており、同判決を踏まえれば、被害者の後遺障害の症状の程度の変化の可能性とこれが労働能力喪失率に与える影響を検討して定期金賠償が相当かどうかを判断することになる[31]。

(4) 死亡逸失利益

被害者が死亡した場合の死亡逸失利益について、基礎収入から被害者自身が将来支出したであろう生活費として一定割合を控除し、就労可能年数に応じたライプニッツ係数を乗じて算定する[32]。

生活費控除率について、一家の支柱や女性については30%から40%、その他は50%とするとされている。本来、収入のうち生活費として費消される金額は人それぞれであるが、これを人ごとに判断することは困難であるため、基礎収入の多寡や被害者が扶養すべき家族の有無等を考慮して生活費控除率の目安が定められており、被害者に扶養すべき家族がある場合は、遺族の生活保障の観点から低く、また、女性の場合、男性より基礎収入が低くなることが多いため、生活費控除率を低くすべきとされている。他方、年少の女性について、基礎収入として男女を合わせた全労働者の平均収入を採用する場合は生活費控除率を45%とするとされているところ、これは40%以下とすると、男性について生活費控除率を50%とした場合よりも、逸失利益が高額となることによるものであり、最終的に計算される逸失利益の金額が公平を欠くことにならないように配慮されている。

若年者の基礎収入や女性の家事労働者の基礎収入、無職者の基礎収入については、休業損害および後遺障害逸失利益における考え方（上記(2)エ、オ、(3)ア

31　同判決は、後遺障害逸失利益について一時金賠償を求める場合において、その後に被害者が死亡したとしても、交通事故の時点で、その死亡の原因となる具体的事由が存在し、近い将来における死亡が客観的に予測されていたなどの特段の事情がない限り、死亡の事実は就労可能期間の算定上考慮すべきものではないと解するのが相当であるとした最判平成8年4月25日民集50巻5号1221頁、最判平成8年5月31日民集50巻6号1323頁との関係で、後遺障害逸失利益につき定期金による賠償を命ずるにあたっては、事故の時点で、被害者が死亡する原因となる具体的事由が存在し、近い将来における死亡が客観的に予測されていたなどの特段の事情がない限り、就労可能期間の終期より前の被害者の死亡時を定期金による賠償の終期とすることを要しないとした。

32　被害者が事故等によって後遺障害を負った後に死亡した場合について、前掲（注31）最判平成8年5月31日は、死亡の事実を考慮すべきではないとし、また、事故と死亡との間に相当因果関係があって死亡による損害の賠償をも請求できる場合に限り、死亡後の生活費を控除することができるとした。

381

(B)) と同じである。

　年金について、被害者が死亡した場合、老齢年金や障害年金を基礎とする逸失利益は認められるが、遺族年金については認められない[33]。また、年金については、その相当部分が生活費として支出されるのが一般的と考えられることから、生活費控除率を就労による収入より高くする裁判例も多い。ライプニッツ係数は、被害者が年金を生涯にわたり受給できたと考えられる場合は平均余命までの期間に対応するものとなる。

4　慰謝料

(1)　算定の考え方

　慰謝料について、被害者は、精神的苦痛が発生する原因となった事実やこれに関係する事実を主張立証すれば足り、金額については裁判官が諸般の事情を斟酌して自由な心証によって算定できるとされ（最判昭和32年2月7日裁判集民25号383頁）、弁論主義の適用外とするのが裁判例である（東京地判昭和42年10月18日判時496号15頁など）。しかし、個々の裁判官が慰謝料の額について独自に判断した結果、同じような傷害や後遺障害について全く異なる金額となった場合、被害者間相互の衡平が保たれず、また、予測可能性にも欠けることになるため、慰謝料についても基準化されている。

ア　傷害慰謝料（入通院慰謝料）

　傷害慰謝料については、症状が重傷か、そうでないか、またはむち打ち症や軽度の打撲・挫創による神経症状のみかのほか、入院や通院の期間によって金額の目安が設けられている。

イ　後遺障害慰謝料

　交通事故訴訟に関しては後遺障害等級に応じて基準となる金額が設けられており、裁判所は、認定した後遺障害の等級に応じた後遺障害慰謝料を算定することが一般的である[34・35]。

---

[33]　最判平成12年11月14日民集54巻9号2683頁は、遺族厚生年金は、受給権者自身の生存中その生活を安定させる必要を考慮して支給するものであることを理由に逸失利益にあたらないとしている。

[34]　裁判所は、自賠責保険や労災保険による後遺障害の等級認定に拘束されないことについて後遺障害に関する部分（上記3(3)ア(C)）のとおりである。

IV 人的損害

ウ 死亡慰謝料

死亡慰謝料については、赤い本において被害者が一家の支柱であった場合は2800万円、その他の場合は2000万円から2500万円とされており、死亡逸失利益と同様に、遺族の生活保障の要素が考慮されている。請求者と被害者とが疎遠であった場合などは金額が低くなる傾向がある。また、上記の金額には、近親者固有の慰謝料を含むとされている。被害者が実際に扶養していた者が多数いる場合は別として、請求者数が多い場合に慰謝料の額がそれだけで増えるのは必ずしも公平とはいえないからである。

(2) 増額事由

交通事故の場合、加害者に酒酔い運転や無免許運転、ひき逃げ等の事実があった場合には慰謝料が増額されることが多い。交通事故以外でも、故意による加害行為により被害者に人的損害が生じた場合は、交通事故について設けられている基準を目安としつつ、増額されることが多いと考えられる。これらの増額事由が存在する場合に慰謝料が増額されることについて、制裁的賠償の趣旨ではなく、不法行為が悪質であることにより精神的苦痛が大きくなると考えることが可能である。

(3) 補完的要素

慰謝料には、他の損害項目で被害者に生じた損害を考慮しきれない場合に実質的にこれを補う補完的要素があるとされている。例えば、外貌醜状の後遺障害が生じたものの、外貌醜状が被害者の労働能力に影響を及ぼすことの立証が成功していない場合に後遺障害慰謝料が増額されることがある。

包括一律請求（上記Ⅱ 2）の場合に慰謝料の名目で請求される場合、実際に生じた治療費等の積極損害のうち立証できなかったものが斟酌される場合がある[36]。

---

35 他方、労働能力喪失率と異なり、増額事由や補完的要素の問題がある場合を別として、後遺障害慰謝料については認定した等級に応じた後遺障害慰謝料が認められることが一般的である。

36 再訴の可能性がないことが前提となると考えられる。

5 間接損害

間接損害は、反射損害と固有損害に分けられる。

(1) 反射損害

反射損害は、加害行為による被害者以外の者が賠償を請求する損害のうち、例えば、被害者が加害行為により休業を余儀なくされ、休業損害が生じたものの、被害者の雇用主が被害者に対して休業に対応する給与を全額支払ったことにより、雇用主に損害がいわば移転した場合など、被害者に生じた損害が他の者に移った場合をいう。この場合は、移転したとされる損害が被害者に生じたと認められるかどうかを検討していくことになる[37]。

(2) 固有損害

固有損害には、例えば、会社の代表者が休業したことによる会社の収入の減収があり、これについて損害賠償請求がされた事案について、最判昭和43年11月15日民集22巻12号2614頁は、会社が、俗にいう個人会社であり、その実権は被害者個人に集中し、被害者には会社の機関としての代替性がなく、経済的に被害者と会社が一体をなす関係にあると認められることを前提として、会社による後遺障害逸失利益の請求を認容した（被害者は後遺障害逸失利益を請求しなかった）。会社の活動には、一般論としては、多数の人的・物的資源が関与しているのが通常であるから、会社の収入の減収が、被害者の休業のみを原因として生じたと認められるのは、上記判決が示しているような被害者と会社が一体で、被害者の活動が会社の収入に直結するような場合であり、会社の活動に被害者以外の者が関与している場合には、会社の収入の減収が被害者の休業や後遺障害によって生じたと立証することは困難であると思われる。

V 物的損害

加害行為によって物が損傷・滅失するなどした場合、物権ごとに不法行為による損害賠償請求権が成立する。

---

37 その法律構成について、筈井卓矢「間接損害の諸問題1（企業損害）」森冨義明ほか『交通関係訴訟の実務』（商事法務、2016年）158頁。

V 物的損害

1 経済的全損の場合

　交通事故の場合、車両の損傷が生じることが多いが、損傷により修理が不可能となった場合に加え、修理が可能であるものの、修理費が車両の時価額（および買替諸費用）を上回る場合は、いわゆる経済的全損となり、時価額が損害額となる。車両の時価額は、最近では、オートガイド自動車価格月報（いわゆるレッドブック）のほかにインターネット上で収集可能な中古車市場における取引価格の資料等によって立証されることも多い。

2 修理費・評価損

　損傷に対する修理が可能である場合は、修理費が損害となる。もっとも修理費についても、必要かつ相当な範囲で認められる。
　車両が損傷した場合、評価損が請求されることも多い。評価損は、損傷した車両を修理しても完全な原状回復ができず、なお機能に欠陥が残存した場合や、事故歴により商品価値が下落する場合に認められる損害である。評価損の有無は損傷の内容や程度、修理の内容、修理費の額、初度登録年からの経過期間、走行距離、車種（いわゆる高級車であるか）などを考慮して判断するとされているが、初度登録年からの経過期間や走行距離が短く、高級車である場合は認められやすいといえる。他方、評価損の額については、修理費の10％から30％程度とする例が多い。価値の下落の事実に関しては具体的な立証まで必ずしも求められておらず、裁判所による評価に委ねられているといえる。

3 代車使用料

　車両が損傷したことにより被害者が代替車両を使用せざるを得なくなった場合は代車使用料が損害として認められる。代車使用料については、代車の必要性の立証に加え、修理期間が相当であることの立証や代車費用が相当であることなどの立証が求められる。代車費用の額の相当性について、被害車両と同じグレードの車両が常に相当と認められるわけではなく、そのグレードの車両を使用する必要性の立証を求められる場合もある。

385

4 休車損害

　営業用車両が損傷し、その修理期間中や買替期間中にこれが使用できなかったことにより、使用していれば得られたであろう利益が得られなかった場合には休車損害が認められる。もっとも、営業主が被害車両の代わりに使用することができるいわゆる遊休車両を有していた場合は休車損害は認められない。遊休車両が存在しない場合、相当な修理期間や買替期間について、被害車両の1日の売上げから、変動経費（燃料費等）を差し引いた金額の休車損害が認められるが、営業主自身が作成した内訳を記載した書面は、加害者側から信用性が争われることが多く、取引先との間で作成された書面の提出など相当程度細かい立証を要することが多く、立証の負担が大きい損害類型であるといえる。

Ⅵ 弁護士費用

　最判昭和44年2月27日民集23巻2号441頁は、わが国では訴訟追行を本人が行うか弁護士を選任して行うかの選択は当事者に任されているが、一般人が単独で十分な訴訟活動を展開することはほとんど不可能に近いなどとしたうえで、不法行為による損害賠償請求について訴訟追行を弁護士に委任した場合には、その弁護士費用は、事案の難易、請求額、認容された額その他諸般の事情を斟酌して相当と認められる額の範囲内のものに限り、不法行為と相当因果関係に立つ損害と認められるとし、裁判例では認容額の1割程度を認める裁判例が多い。したがって、個別損害項目算定方式による場合、損害額の合計を算出したうえ、事案に応じて、素因減額、過失相殺、損益相殺等[38]を行い、認容額を算出したうえで、その1割程度を計上することになる。

38　その順序、とりわけ過失相殺と損益相殺の順序については、填補の対象となる給付金等の性質によって争いがあるものがある。

18 因果関係と経験則

藤 倉 徹 也
東京高等裁判所判事

I 一般不法行為の成立要件・要件事実における因果関係の位置づけ

1 一般不法行為の成立要件・要件事実

　民法709条は「故意又は過失によって他人の権利又は法律上保護される利益を侵害した者は、これによって生じた損害を賠償する責任を負う」と規定しており、その文言から、民法709条の一般不法行為の成立要件であり、不法行為に基づく損害賠償請求の要件事実については、概要、①「故意」または「過失」、②「権利」または「法律上保護される利益」の侵害、③「損害」の発生、④「因果関係」と考えられている[1,2]。

1　潮見佳男『不法行為法Ⅰ〔第2版〕』（信山社、2009年）58頁、窪田充見＝大塚直＝手嶋豊編著『事件類型別不法行為法』（弘文堂、2021年）4頁、長秀之「不法行為1：基礎理論」伊藤滋夫ほか編『民事要件事実講座4』（青林書院、2007年）188頁、司法研修所編『4訂紛争類型別の要件事実』（法曹会、2023年）59頁。

2　なお、最大公約数的には一般不法行為の要件ないし損害賠償請求の要件事実をこのように説明できるものの、細部までみるとさまざまな見解が主張されている。この点について紹介したものとして、宮﨑朋紀「医療訴訟における要件事実の整理に向けての検討」判タ1432号（2017年）17頁、32頁以下。

2 「因果関係」の要件に関する判例と学説

このうち、因果関係については、①歴史的、客観的な意味での原因結果関係（いわゆる「あれなければこれなし」の関係）が認められるか否かという問題（条文の一つめの「よって」である、故意（行為）または過失（行為）と、権利または法律上保護される利益の侵害との間の関係性の問題。不法行為の成立要件としての因果関係の存否の問題、事実的因果関係の存否の問題ともよばれる）と、②被害者に生じた損失のうち、どこまでを填補すべき対象として取り上げるかの問題（条文上の二つめの「よって」である、権利または法律上保護される利益の侵害と、損害との関係性の問題。判例は、この点を相当因果関係の存否の問題として扱っている[3]）の二つの問題があるとするのが判例、通説の立場であると解されている[4]。この点、因果関係の問題は、①事実的因果関係の問題、②保護範囲（損害賠償の範囲）の問題、③損害の金銭評価の問題の3段階があるとする見解も有力に主張されている[5]。本稿では、判例、通説の立場であると解されている前者の立場を前提とするが、いずれの見解に立つとしても、事実的因果関係に関する以下の議論に差異は生じない。

Ⅱ　事実的因果関係

1 事実的因果関係とは

事実的因果関係とは、加害者の故意または過失ある行為を原因として被害者の損害という結果が生じたといえる関係をいう。

3　大判大正15年5月22日民集5巻386頁（富喜丸事件）、最判昭和48年6月7日民集27巻6号681頁、最判平成23年9月13日民集65巻6号2511頁、窪田充見編『新注釈民法(15)』（有斐閣、2017年）380頁以下〔前田陽一〕。

4　潮見・前掲書（注1）348頁、窪田ほか・前掲書（注1）12頁、窪田・前掲書（注3）354頁以下〔橋本佳幸〕、849頁以下〔竹内努〕、浦川道太郎ほか編『【専門訴訟講座④】医療訴訟〔第2版〕』（民事法研究会、2023年）339頁、八木一洋「判解」最判解民〔平成11年度〕138頁。

5　平井宜雄『損害賠償法の理論』（東京大学出版会、1971年）135頁以下、429頁以下、窪田・前掲書（注3）357頁以下〔橋本佳幸〕、横田昌紀「児童生徒のいじめ自殺訴訟の現状　因果関係を中心に」判タ1358号（2011年）9頁。

Ⅱ　事実的因果関係

2　事実的因果関係の立証責任と証明度

　事実的因果関係の存否は、「あれなければこれなし」という条件公式を充足するかどうかによって判断される[6]。

　事実的因果関係は、不法行為の成立要件であり、不法行為に基づく損害賠償請求を行う原告において主張・立証しなければならないものとされている。事実的因果関係が存在すると認められる、すなわち、訴訟において、事実的因果関係の立証に成功したと判断されるためには、その存在について、一般の人が日常の社会生活において疑いを抱かずに、その判断を信頼して行動する程度の高度の蓋然性が必要であると考えられている。この一般論を示したのが、東大ルンバール事件（最判昭和50年10月24日民集29巻9号1417頁）である。

(1)　東大ルンバール事件

　東大ルンバール事件の事案は、概要次のようなものである。

　化膿性髄膜炎に罹患した原告は、入院先である東大附属病院において、腰椎穿刺（ルンバール[7]）による髄液の採取とペニシリンの髄腔内注入を受けたところ、その15分ないし20分後に嘔吐、けいれんの発作等が生じ、右半身けいれん性不全麻痺、性格障害、知能障害および運動障害等を残した状態で退院し、知能障害、運動障害等の後遺障害が残った。

　原告は、これらの後遺障害が生じたのは、ルンバール施術のショックによる脳出血が原因であり、担当医のルンバール施術またはその後の看護治療上の過失によるものであると主張して、国を被告として、国家賠償法に基づく損害賠償請求を行った。これに対して被告国は、原告に生じた発作やその後の障害が化膿性髄膜炎の再燃によるものであり、ルンバールとの因果関係はないと主張した。第1審は、ルンバールと発作や後遺障害との因果関係を肯定し、控訴審は、発作やその後の病変の原因が脳出血によるか、または化膿性髄膜炎もしくはこれに随伴する脳実質の病変の再燃のいずれによるかは判定しがたく、ま

　6　条件公式に関する実体法上の論点の概要は、能見善久＝加藤新太郎編『論点体系判例民法〔第3版〕8不法行為Ⅰ』（第一法規、2019年）25頁以下。

　7　くも膜下出血や髄膜炎に関して脳脊髄液を採取して検査することや、髄膜炎や悪性腫瘍の髄腔内播種に対する治療として薬液をくも膜下腔内に注入することなどを目的として行われる腰椎穿刺をルンバールという。

389

た、発作とその後の病変の原因がルンバールの実施にあることを断定しがたいとして因果関係を否定した。

最高裁は、因果関係の立証について、「訴訟上の因果関係の立証は、一点の疑義も許されない自然科学的証明ではなく、経験則に照らして全証拠を総合検討し、特定の事実が特定の結果発生を招来した関係を是認しうる高度の蓋然性を証明することであり、その判定は、通常人が疑を差し挟まない程度に真実性の確信を持ちうるものであることを必要とし、かつ、それで足りるものである」との一般論（規範）を示したうえで、原告の病状が一貫して軽快しつつある段階において、ルンバール実施後15分ないし20分後に突然発作が生じていること、化膿性髄膜炎の再燃の蓋然性が通常低いものとされており、原告の化膿性髄膜炎が再燃するような特別の事情も認められなかったこと等の事実関係を因果関係の立証に関する前記規範にあてはめ、原告の発作およびその後の病変とルンバールとの間に因果関係を認めるのが相当であるとした。

(2) 学説の状況と東大ルンバール事件以降の判例の状況

ア 学 説

学説では、主に公害・薬害訴訟や医療訴訟を念頭に、この種の不法行為に基づく損害賠償請求訴訟では、被害者側が専門的知見を有していない場合がほとんどであること、必要な証拠の多くが加害者側の支配領域内にあるために事実的因果関係を立証することが困難である場合が多いこと等から、当事者間の実質的衡平や被害者救済等の観点から、証明度[8]を緩和する見解や、立証責任を実質的に転換する見解等が存在する。

証明度を緩和する見解としては、①民事訴訟における証明度は、証拠の優越をもって足りるとする見解（証拠の優越説[9]）、②民事訴訟のうち一定の事件類型については、因果関係の存在についてかなりの程度の蓋然性（一応の確からしさ）を証明すれば十分であるとする見解（蓋然性説[10]）、③事件類型を問わず、証明責任を負う当事者の事実主張が相当の蓋然性をもって認められる場合に

8　証明度とは、事実に関する争点について、どの程度の証明があれば、裁判官が一定の事実があったという心証を形成して事実認定してよいかを決する基準をいう（加藤新太郎『民事事実認定論』（弘文堂、2014年）34頁以下）。

9　加藤一郎『公害法の生成と展開』（岩波書店、1968年）29頁。

10　德本鎮『企業の不法行為責任の研究』（一粒社、1974年）128頁以下。

は、当該事実を認定してよいとする見解（優越的蓋然性説[11]）などがある。また、立証責任を実質的に転換する見解として、立証責任を負う側が、因果関係の存在を示す間接事実のいくつかを証明し、それらの事実から経験則上因果関係の存在が一応推定できる場合には、反対当事者が因果関係の不存在あるいは存在を疑わせる事情についての証明をしない限り、因果関係を肯定すべきとする見解（一応の推定説、表見証明説、間接反証説[12]）などがある[13・14]。

これに対して、判例は、東大ルンバール事件以降も一貫して、同判決が示した一般論としての「高度の蓋然性」を要求し、あるいはこれを前提とする立場[15]をとっている。

イ　最判平成9年2月25日民集51巻2号502頁

風邪をひいた患者が、近隣の開業医の下で通院治療を受け、その後、別の病院で入院治療を受けたが、顆粒球減少症を発症し、死亡した。患者の相続人である原告らは、患者が死亡したのは、医師らが投与した薬剤が原因であり、上記医師らには検査義務懈怠、発症診断の過誤、転送義務違反、説明義務違反がある等と主張して、上記医師らを被告として損害賠償を求めた。第1審（山口地下関支判平成元年2月20日判タ902号173頁）は、被告らが投与した薬剤のみによって顆粒球減少症が発症、増悪した事実の証明がなく、全証拠によっても、いかなる薬剤、成因により顆粒球減少症が発症、増悪したか確定できない等と

11　伊藤眞「証明度をめぐる諸問題」判タ1098号（2002年）5頁、新堂幸司『新民事訴訟法〔第6版〕』（弘文堂、2019年）571頁。

12　中野貞一郎『過失の推認〔増補版〕』（弘文堂、1987年）1頁以下、新堂・前掲書（注11）619頁以下。

13　これらの学説の位置づけや詳細については、前掲（注9から注12）に記載した文献のほかに、加藤・前掲書（注8）36頁以下、中村哲「医療事故訴訟における因果関係について」判タ858号（1994年）33頁以下、能見ほか・前掲書（注6）412頁以下、439頁以下、門口正人編集代表『民事証拠法大系（第1巻）総論Ⅰ』（青林書院、2007年）279頁。

14　これらの見解のほかに、立証命題を変更することにより、実質的に立証責任の負担を軽減する方法もある。最判平成12年9月22日民集54巻7号2574頁は、保護法益の内容を患者の生命ではなく、「医療水準にかなった医療行為が行われていたならば患者がその死亡の時点においてなお生存していた相当程度の可能性」とすることにより、実質的な立証責任の負担軽減をしたものと理解されている。もっとも、安易に立証命題の変更を行うことに対する警鐘を鳴らすものとして、新堂・前掲書（注11）625頁。

15　本文中に記載した判例のほか、不法行為の因果関係が直接問題になったものではないが、東大ルンバール事件が示した一般論を前提とした判断をしているものとして、最判平成3年4月19日民集45巻5号367頁、最判平成9年11月28日民集186号269頁がある。

して、原告らの請求を棄却した。また、控訴審（広島高判平成7年2月22日判タ902号154頁）は、被告らの投与した薬剤のうち、通院治療を行った開業医が投与した薬剤が唯一単独の起因剤であるとしたうえで、患者の死亡との因果関係が認められないなどとして、原告らの請求を棄却した原審の結論を維持し、控訴を棄却した。

　最高裁は、顆粒球減少症の起因剤および発症日の認定とそれに伴う因果関係の判断について、東大ルンバール事件が示した一般論を示したうえで、原審が認定した事実関係によれば、患者の顆粒球減少症の原因は、開業医が患者に投与した薬剤のうちの一つであることまたはその複数の相互作用であることおよび患者は遅くとも発疹が生じた時点で顆粒球減少症を発症していたことが高度の蓋然性をもって証明されているにもかかわらず、鑑定のみに依拠し、開業医が投与した薬剤が唯一単独の起因剤であるとした原審の判断には経験則違反ないし審理不尽、理由不備の違法があるなどとして原判決を破棄し、原審に差し戻した。

　　ウ　最判平成11年2月25日民集53巻2号235頁
　肝硬変に罹患しているとの診断を受けた患者は、約3年弱の期間で合計771回にわたり肝臓病の専門医の診療を受けた。患者の年齢等を考慮すると、肝細胞がんを発症する危険性の高い類型に属していたが、専門医は、患者に対して肝細胞がんの早期発見に有効とされていた定期徴候検査を肝硬変との診断から約3年弱にわたり実施せず、また、実施した定期徴候検査の結果から肝細胞がんを発症していないと診断した。患者は、定期徴候検査を受けた12日後に急性腹症を発症し、他の病院で検査を受けた結果、進行し、処置の施しようのない状態となっていた肝細胞がんが発見され、その後、肝細胞がんおよび肝不全により死亡した。患者の相続人らは、専門医が、当時の医療水準に応じて患者に対して適切に検査を実施し、早期に肝細胞がんを発見してこれに対する治療を施すべき義務を負っていたにもかかわらずこれを怠ったと主張して、専門医を被告として、損害賠償請求をした。第1審（福岡地小倉支判平成7年5月16日民集53巻2号272頁）は、専門医の注意義務違反を認めたものの、患者の死亡との因果関係の存在を否定した。控訴審（福岡高判平成8年6月27日民集53巻2号297頁）も、第1審の説示を基本的に引用したうえで、患者に延命の可能性が認められるとしても、いつの時点でどのようながんを発見することができたかとい

Ⅱ　事実的因果関係

う点などの不確定要素に照らすと、どの程度の延命が期待できたかは確認できないから、専門医の注意義務違反と患者の死亡との間に相当因果関係を認めることはできないと判断した。

最高裁は、東大ルンバール事件が示した因果関係の立証に関する一般論を引用して示したうえで、同規範は、医師が注意義務に従って行うべき診療行為を行わなかった不作為と患者の死亡との間の因果関係の存否の判断においても異なるところはなく、経験則に照らして統計資料その他の医学的知見に関するものを含む全証拠を総合的に検討し、医師の不作為が患者の当該時点における死亡を招来したこと、換言すると、医師が注意義務を尽くして診療行為を行っていたならば患者がその死亡の時点においてなお生存していたであろうことを是認し得る高度の蓋然性が証明されれば、医師の不作為と患者の死亡との間の因果関係は肯定されるものと解すべきと判示した。そして、原審認定事実や取調べ済みの証拠の内容に照らし、本件では、専門医の注意義務違反と患者の死亡との間に因果関係が存在するというべきであるとして、原判決を破棄した。

エ　最判平成12年7月18日裁判集民198号529頁（長崎原爆症訴訟）

原告は、長崎市に爆弾が投下された当日、爆心地から約3キロ弱離れた自宅にて爆風により飛来した屋根瓦が左頭頂部を直撃し、左頭頂部頭蓋骨陥没骨折、一部欠損の重傷を負い、右片麻痺（脳萎縮）、頭部外傷と診断され、右半身不全麻痺、右肘関節屈曲拘縮等の障害が残存している。原告は、原子爆弾被爆者の医療等に関する法律（以下「原爆医療法」という）に基づき、これらの後遺障害が、原爆の傷害作用に起因する旨の認定を申請したが、却下されたため、同処分の取消しを求めた。

第1審（長崎地判平成5年5月26日判タ816号258頁）は、原告の請求を認めて却下処分を取り消し、控訴審（福岡高判平成9年11月7日判タ984号103頁）も、原告の請求を認めた原審の判断を維持した。控訴審は、判決の中で、原爆医療法8条1項の要件の一つである、現に医療を要する負傷または疾病が原子爆弾の放射線に起因するものであるかまたはその負傷または疾病が放射線以外の原子爆弾の傷害作用に起因するものであって、その者の治癒能力が原子爆弾の放射線の影響を受けているためその状態にあること（放射線起因性）について、原子爆弾による被害の甚大性、原爆後障害症の特殊性、法の目的、性格等を考

393

慮すると、放射線起因性の証明の程度については、物理的、医学的観点から「高度の蓋然性」の程度にまで証明されなくても、被爆者の被爆時の状況、その後の病歴、現症状等を参酌し、被爆者の負傷または疾病が原子爆弾の傷害作用に起因することについての「相当程度の蓋然性」の証明があれば足りると解すべきとした。

　最高裁は、行政処分の要件として因果関係の存在が必要とされる場合に、その拒否処分の取消訴訟において被処分者がすべき因果関係の立証の程度は、特別の定めがない限り、通常の民事訴訟における場合と異なるものではないと前置きしたうえで、東大ルンバール事件が示した一般論を示し、放射線起因性についても同規範に従って判断すべきとした。そのうえで、原審が認定した事実関係からでも放射線起因性があるとの認定を導くことは可能であると判断し、結論において控訴審判決を維持した。

　　オ　最判平成18年6月16日民集60巻5号1997頁（B型肝炎訴訟）
　原告らはいずれも乳幼児期に集団予防接種や集団ツベルクリン反応検査等を受けた者であり、その後、B型肝炎ウイルスへの感染が発覚し、あるいは慢性B型肝炎を発症した。原告らは、乳幼児期に受けた集団予防接種等において注射器が連続使用されたことによりB型肝炎ウイルスに感染し、あるいはB型肝炎を発症したと主張して、国を被告として、国家賠償法に基づく損害賠償請求をした。第1審（札幌地判平成12年3月28日訟月47巻2号235頁）は、B型肝炎ウイルスの感染源の特定、感染源と原告らのB型肝炎ウイルスの構造の同一性、予防接種時における感染源と原告らの接種順の前後等の事情が不明であり、集団予防接種等と原告らの感染との間における医学的に明確な因果関係を認定することは困難であること、他原因からの感染の可能性を否定できない等の理由から、集団予防接種等と原告らのB型肝炎ウイルス感染との間の因果関係を認めることはできないとした。これに対し、控訴審（札幌高判平成16年1月16日判時1861号46頁）は、疫学的観点からの時間的関係において因果関係を認め得る事実関係にあること、原告らがB型肝炎ウイルスに感染する具体的な他の原因が見当たらないこと、B型肝炎ウイルスの感染機序、これに関する知見、集団予防接種等における注射針、注射筒等の使用方法によれば、通常人において集団予防接種がB型肝炎ウイルス感染の危険性を覚えることを客観的に排除し得

ない状況で実施されたことを理由に、集団予防接種等と原告らのB型肝炎ウイルス感染との間の因果関係を肯定するのが相当であるとした。

最高裁は、東大ルンバール事件が示した一般論を引用したうえで、原審が認定した事実関係や科学的、医学的知見等を踏まえ、原告らが集団予防接種等における注射器の連続使用によってB型肝炎ウイルスに感染した蓋然性が高く、因果関係を肯定するのが相当であるとした。

(3) 判例の態度とその評価

以上のとおり、判例は一貫して、訴訟上の因果関係の立証は、経験則に照らして全証拠を総合検討し、特定の事実が特定の結果発生を招来した関係を是認しうる高度の蓋然性を証明することであり、その判定は、通常人が疑を差し挟まない程度に真実性の確信をもちうるものであることを必要とし、かつ、それで足りるとの一般論（規範）に基づいて判断している。そのうえで、上記各判例が原審の認定事実や記録上顕れた事情を踏まえて因果関係の有無の結論を導き出している判断に係る判決文の記載内容を踏まえると、この「高度の蓋然性」、「通常人が疑を差し挟まない程度に真実性の核心をもちうるもの」との要件について、要証事実の性質、当事者双方の立証状況、立証責任を負う側の証拠収集、提出の現実的可能性、当事者双方の証拠との距離等を踏まえたうえ、他原因の可能性との総合評価において、当該事実が当該結果の原因であることについて高度の蓋然性を肯定することができるものであれば足りると考えているものと解される[16]。

Ⅲ　因果関係の認定と経験則

このように因果関係の認定にあたっては、経験則に照らして全証拠を総合検討することが必要となる。

1　経験則とは

経験則とは、人間生活における経験から帰納された事物や因果関係等に関す

16　松並重雄「判解」最判解民〔平成18年度〕743頁、宮﨑朋紀「判解」最判解民〔令和3年度〕431頁以下。

る知識や法則をいう[17]。経験則には、社会生活上の道義・条理、慣例、一般概念といった一般常識に属するものから、自然科学、論理法則、数学上の原理、芸術、技術、商業、工業等に関する一切の法則、商取引の慣習といった、職業上の技術、専門科学上の法則まであらゆるものが含まれる。また、経験則は、具体的な事実ではなく、事物の判断をする場合の前提となる知識ないし法則であるといわれている。

　経験則は、民事訴訟におけるあらゆる場面で機能するものと考えられている。具体的には、①事実認定の場面、②法律行為の解釈の場面、③抽象的概念や規範的要件の該当性判断の場面、④訴訟運営の場面などで有効に機能するとされている[18]。すなわち、民事訴訟においては自由心証主義（民訴247条）が採用されており、裁判所は、判決の基礎となる事実を認定するにあたっては、審理に現れた一切の資料に基づいて、裁判官の自由な判断により心証形成を行うことが認められている。もっとも、このことは裁判官の恣意的な判断を許すものではなく、当事者や一般人の納得を得て、裁判に対する信頼を保持するといった観点から、その事実認定は、通常人の常識に照らして考えうる判断でなければならず、事実認定や要件該当性の判断における推論の過程が常識ある者の一応の納得を得られるものでなければならないと考えられている。これを担保する機能を果たすのが経験則である[19]。

　因果関係の認定における経験則の利用は、②抽象的概念の該当性判断の場面でもあり、③事実認定の場面でもある[20]。

17　新堂・前掲書（注11）581頁、伊藤眞『民事訴訟法〔第8版〕』（有斐閣、2023年）386頁、門口・前掲書（注13）251頁、加藤・前掲書（注8）186頁、後藤勇『民事裁判における経験則』（判例タイムズ社、1990年）9頁、秋山幹男ほか『コンメンタール民事訴訟法V〔第2版〕』（日本評論社、2022年）85頁、司法研修所編『民事訴訟における事実認定』（法曹会、2007年）28頁、杉山悦子「経験則論再考」高橋宏志先生古稀祝賀論文集『民事訴訟法の理論』（有斐閣、2018年）483頁、加藤新太郎ほか「推論の構造──経験則の内実は」判タ1239号（2007年）26頁。

18　加藤・前掲書（注8）187頁以下、門口正人編集代表『民事証拠法大系（第2巻）総論II』（青林書院、2004年）29頁、杉山・前掲論文（注17）483頁以下。特に、事実認定における経験則の重要性については、賀集唱「民事裁判における事実認定をめぐる諸問題」民訴雑誌16号（1970年）72頁において「民事訴訟の事実認定は、徹頭徹尾経験則の適用」と表現されている。

19　新堂・前掲書（注11）595頁以下、門口・前掲書（注13）249頁以下、加藤・前掲書（注8）154頁以下、186頁以下。

Ⅲ　因果関係の認定と経験則

2　因果関係の認定における経験則の獲得と証明の必要性

(1)　経験則の証明の必要性

　因果関係の認定において使用する経験則をどのような方法によって獲得すべきであるかは、その経験則がどのような性質のものであるかによって異なるものと理解されている。

　そもそも経験則の利用に関しては、その経験則が一般的なものであるか、専門的なものであるかという点に着目し、区別して考えるのが一般的である[21]。また、経験則の内実をより理解しやすくするため、経験則がよって立つ根拠という別の観点から、自然科学的経験則と人間行動的経験則に区別することが有益であるとの指摘がされている[22]。そして、これらの観点から区分される経験則の内容は、概要以下のようなものになる[23]。

	自然科学的経験則	人間行動的経験則
一般的経験則	簡単な物理法則など	社会常識
専門的経験則	複雑な医学・物理法則	業界の取引慣行など

　このうち、一般的経験則については、公知の事実に準ずるものであるなどの理由により、裁判官が個人的経験や私的経験によって一般的経験則を知っていれば、これを立証する必要はないと考えられている[24]。

20　後藤・前掲書（注17）16頁以下。

21　三木浩一ほか『民事訴訟法〔第3版〕』（有斐閣、2018年）259頁、杉山・前掲論文（注17）482頁、486頁以下、加藤ほか・前掲論文（注17）26頁以下。

22　加藤ほか・前掲論文（注17）27頁。

23　加藤ほか・前掲論文（注17）27頁の表を引用した。なお、後記のとおり、経験則の獲得方法という観点からは、一般的経験則であるか専門的経験則であるかという観点での区別に着目して議論がされている。

24　門口・前掲書（注13）255頁、杉山・前掲論文（注17）486頁以下、加藤・前掲書（注8）212頁、最判昭和36年4月28日民集15巻4号1115頁。むしろ、裁判官は、一般的経験則を備えていることが求められている。菊井維大＝村松俊夫編『全訂民事訴訟法Ⅰ〔追補版〕』（日本評論社、1984年）1007頁では「経験則を含んでの法規の確定と解釈については、本来裁判官が職責としてしなければならないものであるから、裁判所は必ずしも訴訟上の証拠のみによる必要はなく、裁判官は個人的に裁判外での読書、先輩同僚の意見等によって研究・探知することができるばかりでなく、むしろしなければならないのである」と記載されている。

これに対し、専門的経験則については証明の対象になると考えられている
が、裁判官が訴訟外で私的に専門的経験則を得た場合にも、当該専門的経験則
を訴訟において利用するために証拠を必要とするか、それとも、私的に得た専門
的経験則をそのまま利用することができるかについては、①およそ経験則は
客観的な一般的知識として存在するものであるから、厳格な証明[25]によらなく
とも裁判の公平・信頼を担保できるという理由で、自由な証明[26]で足りるとす
る見解、②裁判官が知ることを要求されているもの以外の特殊専門的知見は、
厳格な証明によるべきであるとする見解、③特殊専門的経験則の存否、内容が
争点判断に不可欠であり、当事者がこれをめぐって実質的に攻撃防御を展開し
ている場合には、厳格な証明によるべきであるとする見解、④特殊専門的経験
則の証明について自由な証明が許容されないとはいえないが、この点について
鑑定を要するような場合には厳格な証明によるべきであり、また、自由な証明
が許容される場合であっても、私知による裁判を防止し、裁判の公平を確保す
るために、釈明権等の行使や釈明処分を活用し、当事者に対して、自由な証明
によって得られた証拠資料についての意見陳述の機会を確保したり、これらの
資料を記録に残すなどの措置を講じるべきであるとする見解などがある[27]。民
事訴訟実務においては、④の見解が自由な証明を原則とする立場（①の立場）
を出発点とする修正理論であるか、厳格な証明を原則とする立場（②の立場）
を出発点とする修正理論であるかはともかく、④の見解が示す内容で運用され
ているものと思われる[28]。特に、裁判のデジタル化を契機として、全国的に民

25　厳格な証明とは、法律で定められた証拠方法につき法律で定めた手続によって行う証明
　　をいう（門口・前掲書（注18）47頁）。

26　自由な証明とは、証拠方法、手続につき法律の規定から解放されている証明をいう（門
　　口・前掲書（注18）47頁）。

27　学説の状況については、加藤・前掲書（注8）213頁以下の記載によった。門口・前掲
　　書（注13）255頁、新堂・前掲書（注11）581頁以下、伊藤・前掲書（注17）386頁以下、
　　門口・前掲書（注18）60頁以下、秋山ほか・前掲書（注17）86頁以下、三木ほか・前掲書
　　（注21）259頁以下。

28　門口・前掲書（注18）61頁では、大判昭和8年1月31日民集12巻51頁が経験則（商慣
　　習）について自由な証明によることを認めていることなどを理由に、経験則の立証の原則
　　は、自由な証明であるとの立場を出発点として④の見解を導いているものと思われる。こ
　　れに対し、加藤・前掲書（注8）214頁は、④の見解が、厳格な証明が必要とする②の見
　　解を修正するものであるとしている。もっとも、どちらの立場でも民事訴訟において経験
　　則が問題となる具体的な場面においては、証明の程度に関する結論は異ならないように思

事訴訟の審理運営改善に向けた各種取組みが行われており、IT ツールを活用して、これまで以上に口頭議論を活性化させ、当事者と裁判所の間での認識を共有しながら主張、証拠の整理を行い、争点を中心とした迅速かつ充実した審理を行う[29]という基本的な方向性が示されており[30]、④の見解は、このような基本的な方向性と考えを同じくするものといえ、今後も同様の運用が行われるであろうことが予想される。

(2) 専門的経験則の獲得手段

　因果関係の認定においても、専門的経験則が用いられることが少なくない。民事訴訟法上、もっぱら専門的経験則を獲得する手段としておかれている主要な制度としては、①鑑定[31]（民訴212条以下、151条1項5号）、②専門委員[32]（同法92条の2以下）、③裁判所調査官[33]（裁57条、民訴92条の8以下）がある[34]。また、

　われる。

29　このような審理運営を行う場面においても、当事者の主張、立証を理解し、認識を共通化したり、立証事項の整理を行ったりするために経験則（訴訟運営の場面での経験則）が活用されることとなる。門口・前掲書（注18）29頁、杉山・前掲論文（注17）484頁以下。

30　最高裁判所事務総局「裁判の迅速化に係る検証結果の公表（第10回）について」判タ1512号（2023年）18頁以下、横路俊一ほか「〈民事裁判シンポジウム〉民事裁判手続に関する運用改善提言」判タ1492号（2022年）5頁以下。具体的な取組みの紹介として、小河好美＝安木進＝菅野昌彦「情報集約型審理を目指して」判タ1501号（2022年）5頁以下、廣瀬孝ほか「『札幌地裁審理運営モデル』について」判タ1496号（2022年）55頁以下、徳島地方裁判所民事部＝高知地方裁判所民事部「小規模庁における民事訴訟の審理運営改善に関する一つの試み」法曹863号（2022年）27頁など。なお、裁判のデジタル化に関する動きや取組みについては、横田典子「民事訴訟のIT化（デジタル化）に向けた動き」本書104頁以下、井上直哉「現在の民事訴訟を取り巻く問題点」本書134頁以下。

31　鑑定とは、裁判官の判断能力を補充するために、特別の学識経験に属する経験法則その他の専門的知見や意見を陳述させる証拠調べをいう。新堂・前掲書（注11）647頁以下。

32　新堂・前掲書（注11）503頁以下、加藤・前掲書（注8）286頁以下。専門委員の利活用について、山本和彦ほか「〈座談会〉専門委員の活用について」判タ1373号（2012年）4頁以下、髙部眞規子「専門委員制度の更なる活用のために」判タ1368号（2012年）28頁、林圭介「専門委員の関与のあり方」判タ1351号（2011年）4頁以下、杉山悦子「民事訴訟手続における専門家の関与」法時1088号（2015年）22頁以下など。

33　新堂・前掲書（注11）506頁、878頁以下。なお、裁判所法上、地方裁判所においては、関与できる事件が知的財産または租税に関する事件に限定されている。

34　このほかにも、専門的知見に関する文献が書証として提出されるのは当然として、当事者が書証として提出する私的鑑定書（当事者が依頼をした専門家が当該訴訟における証拠として提出するために作成した専門的知見に関する私的意見書）の活用や、調査嘱託手続、弁護士法23条照会といった証拠収集方法も活用されている。私的鑑定書の活用について、東京地方裁判所医療訴訟対策委員会「医療訴訟の審理運営方針（改訂版）」判タ1389号（2013年）5頁以下。訴訟における専門的知見の利用について、司法研修所編『専門的

18 因果関係と経験則

公害に係る被害に関する民事訴訟について、公害等調整委員会に対して原因裁定の嘱託をする制度がある（公害紛争処理法42条の32）[35]。さらに、実務における運用として、①付調停による専門家調停委員の活用[36]、②技術説明会[37]などによる当事者の知見の活用などが行われている。

3　獲得した経験則を踏まえた因果関係の認定

(1)　経験則を利用する際の留意点

獲得した経験則を踏まえて因果関係の認定を行う際には、特に①ほとんどの経験則が必然的な法則ではなく蓋然性の原則にすぎないものであること、②経験則にはほとんどの場合に例外が伴うことを理解しておくことが重要である。

まず、ほとんどの経験則は、蓋然性の原則にすぎない。そして、経験則が有

な知見を必要とする民事訴訟の運営』（法曹会、2000年）74頁以下。

[35]　総務省のホームページによると、原因裁定嘱託制度とは、係属中の民事訴訟において、受訴裁判所からの嘱託に基づき、大気汚染、水質汚濁、土壌汚染、騒音、振動、地盤沈下、悪臭によって人の健康または生活環境に被害が生じたとされる紛争について、公害等調整委員会に属する、元裁判官、弁護士、医師、科学者、元行政官、研究者出身の委員のうち3名から構成された裁定委員会が、委員会（国）の費用負担により、専門的知見に基づき法的因果関係について裁定をし、受訴裁判所は、その裁定書を調査嘱託の結果（民訴186条）または書証として証拠化して利用できる制度をいう。鑑定の費用負担ができない、事案にふさわしい専門家をみつけられない、当事者の因果関係の立証が不十分であり、そのまま判断をすることが躊躇されるなどの場合の利用が有効であるとされている。原因裁定嘱託制度の詳細については、河村浩「公害環境紛争処理の理論と実務（1〜5）」判タ1238号93頁、1239号84頁、1240号52頁、1242号40頁、1243号23頁（いずれも2007年）。

[36]　司法研修所・前掲書（注34）75頁以下、山本和彦ほか「〈座談会〉調停制度100年　調停制度の現状と課題」判タ1499号（2022年）28頁以下。東京地方裁判所プラクティス委員会第二小委員会「ソフトウェア開発関係訴訟の手引」判タ1349号（2011年）25頁以下には、付調停による専門家調停委員の利活用や留意点がまとめられている。また、建築訴訟では、広く専門家調停委員が活用されている。この点について、岸日出夫ほか「建築訴訟の審理モデル〜追加変更工事編〜」判タ1453号（2018年）5頁、田中一彦ほか「建築訴訟の審理モデル〜不法行為（第三者被害型）編〜」判タ1495号（2022年）16頁、髙嶋卓「建築関係訴訟・調停の現状と課題」判タ1445号（2018年）42頁以下。

[37]　特許権侵害訴訟において、侵害論に関する争点整理の最終段階において、当事者双方が30分から1時間程度の持ち時間で、裁判所が必要と認めた範囲の争点について、主張立証を要約し、口頭で説明（プレゼンテーション）を行う場をいう。高野輝久「東京地裁知的財産権部における審理について」判タ1390号（2013年）69頁、菊池絵理「東京地裁知的財産権部における専門委員活用の実情について」判タ1384号（2013年）13頁以下。この点、廣瀬ほか・前掲論文（注30）60頁、64頁では、技術説明会的な運用を通常訴訟における専門的知見（専門的経験則）の獲得や、異動による裁判官の交代時における裁判所と当事者との認識共通化のツールの一つとして利用することを提言している。

Ⅲ　因果関係の認定と経験則

する蓋然性には、①必然性があるといえる程度の確実なもの、②高度の蓋然性があるもの、③相当程度の蓋然性があるもの、④一応の蓋然性があるもの、⑤社会事象として可能性がある程度のものといったように、その程度に違いが存在する[38]。したがって、経験則を利用する際には、蓋然性の程度に差があることを常に意識し、その経験則がどの程度の蓋然性のあるものであるかについても考慮するとともに、どうすれば、経験則による推認の蓋然性を高めることができるかについても意を用いる必要がある[39]。

　次に、経験則は、ほとんどの場合、例外が伴う[40]。例えば、司法研修所編『民事訴訟における事実認定』（法曹会、2007年）46頁には、通常、金銭の授受がないのに領収書を作成することはしない、という経験則が存在し、この経験則を用いて、領収書があれば、それほど詳しい検討をせずとも金銭の授受があったとの事実を認定することができるように思われるが、この経験則は、あくまで通常はそうだということであって、税務上の都合といった特別な事情があれば、金銭の授受がなくても領収書を作成することもありうることであり、金銭の授受が争われている事案では、当事者がこのような特別な事情を主張するであろうから、裁判所は、そのような事情の存否について十分な検討をする必要があると記載がされている。このように、経験則には、ほとんどの場合例外が伴うことから、何が原則的な経験則であり、何が例外的な経験則であるかを適切に把握することが重要である。

　この点、経験則が有する蓋然性の程度や原則・例外の関係を体系化し、民事裁判において活用すべきとする議論がある[41]。医療の分野において医療ガイドライン[42]が医療現場の判断を支援することを目的とするスタンダードな指標と

38　加藤・前掲書（注8）186頁以下、司法研修所・前掲書（注17）28頁以下。
39　司法研修所・前掲書（注17）29頁。
40　加藤・前掲書（注8）209頁以下。
41　経験則の体系化を推奨する立場として、伊藤滋夫「事実認定序説(6)」ジュリ1026号（1993年）73頁以下、慎重な立場として、吉川愼一「事実認定の構造と訴訟運営」自由と正義50巻9号（1999年）67頁。経験則の内容の分析をした文献として、後藤・前掲書（注17）、後藤勇『続・民事裁判における経験則』（判例タイムズ社、2003年）。
42　医療ガイドラインとは、特定の臨床状況において適切な判断を行うために、医者と患者の決定を支援するために傾倒的に作成された文書である。医療ガイドラインは、臨床経験等によって得られた医学的知見を、科学的根拠に基づいた医療（EBM）を中心とした各種の指標に基づいて整理、評価し、まとめ上げるものである。医療ガイドラインも、推奨

401

18 因果関係と経験則

して存在しているように、司法の分野においても、経験則ガイドラインが司法の判断を支援することを目的とするスタンダードな指標[43]として構築されることは、司法にかかわる者だけでなく、一般市民にとっても裁判の予測可能性等を高める観点から望ましいように思われる[44]。現在、法務省の民事判決情報データベース化検討会において、先例的価値の乏しいものなどの一定の例外を除き、すべての民事判決情報をオープンデータベース化することに関する議論が行われており、人工知能（AI）のさらなる進化により、オープンデータベース化された民事判決情報から体系化された経験則が抽出されれば、民事裁判にとって有用なツールの一つになるものといえる。他方で、そのように体系化されたものであるとしても、経験則である以上、利用する際に留意すべき点があることは何ら変わるものではない[45]。

(2) 因果関係の認定において経験則が問題となった判例[46]

ア 最判平成9年2月25日民集51巻2号502頁（前記Ⅱ2(2)イ）

この事案では、①開業医が顆粒球減少症の副作用を有する多種の薬剤を約4週間にわたって患者に投与していること、②特定の時期に患者に発疹が生じて

度による違いが存在したり、患者の具体的な症状によっては医療ガイドラインをそのまま適用することができないといった例外があるなど、経験則の利用の際の留意点に類似した注意点があるとされている。医療ガイドラインについて、大島眞一「医療訴訟の現状と将来」判タ1401号（2014年）17頁以下、藤倉徹也「医事事件において医療ガイドラインの果たす役割」小佐田潔編『民事実務研究Ⅳ』（判例タイムズ社、2011年）207頁以下。

43 イメージとしては、医療分野における自然科学的・専門的経験則を体系化したものが医療ガイドラインとよばれているように、裁判例を基礎データとして人間行動的・専門的経験則を体系化すると経験則ガイドラインとよぶことができるように思われる。

44 加藤・前掲書（注8）212頁、門口・前掲書（注13）253頁。

45 臨床の現場における医師が当該患者の個別具体的な症状を無視して診断された病名のみによって形式的に医療ガイドラインを適用した治療をすることが許されないように、法律家が経験則を利用する場面において、経験則が蓋然性の原則であることや、経験則には例外が伴うといった性質を無視して、経験則をあたかも法規であるかのように適用することは、将来、いかに精緻な経験則ガイドラインが作成されたとしても、許容されるものではないであろう。

46 以下で紹介するもののほかにも、前記Ⅱ2(2)ウで紹介した判例や、最判平成11年3月23日裁判集民192号65頁、最判平成18年11月14日裁判集民222号167頁などの判例が参考になる。なお、経験則を検討する際には、どのような事実関係の下でどのような経験則を用いたのかを検討することが重要であるから、最高裁判決のみを読むのではなく、事実審である第1審、控訴審がどのような事実を認定し、どのような判断をしたのかを確認することも重要である。

いることや、顆粒球減少症が発症していたことを裏付ける血液検査の結果があること、③顆粒球減少症の発症に伴い発疹を生じることがあること、④患者に投与された薬剤の相互作用によっても顆粒球減少症を発症し得ることといった原審（前掲広島高判平成7年2月22日）において認定された事実関係によれば、患者に生じた顆粒球減少症の原因は、開業医が患者に投与した薬剤のうちの一つであることまたはその複数の相互作用であることおよび患者に発疹が生じた時期には顆粒球減少症を発症していたことが高度の蓋然性をもって証明されているとしたうえで、鑑定が示した起因剤に関する記載、発症時期に関する記載、症状に関する説明等について、患者の症状をすべて合理的に説明できているものではなく、経験科学に属する医学の分野における一つの仮説を述べたものにとどまり、訴訟上の証明の見地からみれば、起因剤および発症時期を認定する際の決定的な証拠とはいえないにもかかわらず、鑑定のみに依拠し、開業医が投与した薬剤が唯一単独の起因剤であるとした原審の判断には経験則違反等の違法があるとして破棄差戻しをしている。

医師による鑑定においては、医師が民事責任の鑑定に慣れておらず（慣れている必要もない）、診療記録等のデータが不十分な症例を基に研究を進めると、病気発生の機序や治療法についての不正確な研究結果を出す危険性があり、医学の発展等に資さないことから、そのような症例は研究の資料としないという医学研究の通例と同じ姿勢で医師が鑑定に臨むことが多いといわれている。専門家に意見を求める以上、当該分野における通例的な手法に従って意見を表明すること自体はやむを得ない。そのため裁判官は、このような点を踏まえ、裁判上の証明の見地から、鑑定意見を再吟味することが求められている。この事案は、原審の証拠評価が鑑定の真意から外れている点や、起因剤の特定の問題に入り込みすぎた点に問題があると指摘されたものである[47]。

　　イ　最判平成21年3月27日裁判集民230号285頁

転倒して左大腿骨頸部内骨折の傷害を負った65歳の患者は、被告が設置する病院にて手術適応が認められた人工骨頭置換術の手術を受けることとなった。

---

[47]　野山宏「判解」最判解民〔平成9年度〕291頁以下、西岡繁靖「医事関係訴訟における鑑定等の証拠評価について」佐々木茂美編『民事実務研究Ⅲ』（判例タイムズ社、2008年）179頁以下。

18 因果関係と経験則

この手術では、プロポフォール、塩酸ケタミン、笑気による全身麻酔と、塩酸メピバカインによる局所麻酔が併用された。ところが、患者は、手術中に血圧が低下して心停止に至り死亡した。患者の相続人である原告らは、患者が死亡したのは、麻酔薬の過剰投与等の担当医師らの過失によるものであると主張して、損害賠償を求めた。第1審（東京地判平成17年10月19日（平成11年(ワ)第22713号）判例集未登載）は、患者に投与された各麻酔薬がそれぞれの能書に記載された投与量等に照らして過剰とはいえず、また、死亡が麻酔に起因するものとも認められないなどとして原告らの請求を棄却した。控訴審（東京高判平成19年1月31日（平成17年(ネ)第5782号）判例集未登載）は、患者の心停止が、局所麻酔薬である塩酸メピバカインの作用が、プロポフォールを主体とする全身麻酔の併用による影響もあって高度に現れて発生したものであるとしたうえで、担当医師には全身麻酔と局所麻酔を併用するという事情や、患者の年齢等の個別事情に即した薬量を配慮しなかった過失があるとしつつ、仮に担当医師が薬量の加減を検討して塩酸メピバカインの投与量を減らしたとしても、その程度は担当医師の裁量に属するものであり、投与量を減らしたことにより心停止や死亡の結果を回避することができたといえる資料がないことから、因果関係を有する過失の具体的な内容を確定することができないとして、この点についての原告らの主張を排斥した[48]。

　最高裁は、控訴審が認定した事実関係によれば、担当医師は、プロポフォールと塩酸メピバカインを併用する場合には、プロポフォールの投与速度を通常よりも緩やかなものとし、塩酸メピバカインの投与量を通常よりも少なくするなどの投与量の調整をしなければ、65歳という年齢の患者にとっては、プロポフォールや塩酸メピバカインの作用が強すぎて、血圧低下、心停止、死亡という機序をたどる可能性が十分にあることを予見し得たとしたうえで、塩酸メピバカインを成人に対する通常の用量の最高限度まで投与し、かつ、プロポフォールを通常成人において適切な麻酔深度が得られるとされる投与速度で投与した結果、患者が少量の昇圧剤では血圧が回復しない状態にまで至っていたにもかかわらず、プロポフォールの投与速度を減ぜず、その速度が能書に記載され

---

48 なお、控訴審は、延命可能利益の侵害による損害については認容した。

た成人に対する通常の使用例を超えるものになっていた結果、患者の血圧が急激に低下し、それに引き続いて心停止、死亡という機序をたどったのであるから、担当医師の過失と患者の死亡との間には相当因果関係があるとした。

最高裁の判断の背景には、麻酔薬の併用投与自体は危険で許されないというものではなく、投与量を調整して患者の年齢や全身状態に即した量を投与すれば、通常は患者に心停止が生じて死亡に至るほどの重大な副作用が発生することはないとの経験則や、複数の麻酔薬を併用し、血圧低下がみられても、その限度量と投与速度を超えて継続使用した場合には、さらなる血圧の急激な低下を招き、心停止、死亡という連鎖をもたらすという医学的知見（専門的経験則）があるものと考えられる。また、これらの経験則と認定された事実関係によれば因果関係を認定することができ、控訴審判決が問題にした点は、因果関係の認定に影響をしないものと判断されたものと考えられる[49]。

ウ　最判平成23年4月26日裁判集民236号497頁

原告は、過去に友人男性からストーカーまがいの行為をされ、自宅で首を絞められる等の被害を受けたことがあった。原告は、市立病院の精神科で抑うつ神経症との診断を受けて薬物治療を続けており、被告が開設する病院（本件病院）の精神科を受診して、引き続き薬物治療を受けていた。原告は、本件病院の医師から、検査結果を聞くための面談の際のやり取りにおいて医師がした言動によってそれまで抑えられていたPTSDの症状が現れたと主張して、損害賠償請求をした。第1審（東京地判平成20年5月21日自保ジャーナル1868号24頁）は、面談時に医師が原告のPTSDの可能性を見逃したとはいえず、面談の際のやり取りが違法であるとはいえないとして原告の請求を棄却した。控訴審（東京高判平成21年1月14日自保ジャーナル1868号11頁）は、面談の際に原告の状態を考慮することなくされた医師の言動は違法であり、この言動が再外傷体験となって原告がPTSDを発症したものとして、損害賠償請求を一部認容した。

最高裁は、医師の言動が原告の生命身体に危害が及ぶようなことを想起させるような内容のものであることは明らかであって、PTSDの診断基準に該当しないこと、原告が外傷体験であると主張するストーカー被害とも類似せず、

---

[49]　加藤新太郎「麻酔薬投与の過誤と患者の死亡との因果関係」判タ1312号（2010年）50頁以下、窪田充見「判批」私法判例リマークス40号（2010年）54頁。

これを想起させるものでもないこと、PTSD の発症原因となり得る外傷経験を有する者が、これと類似せず、外傷経験を想起させるものでもない他の重大でないストレス要因によっても PTSD を発症することがあるとの医学的知見が認められているわけでもないなどの事情の下では医師の言動と原告の発症との間に相当因果関係があるということができないことは明らかであると判断した。

　最高裁は、PTSD の診断基準という医学的知見（専門的経験則）を原則的な経験則としておいたうえで、例外事情が存在するかどうかとの観点からの検討を行い、因果関係の認定を行ったものと理解できる。

　　エ　最判令和３年５月17日民集75巻６号2303頁（建設アスベスト東京１陣
　　　訴訟）[50]

　原告らは、建設作業に従事し、石綿粉じんに暴露したことにより石綿関連疾患に罹患したと主張する者（被災者）またはその相続人である。原告らは、石綿含有建材の製造販売メーカー（建材メーカー）には、石綿含有建材に関する警告義務違反等があったと主張して、建材メーカー42社を被告として損害賠償請求をした。

　原告らは、控訴審（東京高判平成30年３月14日民集75巻６号2347頁）での審理において、①国土交通省および経済産業省により公表されているデータベース（国交省データベース）に掲載されるなどした石綿含有建材を複数の種別に分類し、そのうち、被災者らの職種ごとに、直接取り扱う頻度が高く、取り扱う時間も長く、取り扱う際に多量の石綿粉じんに暴露するといえる種別を選定し、②選定された種別に属する石綿含有建材のうち、被災者らが建設作業に従事していた地域での販売量がわずかであるもの等を除外し、さらに、個々の被災者ごとに、建設作業に従事した期間とその建材の製造期間との重なりが１年未満である可能性のあるもの等を除外し、③これらの検討により個々の被災者ごと

50　本判決が判断した事項は、厳密には、民法719条１項後段類推適用における「共同行為者」あるいは「加害行為」の要件やその立証方法であるが（宮﨑・前掲判解（注16）428頁、439頁参照）、因果関係の立証や経験則の利用という観点から示唆に富む判断をしているため、必要な範囲に限定して紹介した。田中豊『最高裁破棄判決——失敗事例に学ぶ主張・立証、認定・判断』（ぎょうせい、2022年）236頁以下、加藤新太郎「建設アスベスト訴訟における建材現場到達事実の立証・事実認定に関する経験則違反・採証法則違反」NBL1205号（2021年）101頁も参照。

に特定した石綿含有建材のうち、同種の建材の中での市場占有率がおおむね10％以上であるものは、その市場占有率を用いた確率計算を考慮して、被災者が作業する建設現場に到達した蓋然性が高いものとし、④個々の被災者が取り扱った石綿含有建材の名称、製造者等につき具体的な記憶に基づいて供述等をする場合には、その供述等によりその被災者が作業した建設現場に到達した石綿含有建材を特定することを検討する一方、⑤建材メーカーらから、自社の石綿含有建材につき販売量が少なかったこと等が具体的な根拠に基づいて指摘された場合には、その建材を前記①から④までの方法により特定したものから除外することを検討するとの手法により、特定の建材メーカーが製造販売した石綿含有建材が特定の被災者の作業する建設現場に相当回数にわたって到達していたとの事実（建材現場到達事実）を立証することを試みた。控訴審は、③について、石綿含有建材について、そのシェアを用いた確率計算を考慮して個々の被災者の作業する建設現場に到達した事実を推認するためには、その建材が各建設現場に到達するか否かが偶然的要素により決定され、シェアどおりの確率で各建設現場に到達することが前提となるが、ある建材が各建設現場に到達するか否かは、建材の流通経路、請負業者や下請業者等の取引関係、建材の出荷場所と建設現場との距離、建築物の性質、用途および建築費用等の個別的要因に左右され、上記前提が満たされていないから、上記推認をすることはできない、⑤について、建材メーカーが昭和40年代から昭和50年代という古い時期の自社の石綿含有建材に係る資料を保管していなくとも一概に不自然であるとはいえないから、原告らの立証手法による認定を妨げる立証活動をしないことを建材現場到達事実の立証に関して考慮すべきではない等との判断を示し、原告らの立証手法を採用せず、原告らの請求を棄却した。

　最高裁は、③について、原告らが主張する立証手法においては、①および②の検討過程で控訴審指摘の個別的要因の影響の相当部分は考慮されているといえるところ、特定された石綿含有建材の同種の建材の中でのシェアが高ければ高いほど、また、特定の被災者がその建材の製造期間において作業をした建設現場の数が多ければ多いほど、建材現場到達事実が認められる蓋然性が高くなることは経験則上明らかであって、個別的要因が具体的に指摘されていないときには、シェアや建設現場数を踏まえた確率計算を考慮して建材現場到達事実

を推認することは可能であり、これを否定したことは著しく合理性を欠く、⑤について、建材メーカーの中には自社の石綿含有建材の販売量等に係る資料を証拠として提出したものがいること、国交省データベースの作成過程において資料等を提出した建材メーカーがいたことがうかがわれること、自社の石綿含有建材に係る事実に誤りがあるというのであれば、自社の資料を保管していなかったとしても、建材メーカーとして入手可能なさまざまな資料を提出してその誤りを指摘することは必ずしも困難ではないと考えられることなどからすれば、建材メーカーが原告らの立証手法による認定を妨げる立証活動をしない場合にはそのことも踏まえて建材現場到達事実を推認することは可能であり、建材メーカーが原告らの立証手法による認定を妨げる立証活動をしないことを考慮できないとしたことは著しく合理性を欠くなどと判断し、控訴審判決を破棄して差し戻した。

　原告らが主張した手法のうち、③の市場占有率を用いた確率計算を考慮するとの点について、これまでの判例でも、統計的な発生の確率が因果関係の認定における経験則の一つであると考えられており[51]、最高裁が示した、シェアや建設現場数を踏まえた確率計算を考慮した事実認定は、これらと同一線上にあるものと理解することができる。

　また、最高裁は、主張立証責任を負う側ではない当事者に、一定の事項について、相応の根拠、資料に基づいて主張、立証することを求め、その当事者が主張、立証を尽くさない場合には、そのことを一つの間接事実として経験則による推認の根拠とした[52]。

---

[51]　この点について、最判昭和44年2月6日民集23巻2号195頁や、最判平成11年2月25日民集53巻2号235頁およびその解説である八木一洋「判解」最判解民〔平成11年度〕133頁以下を参照。田中・前掲書（注50）242頁では、事実認定、特に間接事実を総合して主要事実を推認するという間接証明による事実認定では常に必ず確率計算をしていると記載されているところ、これは経験則の適用を意味しているものと解される。なお、判例は、統計学的な証明だけでなく、疫学的証明についても、経験則の一つと考えているものと思われる。窪田ほか・前掲書（注1）109頁、能見ほか・前掲書（注6）441頁以下、加藤・前掲書（注8）60頁以下。

[52]　同様の判断手法を用いた判例として、最判平成4年10月29日民集46巻7号1174号（伊方発電所原子炉設置許可処分取消請求事件）がある。その解説として、高橋利文「判解」最判解民〔平成4年度〕399頁以下。学説には、一定の要件を充足する場合に、主張立証責任を負わない側にも事案を解明する義務（事案解明義務）を負わせる見解があるが、建設アスベスト東京1陣訴訟最高裁判決の判示内容からすると、最高裁は、一般論としての事

Ⅳ　最後に

　他の事実認定の場合と同様、経験則を用いて因果関係を認定する場合にも、関連する経験則が複数存在することが通常であり、それらの中には相乗作用を有する関係にあるものもあれば、相殺する関係にあるものも存在する。したがって、判断権者である裁判官には、当該事案について適切な判断を行うために、事案を全体的に観察するとともに、個々具体的な事実関係等を適切に踏まえたうえで、それらに適用される経験則の適合性を、経験則が有する蓋然性の程度や例外随伴性といった性質も考慮しながら検討し、当該事案に適用することのできる相乗作用を有する経験則を導き出し、経験則による推認の蓋然性をできる限り高めるという姿勢が常に求められる。また、裁判官が充実した判断機能を発揮することができるよう、当事者主義の原則が採用されている民事訴訟においては、当事者が、法律上付与された、あるいは、実務の運用の工夫によって獲得されてきた各種手段を十分に活用し、適時に適切な訴訟活動を行うことが求められているといえる。特に価値観が多様化し、社会課題が複雑化している現代においては、当事者、裁判官双方が求められる役割を十分に果たし、必要かつ十分な資料、事実に基づいた実りある議論を重ねることにより質の高い経験則が得られ、真に常識に適った因果関係の認定をすることが可能になるものと思料する。

案解明義務を肯定したものではなく、自由心証主義や弁論の全趣旨による事実認定の問題として議論されている、具体的な事実関係の下での一方当事者の主張立証態度を経験則として利用することが肯定されるべき事案であることを示したものと理解するのが適切であるように思われる。なお、事案解明義務については、近藤昌昭「弁論主義と事案解明義務について」判タ1508号（2023年）5頁および同論文掲載の各文献参照。

第3編　民事訴訟の終結

19 民事訴訟事件と付調停事件との関係

中 川 博 文
大阪法務局長

I　はじめに

1　民事訴訟制度と民事調停制度

　民事訴訟事件については、地代借賃増減請求事件[1]を除き（民調24条の２）、人事に関する訴訟事件その他家庭に関する事件（家事事件手続法別表第一に掲げる事項についての事件を除く[2]。家事244条）のように、調停前置主義（同法257条）が採用されているものではない。そうすると、一般的には、当事者は、特定の紛争を解決するにあたり、民事調停の申立てを経由して民事訴訟を提起しなければならないわけではないから、民事調停の申立てをしてもよいし、あるいは、民事調停の申立てをすることなく民事訴訟を提起してもよい。このように、民事訴訟制度と民事調停制度は、いずれも、わが国の紛争解決制度を構成しているという意味では並列的な関係にあり、特定の紛争を解決する方法としては選択的な紛争解決制度であるということができる。

　しかし、他方、民事訴訟制度と民事調停制度が上記のような関係にあること

1　地代または土地の借賃額増減請求事件（借地借家11条）、建物の借賃額増減請求事件（同法32条）である。

2　離婚事件、離縁事件、婚姻無効事件、婚姻取消事件、離縁無効事件、離縁取消事件、嫡出否認事件、認知事件等である。

により、民事調停の申立てがされた事件について民事訴訟が提起され、または民事訴訟事件の係属中に民事調停の申立てがされるなど、民事訴訟と民事調停が併存する場合があり得るところ[3]、そのような場合だけでなく、当事者が民事調停の申立てをすることなく民事訴訟を提起した場合においても、受訴裁判所は、事件について争点および証拠の整理が完了していない限り、当事者の合意がなくても、職権で、事件を調停に付することができる（民調20条1項）。しかも、いずれの場合にあっても、受訴裁判所は、調停事件が終了するまで訴訟手続を中止することができる（同法20条の3第1項本文）。このように、特定の紛争を解決するにあたり、民事訴訟制度ではなく民事調停制度のほうが機能している局面もあるから、このような点も考慮すると、民事訴訟制度と民事調停制度は、競合的な性質を有する紛争解決制度でもあるということができる[4]。

2　本稿の位置づけ

　上記のとおり、民事訴訟制度と民事調停制度は、競合的な性質を有する紛争解決制度でもあるといえるところ、本稿は、民事訴訟事件が調停に付されて付調停事件となる場合において、民事訴訟事件と付調停事件との関係について言及するものである。

　そして、民事訴訟事件と付調停事件との関係について言及するにあたっては、①民事訴訟が調停に付されて民事調停が開始する場面（民事調停の開始。後記Ⅱ）、②民事調停が実際に運営されている場面（民事調停の運営。後記Ⅲ）、③民事調停が終了して民事訴訟が終了しまたは民事訴訟に復帰する場面（民事調停の終了。後記Ⅳ）に分けて考察するのが有益であるから、以下では、順次、これらの場面をみていくこととする[5]。

3　民事調停法20条の3第1項本文では、「調停の申立てがあった事件について訴訟が係属しているとき」と定められており、民事調停法は、民事訴訟と民事調停が併存する場合があり得ることを想定している。

4　最近の公刊物で、一般的に民事訴訟制度と民事調停制度との関係について論じたものは見当たらないが、裁判所が設営する民事紛争解決制度のうち、当事者の自主的・主体的な合意に基礎をおくものとして、民事訴訟制度における和解と民事調停制度における調停との関係について論じた文献に、田中敦「紛争解決制度としての和解・調停」田中敦編『和解・調停の手法と実践』（民事法研究会、2019年）3頁、本多俊雄「民事調停手続に関する基本問題――紛争解決のための調停運営」田中・前掲書29頁がある。

5　本稿は、当職が令和2年11月から令和6年3月までの間に大阪地方裁判所第10民事部

413

Ⅱ　民事調停の開始

1　付調停に適すると考えられる事件

(1)　地方裁判所における調停

ア　調停事件の管轄

　民事調停法は、付調停について、「受訴裁判所は、適当であると認めるときは、職権で、事件を調停に付した上、管轄裁判所に処理させ又は自ら処理することができる」（民調20条1項本文）と定めるのみで、職権で調停に付することができる事件の種類を限定していない。しかも、民事調停法は、法律の目的について、「この法律は、民事に関する紛争につき、当事者の互譲により、条理にかない実情に即した解決を図ることを目的とする」（同法1条）と定め、調停事件について、「民事に関して紛争を生じたときは、当事者は、裁判所に調停の申立てをすることができる」（同法2条）と定めるにとどまり、民事調停法が対象とする民事に関する紛争の意義は必ずしも明らかでない。

　しかし、他方、民事調停法は、管轄について、「調停事件は、特別の定めがある場合を除いて、相手方の住所、居所、営業所若しくは事務所の所在地を管轄する簡易裁判所又は当事者が合意で定める地方裁判所若しくは簡易裁判所の管轄とする」（民調3条1項）と定めている。つまり、調停事件の管轄は、原則として簡易裁判所にあり、例外的に地方裁判所に調停の申立てがされるのは、当事者が事前に管轄の合意をしている場合に限られている[6]。実際に、平成30年ないし令和4年に大阪簡易裁判所に申立てがされた調停事件の新受件数は約1000件ないし1300件であるのに対し、大阪地方裁判所第10民事部（建築・調停部）に申立てがされた調停事件の新受件数は各30件前後[7]であって、簡易裁判

　　（建築・調停部）において部総括判事として執務していた際の経験等に基づいて執筆したものである。意見にわたる部分は私見であることをあらかじめお断りしておく。

6　契約書に「この契約から生じる一切の紛争については、大阪地方裁判所を管轄裁判所とする」旨の記載があれば、管轄の合意があるといえるが、「紛争」の部分が「訴訟」と記載されていると、管轄の合意があるとはいえない。なお、契約書とは別個の書面で管轄の合意がされることもある。

7　地方裁判所に申立てがされる調停事件の特色には、各種のものがあるが、例えば、①秘

所ではなく地方裁判所に調停の申立てがされる事件は、調停事件全体の中でみると、ごく一部であるにすぎない。

イ　付調停事件と申立調停事件

地方裁判所における調停事件の大部分を占めるのは、地方裁判所に訴訟の提起がされた後に、地方裁判所が民事調停法20条1項本文の規定に基づき事件を調停に付した場合である。実際に、平成30年ないし令和4年に大阪地方裁判所第10民事部（建築・調停部）に申立てがされたいわゆる申立調停事件の新受件数は、上記のとおり各30件前後であるのに対し、事件が調停に付されて同部に係属したいわゆる付調停事件の新受件数は、各200件前後であって、地方裁判所における調停事件は、付調停事件が申立調停事件より圧倒的に多い。

そして、地方裁判所が民事調停法20条1項本文の規定に基づき事件を調停に付する場合の多くは、専門的知見を要する事件について、専門家調停委員[8]の関与の下で、専門的知見を活用して、争点および証拠を整理するとともに証拠を評価することなどによって、当該事案にふさわしい紛争の解決を目的とするものである。

⑵　事件の類型および具体的な内容

ア　専門的知見を要する事件

上記のとおり、地方裁判所の事件が調停に付される場合の多くは、専門的知見を要する事件について、専門家調停委員の関与の下で、専門的知見を活用して紛争を解決することを目的とするものであるところ、このような付調停に適すると考えられる事件の類型には、大きく分けて、次の五つのものがあると考

密が保持されること、②コンプライアンスの問題がないことがあげられる。

①については、調停事件では、利害関係を疎明した第三者が、裁判所の許可を得た場合に限り、記録を閲覧することができる（民訴22条本文、非訟32条）のであり、訴訟事件で、何人も記録を閲覧することができる（民訴91条1項）のとは異なる。②については、地方公共団体や大手企業等にとっては、裁判所の関与する調停での合意であることが、地方議会や株主総会に対する説明との関係で有益である。

8　民事調停委員の内訳について、専門家調停委員と一般調停委員とに分類することがある。

専門家調停委員とは、例えば、弁護士、建築士、不動産鑑定士、司法書士、土地家屋調査士、公認会計士、税理士、弁理士、技術士、医師、看護師、薬剤師、アジャスター等の資格を有する民事調停委員をいう。一般調停委員とは、専門家調停委員を除くその余の民事調停委員であり、例えば、民間企業や地方公共団体の退職者、中小企業の経営者、損害保険会社に勤務している従業員等がいる。

415

えられる。すなわち、①建築関係事件、②借地借家関係事件、③不動産関係事件、④コンピュータ関係事件、⑤その他、専門家調停委員が関与するのに適した事件である[9]。次に、これらの具体的な内容をみていく。

イ　建築関係事件

建築関係事件としては、設計、施工または監理上の契約不適合を理由とする損害賠償請求権の有無・損害額が争点である事件、追加変更工事の該当性・相当代金額が争点である事件等があげられる。

例えば、工事に施工上の契約不適合があるかどうか、追加変更工事にあたるかどうかなどが争点となっている事案については、判断の前提となる事実関係を把握し、建築の実務の常識を踏まえた判断をするために専門家調停委員の助言を要する場合が多いといえる。また、契約不適合の損害額、追加変更工事の相当な代金額、工事出来高がいくらになるかなどについては、補修工事等の工事に要する標準的な費用を参考に判断したほうが実情に適うといえる。最終的には法的観点から判断すべきものであるが、建築士の資格を有する専門家調停委員に関与してもらうことにより、適正かつ迅速な解決が可能となることが多いと思われる。

ウ　借地借家関係事件

借地借家関係事件としては、地代借賃増減額請求事件、敷金返還請求事件、土地建物明渡請求事件等があげられる。

例えば、地代借賃増減額請求事件では、継続賃料の額について、不動産鑑定士の専門家調停委員から専門的知見を聴取し、敷金返還請求事件では、原状回復費用の方法および額について、建築士の専門家調停委員から専門的知見を聴取することがある。

また、建物明渡請求事件では、建物建替えの必要性を正当事由として賃貸借契約の解約の申入れをする場合がある。この場合、建物の耐震診断書を読み取るための専門分野を構造とする建築士、立退明渡料の算定のための不動産鑑定

9　大阪地方裁判所第10民事部（建築・調停部）は、建築関係訴訟事件、調停事件および借地非訟事件の専門部であるところ、これらの事件を除くその余の事件を担当する他の民事部の裁判官に対し、付調停に適すると考えられる事件の類型として、これらの五つのものを紹介している。

士、店舗の移転に必要な内装費算定のための専門分野を意匠とする建築士、廃業であれば公認会計士などにより、調停委員会を構成することがある。これらの専門家調停委員により、建物の耐震性および明渡立退料の額について専門的知見を形成して、調停案を提示している。

エ 不動産関係事件

不動産関係事件としては、土地境界事件、共有物分割請求事件、売買不動産の契約不適合が争点である事件等があげられる。

例えば、土地境界事件では、土地の筆界等について、土地家屋調査士の専門家調停委員から専門的知見を聴取し、共有物分割請求事件では、不動産の価額について不動産鑑定士の専門家調停委員から、分筆の方法について土地家屋調査士の専門家調停委員から、それぞれ専門的知見を聴取することがある。

また、売買不動産の契約不適合が争点である事件では、例えば、原告が、被告から土地を買い、その地上に建物を建築しようとしたところ、その地下から産業廃棄物や土壌汚染物質が発見されたとして、被告に対し、民法415条1項本文に基づく損害賠償を請求する事案がある。この場合、土壌汚染物質の研究者である専門家調停委員から、土壌汚染物質の内容・性質、これに対する対処方法について意見を聴取し、専門分野を土木とする技術士の専門家調停委員から、上記対処方法を前提とした場合における対策費用の金額について意見を聴取するなどして、調停案を提示することがある。

オ コンピュータ関係事件[10]

コンピュータ関係事件としては、ソフトウェアの契約不適合等の紛争をあげることができる。

例えば、納品されたソフトウェアに契約不適合があるかどうか、ソフトウェアの開発を委託したが、途中でその開発がとん挫した場合に、その責任はベンダーとユーザーのいずれにあるか、その時点での出来高はいくらになるかなどを判断するために、コンピュータ技術者の専門家調停委員の助言が有益であることが多いと思われる。

---

10 コンピュータ関係事件の付調停について述べた文献として、佐々木茂美編『最新民事訴訟運営の実務』（新日本法規出版、2003年）384頁がある。

カ　その他、専門家調停委員が関与するのに適した事件

　その他、専門家調停委員が関与するのに適した事件において考えられる専門家調停委員としては、建築士、不動産鑑定士、司法書士、土地家屋調査士、公認会計士、税理士、弁理士、技術士（土木、地盤、機械、化学等）、医師、看護師、薬剤師、アジャスター等があげられる。

　例えば、遺留分侵害額請求事件において、遺産である不動産の評価額が争点となっている事案について、不動産鑑定士の専門家調停委員が関与することが考えられる。また、土地を掘削したところ、その隣地の建物が傾斜して被害を受けた場合には、土木や地盤を専門分野とする技術士が関与したり、購入した機械に契約不適合があるとして損害賠償を請求する事案では、機械を専門分野とする技術士の専門家調停委員が関与したりすることがある。さらに、遺言能力の有無[11]や傷害事件の後遺障害の有無・因果関係の有無[12]などの争点について、当該専門分野の医師の専門家調停委員が関与することが考えられる。

　そのほか、変わったものとしては、船舶建造工事の契約不適合の有無が争点となっている事案では、造船会社の技術者の専門家調停委員が関与したり、ト

11　例えば、遺言無効確認請求事件で、遺言者が法定相続人の一人に遺言者の全財産を相続させる旨の遺言書を作成したものの、アルツハイマー病に罹患するなどして遺言能力を有していなかったかどうかが争点となっているものがある。仮に事件を調停に付さなかった場合、第1審で遺言が無効であることを確認する判決がされたとき（つまり、遺言者は遺言能力を有していなかったと認められるとき）には、控訴審および上告審を経て同判決が確定した後に、遺産分割調停の申立てがされ、その後に遺産分割審判がされ、抗告審および再抗告審を経て同審判が確定して初めて、紛争が解決することとなる。他方、第1審で遺言が無効であることを確認する判決がされなかったとき（つまり、遺言者が遺言能力を有していなかったと認められなかったとき）には、控訴審および上告審を経て同判決が確定した後に、遺留分侵害額請求訴訟が提起され、第1審で判決がされて控訴審および上告審を経て同判決が確定して初めて、紛争が解決することとなる。仮に事件を調停に付した場合、調停で例えば脳神経外科医師の専門家調停委員に遺言能力の有無について専門的知見を提供してもらうことができれば、その内容により、遺産分割に類した話合いをするのか、それとも遺留分の侵害に類した話合いをするかといった方向性を定めることができるため、紛争が早期に解決する可能性がある。

12　例えば、原告が、被告から、地面に転倒させられるなどの暴行を加えられ、脳挫傷等の傷害を負ったところ、これにより、嗅覚障害の後遺障害が残存したなどと主張して、被告に対し、損害賠償を請求する事案があった。この事案では、脳神経外科医師の専門家調停委員から、嗅覚障害の後遺障害の有無、被告の暴行と嗅覚障害の後遺障害との間の相当因果関係の有無について専門的知見の提供を受け、これを前提に、原告の損害額を算定するなどして調停案を提示したところ、紛争が早期に解決した。

ネル掘削工事の瑕疵の有無が争点となっている事案では、ゼネコン出身の土木・地盤を専門分野とする技術士の専門家調停委員が関与したりしたことがある。また、顧客と弁護士との間の委任契約が合意解除され、弁護士による訴訟事件の処理が中途で終了した場合に、着手金を精算すべきであるかどうか、仮に着手金を精算すべきであるときにはその額はいくらであるかが争点となっている事案では、弁護士の専門家調停委員が関与したことがある。さらに、税理士の職務に善管注意義務違反があるかどうかが争点となっている事案では、税理士の専門家調停委員が関与したり、樹木の栽植または支持の瑕疵の有無が争点となっている事案では、造園や樹木診断等を専門分野とする技術士の専門家調停委員が関与したりしたことなどがある。

2　付調停の目的

　民事調停法は、調停に付する基準について、受訴裁判所は、「適当であると認めるときは」、職権で、事件を調停に付したうえ、管轄裁判所に処理させまたは自ら処理することができる（民調20条1項本文）と定めるにすぎず、その具体的な内容は不明である。

　前記のとおり、民事調停法が、民事に関する紛争につき、当事者の互譲により、条理に適い実情に即した解決を図ることを目的としている（民調1条）ことに照らすと、付調停は、専門的知見を要する事件について、専門家調停委員の関与の下で、専門的知見を活用して当事者間で話合いを行うためにされる場合が多いと思われる。

　しかし、前記のとおり、地方裁判所が調停に付する場合の多くは、争点および証拠を整理するとともに証拠を評価することなどによって、当該事案にふさわしい紛争の解決を目的とするものであることも考えると、付調停は、当事者間に話合いの機運がなくても、専門的知見を獲得するためにされる場合にも利用してよいと思われる。

　もっとも、後述のとおり、専門的知見を獲得するためには、付調停のほかにも、専門委員を関与させる方法（民訴92条の2～92条の7）があり、当事者が判決を志向する場合には専門委員を関与させることも多いため、付調停は、話合いを行うためにされる場合が多いように見受けられる[13]。

419

3　付調停の時期[14]

　民事調停法は、受訴裁判所は、適当であると認めるときは、職権で、事件を調停に付したうえ、管轄裁判所に処理させまたは自ら処理することができるところ、「ただし、事件について争点及び証拠の整理が完了した後において、当事者の合意がない場合には、この限りでない」（民調20条1項ただし書）と定めている。したがって、争点および証拠の整理が完了した後については、当事者の合意がなければ、事件を調停に付すことはできないが、他方で、争点および証拠の整理が完了した後であっても、当事者の合意があれば、事件を調停に付すことができる。

　争点および証拠の整理が完了する前における付調停のタイミングについては、悩ましい。事案により異なるため、一概にはいえないが、以下では、比較的多くの事案にあてはまると思われる二つの観点を紹介する。これらの観点は、付調停事件において、専門家調停委員から専門的知見を引き出すためには、専門家調停委員が何について専門的知見を提供すればよいのかを把握することができるように、わかりやすく争点および証拠を整理する必要があるところ、調停手続ではそのような準備作業を行っていることから、おのずと導き出されるものである。

　一つ目の観点は、争点の概要はある程度整理しておく必要があるということである。争点の概要すらつかめていない状態であると、専門家調停委員の専門分野が多数にわたり細分化されていることもあって、いずれの専門家調停委員が当該事案の解決にふさわしいかを判断することができない。また、当事者によっては、事件が調停に付されると、直ちに専門家調停委員から専門的知見の提供を受けることができると考えているきらいがあるが、その場合、争点の概

13　ただし、齋藤隆「建築関係訴訟の審理の特色」中野哲弘＝安藤一郎編『新・裁判実務大系㉗住宅紛争訴訟法』（青林書院、2005年）411頁は、当初は、話合いの機運がなくても、付調停後に、主張を整理している間に事案の性質や当事者の利害得失等を考慮して話合いの機運が生じることもあるため、専門委員の関与による審理と専門家調停委員による調停との適切な使い分けが重要である旨指摘するところ、正当である。

14　建築関係訴訟に関する付調停の時期について言及するものとして、岸日出夫＝古谷恭一郎＝比嘉一美編『Q&A 建築訴訟の実務——改正債権法対応の最新プラクティス』（新日本法規、2020年）589頁がある。

要すらつかめていない状態から専門家調停委員が専門的知見を提供する段取りが整う状態までたどり着くには相当程度の時間がかかるため、争点の概要は、ある程度整理しておいたほうが有効である。

二つ目の観点は、一つ目の観点とは逆方向の考え方であるが、専門的知見が必要な訴訟では、昨今における民事裁判のデジタル化の影響も受けて、一覧表を作成して争点を整理することが多いところ、このような一覧表を作成しておく必要はないということである。時折、一覧表を作成したうえで調停に付したところ、専門家調停委員の意見も踏まえると、上記一覧表では専門家調停委員のニーズを満たしておらず、再び一覧表を作成しなければならないこともある。一覧表は、あくまでも争点および証拠を整理するためのツールにすぎず、専門家調停委員が事案を適切に理解するため、その意見を踏まえて作成するほうが手続を円滑に進行させることができるので、一覧表を作成しておく必要はないと思われる[15]。

4 付調停後の訴訟手続[16]

(1) 訴訟事件の担当裁判官と調停事件の担当裁判官とが異なる場合

事件が調停に付されたときは、受訴裁判所は、調停事件が終了するまで訴訟手続を中止することができる（民調20条の3第1項本文）。

訴訟事件の担当裁判官と調停事件の担当裁判官とが異なる場合には、受訴裁判所は、調停事件が終了するまで訴訟手続を中止するか、または訴訟手続を中止しないものの、期日を指定しない運用がとられることが多い。訴訟事件の担当裁判官としては、事実上、調停手続の推移を見守るほかないからである。

---

15 他方で、例えば、建築関係訴訟のように、瑕疵一覧表、追加変更工事一覧表等を用いて争点整理を行っており、建築士の専門家調停委員も、これらの一覧表の存在を前提として、争点整理に関与する場合には、上記一覧表が一応完成した段階で調停に付すのが合理的である（小久保孝雄＝徳岡由美子編『リーガル・プログレッシブ・シリーズ⑭建築訴訟』（青林書院、2015年）57頁参照）。そして、一覧表が一応完成したといえるためには、当事者間の作成を一往復半程度にとどめ、およその見当がつく程度で足りる（一藤哲志「建築関係訴訟における争点整理」森宏司＝中本敏嗣＝小野憲一＝森純子編『争点整理の手法と実践』（民事法研究会、2021年）358頁参照）。

16 建築関係訴訟に関する付調停後の訴訟手続について、齋藤繁道編『最新裁判実務大系⑹建築訴訟』（青林書院、2017年）76頁、岸ほか・前掲書（注14）601頁参照。

421

(2) 訴訟事件の担当裁判官と調停事件の担当裁判官とが同じである場合

訴訟事件の担当裁判官と調停事件の担当裁判官とが同じである場合には、上記のとおり、調停事件が終了するまで訴訟手続を中止するか、または訴訟手続を中止しないものの、期日を指定しない運用がとられることもあれば、訴訟手続を中止せず、弁論準備手続期日を調停手続期日と同一日時に指定する運用（この運用は、弁論準備手続と調停手続が並行して進行する方式であることから、並進方式といわれている）がとられることもある。

並進方式による場合には、弁論準備手続期日において、準備書面が陳述されるとともに書証が提出されるため、そのつど、これらは訴訟資料となる。他方、並進方式によらない場合には、訴訟手続と調停手続とは別個の手続であるから、調停手続期日においてされた主張立証は直ちに訴訟資料とはならず、その後に調停が不成立により終了したときは、訴訟手続に復帰した後である最初の期日において、これらの準備書面および書証が陳述・提出されることにより、訴訟資料となる。

いずれの運用を採用するかについては、事案の性質・内容等に照らし、付調停時に検討しておくべきである。

5 付調停の留意点

専門的知見の獲得方法には、付調停のほかに、鑑定（民訴212条〜218条）、専門委員の関与（同法92条の2〜92条の7）があるところ、付調停を検討するにあたっての留意点には、次のようなものがあると思われる[17]。

(1) 鑑定との住み分け

すでに述べたとおり、例えば、借地借家関係事件のうち地代借賃増減額請求事件は、付調停に適すると考えられる事件の一つであるが、当事者の主張の対立が激しく、話合いが困難である場合には、付調停ではなく、鑑定の採用を検討したほうがよいと思われる。

付調停では、不動産鑑定士の専門家調停委員から賃料額について専門的知見

---

17 ここに記載する留意点のほか、その前提として、そもそも争点の判断に専門的知見の獲得が必要である場合でなければならない。専門的知見の獲得が必要でない場合には、裁判官のみで判断すれば足りる。

を聴取するが、それにあたっては、原則として、当事者から提出されている私的鑑定書等を基に検討しており、独自に資料を収集したり賃料額を調査したりするわけではないから、専門家調停委員が提供する専門的知見の精度には限界があるといわざるを得ない。そのため、当事者の主張の対立が激しく、話合いが困難である場合には、専門的知見の精度が高い鑑定を採用して、判決を志向し、その過程で和解を試みるのがよいのではないかと考える[18]。

(2) 専門委員の関与との住み分け

付調停の目的において、付調停は、当事者間に話合いの機運がなくても、専門的知見を獲得するためにされる場合にも利用してよいと思われる旨述べたが、その場合、民事通常部の裁判官が、専門委員を関与させて専門的知見を獲得し、争点および証拠の整理を行うことも考えられる。

当職は、民事通常部に配属されていた時、専門的知見を専門家調停委員からでも専門委員からでも獲得できる場合には、当事者に対し、付調停と専門委員の関与とでいずれがよいかを尋ねていたが、当事者は、一般的には、話合いを志向する場合には付調停を、話合いが困難である場合には専門委員の関与をそれぞれ選択することが多かったように思われる。当事者の意向にも配慮しながら、手続を選択するのも一つであると思われる[19]。

18　これもケース・バイ・ケースであり、例えば、訴訟提起前の調停手続では調停案の提示がされなかったが、訴訟提起後の付調停手続では調停案の提示が期待できる場合や、訴訟提起前の調停手続では当事者の一方または双方に代理人が就任していなかったが、訴訟提起後の付調停手続では代理人が就任しており代理人の助言により調停案の受諾がされる可能性がある場合などには、付調停を検討することも考えられる。

19　これもケース・バイ・ケースであり、当事者は、話合いが困難であるとして専門委員の関与を選択するものの、それは相手方に自己の弱みをみせないための素振りであるにすぎないこともあるから、当事者の真意が話合いを志向するものと認められる場合には、付調停を検討してもよい。

Ⅲ　民事調停の運営[20]

1　調停委員の指定

(1)　調停機関

　事件が調停に付された場合、最初に、調停事件の担当裁判官は、当該事件を解決するのに最もふさわしい調停委員を指定しなければならない。

　裁判所は、調停委員会で調停を行う（民調5条1項本文）が、調停委員会は、調停主任一人および民事調停委員二人以上で組織する（同法6条）ところ、調停主任は、裁判官の中から、地方裁判所が指定し（同法7条1項）[21]、調停委員会を組織する民事調停委員は、裁判所が各事件について指定する（同条2項）から、民事調停委員を二人以上指定することとなる。二人以上とされているため、二人を指定してもよいし、三人以上を指定しても差し支えない。裁判官一人と民事調停委員二人以上とで行う調停は、調停委員会による調停といわれている。

　裁判所が相当であると認めるときは、裁判官だけで調停を行うことができる（民調5条1項ただし書）。もっとも、裁判所は、当事者の申立てがあるときは、裁判官だけで調停を行うことができず、調停委員会で調停を行わなければならない（同条2項）[22]。民事調停委員は、調停委員会で行う調停に関与するほか、裁判所の命を受けて、他の調停事件について、専門的な知識経験に基づく意見を述べる（同法8条1項）ところ、裁判官だけで調停を行う場合には、専門的な知識経験に基づく意見を述べるため、民事調停委員を一人指定することがある。民事調停委員を一人指定するかどうかにかかわらず、裁判官だけで行う調

20　民事調停の運営一般について、杉浦徳宏「調停の進め方」田中・前掲書（注4）63頁が参考になる。建築関係訴訟における調停手続については、小久保ほか・前掲書（注15）58頁が詳しい。

21　民事調停官は、裁判所の指定を受けて、調停事件を取り扱う（民調23条の3第1項）から、民事調停官が調停事件を担当する場合には、以下において「裁判官」とあるのは「民事調停官」と読み替えることになる。

22　当職の経験では、当事者の申立てにより、裁判官だけで調停を行わずに調停委員会で調停を行ったことはない。

停は、単独調停といわれている。

　調停委員会による調停、単独調停のいずれであっても、裁判所は、的確かつ円滑な審理の実現のため、必要があると認めるときは、当事者の意見を聴いて、専門的な知見に基づく意見を聴くために専門委員を調停手続に関与させることができる（民調22条本文、非訟33条１項第１文）から、専門委員を関与させることもできる。専門委員の人数に制限はないため、一人を指定してもよいし、二人以上を指定しても差し支えない。

(2)　指定過程

　前記のとおり、地方裁判所の事件が調停に付される場合の多くは、専門的知見を要する事件について、専門家調停委員の関与の下で、専門的知見を活用して紛争を解決することを目的とするものである。そのため、大阪地方裁判所に所属する民事調停委員は、ほぼすべてが専門家調停委員である。

　大阪地方裁判所本庁所属の民事調停委員は、令和５年４月１日現在、合計192人であるところ、このうち、最も多いのが、一級建築士等の建築関係で53人である。さらに、弁護士等の法律家が41人、不動産鑑定士が23人、公認会計士、税理士が15人、医師が14人、技術士が13人、コンピュータ技術者が８人である。そのほか、弁理士、司法書士、土地家屋調査士等の民事調停委員がいる。

　また、大阪地方裁判所所属の専門委員は、令和５年９月１日現在、合計239人であるところ、このうち、最も多いのが、医師で105人である。さらに、一級建築士が36人、技術士が31人、不動産鑑定士、司法書士および土地家屋調査士等の不動産関係が15人、公認会計士や税理士の税務関係が10人である。そのほか、IT関係、獣医学関係、自動車関係等の専門委員がいる。

　これらの者の中から、当該事件を解決するのに最もふさわしい民事調停委員および専門委員（以下、これらの委員を総称して「専門家委員」ということがある）を指定するが、その指定にあたっては、当該事件の主な争点、同争点を判断するのに必要な専門的知見の内容、専門家委員の専門分野、得意分野や保有資格等、専門家委員がこれまでに担当した事件の内容、当事者の意向の有無および内容等を総合考慮する。日頃から、特定の専門家委員のみを指定するのではなく、できる限り幅広く専門家委員を指定して、これらの専門家委員とともに事

件を担当するとともに、事件の合間などに専門家委員との間で雑談をするなどして、これらの専門家委員の専門分野、得意分野や保有資格等に関する情報を入手するよう心がけることが大切である。

(3) 調停手続における専門委員の活用

東京地方裁判所や大阪地方裁判所では、多種多様な専門家調停委員および専門委員が所属しているが、これらの裁判所以外の裁判所では、当該事案を解決するのに最もふさわしい専門家調停委員または専門委員が同裁判所に所属していないことが多い。そのような場合でも、他の裁判所に所属する専門委員の中に適任者がいるときは、事件の処理のために特に必要があるとして、当該専門委員にその裁判所以外の裁判所の職務を行わせることができる（専門委員規則5条）。この方法は、職務代行ないし広域活用といわれている[23]。他の裁判所に所属する専門委員の中に適任者がいるかどうかを把握するための方法としては、例えば、所定の手続をとって最高裁判所民事局に情報提供を依頼したり、東京地方裁判所または大阪地方裁判所に照会したりすることなどが考えられる。

また、上記の場合に、他の裁判所に所属する専門委員の中にも適任者がいないときは、新たな適任者を探し出して[24]、高等裁判所を経由して最高裁判所に任命上申を行い、最高裁判所で任命された後、専門委員として関与させることができるところ、任命上申をしてからおおむね2週間以内に任命される。この方法は、機動的任命といわれている[25]。

そして、既述のとおり、裁判所は、専門委員を調停手続に関与させることができるところ、この場合、専門委員は、訴訟手続に関与した場合と異なり、説明ではなく、意見を述べることができる（民調22条本文、非訟33条1項第1文）。しかも、裁判所は、相当と認めるときは、当事者の意見を聴いて、専門委員との間でウェブ会議または電話会議によって、専門委員に意見を述べさせること

---

[23] 山本和彦ほか「〈座談会〉専門委員の活用について」判タ1373号（2012年）31頁〔岡崎克彦発言〕。

[24] 大阪地方裁判所第10民事部（建築・調停部）では、公益社団法人日本技術士会近畿本部、公益社団法人大阪技術振興協会または大阪大学工学部等の団体の協力を得て、新たな人材を獲得している。

[25] 山本ほか・前掲座談会（注23）31頁〔岡崎発言〕。

III 民事調停の運営

ができる（民調22条本文、非訟33条4項）。

以上のような制度ないし規定を活用すれば、民事訴訟事件を調停に付したうえで、適任の専門家を専門委員として関与させることにより、実質的には、当該事案を解決するのに最もふさわしい専門家調停委員または専門委員が自庁に所属しているのと同じ効果を得ることができる。

⑷　関与形態

付調停事件には、ある一つの争点を判断する前提として専門的知見の獲得が必要である場合がある。この場合、適任の専門家委員を一人指定することもあれば、複数人を指定して専門家委員同士で意見交換を行って専門的知見を獲得することもある[26]。

そのほか、争点が複数の専門分野にわたるために別の専門家が必要となる場合もある。この場合、争点ごとにそれぞれ別の専門家委員を指定する[27]。

さらに、当初は、一人の専門家委員を指定して調停を開始したが、その後、審理の経過等に応じて、専門家委員を追加指定する場合もある[28]。

要するに、事件で専門的知見の獲得が必要な争点は一つであるとは限らないし、専門家委員の専門分野も細分化されているため、その争点の判断に必要な専門的知見を獲得するため、最適な専門家委員を随時選任して丁寧な審理を行うことが重要である。

2　調停手続における裁判官と専門家委員の役割

⑴　裁判官の全件常時関与

大阪地方裁判所第10民事部（建築・調停部）では、調停主任である裁判官は、

26　当職は、一つの争点でも、複数の専門家委員を指定してこれらの専門家委員同士で意見交換を行う方法を好んだ。これらの専門家委員がお互いに意見交換をし合うことにより、事実や証拠の見落としがなくなり、多角的に検討することが可能となり、精度の高い専門的知見を当事者に提供することができたように思われる。

27　付調停に適すると考えられる事件の類型および具体的な内容において紹介した、複数の専門家調停委員が関与する場合がこれにあたる。

28　例えば、当職が担当した事件では、建物内にあるボイラーからの出火により建物が焼失した事案で、出火の原因が主な争点であったところ、当初、火災科学の研究者である専門委員を関与させたが、その後、同専門委員からの助言を受けて、金属材料を専門分野とする専門家調停委員とガスタービンを専門分野とする専門委員とを追加指定したことがあった。

付調停事件を含むすべての事件について、調停期日のすべてに出席し、当事者双方同席の下、調停手続を指揮する。そのため、当該事件について、裁判官が、専門家委員から専門的知見を聴取しながら、一貫した調停手続を運営することができる。

そして、仮に当事者間に合意が成立する見込みがない場合には、調停が成立しないものとして、事件を終了させることとなるが、それにあたっては、後述のとおり、当事者に対して意見書を交付するところ、その際、裁判官は、専門家委員から専門的知見を聴取して意見書の原案を作成し、同原案を専門家委員に確認してもらうなどして意見書を完成させており、調停手続における専門的知見に基づく成果を訴訟手続に反映させるのに大きな役割を果たしている。

(2) 裁判官と専門家委員との役割分担

調停手続における裁判官と専門家委員との役割分担の内容にはさまざまなものがあるが、ひとことでいうと、相補（お互いに補い合うこと）と協働（対等の立場で共に働くこと）に尽きるのではないかと考えている。

以下では、専門的知見を要する事件の中で建築関係訴訟事件、とりわけ請負の契約不適合を理由とする損害賠償請求事件を例にとり、専門家委員としては一級建築士の専門家調停委員を念頭におくなどして、調停手続の各段階（①第1回調停期日前の評議、②第1回調停期日、③争点整理、④現地調査、⑤意見の表明および当事者との意見交換、⑥調停案の策定、提示および説得）に応じて、裁判官と専門家調停委員との役割分担がどのようなものであるかについて、具体的にみてみる。

3 第1回調停期日前の評議

第1回調停期日前の評議までに、裁判官は、記録を検討し、本件の主な争点、争点に関する当事者の主張を把握したうえ、専門家調停委員から聴取すべき専門的知見（例えば、建築上の技術、建築業界での慣行、契約書・図面・見積書等の読み方等）を整理しておく。そして、可能な限り、専門家調停委員から提供されることが予想される専門的知見の内容を裁判官なりに推測したうえ、争点に対する現時点における暫定的心証を獲得するとともに、現段階での調停案の内容を検討しておきたい[29]。他方、専門家調停委員も、記録を検討し、専門

III　民事調停の運営

家調停委員からみた本件の特徴、自己が提供すべき専門的知見の内容を整理し、これを踏まえた事件の見通し等を検討しておく。

そして、第1回調停期日前の評議において、裁判官と専門家調停委員は、それぞれが整理ないし検討した結果を持ち寄り、意見交換をする。このような過程を通じて、裁判官と専門家調停委員は、事件の進行予定等について打ち合わせるとともに、必要があれば、第1回調停期日に当事者に対して聴取すべき事実や提出を求めるべき証拠等を整理しておく。

4　第1回調停期日

第1回調停期日では、裁判官は、当事者に対し、上記のとおり専門家調停委員との間で評議した事項について聴取していく。

そのほか、第1回調停期日で裁判官が当事者との間で確認すべきことは、事案の内容、当事者の属性および裁判官の個性等によりさまざまであり、一定のものが決められているわけではない。

しかし、調停手続において、裁判官は、当事者間に合意が成立することを目指すとともに、上記のとおり、当事者間に合意が成立する見込みがない場合には、当事者に対して意見書を交付するから、訴訟事件の担当裁判官と調停事件の担当裁判官とが異なる場合には、例えば、本件が調停に付された理由や付調停に至る経緯等を聴取するなどして、訴訟事件の担当裁判官や当事者が、本件の主な争点をどのように考えており、その争点を判断する前提としていかなる専門的知見の提供を受けることを考えていたのかを把握しておくことは重要である。また、調停の運営にあたっての希望や意向等を聴取するなどしておけば、今後の調停を適正かつ迅速にしかも計画的に進行させる一助になるものと思われる。さらに、本件の最終的な解決方法の考え方等についても聴取しておくと、調停案の策定にあたってその考え方等を参考とすることができるかもしれない[30]。

29　調停主任である裁判官がこの段階でここまで検討していると、第1回調停期日前における専門家調停委員との評議や第1回調停期日における当事者からの事情聴取等の内容に柔軟に対応することができ、その後の調停手続を計画的に進行させることが可能となる。

30　これらの確認事項は、あくまでも一例にすぎない。付調停後、第1回調停期日までに記録を検討したところ、本件の解決方法はこれしかないのではないかと思うこともあるが、

429

なお、第1回調停期日に、当事者間に合意が成立することを目指すものの、当事者間に合意が成立する見込みがない場合には、当事者に対して意見書を交付する予定であることを確認しておくことは大切である。第1回調停期日にこの点を確認しておかなければ、当事者が、調停案の提示を受けた際に、自己にとって不利益であると感じると、意見書の交付に際し、これに反対することがあるため、相当でない。第1回調停期日にこの点を確認しておけば、当事者も、調停案に対する反論・反証等を踏まえて、意見書の交付がされることについて確認できるため、上記方針に反対することはほとんどない。

5 争点整理

争点整理の場面では、当事者は、例えば、契約不適合の存在を主張立証するため、主張や証拠を提出することがある。その際、専門家調停委員は、当事者から事実関係を聴取したうえ、当事者に対し、契約不適合の現象が発生する一般的な機序、すなわち契約不適合の原因を助言したり、契約不適合の原因を立証するために必要な資料を提出するよう教示したりする。他方、裁判官は、契約不適合の原因について、専門家調停委員に対し、疑問点を質問して補足説明を行ってもらったり、専門家調停委員からレクチャーを受けた後に、当事者に対し、専門家調停委員の助言をわかりやすく説明したりするなどして、争点を整理する。さらに、裁判官と専門家調停委員が現地調査を実施する前に、当事者に対し、必要な調査を行ってその結果を報告するよう、専門家調停委員が助言したり、裁判官が指示したりすることもある。

このように、争点整理の過程を通じて、裁判官と専門家調停委員は、当事者との間で口頭議論を行い、これを踏まえて、裁判官と専門家調停委員との間でお互いに意見交換をし、争点に関する暫定的な心証を形成していく。

6 現地調査[31]

調停手続では、争点の解明および当事者の納得のため、現地調査を実施する

その場合には、第1回調停期日に当事者に対してその解決方法を基に調停案を調整することもある。
31 建築関係訴訟における現地調査の留意点について、岸ほか・前掲書（注14）606頁参照。

ことが多い。現地調査は、裁判所外での調停期日（民調12条の４）、調停委員会
または調停主任による事実の調査・証拠調べ（同法12条の７）により行われる
が、裁判所外での調停期日により行われることが多い。

　現地調査では、裁判官と専門家調停委員が一緒に現場に臨場し、丹念に係争
箇所を見分する。その際、専門家調停委員は専門家の眼で、裁判官は一般市民
レベルの眼で、それぞれ、現状を確認し、写真を撮影するなどして記録化に努
めるとともに、必要な範囲で、施主に対しては不具合事象の具体的内容等を、
施工者に対しては当該箇所の施工方法の具体的内容、問題認識の有無・程度、
補修についての考え方等を、設計者に対しては設計の具体的内容、問題認識の
有無・程度等を質問することがある。これらの質問を裁判官と専門家調停委員
のいずれがどの程度行うかについては、事案により、また、裁判官と専門家調
停委員の各個性や関係等により決められる。いずれにしても、現地調査は紛争
解決のプロセスの要であり、裁判官と専門家調停委員は、精力を集中して現場
に臨場し、係争物と向き合う。

　なお、裁判官も専門家調停委員も、現場に臨場すると、当事者が主張立証し
ていた事実が紛争全体の中で占める位置づけに気づいたり、当事者がそれまで
主張立証していなかった事実に気づいたりすることがあり、紛争を解決する手
掛かりを得ることがある。また、紛争の背景事情、例えば、当事者および関係
者の人柄・素性や人間関係がよくわかるし、住宅であれば人生設計および家族
事情等が、店舗であれば経営方針、仕事振りおよび営業状況等が垣間みえるの
で、解決案を検討する際の参考となることがある。

7　意見の表明および当事者との意見交換

　契約不適合とは、合意ないし約定の違反であるから、契約不適合の前提とな
る仕様等の合意を認定する必要がある。その際、手掛かりとなる資料として、
契約書のほか、設計図書および各種標準仕様書、見積書並びに打合せ議事録等
があるが、裁判官は、専門家調停委員から、設計図書の読み方や解釈、設計図
書および各種標準仕様書等の優先順位のほか、設計契約、工事請負契約および
施工の慣行等について助言を受けながら、合意の内容を確定する。当事者が契
約において意図した合意の内容を探求する作業は、事実認定であるから、専門

431

家調停委員は、専門的知見や経験則を提供し、裁判官は、事実認定の手法、すなわち、当事者間に争いのない事実および証拠により容易に認定することができる事実を手掛かりにしたり、供述で補われる部分については供述内容の合理性や一貫性等に着目したりするなどの事実を認定する方法を活用して意見を述べるとともに、専門家調停委員からも意見を聞いて、合意の内容を確定する。

　そして、裁判官と専門家調停委員は、現地調査の結果を踏まえて、①不具合現象の有無および程度といった現状の確認と評価、②不具合現象の原因、③あるべき状態とその根拠の確認、④現状（上記①）とあるべき状態（上記③）とのかい離の程度等に鑑み、契約不適合の有無、⑤契約不適合と判定される項目についての相当な補修方法および金額といった争点について、意見交換を行う。特に、②（契約不適合原因）および⑤（補修方法・補修費用）については、専門家調停委員が専門的知見に基づいて述べる意見が威力を発揮する。もっとも、裁判官も、②および⑤に関する専門家調停委員の意見が客観的にみて合理的であり当事者に説明して理解が得られるかどうかについて検討し、わからないことがあれば、専門家調停委員に対して遠慮なく質問していく。裁判官は、専門家調停委員が提供する専門的知見の内容によっては、これにより不利となる当事者が現れることも念頭におき、その当事者の立場になって素朴な感覚で専門家調停委員に質問し、上記専門的知見の内容を検証することが大切である[32]。

　これらの過程を経て、裁判官と専門家調停委員は、争点について心証を形成し、当事者に対し、その心証の基となる意見を表明する。この意見の表明は、後ほど述べる調停案の提示と同時にされることもあれば、調停案の提示の前にされることもある。裁判官と専門家調停委員がもっている意見は、あくまでも、裁判官と専門家調停委員との間でされた意見交換を通じて形成されたものであり、これが正当なものであるとは限らないから、当事者に対して上記意見を表明することによって、当事者に反論の機会を与え、この意見が正当なものであるかどうかを検証することが重要である。裁判官と専門家調停委員がもっ

32　この検証作業を怠り、専門家調停委員が提供する専門的知見の内容を無条件に受け入れていると、後に当事者から反駁があり、それが的を射ている場合には、当事者の調停手続に対する信頼が損なわれるおそれがある。

ている意見について、当事者との間で意見交換をすることを通じて、当事者から反対証拠が提出されることがあるかもしれないが、この反対証拠を排斥することができるのであれば、意見は正当なものであるということができるし、他方で、この反対証拠を排斥することができないのであれば、意見を修正してより正当な意見を形成すればよい。この過程は、大変重要であり、専門家調停委員が関与する調停手続における肝といっても過言ではなく、当事者の調停手続に対する信頼はこの過程にかかっているといってもよい。

8　調停案の策定、提示および説得

　調停案の策定では、裁判官および専門家調停委員は、契約不適合の判定並びに補修の方法および金額の査定を踏まえて、他の争点、例えば、追加変更工事該当性の判断、相当な追加工事代金や出来高の査定とのバランスに配慮するとともに、事案によっては、紛争の原因や背景事情等の諸般の事情を総合考慮して、合理的な調停案を策定する。その際、裁判官および専門家調停委員は、それぞれの立場から、斟酌すべき事情や解決金額等について意見を述べ合う[33]。

　裁判官と専門家調停委員の相補および協働の作業は、調停案の提示および説得により完結する。専門家調停委員は、専門的知見を説明する部分を担当し、裁判官は、専門的知見に基づく評価および最終結論を説明する部分を担当して、それぞれの役割を分担することが多い。順序として、まず、裁判官が、最終結論を含む総論を概括的に説明し、その後に、専門家調停委員が、専門的知見に関する部分を個別に説明することがある。また、裁判官が施主に対して助言し、専門家調停委員が設計者や施工者に対して助言するといった役割分担をすることもある。裁判官と専門家調停委員の役割分担の方法および内容は、ケース・バイ・ケースであり、事案の性質・内容、当事者の素性・意向、審理の経過・過程、裁判官と専門家調停委員の個性・関係等に応じて、自ら決まることが多いと思われる。

33　調停案策定のための評議は、調停期日とは別の評議期日において、時間をかけて行われることが多い。1回だけでなく、複数回にわたって行われることも多い。

Ⅳ　民事調停の終了

1　訴えの取下げの擬制

　受訴裁判所が職権で事件を調停に付した場合において、調停が成立したとき、または調停に代わる決定が確定したときは、訴えの取下げがあったものとみなされる（民調20条2項）。このときは、調停事件の係属した裁判所の裁判所書記官は、受訴裁判所に対し、遅滞なく、その旨を通知しなければならないとされている（民調規23条1項）。

　逆に、調停が成立していないとき、または調停に代わる決定が確定していないときは、訴えの取下げがあったものとみなされないため、受訴裁判所が職権で事件を調停に付した後であっても、訴訟手続を中止したか否かにかかわらず、当該事件は受訴裁判所に係属していることになる。

2　調停が成立する見込みがない場合

(1)　意見書の作成

ア　民事調停の終了

　調停委員会は、当事者間に合意が成立する見込みがない場合、または成立した合意が相当でないと認める場合において、裁判所が調停に代わる決定をしないときは、調停が成立しないものとして、事件を終了させることとなる（民調14条）[34]。このことは、裁判官だけで調停を行う場合も同様である（同法15条）。この場合、前記のとおり、当該事件は受訴裁判所に係属しているから、訴訟手続の適正かつ迅速な進行のためには、調停手続における専門的知見に基づく成果を訴訟手続に反映させることが必要かつ有益である。

---

[34]　民事調停が終了する場合としては、これまでに述べたとおり、調停が成立したとき、調停に代わる決定が確定したとき、調停が成立しない場合があるが、そのほかにも、調停をしない場合（民調13条）がある。しかし、実際には、調停をしない場合は、ほとんどみられない。

Ⅳ　民事調停の終了

イ　専門的知見に基づく成果を訴訟手続に反映させる方法

　調停手続における専門的知見に基づく成果を訴訟手続に反映させる方法には、各種のものが考えられるが、例えば、次のようなものがある。

　すなわち、調停手続における専門的知見に基づく成果を意見書の形で作成したうえ、①当事者に対して意見書を交付する方法（この方法の中にも、さらに、ⓐ調停期日において当事者に対して意見書が交付されたことを確認し、その旨を調停期日調書に記載して意見書を添付する方策をとる場合と、ⓑそのような方策をとらない場合とがある）、②調停期日と同一日時に実施されている弁論準備手続期日において専門家調停委員の意見が意見書のとおりであることを確認し、その旨を弁論準備手続期日調書に記載して意見書を添付する方法（この方法の中にも、ⓐ当事者に対して意見書を交付する方策をとる場合と、ⓑそのような方策をとらない場合とが考えられる）である[35・36]。

　訴訟手続において当事者が意見書を書証として提出し、受訴裁判所が同書証の取調べをした場合には、証拠資料として意見書を考慮することが可能である。訴訟手続において当事者が意見書を書証として提出しない場合[37]には、弁論準備手続期日調書添付の意見書について、当事者の反論や反証を加味しながら、弁論の全趣旨（民訴247条）として意見書を考慮することが可能である。

ウ　意見書の作成名義人

　意見書の作成名義人は、調停委員会で調停を行っている場合（民調5条1項本文）には、調停委員会となる。裁判官だけで調停を行っている場合（同項ただし書）には、民事調停委員が、裁判所の命を受けて、他の調停事件について、専門的な知識経験に基づく意見を述べている（同法8条1項）として、調停裁判官となる。

35　大阪地方裁判所第10民事部（建築・調停部）では、①ⓑの方法がとられることが多い。

36　東京地方裁判所民事第22部（建築・調停部）では、②ⓐの方法がとられているようである（齋藤・前掲書（注16）79頁、岸ほか・前掲書（注14）603頁）。

37　当事者双方が、意見書の内容がどのようなものであっても、調停手続における専門的知見に基づく成果を訴訟手続に反映させる必要があると考えている場合には、協議のうえ、いずれかの当事者から意見書が書証として提出されることがある。そのような場合でなくても、意見書の内容が当事者の一方に有利であり、他方には不利である場合には、自己にとって有利であると考える当事者から意見書が書証として提出されることも多い。しかし、意見書の内容が当事者双方にとって不満であり、意見書が書証として提出されない場合もないではない。

435

いずれの場合も、専門家調停委員が専門的知見を提供しているから、専門家調停委員のみが意見書の作成名義人となることも考えられる。ただし、意見書は、当該事件の主な争点に対する判断に関連する意見を記載しており、程度の差異はあれ、法的判断と全く無関係であることはないし、また、その争点と異なる別の争点において、法的判断が含まれている場合には、専門家調停委員のみが意見書の作成名義人となっていると、法律専門家でない専門家調停委員が法的判断を行うことができる理由を説明できなくなるおそれがあるため、この点は注意しなければならない[38]。

なお、意見書の作成名義人が調停委員会となるにせよ、調停裁判官となるにせよ、例えば「調停委員会」とか「調停裁判官」とのみ記載することも見受けられるが、そのような記載では、具体的に裁判官または専門家調停委員の誰が調停手続に関与して意見書を作成したかは明らかでなく、意見書の信用性を評価することが困難であるから、避けたほうがよいと思われる。

エ 意見書の体裁

意見書の体裁には、決められたものがあるわけではなく、さまざまなものがあって、一概にいうことはできない。

調停手続において争点および証拠の整理を行い、そこで確定された主な争点を判断する前提として専門的知見を提供することが多いから、基本的には、主張整理案に上記の専門的知見を合体させたものとなるものと思われる。しかし、これも、ケース・バイ・ケースであり、主な争点が自明である場合には、それを簡潔に指摘したうえで、専門的知見のみを詳細に記載することもあるし、逆に、主な争点が確定されたとしても、当該争点を判断するためには尋問を実施して事実を認定しなければならないため、現時点では専門的知見を十分に記載することができないこともある。要は、調停手続における専門的知見に基づく成果を訴訟手続に反映させるために（言い換えれば、民事調停が終了して民事訴訟に復帰した場合に、判決において専門的知見について説示できるように）、当を得た内容の意見書を作成するよう努めるべきである。

---

38 岸ほか・前掲書（注14）604頁でも同旨の指摘がされている。

オ　当事者から反論・反証があると予想される事案

当事者に対して意見書を交付すると同時に調停を不成立により終了させるとの取扱いをすることもみられるが、当事者から意見書に対する反論・反証があると予想される事案については、その反論・反証に対する専門家調停委員の意見を確認する必要があるため、調停期日を続行したほうがよいと思われる。

もっとも、当事者に対して意見書を交付するのに先立ち、調停案を提示しており、その際に、専門家調停委員の専門的知見が表明され、当事者からその専門的知見に対して反論・反証がされている場合には、重ねて当事者において意見書に対する反論・反証をし、その反論・反証に対する専門家調停委員の意見を確認する必要性は少ないから、当事者に対して意見書を交付するのと同時に調停を不成立により終了させる取扱いをすることもあると思われる。

(2)　調停に代わる決定

調停が成立する見込みがない場合、調停に代わる決定（民調17条）を活用することにより、調停手続における専門的知見に基づく成果を訴訟手続に反映させる方策として利用することが可能である[39]。

V　おわりに

これまで、民事訴訟事件が調停に付されて付調停事件となる場合において、民事訴訟事件と付調停事件との関係について言及した。民事訴訟事件の中でも専門的知見が必要な訴訟に関して専門的知見を導入する方法として、鑑定のほか、専門委員の関与または付調停があるが、当事者双方の話合いによる解決も視野に入れており、調停手続の利用に消極的でない場合には、付調停を選択するのが望ましいと思われる。民事訴訟法上、専門委員は、「説明」をすることとなっており（民訴92条の2）、その説明の範囲については、当事者の意向等にもよるが[40]、一般的には、専門家調停委員が述べる「意見」（民調8条1項参照）

---

[39]　田中敦「建築紛争と調停制度の活用」中野ほか・前掲書（注13）425頁。

[40]　当事者双方において専門委員が評価的説明をすることに同意している場合には、その説明の範囲は、専門家調停委員が述べる意見と異なるところはなく、問題はないところ、そのような場合も多い。

とは異なる制約があるといわざるを得ない。他方、専門家調停委員は、当該事件の主な争点を判断する前提として、その結論に直接かかわる事項についても意見を述べることができるため、紛争の解決にあたっては、最も直截でかつ合理的である。もっとも、この意見が正当性を有するためには、当事者に対して上記意見が表明されることによって、当事者に反論の機会を与えることが重要であることは、すでに示したとおりである。これらの諸事情を総合考慮するなどして、民事訴訟事件が調停に付されて付調停事件となることが考えられる場合には、民事訴訟事件と付調停事件との関係について言及する本論考を参考としていただければ、幸いである。

20 民事判決書の形式と認定判断の表現

小 河 好 美
神戸家庭・地方裁判所判事

I 民事訴訟法改正と民事判決書をめぐる議論状況

　民事訴訟法[1]が改正され、民事訴訟のデジタル化（IT 化）が進展している。弁論準備手続や書面による準備手続では日常的にウェブ会議が利用されるようになり、口頭弁論期日もウェブ会議で実施することが可能となった。さらに、IT ツールを活用した審理運営上のさまざまな工夫によって、争点整理手続において当事者と裁判所との間で即時に、容易に情報を共有することができるようになり、また、裁判官による暫定的心証開示を通じて争点の軽重や判断の枠組みの共有が進み、口頭議論の活性化が進む傾向にあると指摘されている[2]。判決書についても、改正民事訴訟法に基づき、デジタル化によって電子化されることを前提として、その文言自体、従前の「判決書」から「電子判決書」に改正された。また、同法では、IT ツールを活用し、判決に至るまでの期間を迅速化し、かつ、判決時期についての当事者の予測可能性を確保しようとする法定審理期間訴訟手続が導入され、同手続における判決書は、民事訴訟法381

1　令和 4 年法律第48号による改正。
2　横田典子「民事訴訟の IT 化（デジタル化）に向けた動き」本書104頁以下、最高裁判所ウェブサイト「裁判の迅速化に係る検証に関する報告書（第10回）」143頁、横路俊一ほか「〈民事裁判シンポジウム〉民事裁判手続に関する運用改善提言　現状の問題点を探り、あるべき民事裁判の運用を考える」判タ1492号（2022年） 5 頁、小河好美＝安木進＝菅野昌彦「情報集約型審理を目指して」判タ1501号（2022年） 5 頁参照。

条の５において、従前の判決書とは異なる規律がなされた。

こうした改正民事訴訟法の完全施行に向け、民事訴訟の審理運営や判決書のあり方をめぐり、民事訴訟や判決書の目的、機能にさかのぼった意見交換や議論が活発になりつつある[3]。

本稿では、民事訴訟における判決書について、改正民事訴訟法の完全施行前の段階である現時点に至るまでの議論の整理を試み、新様式判決の原点、すなわち新様式判決の構造、形式が目指したところや各構成要素の意義および役割を概観する。その中で判決書の中で最も重要な要素である認定判断の内容、そして表現について検討を進め、民事判決書のあり方についての考察を試みている。本稿が判決書をめぐる議論の材料となり、デジタル化後の審理運営のさらなる発展や望ましい判決書に向けた議論の活性化の一助となれば望外の幸いである。なお、本稿の内容はいずれも筆者の私見に基づくものである。

Ⅱ　民事判決書の構造、形式

1　在来様式判決と新様式判決

⑴　在来様式判決の特色と限界

現在の民事訴訟の判決書において用いられる構造、形式には新様式判決と在来様式判決の２種があるものの、主として新様式判決が用いられている。

在来様式判決は、昭和40年代以降、司法研修所を中心に要件事実理論が深化する中で広がり[4]、同理論、中でも要件事実の主張立証責任が忠実に反映され

3　司法研修所編『民事第一審訴訟における判決書に関する研究～現在に至るまでの整理と更なる創意工夫に向けて～（司法研究報告書第71輯１号）』（法曹会（2022年）（以下「司法研究報告書」という）、家原尚秀「民事判決書の在り方についての一考察」東京大学法科大学院ローレビュー10号（2015年）63頁、田辺麻里子「新様式判決は、なぜ『史上最長の判決』になったのか～デジタル化時代の『シン・新様式判決』の提言～」判タ1510号（2023年）39頁参照、大島眞一「判決書の作成過程を考える」判タ1511号（2023年）37頁、中本敏嗣『元裁判官が語る判決書からみた民事裁判―裁判官の思考と弁護士の訴訟活動―』（新日本法規、2024年）、小河好美「デジタル時代の新様式判決」判タ1520号（2024年）５頁。
4　昭和46年３月に配布された司法研修所『５訂民事判決起案の手びき』に在来様式判決の判決記載例が掲載された。

II 民事判決書の構造、形式

る形式が採用されている。すなわち、在来様式判決の判決書では、「事実」欄には権利の発生、変更、消滅等という実体法上の要件事実に関する当事者の主張を、主張立証責任の所在に沿う形で請求原因、抗弁、再抗弁等、そして、それらに対する認否として整理したうえで摘示し、「理由」欄では、「事実」欄に摘示された順に、論理的構造に従う形で順次判断するものとされている。このため、裁判官は、在来様式判決書を作成する作業を通じて、当該事案の当事者の主張における実体法上の要件事実、そして、その主張立証責任をまず確認し、把握することを必要的に要求されるのである。したがって、在来様式判決には、要件事実理論に即した判断の正確性を担保するという重要な機能があるといえる。

(2) **在来様式判決から新様式判決へ**

もっとも、在来様式判決は、①当事者の主張が、主張立証責任の所在により、請求原因、抗弁、再抗弁等に分けられ、連続性のない形で記載されるために、法律専門家以外の読み手には難解であること、②当事者の主張のうち、何が実質的に争われているかを把握することが困難であること、③「事実」欄の記載が再度「理由」欄で記載され、必然的に重複記載が多く生じ、長文化を招きがちであること、④「事実」欄の記載のために過度の労力がかかり、「理由」欄の説示が不十分なものになりやすいことが指摘され、次第に在来様式判決の構造に対する批判が強まるようになった。

また、平成の初頭には民事訴訟の審理のあり方について運営改善が進み、それまでのいわゆる五月雨型審理から争点整理手続と集中証拠調べを柱とする争点中心型審理へと改革されるようになった。そのような中、判決書も要件事実を主張立証責任に即して整理した結果を示す在来様式判決ではなく、争点中心型、すなわち、中心的争点についての判断過程が読み手に伝わるような判決書の形式が次第に模索されるようになった。

こうした在来様式判決への批判や民事訴訟の審理運営改善を受けて、平成2年1月、東京高等・地方裁判所民事判決書改善委員会と大阪高等・地方裁判所民事判決書改善委員会の共同提言として、「民事判決書の新しい様式について」（共同提言）[5]が公表され、新様式判決が提唱された。

2　新様式判決の構造、形式が目指したもの

(1)　中心的争点の明確化

　共同提言は、判決書が何よりも当事者のためのものであることを重視し、中心的争点を把握しやすくすることおよび中心的争点について主張と証拠を摘示しながら丁寧に記載することを提唱した[6]。そして、中心的争点を把握しやすくする方法として、争いのない事実を「事案の概要」欄中の「前提事実」欄にまとめて記載することが提唱されている。

　「前提事実」欄において紛争の前提や基礎的な事実を必要な限度で示し、次に中心的争点、すなわち、裁判所の判断が真に求められる争点を明らかにするという構造によって、中心的争点とこれに対する判断過程を判決書の中で端的に示すことが可能となる。このように、新様式判決の構造は、在来様式判決と比較して、中心的争点についての判断過程を示すことを容易にし、かつ、判決書の読み手にとってもこのような判断過程を読み取りやすくするといえる[7]。

(2)　「事実及び理由」欄の登場（在来様式判決における「事実」と「理由」の統合）

　前記(1)のとおり、在来様式判決では、「事実」欄で当事者の事実主張（請求原因、抗弁などの要件事実）のすべてを摘示し、「理由」欄では、すべての主張に対応する判断を、争いのない事実や証拠によって容易に認められる事実を含めて、逐一説示する方式がとられていた。「理由」欄は、「事実」欄に示された主張立証構造に必要的に関連づけられるため、「事実」欄中に主張として記載されていない主要事実を理由中に記載してはならず、逆に、「事実」欄に記載した主張は、論理上判断の必要がある限りは、「理由」欄で判断しないことは許されないとされ、必然的に記載内容の重複が生じた[8]。

5　最高裁判所事務総局民事局編『民事判決書の新しい様式について——東京高等・地方裁判所民事判決書改善委員会、大阪高等・地方裁判所民事判決書改善委員会の共同提言』（法曹会、1990年）（以下「共同提言」という）。

6　共同提言2頁、3頁。

7　江見弘武「判決①——判決書」三宅省三ほか編集代表『新民事訴訟法大系——理論と実務第3巻』（青林書院、1997年）250頁、小林秀之「民事判決書新様式の評価と検討」判タ724号（1990年）8頁。

8　共同提言10頁、最高裁判所事務総局民事局監修、東京高等・地方裁判所民事判決書改善

これに対し、共同提言は、判決書作成上の留意点として、「形式的な記載、重複記載等の無駄を省き、簡潔なものとする」ことを提唱した[9]。共同提言が提唱した新様式判決では、「事実」（令和4年法律第48号による改正前の民事訴訟法253条1項2号、民訴252条1項2号）欄と「理由」（同各3号）欄での重複記載を避けるため、在来様式判決における「事実」欄と「理由」欄とを統合した「事実及び理由」欄を設け、その中に「事案の概要」欄と「争点に対する判断」欄を設けるという構成に変更されている（一元的構成）[10]。そして、「争点に対する判断」欄の記載によって明らかになる事実については、「事案の概要」欄では省略し、または簡略化することにより、重複記載を避けることとされた[11]。

このように、共同提言が提唱した新様式判決の構造は、「事案の概要」欄の記載と「争点に対する判断」欄の記載とが一つのものとして、主文を導くのに必要な事実とこれに対する判断の過程を示すというものである[12]。そして、この構造、形式によって、当事者の主張と裁判所の認定、判断との間の重複記載をなくし、判断の過程を把握しやすくしようとしたのである[13]。

(3) 訴訟の展開に沿った判決書

在来様式判決は、実体法に基づいて要件事実を整理し、これに沿った構成を採用するものである（実体法的構成）のに対し、新様式判決は、争いのある主要事実と争いのない主要事実とをまず区分けして争点を整理し、争いのある主要事実について、証拠に基づいて事実を認定し、結論を導くという実際の訴訟の展開に沿ったものである（訴訟法的構成）[14]。

委員会『新様式による民事判決書の在り方について（平成6年3月）』（法曹会、2020年）（以下「東京報告」という。）3頁、司法研修所編『10訂民事判決起案の手引〔補訂版〕』（法曹会、2020年）（以下「起案の手引」という）57頁、吉川愼一「判決書」塚原朋一ほか編『新民事訴訟法の理論と実務(下)』（ぎょうせい、1997年）114頁。

9　共同提言2頁。

10　起案の手引90頁。

11　共同提言10頁。当事者が要件事実について主張責任を果たしたことは、在来様式では「事実」欄の記載で明確化されるが、共同提言においては、新様式の「事案の概要」欄のみにその機能をもたせるものではない。

12　東京報告6頁。

13　江見・前掲論文（注7）250頁、小林・前掲論文（注7）8頁。

14　東京報告5頁。

共同提言では、裁判所の適切な訴訟指揮によって中心的争点を絞り込んだう
えで（多くの事件では、中心的争点は１、２点にすぎないとされている）、当事者
との間で整理、確認された中心的争点について立証が尽くされるような訴訟運
営が望ましいと指摘されている[15]。新様式判決は、こうした争点中心型審理が
行われることを前提とし、それに沿った判決様式として考案されたのであ
る[16]。換言すると、争点整理手続および人証調べと新様式判決の判決書作成と
が密接に関連するものであることを意識したうえで、審理を進める必要がある
ことは、共同提言による新様式判決書の提案当初から求められていたといえ
る。司法研究報告書においても、判決書作成を意識した争点整理と人証調べを
行うことが重要であると提言され、質の高い判決書の準備として、充実した争
点整理をすること、核心に迫った尋問を行う必要があると指摘されている。

3 新様式判決の定着と修正

(1) 新様式判決の定着とこれをめぐる議論状況

共同提言が提唱した新様式判決は、共同提言の発表後、実務で広く利用さ
れ、在来様式判決は、一部の事案を除いてほぼみられなくなった[17]。もっとも、
その過程で、当初の新様式判決書のあり方および共同提言が示した判決モデル
に対するさまざまな議論や批判がなされた[18]。新様式判決が指摘された主な問
題点としては、①新様式判決書の構造では、訴訟物が不明瞭になることや要件
事実理論に基づく主張整理が不適切になることを十分抑止することができず、
ひいては要件事実理論の軽視につながるおそれがある（在来様式判決の特色で
あった、裁判官による判決に至る論理構成の確認機能が損なわれる）、②民事訴訟
法（平成８年法律第109号）附則２条による改正前の民事訴訟法（明治23年法律第

---

15 共同提言11頁は、中心的争点が何であるかについては、裁判所と当事者との間でできる
 だけ突き詰めた認識の一致が得られていることが望ましく、当事者と裁判所との間で中心
 的争点について一定の確認ができた場合、その結果を調書上に記載して明確にしておくこ
 とが望ましいとも指摘している。

16 家原・前掲論文（注３）68頁以下、法務省民事局参事官室編『一問一答新民事訴訟法』
 （商事法務研究会、1996年）290頁以下、吉川・前掲論文（注８）125頁以下。

17 司法研究報告書21頁。

18 当時の批判、議論状況について、秋山幹男ほか編『コンメンタール民事訴訟法Ⅴ』（日
 本評論社、2012年）179頁以下、最高裁判所事務総局民事局監修「民事訴訟の審理の充実
 促進に関する執務資料」民事裁判資料201号（1992年）296（1）頁以下。

Ⅱ　民事判決書の構造、形式

29号）191条は「事実及争点」を必要的記載事項としているため、中心的争点以外の主要事実の記載の省略は許されない、③当事者が意識した争点や主張が取り上げられない、といった点であった。

(2)　大阪報告、東京報告等による新様式判決の再検討と民事訴訟法改正

こうした議論を経て、大阪高等・地方裁判所判決書改善委員会が平成4年2月に「新様式の判決書の見直しの結果について」（大阪報告）[19]、東京高等・地方裁判所判決書改善委員会が平成6年3月に（東京報告）を発表し、新様式判決の改善点をそれぞれ指摘した。

また、上記(1)②については、平成8年の民事訴訟法改正により、改正前民事訴訟法191条が、民事訴訟法（平成8年法律第109号附則2条による改正後のもの）253条1項に改正され、必要的記載事項を「事実」と規定し、同条2項において「事実の記載においては、請求を明らかにし、かつ、主文が正当であることを示すのに必要な主張を摘示しなければならない」と改正された。同改正により、主文を導き出す論理的過程を明らかにするのに必要のない事実（中心的争点以外の主要事実など）の記載が必要的ではないことが、条文上も明確になった[20]。

(3)　大阪報告、東京報告等以降における新様式判決の変遷

大阪報告および東京報告による指摘や裁判官同士の意見交換、研究者の見解等を踏まえて、新様式判決のあり方について意見交換が行われた。その結果、現在一般的に用いられている新様式判決は、共同提言が示した当初の判決モデルとは主として次の点が変容したと指摘できる。

ア　「事案の要旨」における訴訟物の表示

共同提言が示した判決モデルの中には、いわゆる「事案の要旨」（現在の新様式判決では「事案の概要」欄の冒頭に記載されることが多い）が記載されず、冒頭から争いのない事実を記載するものもあった[21]。共同提言後間もない時期には、「事案の概要」欄を読んでも、中には判決全体を通読しても、訴訟物が明

19　大阪高・地裁民事判決書改善委員会「新様式の判決書の見直しの結果について」最高裁判所事務総局・前掲資料（注18）296（1）頁（以下「大阪報告」という）。
20　秋山ほか・前掲書（注18）204頁。
21　共同提言判決モデル1、同5等。
22　大阪報告254（43）頁以下、吉川・前掲論文（注8）126頁以下。

445

20 民事判決書の形式と認定判断の表現

らかでない判決があるとの批判があった[22]。

　一方、東京報告および大阪報告が示した判決モデルでは、「事案の概要」欄の冒頭に「事案の要旨」がおかれ、その中で訴訟物が明記されている。これは、読み手にとってわかりやすい判決書にするためには、最初に訴訟物を明確に把握できるようにすることが必要であるとの考え方に基づくものである[23]。

　現在の新様式判決では、このような判決モデルに則って、「事案の概要」欄の冒頭の「事案の要旨」に訴訟物が明記されることが多い。

　　イ　当事者の主張と主要事実の摘示

　共同提言では、「事案の概要」欄では争点のみを摘示し、当事者の主張は、主要事実を含めてその一切を記載せず、「争点に対する判断」欄で排斥する主張を記載した判決モデルが提示された[24・25]。

　これに対しては、第三者には当事者の具体的な主張や結論に至る過程がわかりにくく、当事者の訴訟活動や、何が当事者間で争われているかを把握できないとの批判があった。また、主要事実は原則として「事案の概要」欄（「前提事実」欄と「争点及び当事者の主張」欄）ですべて記載することが望ましいとの指摘があった[26]。

　現在では、「事案の概要」欄には、争点だけではなく、当事者の主張（主要事実および重要な間接事実）を記載するのが一般的である。また、現在の新様式判決では、主要事実は、「前提事実」欄と「争点及び当事者の主張」欄を併せると網羅されていることが多い。

　　ウ　重複記載の許容度

　共同提言が提唱した新様式判決は、形式的な記載や重複記載、特に「事実」欄と「理由」欄のそれぞれに当事者の主張が重複して記載されることをなくすことも提案していた。「事案の概要」欄には争点のみを摘示し、当事者の主張を記載しない判決モデルは、その端的な表れである。

23　東京報告10頁、大阪報告254（43）頁、家原・前掲論文（注3）70頁。
24　共同提言判決モデル3の注1、同4の注1。
25　もっとも、共同提言本文では、「『事案の概要』欄の記載と『争点に対する判断』欄の記載とを総合すれば、主文を導き出すのに必要な要件事実の存否が漏れなく判断されていることが要求される」とされている（共同提言10頁）。
26　大阪報告275、276、289、290（7、8、21、22）頁。

446

現在においても、形式的な記載や無駄な重複記載をなくす努力が必要であると考えられている。他方で、判断の過程を判決書の読み手にわかりやすく示すために、「争点及び当事者の主張」欄の記載と「争点に対する判断」欄の記載に重複する部分が生ずることについては、①「当事者の主張」の記載に無駄がなく、②「争点に対する判断」欄に記載する当事者の主張が適切に、簡潔に要約されていれば、重複を許容できるとする傾向もみられる。

    エ　事実認定の記載方式

　共同提言が示した判決モデルには、事実認定の記載方式として、二つの方式がみられる。個々の争点ごとに、その争点に関係する事実の認定とこれに基づく当該争点についての判断を行っていく方式（争点別記載方式）と、「争点に対する判断」欄の冒頭に「認定事実」欄を設け、その欄に認定事実を一括して記載したうえで、これを引用しながら個々の争点についての判断を順次行っていく方式（一括記載方式）である。共同提言では、一括記載方式では全体としての事実の流れを把握しやすいが、反面、事案によっては、どの認定事実がどの争点に関係するのかが不明確になるおそれがある。争点別記載方式では認定事実と争点との関係性を把握しやすいが、全体としての事実の流れを理解しにくくなる面がある。このため、事案の内容、特徴に応じて適宜使い分けるべきであるとされている[27]。

　現在の新様式判決をみると、一括記載方式によるものが大半を占めている。

Ⅲ　新様式判決の各構成要素

1　総　論

　前項では、在来様式判決との比較や新様式判決の変遷を概観し、新様式判決の特色を提示した。新様式判決の構成要素を再度概観すると、新様式判決では、「主文」、「請求」に続いて、「事実及び理由」欄が設けられている。「事実及び理由」欄には、「事案の概要」欄と「当裁判所の判断」欄がおかれ、「事案

27　共同提言12頁。

の概要」欄には、①事案の要旨、②前提事実、③争点および当事者の主張が記載され、「当裁判所の判断」欄には、④認定事実および⑤争点に対する判断（事実認定を踏まえた評価および結論）が記載されている。以下、本項では新様式判決の各構成要素について、あらためてその役割と留意すべき事項をみていきたい。

2 「事案の概要」欄

(1) 事案の要旨

事案の要旨は訴訟物を提示することが主目的といえる[28]。多くの情報をここに入れ込むのではなく、訴訟物、併合形態を読み取りやすく工夫して提示したい。

(2) 前提事実（争いのない事実等）

前提事実は、当事者間に争いのない主要事実やこの後に続く争点以下の部分の位置づけを把握しやすくするために設けられている[29]。したがって、認定事実との重複を避けるためにも、前提事実をして摘示する事実は必要最小限であるほうが、判決全体としてわかりやすくなる。争点よりも前に位置する前提事実は、読み手にとって、争点との関連性が読み取りにくい。判決全体のバランスを良くし、読み手を混乱させないためにも、前提事実としてあまり多くの事実を挙示しすぎないように留意したい。

(3) 争点および当事者の主張

判決書で取り上げるべき争点は、単なる主張の対立点ではない。この点に留意し、要件事実的整理を踏まえ、その事案の争点とすべき点を中心的争点として設定し、ここで取り上げたい。争点の設定は、当事者の認識とずれが生じないよう、争点整理手続で明示的に確認しておきたい。

当事者の主張には種々の内容が含まれるが、判決書に記載するべき「当事者の主張」の核は、主要事実であり、広げるとしても重要な間接事実までと思われる。争点整理手続で、当事者と意見交換し、当事者の主張の軽重を把握したい。判決書のうち、当事者が関心をもつのは当事者の主張欄の記載ではなく、

28　前記Ⅱ3(3)ア参照。
29　前記Ⅱ2(1)参照。

Ⅲ　新様式判決の各構成要素

裁判所の結論に至る判断の過程とされている[30]。判決書作成の力点を当事者の主張欄にかけすぎることはないよう留意したい。

3　「判断」欄

⑴　事実認定

司法研究報告書では、「認定事実」の記載方式として一括記載方式と争点別記載方式とが紹介され、それぞれの特徴を踏まえて、事案に応じて使い分けることが望ましいと指摘されている[31]。

いずれの方式によるにせよ、ここに「認定事実」として記載する事実は、裁判所が結論に至る判断過程を支え、その道筋を示すうえで必要と考えた事実が核となる。コンパクトな記載で足りることも少なくない。まず判断の骨格を十分検討し、その内容を見定めたうえで、その判断に必要な事実を意識して認定していくことなどが必要といえよう[32]。

⑵　争点に対する判断（事実認定を踏まえた評価）

「認定事実」に次いで記載することになる「評価」は、判決書の読み手が最も注目をする部分といえる。そして、説得力のある判断を示すには、事実認定の構造を踏まえると、評価や理由の提示の骨格は、要証事実を認める方向に働く積極方向の事実（間接事実が多い）が認められるのに要証事実が認められない理由、消極方向の事実が認められるのに要証事実が認められる理由を言語化して示すことこそが重要といえよう。

間接事実には、結論との方向性（積極・消極）にかかわらず、要証事実に対する推認力や重みの差があり、証拠による裏付けの程度も異なる。また、間接事実と補助事実では、要証事実までの距離も事実認定の際の位置づけが異なる。単に、事実、証拠を平板に並べて検討するのではなく、これらの重みや性質を整理し、意識して記載する。事実認定および評価にあたっては、多様な事実の総合考慮と多角的検討が必要である。とはいえ、その過程では、単に天秤

30　司法研究報告書64頁。

31　司法研究報告書83頁以下。

32　司法研究報告書が示した参考判決書および東京報告が示した参考判決は、認定事実として摘示するべき事実が何かを検討するうえで大変参考になる。

449

の上に事実を載せるだけではなく、天秤がなぜ傾くのかに迫ることを目指して、上述のような各事実のもつ重みや性質を吟味し、留意する必要がある。こうした重みや性質の違いは、通常、経験則や社会の実情を活用して把握し、分析することになる。このような分析を通じて把握した推認力の高い間接事実について、争いのない事実との整合性や証拠によって裏付けられているかを検討し、経験則を指摘しながら、結論に至る判断過程（その間接事実から要証事実を推認できる理由、できない理由）を明確に示すことができれば、判決に説得力が備わると考えられる[33]。

　認定する事実や指摘される証拠の数が多いこと、そして、それらが詳細であることで判決の説得力が増すのではない。判決書は、審理結果の報告書であって、小説等の文学作品とは目的が異なっており、適した表現もそれらとは異なるはずである。詳細なデッサン自体から「わかりやすさ」が生まれるのではない。多数の、詳細な事実を摘示することで、読み手に判断過程を「読み取らせる」、「推し量らせる」ことも事案によっては有用な場合もあろうが、すべての事案の判決書でそのような方法が効果的であるとはいえない。読み手に判断過程を「（注意力、集中力を投じて）推測させる」のではなく、裁判所が重要であると考え、判断の分岐点であると考えた点に焦点があたるように工夫し、判断過程を明確に、端的に示すことによって、わかりやすい判決にすることを目指したい。裁判所が重視した点を、そうであることがわかるように表現しようとすれば、それに関係の乏しい情報が多く存在することは障害になることが多いであろう[34]。裁判所が吟味し、思考・検討した事実認定や評価の過程、思いめ

33　司法研究報告書90頁以下。

34　今井芳昭慶應義塾大学教授（心理学）は、その著書において、心理学の観点から、メッセージの中央付近の情報は思い出されにくくなり、説得の効果が低いことを指摘している。そして、論理的な説得の効果的な方法として、メッセージの冒頭に受け手に伝えたい説得の結論とそれを支持する強い論拠を述べ、その主張に対する反論を中央付近にあげ、最後にその反論に対する反駁を示し、再度結論を提示する方法を提示している（今井芳昭『説得力──社会心理学からのアプローチ』（新世社、2018年）117頁以下）。判決の結論に向かう道筋とは関連性の低い情報量が増えることは、今井教授が指摘する「メッセージの中央付近の情報」を増やすことを意味し、判決書全体の説得力を低めてしまうのではないだろうか。

　印象派を代表する画家であるクロード・モネは、池に浮かぶ睡蓮をモチーフとする絵画を多く描いている。これらの絵画では、周囲の木々や草花といった、そこに存在するはずのものは大胆に抽象化され、あるいは省略されている。そのことによって絵画の主

Ⅲ　新様式判決の各構成要素

〈図表１〉　争点整理、尋問、判決書作成の有機的な相互連関

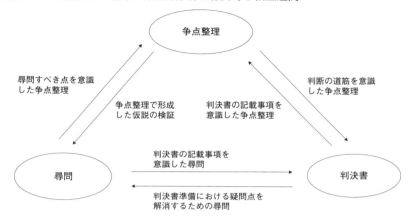

ぐらせた種々の内容のすべてを判決書にひととおりデッサンしようとするのではなく、その過程を通じてたどり着いた結論からいったんさかのぼり、判断を左右すると考えた点、重視した点を再確認、抽出し、自分自身に対してそれらを明確に説明することができるかを試みたい。そのように結論からさかのぼって抽出した事実を認定事実の中核とし、ここに軸足をおいて判断を説示すれば、読み手も判断の過程を確認しやすくなる。

　そして、このような表現を目指そうとすれば、争点整理、人証調べの過程を通じて、光をあてるべき事実はどこにあるのかを探求しておくことが欠かせないように思われる[35・36]。逆にいえば、これらを探求することが争点整理の本質であり、探求する中で、確認が必要な点を検証することが人証調べの中核である。訴訟の全過程を通じて、光をあてるべき事実か、そうでないかを探り出す、結論と反対に位置づけられる主張・証拠があれば、なぜそれらを採用できないかを検討する、それを素直に判決書で表現するという方法であれば、判決書の作成のための心的負荷は、それを行っていない場合と比較して格段に低減

　　題である陽光のきらめきや睡蓮の瑞々しさが際立ち、鑑賞者の心をまっすぐにとらえる。主題に焦点が合うようにするにはどのように表現すべきかを示唆しているように感じられる。
35　司法研究報告書107頁以下。
36　〈図表１〉参照。

され、かつ、判決書もわかりやすいものとなるのではないだろうか。

Ⅳ　新様式判決の現状と今後の展望

1　令和時代における新様式判決の課題とその原点の再考

　新様式判決は、共同提言当初の判決モデル等に対する指摘や意見交換を踏まえて、いくつかの点で変更され、現在までに修正された形式が定着している。もっとも、現状の新様式判決については、①位置づけが不明瞭な記載が全般的に増え、意味の乏しい重複も多く、判決書が冗長化している、②争点設定が不適切なものがある、③事実認定や理由の説示の検討が不十分、不適切なものがある等の課題があるといった指摘があり、課題の克服に向けた取組みが求められている[37]。

　とはいえ、新様式判決の原点であるその構造、形式が目指そうとした目標、すなわち、争点中心型審理に合わせ、形式的な記載事項を見直し、判決の読み手に結論に至る論理構成をわかりやすく示すことの重要性については何ら変わりがない。むしろ、社会一般にデジタル化が進み、訴訟に提出される主張、書証などの情報量が肥大化しがちである現状に鑑みると、今まで以上に、何が必要な情報か、審理、判決の力点はどこにあるべきかを意識し、情報集約型審理（当事者および裁判所がITツール等を活用して情報を整理・共有し、事案の全体像や主張および証拠の位置づけ等について意見交換を行いながら争点整理を進める協働的な審理）[38]を行い、結論に至る論理構成という判決書の核心に軸足をおいた判決書の作成を意識することが必要ではないだろうか。

2　デジタル化後の「事案の概要」欄（事案の要旨〜当事者の主張）におけるデータ活用

　現在、ITツールを活用した民事訴訟の審理運営の改善に向け、有益な取組みが進行する最中である。判決書は審理結果の報告書ともいえる以上、そうし

37　司法研究報告書31頁。
38　小河＝安木＝菅野・前掲論文（注2）参照。

Ⅳ　新様式判決の現状と今後の展望

た審理運営改善の成果を踏まえ、再度、新様式判決が目指そうとした原点を確認し、IT ツールを利用した審理運営のあり方にふさわしい、その内容を反映した判決書のあり方をさらに探求することが求められていると考える[39]。

　筆者は、争点整理手続に IT ツールを用いることによって、従前よりも迅速、容易かつ明確な形で争点および証拠の内容やその位置づけを裁判所と両当事者間で共有することが可能になったと考えている。IT ツールを活用することにより、裁判所と両当事者で意見交換し、協働して一覧表やフローチャート図[40]等のデータを作成し、そのファイルを共有することで、争点整理と認識共有の作業が効率的に、明確な形で行えるのである[41]。このように争点整理段階で、三者の認識を共有した一覧表や概要図等のデータが作成された場合、これを判決書にも積極活用することが考えられる。これによって、より争点整理の過程と判決書とが結びつけられることになり、両者のずれによる不意打ちや作業非効率を相当程度解消することができるように思われる。

　具体的には、判決書のうち、争点および当事者の主張については、こうした一覧表やフローチャート図等のデータを引用する[42]などして、これまで以上に活用することで、争点整理の結果について当事者の考える内容と判決書で示される内容が一致せず、当事者にとって不意打ちになることを防ぐことができる。判決書における争点および当事者の主張に IT ツールを活用するといった工夫を通じて、裁判官が、判決書の中核であり、最重要事項にあたる、「中心

39　近時の論稿として、司法研究報告書、家原・前掲論文（注 3 ）、田辺・前掲論文（注 3 ）がある。司法研究報告書は、新様式判決が考案された経緯や基礎となる発想を再確認したうえで、各構成要素の意義や位置づけ、説示のあり方等についての議論を整理のうえ、参考判決書を提示しており、新様式判決を学ぶうえで大変参考になる。他方、田辺論文は、近時の新様式判決書に不必要な記載や形式的な記載が増加し、判決書の長文化が著しいとの問題意識から、事案の要旨・前提事実の大幅な圧縮や認定事実と評価の融合など、新様式判決を大幅に見直した「シン・新様式判決」を提案している。提案された修正内容が、あらゆる事案の判決書に常に適合するとはいえない可能性もあるが、新様式判決書のあり方を、中心的争点についての結論に至る論理構成をわかりやすく示すという観点から再検討されており、今後、実務に浸透していく可能性もある。

40　フローチャート図は、一般的には作業や処理の手順を特定の記号を用いて図式的に表現したものであるが、ここでは、主要事実と間接事実ないし証拠との結びつき等を図示したものを念頭においている。小河＝安木＝菅野・前掲論文（注 2 ） 7 頁、32頁参照。

41　小河＝安木＝菅野・前掲論文（注 2 ）参照。

42　〈図表 2 〉参照。

453

的争点についての判断過程」に注力することが容易になる。判決書作成において本来力点をおくべきところに適切に力点をおくことは、判断過程を充実させ、わかりやすいものとするうえで有益であると考える。

3　デジタル化後の「判断」欄における判断過程の明確な提示

　中心的争点（事実認定や評価）に対する判断過程では、裁判所が認定・評価の基礎として重視した、証拠上認められる重要な間接事実等を指摘し、そのような間接事実等に経験則をあてはめると、どのように考えられるかを提示することが求められる[43]。

　ここでも、事実認定や理由の説示部分について、上記一覧表等のデータファイル上の主張部分に対置して作成する方法[44]やフローチャート図に記載された事実等のうち、裁判所が採用した証拠や認定した間接事実等について、そうであることがわかるように明示し、必要に応じて経験則のあてはめを追記する方法等を採用することが考えられる。

　これまでは、紙媒体における文字情報の方法でしか論理構造を示すことができなかったが、デジタル化によって、判断過程で裁判所が重要であると考えた間接事実と結論のつながりを図示するなどして可視化し、判断過程の「見える化」も容易になったのであるから、事案によっては、そのような方法によって判決の読み手に判断過程をよりわかりやすく提示することも考えられよう。こうした方法により、当事者にとっても、第三者にとっても、判決全体の要点を視覚的に把握しやすくなり、争点ごとの当事者の主張と判断との対応関係や判断に至る道筋について、わかりやすく表現することができるようになる可能性があると考えている。また、争点・主張と判断との間の対応関係や認定事実と判断との間の論理関係を示すために、事案の概要欄と争点に対する判断欄とで重複記載が多くなるなどの問題を解決できる可能性もある。

　紙の上で文字によってしか対応関係や論理関係を示すことができなかった時代は過ぎ去りつつある。今後は、データを活用したメリハリのある方法で、わかりやすい形で、判決書の中核であり、最も注目される、結論に至る判断過程

43　前記Ⅲ3参照。
44　〈図表2〉参照。

を示すことを目指し、部や庁を超えて、デジタル化後の判決のあり方についての議論を一層深めていくべきではないだろうか[45]。

V　まとめ

　デジタル化が進展し、また、法定審理期間訴訟手続における判決書という新たな判決書に関する規律も登場し、民事訴訟、そして判決書をめぐる状況は大きく変動している。しかし、そうした中でも、結論に至る判断過程をわかりやすく示すという新様式判決の原点の重要性に変わりはなく、そうした状況であるからこそ、なおさらその原点、目指そうとした理念が重要であるといえる。争点整理段階でのデジタル化による情報共有が進み、これを判決書作成に活用できるようになる日は遠くないように思われる。新様式判決の理念を発展させ、判断過程に軸足をおき、よりわかりやすく判断過程を示すことのできる判決書のあり方や表現について、さらに工夫をし、それを踏まえて議論を続け、より良いものを模索する必要があるように思われる。

---

[45]　特に、民事訴訟法改正で新たに規律が設けられた法定審理期間訴訟手続における電子判決書は、理由として「当事者双方との間で争点整理の過程で確認した、同手続の判決において判断すべき事項」に対する判断の内容を記録するとされており（民訴381条の5、381条の3第4項参照）、理由全般を記録することは求められていない。口頭弁論終結から1か月以内において判決言渡しをする必要もある（同法381条の3第2項）ことからすれば、本文のように判断過程を明確化することを意識し、端的に示すことを心がける必要があるのではないだろうか。

〈図表2〉　金銭消費貸借一覧表

番号	契約日・交付日		金額		備考		当裁判所の判断
	原告の主張	被告の認否	原告の主張	被告の認否	被告の認識する事情	原告の反論	
1	R4.1.15	受領を認め、貸付、合意を否認	300万円		原告から300万円を受領したことを認める。しかし、原告経営の法人の経費を被告が立て替えていたため、その立替金の返済である。	原告経営の法人の経理上も300万円の立替金返済として計上されておらず、原告が負担する理由もない。	被告が原告経営の法人との間で委任契約を締結し、乙2によれば、令和4年1月までに委任事務のために300万円を要したことは認められる。しかし、被告は同委任事務について同法人に請求をし、同法人が令和3年12月から令和4年2月に支払っていた（甲10〜12）。同法人は、令和4年1月の前後に被告が請求する経費の支払が可能であったことから、同月の経費も同法人が支払うことができたといえる。原告が個人的に被告の経費を負担すべき事情を負うとはできない。被告の主張はこれを裏付ける証拠がない。
2	R4.2.10	争わない	20万円	争わない	確認できる資料はないが、その頃、原告主張の貸付を受けたことは争わない。		当事者間に争いがない。

V　まとめ

3	R4.2.25	否認	300万円	否認	原告から300万円を受領した点を否認する。この頃、原告からA社製高級腕時計を300万円で買い取るよう要求され、結局、同時計を同額で譲り受けたので、貸付けではない。	被告がA社製腕時計の買受を希望したため、売買代金の内容として貸し付けることに合意し、被告に時計を引き渡した。	A社製腕時計の所有権が原告から被告に移転したことは争いがなく、被告相当額を被告に支払ったことも争いがない。原告は代金相当額の返済を求める趣旨メモを作成し、被告もこれを確認した上で特に異議を述べておらず(甲3、被告本人)、被告は返済の必要を認識していたと認められる。売買代金を目的とする準消費貸借契約の締結を認める。
4	R4.3.15	否認	250万円	否認	原告から250万円を受領した点を認める。しかし、この頃、原告経営の法人から支払われるべき被告への報酬上の減額を補填する、その減額を補填する、贈与の趣旨で受け取った。	原告が被告に対する報酬を補填すべき理由もなく、原告経営の法人の経理上、経費に計上できるにもかかわらず、わざわざ現金で補填する理由は存在しない。	原告と被告との関係は、原告経営の法人が、令和4年2月末に被告との報酬を減額した頃から悪化し、同法人が検討の契約の解除が検討されており(甲15、原告本人)、そのような時期に原告が被告の報酬減額分を補填することは考え難い。被告は生活費に窮しており(甲4)、原告に金銭の貸付けを依頼する動機もあった。
合計			870万円			870万円	

457

21 登記手続を命ずる判決に関する諸問題

黒 野 功 久
大阪高等裁判所部総括判事

I はじめに

　登記は、不動産を公示する機能を果たし、不動産に関する物権の得喪・変更における第三者に対する対抗要件とされ、不動産登記法その他の登記に関する法律の定めるところに従って行われる必要がある（民177条）。また、不動産登記法は、登記により不動産の表示および不動産に関する権利を公示するための登記制度について定めることにより、国民の権利の保全を図り、取引の安全と円滑に資することを目的とする（不登1条）。

　登記手続を命ずる判決については、このような登記の機能や不動産登記法等の目的や規定を踏まえて検討すべき訴訟や登記の手続上の問題が少なくない。以下、登記手続を命ずる判決に関する実務上の諸問題を検討する。

II 登記手続を命ずる判決による登記の実現の基本構造

　まず、登記手続を命ずる判決がいかなる性質を有し、登記制度において、どのような役割を担っているのかについて概観する。

1 権利に関する登記についての共同申請の原則

　不動産登記法は、原則として、権利に関する登記の申請は、登記権利者と登

記義務者が共同して行わなければならないとする（不登60条）。

　権利に関する登記とは、不動産登記法3条各号所定の権利（所有権、地上権、永小作権、地役権、先取特権、質権、抵当権、賃借権、配偶者居住権、採石権）に関する登記である（不登2条4号）。また、登記権利者とは、権利に関する登記をすることにより、登記上、直接に利益を得る者であり（同条12号）、登記義務者とは、権利に関する登記をすることにより、登記上、直接に不利益を受ける者であり（同条13号）、いずれも不動産登記法上の概念である。具体的に例示すると、抵当権等の設定の登記では、権利者が登記権利者、設定者が登記義務者であり、所有権等の移転の登記では、新権利者が登記権利者、旧権利者が登記義務者である。抹消の登記では、移転登記を抹消する場合は、従前の登記名義人が登記権利者、現在の登記名義人が登記義務者となり、設定登記を抹消する場合は、所有権の登記名義人が登記権利者、設定された権利の登記名義人が登記義務者となる。

　登記は、登記官（不登9条）が登記簿に登記事項を記録することによって行うが（同法11条）、登記官には登記原因となる権利関係について形式的審査権しかなく（同法25条）、登記上利益を受ける登記権利者が単独で登記の申請を行うことができるとすると、真実の権利関係に合致しない登記が生じるおそれがある。そこで、登記権利者とともに登記義務者が共同して申請しなければならないこととすることにより、登記上直接の不利益を受ける登記義務者も申請するのであるから、登記原因となる権利関係が真実の権利関係に合致することを担保されるとして、共同申請の原則が採用された。

　もっとも、権利に関する登記でも、①所有権の保存の登記（不登74条1項）、②所有権の移転登記がない不動産についての所有権の保存の登記の抹消登記（同法77条）、③相続または法人の合併による権利の移転の登記（同法63条2項）などは単独申請によるべきとされている。これらは登記義務者にあたる者が存在しないからである。

2　共同申請の原則の例外としての判決による登記

⑴　不動産登記法63条1項

　不動産登記法60条は、「法令に別段の定めがある場合」は共同申請の原則は

適用されないとしている。そして、不動産登記法63条 1 項は、「60条……の規定にかかわらず」、申請を共同してしなければならない者の一方に登記すべきことを命ずる確定判決による登記は、他方が単独で申請できることとしている。

(2) 登記請求権

共同申請の原則の下では、登記を実現するためには登記手続の当事者同士は相互に登記申請手続に協力する必要がある。しかし、一方の当事者が登記申請手続に協力しない場合、他方の当事者は相手方に登記申請手続に協力すること（より具体的にいえば、相手方が登記を行う登記官に対し公法上の意思表示である登記申請の意思表示をすること）を請求できなければならない。そこで、このような登記申請手続に協力するよう請求する権利として、いわゆる登記請求権が認められており、登記請求権に対応して、相手方は登記申請手続に協力する義務（登記申請の意思表示をすべき義務）を負う。登記請求権については、法令上、定義や要件を定めた明文の規定はないが、学説・判例は、従来から実体法上の権利として登記請求権の存在を認めている。不動産登記法63条 1 項や民法423条の 7 や民事保全法53条等も登記請求権の存在を前提としている。

学説では、登記請求権の法的根拠について、一元的に説明できるとする見解（一元説）が有力に主張されていたが、現在では、必ずしも一元的に説明する必要はなく、問題となる類型ごとに分析すべきとする見解（多元説）が多数を占めている。そして、法的根拠により、以下の三つに分類するのが一般的である[1]。

① 物権的登記請求権（現在の物権関係と登記とが一致しない場合に、その不一致を除去するために、物権そのものの効力として発生する登記請求権）

② 債権的登記請求権（当事者間の契約あるいは特約の債権的効果として発生する登記請求権）

③ 物権変動的登記請求権（物権変動の過程、態様と登記とが一致しない場合に、その不一致を除去するために、物権変動の過程を登記面に忠実に反映させるべきとの要請に基づいて認められる登記請求権）

1　司法研修所編『改訂新問題研究要件事実』（法曹会、2022年）87頁、88頁。

なお、登記請求権を有する者とこれに対応して登記申請の意思表示をすべき義務を負う者については、それぞれ「登記権利者」、「登記義務者」の呼称が用いられることもある。しかし、前述したとおり、不動産登記法上の登記権利者は権利に関する登記をすることにより登記上直接に利益を得る者、登記義務者は権利に関する登記をすることにより登記上直接に不利益を受ける者であり、登記手続上の観点から固定的に定まる。他方、誰が登記請求権を有する者とその相手方であるかは、共同申請の原則を踏まえつつ、実体法上の観点から事案に応じて判断される。このため、「登記権利者」・「登記義務者」の呼称を不動産登記法上の登記権利者・登記義務者に用い、それと区別し、登記請求権を有する者を「登記請求権者」、登記申請の意思表示をすべき義務を負う者を「登記協力義務者」と呼称する例があり[2]、本稿もそれに倣う。

(3) 登記を実現するための訴訟

共同申請の一方の当事者が他方の当事者の協力の求めに応じない場合、他方の当事者は、意思表示をすべき義務を強制的に実現するために、協力に応じない当事者を被告として、登記請求権に基づき、登記手続を命ずる判決（登記申請の意思表示をするよう命ずる判決）を求めて民事訴訟を提起することになる。このような訴訟は、一般に「登記請求訴訟」、「不動産登記手続請求訴訟」などとよばれており、本稿では「登記請求訴訟」の呼称を用いる。民事執行法は、このような意思表示をすべき義務を判決に基づき強制的に実現する方法として、判決により意思表示がなされたものとみなす方法を採用している（民執177条1項）。意思表示をすべき債務は不代替的作為債務の一種であり、一般的に不代替的作為債務の強制的実現は間接強制（同法172条）の方法による。しかし、意思表示をすべき債務について、間接強制によることは被告に精神的、経済的負担を負わせる割に債務の実現は不確実であり、判決で意思表示の擬制を行うことで端的に目的を達成できることから、民事執行法は意思表示の擬制による方法を採用した。

ここで注意しなければならないのは、判決によって実現されるのは共同申請の一方当事者の申請の意思表示の擬制にとどまり、それだけで判決内容の登記

---

2 鎌田薫＝寺田逸郎＝村松秀樹編『新基本法コンメンタール不動産登記法〔第2版〕』（日本評論社、2023年）191頁〔安永正昭〕。

が実現するのではないことである。登記の実現のためには、原告において、判決に基づいて登記申請を行う必要がある。そして、登記を行うのは登記官であり、登記官は、登記に関し独立した権限を有し、不動産登記法等の法令および登記先例に従い、登記申請を審査する。したがって、たとえ登記手続を命ずる判決があっても、判決に記載された登記の内容が登記実務上許容できないと判断される場合には登記申請は却下されることになる。そのため、登記請求訴訟の原告は、訴状の請求の趣旨に記載して被告に申請の意思表示を求める登記が現実に実現可能であるかどうかを慎重に検討する必要がある。特に、求める登記が定型的とはいいがたい場合等、事案に応じ、原告は、当該不動産の所在地を管轄する登記所[3]の登記官に直接確認すべき場合もある。また、受訴裁判所においても、原告が求めている登記が現実に実現可能であることを確認しておく必要があり、事案に応じて、原告に登記所に確認するよう促すことも考えられる[4]。

Ⅲ　登記手続を命ずる判決の意義等

1　給付判決であること

不動産登記法63条1項の判決は、登記手続をする（登記申請の意思表示をする）という被告の行為を命ずる判決であり、給付判決でなければならない[5]。そのため、判決主文には登記申請の意思表示を命ずる文言（「登記手続をせよ。」）が必要である。なお、前述したとおり、登記を行うのは登記官であり被告は登記申請の意思表示を行うにすぎないので、「登記せよ」との文言は適切ではない[6]。

したがって、確認判決や形成判決は不動産登記法63条1項の判決にあたらな

3　法務局もしくは地方法務局もしくはこれらの支局またはこれらの出張所（不登6条）。

4　木納敏和ほか編『民事紛争解決の基本実務』（日本評論社、2018年）297頁、298頁、320頁、321頁〔関根規夫＝鈴木雅之〕。

5　従来からの判例（大判大正15年6月23日民集5巻536頁）、登記先例（明治33年9月24日民刑第1390号民刑局長回答・先例集(上)185頁）である。

6　司法研修所・前掲書（注1）86頁、司法研修所編『10訂民事判決起案の手引〔補訂版〕』（法曹会、2020年）14頁。

い。例えば、所有権の帰属に争いがある確認訴訟での「原告が別紙物件目録記載の土地の所有権を有することを確認する」との確認判決や詐害行為取消訴訟での「○と被告の間の別紙物件目録記載の土地についての令和○年○月○日付け贈与契約を取り消す」との形成判決では、登記申請は受理されない。これらの訴訟の原告が移転登記や抹消登記も実現したいのであれば、登記手続をせよとの請求を追加しなければならない[7]。

2　確定判決であること

　登記手続を命ずる判決は確定判決でなければならない。不動産登記法63条1項の法文自体から明らかではあるが、その理由は、意思表示を命ずる判決は確定して初めて被告の意思表示が擬制されるからである（民執177条1項）。登記を命ずる判決が言い渡されても、上訴されて確定していなければ、原告は登記申請をすることはできない。また、登記手続を命ずる判決に仮執行宣言を付すことはできず、裁判所が誤って仮執行宣言を付し、原告が登記申請をしたとしても却下される（通説、登記実務）。もっとも仮執行宣言付判決に基づく登記申請が誤って受理されて登記がなされた後に当該判決が確定した場合、登記は有効になると解されている（大決昭和10年9月27日民集14巻1650頁、最判昭和41年6月24日判時464号25頁）。

3　確定判決と同一の効力を有する債務名義

　不動産登記法63条1項の確定判決は、本来の意味の判決に限られない。民事執行法177条1項は、「意思表示をすべきことを債務者に命ずる」ものであれば、「判決その他の裁判が確定し」たときのほかに、「和解、認諾、調停若しくは労働審判に係る債務名義が成立したとき」も、意思表示が擬制されるとしている。したがって、不動産登記法63条1項の確定判決には、本来の判決のほかに、登記申請の意思表示をすべきことを命じる点で確定判決と同一の効力を有する債務名義も含むと解されている。裁判上の和解調書または請求の認諾調書（民訴267条）、民事調停調書（民調16条）、民事調停に代わる決定（同法17条、18

7　小池信行「判決による登記——登記先例の分析を中心として」鎌田薫＝寺田逸郎＝小池
　信行編『新不動産登記講座第3巻総論Ⅲ』（日本評論社、1998年）74頁。

463

条5項)、確定した執行決定のある仲裁判断（仲裁45条1項、民執22条6号の2）、家事審判（家事75条）、家事調停調書（同法268条）、家事調停に代わる審判（同法287条等）において、共同申請の一方の当事者に登記手続をすべきことが命ぜられた場合[8]、他方の当事者はこれに基づいて単独で登記申請ができる。

　他方、公正証書、仮処分の決定、家庭裁判所の保全処分は、仮に登記手続の履行を命ずるものであっても、不動産登記法63条1項の判決にはあたらない。公正証書は、債務の目的が一定の金額の支払またはその他の代替物もしくは有価証券の一定の数量の給付であるときに限り執行力を有するからである（民執22条5項）。また、仮処分の決定、家庭裁判所の保全処分は暫定的処分であり、登記の実現という終局的な状況を生じさせることは適切ではないからである。

4　登記手続を命ずる判決の対象となる登記

(1)　不動産登記法63条1項の対象となる登記

　先に述べたとおり（前記Ⅱ2(1)）、登記権利者・登記義務者が共同して申請すべき権利に関する登記（不登60条）が登記手続を命ずる判決の対象となる。また、これ以外にも、登記名義人が共同して申請すべきとされている共有物分割禁止の定めの登記（同法65条）、抵当権の順位の変更の登記（同法89条1項）または根抵当権の優先の定めの登記（同法89条2項）および質権に関するこれらの登記（同法95条2項）についても登記手続を命ずる判決の対象となる（同法63条1項）。

　他方、権利に関する登記でも単独申請による登記（前記Ⅱ1）は、原則として登記手続を命ずる判決の対象とならない。また、表示に関する登記[9]（不登2条3号）も、所有権の登記名義人等からの単独申請や登記官の職権によって行われることから（同法28条、36条、47条、57条等）、原則として登記手続を命ずる判決の対象とならない。

8　和解調書に「被告は、原告に対し、別紙物件目録記載の土地につき、令和○年○月○日売買を原因とする所有権移転登記手続をする」との給付条項が記載された場合等。

9　例えば、所在地、地番、地目、地積（不登34条1項各号）など不動産の状況を明らかにし当該不動産を特定するための事項を登記事項とする登記である。

Ⅲ　登記手続を命ずる判決の意義等

⑵　不動産登記法63条１項の類推適用

ア　無権利者名義の所有権の保存登記の抹消登記請求訴訟

　所有権の移転登記がない不動産についての所有権の保存の登記の抹消登記手続は、登記名義人の単独申請によることから（不登77条）、共同申請の当事者の一方がその申請に協力しない場合ではないので登記権利者・登記義務者の対立関係は生じない。しかし、無権利者名義の所有権の保存登記がされている場合、真の所有者は、保存登記の登記名義人に対し物権的登記請求権としての保存登記抹消登記請求権を有し、これに基づいて保存登記の登記名義人を被告として登記請求訴訟を提起できる（最判昭和41年３月18日民集20巻３号464頁）。そして、真の所有者は、不動産登記法63条１項の類推適用により、勝訴の確定判決に基づき、保存登記の登記名義人が本来なすべき抹消登記手続申請を単独でできる（昭和28年10月14日民甲1869民事局長通達・先例集㊦2081頁、昭和40年７月20日民事三発第572民事局第三課長回答・先例集追Ⅳ473頁）。もっとも、勝訴の確定判決に基づき、原告は、後述（Ⅳ１⑴ア）する債権者代位によって保存登記の登記名義人に代位する方法（不登59条７号）で登記申請をすべきとの見解もある[10]。

イ　表示に関する登記について不動産の客観的現況と合致しない状態が生じている場合の抹消登記請求訴訟

　建物が滅失したのに滅失登記（不登57条）がされないままであるなど、表示に関する登記について不動産の客観的現況と合致しない状態が生じ、所有権や抵当権等の円満な享受、行使が妨げられている場合には、学説上、所有者や抵当権者等に妨害となっている表示の登記が存在する不動産の所有権の登記名義人等に対する物権的登記請求権としての抹消登記請求権を認める見解が多数説である。

　この問題に関する裁判例をみると、下級審はこのような登記請求権を認める裁判例が多数である。これに対し、最判昭和45年７月16日判時605号64頁は、建物の滅失の登記は建物の表示に関する登記であるから、登記官が職権をもって調査して行うべきであり、滅失建物の所有権登記名義人に対し同じ土地に現

10　細川清「判決による登記の基礎」登記研究557号（1994年）19頁、香川保一「不動産登記法逐条解説⒁」登記研究627号（2000年）71頁。

465

に存する建物の所有者が滅失登記手続をすべきことを訴求することはできない
と判示している。しかし、この最判の事案では、滅失建物と現存建物は同一性
がなくすでに現存建物に所有者名義の保存登記がされており、現存建物の所有
権に対する妨害にはなっていなかったと解することもでき、一般的に表示に関
する登記に対する抹消登記請求権を否定したものとはいえないと解される[11]。
そして、最判平成6年5月12日民集48巻4号1005頁は、登記された甲建物につ
いて滅失の事実がないのに滅失登記がされて甲建物に設定されていた根抵当権
設定登記が登記簿上公示されなくなり、さらに、同一の建物について別の乙建
物として表示登記および所有権保存登記がされている事案につき、根抵当権者
は、根抵当権に基づく妨害排除請求として、乙建物の所有権の登記名義人に対
して乙建物の表示登記および所有権保存登記の抹消手続を、甲建物の所有権の
登記名義人であった者に対しては甲建物の滅失登記の抹消登記手続を、それぞ
れ請求できるとした。

　なお、登記請求権に基づき表示に関する登記の登記手続を命ずる確定判決に
基づき登記申請する方法については見解が分かれている。その一つは、原告で
ある所有者等は、不動産登記法63条1項の類推適用により、単独で登記手続申
請を行うことができるとする見解である[12]。これに対し勝訴の確定判決に基づ
き、後述（Ⅳ1⑴ア）する債権者代位によって表題部所有者または所有権の登
記名義人等に代位する方法（不登59条7号）で登記申請をすべきとの見解もあ
る[13]。後者の見解に立ちつついずれの方法によっても登記事項の内容に差異は
ないとして前者の方法でも便宜申請を受理して差し支ないとする見解もあ
る[14]。

5　登記手続を命ずる判決の主文の記載事項

　前述したとおり、登記手続を命ずる確定判決により被告の登記申請の意思表

11　井上繁規「判解」最判解民〔平成6年度〕357頁。
12　幾代通『登記請求権——実体法と手続法の交錯をめぐって』（有斐閣、1979年）190頁、
　　御園生進「判批」判例評論160号（1972年）22頁、井上・前掲判解（注11）371頁等。
13　吉野衛『注釈不動産登記法総論〔新版〕上』（金融財政事情研究会、1982年）549頁、細
　　川・前掲論文（注10）15頁、小池・前掲論文（注7）85頁、青山正明編『新訂民事訴訟と
　　不動産登記一問一答』（テイハン、2008年）270頁〔南敏文〕。
14　幸良秋夫『新訂判決による登記』（日本加除出版、2022年）96頁。

示が擬制される（民執177条1項）。また、権利に関する登記をするには登記原因（登記の原因となる事実または法律行為（不登5条2項ただし書））を記録する必要があり（同法59条3号）、登記の申請には登記原因を証するための情報（登記原因証明情報）を提供しなければならないが（同法61条）、登記手続を命ずる確定判決の判決書正本は登記原因証明情報にあたる（不登令7条5号ロただし書(1)）。以上から、判決の主文には、登記の申請をする際に登記所に提供しなければならない情報（申請情報。不登18条、不登令3条）として、以下の事項の記載が必要である。前記3の和解調書等についても同様である。また、これらの事項は、登記請求訴訟の原告が訴状の請求の趣旨に記載すべき事項でもある。

(1) **対象不動産を特定し他の不動産と識別するための事項（不登令3条7号・8号）**

土地については所在する市区町村等、地番（不登2条17号）、地目（同条18号）、地積（同条19号）の表示により、建物については所在する市区町村等、家屋番号（同条21号）、建物の種類、構造および床面積その他の表示により対象不動産を特定するが、いずれも登記記録の記載による。判決中の対象不動産の表示が登記記録と一致していないと登記ができないおそれがあるので、受訴裁判所は、訴訟記録中の登記事項証明書などと照合して不一致があれば釈明し正確に記載する必要がある[15]。判決主文中で対象不動産を記載する場合に長文となって読みにくくなるのを避けるため、別紙として上記の表示を記載した物件目録を添付することが多い[16]。

(2) **登記の目的（不登令3条5号）**

これは、権利の全部あるいは一部の移転登記、抹消登記、変更登記、更正登記など、どのような登記の手続について申請の意思表示を命ずるかを明らかにする事項である。抹消登記手続を命ずる判決主文では、抹消されるべき登記を特定する必要があるが、その特定は対象不動産と登記の名称・登記所の名称・受付年月日・受付番号によって特定できるので、これらの点を主文で明らかに

---

15 司法研修所・前掲書（注6）15頁。
16 司法研修所・前掲書（注6）18頁。
17 司法研修所・前掲書（注6）14頁。例えば、「被告は、別紙物件目録記載の土地について○○地方法務局令和○年○月○日受付第○号の所有権移転登記の抹消登記手続をせよ」。

467

すれば足りると解されている[17]。また、登記を表示する場合も、主文が長文となって読みにくくなるのを避けるため、別紙として登記目録を添付することも多い[18]。なお、移転登記手続を命ずる場合には、移転登記をすべき相手方を明らかにする趣旨で、その相手方を主文に記載する必要がある。他方、抹消登記手続を命ずる場合には、そのような相手方は存在せず、相手方を明示する必要がないことから、上記の例のとおり、主文に「原告に対し」との記載はしないのが通例である[19]。

(3)　登記原因およびその日付（不登令3条6号）

登記原因は、判決の理由中で明らかになっていればよいと解されており、最判昭和32年9月17日民集11巻9号1555頁は、売買を原因として所有権移転登記手続を命ずる場合、売買の日付は必ずしも主文に表示する必要はなく、理由中に明示されていれば足りるとしている。しかし、明確性の点から、登記原因証明情報として登記手続を円滑に進めるために主文に記載することが励行されるべきである。

裁判実務では、所有権移転登記を命ずる判決の主文は登記原因を明らかにして記載するが、抹消登記手続を命ずる判決の主文では登記原因を示さないことが通例となっている[20]。なお、抹消登記に代わる真正な登記名義の回復を原因とする移転登記手続を命ずる場合の登記原因は「真正な登記名義の回復」であり、原因日付は不要である（昭和39年2月17日民事三発第125号民事局第三課長回答・先例集追Ⅳ10）。

6　登記手続を命ずる判決の効力、執行文付与の要否

(1)　意思表示の擬制

登記手続を命ずる判決その他の裁判は、原則として、その確定のときに効力が発生して被告の登記申請の意思表示が擬制され（民執177条1項本文）、その段階で判決の執行が完了する（最判昭和41年3月18日民集20巻3号464頁）。和解、認諾、調停もしくは労働審判に係る債務名義（例：和解調書等）については、

18　司法研修所・前掲書（注6）22頁。
19　司法研修所・前掲書（注1）86頁、87頁。
20　司法研修所・前掲書（注6）15頁、司法研修所・前掲書（注1）87頁。

Ⅲ　登記手続を命ずる判決の意義等

成立したときに意思表示が擬制される。

　本来、強制執行は執行文の付された債務名義の正本に基づき実施する（民執25条）。しかし、意思表示の擬制の場合は、その後の執行機関による執行手続を予定していないので、原則として執行文は不要である。また、登記手続をすべき債務が確定期限の到来に係るときは、執行機関ではない登記所が確定期限の到来を調査することは容易であるから、その確定期限の到来により登記申請の意思表示が擬制されるものと解され、執行文は不要である[21]。

(2)　執行文の付与が必要な場合

　(1)の例外として、以下の３つの場合は執行文が付与された時に意思表示が擬制される（民執177条１項ただし書）。したがって、これらの場合には、登記申請手続を行うために執行文付与機関（事件の記録の存する裁判所の裁判所書記官（民執26条））により執行文の付与を受けることが必要である。

　　ア　登記申請の意思表示が債権者の証明すべき事実の到来に係る場合

　債権者の証明すべき事実とは、給付訴訟であれば原告（債権者）が証明責任を負う事実であり、不確定期限の到来、停止条件の成就、法定条件の具備（農地売買の許可）などである。原告は、民事執行法27条１項の手続（債権者がその事実の到来したことを証する文書を裁判所書記官に提出する）により執行文の付与を受ける。

　　イ　登記申請の意思表示が反対給付との引換えに係る場合

　本来は、反対給付またはその提供は執行開始の要件であるが（民執31条１項）、意思表示の擬制による方法は、その後の執行機関による執行手続を予定していない。このため、原告は、民事執行法177条２項の手続（債権者が反対給付またはその提供のあった事実を証する文書を裁判所書記官に提出する）により執行文の付与を受ける。

　　ウ　登記申請の意思表示が債務の履行その他の債務者の証明すべき事実の
　　　ないことに係る場合

　債務者の証明すべき事実とは、給付訴訟であれば被告（債務者）が証明責任を負う事実である。例えば、移転登記請求訴訟で、被告が所定の期限までに

21　青山・前掲書（注13）171頁〔田中康久〕。

1000万円を支払わなかったときは、原告に対して不動産の所有権移転登記手続する旨の代物弁済の合意が成立したことが請求原因とされる場合に、抗弁にあたる被告が期限までに1000万円を支払ったという事実である。

　原告は、民事執行法177条3項の手続[22]により執行文の付与を受ける。債務者の証明すべき事実は、本来、債務者が請求異議の訴えにおいて強制執行を許さない旨の判決を得るために証明するのであるが、判決の確定等により直ちに意思表示が擬制されるとすると、債務者の証明すべき事実があったとしても登記手続が直ちに可能になり債務者の保護に欠ける。そこで、執行文の付与の手続を要するとして、債務者にその事実を証明する機会を与えた[23]。

(3)　執行文の付与を拒絶された場合等における債権者の対応

　裁判所書記官が執行文付与の申立てを拒絶する処分をした場合には、債権者は、当該書記官が所属する裁判所に対して異議を申し立てることができる（民執32条1項）。そして、異議の申立てに理由がある場合には、裁判所が裁判所書記官の拒絶処分を取り消し、執行文の付与を命じ、裁判所書記官は執行文を付与することになる[24]。

　また、債権者は、執行文付与の申立てを拒絶された場合や前記(2)ア、イの事実を証明文書の提出以外の方法で証明しようとする場合は、執行文付与の訴え（民執33条1項）を提起できる。民事執行法177条1項、33条1項の法文上は、前記(2)アの場合に限り執行文付与の訴えが認められるようにも読めるが、救済の必要性から前記(2)イ、ウの場合にも執行文付与の訴えが認められる[25]。

(4)　執行文が付与された場合の債務者の救済

　実務においては、執行文の付与は意思表示の擬制の時点を明確にするためになされるものにすぎないし、執行文の付与により擬制の効果が生じた後に執行

22　執行文付与の申立てがあったとき、裁判所書記官が債務者（被告）に対し一定の期間（香川保一監修『注釈民事執行法(7)』（金融財政事情研究会、1989年）322頁注(11)〔富越和厚〕は、法に定める他の催告を参考にすると1週間ないし2週間が一般的と考えられるとする）を定めてその事実を証明する文書を提出すべきことを催告し、債務者がその期間内にその文書を提出しない限り、執行文を付与する。

23　青山・前掲書（注13）172頁〔田中康久〕。

24　伊藤眞＝園尾隆司編『条解民事執行法〔第2版〕』（弘文堂、2022年）299頁〔垣内秀介〕。

25　香川・前掲書（注22）316頁、319頁〔富越和厚〕。

手続を予定しておらず、執行文付与に対する異議の申立て（民執32条1項）や異議の訴え（同法34条1項）に期間制限がなく擬制された意思表示の実体的効果がいつまでも不安定となることから、債務者への執行文の送達（同法29条）を不要とし、執行文付与に対する異議の申立てや異議の訴えを認めない。債務者の救済としては、登記完了後に登記請求権が発生していなかったという実体法上の理由で行われた移転登記等の抹消登記手続を求める訴えまたは抹消された登記の回復登記手続を求める訴えを提起することになる[26]。これに対し、執行文付与について債務者に防御の機会を与える必要があり、相当な期間経過後に異議等がされた場合には権利濫用・信義則違反として却下することで対応しうるとして、執行文の送達を必要とし、執行文付与に対する異議の申立てや異議の訴えを認める見解もある[27]。

Ⅳ　登記請求訴訟の当事者等

1　登記請求訴訟の当事者（原告・被告）と登記請求権者・登記協力義務者と登記権利者・登記義務者との関係

　一般的には、登記請求権者が原告となり、登記協力義務者を被告として、登記請求訴訟を提起し、原告が登記権利者で被告が登記義務者であることが多い。しかし、前述したとおり（Ⅱ2(2)）、登記請求権者・登記協力義務者は実体法上の権利である登記請求権をめぐる概念であり事案に応じ実体法の解釈により定まるのに対し、登記権利者・登記義務者は不動産登記法に基づく登記申請手続上の概念で固定的に定まり、両者は必ずしも一致しない。さらに、後記(1)アのとおり、登記請求権者以外の者が登記請求訴訟の原告となることもある。登記請求訴訟を提起しようとする者は、登記の現況等を確認したうえで、

26　鈴木忠一＝三ケ月章編『注解民事執行法(5)』（第一法規、1985年）126頁、127頁〔町田顕〕、香川・前掲書（注22）320頁、323頁〔富越和厚〕、青山・前掲書（注13）173頁、174頁〔田中康久〕。

27　浦野雄幸『条解民事執行法』（商事法務研究会、1985年）755頁、中野貞一郎＝下村正明『民事執行法〔改訂版〕』875頁、877頁（青林書院、2021年）、山本和彦ほか編『新基本法コンメンタール民事執行法』（日本評論社、2014年）435頁〔大濱しのぶ〕。

誰が訴訟当事者となって、どのような登記請求権に基づき、誰が登記権利者・登記義務者であるかを含め、いかなる登記手続を命ずる判決を求めるのが適切かについて慎重に検討する必要がある。この問題についていくつかの例をあげる。

(1) 目的不動産の所有権の数次の移転登記、抹消登記の場合

ア 登記手続を命ずる判決により数次の移転登記を実現しようとする場合

甲所有の不動産につき、乙、丙と順次売買により譲渡されたが、甲が乙への所有権移転登記手続をなさず、乙も登記手続をするよう甲に求めない場合、丙は、直接の相手である乙に対し、売買契約に基づく所有権移転登記請求権に基づき、乙丙間の売買を原因とする所有権移転登記をすべきことを求めることができる。しかし、丙は、乙に勝訴しても、乙が所有権の登記名義人となるまでは、その登記を実現できない。

この場合、丙は、丙の乙に対する移転登記請求権を保全するため、民法423条の7の登記請求権を保全するための債権者代位権に基づき、自身は甲から乙への移転登記に関し登記請求権者でも登記権利者でもないが、自身が原告となって、乙に代位して、乙の甲に対する売買契約に基づく所有権移転登記請求権を行使し、甲を被告とする登記請求訴訟を提起して甲から乙への売買を原因とする所有権移転登記手続を求めることができる。この場合、乙の無資力は要件とされない。上記の移転登記請求訴訟において丙の勝訴判決が確定すると、甲の登記申請の意思表示が擬制される。

もっとも、丙は、登記権利者ではないので、甲に対する勝訴判決を示して当然に甲から乙への移転登記を単独で申請することはできない。そこで、丙は、民法423条に基づき、乙に対する所有権移転登記請求権を保全するため、登記権利者である乙に代位して、乙の登記申請権を行使し、甲から乙への移転登記申請を行う（不登59条7号）。この登記申請権は、登記申請者（登記権利者・登記義務者）が登記官に対して有する公法上の権利であって登記手続で行使されるものであり、訴訟手続で債権者代位権に基づく代位行使の対象とはならないが、登記手続で債権者代位権に基づく代位行使が可能である（同条7号、不登令3条4号）。そして、登記権利者・登記義務者以外の者が登記手続で登記申請権を代位行使するためには、代位原因を証明するための情報（代位原因証明

情報）を法務局に提出しなければならないが（不登令7条3号）、乙から丙への所有権移転登記手続を命ずる確定判決の正本は、乙から丙への移転登記の登記原因証明情報になるとともに甲から乙への移転登記の代位原因証明情報となる。なお、平成29年法律第44号による民法改正において民法423条の7が新設されたが、同条は代位の対象を登記請求権に限定しているので、登記申請権は改正前と同様に民法423条に基づく代位の対象になると解される。

　以上の甲に対する勝訴の確定判決（甲の登記申請の意思表示が擬制）と丙による乙の登記申請権の代位の結果、丙は、甲から乙への所有権移転登記申請ができる。そのうえで、丙は、乙に対する自己の登記請求権について勝訴判決が確定すると、乙の登記申請の意思表示が擬制されるので、単独で、乙から丙への所有権移転登記申請ができる。もっとも、甲に対する勝訴判決だけでは、甲から乙への移転登記が実現できるだけで、乙の債権者が当該不動産を差し押さえると、丙は、民法177条によって、差押債権者に対して当該不動産の所有者であることを対抗できなくなるおそれがある。そのため、実際には、丙は、甲と乙に対する請求を併合して訴訟（通常共同訴訟（民訴38条））を提起し、同一の訴訟手続で判決を得て、登記申請も同一の機会に行うことが通常である。

　　イ　登記手続を命ずる判決により数次の抹消登記を実現しようとする場合
　丙所有の不動産について、丙、乙、甲と順次売買を原因とする所有権移転登記がなされたが、丙から乙への登記が乙の偽造文書によるもので丙乙間の売買が不存在の場合、丙は、物権的登記請求権として、乙に対し丙から乙への移転登記の抹消登記請求権を有するとともに、甲に対しても乙から甲への移転登記の抹消登記請求権を有し、乙、甲それぞれを被告として訴訟を提起できる。しかし、丙は乙から甲への移転登記の抹消登記手続の登記権利者ではないので、丙は、乙から甲への移転登記の抹消登記手続を命ずる確定判決（甲の登記申請の意思表示を擬制）を登記原因証明情報とし、かつ丙から乙への移転登記の抹消登記手続を命じる確定判決を代位原因証明情報（乙に代位し乙の登記申請権を行使）として、乙から甲への所有権移転登記の抹消登記手続を申請する。

(2)　詐害行為取消訴訟

　詐害行為にあたる法律行為によって債務者の不動産の所有権が移転し所有権移転登記がされた場合、詐害行為を主張する債権者は、原告となって詐害行為

473

取消権（民424条）に基づき、受益者である法律行為の相手方を被告として、法律行為の取消しと移転登記の抹消登記手続を求め訴訟を提起できる。この場合の原告は、被告に対し抹消登記手続を請求する登記請求権を有するといえるが、抹消登記手続の登記権利者は債務者であるので、この訴訟の勝訴の確定判決を登記原因証明情報（登記義務者である受益者の登記申請の意思表示を擬制）および代位原因証明情報（登記権利者である債務者の登記申請権を代位行使）として、所有権移転登記の抹消登記手続を申請する。

(3)　登記引取訴訟

不動産の売買契約の買主が売主の求めにかかわらず自身への当該売買を原因とする所有権移転登記手続に協力しない場合など、登記権利者が登記に応じない場合、登記義務者は所有者として固定資産税などの公租公課を賦課されたり、不法行為に基づく損害賠償の責任（民717条）を負うおそれがある。これを回避するための登記請求権として、登記義務者（上記の例では売主）が登記権利者（上記の例では買主）に対し登記手続に協力することを求める請求権（「登記引取請求権」ともよばれる）が認められている（最判昭和36年11月24日民集15巻10号2537頁）。この場合、登記義務者が登記請求権者、登記権利者が登記協力義務者となる。旧不動産登記法27条は、「判決……ニ因ル登記ハ『登記権利者』ノミニテ之ヲ申請スルコトヲ得」と規定するのにとどまっていたが、現行の不動産登記法63条1項は、権利に関する登記の「申請を共同してしなければならない者の一方に登記手続をすべきことを命ずる確定判決による登記は、当該申請を共同してしなければならない者の他方が単独で申請することができる」と規定しており、登記権利者が協力しない場合も登記請求訴訟を提起し勝訴の確定判決を得たうえで単独で登記の申請をすることができることを明らかにしている。

(4)　承諾請求訴訟

権利に関する登記の抹消登記は、登記上の利害関係を有する第三者がある場合には、当該第三者の承諾があるときに限り申請できる（不登68条）。この第三者とは、ある登記が抹消されることによって直接不利益を受ける登記名義人である。例えば、甲所有の不動産について乙への所有権移転登記がされた後、乙が丙のために抵当権を設定し抵当権設定登記がなされたが、乙への移転登記

は乙の偽造文書による無効な登記で、甲が抹消登記をしようとする場合の丙である。実体法上の観点からは、丙の抵当権設定登記の抹消登記請求も考えられるところではあるが、上記の申請手続を踏まえると、甲は、丙が乙への移転登記の抹消に協力しない場合、丙に対し、実体法上の権利として乙への移転登記の抹消を承諾するよう求める権利を有すると解される。したがって、この場合、甲は、丙に対しては、この承諾請求権に基づき、上記の第三者として乙への移転登記の抹消を承諾する意思表示を命ずる判決を求めて訴訟を提起することができ、この方法によることが不動産登記法上想定されていると解される。

2　口頭弁論終結後に当事者の地位に変動がある場合

　登記手続を命ずる判決が確定したが、登記請求訴訟の事実審の口頭弁論終結後登記手続がなされない間に、包括承継あるいは特定承継により当事者の地位に変動があった場合、登記手続を命ずる確定判決に基づく登記申請にどのような影響が生じるかが問題となる。

(1)　原告の地位に変動があった場合

　相続等の包括承継が生じた場合、相続人等の承継人は、確定判決の判決書の正本に加えて、承継を証明する情報を提供して登記申請をすることができる（不登62条、不登令7条1項5号イ）。また、売買等により目的不動産の所有権が移転する等の特定承継が生じた場合、確定判決の判決書の正本に加えて、債権者代位権（民423条）に基づく代位申請により代位原因を証明する情報を提供して登記申請をすることができる（不登59条7号、不登令7条1項3号）。

(2)　被告の地位に変動があった場合

　確定判決の効力は口頭弁論終結後の承継人にも及ぶことから（民訴115条1項3号、民執23条1項3号）、現在の通説的見解では、以下のア、イのとおり、原告は、上記の承継人にあたる者に対しては、承継執行文（民執27条2項）の付与を受けて、単独で確定判決に基づき登記申請することができると解されている[28]。もっとも、近年、この通説的見解に対し、意思表示義務の強制執行につ

28　兼子一『判例民事訴訟法』（弘文堂、1950年）430頁、竹下守夫＝上原敏夫「判批」判例評論252号（1980年）41頁、香川保一監修『注釈民事執行法⑵』（金融財政事情研究会、1985年）97頁〔大橋寛明〕、齋藤秀夫ほか編『注釈民事訴訟法(5)〔第二版〕』（第一法規、

いては原則として判決等の裁判の確定または債務名義の成立時に意思表示が擬制され、狭義の強制執行は完了することなどの特殊性があることから、包括承継の場合も含め、登記名義の承継人に対し執行力を拡張することを否定する見解も有力である[29]。

ア　包括承継の場合

被告の包括承継人は原告と対抗関係に立たないから、原告は、戸籍謄本等の包括承継を証明する文書を執行文付与機関に提出して、被告の相続人等の包括承継人への承継執行文の付与を受け、単独で確定判決に基づき登記申請することができる。

イ　特定承継の場合

原告は、新たに被告から所有権移転登記を経た第三者等に対し、自身の所有権等を対抗できる場合には、承継人にあたるとしてこの者への承継執行文の付与を受け単独で確定判決に基づき、この者の経た所有権移転登記の抹消登記申請等をすることができ、他方、対抗できない場合には、承継執行文の付与を受けることができない。判例は必ずしも明確ではないが同旨と思われる（大判昭和17年5月24日民集21巻592頁、最判昭和54年1月30日判時918号67頁）。また、登記実務も承継執行文が付与されていれば確定判決に基づく登記申請を受理している（昭和32年5月6日民事甲738号法務省民事局長通達・先例集追Ⅱ94）。

具体例として、乙が甲から甲所有の不動産を受けて甲に対し所有権移転登記手続を命ずる判決を得たが、その登記をしない間に、甲が丙に同一の不動産を売却して丙への所有権移転登記がなされた場合は、典型的な対抗関係の問題である。乙は、民法177条により先に登記を具備した丙に所有権を主張できないので、丙は承継人にあたらず乙は承継執行文の付与を受けられない（最判昭和41年6月2日判時464号52頁）。なお、丙がいわゆる背信的悪意者である場合、乙は承継執行文の付与を受けることが可能であると思われるが、背信的悪意者で

1991年）142頁、143頁〔小室直人＝渡部吉隆＝齋藤秀夫〕、兼子一ほか『条解民事訴訟法〔第2版〕』（弘文堂、2011年）596頁〔竹下守夫〕等。

29　中野＝下村・前掲書（注27）134頁、裁判所書記官研修所『執行文に関する書記官事務の研究（下）』（司法協会、1992年）663頁以下、鈴木正裕＝青山善充編『注釈民事訴訟法(4)』（有斐閣、1997年）421～422頁〔伊藤眞〕、裁判所職員総合研修所監修『執行文講義案〔改訂再訂版〕』（司法協会、2015年）196頁以下。

あることについて文書による証明は困難であり、執行文付与の訴えの方法により、実質的には丙に対する抹消登記請求訴訟を提起する場合と同程度の審理の負担が甲に生じると思われる[30]。

　他方、甲所有の不動産について、甲、乙、丙と順次売買を原因とする所有権移転登記がされている場合では、甲から乙への登記が乙の偽造文書によるなど売買が不存在であれば、甲は丙に対し所有権を主張することができるから、乙に対し乙の登記の抹消登記手続を命ずる勝訴判決に丙への承継執行文の付与を受けることができる。しかし、甲乙間の売買が通謀虚偽表示により無効である場合は善意の第三者に無効を主張できないから（民94条2項）、丙が善意の第三者であれば承継人ではなく、甲は承継執行文を得ることができない（最判昭和48年6月21日民集27巻6号712頁）。なお、丙が善意者でなければ甲は甲乙間の売買の無効を丙に主張できるが、丙が悪意であることが客観的に明確な場合以外には容易に承継執行文は付与できず、執行文付与の訴えの方法によって丙が善意者か否かの実質審査を経なければ判断はできないので、実質的には丙に対する抹消登記請求訴訟と同程度の審理の負担が甲に生じると思われる[31]。また、甲乙間の売買の取消し（詐欺、強迫（民96条）、さらに錯誤も平成29年法律第44号による改正後の民法95条では取消事由である）、解除（同法545条）を理由に甲が乙に対する乙の登記の抹消登記手続を命ずる勝訴判決を得たが口頭弁論終結後に丙への登記がされた場合は、判例の見解では、丙はいわゆる取消しや解除の後の第三者として甲丙間は対抗関係となり（詐欺による取消しにつき大判昭和17年9月30日民集21巻911頁、解除につき最判昭和35年11月29日民集14巻13号2869頁）、登記を得た丙は承継人ではなく甲は承継執行文を得ることができない。

3　登記名義人の変動等を想定した仮処分の検討

　前述のとおり（前記1）、登記請求訴訟を提起しようとする者は、事前に登記の現況等を確認し、誰を被告として、どのような登記請求権に基づき、どのような登記を実現するのが適切であるかを検討する必要がある。しかし、このような確認をしたとしても、その後、訴訟の提起前や提起後、さらに口頭弁論

30　青山・前掲書（注13）183頁、184頁〔田中康久〕。
31　青山・前掲書（注13）183頁〔田中康久〕。

21 登記手続を命ずる判決に関する諸問題

終結後に、所有権の登記名義人が変わったり、抵当権設定登記が経由される事態が生じる可能性がある。このような事態が生じると、紛争がさらに複雑化、困難化し時間的にも費用的にも負担が増大するだけではなく、求める登記が実現できないこと（例：前記2(2)イ）もあり得る。登記請求訴訟を提起しようとする者は、このような事態も想定し、当事者恒定のため、当該不動産に対する処分禁止の仮処分（民保23条、53条、58条）の申立ても検討する必要がある[32]。

32　木納ほか・前掲書（注4）298頁〔関根規夫＝鈴木雅之〕。

22 「訴訟上の和解」——勧試と調整上の留意点

福 田 修 久
松山地方・家庭裁判所長

I 訴訟上の和解の意義

訴訟上の和解（裁判上の和解ともよばれる）は、民事訴訟手続における判決と並んで重要な紛争解決手段である[1]。判決と違って、当事者が互譲して合意に至った内容が判決と同様の効力をもつことにより訴訟終了効を有するものであるから、当事者が合意することが必要であり、これが訴訟上の和解における最大の関門となる。反面、訴訟上の和解を成立させるには、判決をするならば必要であった争点整理、証拠調べ、判決書作成という一連の過程を経る必要はない。司法のリソースは有限である以上、事案に応じたリソースの分配を考慮すべきであり、すべての訴訟事件を判決で終局させようとするのは無理があるから[2]、一定割合の事件では訴訟上の和解を成立させる必要がある。加えて、訴訟上の和解では、判決によったのでは出すことができない内容の合意をするこ

---

1 民事保全手続でも、双方審尋の形になれば可能と解されている。
2 和解のほうが、多くの場合、判決書の作成・点検、尋問前に和解できればさらに、尋問の実施・調書作成・点検なくして事件を終局させることができるから、司法リソースの視点からは望ましいといえる。しかし、判決書を作成したうえでの和解という場合もあるし、当事者の話を聞いたり当事者を説得したりするのに判決書作成以上の時間や労力を要する場合もなくはない。もちろん、それでも判決よりも和解による解決のほうが望ましい場合もあるし、司法リソースをさほど割かないで和解が成立したとしても、裁判所への不信感を残す場合もあるから、司法リソースの視点だけで訴訟上の和解について考えるべきではない。ましてや、当事者に判決の労を惜しんで和解をすすめていると思わせるようなことがあってはならない。

479

とも可能であるから、事案に沿った柔軟な解決をするのに適している。和解成立のために権利者側が妥協した結果、被害を100％回復するには至らなかったとしても、早期に70％でも回復できればその利益に適うという場合もある[3]。このような理由で、訴訟上の和解は、判決以上の紛争解決機能を発揮する場合もあるといえる。

II　民事訴訟のデジタル化に伴う法改正と留意点

1　民事訴訟法の改正

　従前、和解成立の過程においては裁判所への出頭を要しない手続が定められていた（民事訴訟法264条の受諾和解など）ものの、和解期日において電話会議やテレビ会議を利用することについては何らの規定もおかれていなかった。そのため、和解期日には当事者が電話会議やテレビ会議により出頭することができないことを前提として、電話会議による当事者の出頭を可能ならしめることだけを目的とした便法として弁論準備手続に付したり、和解期日に事実上不出頭の当事者と電話会議等で協議を行い、合意に至れば調停に付したうえで、いわゆる17条決定を行ったりするなど、手続の変則的運用によって対処していた。しかし、令和4年法律第48号による改正後の民事訴訟法89条2項は、「裁判所は、相当と認めるときは、当事者の意見を聴いて、最高裁判所規則で定めるところにより、裁判所及び当事者双方が音声の送受信により同時に通話をすることができる方法によって、和解の期日における手続を行うことができる」、同条3項は、「前項の期日に出頭しないで同項の手続に関与した当事者は、その期日に出頭したものとみなす」とそれぞれ規定しており、これらの条項は令和5年3月1日から施行されているから、弁論準備手続に付すことなく和解期日を指定し、電話会議またはウェブ会議を用いて手続に関与した当事者も期日に出頭したものとして、和解を成立させることも可能となった[4]。

3　逆に、判決および強制執行によって100％の被害回復ができたとしても、そのために要した時間、費用や労力を考慮すると、実効的な紛争解決がされたとはいいがたい場合もある。

Ⅱ　民事訴訟のデジタル化に伴う法改正と留意点

2　人事訴訟

　令和4年法律第48号による改正前の人事訴訟法37条3項は、電話会議やウェブ会議により出頭したものとみなされた当事者が和解を成立させることはできないと規定し、和解を成立させるには当事者が現実に出頭することが必要とされていた。しかし、令和4年法律第48号による改正後の人事訴訟法37条4項は、「離婚の訴えに係る訴訟における民事訴訟法89条2項及び170条3項の期日においては、同法89条3項及び170条4項の当事者は、和解及び請求の認諾をすることができない。ただし、当該期日における手続が裁判所及び当事者双方が映像と音声の送受信により相手の状態を相互に認識しながら通話をすることができる方法によって行われた場合には、この限りでない」と改められ、同条項が施行される日（令和7年3月1日）からは、離婚事件においてウェブ会議により和解を成立させることが可能となる[5]。なお、電話会議では、従前どお

4　なお、令和4年法律第48号による改正により、和解に関して以下のような規定がおかれるに至っている（令和7年3月1日施行）。
　①　改正後の民事訴訟法89条4項は、「148条、150条、154条及び155条の規定は、和解の手続について準用する」、同条5項は、「受命裁判官又は受託裁判官が和解の試みを行う場合には、2項の規定並びに前項において準用する148条、154条及び155条の規定による裁判所及び裁判長の職務は、その裁判官が行う」と規定し、受命裁判官による和解期日における手続の規律を定めている。
　②　同法264条2項は、「当事者双方が出頭することが困難であると認められる場合において、当事者双方があらかじめ裁判所又は受命裁判官若しくは受託裁判官から和解が成立すべき日時を定めて提示された和解条項案を受諾する旨の書面を提出し、その日時が経過したときは、その日時に、当事者間に和解が調ったものとみなす」と規定し、当事者双方が裁判所に不出頭の場合であっても和解を成立させる手続を新設した。併せて、同条1項において、受諾和解を利用するためのいわゆる遠隔地要件を「出頭することが困難であると認められる場合」に緩和した。
　③　同法91条2項後段は、「非電磁的訴訟記録中264条の和解条項案に係る部分、265条1項の規定による和解条項の定めに係る部分及び267条1項に規定する和解（口頭弁論の期日において成立したものを除く）に係る部分についても、同様とする」（すなわち、当事者及び利害関係を疎明した第三者に限り、記録の閲覧等の請求をすることができる。また、91条の2第4項において、電磁的訴訟記録に係る閲覧及び複写の請求についてこれを準用している）と規定し、訴訟記録のうち和解（口頭弁論期日で成立したものを除く）に係る部分を閲覧謄写することができる者を当事者及び利害関係を疎明した第三者に限るものとした。それでも、なお利害関係のある第三者が閲覧等できる以上、これを避けたいと考える当事者は、従前と同様、付調停のうえでの調停成立を望むであろう。

481

り、和解を成立させることができないことに注意を要する。

3 留意点

　ウェブ会議を用いて当事者双方から交互に事情や意見を聴取する場合の最大の留意点は、一方当事者からの聴取内容が他方当事者に筒抜けにならないよう機器の操作を慎重に行う必要があるという点である。例えば、一方当事者とだけ話をする際には、ウェブ会議をいったん終了したうえ、一方当事者のみとのウェブ会議を開始するのが無難であり、さらに、そこに他方当事者が加わってこようとしていないか注意を払う必要がある。弁護士が訴訟代理人となっている場合はそのようなことは慎むであろうが、機器を誤操作してしまう可能性もあるし、用心するに越したことはない。もっとも、機器の操作に慣れてしまえば、現に裁判所に出頭した双方当事者が和解室と待合場所とを行ったり来たりするよりもスピーディに、聴取する当事者を交替してもらうことができるというのが筆者の実感である[6]。

　また、ウェブ会議においては、一つのデータを双方当事者と裁判所（裁判官と書記官）で共有し、それぞれが修正することもできるので、和解の期日において和解条項案を調えたり、確認したりするのに便利であり、和解調書の早期作成に資するものとなっている。

5　調停手続においても、同様にウェブ会議による離婚調停を成立させることが可能となる（家事268条3項、277条2項）。

6　ほかに、ウェブ会議では、非公開である和解期日に他の者が立ち会っていないかがわかりがたいという問題もある。もし、他の者が同じ部屋にいるかのような兆候があった場合、パソコンないしスマートフォンのカメラで部屋をぐるりと映すよう指示し、指示に応じなければウェブ会議による期日を終了させることが考えられる。

Ⅲ　和解勧試における留意点

1　和解勧試すべき事案か

⑴　和解をすることができないとされている訴訟類型

　境界確定訴訟は、相隣接する土地同士の境界を定める形式的形成訴訟とされており、当事者相互の合意により左右することができないとされているから、和解をすることはできない。しかし、当事者としては、隣地所有者との間で、自己の所有地の範囲さえ確定できれば目的を達成できることが多いことから、裁判所としては、釈明権を行使するなどして、所有権確認の訴えに変更されれば、和解をすることも可能となる。

　株主代表訴訟や住民訴訟など、自らの権利を行使するというよりは、会社や地方公共団体など、他の利益を擁護する目的で訴えが提起される訴訟類型においても、原告が会社や地方公共団体の利益を左右することはできないとされているから、和解をすることもできないと解されている。もっとも、原告が訴えを取り下げることは可能であるから、被告が会社や地方公共団体に一定の金額を支払うこと、原告が望むような経営方針や施策の採用などと引き換えに訴えを取り下げるといった解決は考えられ、そのような実例も散見される。政策形成訴訟においても、原告側が判決による解決にはさほど期待しておらず、むしろ審理を通じての政策の形成に期待する面が強いので、原告側において一定の成果があったと考えれば、意外と取り下げられることがある。債権者代位訴訟や詐害行為取消訴訟においても、債務者が利害関係人[7]として参加することになれば、原告、被告および利害関係人との間での和解を成立させることは可能と解される。

⑵　和解をすべきでないと考えられる訴訟類型

　例えば、交通事故を偽装したり放火して失火を装い保険金を請求しているものと認められる事案、当たり屋や美人局、不法原因給付となる事案では、和解

7　債務者が補助参加していたとしても、補助参加人は処分権主義の主体ではないから、和解には利害関係人として参加する。

をすすめるべきではないであろう。不法行為をしないことを条件として金員を支払うという内容の和解もすべきでないとされている。ただし、筆者は、不貞の慰謝料請求の原告が被告に対して証拠集めと称して自宅への訪問や写真撮影を繰り返していた事案（被告宅に原告の配偶者の動産が存在する写真と称して証拠として提出されていたが、本当に原告の配偶者の動産であったかは明らかでなかった）において、被告が、原告から恨まれ続けることを避けたいと考え（後難をおそれた可能性もある）、今後の一切の接触禁止を条件として解決金を支払う内容の和解に応じたことを経験したことがある。

2　和解成立の可能性の見極め

　筆者は、和解をすべきでない事件ではない限り、和解の可能性を探るべきではないかと考えるが、実際には、和解すべき事案でありながら第1審では和解の席が設けられなかったという事案が少なくない。当事者に対する訴訟進行に関する意向照会に対して和解を希望しないとの回答がされていたとしても、訴訟の経過の中で激しく主張が対立し、尋問においても激しいやり取りが交わされたため和解の機運を感じなかったとしても、和解が成立することは少なくない。筆者の経験では、交通事故で息子を亡くしたご両親が無保険車両を運転していた加害者相手に判決を得て給与の差し押さえをしたところ、加害者が破産による免責決定を得て請求異議の訴えを提起したという事案において、主張の対立も尋問でのやり取りも相当激烈なものがあったが、裁判所として一定期間弔慰金を支払う内容の和解を提案したところ、双方がこれを受け入れて和解が成立したということがある。

　他方、当事者によっては、賃料滞納を理由に賃貸借契約を解除して建物の明渡しを求めるという、いかにも和解できそうな事案でありながら、一切和解に応じないという態度を示す賃貸人もある。その場合は、残念ながら、いくら和解を試みても無駄になる。親族間紛争でも、案外、和解には絶対に応じないとの態度を示される場合が少なくないが、それでも一度は和解を試みるべきではあるだろう[8]。

　8　筆者の経験では、不貞慰謝料の事件で、原告から、本件により家庭が壊れて子供も精神不安定になってしまったので、金額の問題ではなく、被告とは絶対に和解することはでき

3 和解勧試のタイミング

(1) 序盤段階での和解勧試

　争いがあるのに双方の主張の中間点での和解をすすめるというのは、裁判所が事件に真摯に向き合っていないとの印象を与えるおそれがある。ましてや、この場合、裁判所が当事者を説得する材料も多くない。紛争の早期解決というメリットはあろうが、裁判所にわざわざ訴えを提起した当事者が（訴訟代理人として弁護士を選任していればなおさら費用もかかっている）、それだけの理由でこの段階での和解に応じるとは考えがたい。人事訴訟で調停不成立に終わったもの、労働審判で異議が出て訴訟に移行したものは、なおさらである[9]。

　一方、争いのない事案や、争いがあるもののその点について審理・判断してもあまり意味がない事案（例えば、建物明渡請求訴訟で、賃料の滞納額に争いがあるが賃借人が無資力である場合）においては、争点整理を行うまでもなく和解を試みることも合理的である。ただ、審理・判断する意味があるかどうかの周辺事情は、必ずしも答弁書や準備書面等に記載されているとは限らない。訴訟代理人として弁護士を選任していない、答弁内容があっさりしているといった場合には、そういった事情が隠れていることがあるので、探りを入れること（例えば、滞納額に争いがあっても賃料を滞納していること自体は争いがないならば、滞納した理由を尋ねてみると、失業して再就職もできていないとの回答が得られることがある）が考えられる。

　また、訴え提起前の事前交渉が一切ないまま訴えが提起されることも最近めずらしくないが、その場合に被告から希望があれば、和解を試みることも考えられなくはない。

　ないものの、裁判所から子供のことまでご配慮いただいたことには感謝するとのコメントをいただいたことがある。裁判所和解案の中で、子供に言及した点を好意的に受け止めていただいたのであろう。他方、兄弟間紛争の事件で、原告から、こちらから和解を拒否したら被告から後で何を言われるかと心配であったが、被告から和解を拒否してくれたので安心した、和解のテーブルを設けられて有難迷惑であったとのコメントをいただいたこともあった。

9　支払督促異議の事案では、和解目的で異議が提出されることも多い（異議申立書の中に和解希望と記載されていることもある）。

(2)　争点整理の終盤から人証調べ前での和解勧試

　この段階までくると、人証調べがまだであるとしても、裁判所としても心証がある程度は固まりつつあることが多い。また、人証調べをするとなると、時間、費用、労力がかかるため、その前の段階で和解ができるとすれば、当事者にも大きなメリットがあるから、実務上、この段階で和解が試みられることは多い。裁判所としては、敗訴の見込みであると考える当事者側には相応の譲歩を求める内容の和解を試みることになるが、この段階であれば和解を成立させるメリットが大きいことから、勝訴する見込みの当事者側も比較的柔軟に譲歩する傾向にあるので、和解が成立しやすい状況にある。ただ、裁判所の心証開示[10]にもかかわらず、それとは逆に勝訴の見込みをもつ当事者や、敗訴の見込みはもちつつも人証調べで逆転を狙う当事者は、この段階では敗訴の見込みを前提とする内容の和解には応じないことから、人証調べに入らざるを得ない。

(3)　人証調べ後の和解

　この段階になると、裁判所の心証もほぼ固まるので、当事者としては、判決を受けてさらに上訴審で訴訟を続けるか、強制執行をどうするか、判決が確定した場合の影響や不利益などの事情を検討し、判決を受けるよりもいくらか譲歩して和解すべきかを判断することになる。裁判所としては、少なくとも敗訴する当事者側には心証を開示して[11]、和解の意向があるかどうかを確認し、和

10　勝訴見込みの当事者側についてはともかく、敗訴見込みの当事者側には大きく譲歩を迫る以上、心証開示は必要と考えられる。心証開示においては、「人証調べを経ていないので暫定的なものではありますが」などと断定的な表現を避けるといった配慮が必要であるし、そのような心証に至った理由もわかりやすく示さないと当事者は反発するであろう。もちろん、いくら配慮し、理由を示したところで、当事者が反発しないとは限らず、不信感を抱かれては手続の進行にも円滑を欠きがちであるため、早期に心証を開示したり和解を勧試したりするのに消極的な裁判官も見受けられる。この点、訴訟代理人からすると、早期に不利な心証を開示されないことは、依頼者との関係を維持するのには望ましいのかもしれないが、裁判官の問題意識を早期に把握して対策を検討することが依頼者の利益に適うとも考えられることから、反論するだけならともかく、反発するかのような姿勢を示すのは得策ではないように思われる。

11　さすがにこの段階になれば、心証を開示して反発を受けたとしても、あとは判決だけであるから、裁判所として手続の円滑な進行への懸念は少ない。弁論を終結してしまえば、当事者が裁判所の心証開示に反発したとしても、新たな主張や証拠を提出する余地もない（弁論再開を申し立てるとともに訴えの変更や証拠の追加などを行おうとする当事者もいないではないが、当事者が申し立てたからといって当然に弁論が再開されるわけでも、弁論を再開しないとの判断に対して不服申立ができるわけでもない）。

解の意向があるならば、勝訴する当事者側に対してどこまで譲歩可能かを確認し、敗訴する当事者側がそれに応じられるかを確認するといった作業を繰り返し、徐々に双方当事者の距離を縮めていくのがオーソドックスな手法である。

⑷　裁判官の交替の前後

以上と異なり、裁判官の交替の前後にも和解の機運が生まれることがある。裁判官が交替すれば、すぐに人証調べをして判決が出ることはあまり期待できず、訴訟がしばらく終わらないことになる。訴訟が長引くくらいなら、裁判官の交替前に、事案を理解している従前の裁判官の下で、思い切って譲歩してでも早期に解決したいと考える当事者もいるようである。もっとも、その裁判官から有利な心証を開示された当事者は、その裁判官の下での和解を希望するであろうが、不利な心証を開示された当事者は、新しい裁判官の心証も聞いてみたいと考え、従前の裁判官の下での和解を希望しないことがある。もっとも、新しい裁判官が記録を検討した結果、なお従前の裁判官と同じ心証に達した場合は、さすがに和解に応じる決意を固めることが多いのではなかろうか。そこで、筆者は、裁判官交替の前後は、和解を試みるべきタイミングであると考えている[12]。

4　和解勧試の方法

裁判所としては、弁論期日、弁論準備手続期日、書面による準備手続における打合せ等の途中で、和解を勧告しますとか、和解の余地があるか個別に事情をうかがってもよいでしょうかと口頭で述べることが多いであろうが、弁論期日等の途中で和解を切り出す場合、これから弁論手続等ではなく和解手続に入ることが当事者に明確になるよう意識すべきである。この点を明確にしないと、当事者は争点と無関係な話あるいは弁論であれば不利になる話をすることがはばかられるであろうし、逆に争点整理手続において争点と関係ない話をさ

12　控訴審では、１審判決と同様の心証であれば、第１回弁論期日で弁論を終結し、原審維持を前提とする和解勧告がされることが多いので、逆転勝訴をあきらめて和解に応じる当事者も少なくないが、これも同様の理由によるものと考えられる。また、控訴審では、第１回弁論期日より前に進行協議を行う裁判体もあるが、進行協議において主任裁判官が心証を示して和解を勧告することが多いことから、第１回弁論期日前でありながら、やはり和解に応じる当事者も少なくない。

487

れるようになっても困るであろう[13]。一方、代理人弁護士としては、明確に和解を希望すると述べにくい場合もあるので、「当事者本人を連れてきておりますので、個別にお話をする機会を設けていただけませんか」などと切り出すことが考えられる。

これとは別に、裁判所が期日外で和解勧告をするときには、これまでは書面（ファクシミリ送信）で行われていた。口頭での提案に比べ、しっかりと検討したうえでの提案と受け止められるであろうから、相応の重みを求められる事件で行われていたといえる。併せて和解案を示す場合にも、書面によることとなる。また、民事訴訟のデジタル化が進んだ現在では、チャットでの和解勧告ということも考えられる。

5　和解打切りのタイミング

争点整理前の和解であれば、和解手続中争点整理が止まってしまうから、ある程度の期間が経過すればいったん和解を打ち切るという心積もりをしていないと、手続が長期化することになる。

一方、争点整理後の和解であれば、人証調べの予定を立てつつ和解を試みることも可能である。人証調べ後の和解であれば、最終弁論の機会を設けるかどうかにもよるが、和解を打ち切ってから最終弁論を行うことにすると、和解ができれば当事者は最終弁論のための時間や手間をかけないで済ませられるが、和解できなかったときに人証調べから時間が経っておりあらためて最終弁論の準備をするのは得策でなく、また、判決に至るまでに相当の期間を要することになるので、あまりおすすめできない。筆者は、基本的に、人証調べ後は、最終弁論の期日を決めず事実上の準備書面提出にとどめ[14]、少し長めに判決言渡期日を指定したうえ、それまでの間に和解を試み、和解成立の機運が生じれば判決言渡しの期日を変更することもあるが、あまり安易に変更すると際限なく和解を続けることになりかねないので、基本的には上記期日の範囲内で和解を

13　旧民事訴訟法下の弁論兼和解の運用における弊害とされていたことと同じである。

14　さすがに最終準備書面では、主要事実を追加することはないであろうから、陳述は要しないはずなので、事実上拝見するだけで十分である。判決直前に出されても困りますとは申し上げており、それで不都合を感じたことはない。

試み、駄目なら和解を打ち切ることにしていた。

これらとは別に、裁判官は、自身の異動予定も考えなければならないし、何らかの理由で当事者から不信感をもたれてしまった場合には、和解を成立させるための前提となるコミュニケーションをとることが難しくなるから、和解を打ち切らざるを得ないとの判断に傾く。

Ⅳ　和解調整における留意点

1　和解の内容が強行法規や公序良俗に反するものでないか

雇用契約上の地位確認を内容とする和解において結婚や妊娠を退職事由とする、残業代請求の事案で最低賃金を下回る賃金しか支払わない、貸金請求の事案で利息制限法違反の金額の支払義務を負う、建物賃貸借契約を締結するのに借地借家法より短い賃貸借期間とするといった内容でいくら合意ができたとしても、和解を成立させるわけにはいかない。消費者契約法が制定されたり、民法改正に伴い保証に際しては原則として公正証書による意思確認が必要とされたりするなど、留意すべき点は増えつつあるように思われる。

また、円満な関係が続いている間は支払や明渡しを猶予するといった条項は、「円満な関係」の内容いかんでは、当事者に強いるべきでないものを強いることになる可能性があるし、解決金の何倍もの違約金条項を定めるのは暴利行為に該当する可能性もあるので、慎重な検討を要するであろう。

2　和解調整の具体的な手法（誰がどのような提案をするか、提案に際しての意見聴取、合意に向けての働きかけ）

⑴　まず誰が和解案を提案するか

控訴審においては、1審判決が出ていることでもあり、控訴審でも原審維持の心証であれば、勝訴した当事者にはあまり譲歩して和解をするメリットもなく、和解による調整の余地も少ないことから、最初から裁判所で和解条項案を作成して当事者に示し、諾否を確認する方法となることが多い。これに対し、1審においては、ある程度和解の調整に時間をかけることもできるから、裁判

所において、当事者双方から参考となる事項を聴取したり希望を確認したりするのが通例であり、さらに進んで当事者に和解案を作成させることもあるであろう。ただし、当事者から希望を確認するとしても、全くのフリーハンドで当事者に和解案を検討させたりすると、例えば、賃料不払いで退去を求められていて敗訴見込みの当事者側から、1年間立退きを猶予してほしいといったおよそ合意に至る可能性がない提案をしてくる可能性がある（特に本人訴訟の場合）。いったん当事者にそのような考えを固めさせてしまうと、それを前提として交渉に入るので、例えば立退猶予期間を半年にするとしても、当事者は、大幅に譲歩したと錯覚し、交渉が難航する。そこで、当事者に対し、あらかじめ相場観を示唆するなどして、検討に値しないことは最初から考えないよう誘導したうえで、和解案を検討してもらうべきではないかと考える。勝訴する側の当事者に和解案を提案させたり、どの程度の譲歩が可能か検討させたりするにしても、同様にある程度の譲歩はするよう示唆すべきであろう。また、ぎりぎりまで譲歩したものとして検討結果を示してきた場合には、そのまま相手方に伝えてしまうと、相手方がそれを既得権のようにとらえ、そこを交渉の出発点としてさらなる譲歩を求め出して、交渉が難航する可能性があるから、そのまま相手方に伝えるのは避けたほうがよいように思われる（少なくとも、相手方の検討結果を聞くまでは、伝えないほうがよいのではないか[15]）。なお、当事者間で感情的な対立が大きいと、相手方当事者が作成した和解案であるという理由だけで、和解を受諾しないと述べた当事者もいたので、当事者間の感情的な対立が大きい事件においては、裁判所が作成した和解案として提案するのが無難である。

　これに対し、裁判所において、当事者の従前の態度からみて、何か示唆しても意味がなさそうであるとか、調整の余地がないと感じることも少なくないと思われる。また、調整の時間的余裕がないこともあろう。そのような場合に

15　当事者の中には、相手方の検討結果を聞いてから検討を始めるので、まず相手方の検討結果を聞かせてほしいと述べる者もいるが、相手方の検討結果を聞くまで自らの検討を始められない理由があるかは疑問である。ただし、裁判所が和解を提案した場合には、交通事故の事案などで、被告（保険会社）から、原告が受諾しないなら、自らが検討しても無意味になるとして、原告が受諾することを確認してから検討を始めると言われることはあるが、裁判所の和解案に対する諾否を決するだけで、そこからさらに交渉しようとするものではないから、是認できなくもない。

は、当事者の意見等を聞かないで裁判所案を示すことになろう[16]。

(2) 和解案につき再調整を認めるか

　当事者が提案する和解案は、一方当事者の希望であることが多いから、他方当事者の意見を踏まえての再調整が当初から想定されていることが多い。もちろん、最大限譲歩したうえでの提案であれば、再調整の余地はないであろう。

　これに対し、裁判所が提案する和解案について、当事者の意向で再調整を認めるかどうかは裁判官によって意見が分かれるところである。この点、筆者は、提案のタイミングや提案の理由等によっても分かれるのではないかと考える。すなわち、序盤段階で審理・判断の意味があまりないと考えて提案する場合や、当事者双方の意見を聞いて心証を離れた和解を提案する場合、訴訟物以外の権利関係を取り込んで和解を提案する場合などでは、裁判所が把握しきれない事情や不確定要素も多いことから、再調整の余地も少なくないのに対し、人証調べを終えて暫定的心証に基づいて和解を提案した場合であれば、再調整の余地は少なく、また、一方当事者の意向で大幅な再調整を許したのでは、他方当事者から裁判所に対する不信感を抱かれて調整がうまくいくはずもない。再調整を試みても骨折り損になることが多いであろう[17]。

　もっとも、審理の終盤であったとしても、裁判所が把握していない事情があ

16　上記の交通事故で弔慰金を支払う内容の和解を提案したケースでも、裁判所としては、あらかじめ両当事者の和解についての意見を聞いたところで隔たりを埋めることは困難であろうと考えられ、また、一定期間弔慰金を支払うという内容の、両当事者の想定外であろう和解案を示すしかないと腹をくくっていたので、和解案を提案する前に両当事者の意見等を聴取してはいない。もちろん、裁判所の心証に基づく和解案でないことは一見明白であるし、人証調べを経てから提案しなければならない内容でもなかった（裁判所に提出された当事者のさまざまな思いを踏まえた提案であると受け止めてもらったという意味はあったかもしれない）。

17　もっとも、再検討の結果、心証が変わってしまう場合もなくはなく、そのような場合、筆者としては、再度心証を開示し直して和解を試みる機会を設けるべきであると考えるが、実際には時間的余裕もないし、いったんは裁判所和解案をみて勝訴の期待を抱いたであろう当事者が敗訴前提の和解に応じることは期待できないと考えられること等から、そのような機会を設けないで判決に至る（結果として不意打ち判決となる）ことが多いのではないかと思われる。控訴審でも、裁判所の和解案と判決の内容とが食い違うとして当事者から不満を述べられることはあり、裁判所が和解を勧告しても、なかなか和解には至らない。当事者としては、いったん大きな期待を抱いてしまうと、それが幻想であったことは頭では理解しつつも、実際には割り切れないものがあろうし、司法制度に対する不信感もあるかもしれないから、和解に応じかねるというのもやむを得ない。

る可能性はあり（争点と関係がない事情であればなおさら）、そのために再調整の余地のある和解案を提示したいという場合もある。その場合は、あらかじめ当事者にその旨告げておくとか、いくらか幅のある和解案を提示することが考えられる。

(3) どの範囲の権利義務を調整するか

基本的には、訴訟物となった権利義務について調整することになる。和解になじまない訴訟物（例えば境界確定）であれば、和解になじむ訴訟物（例えば所有権確認）にすべく訴えを変更する。そして、訴訟物となった権利義務について調整がされない限り、訴訟終了効は生じない。したがって、訴訟物となった権利義務の一部について棚上げにして和解を成立させ、訴訟を終了させようとすれば、その部分を取り下げるか、訴訟上の和解をもって訴訟を終了させる合意をするのが通例である。

逆に、訴訟物ではないがこれと関連する権利関係を取り込んで和解をすることは可能とされている。例えば、遺言無効確認や遺産確認の訴訟において、遺産分割まで解決することができれば、当事者にとっては相当のメリットがある。また、遺産確認の訴訟において生前贈与があったかどうかが争点であるとしても、仮に生前贈与があったとしても特別受益となるのであれば、当該物が遺産であったかどうかはともかく、贈与を受けたと主張する者が当該物を取得し、他の相続人は当該物と同じ価値の他の遺産を相続することで、円満に紛争が解決する可能性があるといえる。ペアローンの不動産の財産分与が問題となる離婚訴訟において、ローンの負担を軽減するため当該不動産を早期に処分すべき事案では、判決であれば単に分与方法までしか定められないのに対し、和解により当該不動産の処分方法まで合意できれば、やはり当事者にとって大きなメリットとなる。もちろん、実際には、当事者間で当該物の評価額で熾烈な争いがあったり、感情的な対立があったりして、容易に和解できるとは限らないので、深追いは禁物であるが、訴訟物以外の権利関係を取り込むことによって、心証開示をしなくとも和解を勧試することができる場合もあるし、訴訟物である権利関係が他の紛争との兼ね合いでは交渉の一材料にすぎなくなること（例えば、遺言が有効との前提に立ちつつ、遺留分の算定においては、特別受益についてさじ加減をすることで遺言の効力を争う側の取得分を多めにするなど）によっ

IV 和解調整における留意点

て、紛争解決が容易になる可能性もあるのである[18]。

(4) 交互面接方式か対席方式か

手続の透明性、公正さを重視する立場からは、弁論期日と同様、当事者双方が同席した状態で手続を進める対席方式が望ましいとされる。しかし、それでは、不利な当事者にだけ心証を開示したり、相手方当事者に知られたくない重要な事情を聞き出したりすることが容易でなく、和解を進めるには柔軟性を欠く。そのようなニーズに応えられるのは、当事者に交替してもらいながら当事者の一方だけとやり取りを行う状態で手続を進める交互面接方式である。筆者は、当事者間の交渉の経過（控訴審では1審の訴訟の経過を含む）[19]を確認したり、和解案について説明したりする場合には対席方式を採用するものの、それ以外の事情の聴取や心証の開示等においては基本的に交互面接方式を採用している。もっとも、双方代理人が裁判所と心証などで認識を共通にし、三者協調して本件の紛争解決に努めようとの雰囲気が醸成されてきた場合には、対席方式によるやり取りを増やしていくようにしている。

なお、交互面接方式により事情を聴取したり説明をしたりする際に留意すべき事項として、手続の透明性や公正さに配慮すべく、双方当事者に相矛盾するような説明をしたり、当事者の一方ばかりに時間を割いて面接したりしてはならず、仮に一方当事者の話が長くなって時間がかかった場合は、他方当事者もいるのであまり長く一方当事者とばかり話をすることができないと断りつつ、他方当事者に対しては理由を説明したり、一方当事者との話の内容のうち話しても差し支えない部分を伝えたりして、時間の不均衡で当事者に不満を生じないように配慮すべきである。また、交互面接方式では、当事者と裁判所とが1対1で対峙することから、ともすれば当事者と裁判所とが対立しているかのよ

---

18 一方、訴訟物以外の権利関係を取り込もうとすると、事情聴取や調整に時間がかかったり、かえって紛争の顕在化、激化を招いたりすることもあるので、必ずこれを取り込んで解決すべきであるというものではない。

19 従前の当事者間での示談交渉の内容（控訴審であれば第1審での裁判所の和解案など）は、必ず確認しておきたい。もちろん、それに拘束されるものではないが、例えば、交通事故の示談交渉において、逸失利益の算定で平均賃金が用いられていたのであれば、裁判所で和解案を示す場合に、それを大幅に下回る実収入額で算定したとしても、被害者側は受け容れがたい面がある。総額で示談交渉時の提示額を下回る和解案を示す場合も、同様の問題がある。

493

うに受け取られるおそれがある。裁判所としては、当事者の言い分を傾聴し、それを要約したりして言い分を理解していることを示したり、裁判所ではなく反対当事者の意見によって対立が生じていることを意識させたりといった工夫も必要となる[20]。

3　和解条項作成上の留意点

(1)　当事者に関して

成年後見の関係では、法定代理人により和解すべき場合や同意を要する場合があるので、後見登記により確認すべきである。逆に、訴え提起時には未成年であっても、和解時には成年に達している場合があり、その場合に親を法定代理人として和解してはならないから、生年月日を確認すべきである。

破産管財人が和解する場合、破産裁判所の許可を要することがあるので、破産手続開始決定の内容を確認すべきである。地方公共団体が和解する場合、専決事項とされている事項を除いては、議会の議決を要するので、必要な資料を提出してもらうべきである。

また、訴訟代理人に関しては、委任状に特別授権事項として和解が明記されているか、復代理人であると訴訟代理人から和解の授権がされているかも確認を要する。認定司法書士が代理人となっている事件で140万円を超える和解[21]をするときは、訴訟代理権の範囲を超えることに留意すべきである。

(2)　権利の客体、内容に関して

土地の特定は、一筆の土地全体なら登記記録上の事項で特定すれば足りる[22]が、一部であれば基点からの方位や距離、座標によって現地復元性のある図面を添付する。工作物の撤去でも、設置場所、工作物の種類、規模、構造等で可能な限り特定すべきであり、設計仕様書等の図表の活用も検討すべきである。

20　当事者の考えを全否定したり、本人（依頼者）の前で訴訟代理人を論破したり、裁判所の考えを押しつけたりしても、良い結果にはならない。むしろ、訴訟代理人を労い、意見が対立する原因を客観的に分析し、それを克服するために一緒に考えていくというスタンスを示すことができるのが理想である。

21　訴訟物以外の紛争も含めて和解しようとする場合には、140万円を超える可能性がある。司法書士の代理人でなく当事者本人によって和解を成立させるのがよいであろう。

22　権利者の現住所と登記記録上の住所が異なる場合、当事者の表示において、現住所の次に、登記記録上の住所を併記する。

地目が農地の場合、農地法上の許可の要否に留意する。

複数の金銭の支払が問題となる場合、いずれの債務がいくらなのかについて当事者双方に認識の齟齬がないかを確認する[23]とともに、支払われた金員はまずいずれの債務に充当されるかを明示する。また、複数当事者間で金銭の支払を約束する場合、連帯債務かどうかを明示する。

和解調書に基づき強制執行や登記手続を行えるようにすべきかどうかを双方当事者に確認し、行えるようにすべき場合であれば、条項は「……を支払う」、「……登記手続をする」という給付文言とする[24]。逆に、強制執行ができるような条項であると当事者間の信頼関係を損ないかねないという場合であれば、「……を支払うこととする」という条項とする[25]。

⑶　清算条項、付随条項に関して

清算条項については、当該事件に限ってのものであれば「本件に関し」という文言を入れるが、当事者間の債権債務の一切の清算という趣旨であれば入れない。その他、境界および通行権の問題であれば「○○の土地の所有権の範囲及び通行権に関し」、遺産や遺留分に関する紛争であれば「亡○○の遺産に関し」など、事案に応じて適宜の限定を加えることを検討する。一方、離婚訴訟で養育費の定め等を棚上げにして、慰謝料および財産分与はなしで和解により離婚する場合は、「本件離婚、慰謝料及び財産分与に関し」との文言を入れつつ「なお、○○の養育費及び面会交流に関しては、別途当事者間で誠実に協議する」などと付加することも考えられる。

訴訟費用は、各自の負担と定めるのが通例であるが、訴訟救助事案では、救

23　筆者の経験では、原告に一定の金額を、被告にその余の遺産すべてを相続させるとの遺言が遺留分を侵害するとして提起された遺留分減殺請求訴訟（当時。現在は、遺留分侵害額請求訴訟）において、遺留分額をある金額と定めてこれを支払う内容の合意ができたが、筆者は、和解による金額は遺留分額にすぎず、それとは別に遺言に基づく相続分が支払われると考えていたところ、当事者双方とも遺留分額と遺言に基づく相続分の総額で和解による金額が支払われると考えていたということがあった。複数の金額の支払が問題となる事案では、和解における金額は総額なのかどうかを確認する必要を痛感した次第である。

24　判決での給付文言は、当事者に命じるものであるから、「支払え」「登記手続をせよ」となるが、和解は、当事者間の合意に基づくものであるから、表現振りが異なる。

25　筆者は、「……を支払うこととする」という主文の調停に代わる審判に基づき強制執行を申し立てて却下決定を受けた事件の抗告審を担当したことがあったが、強制執行は認められないと判断した。

助に係る費用額を誰が負担するのかを明確にしておくべきである[26]。

　関連する保全事件がある場合、保全事件の取下げや担保取消しの条項を定めるのが通例である。仮執行宣言付支払督促異議事件、請求異議事件、1審判決に仮執行宣言が付されている控訴事件については、強制執行停止決定に伴う担保、あるいはすでにされている強制執行手続の処理に関する条項を定める必要があるかを確認すべきである。

V　おわりに

　和解の技法に関しては、すでに多くのすぐれた論稿があるので、筆者の拙い経験に基づいて記述した本稿にどれほどの価値があるか疑問もあるが、和解に力を注ぎつつも数々の失敗を重ねてきた一実務家としては、読者の方々が筆者と同じような失敗をしないよう参考にしていただければ幸いである。

26　訴訟救助により鑑定費用が立て替えられていた事案で費用の負担を明確にしないまま、鑑定費用と変わらない、あるいはそれを下回る額の解決金しか受け取れない内容の和解を成立させてしまうと、後で、そのような費用を負担するのであればこのような和解はしなかったと言われかねない。また、解決金を受領しながら訴訟費用が支払われないことになれば、取立決定などの手続が必要となる。筆者は、生活保護を受給する原告が訴え提起手数料につき訴訟救助を受けた交通事故の事案で、解決金の額を決めつつ、うち訴訟費用相当額は被告から裁判所に直接納付してもらい、残額を原告に支払うとの条項を定めて和解を成立させたことがある。もし、解決金全額を原告が受領していたら、原告に生活保護を行っていた地方自治体が収入認定して全額納付を命じるかもしれないと考えたからである。

23 引換給付判決と執行

濵 本 章 子
奈良地方・家庭裁判所長

I 引換給付判決

1 概　要

(1) 給付判決と付款

　訴訟の対象となっている原告の被告に対する私法上の給付請求権（被告の原告に対する給付義務）に基づき、被告に対し、原告に対する一定の内容の給付（金銭の支払や物の引渡し等のほか、作為または不作為を含む）を命ずる判決を給付判決という。給付判決が確定するか仮執行の宣言が付されると、その判決内容どおりに被告が任意に履行しないときには、原告は、その判決を債務名義として強制執行の申立てをすることができる。

　給付判決の典型的な主文は、「被告は、原告に対し、○○万円を支払え。」、「被告は、原告に対し、別紙物件目録記載の不動産を明け渡せ。」、「被告は、原告に対し、別紙物件目録記載の不動産について、令和○年○月○日売買を原因とする所有権移転登記手続をせよ。」などといったものであり[1]、被告がなすべき給付について何らの制限も付されていない。

　これに対し、給付判決の主文において、被告がなすべき給付につき、条件、

1　司法研修所編『10訂民事判決起案の手引〔補訂版〕』（法曹会、2020年）11頁および14頁。

期限等の制限が付される場合がある。これらの制限を付款という。

(2) 引換給付判決

　引換給付とは、一定の者の反対給付の履行と引換えに債務者（判決の場合は被告）が給付をなすべき場合をいう。引換給付も付款の一種である。給付判決の主文において引換給付の付款文言が表示されているものが、引換給付判決である。

　原告が付款（制限）のない給付判決を求めている場合に、裁判所が引換給付判決を言い渡した場合、通常は、一部認容判決となり[2]、裁判所は、判決主文で「原告のその余の請求を棄却する。」と一部棄却であることを表しておく必要がある[3]（例外について後記2(5)参照）。

　引換給付と区別すべき付款として、先給付がある。先給付は、自己の債務の履行が相手方の債務の履行の前提条件となっている場合である。一般に、判決主文等では、引換給付の場合は「……と引換えに」と表現されることが多く、先給付の場合は「……したときは」との文言が用いられることが多い[4]。

　通常、引換給付判決における反対給付を履行すべき者は、当該判決の原告であるが、第三者の反対給付の履行と引換えに、被告が給付をすべき場合も含まれる[5]。

2　具体例

　引換給付判決が言い渡されるケースとしては、同時履行の抗弁権や留置権の抗弁が認められる場合、立退料の支払により賃貸借契約終了の正当事由が補完

2　兼子一ほか『条解民事訴訟法〔第2版〕』（弘文堂、2011年）1350頁〔竹下守夫〕、秋山幹男ほか『コンメンタール民事訴訟法V〔第2版〕』（日本評論社、2022年）54頁、伊藤眞『民事訴訟法〔第8版〕』（有斐閣、2023年）235頁。したがって、基本的には、処分権主義（民訴246条）に違反しない。なお、引換給付判決と処分権主義の関係では、立退料につき後記(4)、全面的価格賠償につき後記(5)について、各参照されたい。

3　司法研修所・前掲書（注1）14頁、秋山ほか・前掲書（注2）54頁。

4　裁判所職員総合研修所『執行文講義案〔改訂再訂版〕』（司法協会、2015年）71頁ないし73頁、裁判所書記官研修所『執行文に関する書記官事務の研究（上巻）』（司法協会、1992年）396頁、佐藤裕義『Q&A 執行文付与申立ての実務』（新日本法規、2011年）189頁。

5　兼子ほか・前掲書（注2）1351頁〔竹下守夫〕。第三者が反対給付を履行すべき旨の引換給付判決を肯定した例として、大判大正6年11月10日民録23輯1960頁、最判昭和47年11月16日民集26巻9号1619頁等。

される場合、共有物分割請求において全面的価格賠償が認められる場合などがある[6]。以下、実務上よくみられる事例および主文例について概観する。

(1) 同時履行の抗弁権

双務契約の当事者の一方は、相手方がその債務の履行（債務の履行に代わる損害賠償の債務の履行を含む）を提供するまでは、自己の債務の履行を拒むことができる（同時履行の抗弁権。民533条本文）。原告の請求に対し、被告が同時履行の抗弁権を主張し、その主張が認められる場合には、裁判所は、原告の請求を全部棄却すべきではなく、引換給付判決をすべきである[7]。典型例は、以下のとおりである。

　　ア　動産の売買契約で売主の動産引渡債務と買主の代金支払債務が同時履行の関係に立つ場合において、

　　　(A)　売主からの代金請求に対し、反対給付が動産の引渡しである場合

［主文例］
　被告は、原告に対し、原告から別紙物件目録記載の動産の引渡しを受けるのと引換えに、〇〇円を支払え。

　　　(B)　買主からの動産引渡請求に対し、反対給付が代金の支払である場合

［主文例］
　被告は、原告に対し、原告から〇〇円の支払を受けるのと引換えに、別紙物件目録記載の動産を引き渡せ。

　　イ　不動産の売買契約で売主の所有権移転登記手続債務と買主の代金支払債務が同時履行の関係に立つ場合において、

　　　(A)　売主からの代金請求に対し、反対給付が登記手続である場合

［主文例］
　被告は、原告に対し、原告から別紙物件目録記載の不動産について令和〇年〇

6　秋山ほか・前掲書（注2）54頁、伊藤・前掲書（注2）235頁、中野貞一郎＝松浦馨＝鈴木正裕編『新民事訴訟法講義〔第3版〕』（有斐閣、2018年）471頁〔松本博之〕。

7　大判明治44年12月11日民録17輯772頁、司法研修所・前掲書（注1）13頁、兼子ほか・前掲書（注2）1350頁〔竹下守夫〕、中野ほか・前掲書（注6）471頁〔松本博之〕、高橋宏志『重点講義民事訴訟法(下)〔第2版補訂版〕』246頁、香川保一監修『注釈民事執行法第2巻』（金融財政事情研究会、1985年）238頁〔田中康久〕。

499

月〇日売買を原因とする所有権移転登記手続を受けるのと引換えに、〇〇万円を支払え。

　⒝　買主からの移転登記手続請求に対し、反対給付が代金の支払である場合

[主文例]
　被告は、原告に対し、原告から〇〇円の支払を受けるのと引換えに、別紙物件目録記載の不動産について令和〇年〇月〇日売買を原因とする所有権移転登記手続をせよ。

　ウ　請負契約で、注文者の請負人に対する報酬支払債務と請負人の注文者に対する目的物引渡債務が同時履行関係にある場合（民633条本文）において、

　⒜　請負人からの報酬支払請求に対し、反対給付が目的物引渡債務である場合

[主文例]
　被告は、原告に対し、原告から別紙物件目録記載の〇〇の引渡しを受けるのと引換えに、〇〇円を支払え。

　⒝　注文者からの目的物引渡請求に対し、反対給付が報酬支払債務である場合

[主文例]
　被告は、原告に対し、原告から〇〇円の支払を受けるのと引換えに、別紙物件目録記載の〇〇を引き渡せ。

　以上のほか、同時履行の抗弁権に基づき引換給付となる場合の実体法上の関係として、次のものをあげることができる。
　・契約解除による双方の原状回復義務（民546条、533条）
　・売買契約や請負契約における契約不適合に基づく（債務の履行に代わる）損害賠償債務と代金支払債務（民564条、415条、559条、533条かっこ書）
　・仮登記担保契約における清算金支払義務と所有権移転登記手続義務・目的物引渡義務（仮登記担保3条2項、民533条）

500

・抵当権の登記がある不動産の買主による民法577条1項前段に基づく代金支払拒絶に対して同法578条に基づく代金の供託請求がされた場合における、代金の供託と不動産の引渡し[8]

(2) 留置権（民事留置権）

他人の物の占有者は、その物に関して生じた債権を有するときは、その債権の弁済を受けるまで、その物を留置することができる（民295条本文）。留置権は、物に関して生じた債権の支払を担保するために、物をとどめ置く（引渡しを拒む）ことができる権利であり、担保物権の一種である。

他人の物の占有者が、物の引渡しを請求された場合に、その物に関して生じた債権を被担保債権とする留置権を主張し、その主張が認められる場合には、裁判所は、被担保債権の支払と引換えに占有者に物の引渡しを命ずる引換給付判決[9]をすることになる[10]。

例えば、動産の所有者が、動産を所持（占有）している者に対し、所有権に基づき動産の引渡しを請求した場合に、占有者が動産の修理を請け負った者で動産に係る修理代金（報酬）債権を有している場合、占有者は、同債権を被担保債権とする留置権を主張して、動産の引渡しを拒むことができる。

［主文例］

　被告は、原告に対し、原告から〇〇円の支払を受けるのと引換えに、別紙物件目録記載の〇〇を引き渡せ。

なお、上記の事例において、留置権の被担保債権は、被告に修理を依頼した者（注文者）に対する請負契約に基づく報酬請求権であるところ、この場合、主文だけみると、前記(1)ウ(B)の事例の主文と同様である。しかし、留置権は担保物権であるから、契約の相手方（注文者）以外の第三者に対しても主張することができる一方で、物を占有していることが要件となるのに対し、同時履行

8　大阪地判平成28年7月27日判タ1436号188頁。

9　留置権が認められる場合に棄却判決ではなく引換給付判決をすべきことにつき、最判昭和33年3月13日民集12巻3号524頁。

10　最判昭和33年6月6日民集12巻9号1384頁は、借地契約において建物買取請求権が行使された場合について、建物代金債権に基づく留置権の抗弁を認め、前掲（注9）最判昭和33年3月13日を引用して、土地賃貸人からの建物引渡請求に対し、代金支払義務との引換給付を命じた。

の抗弁権は、双務契約に基づく契約当事者間の公平の見地から認められている
ものであるため、契約の相手方に対してのみ行使し得るが、物の占有は要件で
はないといった違いがある。

(3) 商事留置権

ア 商人間の留置権

商人間においてその双方のため商行為となる行為によって生じた債権が弁済
期にあるときは、債権者は、その債権の弁済を受けるまで、その債務者との間
における商行為によって自己の占有に属した債務者の所有する物または有価証
券を留置することができる（商人間の留置権。商521条本文）。

商人間の留置権は、被担保債権に関し、①当事者双方が商人であること、②
双方のために商行為たる取引によって債権が生じたこと、③弁済期が到来した
ものであることを要し、また、留置の目的物に関し、①債務者の所有する物[11]
または有価証券であること、②債務者との間の商行為によって債権者の占有に
帰したことを要する一方で、被担保債権と物との「個別の牽連性」を必要とし
ない点において、民事留置権と要件を異にしている。

被担保債権の債務者である所有者からの物の引渡（明渡）請求に対し、被担
保債権を有する物の占有者が商人間の留置権を主張し、その主張が認められる
場合、裁判所は、被担保債権の支払と引換えに物の引渡し（明渡し）を命ずる
引換給付判決を言い渡すことになる[12]。

[主文例]
　被告は、原告に対し、原告から〇〇円の支払を受けるのと引換えに、別紙物件
目録記載の〇〇を引き渡せ（明け渡せ）。

イ その他の商事留置権

商事留置権には、ほかに、代理商の留置権（商31条、会社20条）、問屋・準問
屋の留置権（商557条、558条）、運送取扱人の留置権（同法562条）、運送人の留

11　商法521条の留置の目的物である「物」には不動産を含む（最判平成29年12月14日民集
　71巻10号2184頁）。
12　土井文美「判解」最判解民〔平成29年度〕（法曹会、2020年）758頁は、民事留置権に係
　る前掲（注9）最判昭和33年3月13日をあげたうえで、「商人間の留置権について異なる
　解釈を採る理由はないように思われる」とする。

置権（同法589条、753条2項）等がある。

(4) 正当事由の補完としての立退料等の提供

　土地や建物の賃貸借契約において、貸主が借主に対し、賃貸借契約の更新を拒絶または解約の申入れをするには、正当事由が必要である（借地借家6条、28条）。

　貸主が主張する事情だけでは正当事由として十分でない場合において、貸主がこれを補強するものとして立退料等の金員の給付（以下「立退料」という）の提供を申し出たことにより、正当事由が補完されたと認められる場合がある[13]。その場合、裁判所は、貸主から借主に対する立退料の支払と引換えに、借主に対し、借地または借家の明渡しを命ずる引換給付判決をする[14]。

　貸主が正当事由の補完として一定額の立退料ないしこれと各段の相違のない範囲内の立退料を支払う意思を表明している場合[15]には、裁判所が主文で示した立退料の額が貸主において明示した額を超える場合でも、処分権主義に違反しない[16]。

［主文例］
　被告は、原告に対し、原告から〇〇円の支払を受けるのと引換えに、別紙物件目録記載の不動産を明け渡せ。

13　立退料の提供ないしその増額の申出は、事実審の口頭弁論終結時までにされたものについては、原則としてこれを考慮することができる（最判平成6年10月25日民集48巻7号1303頁）。

14　兼子ほか・前掲書（注2）1356頁〔竹下守夫〕、秋山ほか・前掲書（注2）55頁、伊藤・前掲書（注2）235頁。

15　実務では、裁判所の釈明により、貸主において、裁判所が相当と考える額の立退料を支払う意思を表明する場合もある。

16　最判昭和46年11月25日民集25巻8号1343頁。なお、原告が申し出た立退料の額を減額して明渡しを命じることは、処分権主義に反するとの見解（兼子ほか・前掲書（注2）1356頁〔竹下守夫〕、伊藤・前掲書（注2）235頁、高橋・前掲書（注7）245頁）もあるが、原告が、無条件の明渡判決を求めながら、予備的に立退料の支払と引換えに明渡しを命ずる判決を求めているときは、請求の一部認容として、原告の申出額より少ない額の立退料の支払と引換えの明渡判決をすることができると解される（兼子ほか・前掲書（注2）1356頁〔竹下守夫〕、高橋・前掲書（注7）245頁）。また、原告が無条件の明渡しを求め、立退料提供を申し出ていない場合に、立退料の支払と引き換えに明渡しを命じることは、一部認容にあたるようにみえるが、弁論主義に違反し許されない（高橋・前掲書（注7）245頁）（なお、立退料の負担のない明渡請求権と立退料の負担付明渡請求権とでは、その内容に同一性が認められず、処分権主義に反するとの見解（兼子ほか・前掲書（注2）

(5) 共有物分割請求における全面的価格賠償

　共有物分割請求（民258条1項）により共有物の分割をする場合において、共有物を共有者のうちの特定の者の取得とし、その者から他の共有者に対して持分の価格を賠償させる方法（全面的価格賠償の方法）による場合[17]には、裁判所は、主文で、①共有物について共有者の一人の単独所有または数人の共有とする旨を宣言するとともに、②他の共有者に対し、価格賠償金の支払[18]を受けるのと引き換えに、共有物を取得する者への共有物に係る共有持分の移転登記手続等[19]を命ずる。この判決も引換給付判決の一種であるが、共有物分割訴訟は形式的形成訴訟であって、具体的な分割の方法については、裁判所に決定権限があり、当事者の主張に拘束されないため、判決主文で当事者の主張と異なる分割方法を言い渡した場合にも、「その余の請求を棄却する。」という主文は不要である[20]。

　　1356頁〔竹下守夫〕、伊藤・前掲書（注2）235頁）もある）。

17　全面的価格賠償の方法による分割が認められるためには、共有物を共有者の特定の者に取得させるのが相当であると認められ、かつ、その価格が適正に評価され、共有物を取得する者に支払能力があって、他の共有者にはその持分の価格を取得させることとしても共有者間の実質的公平を害しないと認められる特段の事情があることを要する（最判平成8年10月31日民集50巻9号2563頁、最判平成9年4月25日裁判集民183号365頁、最判平成10年2月27日裁判集民187号207頁、最判平成11年4月22日裁判集民193号159頁等）。

18　令和3年4月に成立・公布され令和5年4月1日に施行された民法等の一部を改正する法律（令和3年法律第24号）による民法258条の改正により、同条2項で共有物分割の方法について明文化され、同項2号として全面的価格賠償による方法が規定された。

19　共有物分割請求において価格賠償の方法による分割を命じる場合に、その後の権利取得の効果を確保するために、当事者からの別個の申立てがない場合にも、裁判所が職権で、賠償金の給付、持分移転登記手続等の給付や引換給付を命ずることができるか（処分権主義に違反しないか）について、かつては別個の給付訴訟の提起を要するとの考え方もあったが、実務上は、価格賠償の方法を採用する場合には、賠償金の給付は分割内容の実現と不可分の性質を有するから、当事者からの申立てがなくても、共有物分割の裁判の一環として職権で命ずることができるという考え方が一般的であった。さらに、裁判所の裁量的判断により、職権で賠償金の支払と持分移転登記手続との引換給付を命ずることもできるという見解が有力であり（河邉義典「判解」最判解民〔平成8年度〕895頁、谷口園恵「判解」最判解民〔平成25年度〕570頁）、実際にも引換給付を命じる裁判例が多かった。この問題については、前掲（注18）の民法258条の改正において、同条4項で「裁判所は、共有物の分割の裁判において、当事者に対して、金銭の支払、物の引渡し、登記義務の履行その他の給付を命ずることができる」との規定が設けられたことにより、立法的に解決された。

20　大阪高判昭和51年10月28日判夕346号206頁。

［主文例］
1　別紙物件目録記載の建物を次のとおり分割する。
(1)　別紙物件目録記載の建物を原告の単独所有とする。
(2)　被告は、原告から〇〇円の支払を受けるのと引換えに、別紙物件目録記載
　　の建物の持分〇分の〇について、共有物分割を原因とする持分移転登記手続
　　をせよ。

Ⅱ　引換給付判決に基づく強制執行

1　総　論

(1)　強制執行

　給付判決で債務者に命じられた給付を強制的に実現するための民事執行手続
は、強制執行（民執第二章）である。

　強制執行は、債権者からの申立てにより、裁判所または執行官が行う手続で
あり（民執2条）、執行力のある債務名義（同法22条）により行われる。

　債務名義は、強制執行によって実現されるべき実体法上の給付請求権（執行
債権）の存在と内容を明らかにし、それを基本として強制執行をすることを法
律が認めた一定の形式を有する文書であり、民事執行法22条各号（および民事
執行法の特別法）に規定されている[21]。

　引換給付判決は、民事執行法22条1号の確定判決または同条2号の仮執行宣
言付判決のいずれかに該当する債務名義である。

(2)　執行文

　強制執行は、原則として、執行文の付された債務名義の正本に基づいて行わ
れる（民執25条本文、民執規21条）。

　執行文（民執26条）は、債務名義の作成機関において、当該債務名義に執行
力が現存することおよび執行力の及ぶ主観的・客観的範囲を公証する文言また
はこの公証文言が記載された文書（同法29条、民執規17条）である[22]。債務名義

21　裁判所職員総合研修所・前掲書（注4）10頁、中野貞一郎＝下村正明『民事執行法〔改
　　訂版〕』（青林書院、2021年）161頁。

の正本の末尾に、債権者が債務者に対しその債務名義によって強制執行をすることができる旨を記載する方法で付与される（民執26条2項、民執規18条）。執行文の付与機関は、執行証書については原本を保存する公証人、それ以外の債務名義については事件記録の存する裁判所の裁判所書記官である（民執26条1項）。

執行文には、債務名義に表示された給付請求権の主体および内容をそのまま公証する単純執行文と、権利関係に変動があるため債務名義に表示された給付請求権の主体または内容の変更を執行文に反映させる必要のある特殊執行文とがあり、後者には、条件成就執行文（民執27条1項。事実到来執行文ともいう）、承継執行文（同条2項）、債務者不特定執行文（同条3項）がある。

(3) 執行開始要件

執行力のある債務名義の正本に基づき執行の申立てがされても、執行機関（執行裁判所または執行官）が強制執行を開始するには、一般的な手続的要件である管轄や当事者能力のほか、執行開始要件[23]として、債務名義の正本等が債務者に送達されていること（民執29条）、執行費用が予納されていること（同法14条）などが必要である。

また、その余の執行開始要件として、債務名義において、①請求が確定期限の到来に係る場合には、その期限の到来（民執30条1項）、②担保を立てることが強制執行実施の条件とされている場合には、担保を立てたことを証する文書を提出したとき（同条2項）、③債務者の給付が債権者の反対給付と引換えにすべきものである場合には、債権者が反対給付またはその提供のあったことを証明したとき（同法31条1項）、④代償請求の場合には、主たる請求の強制執行の目的不達成を証明したとき（同条2項）といったものがある。

執行開始要件を具備しているか否かの審査および判定は、執行機関が行う。執行開始要件に該当する事実については、執行文付与機関は審査・調査の対象としない[24]。執行開始要件は、おおむね形式的で容易に判断できることから、

---

[22] 裁判所職員総合研修所・前掲書（注4）20頁、裁判所書記官研修所・前掲書（注4）14頁、中野＝下村・前掲書（注21）264頁。

[23] 執行開始要件は、執行力のある債務名義の正本に基づき適式な執行申立てがなされても、執行機関が強制執行を開始するために、自らこれを審査し確かめたうえで執行に着手しなければならない要件をいう。

執行文付与の要件と区別して、執行機関が判断するものとされた[25]。もっとも、引換給付を命ずる債務名義による執行の場合、反対給付に関する事実の判定は、執行機関にとって必ずしも容易でない[26]。民事執行法が引換給付における反対給付に関する事実を執行開始要件としたのは、もっぱら後記2(1)の理由によるものである。

2　引換給付判決に基づく強制執行の概要

⑴　執行開始要件としての反対給付の履行またはその提供

前記1(3)の③のとおり、債務名義に引換給付の付款が付いている場合は、執行開始要件として、債権者において「反対給付又はその提供のあったことを証明」する必要がある（民執31条1項）[27]（なお、反対給付との引換えに意思表示を債務者に命ずる債務名義に係る特則については、後記6参照）。

債権者による反対給付の履行またはその提供を執行文付与の要件とすると、実質的には引換給付ではなく、債権者に先給付を強いることになってしまうため、法は、反対給付の履行またはその提供を、執行文付与の要件ではなく、執行開始要件とした[28]。

また、債務名義に付款として反対給付の履行をする旨が記載されているにも

24　裁判所職員総合研修所・前掲書（注4）58頁。

25　近藤崇晴＝大橋寛明＝上田正俊編『民事執行の基礎と応用〔補訂増補版〕』（青林書院、2000年）46頁〔松丸伸一郎〕。

26　中野＝下村・前掲書（注21）154頁。

27　これに対し、債務名義の付款において反対給付が先給付である場合には、債権者は、執行文付与機関に対し、反対給付の履行を証明して、条件成就執行文（民執27条1項）の付与を受ける必要があり（裁判所職員総合研修所・前掲書（注4）73頁、裁判所書記官研修所・前掲書（注4）456頁および393頁以下、佐藤・前掲書（注4）189頁）、執行機関がその判断を誤って、条件成就執行文の付与を受けてこなければ執行してはならないのに執行を開始したときは、債務者は執行異議の申立てをすることができる（香川・前掲書（注7）239頁〔田中康久〕）。

28　香川・前掲書（注7）241頁〔田中康久〕、鈴木忠一＝三ケ月章『注解民事執行法(1)』（第一法規、1984年）531頁〔町田顯〕、伊藤眞＝園尾隆司編集代表『条解民事執行法〔第2版〕』（弘文堂、2022年）280頁〔山木戸勇一郎〕、深沢利一＝園部厚『民事執行の実務〔下〕〔補訂版〕』（新日本法規、2007年）488頁、中村さとみ＝剱持淳子編『民事執行の実務〔第5版〕不動産執行編〔上〕』（金融財政事情研究会、2022年）125頁、中村さとみ＝剱持淳子編『民事執行の実務〔第5版〕債権執行・財産調査編〔上〕』（金融財政事情研究会、2022年）103頁、裁判所職員総合研修所・前掲書（注4）59頁。

507

かかわらず、執行開始要件が履行の完了ではなく履行の「提供」でも足りるとされているのは、反対給付の内容が金銭や有価証券以外のものである場合（例えば、動産または不動産の引渡し等）には、そもそも供託することができないし、反対給付が建物明渡しや登記手続のように、債務者の受領行為や協力がなければ履行が完了しないものである場合に、債務者の協力が得られない限り引換給付の執行ができないこととなるのは不合理であること、必ずしも強制執行が功を奏するか不明である段階で債権者に先履行を求めるのは不合理であること、反対給付の履行の提供があったのに自らの債務を履行しない債務者に先履行をさせる結果となってもやむを得ないこと等による[29]。

履行の提供の方法については、相手方があらかじめ受領を拒絶した場合には、口頭の提供でも足りるが、それ以外の場合には、債務の本旨に従った現実の提供をしなければならない（民493条）。

(2) 執行文付与との関係

引換給付判決の強制執行に必要な執行文は、当該判決に引換給付以外の付款がない限り、条件成就執行文ではなく、単純執行文である[30]（ただし、意思表示を命ずる場合につき後記6参照）。

すなわち、前記(1)のとおり、引換給付判決の強制執行において、反対給付の履行またはその提供は、執行開始要件であり、これを具備しているか否かの審査および判定は、執行機関が行う。したがって、執行文付与の段階において、執行文付与機関は、引換給付判決について、反対給付の履行またはその提供の有無を考慮することなく、執行文を付与することができる[31]。

なお、引換給付判決の場合に、執行文付与機関が、反対給付の履行またはその提供が執行開始要件であることを看過し、条件成就執行文を付与し、その送達等の手続（民執29条）を経て、執行申立てがされた場合[32]、反対給付の履行

---

29 裁判所書記官研修所・前掲書（注4）407頁、近藤＝大橋＝上田・前掲書（注25）48頁〔松丸伸一郎〕、鈴木＝三ケ月・前掲書（注28）532頁〔町田顯〕、深沢＝園部・前掲書（注28）489頁、中村＝剱持・前掲書（注28・不動産執行編(上)）125頁、同・前掲書（注28・債権執行・財産調査編(上)）103頁、裁判所書記官研修所『執行文に関する書記官事務の研究（下巻）』（司法協会、1992年）636頁。

30 裁判所書記官研修所・前掲書（注4）455頁、佐藤・前掲書（注4）191頁。

31 佐藤・前掲書（注4）185頁。

32 この執行文付与は誤りであるが、それについて不服申立てを認める必要はない（香川・

またはその提供について、執行文付与機関がその証明があったと判断したとしても、執行機関においては、あらためて証明を求める必要がある[33]。

(3)　その他

引換給付判決における反対給付部分は、あくまで付款であり、反対給付に係る請求権についての債務名義ではないから、執行力はない。したがって、引換給付判決の債務者は、反対給付に係る請求権につき独立の債務名義を有しない限り、引換給付判決をもって反対給付について強制執行を申し立てることはできない[34]。

3　反対給付の履行またはその提供の証明

(1)　証明方法

反対給付の履行またはその提供の事実は、「証明」されなければならず、執行機関は、同事実に対し確信を抱いた場合にのみ執行を開始することができる（疎明では足りない）[35]。

民事執行法31条1項1号は、反対給付の履行またはその提供の証明方法を限定していないが、迅速性と簡便性の観点から文書による証明がされることになる。文書は、私文書でも公文書でもよい[36]。証明方法として、執行裁判所が関係者を審尋することもできるが（同法5条）、債権執行手続で差押命令が債務者や第三債務者を審尋しないで発令するものとされている（同法145条2項）ように、強制執行の開始については密行性が求められることから、審尋することのできる関係者が限られ、結局は審尋のみでは十分な心証がとれない場合が多いため、文書による証明を要する場合がほとんどである。

執行官による執行の場合には、審尋はできないので、文書による証明が原則であるが、債権者が執行の際に執行官に同行して執行現場で反対給付を履行またはその提供をし、執行官が執行開始前にそれらの事実を確認したうえで執行

　前掲書（注7）239頁〔田中康久〕）。

33　香川・前掲書（注7）239頁〔田中康久〕。

34　立退料の支払につき、高橋・前掲書（注7）246頁。

35　深沢＝園部・前掲書（注28）491頁。

36　私文書の場合には、その作成者について信用性が担保できる者であることや真正に成立したものであることについて厳格な証明が要求されるであろう（近藤＝大橋＝上田・前掲書（注25）50頁〔松丸伸一郎〕）。

509

に着手することも可能である[37]。

(2) 反対給付の履行があることの証明[38]

債務者が反対給付を受領している場合には、債務者という最も利害関係の対立する者が関与しているのであるから、その証明は、反対給付の受領の際に債務者が作成した領収書または受領書によりすることができ、これで十分である。また、弁済供託（民494条1項）により弁済と同様の効果が発生している場合には、債権者の供託に基づき法務局が作成した供託書正本により証明することができる。

(3) 反対給付の履行の提供があることの証明[39]

反対給付の履行の提供は、債権者自身の一方的な行為であるため、その証明を債権者自身の報告書等でしても、証明力は低いといわざるを得ない。したがって、証明のために反対給付の提供に第三者を関与させる必要がある。そして、その第三者は、証明力をもたせるためには、公平中立な立場の者でなければならず、債権者の親族、友人、従業員等では足りない。

第三者の典型例は、公証人であり、その作成による事実実験公正証書[40]（公証人法35条）を提出して証明することになる。以下、具体例を基に事実実験公正証書の作成手順を説明する。

反対給付が建物明渡債務である場合、建物の明渡しは、特定物の引渡しを目的とする債務であるから、履行の場所は、債権発生当時その物が存在した場所、すなわち、明け渡すべき建物の所在地である（民484条1項）。この場合、債権者は、①履行（建物明渡し）の提供の申出を記載した内容証明郵便を配達

37　香川・前掲書（注7）248頁〔田中康久〕、鈴木＝三ケ月・前掲書（注28）534頁〔町田顯〕、伊藤＝園尾・前掲書（注28）286頁〔山木戸勇一郎〕、最高裁判所事務総局編『執行官提要〔第6版〕』（法曹会、2022年）64頁、藤田幸三＝河村卓也＝林屋礼二『民事執行法の基礎』（青林書院、1983年）40頁〔時岡泰〕、山本和彦＝吉村真幸＝塚原聡『新基本法コンメンタール民事執行法〔第2版〕』（日本評論社、2023年）85頁〔鶴田滋〕。

38　近藤＝大橋＝上田・前掲書（注25）50頁〔松丸伸一郎〕、中村＝剱持・前掲書（注28・不動産執行編(上)）125頁、同・前掲書（注28・債権執行・財産調査編(上)）103頁。なお、先給付に関するものであるが、給付の履行があることの証明に係る具体例について論じたものとして裁判所書記官研修所・前掲書（注4）411頁ないし441頁参照。

39　中村＝剱持・前掲書（注28・不動産執行編(上)）125頁、同・前掲書（注28・債権執行・財産調査編(上)）103頁。

40　公証人自身が現場に立ち会って、現認した事実を記載したもので、私権に関する事実について作成される公正証書である。

証明付きで債務者に送付する、②日本郵便株式会社（郵便局）の内容証明の付記印の押された差出人控えおよび配達証明書を公証人に提示し、公証人の確認を得る、③公証人は、公正証書にこれを確認した旨を記載し、提示された書面の写しを公正証書に添付する、④公証人は、指定日時に、指定場所（明け渡す建物の所在地）に赴き、履行（明渡し）の準備ができている事実を確認し、その結果を公正証書に記載する。この公正証書が事実実験公正証書である。なお、このほか、建物明渡債務の履行の提供を証明する文書として、通常、明渡しの準備が整っている事実を証明する写真が必要であり、これは、公証人の現認した事実の記載を補充するものである[41]。

また、反対給付が不動産に係る登記手続債務の場合、その提供を証明するには、当該登記手続の申請に必要な書類を交付する準備をし、その交付の提供をした事実を証明する必要があるところ、この証明についても、事実実験公正証書によることが多い[42]。具体的には、①履行（移転登記手続に必要な書類の交付）の提供の申出を記載した内容証明郵便を配達証明付きで債務者に送付する、②日本郵便株式会社の内容証明の付記印の押された差出人控えおよび配達証明書を公証人に提示し、公証人の確認を得る、③公証人は、公正証書にこれを確認した旨を記載し、提示された書面の写しを公正証書に添付する、④公証人は、指定日時に、指定場所（当該不動産の所在地を管轄する法務局または特定の司法書士事務所[43]）に赴き、債権者が登記手続申請に必要な書類等を持参した事実を確認し、その結果を公正証書に記載する。なお、登記手続の申請に必要な書類として、通常考えられるものとしては、引換給付を命ずる債務名義、登記識別情報、委任状（司法書士に委任する場合）、印鑑登録証明書である。また、債権者が持参した登記申請に要する書類の写しを公正証書に添付することが望ましい。

以上のとおり、反対給付の履行の提供の証明は、事実実験公正証書によるこ

41　中村＝剱持・前掲書（注28・不動産執行編㊤）127頁。

42　裁判所職員総合研修所・前掲書（注4）187頁。

43　不動産の登記申請は、登記義務者と登記権利者による共同申請が原則であり、不動産所在地を管轄する法務局で申請手続を行うが、通常は、特定の司法書士に手続を依頼することが多く、その場合は当該司法書士の事務所を履行の提供場所として指定することで足りる。

とが多い。もっとも、債権執行は、執行目的となる債権の価額が比較的少額のことも多いため、公証人作成の事実実験公正証書によっていては、費用と効果が経済的に見合わないことも考えられる。そこで、例えば、反対給付が物の引渡しの場合には、大手運送会社のように、債権者の依頼により内容虚偽の文書を作成する可能性が低いと認められる者に、配達に行ったが受領を拒絶された旨の文書を作成してもらい、これを提出することも考えられる[44]。

(4) 証明なしまたは不十分として申立てが却下された場合

反対給付の履行またはその提供の証明がないまたは不十分であるとして執行の申立てが却下された場合には、債権者は、執行抗告（民執10条）を申し立てることができる。

4　反対給付の履行またはその提供なしに行われた執行手続

反対給付の履行またはその提供の証明がないのに執行が開始された場合や証明ありとした執行機関の判定を債務者が争う場合、債務者は、執行抗告（民執10条）または執行異議（同法11条）の申立てにより、その取消しを求めることができる[45]。

反対給付の履行またはその提供の証明がないのに開始した執行手続の効力については、無効とする説[46]と取り消し得るとする説[47]に分かれているところ、無効説が通説である[48]。

5　その他の問題

(1) 反対給付の履行の提供は継続する必要があるか

反対給付の履行の提供は、執行開始の要件であるとともに執行継続の要件で

44　中村＝剱持・前掲書（注28・債権執行・財産調査編(上)）104頁。

45　香川・前掲書（注7）237頁〔田中康久〕、中野＝下村・前掲書（注21）155頁。

46　中野＝下村・前掲書（注21）156頁、藤田＝河村＝林屋・前掲書（注37）40頁〔時岡泰〕、鈴木＝三ケ月・前掲書（注28）535頁〔町田顯〕（なお、執行行為が取り消される前に反対給付がなされたときは、将来に向かって有効となると解すべきとする。同529頁参照）。

47　香川・前掲書（注7）249頁〔田中康久〕、伊藤＝園尾・前掲書（注28）288頁〔山木戸勇一郎〕、石川明＝小島武則＝佐藤蔵二編『注解民事執行法（上巻）』（青林書院、1991年）290頁〔上村明広〕。

48　山本＝吉村＝塚原・前掲書（注37）85頁〔鶴田滋〕。

もあるから、強制執行手続の間、履行の提供は継続する必要がある[49]。もっとも、現実には、履行の提供を継続することは困難であることから、一度現実の提供があれば、特に提供を中止したと認めるべき事情がない限り、提供は継続していると解すべきである[50]。

⑵　反対給付の履行の提供と債務者の受領

反対給付の履行に債務者の受領行為を要する場合において、債権者が反対給付の履行の提供をしたところ、債務者が受領する態度を示した場合、債権者は、これに応じて現実に履行しなければならない（履行することで執行開始要件を満たす）のか、それとも、債務者に対する給付請求権（債務者の給付義務）に係る執行の終了まで、履行を拒むことができる（その場合も執行開始要件を満たす）のか。

この問題については、履行しなければならないとする立場[51]と、執行終了まで履行を拒むことができるとする立場がある[52]。

49　香川・前掲書（注7）89頁〔田中康久〕、鈴木＝三ケ月・前掲書（注28）532頁〔町田顯〕、東孝行「引換給付判決の執行上の諸問題」判タ416号（1980年）29頁、福永有利「強制開始要件としての弁済の提供と事後手続との関係」金法981号（1982年）10頁。これに対し、中野＝下村・前掲書（注21）155頁は、継続を不要とする。

50　鈴木＝三ケ月・前掲書（注28）532頁〔町田顯〕。福永・前掲論文（注49）11頁は、継続必要説に立ったうえで、「提供がなされなくなれば、債務者は執行異議の方法により執行手続の停止・取消しを求めうると考える。もっとも、いったん有効に提供がなされた後は、執行完了時に直ちに反対給付をなしうる準備があればよく、また一時的に提供の中断があっても、執行異議の裁判のときに提供が復活されていれば、執行手続は取り消されないと解しうるであろう」とする。また、香川・前掲書（注7）242頁〔田中康久〕は、債権者が執行手続開始後に提供を撤回した場合には、執行手続の続行を許すべきでないから、執行異議の申立てにより、執行手続を取り消すことになるとする（深沢＝園部・前掲書（注28）489頁も同旨）。一方、提供の継続を不要とする中野＝下村・前掲書（注21）155頁は、「反対給付の中断によって当然に手続上違法な執行となるものではない」としたうえで、「最終段階に入る執行処分（例えば、配当表の作成、明け渡すべき土地上の建物の収去）に対する執行異議または執行抗告の理由とすることができ、その裁判の時点で反対給付の完了またはその提供がないときは、執行手続の停止・取消しを免れない」とする。

51　大判昭和8年5月26日民集12巻1353頁、鈴木＝三ケ月・前掲書（注28）532頁〔町田顯〕、伊藤＝園尾・前掲書（注28）283頁〔山木戸勇一郎〕、藤田＝河村＝林屋・前掲書（注37）40頁〔時岡泰〕。

52　近藤＝大橋＝上田・前掲書（注25）49頁〔松丸伸一郎〕、深沢＝園部・前掲書（注28）490頁、石川＝小島＝佐藤・前掲書（注47）287頁〔上村明広〕、東・前掲論文（注49）28頁、福永・前掲論文（注49）7頁。

(3) 反対給付の履行と相殺

反対給付が金銭の支払である場合、反対給付を「相殺」の方法で履行することが許されるか。

この問題については、①執行機関が相殺を確実に認定できる限り、相殺による履行も肯定すべきであるとする説[53]、②執行開始要件は、即時、明快に判断できる事柄である必要があり、相殺のように実体上の請求権の有無や法律行為の有効無効など実体関係の判断を要するものは、これになじまないとしてこれを否定する説[54]、③執行開始要件としての反対給付は、それが確実に認定できる事由によってなされるものであることが必要であり、相殺は実体的な判断を要するから、原則としてこれにあたらないが、債務者の承認書の提出など特段の事情があるときは、例外的に肯定してもよいとする折衷説[55]、④有効な相殺がなされた場合には、これを文書によって証明して条件成就執行文の付与を受け、それができないときには執行文付与の訴えによって、執行文の付与を受けてから執行すべきであるとする説[56]に分かれている。基本的には折衷説が妥当であると考える[57]。

---

[53] 鈴木＝三ケ月・前掲書（注28）533頁〔町田顯〕、東・前掲論文（注49）26頁、青山善充「判批」重判解〔昭和55年度〕154頁。

[54] 東京地判昭和54年6月12日執行官雑誌12号70頁、梅本吉彦「判批」民事執行・保全判例百選（2005年）31頁（同・民事執行法判例百選（1994年）35頁も同旨）。なお、執行官が執行機関である場合には否定すべきとする見解として、浦野雄幸『条解民事執行法』（商事法務研究会、1985年）136頁、最高裁判所事務総局・前掲書（注37）64頁。

[55] 東京高決昭和54年12月25日判時958号73頁、中野＝下村・前掲書（注21）156頁、近藤＝大橋＝上田・前掲書（注25）50頁〔松丸伸一郎〕、伊藤＝園尾・前掲書（注28）282頁〔山木戸勇一郎〕、石川＝小島＝佐藤・前掲書（注47）289頁〔上村明広〕、竹下守夫「反対給付の履行と相殺」同『民事執行法の論点』（有斐閣、1985年）113頁、三宅弘人「強制執行開始の要件としての反対給付の提供と相殺」判タ439号（1981年）254頁。

[56] 香川・前掲書（注7）244頁〔田中康久〕（相殺のほか、代物弁済、免除についても同様の考え方に立つ）、垣内秀介「判批」民事執行・保全判例百選〔第3版〕（2020年）27頁。

[57] なお、近藤＝大橋＝上田・前掲書（注25）50頁〔松丸伸一郎〕は、折衷説に立ったうえで、「特段の事情」について、「執行官が執行機関である場合には、債務者が執行官の面前で相殺による反対債務の消滅を認めた場合、反対債務の消滅が債務不存在確認の判決等により明らかな場合等に限定されるであろう。執行裁判所が執行機関の場合にも、上記以外の場合には、自働債権の存在については、判決等による証明を要すると解すべきであろう」とする。石川＝小島＝佐藤・前掲書（注47）289頁〔上村明広〕も同旨と解される。

Ⅱ　引換給付判決に基づく強制執行

6　反対給付との引換えに意思表示を命ずる判決の場合[58]

⑴　給付判決による意思表示の擬制

　給付判決において、判決で認容された債務者の給付義務が登記手続のような意思表示義務である場合、具体的な執行手続がなく、観念的に意思表示が擬制される[59]。すなわち、意思表示をすべきことを債務者に命ずる判決の場合、付款文言がない限り、判決が確定した時に債務者がそのような意思表示をしたものとみなされる（民執177条１項本文）[60]。例えば、判決で認められた債務者の給付義務が不動産の登記義務である場合、債権者は、債務者に登記手続をすべきことを命ずる確定判決に基づき、原則として、執行文の付与を受けることなく[61]、単独で登記申請手続をすることができる（不登63条１項）。

⑵　引換給付判決による意思表示の擬制

　一方、反対給付と引換えに債務者に意思表示をすべきことを命ずる債務名義の場合、債務名義に表示された債務者の給付義務について具体的な執行手続がないことから、執行開始要件として反対給付の履行またはその提供を判定することはできない。そのため、民事執行法は、衡平の見地から、この場合には、債権者が反対給付の履行またはその提供を証する文書を提供して執行文の付与を受けたときに、債務者の意思表示があったものとみなされる（民執177条１項ただし書・２項）とした[62]。

　よって、反対給付と引換えに債務者に意思表示を命ずる判決については、債

58　裁判所職員総合研修所・前掲書（注４）153頁以下、裁判所書記官研修所・前掲書（注29）564頁以下。

59　裁判所職員総合研修所・前掲書（注４）160頁。

60　登記手続その他の意思表示をすべきことを債務者に命ずる判決には仮執行宣言を付すことはできないとするのが判例・通説である（最判昭和41年６月２日裁判集民83号675頁、司法研修所・前掲書（注１）29頁、兼子ほか・前掲書（注２）1423頁〔竹下守夫＝上原敏夫〕、秋山ほか・前掲書（注２）248頁、伊藤・前掲書（注２）653頁、裁判所書記官研修所・前掲書（注４）71頁、同・前掲書（注29）574頁、深沢＝園部・前掲書（注28）874頁）。

61　佐藤・前掲書（注４）370頁、伊藤＝園尾・前掲書（注28）1671頁〔青木哲〕。

62　裁判所職員総合研修所・前掲書（注４）71頁、裁判所書記官研修所・前掲書（注４）455頁、同・前掲書（注29）506頁、601頁および605頁、佐藤・前掲書（注４）186頁、376頁、383頁、386頁、389頁、393頁および458頁、深沢＝園部・前掲書（注28）880頁、香川保一監修『注釈民事執行法第７巻』（金融財政事情研究会、1989年）320頁〔富越和厚〕。

515

権者は、反対給付の履行またはその提供の事実を証明する文書[63]を執行文付与機関に提出して、執行文の付与を受けなければならない。また、債権者が、これらの事実を文書以外の方法によって証明しようとするときは、執行文付与の訴え（民執33条）を提起する必要があり、この訴えにおいて請求を認容し付与を命ずる判決が確定すれば、その判決確定時に債務者が意思表示をしたと擬制される[64]。

　民事執行法177条2項の執行文が付与された場合には、執行文謄本および証明文書謄本の送達（同法29条）は、いずれも必要ない[65]。執行文が付与されることによって意思表示が擬制され、それで執行行為は完結するのであり、その後の執行手続は予定されていないからである[66]。同じ理由から、この場合、執行停止を命ずることはできず[67]、不服申立てとしての執行文付与に対する異議の申立て（同法32条）または執行文付与に対する異議の訴え（同法34条）もできない[68]。また、執行行為が完了している以上、請求異議の訴えを提起することもできない[69]。結局、事後的に、不当利得返還請求や実現された登記の抹消

63　証明方法は文書に限られるが、具体的な証明については、一般の給付請求権の場合と同様である（裁判所書記官研修所・前掲書（注29）635頁）。

64　伊藤＝園尾・前掲書（注28）1672頁〔青木哲〕、香川・前掲書（注62）316頁〔富越和厚〕。

65　裁判所職員総合研修所・前掲書（注4）194頁、香川・前掲書（注62）320頁〔富越和厚〕、鈴木忠一＝三ケ月章『注解民事執行法(5)』（第一法規、1986年）126頁〔町田顯〕。

66　意思表示を擬制するための執行文には、債務名義の執行力の現存を公証するという執行文本来の機能は全く期待されておらず、債務名義において債務者が意思表示をすべきことが一定の事実の到来等に係っているときに、いわば執行文付与制度を借用して、その事実の到来等を執行文付与機関が認定したことを表示するものである（裁判所職員総合研修所・前掲書（注4）164頁。裁判所書記官研修所・前掲書（注29）601頁）。

67　意思表示が擬制された後には執行停止はできないことについて、大決昭和16年4月16日民集20巻486頁、東京高決昭和33年12月10日東高民時報9巻13号241頁、東京高決平成元年5月23日金判831号15頁、裁判所書記官研修所・前掲書（注29）637頁、香川・前掲書（注62）323頁〔富越和厚〕、田中康久『新民事執行法の解説〔増補改訂版〕』（金融財政事情研究会、1980年）379頁。

68　裁判所職員総合研修所・前掲書（注4）194頁、佐藤・前掲書（注4）446頁、深沢＝園部・前掲書（注28）882頁、裁判所書記官研修所・前掲書（注29）606頁および637頁、香川・前掲書（注62）323頁〔富越和厚〕、鈴木＝三ケ月・前掲書（注65）126頁〔町田顯〕、田中・前掲書（注67）379頁。これに対し、執行文謄本および証明文書謄本の送達を必要とし、執行文付与に対する異議の申立て（民執32条）および執行文付与に対する異議の訴え（同法33条）を許容する説もある（中野＝下村・前掲書（注21）875頁以下、山本＝吉村＝塚原・前掲書（注37）466頁〔大濱しのぶ〕）。

または抹消された登記の回復等を求める訴えを提起することになろう[70]。

　一方、執行文付与の申立てが却下された場合には、債権者は、執行文付与に関する異議申立て（民執32条）または執行文付与の訴え（同法33条）によって、付与を命ずる裁判を求めることができる[71]。

Ⅲ　引換給付判決に基づく財産状況の調査

1　債務者の財産状況の調査

　民事執行法は、金銭債権について強制執行を申し立てるために債務者の財産に関する情報を取得するための方策として、財産開示手続（民執第4章第1節）および第三者からの情報取得手続（同章第2節）を設けている。これらの手続は、「債務者の財産状況の調査」として、判決手続等とは独立して、強制執行等の準備のために行われる手続であり、民事執行手続の一つと位置づけられている。

　いずれの手続についても、債権者からの申立てを受けた執行裁判所（民執196条、204条）が、各申立ての要件について審査したうえで、財産開示手続については実施決定（同法197条）、第三者からの情報取得手続については情報提供命令（同法205条1項本文、206条1項本文、207条1項本文・2項）を発令するか否かを決定する。

2　引換給付判決を債務名義とする債務者の財産状況の調査

　財産開示手続および第三者からの情報取得手続のいずれも、申立てが認めら

69　大決大正8年11月29日民録25輯2139頁、佐藤・前掲書（注4）446頁、裁判所書記官研修所・前掲書（注29）637頁。

70　裁判所職員総合研修所・前掲書（注4）194頁、佐藤・前掲書（注4）448頁、深沢＝園部・前掲書（注28）882頁、裁判所書記官研修所・前掲書（注29）638頁、田中・前掲書（注67）379頁。

71　中野＝下村・前掲書（注21）875頁、伊藤＝園尾・前掲書（注28）1673頁〔青木哲〕、深沢＝園部・前掲書（注28）880頁、裁判所書記官研修所・前掲書（注29）606頁および607頁、香川・前掲書（注62）323頁〔富越和厚〕、鈴木＝三ケ月・前掲書（注65）127頁〔町田顯〕。

517

23 引換給付判決と執行

れるには、強制執行開始のための一般的な要件を備えていることが必要である（民執197条1項ただし書、205条1項ただし書、206条1項ただし書、207条1項ただし書）[72]。

したがって、債権者が引換給付判決を債務名義として財産開示手続または第三者からの情報取得手続を申し立てる場合には、執行開始要件として、反対給付の履行またはその提供を証明する必要がある。

72　中村さとみ＝劔持淳子編『民事執行の実務〔第5版〕債権執行・財産調査編(下)』（金融財政事情研究会、2022年）314頁、321頁、322頁、356頁、393頁、406頁、420頁および442頁。

24 訴えの取下げ、請求の放棄・認諾

鈴　木　紀　子
大阪高等裁判所判事

　訴えの取下げ、請求の放棄・認諾は、裁判によらずに当事者の行為により訴訟が完結する場合であり、訴訟の終了の場面の処分権主義の表れである。

I　訴えの取下げ（民訴261条）

1　条文・趣旨

　訴えの取下げは、原告が、裁判所に申し立てた訴え（裁判所の審理と判決を求める申立て）を撤回する裁判所に対する意思表示であり、訴訟行為である。訴えの取下げは、訴訟係属を遡及的に消滅させる権限が原告にある処分権主義の発現といえ、本来は原告の自由である。ただし、訴え提起により応訴を余儀なくされる相手方（被告）の立場を保護する必要があることから、一定の場合につき、訴えの取下げの効力発生の要件として被告の同意を求めている（民訴261条2項本文）。民事訴訟法（以下「民訴法」という）261条は、訴えの取下げについて、その方式、相手方の同意の要否、同意の擬制、取下書の送達等について各規定を設け、民事訴訟規則（以下「民訴規則」という）162条において、訴えの取下げがあった場合の取扱いについて規定し、民訴法262条において、訴え取下げの効果を規定している。

　令和4年法律第48号による改正法により、民訴法261条3項のただし書「口頭弁論、弁論準備手続又は和解の期日（以下この章において「口頭弁論等の期日」

24 訴えの取下げ、請求の放棄・認諾

という。）においては、口頭ですることを妨げない」との規定が新たに4項に定められ、「裁判所書記官は、その期日の電子調書に訴えの取下げがされた旨を記録しなければならない」との規定が追加された。これは、記録の電子化に伴い、調書も電子化されることを踏まえ、従来は民訴規則67条1項1号・88条4項が定めていた、口頭による訴えの取下げの調書への記載を、電子調書への記載として法律で定めることとしたものである。民訴法261条4項および5項は、5項および6項に繰り下げられ、調書の謄本の送達は、電子調書の送達に改められた。

2 訴えの取下げの要件

(1) 方 式

ア 書面による場合

書面で行うのが原則である（ファクシミリを利用する提出はできない。民訴規3条1項2号参照）。

イ 口頭による場合

裁判官の面前であれば口頭でも可能であり、口頭弁論、弁論準備手続または和解、進行協議の期日において、口頭で訴えを取り下げる旨を陳述することができる（民訴261条3項、民訴規67条1項1号、95条2項）。

令和4年改正法により、口頭弁論等の期日調書を含め、訴訟記録は原則として電子化されることから、その期日において訴えの取下げが口頭でなされた場合、電子調書に記載が必要である。

ウ 被告の同意

訴え取下げについての被告の同意も書面または口頭で可能である。同意またはその拒絶（不同意）の撤回は許されないと解される（最判昭和37年4月6日民集16巻4号686号）[1]。

(2) 時 期

判決の確定まではいつでもできる（民訴261条1項）。

第1審の判決が言い渡された後であっても、確定前であれば取下げは可能で

---

1 髙田裕成ほか編『注釈民事訴訟法第4巻』（有斐閣、2017年）1213頁〔越山和広〕。

ある。ただし、再訴禁止効（後記 3 ⑶）がある。判決後に取り下げる場合は、判決内容が原告に不利（被告に有利）な内容であると考えられ、被告の同意を要する場合、被告が同意しないことが多いであろう。

⑶　被告の同意を要する場合

被告が本案について、①裁判所に準備書面を提出した後（民訴262条 2 項）、あるいは②弁論準備手続において申述をし、または③口頭弁論をした後は、被告の同意がなければ訴えの取下げは効力を生じない。①については、準備書面で本案の主張をした場合（文言どおり、準備書面が提出されたことを意味し、陳述前の段階でも該当するとするのが通説である。反対説あり[2]）、②③については、弁論準備手続や口頭弁論で本案の陳述をした場合がこれに該当する。

被告が管轄違いによる移送の申立てをし、かつ、答弁書において本案につき請求棄却を求める旨の記載があるが、それ以上に本案の主張はしていないとき（東京地判昭和51年12月 3 日判タ353号253頁）、訴訟要件欠缺による訴え却下の申立てをし、予備的に請求棄却を求める（本案の主張）とき（山形地鶴岡支判昭和49年 9 月27日判時765号98頁）等では、被告が確定的に本案の活動をしたとはいえないので、被告の同意を要せずに原告は訴えを取り下げることができると解するのが多数説である[3]（同旨の裁判例として、大阪高判平成 7 年 2 月14日判タ889号281頁、東京高判平成 8 年 9 月26日判時1589号56頁、東京地判平成19年 7 月11日判時1992号99頁）。反対説として、予備的にせよ本案につき請求棄却を求め争っていれば、被告の同意を要するとする見解がある[4]。

反訴の提起や期日指定に対する同意も本案の陳述とはならないと解されている。

被告が本案について、前記の行為をした後に原告が訴えの取下げをした場合、原告が訴えの取下げを申し出た期日に被告が欠席した等の場合は、被告に取下書ないし期日調書謄本が送達され、その日から 2 週間訴えの取下げに異議を述べないときは、被告の同意が擬制される。原告が訴えの取下げを陳述した

2　高橋宏志『重点講義民事訴訟法㊦〔第 2 版〕』（有斐閣、2012年）288頁。
3　兼子一ほか『条解民事訴訟法〔第 2 版〕』（弘文堂、2011年）1445頁〔竹下守夫＝上原敏夫〕。
4　高田ほか・前掲書（注 1 ）1213頁〔越山和広〕。

期日で被告が出席しながら明示の対応をせず、2週間以内に被告が異議を述べない場合も同様である（民訴261条5項）。

ただし、本訴の取下げがあった場合における反訴（民訴146条1項）の取下げは、反訴被告（本訴原告）の同意を要しない（同法261条2項ただし書）。

(4) 訴訟能力または代理権

訴訟行為一般について有効となる訴訟能力または代理権は、訴え取下げにおいても要件となる。

被保佐人、被補助人、後見人その他の法定代理人、訴訟代理人は、特別授権がなければ訴えを取り下げることはできない（民訴32条2項1号、55条2項2号）。

訴訟無能力者が法定代理人によらずに訴えを提起した場合や代理権がない代理人が訴えを提起した場合は、訴えの提起に対する追認があるまでの間、訴訟無能力者や無権代理人が、相手方の同意を要することなく、訴えの取下げをすることができるものと解される。

(5) 訴え取下げの効力について争いがある場合

ア 職権調査事項

訴えの取下げ、またはこれに対する被告の同意の有無および効力については、訴訟係属が存在するかどうかの問題にかかわるので、職権調査事項である[5]。

イ 手続

当事者間でこの点に争いがある場合、訴えの取下げの無効、不存在確認の別訴を提起する確認の利益を認めることはできず、当該手続内で期日指定の申立てができるにとどまる。

裁判所の審査の結果、取下げが有効にあったということであれば「訴訟は取下げにより終了した」旨を宣言する訴訟判決（訴訟終了宣言判決）をすることとなるし（判決であり上訴の対象となる。判決による旨につき、大決昭和8年7月11日民集12巻2040頁）、訴えの取下げが不存在または無効であれば、訴訟は継続中となり、審理を続行し判決をすることとなる。これらの判断は中間判決で示

5　高田ほか・前掲書（注1）1217頁〔越山和広〕。

してもよいし終局判決の理由中で示してもよい。訴えの取下げが終局判決の後であるときは、訴えの取下げに関する争いは上訴審で扱われることとなろう[6]。

　ウ　意思表示に瑕疵がある場合

　判例は、訴えの取下げは訴訟行為であるから、一般に行為者の意思の瑕疵が直ちにその効力を左右するものではないとしつつ、詐欺・脅迫など明らかに刑事上罰すべき他人の行為により訴えの取下げがされたときは、民訴法338条1項5号（再審事由）の法理に照らし、その取下げは無効と解すべきとする（最判昭和46年6月25日民集25巻4号640頁）[7]。

　上記最高裁判決は、当事者の意思の瑕疵が取下げの効力を直ちに左右することはないとの前提に立って再審事由のみの考慮を認めたもので、訴訟行為である訴えの取下げの意思表示には、民法の意思表示の瑕疵に関する規定の適用を認めないものとしたと評価することができる。もっとも、下級審裁判例には、原告の救済の必要性に応じ、訴えの取下げの効力を否定したと解される裁判例もある（東京地判昭和63年8月29日判時1314号68頁等）[8]。

　この点は、錯誤による無効を認める余地があると解するべきとする見解[9]や、端的に民法の規定の類推適用を認めるとする見解[10・11・12]がある。

6　高田ほか・前掲書（注1）1218頁〔越山和広〕。

7　野田宏「判解」最判解民〔昭和46年度〕273頁は、一般に訴訟行為については行為の明確と訴訟手続の安定を期するため、表示主義、外観主義が支配し、意思の欠缺その他意思表示の瑕疵が直ちにその効力を左右するものではなく、訴えの取下げもその例外ではないとしつつ、確定後も再審をもって争うことができるにもかかわらず、同様の事由がある訴訟行為に基づいて判決によらないで訴訟が終了した場合に、これを争うことができないとすることは妥当を欠くものであり、訴えの取下げについてもこのことは同様であるとする。

8　高田ほか・前掲書（注1）1228頁〔越山和広〕。同裁判例の事案は、被告代表者が、老齢で判断能力が十分でなく、かつ、事案について知識のない原告から甘言を弄して訴え取下書を取り付け、原告に代わって裁判所に提出したもので、著しく信義に反し、原告の利益を著しく害するとして訴えの取下げを無効とした。

9　新堂幸司『新民事訴訟法〔第4版〕』（弘文堂、2008年）335頁。

10　三木浩一ほか『民事訴訟法〔第3版〕』（有斐閣、2018年）478頁、高橋・前掲書（注2）281頁。

11　伊藤眞『民事訴訟法〔第8版〕』（有斐閣、2023年）513頁。訴訟契約としての効力を否定すべき理由はないとする。

12　兼子ほか・前掲書（注3）1445頁〔竹下守夫＝上原敏夫〕。

24 訴えの取下げ、請求の放棄・認諾

3　訴え取下げの効果

(1)　訴訟係属の遡及的消滅

ア　訴訟法上の効果

訴えの取下げにより、訴訟は、初めから係属していなかったもの（遡及的に消滅）とみなされる（民訴262条1項）。訴訟係属に依存してなされた補助参加、訴訟告知なども当然に効力を失う。

訴訟に関してなされた証拠調べについては、その調書は調書としての効力を失うものではないから、他の訴訟において、かかる調書を書証として援用することはできる。

イ　実体法上の効果

(A)　完成猶予の効果の効力、出訴期間遵守の効果

訴え提起によって生じていた時効の完成猶予の効果（平成29年法律第44号の改正前民法においては時効中断）の効力、出訴期間遵守の効果も消滅することとなり、時効期間は、訴え提起がなかった場合と同様に、訴訟係属中も進行していたものと扱われることになるが、訴えの取下げによる訴訟終了の時から6か月を経過するまでの間は、時効が完成しない（民147条1項）。もっとも、取下げがあっても時効中断の効果が失われないとされた例として、最判昭和50年11月28日民集29巻10号1797号、最判昭和38年1月18日民集17巻1号1頁がある。

(B)　訴訟上の形成権の行使の効果

訴訟上の形成権の行使の効果も問題となる。この点は、訴訟において当事者の一方が相手方に対し私法上の行為をした場合の行為の性質について、①訴訟行為であると同時に私法行為であるとする説、②第3種の特別の性質を有する行為であるとする説、③両者を総合観察すべきであるとする説の対立があり、訴えが取り下げられた場合のこれらの私法上の効力がどうなるかについても争いがある[13・14・15・16]。判例は、①の見解ないし同趣旨によるものと解される。

13　兼子ほか・前掲書（注3）1450頁〔竹下守夫＝上原敏夫〕。
14　高田ほか・前掲書（注1）1237頁〔越山和広〕。
15　伊藤・前掲書（注11）516～517頁。形成権の訴訟上の行使に関し、原則として訴訟行為が失効するときに私法行為も撤回される趣旨でなされているとみられるので、形成権行使の効果も失われるが、当事者の合理的意思解釈として訴訟行為の効力とかかわりなく形成

このうち、相殺の抗弁については、相殺権の主張は、法的効果の発生を阻止するものではなく、自己に帰属する反対債権を積極的に行使するものであるから、訴訟物とは異なる別の権利関係が事実上の審判対象となること、相殺の抗弁の判断には既判力が生じる（民訴114条2項）こと等、他の形成権とは異なる性格があり、訴訟上の相殺権の行使の法的性質論を基に、さまざまな見解がある[17]。

最近の議論の状況として、訴訟上の相殺の抗弁が主張された場合について、民法上の意思表示と訴訟行為としての抗弁の提出という二重の性格があることを前提に、相殺の抗弁を提出した当事者の合理的な意思を推測し、相殺の抗弁が訴えの取下げにより攻撃防御方法として意味を失った時は失効させるとの条件付き法律行為とみるべきであるとか、相殺の意思表示は債務があるとの判断に至った際に考慮を求める趣旨であり、攻撃防御方法としての意味を失ったときには白紙に戻すという効果意思を有するものと解する見解がある[18]。

その他、取消権や解除権を訴訟上行使したが、その後訴えが取り下げられて形成権行使の結果が訴訟上考慮されないまま終了した場合について、実体法上の効果は残存するというのが判例である。最近の議論においては、実体法上の効果は消滅するというものがあるが、見解は分かれる[19]。

履行の請求（大判大正2年6月19日民録19輯463頁）について、実体法上の効果は残るとされる。調停の申立てによる催告と調停の取下げについて最判昭和35年12月9日民集14巻13号3020頁（催告は有効）、訴訟上の相殺の用に供された受働債権について時効中断（時効の完成猶予）の事由となる債務の承認がなされた場合に相殺の主張が撤回されても承認の効力は失わないとするもの（最判昭和35年12月23日民集14巻14号3166号）がある。

(2) 反訴等との関係

反訴（民訴146条）、独立当事者参加（同法47条）、訴訟引受け（同法50条。大判

権行使の効力を維持するものと考えるときは別であるとし、前者の例は相殺、後者の例は解除とする。

16 秋山幹男ほか『コンメンタール民事訴訟法Ⅴ〔第2版〕』（日本評論社、2022年）295頁。

17 大判昭和9年7月11日法学4巻227頁は、相殺の効果は取下げにより消滅するとする。

18 高田ほか・前掲書（注1）1238頁〔越山和広〕。

19 高田ほか・前掲書（注1）1239頁〔越山和広〕。

昭和9年3月24日判例集未登載）などは、訴訟の係属に依存して行えば足り、訴訟の係属が存続することを要しない行為として、訴えの取下げの影響を受けることなくそのまま存続する。本訴取下げ後に反訴が依然係属する場合は、本訴に関してなされた訴訟行為も、反訴に必要なものに限り、効力を失わない。

中間確認の訴え（民訴145条）については、当然には失効しないと解されるが、本訴の取下げの意思表示には、暗黙に中間確認の訴えの取下げの意思表示を含むといえる場合が多いと考えられ、曖昧な場合には積極に解するとの見解[20]がある。

(3) 再訴禁止

ア 趣旨等

本案について終局判決があった後に、訴えを取り下げた場合、同一の訴えを提起することができない（民訴262条2項）。その趣旨について、終局判決を得た後に訴えを取り下げることにより裁判を徒労に帰せしめたことに対する制裁的趣旨の規定であり、同一紛争を蒸し返して訴訟手続をもてあそぶような不当な事態の生起を防止する目的に出たものとされている（最判昭和52年7月19日民集31巻4号693頁）[21]。再訴禁止効の趣旨につき、再訴の濫用を防ぐことにあるべきとする見解がある[22]。

訴えを不適法として却下するいわゆる訴訟判決の場合は、上記本案の終局判決（民訴243条）があった場合ではないから、訴訟判決を受けた原告が訴えを取り下げた後、再び同一の訴えを提起することは差し支えない。上告審で1審判決が破棄されて差し戻された場合は、本案の終局判決は存在しない状態であるから、民訴法262条2項の適用はない（最判昭和38年10月1日民集17巻9号1128頁）。

イ 民訴法262条2項の「同一の訴え」

これをあまりに厳格に解すると、国民の権利を十分に保護することができなくなるおそれがあるとして、立法の趣旨を踏まえ、民訴法142条の二重起訴禁

---

20 秋山ほか・前掲書（注16）294頁。
21 角森正雄「訴えの取下げと再訴の禁止」新堂幸司ほか編『判例民事訴訟法の理論(下)』（有斐閣、1995年）36頁。
22 高橋・前掲書（注2）279頁。

止の場合と必ずしも同義に解さずに、同法262条2項の適用を制限的に解する
などして、弊害を防止する解釈がされている。

　そこで、民訴法262条2項の「同一の訴え」については、請求の原因、さら
には訴えの利益または必要性の点についても事情を一にする訴えを意味すると
されている（前掲最判昭和52年7月19日、最判昭和55年1月18日判時961号74頁等）。
この点、取り下げられた訴えの訴訟物を前提とする権利を訴訟物とする後訴
も、訴訟物同一の延長として、再訴として禁止されるかは複数の説がある（元
本請求取下げ後の利息請求）[23]。

　また、再訴を提起できないのは前訴の原告（その承継人も同様とするかは複数
の見解がある）のみであり、被告は、同一の訴えについて再訴を提起すること
について制限を受けないとする見解がある（反対説あり）[24]。

　同一の訴えというには、前後の訴えの訴訟物が同一であることを必要とする
が、前訴と後訴の権利保護の利益がそれぞれ異なる場合は、民訴法262条の再
訴の禁止に触れない。例えば、原告が給付の訴えを提起し終局判決を得たが、
被告が弁済を確約したので訴えを取り下げたところ、その後被告が支払をしな
いので再び給付の訴えを提起することは許される。また、訴えの変更によって
取り下げられた訴えや反訴提起、中間確認の訴え、独立当事者参加によって訴
訟手続中に提起された訴えであっても、同一の訴えであるという関係が生じ得
る[25]。

ウ　職権調査事項

　再訴禁止効が働くかは、当事者の主張がなくとも、職権で調査して、これに
触れると認めた場合は、被告の同意があっても訴えを却下しなければならな
い。訴えの取下げの事実が不明であれば、被告が立証責任を負うべきと解され
る[26]。

エ　人事訴訟での適用

　人事訴訟法は、人事訴訟について、原則として請求の放棄を認めておらず

23　高橋・前掲書（注2）279頁。
24　高橋・前掲書（注2）279頁、秋山ほか・前掲書（注16）298頁。
25　秋山ほか・前掲書（注16）299頁。
26　秋山ほか・前掲書（注16）301頁。

（人訴19条2項）、例外的に請求の放棄が認められている離婚・離縁訴訟（同法37条1項、44条）を除き、本項の再訴禁止は人事訴訟には適用されないと解すべきとの見解[27・28]、人事訴訟においても訴えの取下げの自由を認める以上、再訴は禁止されるとの見解[29・30]がある。子の認知請求の訴えについて、再訴禁止を肯定したもの（大判昭和14年5月20日民集18巻547頁）、再訴禁止を否定したもの（東京高判昭和46年12月14日判タ275号318頁）がある[31]。

オ　実体法上の権利行使

本項の適用の結果、再訴が禁止されても、前訴で問題となった実体法上の権利が消滅するものではないから、当該債権を行使して任意弁済を受けることは有効である。

4　留意を要する場面

控訴審における取下げの場合、訴えの取下げであるのか控訴の取下げであるのか留意する必要がある。

控訴の取下げの場合、控訴の提起がなかったという効果が生じ、第1審判決が確定することとなる。控訴の取下げには相手方の同意を要しない（民訴法292条2項は訴えの取下げについての同法261条2項を準用していない）。これは、相手方である被控訴人に特段の不利益を与えることにはならないことに基づく[32]。

27　兼子ほか・前掲書（注3）1454頁〔竹下守夫＝上原敏夫〕。
28　秋山ほか・前掲書（注16）300頁。
29　新堂・前掲書（注9）340頁。ただし、継続的な身分関係においては、状況が時とともに微妙に変化するのが通常であるから、再訴が前訴と同じ状況の下で提起されたものであるかを慎重に判断すべきとする。
30　伊藤・前掲書（注11）518頁。
31　同裁判例は、前訴は本人が3歳の時に法定代理人母が提起したもので、18歳になった本人が自らの意思に基づいて本訴提起に至った事情があり、裁判所のなした判決を当事者がもてあそぼうとすることを防止しようとする民訴法262条2項の法意に触れるものではないとした。
32　井上繁規『民事控訴審の判決と審理〔第3版〕』（第一法規、2017年）51頁。

I 訴えの取下げ（民訴261条）

5 取下げ擬制（民訴263条）

(1) 概　要

　当事者双方が口頭弁論もしくは弁論準備手続の期日（以下「口頭弁論等の期日」という）に出頭せず、または弁論もしくは弁論準備手続における申述（以下「弁論等」という）をしないで退廷もしくは退席（以下「退廷等」という）をした場合において、1月以内に期日指定の申立てをしないときには、訴えの取下げがあったとみなすとされている（民訴263条前段）。

　当事者双方が口頭弁論等の期日に出頭せず、または弁論等をせずに退廷等をした場合には、①当事者双方が口頭弁論等の期日に出頭しない場合、②当事者の一方が出頭したが弁論等をせずに退廷等をし、他方が不出頭である場合、③当事者双方が出頭したが共に弁論等をせずに退廷等をした場合がある。

　「口頭弁論等の期日に出頭せず」とは、適式の呼出しを受けたのに欠席したという場合であり、普通郵便、電話等の簡易呼出しの方法によって呼出しをした場合は、呼出しを受けた者が期日の呼出しを受けた旨を記載した書面（期日請書等）を提出したときを除き、本条に該当しない（民訴94条2項（改正法3項））。

　「口頭弁論期日、弁論準備手続期日」とは、第1回の期日に限らず、いつの期日でも同様であるが、判決言渡期日は、当事者双方が欠席しても言渡しが可能である（民訴251条2項）ので、本条の適用はない[33]。和解期日には本条の適用はないと解される[34]。ただし、和解期日にも適用を認めたもの（大決昭和6年3月3日法律新聞3244号16頁）がある。証拠調べ、証拠保全手続で双方が期日に欠席しても、民訴法183条により、証拠調べは可能である。非訟事件については規定がある（非訟64条）。

　取下げが擬制される起算点は、双方不出頭の期日の翌日から起算することとなる。訴訟行為の追完（民訴97条）は許されない（最判昭和33年10月17日民集12

---

[33]　なお、本条と民訴法244条との関係につき、兼子ほか・前掲書（注3）1457頁〔竹下守夫＝上原敏夫〕。

[34]　岡光民雄「不熱心訴訟追行に対する措置①──訴えの取下げ擬制」三宅省三＝塩崎勤＝小林秀之編『新民事訴訟法大系──理論と実務（第3巻）』（青林書院、1997年）292頁。

529

巻14号3161頁）。

「弁論等をしないで退廷等」とは、訴訟追行の意思がないことが、民訴法263条の実質的な要件であることから、弁論等とは、訴訟を進めるうえでの自己の意見を述べることをいうものと解する（弁論準備手続期日における「申述」も同様）。弁論準備手続においては、「退廷」に代えて「退席」との文言が用いられているにすぎない。

訴え却下を求める場合は本案前の弁論であるが、訴訟を終了させようとする意思の表明であり、民訴法263条の弁論に該当するとみるのが相当であり、そのような弁論があった場合は休止とはならない[35]。

「期日指定の申立てがないとき」について、移送の申立てや証拠調べの申立てがあった場合については、当事者が訴訟を進行させる意思が示されているから、期日指定の申立てがあるものとするのが相当である。

また、必要的共同訴訟、独立当事者参加、承継参加、引受参加等の場合であれば、一人から期日指定の申立てがあれば共同訴訟人全員のために効力が生ずるものと考えられる。通常共同訴訟、反訴等の場合は他の当事者との関係では効力が及ぶと解することは困難であるものの、実務上は事件全部について期日を指定し、当事者全員を呼び出す場合もある[36]。

(2) いわゆる休止

当事者双方が口頭弁論等の期日に不出頭で、かつ、裁判長が新たな期日を指定しない場合を実務的には休止とよんでいる。裁判長は、双方不出頭の場合でも期日を指定して休止状態に入らないようにすることもできる。休止期間中は手続が事実上停止しているだけであり、裁判長において職権で期日を指定することはできるし、当事者が期日指定の申立てをすることもできる。次回期日を、「追って指定」とする場合は、裁判長が期日を延期し、指定する意思は明らかにしており、休止には該当しない[37]。

休止後1か月経過すると、訴えが取り下げられたとみなされ（休止満了）、任意の行為としての取下げと効果は同じである。この場合は相手方の同意は不

---

35 岡光・前掲論文（注34）292頁。
36 秋山ほか・前掲書（注16）307頁。
37 岡光・前掲論文（注34）291頁。

要である。

　控訴審、上告審においては、控訴の取下げ擬制（民訴292条2項）、上告の取下げ擬制（同法313条）となる。仮執行宣言付支払督促異議後の双方欠席（同法393条）については、異議取下げ擬制説ではなく訴え取下げ擬制説が有力であり[38]、手形判決後の双方欠席（同法360条3項）については、異議取下げ擬制となる。

(3)　連続2回不出頭の場合

　当事者双方が連続して2回、口頭弁論等の期日に出頭せず、または弁論等をしないで退廷等をしたときは、訴えの取下げがあったものとみなすものとされている（民訴263条後段）。これは、平成8年民訴法の改正により新設されたもので、前記の取下げ擬制の制度だけでは、双方不出頭後休止満了前に期日指定の申立てがあると新たな期日を指定せざるを得ず、その指定された期日に再度双方不出頭であると、再度休止、次いで期日指定と手続が繰り返される危険があり、これを防止するための有効な手段がなかったことから、新設されたものである。

　「連続2回口頭弁論等の期日に双方不出頭」とは、ある口頭弁論期日に双方不出頭で休止となり、その後当事者から期日指定の申立てがありこれを受けて指定された期日に再度双方不出頭の場合にも要件を満たし、擬制取下げとなる（上記改正の趣旨に照らしこのように解される）。また、ある期日に双方不出頭で裁判長が期日を延期とし、次回期日を指定したが、次回期日にも双方不出頭であった場合にも、直ちに擬制取下げになるものと解される。結果として連続2期日当事者双方が不出頭であるということは、双方が訴訟追行に不熱心であることが判明しているということができるからである。期日が当初より連続して集中的に指定されていた場合に、連続して双方が期日不出頭という場合も含まれる（期日指定の間隔が短いなど、著しく出頭困難な期日にすることがないようにすべきことは、制度の趣旨からして当然であろう）。連続して2回不出頭という場合の2回は、同種手続期日に限られず、例えば、1回目が口頭弁論期日、2回目が弁論準備手続期日の場合も、趣旨は同様であるから、擬制取下げになるも

38　岡光・前掲論文（注34）295頁。

のと解される。

　民訴法263条後段は、条文上、当事者の帰責性を要件としていないが、緊急の入院などやむを得ない事由がある場合にも同条後段が適用されるのは、当事者にとって酷であるとして、例外的に当事者を救済する解釈上の工夫をすべきであるという見解（例外許容説）がある。この点について、最決令和5年9月27日判タ1516号60頁は、審理の継続が必要であるとして、期日を延期して新たな口頭弁論または弁論準備手続の期日を指定する措置がとられたとしても、直ちに同条後段の適用が否定されるとは解し得ず、同条後段の「期日」の要件を欠くことになるともいえないとし、当該事案においては訴えの取下げがあったものとみなされないとした原審の判断には、同条後段の適用解釈を誤った違法があるとした[39]。

　擬制取下げの効果は、前記(2)と同じである。

(4)　実務的な視点

　民訴法263条は、当事者双方が訴訟追行に不熱心な場合についての対応を定めるものであり、実務上は、期日外で和解が進行している場合や別件訴訟の進行待ちの場合などもあることから、双方に異議がない場合等には、合理的な範囲内で、期日の変更で対処するなどして、柔軟な対応が求められるであろう。

6　訴え取下げ契約

　訴訟外で原告が訴えを取り下げ、被告がこれに同意するとの合意がされた場合の効果については議論がある。かかる合意の法的性質を私法行為（合意の効果として原告が訴えを取り下げる実体法上の義務を負い、その違反は損害賠償義務を生じさせるが訴訟上の効果が直接生じるものではなく、訴えの利益を失わせるという形で間接的に発生するとするもの）とみるか、訴訟行為（合意により訴えの取下げという訴訟法上の効果を直接発生させるもので、当事者から裁判所に合意の存在が主張され、それが認められたときは、裁判所は、訴えは取り下げられたものとして扱う必要があり、争いがあれば裁判所は終局判決により訴訟終了宣言をすべきとするもの）とみるか、合意による効果が問題となる。判例は、訴えの取下げ

39　同決定について、具体的事情いかんによって民訴法263条後段の適用が否定され得たかは直接的には判断していないとされる（本文掲記の判タ1516号61頁）。

I 訴えの取下げ（民訴261条）

に関する合意が成立した場合は、原告が権利保護の利益を喪失したものとみることができるから、訴えを却下すべきであるとしており（最判昭和44年10月17日民集23巻10号1825頁）、私法行為説の考え方と同旨と解されている。学説上はさまざまな見解がある[40]・[41]・[42]・[43]・[44]・[45]・[46]。

　訴え取下げ契約に条件、期限を付することは、手続の安定を害さない限り、禁止されないと解される。被告が一定の金員を支払うことを条件とする訴え取下げの合意は可能であるが、いったん生じた合意の効果を遡及的に消滅させる解除条件を付することは許されないと解される[47]。

7　取下げの範囲（全部または一部）

　量的に一部のみ取り下げることができるかについては、一部請求の可否と表裏のものと位置づけられる[48]。

　一部請求部分と残部請求部分とが訴訟物として個別化すると解する立場からは、請求の減縮は請求の一部を特定して取り下げたとみることができ、判例は、このような考え方を前提としている（最判昭和37年8月10日民集16巻8号1720号等）。学説上は一部請求論に関連させない見解など、さまざまな見解がある[49]。一部請求肯定論（実務的な見解）は、残部請求の再訴を許すこととなるが、一部請求全面否定説は、残部請求の再訴を許さないので、再訴可能な一部取下げを許容できない方向となる。

40　兼子ほか・前掲書（注3）1441頁〔竹下守夫＝上原敏夫〕。
41　三ケ月章『民事訴訟法』（弘文堂、1979年）501頁。
42　高橋・前掲書（注2）283頁。
43　高田ほか・前掲書（注1）1220頁〔越山和広〕。
44　中野貞一郎＝松浦馨＝鈴木正裕『新民事訴訟法講義〔第2版補訂版〕』（有斐閣、2006年）381頁。
45　新堂・前掲書（注9）330頁。
46　清田明夫「訴えの取下げと裁判外の和解」新堂幸司編『講座民事訴訟(4)審理』（弘文堂、1985年）354頁。
47　高田ほか・前掲書（注1）1225頁〔越山和広〕。
48　新堂・前掲書（注9）322頁。
49　高橋・前掲書（注2）289頁。

24 　訴えの取下げ、請求の放棄・認諾

8　取下げの無効・取消し

　当事者が、訴えの取下げの効力を争い（取下げは無効）、訴訟はまだ継続して
いると主張する場合、当該当事者は、受訴裁判所に、口頭弁論期日の指定を申
し立て、期日の続行を求め、同裁判所は、訴えの取下げの有効性を審理するた
めの口頭弁論期日を開き、その有効を判断することが必要となる。裁判所は、
訴え取下げが有効であると判断した場合、「本件訴訟は、〇年〇月〇日、訴え
取下げにより終了した」旨の終局判決をする（訴訟終了宣言判決）。無効である
と判断すれば、訴え取下げ前の状態から訴訟手続を続行することとし、次回の
口頭弁論期日を指定することとなる[50]。

Ⅱ　請求の放棄・認諾（民訴266条）

1　意　義

　判決によらない訴訟完結の態様の一つである。当事者の一方的な意思表示に
よるもので、処分権主義の表れの一つである。請求の放棄が訴訟行為のみであ
るのか、私法上の行為をも含むものかについては説が分かれている。

　請求の放棄・認諾は、訴訟上の請求に関する行為であり、訴訟物の前提とな
る権利の存在自体を認める権利自白や、訴訟物を構成する権利の要件事実が存
在することを争わない旨の主張である自白とは異なる。

2　方　式

　口頭弁論等の期日（口頭弁論期日、弁論準備手続期日または和解期日。民訴266
条1項、261条4項）、進行協議期日（民訴規95条2項）において行う必要がある。

　口頭弁論等の期日において、当事者が期日に出頭しないときでも、請求の放
棄または認諾をする旨の書面を提出していたときは、受訴裁判所、受命裁判
官、受託裁判官は、その旨の陳述をしたものとみなすことができる（書面陳述

50　三木ほか・前掲書（注10）479頁。

534

擬制の方法。民訴266条2項）。ただし、進行協議期日については、上記陳述擬制の規定はなく、進行協議期日に欠席した当事者は、あらかじめ書面を提出していても、請求の放棄または認諾をしたものとはみなされない。

書面陳述擬制の方法による場合、裁判所に書面が提出されただけでは放棄または認諾の効果は生ぜず、口頭弁論等の期日を開いて、そこで同書面を陳述したと擬制する訴訟指揮が必要である[51]。実務的には、本人訴訟の場合には、請求の放棄または認諾をする旨の書面が提出されていた場合、書面陳述擬制をする期日の前に、その法的意味を理解しているかについて、あらためて、照会書等を送付して意思確認をする場合がある。

裁判所への陳述により成立するもので、必ず調書に記載しなければならない（民訴160条1項、民訴規67条1項1号、88条4項）。

3　要　件

(1)　訴訟行為の要件

訴訟能力が必要である。法定代理人・訴訟代理人の場合には、特別の授権または委任が必要である（民訴32条2項1号、55条2項2号）。

無条件かつ確定的に行われる必要がある。

(2)　訴訟係属

訴訟係属中である必要があるが、審級は問わない[52]。

(3)　訴訟物の内容、訴訟要件

実体法上の処分権限を有する場合に限って効力を有する。当事者が処分できる権利である必要がある。そのため、給付訴訟、確認訴訟、形成訴訟のいずれにおいても認められる。請求が可分な場合には、その一部について請求の放棄・認諾が可能と解するのが相当である。

訴訟物自体が公序良俗・公共法規に反する場合は請求の認諾は認められない[53]。

51　裁判所職員総合研修所『民事実務講義案Ⅰ〔五訂版〕』（司法協会、2016年）288頁。

52　新堂・前掲書（注9）347頁。終局判決言渡し後でも確定前であれば放棄・認諾ができると解すべきであるとする。

53　新堂・前掲書（注9）345頁。認諾の成立を否定して請求を棄却すべきとする。

職権探知主義がとられる場合は、当事者の自由な処分は許されないので、請求の放棄・認諾は認められず、人事訴訟の場合、請求の放棄・認諾は認められないのが原則である（人訴19条2項）が、離婚・離縁請求については、協議による離婚・離縁が認められることとの均衡から、請求の放棄・認諾が認められている（同法37条1項、44条）。ただし、認諾につき、子の監護に関する処分、財産分与に関する処分または親権者の指定についての裁判を要しない場合に限られる（同法37条1項ただし書）。なお、電話会議のほか、テレビ会議やウェブ会議による弁論準備手続期日では請求の認諾はできない（人訴37条3項、44条）が、令和4年法律第48号改正法（令和7年5月24日までに施行）により、ウェブ会議による口頭弁論期日、和解の期日および弁論準備手続の期日において、請求の認諾をすることができるものとされる（令和5年改正人事訴訟法37条3項ただし書等。ウェブ会議による口頭弁論の期日に関する民訴法87条の2第1項において和解等をすることができないとの定めをおいておらず、ウェブ会議による口頭弁論の期日において和解等をすることができる。なお、令和8年5月24日までに施行される令和4年法律第48号による改正法では、電子調書の作成に関する規定が加わる）。もっとも、電話会議による和解の期日および弁論準備手続の期日においては、引き続き、請求の認諾をすることはできない（令和5年改正人事訴訟法37条3項本文）[54]。

会社設立無効の訴えなど、請求認容判決に対世効が認められている団体関係訴訟についてや、行政訴訟のうち抗告訴訟については、請求の放棄は可能であるが認諾は許されないと解されている[55・56]。

訴訟要件の具備に関しては、その効力が既判力を有すると解されることから、原則として必要であると考えるのが多数説である（ただし、その要件が、本案訴訟の手続的・内容的正当性を確保するための訴訟要件（受訴裁判所の管轄権、二重起訴の禁止など）、もっぱら被告保護のための訴訟要件（任意管轄）、紛争解決の実効性を確保するための訴訟要件（訴えの利益のうち即時確定の利益等）等、そ

---

54 脇村真治編著『一問一答新しい民事訴訟制度（デジタル化等）——令和4年民事訴訟法等改正の解説』（商事法務、2024年）251頁。
55 秋山ほか・前掲書（注16）327頁。
56 高田ほか・前掲書（注1）1282頁、1283頁〔中西正〕。
57 高田ほか・前掲書（注1）1284頁〔中西正〕。

の訴訟要件が設けられた趣旨を考慮する必要がないといえる場合には、要件とならないと解される）[57]。

　意思表示に瑕疵がある場合に、請求の放棄・認諾の無効・取消しが認められるかについてはさまざまな見解がある。訴訟行為説に立ち、意思表示に関する民法の規定の類推適用はなく、再審事由が認められる限り、その無効を主張することができると解するのが伝統的な見解であろう[58]。

4　効　果

　請求の放棄・認諾を記載した調書が成立すると、訴訟は当然に終了（完結）し、請求の放棄の場合には請求棄却の確定判決と同一の効力を、請求の認諾の場合には請求認容の確定判決と同一の効力が生じ（民訴267条）、執行力・形成力が生じる。既判力については見解の対立がある[59][60][61][62][63][64]。

58　高田ほか・前掲書（注1）1284頁〔中西正〕。
59　兼子ほか・前掲書（注3）1473頁〔竹下守夫＝上原敏夫〕。
60　三ケ月・前掲書（注41）506頁。
61　中野ほか・前掲書（注44）392頁。既判力の制度は、本来当事者の自己責任で解決することのできない紛争を解決するために設けられた裁判所の裁断の結果の通用力であり、制度的拘束力であるから、請求の放棄・認諾というもっぱら当事者の自律的な意思表示に基づいて手続が終了する場面では認めるべきではないとする。
62　三木ほか・前掲書（注10）498頁。請求の放棄・認諾は、一方当事者のみの意思により裁判所が判決する余地をなくすものであり、判決であれば既判力が生じることを踏まえると、既判力を肯定すべきとする。
63　新堂・前掲書（注9）350頁。放棄・認諾は、訴訟上の和解と同様当事者の意思表示による自主的な紛争解決を尊重するもので、その意思に瑕疵がないことが出発点であるとして、既判力を否定すべきとする。
64　伊藤・前掲書（注11）527頁。法は、処分権主義に基づく請求の放棄・認諾の陳述を基礎としながらも、裁判所が一定の要件の具備を確認したうえで、当事者の陳述を調書に記載せしめることによって、確定判決と同一の効力を認めているのであり、その内容が既判力を含むと解するのが合理的であるとする。

25 簡易裁判所の審理の特則

加 藤　　優
大阪簡易裁判所判事

I　簡易裁判所の役割等

1　簡易裁判所の役割

　簡易裁判所（以下「簡裁」という）は、日本国憲法施行の日（昭和22年5月3日）から施行された裁判所法によって、民主的な司法制度の一環として発足した、第1審の裁判権を行使する単独制の裁判所である[1]（裁2条1項）。

　簡裁は、その名称の示すとおり、比較的少額軽微な事件を、簡易な手続により迅速に解決することを目的として創設された裁判所であり（民訴270条）、①第1審訴訟事件を訴額に応じて地方裁判所（以下「地裁」という）と分担する

---

[1]　兼子一＝竹下守夫『裁判所法〔第4版・補訂〕』（有斐閣、1999年）211頁。なお、本章全般にわたって、裁判所職員総合研修所監修『民事実務講義案Ⅲ〔五訂版〕』（司法協会、2021年）（以下「講義案」という）、秋山幹男ほか編『コンメンタール民事訴訟法Ⅴ』（日本評論社、2014年）（以下「コンメ」という）、加藤新太郎編『簡裁民事事件の考え方と実務〔第4版〕』（民事法研究会、2011年）、岡久幸治ほか編『新・裁判実務大系㉖簡易裁判所民事手続法』（青林書院、2005年）、大阪地方裁判所簡易裁判所活性化研究会編『大阪簡易裁判所少額訴訟集中係における少額訴訟手続に関する実践的研究報告』（判例タイムズ社、2006年）、司法研修所編『少額訴訟の審理方法に関する研究——よりやさしい運営を目指して（平成12年度司法研究）』（法曹会、2001年）、中島寛ほか『少額訴訟の実務』（酒井書店、2008年）、上田正俊「簡裁の民事訴訟実務講座——簡裁民事訴訟の積極的活用に向けて（全14回）」金法2206号～2222号に連載（2023年）、田中敦編『和解・調停の手法と実践』（民事法研究会、2019年）を参照した。

という役割（第1審裁判所としての役割）と、②一般市民に親しみやすい裁判所として民事の少額事件を簡易な手続により迅速に処理するという役割（少額裁判所としての役割）とを併せ持つ。

簡裁は、創設後、その管轄が次第に拡張されてきた[2]ことなどにより、1審の裁判権を地裁と分担するという役割（上記①）が大きくなり（簡裁の小型地裁化）、創設当初、簡裁に期待された少額裁判所としての役割（上記②）が「ぼやけてきた」と評されたこともあった[3]。しかし、平成10年1月1日から施行された民事訴訟法（以下「新法」という）が訴訟手続の特則として少額訴訟手続を新設したことは（民訴368条以下）、簡裁に第1審裁判所としての役割（上記①）を認めながら、同時に少額裁判所としての役割（上記②）を果たさせるものであり、高く評価しうるとする意見が多い[4]。

簡裁は、全国に438庁（地裁本庁所在地簡裁50庁、地裁支部併置簡裁203庁、独立簡裁185庁）、設置されている。簡裁は比較的人口の少ない町にも存在する、国民に最も身近な裁判所ということができる。

2 　簡裁の訴訟手続の特色

簡裁に係属する民事訴訟事件（以下「簡裁事件」という）は、①通常訴訟事件、②少額訴訟事件に大別され、通常訴訟事件は、さらに、ⓐ貸金業者、信販会社等が原告となって訴訟を遂行する「消費者信用関係事件」（「業者事件」と

2　物価の上昇、地裁と簡裁との負担の調整、上級審の負担の調整、国民にとってアクセスしやすい裁判所としての簡裁の再評価等がその理由であるとされている。コンメ327頁等。

3　改正前の民事訴訟法（以下「旧法」という）も簡裁の訴訟手続に関する特則を設けていたが、少額事件を訴額に見合った費用で迅速に処理するための手続としては不十分であったといわれていた。なお、簡裁創設の経緯、当初期待された役割、その後の問題状況等については、兼子＝竹下・前掲書（注1）212頁。

4　兼子＝竹下・前掲書（注1）213頁。岡久幸治「簡易裁判所の理念と現状」岡久ほか・前掲書（注1）3頁は、昭和63年から適正配置という観点から簡裁の配置の抜本的見直しがされたが、そのことが簡裁が少額裁判所として再出発する「大きな原動力」となったとする。簡裁の適正配置については、竹下守夫「簡易裁判所の再配置の必要性と民事司法」ジュリ871号（1986年）32頁。なお、川嶋四郎『民事訴訟の簡易救済法理』（弘文堂、2020年）3頁は、「簡易裁判所の手続全体を支配する法的救済の原理は、『簡易救済』であり、地方裁判所と比較して、より簡易に法的救済を得ることができる裁判所としての役割が、そこでは期待された」。「そこでいう簡易性は、一般市民による、アクセスのしやすさだけではなく、使いやすさをも意味する」としたうえで、簡裁は、「戦後の日本において、民事紛争からの迅速な『簡易救済』の実績を上げてきた」と評する。

539

もよばれる）と、ⓑ一般市民が当事者の一方または双方となって自ら訴訟を遂行する「市民型訴訟事件」[5]に分けられる。

市民型訴訟事件は、訴訟の目的の価格と手続費用等の関係で弁護士が代理人として関与する率は極めて低く、当事者双方とも本人訴訟が多いので、裁判所が後見的役割を果たすことが期待される。

また、市民型訴訟事件について、紛争の簡易・迅速な解決を図るため、少額訴訟の事件処理を通じて蓄積した実務のノウハウを積極的に活用し、少額訴訟に準じた訴訟運営に取り組んでいる裁判官は多い[6]。

簡裁の訴訟手続は、基本的には、地裁以上の訴訟手続と同列なものと位置づけられたうえで、利用しやすく、わかりやすい訴訟指揮が、簡易・迅速に行われることを担保するために、民事訴訟法第2編第8章「簡易裁判所の訴訟手続に関する特則」（民訴270条〜280条）で、①口頭による訴えの提起（同法271条）、②任意の出頭による訴えの提起（同法273条）、③反訴の提起に基づく移送（同法274条）、④訴え提起前の和解（同法275条）、⑤準備書面の省略等（同法276条）、⑥判決書の記載事項の簡略化（同法280条）、⑦続行期日における陳述の擬制（同法277条）、⑧証人等の陳述の調書記載の省略等（民訴規170条）、⑨証人尋問に代わる書面の提出（民訴278条）、⑩司法委員の参与（同法279条）、⑪訴えの提起において明らかにすべき事項の簡易化（同法272条）、⑫当事者尋問に代わる書面の提出（同法278条）、⑬和解に代わる決定（同法275条の2）等の規定がおかれ、手続が簡略化されている（以下「簡裁特則」という）。

このうち、①ないし⑥は区裁判所時代にも認められていた手続、⑦ないし⑩は簡裁になってからの特則手続、⑪および⑫は新法において定められた特則手続、⑬は「民事訴訟法等の一部を改正する法律」（平成15年法律第108号）によって新設された規定である[7]。

5　少額訴訟事件は、一般市民が当事者の一方または双方となって自ら訴訟を遂行することが多いことから「市民型訴訟事件」の範疇に含めて論ぜられることがある。

6　新法は、大筋では旧法の制度を維持しながら、さらにいくつかの制度の新設と改正を行った。これらの改正は、いずれも旧法の簡裁の訴訟手続における簡易性、迅速性をさらに推し進め、一般市民が利用しやすく、親しみやすい裁判所の実現をより一層図ろうとするものである。それゆえ、市民型訴訟事件においても、できるだけ少額訴訟手続に近い訴訟運営がされるべきである。なお、立脇一美「市民型訴訟の取組みについて」大阪地方裁判所簡易裁判所活性化研究会・前掲書（注1）15頁。

Ⅰ　簡易裁判所の役割等

　ただし、本章におかれた簡裁特則以外にも、民事訴訟法には簡裁の訴訟手続についての特別な規定が存在する（民訴16条2項、18条、19条1項・2項、25条、54条1項ただし書等）ほか、民事訴訟法以外にも、認定司法書士を訴訟代理人に選任することを認める規定がある（司書3条1項6号イ・ロ・6項）。

　簡裁事件の審理においても法に従った公平かつ適正な裁判が保障されなければならないところ、適正な裁判であるために常に厳格な手続が要求されるわけではなく、当事者の手続保障に十分に配慮されたものであれば、迅速な紛争解決のために事件類型に応じた柔軟な手続が用意されてもよい。特に、日常頻繁に起きる少額の紛争について、その解決に見合う程度を超えた時間と費用がかかると、事実上、国民は裁判制度を利用できなくなり、結局、正当な権利が保障されないということにもなりかねない。簡裁には、簡裁特則等の運用において、適正と簡易・迅速の両方の要請を満たす工夫と努力が求められている[8]。

3　手続案内

　簡裁での紛争解決を考えている一般市民の裁判手続利用を容易にするために、裁判所書記官[9]（以下「書記官」という）は、受付窓口に訪れた利用者から紛争内容を聴取したうえで、その求めに応じて、訴訟、少額訴訟、支払督促、調停等の各手続の特色、相違点や長所短所などについてわかりやすく説明し、利用者がいずれの手続をとるべきかを自らの意思で判断できるように案内するが、さらに、現実の申立てに至るための訴状等の書き方を教示している。このような窓口での事務を実務上、手続案内[10]とよんでいる。

　手続案内担当者は、最高裁判所（以下「最高裁」という）作成のリーフレットや各庁が独自に作成している手続説明書を示すなどしてわかりやすい説明に努めているが、簡単な事項についての相談や手続案内は電話によって行われる

7　加藤・前掲書（注1）5頁。
8　コンメ331頁。
9　書記官は、受付窓口や書記官室に配置され、訴訟の審理が迅速かつ充実したものとなるように、当事者と裁判所とをつなぐ架け橋となって職務を遂行している（上田・前掲論文（注1）金法2208号30頁）。なお、書記官の権限と役割については、裁判所職員総合研修所監修『民事実務講義案Ⅰ〔五訂版〕』（司法協会、2021年）1頁。
10　横田康祐「簡易裁判所の受付相談と他の相談機関との違い及び相互の連携」岡久ほか・前掲書（注1）19頁。

541

こともある。また、最高裁ウェブサイト〈https://www.courts.go.jp/〉内の「裁判手続の案内」を紹介することもある。

一方、裁判所は中立、公平な紛争処理機関であるから、手続案内にはおのずと限界があるというべきであり、相談者からの法律的評価についての結論や権利義務の存否に関する質問には応答すべきではないが、簡裁の手続案内窓口は、一般市民である相談者らが紛争の解決に頭を悩ませながら訪れる機会が多いこと、簡裁は一般市民に親しみやすい裁判所としての役割を担っており、その負託に応えていく必要があることなどを考えれば、手続案内担当者は、常に、誠実、丁寧な応対を心がける必要があり、過度に事務的な対応をすることのないよう留意すべきである。

簡裁には、訴訟手続以外に次の手続が用意されている。

① 支払督促手続（民訴第7編）

金銭その他の代替物または有価証券の一定数量の給付請求について、債権者に簡易・迅速に債務名義を得させることを目的とする手続である。債務者が争う可能性が少なく、かつ、郵便物を受領することが見込まれる事案に適する（訴額の制限なし）。督促異議申立てがあると通常訴訟手続に移行する。

② 民事調停手続[11]

「民事に関する紛争につき、当事者の互譲により、条理にかない実情に即した解決を図ることを目的とする」（民調1条）民事紛争解決の一手段である。話合いにより円満解決を目指す手続[12]であるから、互譲ができそうな事案、すなわち、裁判所から呼出しがあれば相手方もそれに応じる見込みがあり、かつ、第三者（調停委員会）のあっせんにより合意の成立が見込まれる事案、あるいは、穏やかな手続により解決を図るのが相当とい

11　簡裁における民事調停事件の運営方法を実証的に研究したものとして、司法研修所編『簡易裁判所における民事調停事件の運営方法に関する研究（平成25年度司法研究）』（法曹会、2013年）。なお、調停期日における手続の流れをケースに基づいてイメージしやすく解説したものとして、公益財団法人日本調停協会連合会編『調停による円満解決──ケースで語るその魅力』（有斐閣、2022年）。

12　調停手続は、落ち着いて話合いができるように配慮された非公開の調停室を利用し、また、十分な時間を確保されつつ話合いが進められることで、当事者は無用の緊張を強いられることなく、自らの言葉で事実経過や主張を述べることができる。

える事案等に適する[13]（訴額の制限なし）。

③　訴え提起前の和解手続（民訴275条）

訴え提起前の和解は、民事上の争いについて、当事者間で合意ができるであろうという場合に、簡裁に対して和解の申立てをし、合意の結果を調書に記載することによって、訴訟上の和解としての効力（民訴267条）を得ることができる簡便な手続である。

Ⅱ　簡裁の訴訟手続に関する特則（民訴270条以下）

訴訟手続は、双方が主張・立証を行うもので、事案に争いのある場合、すなわち、訴訟の目的の価額（訴額）が140万円以下（裁33条1項1号）の事案のうち、特に被告が問題の解決に非協力的な事案、話合いによる解決になじまない事案、被告の所在が不明な事案等に適する。

1　訴えの提起

(1)　訴えの方式

ア　原　則

訴えの提起は、訴状を裁判所に提出して行う（民訴134条1項。例外として、同法271条）。

訴状には、当事者および法定代理人、並びに、請求の趣旨および原因を記載しなければならない（民訴134条2項）。

(A)　当事者および法定代理人の記載

民事訴訟は、具体的な権利・義務をめぐる紛争について、権利・義務を公権的に確定することによって紛争を解決するものであるから、誰を当事者として判決、和解等の効力を受けさせれば紛争が有効、適切に解決できるかが訴訟の入口として重要であり、当事者の適切な選択が求められる。

13　訴訟では原告が審判の対象とした権利義務についての判断が示されるだけであるが、調停では権利義務についての判断にとどまらず双方の人間関係を調整することができる場合もあり、事案の実情に即した柔軟で妥当な解決、全体的な紛争の解決を図ることができる。

543

(B) 請求の趣旨および原因の記載

訴状には請求の趣旨および原因を記載しなければならず（民訴134条2項2号）、その記載によって請求（訴訟物）が特定されなければならない[14]。請求の趣旨および原因は、訴状の実質的記載事項であり、審判の対象を提示するものである。

また、訴状には、請求の趣旨および原因を記載するほか、請求を理由づける事実を具体的に記載し、かつ、立証を要する事由ごとに、当該事実に関連する事実で重要なものおよび証拠を記載し（民訴規53条1項）、立証を要する事由につき、証拠となるべき文書の写しで重要なものを添付しなければならない（同規則55条2項）。

さらに、形式的記載事項として、①当事者の氏名または名称および住所並びに代理人の氏名および住所、②事件の表示、③附属書類の表示、④年月日、⑤裁判所の表示の記載が求められる（民訴規2条）。

イ 訴えの提起を容易にするための規定

訴えの提起を容易にするため次の規定がある。

(A) 口頭による訴えの提起（民訴271条）

簡裁では口頭による訴えの提起も認められている。これは、当事者が、書記官の面前で、訴状の必要的記載事項を陳述し、書記官がこの陳述に基づいて口頭受理調書を作成する制度である（民訴規1条2項）。実務では、定型訴状用紙[15]の利用が定着しており、実例はほとんどない。民事訴訟法271条の実質は手続案内と定型訴状用紙の利用に受け継がれているといえよう[16]。

---

14 請求の趣旨は、原告が裁判所に対し当該訴えによって求める審判内容の簡潔かつ確定的な表示でなければならず、また、請求の原因とは、請求の趣旨と相まって請求を特定するのに必要な事実をいう（民訴規53条1項）。

15 簡裁では典型的事案についていくつかの定型訴状を用意しているところ、手続案内担当者は、これを当事者に交付し、その記載方法などを教示しながら必要事項を記入してもらい、受理している。この方法によれば、空欄に必要事項を書き込むだけで簡単に訴状を作成することができるので、訴えを提起しようとする一般市民にとっても便利である。なお、増田輝夫「定型訴状モデル改訂の理念について」大阪地方裁判所簡易裁判所活性化研究会編『大阪簡易裁判所における民事訴訟の運営と定型訴状モデルの解説（別冊判例タイムズ27号）』（2010年）13頁。

16 ただし、定型訴状用紙が作成されていない類型の事件については、口頭受理制度が活用される余地があるといえるだろう。

Ⅱ　簡裁の訴訟手続に関する特則（民訴270条以下）

(B)　任意の出頭による訴えの提起等（民訴273条）

　当事者双方が、ともに簡裁に任意に出頭した場合には、原告は、直ちに開かれた口頭弁論において陳述することによって訴えを提起するとともに、当事者双方が弁論をすることができる。これは、訴状の提出（民訴134条1項）、裁判長の訴状審査（同法137条）、被告への送達（同法138条1項）、口頭弁論期日の呼出し（同法139条）という通常の手続の流れを簡略化したものであるが、実務では、定型訴状用紙の利用が定着しており、実例はほとんどない。

(C)　訴え提起前の和解の不成立による訴訟への移行（民訴275条2項）

　訴え提起前の和解手続では、和解不成立により事件が終了した場合も、当事者双方が、訴訟への移行の申立てをしたときは、和解の申立ての時に訴えを提起したものとみなし、その場合は、調書にその旨の記載をして、直ちに訴訟手続に移行する。

(2)　訴状の受付および審査

ア　訴状の記載事項

　簡裁に訴えを提起する場合も、基本的には一般規定（民訴規53条1項、55条）が適用されるが、簡裁では、請求の原因の記載に代えて「紛争の要点」を明らかにすれば足りるとされている（民訴272条——訴えの提起において明らかにすべき事項の簡易化。同法134条2項の特則）。これは、民事調停の申立てにあって、本人が申し立てることが多いことを考慮した民事調停法4条の2第2項に規定する「紛争の要点」[17]と同義であると解されている。

　調停申立書に記載する「紛争の要点」は、「民事紛争の実情の要点」であり、訴状の記載要件である「請求の原因」よりは幅の広い内容を指し、現実に紛争が生じるに至った原因とその経過および解決を必要としている紛争の実情をいうが、訴状に記載する「紛争の要点」もこれと異ならないと解される。そして、そのような記載がなされている限り、理由づけ請求原因はもとより、特定請求原因の記載（訴訟物の特定）さえも要求しないから、請求が特定されていない場合でも、訴状却下の裁判（民訴137条2項）をされることはない。簡裁の

17　例えば、金銭請求の調停の場合、「相当額の損害賠償金の支払を求める」との申立ての趣旨でよく、さらに紛争の要点が明確にされていれば、「適切な内容の調停を求める」という程度の記載でもよいとされている（講義案8頁）。

場合は、法律についての知識が必ずしも十分でない一般市民が原告となって自ら訴訟追行をすることが多く、このような一般市民である原告に、訴えを提起する時点で請求の原因を明らかにさせることは困難な場合が多いと考えられるからである。

ただし、訴状の記載内容から原告が何を求めているのかを裁判所のみならず、被告である相手方が容易に理解できなければならないから、具体的には、事件の概要がわかるように、時期、関係者の特定、場所、対象、紛争に至った理由等について項目別に記載するといった方法が考えられる。

イ　訴状の審査

訴状の審査については、形式的要件の審査と実質的要件の審査が考えられる。

(A)　形式的要件の審査

裁判所は、①事物管轄は適法か、すなわち、訴訟の目的の価額が140万円を超えない請求であるか、あるいは、行政事件訴訟に係る請求ではないか（裁33条1項1号）、②土地管轄は適法か、③訴状の必要的記載事項が記載されているか、④必要な申立手数料が納付されているか、⑤訴状の送達に必要な郵便切手が予納されているか[18]、⑥必要な附属書類が添付されているか等の事項を審査する。

(B)　実質的要件の審査

実質的要件の審査では、訴状の記載内容に不備がないかを審査する。紛争の要点が記載されている場合には、その記載内容から請求が特定されているか、請求を理由づける事実の記載の補充が必要かについて審査する。

(C)　訴状補正の促し

訴状審査の結果、必要に応じて訴状の補正を促す（民訴規56条）。簡裁の事件では、紛争の要点の記載によりかなりの程度請求が特定されることになると考えられるが、紛争の要点だけで請求が特定されない場合には、裁判所が釈明権を行使して、訴え提起後、できるだけ早い時期に請求を特定させる必要が生じ

18　原告が訴えの提起に伴い、訴状の送達に必要な郵便切手を予納しない場合には、民事訴訟法138条2項および137条により、訴状の送達に必要な費用の予納を命じ、それに応じないときは、訴状を却下することになる。

る。この場合、担当書記官による訴状の補正の促し（同条）や口頭弁論期日における裁判官による釈明権の行使（民訴149条）等がなされることになるが、このような措置がとられたにもかかわらず、原告が口頭弁論終結時までに請求を特定しない場合には、訴訟物の特定を欠くものとして訴え却下判決（同法140条）をすることになる。

(3) 管轄・移送

ア 簡裁の事物管轄

簡裁の事物管轄は、訴訟の目的の価額が140万円を超えない請求（行政事件訴訟に係る請求を除く）である（裁33条1項1号）。ただし、不動産に関する訴訟は、簡裁と地裁の管轄が競合する。

イ 複雑困難な訴訟の地裁への移送[19]

移送に関する一般的規定（民訴16条、17条、19条）のほか、簡裁の手続構造や当事者の利益を考慮して、簡裁に管轄が存在していても地裁への移送を許容する規定をおいている。

(A) 必要的移送

(ⅰ) 不動産訴訟の必要的移送（民訴19条2項）

不動産訴訟において、被告が地裁での審理を求めて移送申立てをしたときは、訴訟の全部または一部をその所在地を管轄する地裁に移送しなければならない。不動産に関する訴訟は、一般に審理が複雑困難になることも多く、しかも地裁と簡裁の競合管轄である（裁24条1項、33条1項1号）ことから、原告が訴え提起による裁判所の選択権を有することに対応し、被告に地裁への移送申立権を認めたものである。

(ⅱ) 反訴の提起に基づく必要的移送（民訴274条）

被告が反訴で地裁の管轄に属する請求をした場合において、相手方（本訴原告）の申立てがあるときは、簡裁は、本訴および反訴を地裁に移送しなければならない。判断の矛盾の回避と相手方の利益を保護するためである。

---

19 民事訴訟法は、訴訟がその管轄に属する場合においても、当事者の申立ておよび相手方の同意があるときは訴訟の全部または一部を簡裁から他の簡裁あるいは地裁に必要的に移送することを定めている（民訴19条1項本文——訴え提起後の合意による必要的移送）。これは合意管轄の趣旨を移送規定に及ぼしたものであり、「著しい遅滞を避けるため」などの要件を必要としない。ただし、一定の制約はある（同項ただし書）。

(B)　裁量移送（民訴18条）

　簡裁は、訴訟がその管轄に属する場合においても、相当と認めるときは、申立てまたは職権により、訴訟の全部または一部をその所在地を管轄する地裁に移送することができる。移送の一般的規定や前記の必要的移送の要件を具備していない事件でも「相当と認める」ときは地裁に移送する途を開き、簡裁の本来の機能を果たさせるためである。

　裁量移送の対象となる事件は、争点が複雑多岐にわたるなど、少額軽微な事件を簡易・迅速に解決するという簡裁の制度趣旨になじまない事件が考えられる[20]。具体的には、①憲法問題を含む事案、②高度の法律解釈が争点となっている事案、③多数の人証の取調べが必要な事案、④国家賠償請求事件等社会的影響が大きい事案、⑤労働関係の紛争が内在している事案、⑥地裁に関連事件が係属し併合審理が相当な事案、⑦法廷警備を要するなど法廷の混乱が予想される事案等が考えられる。

ウ　遅滞等回避のための移送（民訴17条）

　民事訴訟法が複数の裁判籍を認めていることから、原告はその中から自己に便利な管轄裁判所を選択して訴えを提起することができる。しかし、原告によって選択された裁判所が常に審理に適するとは限らないし、応訴する被告にとっては不便な場合も想定される。そこで、第1審裁判所は、訴訟の著しい遅滞を避け、または当事者間の衡平を図るため必要があると認めるときは、申立てまたは職権により、訴訟の全部または一部を管轄裁判所に移送することができることとしている。

　ところで、簡裁には、遅滞等回避のための移送の申立てが少なくない。これは、簡裁の事件、特に業者事件の場合、合意管轄（民訴11条）、義務履行地を管轄とする規定（民訴5条1号）に基づき、原告である業者の本店や支店所在地を管轄する裁判所に訴訟が提起されるため、遠方でかつ経済的に困難な状況にある被告から被告住所地を管轄する裁判所への遅滞等回避のための移送の申立てがされることが多いことによる[21]。

20　民事調停事件についても地裁への裁量移送の途が開かれている（民調22条、非訟10条1項、民訴18条）。

21　遅滞等回避のための移送が認められるためには、「訴訟の著しい遅滞を避けるため必要

Ⅱ　簡裁の訴訟手続に関する特則（民訴270条以下）

2　第1回口頭弁論期日の指定および呼出し

(1)　第1回口頭弁論期日の指定

　第1回口頭弁論期日の指定にあたっては、早期に指定する方式と基礎的な情報収集（釈明を含む）や事前準備を終了した後に指定する方式が考えられる。これは各裁判体の審理方針にかかわる問題であるが、簡易・迅速な手続が要請される簡裁の訴訟手続においては、前者の方法が原則となろう[22]。

(2)　口頭弁論期日の呼出し

　実務では、口頭弁論期日の呼出し（民訴139条）を行うに際しては、被告が答弁書を容易に作成できるように、定型答弁書用紙を同封している例も多い。また、不明点等について担当書記官に電話で照会するなどしている被告も多くみられる。わかりやすい裁判を実現するため、書記官の活躍が期待される場面である。

(3)　訴状送達後の期日外釈明

　訴状送達後の手続の円滑な進行を図るためには、裁判所が適切な期日外釈明（民訴149条1項）を行う必要がある。

3　審　理

(1)　簡裁特則

　先に述べたように、簡裁においては、少額軽微で、複雑な争点を含まない事件を扱うことが予定されているため、訴訟手続の簡易化、迅速化、あるいは当事者の負担軽減の要請から、簡裁特則が定められている。

(2)　弁　論

　ア　準備書面の省略等（民訴276条1項）

　地裁では、口頭弁論は、書面で準備しなければならないとされており（民訴

があると認められるとき」または「当事者間の衡平を図るため必要があると認められるとき」であることが必要であって、当事者および尋問を受けるべき証人の住所、使用すべき検証物の所在地その他の事情が考慮される。ここに「その他の事情」とは、当事者の身体的な事情、訴訟代理人の有無およびその事務所の所在地、当事者双方の経済力、請求の種類・内容等が考えられる。

22　講義案14頁。

161条1項)、準備書面の提出期間についても、「相手方が準備するのに必要な期間をおいて、裁判所に提出しなければならない」との定めがある（民訴規79条）。提出方法は、直送が原則とされている（同規則83条）。簡裁では次の特則がある。

(A) 相手方が出頭した場合

簡裁においては、書面による準備が不要とされ、当事者は、口頭弁論期日に出頭して口頭で主張すれば足りるとされている[23]（民訴276条1項——同法161条1項の特則）。ただし、例外的に、相手方が準備をしなければ陳述することができないと認めるべき事項については、あらかじめ書面で準備するか、または口頭弁論期日前に直接相手方に通知していなければならない（同法276条2項）。

(B) 相手方が不出頭の場合[24]

相手方が口頭弁論期日に欠席した場合、相手方が準備をしなければ陳述することができないと認めるべき事項について主張するためには、準備書面（相手方に送達されたものまたは相手方からその準備書面を受領した旨を記載した書面が提出されたものに限る）に記載するか、または口頭弁論期日前に直接相手方に通知していなければならない（民訴276条2項・3項）。

イ 続行期日における陳述の擬制

当事者の一方が口頭弁論期日に出頭せず、または出頭したが本案の弁論をしない場合に、地裁の訴訟手続において書面（訴状または答弁書その他の準備書面）に記載した事項の陳述擬制が許されるのは、最初の口頭弁論期日に限られているが（民訴158条）、簡裁においては、続行期日の場合でも、書面が提出されている場合には、書面の記載事項を陳述したものとみなすことができる（同法277条）。当事者の負担を軽減させて、簡易・迅速な審理を図る趣旨である。

---

23 書面による準備が不要とされ、準備書面に基づかない口頭陳述が認められ、裁判官が、出頭した本人から主張しようとする内容を聴取して整理し、その結果を口頭弁論調書に記載させる運用をすることで、当事者本人は、準備書面を作成、提出しなくても、容易に適切な認否、反論をすることが可能となるのであり、その利便性は大きい。なお、調停にあっても、準備書面等が作成、提出されない例は多いが、出頭した本人は、事実の経過や主張について自分の言葉で陳述すれば、調停委員がこれらを聴取し、整理してくれるから、同様の利便性を享受できる。

24 当事者双方が欠席した場合または弁論もしくは申述をしないで退廷もしくは退席して次回期日の指定がなく期日が終了した場合は休止となり、その後1か月以内に期日指定の申立てがなかったときには、訴えの取下げが擬制される（民訴263条前段）。

Ⅱ　簡裁の訴訟手続に関する特則（民訴270条以下）

ウ　被告欠席により擬制自白が成立する場合

被告が適式な呼出しを受けたのに、答弁書その他の準備書面を提出することなく、口頭弁論期日に出頭しない場合には、擬制自白が成立する（民訴159条3項）ので、原則として、訴状陳述後、直ちに弁論を終結することになる。ただし、被告から電話連絡等があった場合は、和解等の解決を図ることも視野に入れて、原告の意見も聴いたうえで、次回期日を指定することがある。

(3)　書証の証拠調べ

書証の申出は、証明すべき事実を特定して、文書の原本を提出して行うのが原則である（民訴180条1項、219条、民訴規143条）。書証の写しの提出（民訴規137条）についても、民事訴訟法276条1項により省略可能であるが、書証の写しを提出させる趣旨が、どのような書証を取り調べたのかを裁判所と相手方に明らかにさせておくということにあるため、省略するのが相当でない場合が多く、実務でも写しを提出させるのが通例である。

事前に写しを提出し、文書の記載から明らかな場合を除き、文書の標目、作成者および立証趣旨を明らかにした証拠説明書を同数提出するのが原則である（民訴規137条1項）が、簡裁では、口頭で証拠の申出が行われることも多い[25]。

(4)　証人の証拠調べ（証人尋問）

ア　証人尋問申出の方式

証明すべき事実を特定して、これと証拠との関係を具体的に明示してしなければならない（民訴180条1項、民訴規99条）。さらに、証人を指定して尋問に要する見込み時間を明らかにし、個別的、具体的に記載した尋問事項書を添えて申し出なければならない（民訴規106条、107条）。ただし、簡裁では証人尋問の申出が口頭で行われることが多く、尋問事項書が提出されないことも多い。

申出は、期日前にもできる（民訴180条2項）。申出の際に、証人の旅費、日当等の費用の予納を命じることがある（民訴費18条、11条、12条）。

当事者は、申出にあたっては、争点に関して真に必要かつ適切な証人かを十分に吟味する必要がある。

証人および本人尋問は、できる限り、争点および証拠の整理が終了した後に

---

[25]　書面による準備の省略の規定（民訴276条1項）は、主張関係だけでなく、証拠の申出にも適用されると解されている（講義案18頁）。

集中して行わなければならない（民訴182条——集中証拠調べ）。簡裁の通常訴訟においては、争点も少なく、比較的単純な事件が多いことから、重要な証人や急病や急用で出席できない場合を除き、原則として、証拠調べは集中して行うことになる。

イ　証人尋問の実施[26]

まず、裁判官が証人の人定質問を行い、宣誓の趣旨および偽証の罰（刑169条）を説明したうえで、証人に宣誓させる（民訴201条、民訴規112条）。なお、少額訴訟の場合以外は証人の宣誓手続を省略することはできない（民訴372条1項——同法201条の特則）。

尋問の順序は、①申出をした当事者の主尋問、②相手方の反対尋問、③申出をした当事者の再主尋問、④さらに当事者の尋問を許すことがあり、⑤必要があれば裁判所が介入尋問（補充尋問）を行い、当事者にも介入尋問が許されることがある（民訴202条1項、民訴規113条）。尋問の順序は、当事者の意見を聴いて変更することができる（民訴202条2項）。

尋問における質問事項ないし質問方法については、制限がある（民訴規114条、115条）。

当事者に異議がなく、裁判所が相当と認める場合には、証人尋問に代えて証人に書面の提出をさせることがあるが（民訴205条——書面尋問）、簡裁では、当事者の異議の有無を問わず、証人だけでなく、当事者本人、鑑定人の場合にも許される（同法278条——尋問等に代わる書面の提出）。この場合に、裁判所が相手方に対して当該書面で回答を希望する事項を記載した書面の提出を求めることがある（民訴規124条、171条）。

(5)　当事者本人の証拠調べ（本人尋問）

ア　証人尋問の規定の準用

原則として、証人尋問に関する規定が準用される（民訴210条、民訴規127条）。また、本人尋問に関する規定は当事者を代表する法定代理人について準用され

26　当然のことながら、法律の専門家でなくても尋問の技術にある程度習熟することは可能である。尋問技術等に関しては、深見敏正「裁判官から見た民事裁判における尋問について」判タ1242号（2007年）65頁。なお、恩田剛「民事訴訟における尋問の考え方とその実際」市民と法129号（2021年）54頁。

るので（民訴211条）、未成年者の親権者、成年後見人、法人の代表者等の尋問は本人尋問として行われることになる。

イ　本人尋問申出の方式

尋問見込み時間を明らかにし、尋問事項書を提出、直送すべきことは証人尋問の場合と同様である（民訴規127条、106条、107条）。

本人の場合は、証明すべき事実との関係は明白であるから、立証の必要がある限り、採用されるのが一般である。裁判所の職権でも尋問することができる（民訴207条1項）。

証拠調べは集中して行われる必要があり（民訴182条）、また、原則として本人尋問より先に証人尋問を行うとされていることから（同法207条2項）、証人および本人尋問の申出は、できる限り一括して行わなければならない（民訴規100条）。

ウ　本人尋問の実施

まず、裁判官が本人の人定質問を行う。

本人について、宣誓をさせるかどうかは裁判所の裁量による（民訴207条1項）が、いわゆる一体型審理を行う少額訴訟事件および一部の市民型訴訟事件を除き、宣誓をさせる例が多い。

宣誓は、その趣旨および虚偽の陳述の制裁を説明したうえでさせる（民訴規127条、112条）。制裁の内容は10万円以下の過料である（民訴209条1項）。

尋問の順序は、証人尋問と同様、①主尋問、②反対尋問、③再主尋問、④さらに当事者の尋問、⑤裁判所の介入尋問（補充尋問）、⑥当事者の介入尋問ということになるが（民訴規127条、113条）、本人訴訟の場合、裁判所が主尋問を行う場合が多い。

(6)　書証目録の省略

簡裁事件については、書証目録を省略することができる。これは、簡裁事件は、一般的に開かれる期日の回数も書証の数も少なく、詳細な証拠関係の記載を記録上残しておく必要性が必ずしも高くないことに鑑み、事務の合理化を図ったものである。

(7) 証人等の陳述の調書記載の省略等[27]

ア 簡裁における特則

証人等の陳述は、原則として調書に記載されるが（民訴160条、民訴規67条1項）、簡裁においては、その特則として証人等の陳述の調書記載の省略等について、①調書記載を省略する方法（民訴規170条——証人等の陳述の調書記載の省略等）、②調書の記載に代わる録音テープ等に記録する方法（同規則68条）の定めがある[28]。

イ 調書記載を省略する方法

簡裁においては、軽微かつ判断容易な事件を簡易・迅速に解決することが使命とされており、そのための集中的審理を容易にするため、裁判官の許可がある場合には、証人等の陳述または検証の結果の記載を省略することができるものとされている（民訴規170条1項）[29]。ただし、この場合にも、裁判官の命令または当事者の申出があるときは、書記官は、録音テープ等に記録しなければならず、当事者からの申出があるときは、録音テープ等の複製を許さなければならない（同条2項）。

調書の省略を裁判官の許可事項としたのは、事案の性質や内容、審理の長期化の見通しの有無、公示送達事案か否か、和解成立または取下げにより終局する見込みがある事案か否か等の諸事情を総合的に判断するという趣旨である。

調書省略は、裁判官の許可があった場合に許される。当事者の異議や同意の有無は要件とはされておらず、当事者は、省略の許可について意見を述べることができるが、省略自体を阻止することができない。なお、当事者の録音テープ等への記録の申出は、証拠調べが実施される前にされなければならない。

調書記載を省略する場合の録音テープ等は訴訟記録の一部ではないので、移送決定（確定した場合）や上訴の提起等がされても、移送を受けた裁判所または上訴裁判所等には送付しない[30]。証拠調べ後、利害関係を有する者から録音

---

27 横田康祐＝中島寛＝岡田洋佑『新・書式全集簡裁民事手続Ⅰ』（酒井書店、2006年）95頁。

28 少額訴訟には証人等の陳述の調書記載を要しない旨の特則がある（民訴規227条）。

29 地裁では、裁判以外で終了し、裁判長の許可があるとき証人等の陳述の調書記載の省略が可能である（民訴規67条2項）。

30 講義案26頁。

テープ等の複製の申出があった場合には、担当書記官は、民事訴訟法91条の趣旨に準じて複製を認めることになる。

　　ウ　調書の記載に代わる録音テープ等に記録する方法（録音テープ等による調書代用）

　尋問における証人の陳述（証言）は、口頭弁論調書に記載されるのが原則であるが、裁判長の許可があれば調書の記載に代えて録音テープ等に記録することができる（民訴規68条1項）。この場合は、当該録音テープ等が調書の代わりとして事件記録の一部になる。ただし、訴訟の完結するまでに当事者等の申出があったとき等には、証人等の陳述を記載した書面を作成しなければならない（同条2項——陳述記載書面）。

　　エ　民事訴訟規則170条による運用

　簡裁では、原則として、民事訴訟規則170条による運用が行われている。

（8）　付調停

　訴訟事件として係属した事案であっても、事案の内容、進行状況等に鑑み、「適当であると認めるとき」、すなわち、調停委員会によるあっせんや勧告によることが望ましいと考えられる場合（紛争を厳格な訴訟手続による判決によって一刀両断的に解決するよりはむしろ調停手続によって当事者の自主的な解決に委ねるのが妥当であると認められる場合等）には、職権で民事調停の手続に付することができる（民調20条1項）。そのような場合であるか否かは受訴裁判所がその裁量によって決するが、その自由裁量権の行使には内在的制約があると解されている[31]。

4　司法委員の参与とその活用

（1）　司法委員制度

　裁判所は、必要があると認めるときは、和解を試みるについて司法委員に補助をさせ、または司法委員を審理に立ち会わせて事件につき意見を聴くことができる（民訴279条1項）。司法委員制度は、国民の中から選ばれた司法委員が簡裁の民事訴訟手続に関与することによって、審理に一般市民の良識を反映

31　梶村太一＝深沢利一『和解・調停の実務〔新版〕』（新日本法規、2001年）293頁。

し、より社会常識に適う裁判を実現するために、戦後、設けられた制度であり、司法の民主化、国民の司法参加の一つの現れである。

(2)　司法委員となるべき者

地裁は、毎年1月1日付けで「司法委員となるべき者」[32]（以下「司法委員候補者」という）を選任（任期は12月31日まで）し、簡裁の裁判官は、その中から、必要に応じ、一人以上の司法委員を指定する（民訴279条）。

司法委員候補者の資格基準について、司法委員規則1条は、「良識のある者その他適当と認められる者の中から、これを選任しなければならない」と規定しているが、特別な資格等は必要なく、弁護士、司法書士、不動産鑑定士、医師、建築士、公認会計士、税理士、社会保険労務士等の専門的知識を有する者から選ばれる者（専門家司法委員）と、各界のOB等、各分野で活躍している一般良識を有する一般民間人から選ばれる者（一般司法委員）とがある。

(3)　立会いの方式（開廷日立会方式と事件指定方式）

司法委員の立会方式には、①開廷日立会方式（あらかじめ開廷日ごとに司法委員を割り当て、その期日の全事件について法廷立会いをさせる方式）と、②事件指定方式（特定の事件について司法委員を指定する方式）がある。

実務では、事案の内容、被告の出頭の見込み、争い方の状況、1期日に指定されている事件数等の実情に応じて、司法委員選任の要否や人選を検討し、①、②の方式が、適宜、使い分けられているが、一般的には、業者事件は、①の方式で指定されることが多く、市民型訴訟事件（少額訴訟事件を含む）は、②の方式で指定されることが多い。

(4)　司法委員の関与の実態

ア　事前協議

事案によっては、事前準備の結果を踏まえ、裁判官と司法委員が期日前に事前協議をして争点を整理、把握したり、審理方針等を打ち合わせるなどして、事件についての共通の認識をもつことが行われている。

32　司法委員は、非常勤の国家公務員であるが、裁判官から特定の事件について担当を命ぜられると司法委員たる身分を取得し、その担当から外れると司法委員たる身分を失う。「司法委員となるべき者」という用語が使用されているのは、このような意味からである。

Ⅱ　簡裁の訴訟手続に関する特則（民訴270条以下）

イ　立会い

司法委員は、法廷では、裁判官の隣に着席するのが通例であるが、プレート
を立てるなどの適当な方法で、司法委員であることを明示しているほか、開廷
に際して、裁判官から、司法委員を紹介し、その役割を説明したうえで、司法
委員が直接質問することがあること（民訴規172条）を告げている[33]。

ウ　和解の補助、意見聴取

裁判官は、事件の見立て、証言の信用性、事実をどのように認定するか、損
害額をいくらと認定するのが相当であるかなど、さまざまな点について、司法
委員から意見を聴取している。裁判官は、司法委員が関与することによって、
豊かな社会経験や健全な常識を補ったり、自己の判断の妥当性を検証すること
により、適正な判断の一助とすることが期待できるし、特に、交通事件、建築
事件、労働事件、コンピュータ・システム関係事件など、専門的知見を要する
事件では、当該専門的知見を有する司法委員が関与することにより、裁判官の
専門的知見が補われ、裁判の結果に対する信頼性と納得性が高まることが期待
できる。また、当事者の立場からも、無用の緊張から解放され、十分に話を聴
いてもらったという満足感や、親しみのもてる訴訟指揮が行われ、身近で親し
みやすく常識的な解決が得られるとの期待を抱くことができる。

(5)　**司法委員の役割の変化**

司法委員は、昭和50年代頃からの業者事件の増加傾向と相まって、業者事件
の和解の補助の場面において積極的に活用されてきたが、司法委員制度が調停
委員制度と並んで国民の司法参加としての意義を有するものであること、単独
制である簡裁の判断作用を補完する意義を有すること、今日の社会経済情勢の
急激な変化や、国民の価値観や考え方の多様化という状況を踏まえ、審理に一
般市民の健全な感覚を反映させる需要がより高まっていることから、近年は、
意見聴取の面でも積極的に活用されるようになっている。

33　司法委員は、裁判官の許可を得て、証人等に対し、直接問いを発することができる（民
訴規172条）。司法委員が、事件について適切な意見を述べるためには、単に審理に立ち会
うだけでなく、特に、人証の証拠調べにおいて、自らが証人等に直接問いを発することが
有益であるからである。

557

5　和　解

　市民型訴訟事件（少額訴訟事件を含む）は、簡裁の少額裁判所としての役割に最も適った類型の事件であり、各裁判官は、わかりやすく、親しみやすい訴訟運営を目指して、さまざまな取組みを行っている[34]が、中でも、和解は、①事案に応じた柔軟な解決を図ることができる、②訴訟を早期に終結させることにより訴訟費用節減につながる、③当事者の合意を基礎とするため、任意の履行が期待でき、早期に権利内容が実現されるなどの長所があり、事件を簡易・迅速で柔軟に解決できる極めて重要な終局事由と位置づけられているから[35]（民訴89条参照）、和解で解決することが相当と考えられる事案は、当事者の満足度の高い和解を早期に成立させ、紛争が解決できるよう、和解の手法と実践について、日頃から、工夫と研究を重ねている[36]。

6　和解に代わる決定（民訴275条の2）

(1)　和解に代わる決定

　和解に代わる決定は、事実に争いのない金銭請求事件について、裁判所が、和解的解決が相当であると判断したときに、原告の意見を聴いたうえで、職権で当該金銭の支払時期ないし分割払の定めをすることによって、和解と同様の効果をもたらそうとするもので、平成15年法律第108号による民事訴訟法の改正により、簡裁特則の一つとして新設された、簡裁のみに認められた制度である。

(2)　要件（民訴275条の2第1項）

　和解に代わる決定をなし得る要件は、下記のとおりである。

　①　金銭の支払の請求を目的とする訴えであること

　　金銭以外の給付（例えば、自動車、建物等の引渡し、明渡し等）を求める

34　このことは調停事件の処理においても同様である（小久保孝雄「調停のこころ、知識、技法――よりよい調停手続を実践するための留意点」調停時報196号（2017年）44頁）。

35　後藤勇＝藤田耕三編『訴訟上の和解の理論と実務』（西神田編集室、1988年）22頁。なお、和解の長所については、草野芳郎『和解技術論・和解の基本原理〔第2版〕』（信山社、2008年）14頁等。

36　加藤優「簡易裁判所事件と和解」田中・前掲書（注1）389頁。

II 簡裁の訴訟手続に関する特則（民訴270条以下）

給付訴訟や確認訴訟では許されない。

② 被告が口頭弁論で原告の主張した事実を争わず、その他何らの防御の方法をも提出しないこと

被告が争っているときには、和解に代わる決定は使えず、調停に付したうえで17条決定（民調17条）を行うことになる。

③ 被告の資力その他の事情を考慮して相当と認められること

被告の資力その他の事情とは、被告の収入や生活状況、他の債務の有無、原告の意見、原告の権利実現の切迫性等を指し、これらを総合的に考慮することになるが、相当性の判断は裁判所の裁量に委ねられている。

④ 原告の意見を聴くこと

原告は、全面勝訴判決を得られる立場にあるにもかかわらず、一歩譲歩を迫られることになるので、原告の意見を聴くこととされた。ただし、原告に意見を述べる機会を与えれば足り、その意見内容に裁判所が拘束されることはなく、その救済は、異議申立てによることになる。

(3) 和解に代わる決定の内容

(2)の要件を満たしたときは、次のとおりの定めをして原告の請求に係る金銭の支払を命じることができる（民訴275条の2第1項）。

① 5年を超えない範囲内において、ⓐ支払期限を猶予すること、またはⓑ分割払の定めをすることができる。

② ①と併せて、期限どおりに支払ったとき、または期限の利益を失うことなく支払ったときは訴え提起後の遅延損害金の免除の定めを加えることができる。

③ 分割払の定めをするときは、必ず、支払を怠ったときに期限の利益を喪失する旨の定めをする。

(4) 決定の効力および異議申立て

当事者がこの決定の告知を受けてから2週間以内に異議を申し立てなかったときは、決定は、裁判上の和解[37]と同一の効力を有するとされ、裁判上の和解についての和解調書の記載は、確定判決と同一の効力を有するとされるので

---

37 裁判上の和解とは、①訴訟上の和解（民訴89条）および②訴え提起前の和解（同法275条）をいい、和解調書の記載は確定判決と同一の効力を有するとされる（同法267条）。

559

（民訴275条の2第3項・5項）、和解に代わる決定書の記載は確定判決と同一の効力を有することになる（同法267条）。

当事者から異議が申し立てられたときは、和解に代わる決定は効力を失い（民訴275条の2第4項）、裁判所は従前の訴訟手続を進行させることになる。

7　判決の言渡し

(1)　判決書の原本に基づく言渡し

判決の言渡しは、判決書の原本に基づいてするのが原則である（民訴252条）。判決書の必要的記載事項については民事訴訟法253条に定められているところ、簡裁における判決書については同条を基本としつつ、簡裁の審理構造を反映して、事実および理由を記載するには、請求の趣旨および原因の要旨、その原因の有無並びに請求を排斥する理由である抗弁の要旨を表示すれば足りるとされている（民訴280条——判決書の記載事項の簡略化）。

しかし、判決書作成目的の中で最優先されるべきものは、当事者に判決の内容を知らせるとともに、これに対し上訴するかどうかを考慮する機会を与えることにある（当事者に対する説得性）[38]から、民事訴訟法280条を活用するとしても、当事者が真に裁判所の判断を求めている中心的争点に対しては、ある程度理由を記載するのが相当である[39]。

(2)　判決書の原本に基づかない言渡し

原告の請求を認容する場合において、民事訴訟法254条1項各号のとおり、当事者間に実質的に争いがないときには、判決原本に基づかないで判決の言渡しをすることができる。この場合、判決の言渡しは、裁判官が主文および理由の要旨を告げてすることとされている（民訴規155条3項）。判決書の原本に基づかないで言渡しをした場合、書記官は、当事者および法定代理人、主文、請求並びに理由の要旨を記載した口頭弁論調書（いわゆる調書判決）を作成する

---

[38]　司法研修所編『10訂民事判決起案の手引〔補訂版〕』（法曹会、2020年）1頁。

[39]　争点に対する判断は、認定事実ごとにこれに関連する具体的な証拠との結びつきをできるだけ明確にしながら、丁寧に記述される必要がある。上田・前掲論文（注1）金法2215号58頁。なお、判決書の簡易記載（民訴280条）については、司法研修所編『簡易裁判所における交通損害賠償訴訟事件の審理・判決に関する研究（平成27年度司法研究）』（法曹会、2015年）39頁。

（民訴254条2項）。

8 訴訟代理人

(1) 原則（本人訴訟主義と弁護士代理の原則）

　わが国は弁護士強制主義をとっていないので訴訟能力を有する者は自ら訴訟を追行することができ、訴訟無能力者は法定代理人がこれに代わって訴訟を追行することができる（本人訴訟主義）。しかし、本人が自ら訴訟を追行しないで、他人を代理人に選任して訴訟の実施にあたらせる場合は、法令による代理人（例えば、支配人──会社11条）を除き法律専門職としての弁護士でなければならない（民訴54条1項本文──弁護士代理の原則）。法律事務に精通しない当事者の利益保護を確実にし、手続の迅速、円滑を図ることを目的とする。簡裁には以下の特則がある。

(2) 司法書士の訴訟代理権

　司法書士法3条2項による法務大臣の認定を受けた司法書士は、簡裁の事物管轄の範囲内の民事紛争につき、簡裁において、民事訴訟、即決和解、支払督促、証拠保全、民事保全、民事調停について代理行為ができる[40]。ただし、上訴の提起（自ら代理人として手続に関与している事件の判決、決定または命令に係るものを除く）、再審、強制執行（少額債権執行を除く）の代理人はできない[41]。

(3) 訴訟代理人の資格（民訴54条1項ただし書）

　簡裁においては、裁判所の許可があれば、弁護士および認定司法書士でない者も訴訟代理人になることができる。これは、簡易・迅速な訴訟手続を目標とした簡裁において、地裁に比べて扱う事件が軽微であることや専門技術性が問われないことを考慮したうえで、例外的に認められたものである。

　代理人として許可する場合には、①代理の必要性（本人が直接自分で訴訟に関与することが困難であること）、②代理人としての適格性（代理人が事実および法律につき相当程度の知識を有し、本人との間に一定の身分関係あるいは雇用関係を

---

[40]　認定司法書士に対して期待される役割について、内藤裕之「紛争解決機関としての簡易裁判所と認定司法書士に対する期待」市民と法129号（2021年）1頁。

[41]　その実情等について、小野憲一ほか「〈特集〉大阪簡易裁判所の実務運用と認定司法書士にのぞむ訴訟活動等」市民と法81号（2013年）14頁以下。

有しており、手続の進行および公正を害されるおそれがないこと）の２点が一応の基準となる。

　実務では、当事者の親族（身分関係について、戸籍謄本、住民票写し、健康保険証等により疎明してもらう必要がある）、当事者の被用者（雇用関係について、社員証明書や身分証明書等により疎明してもらう必要がある）、その他相当と認められる者（知人や友人等が考えられるが、弁護士法違反となるような者[42]や代理人としての能力に欠け、訴訟の円滑な進行を阻害する者等を許可することのないように慎重に対処する必要がある）を訴訟代理人として許可している。なお、申請の許可・不許可または許可の取消し（民訴54条２項）に対しては不服申立てはできない。これは手続裁量により判断されるものだからである。

Ⅲ　少額訴訟手続

1　意　義

　少額訴訟手続は、60万円以下の金銭の支払を求める事案[43]について、紛争額に見合った時間と費用と労力で効果的に紛争解決を図ることができるように、手続をできる限り簡易にして、迅速な解決を可能にした簡裁の訴訟手続の特則手続である[44]。特に、簡易・迅速な解決を図ることが相当な事案（和解の可能性、被告が裁判所に出頭するか等は問わないが、原告の請求権がある程度是認できるもの）に適する。「適正迅速な裁判」、「国民に利用しやすく、わかりやすい裁判」の実現という理念の下に、新法により創設された（民訴368条～381条）[45]。

---

[42]　代理人として許可を求める者がいわゆる「非弁活動」（弁護72条）を業とするような者である場合には許可されない。

[43]　民事訴訟法が改正され、訴額30万円以下の金銭の支払請求事件については、新法施行後、少額訴訟手続という新しい手続が利用できるようになったが、その頃、簡裁に提起されていた訴えの約94％が金銭事件であり、そのうち約50％が訴額30万円以下の少額事件であり、しかも、この手続の利用者の約98％が裁判手続には素人の一般市民であり弁護士の支援を受けずに訴訟を進行していたという実情があった（加藤俊明『書式少額訴訟の実務〔全訂増補版〕』（民事法研究会、1999年）８頁）。

[44]　司法研修所・前掲書（注１）60頁。池田辰夫「少額事件手続の理念と創設への具体化の根本問題」判タ822号（1993年）38頁。

Ⅲ　少額訴訟手続

2　少額訴訟手続の特徴

　少額訴訟手続は、1回の口頭弁論期日で審理を完了し、その後、直ちに判決を言い渡すことを原則とする手続であるが、1回だけの審理で終了するためには、それに適した事件であることが必要である。

　対象事件は、訴額60万円以下の金銭支払請求事件に限られる（民訴368条1項）。少額訴訟手続は、類型的に、本人訴訟による迅速かつ効果的な解決というコンセプトになじむ金銭請求事件を念頭に制度設計がされた。金銭債務の不存在確認請求事件、物の引渡請求事件等は、訴額が少額でも事案が複雑なものや争点の多い事件があり、少額訴訟手続による審理に適さない場合が多いので対象から除外される。

　1回で審理を完了し（一期日審理の原則）、判決の言渡しは、相当でないと認める場合を除き、口頭弁論の終結後直ちにする（民訴374条1項）。ただし、口頭弁論終結後休廷したうえで判決言渡しを行うことも可能である。

　証拠書類や証人は、審理の日に調べられるものに限られる（民訴371条──証拠制限）。

　少額訴訟判決は、実質的に争いのある事件についても、判決書原本によらないで調書判決をすることができるとされており[46]、この点でも簡略化が図られている（民訴374条2項、254条2項）。

　控訴は禁止され（民訴377条）、不服申立ては異議申立てに限る（同法378条1項）。訴額に見合った経済的負担で、迅速かつ効果的な解決を図るという目的を達するために不服申立ても制限されている。

　仮執行宣言が必要的とされ（民訴376条──必要的仮執行宣言）、単純執行文は不要とされる（民執25条ただし書）。

---

[45]　簡裁の訴訟手続に関する規定は、その創設時、アメリカの少額裁判所（small claims court）の思想に倣い、少額事件の簡易・迅速な処理と国民に親しみやすい司法の実現を目指して新設されたものである（講義案32頁。兼子＝竹下・前掲書（注1）213頁。川嶋・前掲書（注4）30頁）。

[46]　調書判決の制度は、被告が原告の主張事実を争わない場合や、公示送達による呼出しを受けて口頭弁論期日に出頭しなかった場合に利用できるものである（民訴254条1項）。

563

3　利用回数の制限等

(1)　利用回数の制限

同一の原告が、同一の簡裁に年10回を超えてこの手続を利用することはできない（民訴368条1項ただし書、民訴規223条）。

ア　利用回数の制限等に違反した場合の効果

① 　提起した訴えが回数制限を超えていた場合、職権により通常訴訟手続に移行（民訴373条3項1号）

② 　訴え提起に際して利用回数の届出をしない場合、職権により通常訴訟手続に移行（民訴373条3項2号）

③ 　虚偽の回数を届け出た場合、10万円以下の過料（民訴381条1項）

イ　判決への影響

裁判所が違反していることを看過して少額訴訟判決を言い渡したとしても判決自体の効力には影響がない。

(2)　手続の選択

少額訴訟の対象となる事件がすべて少額訴訟手続によって処理されるわけではなく、いずれの手続を利用するかは当事者の選択に委ねられる。少額訴訟手続によるかどうかの第一次的な選択権は原告に与えられている（民訴368条2項）。一方、被告は、第1回口頭弁論期日において弁論をするまでは、通常手続への移行申述（同法373条1項）ができるとされており、被告の選択権が保障されている。

(3)　手続教示の規則化

少額訴訟手続は、基本的に本人訴訟が念頭におかれた制度であり、訴訟に不慣れな当事者が少額訴訟に関する特則を十分に理解したうえでこの手続を利用することができるように、裁判所による手続教示が十分に行われる必要があるため、民事訴訟規則は、書記官および裁判官による手続教示について詳しい規定を設けている[47]。

47　少額訴訟は、特に小規模な紛争に対象を絞り、手続を大幅に簡略化することで、一般市民が訴訟に見合った経済的負担で手続を利用し、迅速かつ柔軟に紛争解決を図る制度であることから、簡裁が当事者に対して後見的機能を果たす場面が多いと考えられている（講

Ⅲ　少額訴訟手続

①　書記官から行われるもの（民訴規222条1項）は、弁論期日の呼出しの際に説明書面を同封して行う。

②　弁論期日の冒頭に、次の事項について、裁判官から口頭で説明が行われる（民訴規222条2項）。

　ⓐ　証拠調べは、即時に取り調べることができる証拠に限る（証拠制限）。

　ⓑ　被告は、訴訟を通常の手続に移行させる申述（移行申述）をすることができる。

　ⓒ　終局判決に対しては、送達を受けた日から2週間の不変期間内にその判決をした裁判所に異議を申し立てることができる。

(4)　事前準備

　一期日審理を効率的に実施するためには、事前準備が重要である。書記官は、第1回口頭弁論期日前に原告からの参考事項の聴取（民訴規61条）、期日外釈明（民訴149条1項）、補充準備書面の事前提出の促し（同法276条2項・3項参照）、書証として提出予定の文書の写しの事前提出の促し（民訴規137条1項）等の事前準備を行っている。

4　審理の特徴[48]

(1)　一期日審理の原則

　少額訴訟では、特別の事情がある場合を除き、最初にすべき口頭弁論の期日において、審理を完了しなければならない（民訴370条1項——一期日審理の原則）。これが、少額訴訟手続の最も重要な特色である。一期日審理の原則の特徴を表すものとして、①1回の口頭弁論期日で審理を完了すること（同条同項）、②審理終了後直ちに判決の言渡しをすること（同法374条）、③当事者は、最初にすべき口頭弁論の前か遅くともその期日中に、すべての攻撃または防御の方法を提出しなければならないこと（同法370条2項）の三つの原則が規定されている[49]。

　義案39頁）。

48　松浦馨「新少額訴訟制度の趣旨・目的と性質並びに若干の問題点について」司法研修所論集100号（1998年）45頁。

49　民事訴訟法は①、③を併せて「一期日審理」として規定し（民訴370条）、②については少額訴訟手続における判決言渡しの特則として規定している（同法374条）。

565

一期日審理を効率的に実施するためには、事前準備が重要であり、担当書記官は、当事者との関係では後見的な立場に立ちつつ、当該事案に応じた適切かつ効率的な準備をすることが求められる。また、審理を複雑化する反訴を提起することができない（民訴369条）。反訴が提起された場合は、不適法な反訴として却下される。この反訴の禁止は、異議後の通常訴訟手続においても適用される（同法379条2項、369条）。

(2)　わかりやすい審理の実現[50]

　少額訴訟の審理の二つ目の特徴は、いわゆる一体型審理、すなわち、裁判所が、当事者から紛争に関する事実関係を聴取しながら、弁論事項と証拠資料を適宜拾い出し、主張を整理しつつ、心証を形成するという審理方法をとっていることである。

　少額訴訟においては、必ずしも訴訟手続に習熟していない一般市民が自ら訴訟を遂行することが多いが、弁論としての陳述と証拠方法（当事者本人尋問）としての陳述との区別は、訴訟に不慣れな一般市民にはわかりにくく、形式張った審理を行っても的確な主張を期待することは難しいから、生の事実を聴いていく中で主張を聴き、整理することが相当である。

　そこで、裁判官は、当事者双方の一応の主張および紛争に関する事実関係を口頭で述べてもらい、相手方に反論の機会を与えながら聴取し、それぞれの主張を整理するという方法をとる。こうした審理過程における当事者の陳述は、主張としての意味と同時に、本人尋問の結果としての証拠としての意味ももつものであり、裁判官が、当事者に対し、釈明権に基づく主張の整理と証拠調べとしての本人尋問を明確に区別することなく、対話方式で進めていく審理方式といえる。ただし、このような審理方法をとる場合は、あらかじめ当事者に対し、その旨を説明しておく必要がある。

　当事者の双方または一方に弁護士等の代理人がつき、事案が複雑であったり、事実の存否について深刻な対立があったりするような場合等においては、一体型審理を採用せず、主張と立証とを截然と分けて審理することもある。

50　少額訴訟法廷の様子を伝えるものとして、日本司法書士会連合会編『少額訴訟ガイダンス』（青林書院、1999年）。

Ⅲ　少額訴訟手続

⑶　**当事者の理解と納得を得るための工夫**

　そのほかにも、少額訴訟の審理においては、当事者の理解と納得が得られるようなわかりやすく、親しみやすい審理を実現するべく、例えば、①法廷は、原則としてラウンドテーブル法廷を使用し、その際、法服は着用しない、②「原告」、「被告」といわずに当事者には名前でよびかける、③手続を進行するに際しても当事者が親しみを感じるような日常的な言葉遣い、親しみやすい雰囲気で、手続の透明性、公平性をも意識しつつ、わかりやすく手続を進行する等の工夫をしている。

⑷　**証拠調べにおける特色**

　ア　**証拠調べの即時性**

　少額訴訟における証拠調べ[51]は、即時に取り調べることができる証拠に限られる（民訴371条）。そのために、裁判所は、訴訟代理人が選任されている場合であっても、当事者本人の出頭を命じることができる（民訴規224条）。

　ここで要求される「即時性」は、「疎明」（民訴188条）について要求される「即時性」と同義であるとされ、弁論期日に持参した書証、在廷証人、本人尋問等で即時に取り調べることができるものが「即時性」を満たすものと解される。そうすると、文書提出命令（同法221条）、文書送付嘱託（同法226条）、調査嘱託（同法186条）、呼出しが必要な証人尋問、法廷外で行われる検証および証人尋問、鑑定等は、即時性の要求を満たさないと解されることとなる[52]。

　イ　**証人等の尋問における簡略化**

　宣誓の省略が可能である（民訴372条1項）。一方、通常訴訟において証人尋問を行う場合、宣誓させることが必要的である（同法201条1項）。

　証人尋問を当事者尋問に先行させるか否かは、裁判官の判断に委ねられている（民訴372条2項）。一方、通常訴訟では証人尋問が当事者尋問に先行するのが原則である（同法207条2項）。

　証人尋問の申出に際し、尋問事項書の提出は不要である（民訴規225条）。

---

[51]　少額訴訟における事実認定は、通常の手続と同様に、争いのある事実の存否について裁判所に十分な確信を抱かせる、つまり、証明が必要である（司法研修所・前掲書（注1）96頁）。

[52]　ただし、第1回口頭弁論期日前に申し立てられた調査嘱託や文書送付嘱託については即時性が認められると解する見解も多い（コンメ220頁）。

567

少額訴訟における証拠資料については、口頭弁論調書上、証人等の陳述内容の記載が省略される（民訴規227条1項）[53]ことになるため、異議の予想される事案にあっては、録音テープ等による記録の保存が望ましい（同条2項）。

(5)　和解勧告

和解による解決は、当事者双方が納得しているものであるので、紛争の早期解決を図ることができ、分割払を認める等、実情に即した解決をすることができる。少額訴訟の審理は、第1回口頭弁論期日が終わるまでという限られた時間の中で争点を整理し、一つの結論を出さなければならず、担当する裁判官にとっては難しい一面もある。しかし、一体型審理のプロセスにおいて、当事者の疑問にわかりやすく答えるなどして、親しみやすい審理を心がけながら、早期に、双方が納得できる和解案を提示し、和解を成立させて紛争を解決することこそ、簡裁の少額裁判所としての役割を果たすことになると考えられる。少額訴訟の審理においては、当事者が訴訟の結論についての満足を感じるという「結果の満足」に加え、当事者が「手続的満足」が得られる訴訟運営に努める必要がある[54]といわれるゆえんである。

(6)　通常手続への移行

ア　被告の通常移行申述権

原告は、訴え提起の際、少額訴訟による審理、裁判を求める申述（民訴368条2項）をすれば、当該事件は少額訴訟として係属することになる。一方、被告は、少額訴訟手続によるのではなく通常の訴訟手続による審理を求める場合は、通常手続に移行させる旨の申述をすることができ（同法373条1項本文）、この申述のあったときに通常の手続に移行する（同条2項）。

申述は、口頭弁論期日においては、口頭ですることができるが、その他の場合には書面でしなければならない（民訴規228条1項）。

最初にすべき口頭弁論期日において、被告は、弁論をする前はこの申述をす

---

[53]　少額訴訟においては、原則として、1回の期日で審理を完了し（民訴370条1項）、口頭弁論の終結後、直ちに判決を言い渡す（同法374条1項）こととされているので、当事者も裁判所も証人等の調書を閲覧して陳述内容を確認する必要がないためである（コンメ227頁）。

[54]　増田輝夫「少額訴訟における裁判官の役割」大阪地方裁判所簡易裁判所活性化研究会・前掲書（注1）33頁。なお、小島武司「少額訴訟制度の今後の在り方」司法研修所論集100号（1998年）79頁。

III 少額訴訟手続

ることができるが、弁論をした後は、この申述をすることはできない。また、被告が弁論をしなかった場合でも、当該期日終了後は申述権を喪失する（民訴373条1項ただし書）。

　イ　職権移行（民訴373条3項）

次のような場合、通常移行は職権によってもなされる[55]。

① 民事訴訟法368条1項の少額訴訟の要件違反（民訴373条3項1号）

② 民事訴訟法368条3項の回数の届出を、相当期間を定めて命じた場合の無届け（民訴373条3項2号）

③ 被告に対する最初の口頭弁論期日の呼出しが公示送達によらなければできないとき（民訴373条3項3号）

④ その他、少額訴訟により審理、裁判するのが相当でないと認めるとき（民訴373条3項4号）[56]

　　具体的には、ⓐ損害賠償請求事案にみられるような争点が複雑なもの、ⓑ濫訴が疑われるようなもの、ⓒ貸金業者や信販会社等が申し立てる消費者信用関係事件（いわゆる業者事件）またはそれに類するもの（民訴373条3項1号・2号参照）などが考えられる。

(7)　期日の続行

少額訴訟は、一期日審理の原則を採用しているが、「特別の事情がある場合」にあたると思われるときは、期日を続行することがある（民訴370条1項）。

ここに「特別の事情がある場合」とは、事件の内容、当事者の訴訟準備の状況等を総合的に考慮して、期日を続行してでも少額訴訟による審理および裁判によることが紛争の解決として好ましい場合を意味する。審理に予定以上に時間がかかり、1期日で審理を完了できなかったという場合等が考えられる。

そのようなケースについては、再度、弁論期日を開くこともできるが、本来、少額訴訟による審理が相当でなかったともいえるものであり、職権により、通常手続に移行して審理すること（民訴373条3項）も考えられる。

55　移行決定に対しては不服申立てができない（民訴373条4項）。これを認めると、少額訴訟の目的である紛争の迅速な解決の妨げとなるからである。

56　少額訴訟手続でふさわしくないと考えられる事件は、通常訴訟で申し立ててもらう等の振り分けが重要である。

569

5　少額訴訟判決の特徴

　原則として即日判決を言い渡す（民訴374条1項）。なお、判決書の記載内容の程度は、その審理に即した簡潔なもので足りる[57]。

　実質的争いのある事件についても判決書の原本に基づかないで判決を言い渡すことができる（民訴374条2項）。

　請求を認容する判決については、仮執行宣言を付する（民訴376条1項——必要的仮執行宣言）。

　請求を認容する判決については、被告の資力その他の事情を考慮して、特に必要があると認めるときは、判決の言渡しの日から3年を超えない範囲内において、支払の猶予や分割払を命じることができる（支払猶予判決または和解的判決）。これは、被告の任意的履行の誘因（動機）となるような内容の判決を可能とするものである[58]。また、支払猶予や分割払と併せて、この判決に従って任意の履行を終えることを条件に、訴え提起後の遅延損害金の支払を免除する旨の定めをすることができる（民訴375条1項）。

6　異議審

　少額訴訟の判決に対しては、控訴が禁止され（民訴377条）、当事者は、判決の送達を受けた日から2週間以内に異議を申し立てることができる（同法378条1項）。適法な異議の申立てがあったときは、少額訴訟判決の全部について確定が遮断され（同法116条1項・2項、378条1項）、訴訟は口頭弁論終結前の程度に復活し、通常の手続で審理および裁判がされることになる（同法379条1項）。

　異議の申立ては、同一審級内の不服申立てであり、証拠制限のない通常の訴訟手続に移行させ、原告の請求の当否につき、再審理を求めるものであるが、反訴の禁止等、少額訴訟制度の簡素化の規定がいくつか準用されている（民訴

---

[57]　例えば、証拠によって請求を認容するときであっても、「証拠によれば、請求原因事実を認めることができる」という程度の記載でも足りるとされている（講義案64頁）。

[58]　一般には、金銭支払請求の認容判決は、一括払判決が言い渡されるのが原則であるが、被告に十分な資力がない場合等には、一括払判決は画餅に帰してしまうから、支払猶予判決または和解的判決の長所等をうまく活かして柔軟な解決を図ることが望ましい。

379条2項)[59]。ただし、異議判決は、調書判決をもって即日言い渡すことはできず、判決の起案を要する。

通常の手続によるとしても、本来、少額訴訟の目的としていた迅速性に反するのは好ましくないから、異議後の審理、判決についても迅速に行われるべきである。

異議後の判決に対しては不服を申し立てることはできず（民訴380条1項）、憲法違反を理由とする特別抗告が認められるのみである（同条2項、327条）。

Ⅳ　対話と自己決定による納得性の高い解決への志向

簡裁事件は、当事者が弁護士、認定司法書士等の法律専門家に依頼せず自ら手続を遂行することが多く、その手続遂行の過程で自らが主張や証拠の提出を行い、争点整理が終わった段階等に策定、提示された和解案（調停事件の場合は調停案）を、それぞれが検討したうえで、必要に応じてさらに意見を述べ、最終的に、これを解決案として受け入れることによって紛争解決に至ることが多い。

簡裁の手続が一般市民にとって利用しやすくわかりやすいものになっていること、そして、簡裁の利用者の多くが選択する手続である訴訟手続、調停手続において話合い（対話と自己決定）によって事件が解決される割合が高いことは、簡裁の少額裁判所としての役割に鑑みても特筆すべきである。当事者が、簡裁が提供する紛争解決のための諸手続（簡裁特則のほか、特別法の規定等を含む）を利用して、納得性の高い解決を志向しつつ、対話と自己決定をいく度か繰り返しながら手続を遂行し、最後には、自らの意思決定によって紛争解決に至ることで「結果」の満足のみならず「手続過程」への満足も得られており、

59　異議審は通常手続で審理される（民訴379条1項）ので、一期日審理の原則（同法370条）、証拠調べの即時性の制限（同法371条）、証人尋問の際における宣誓の省略（同法372条1項）、電話会議の方法による証人尋問（同条3項）、証人等の陳述に関する調書記載の不要（民訴規227条1項）など、少額訴訟の特則手続の適用はなく、当事者の主張や立証準備のための期日の続行、証人の呼出し、裁判所外で行う検証等の証拠調べが可能となるが、少額訴訟は、一般市民間の少額軽微な金銭の支払をめぐる紛争を簡易・迅速に解決するために創設されたものであるから、異議審の審理も時間と費用を要せずに簡易・迅速な審理を行うことが求められる。

571

それゆえに、簡裁が提供する紛争解決のための諸手続が一般市民から支持されていると解されるからである[60]。

簡裁の民事公判係では、令和6年1月からウェブ弁論準備手続、同年3月からウェブ口頭弁論の運用が開始され、調停係では同年5月からウェブ調停の運用が開始された。今後は、当事者の利便性といった視点のほか、それぞれの手続の特性、費用対効果等をも勘案しつつ、当事者にとって使い勝手の良いウェブ会議の運営がなされる必要があると考えられる[61]。

社会、経済の変化や、国民の権利意識の高まりなどの状況を受けて、簡裁に持ち込まれる事件も、訴額は少ないながら、複雑、困難な事案が増えており、また、利用者に対しても、利用しやすさ、わかりやすさといった視点を今まで以上に意識した司法サービスを提供していくことがますます重要になってくるであろう。簡裁特則はこのような需要に応えるものであるから、今後とも、簡裁の手続に携わる者は、簡裁特則等を活用しつつ、利用者にとって、利用しやすい、わかりやすい手続運営を行い、身近な紛争を、簡易・迅速に解決していくことが求められる。

60　民事訴訟は、私人間の法的紛争に対して、裁判所という国家機関が権利義務の存在を裁定することによって解決を図る制度であるところ、充実した審理を行い、納得のできる裁判を実現するためには、深刻な利害関係を有する紛争当事者を手続に適切に関与させることが大切であると理解されており、これは手続保障（双方審尋主義）という観念で理解されている。すなわち、当事者の主体性を尊重することが、その結果等についての最終的な責任を当事者自らが負担することを正当化する基礎になるものといえる（藤田広美『講義民事訴訟』（東京大学出版会、2008年）2頁）。田中成明「司法の機能拡大と裁判官の役割」司法研修所論集108号（2002年）91頁は、「当事者主義的な訴訟の公正な手続過程の展開自体が、そこから得られる判決内容とは別個独立に固有の内在的価値を持つ」とする。小久保・前掲論文（注34）47頁も、「調停委員会の本質的な役割は、当事者の自主的な解決（自己決定）を外から援助すること（手助けすること）にあ」るとする。川嶋・前掲書（注4）26頁は、システムとしての簡裁には、「合意による紛争解決を促進する役割」という側面もあるという。

61　ITの利用が国民に普及している今日、民事裁判手続においてもIT化を進め、利用者のために手続の利便性を向上させることは、重要な課題である（上原敏夫「民事訴訟法の改正の意義と今後について」月報司法書士620号（2023年）8頁。杉本純子「民事裁判手続のIT化」市民と法119号（2019年）44頁）。

第**4**編　控訴・上告・再審

26 控訴審の審理

大 島 眞 一

関西学院大学司法研究科教授・弁護士
（元大阪高等裁判所部総括判事）

I　はじめに

　地方裁判所（以下「地裁」という）または家庭裁判所（以下「家裁」という）（人事訴訟）の第1審判決に不服があれば高等裁判所（以下「高裁」という）に控訴することができ、高裁の控訴審判決に不服があれば、最高裁判所（以下「最高裁」という）に上告・上告受理の申立てをすることができる。

　本稿は、中間に位置している控訴審の現状を統計数値[1]を交えながら、概観したものである。

II　地裁における訴訟事件

　まず、前提として、地裁の新受件数と平均審理期間の推移をみると、〈図表1〉[2]のとおりである[3]。

　戦後、ほぼ一貫して新受件数は増えており、平成21年に過払金訴訟の影響で

1　以下は、令和4年または5年の数値である。
2　最高裁判所事務総局「裁判の迅速化に係る検証に関する報告書（第10回）」〈https://www.courts.go.jp/toukei_siryou/siryo/vcmsFolder_1267/vcms_1267.html〉82頁。
3　平成16年4月以降人事訴訟が家裁の管轄に移管されており、それ以前は地裁の件数に人事訴訟が含まれているが、それ以降は含まれていない。平成16年、17年に地裁の新受件数が減少しているのは、その影響と考えられる。

Ⅱ　地裁における訴訟事件

〈図表１〉　新受件数および平均審理期間の推移（民事第１審事件）

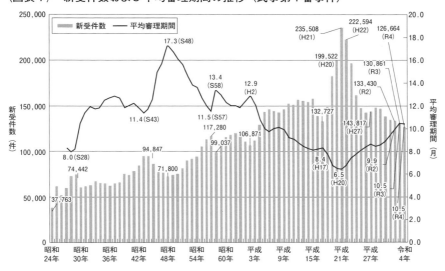

新受件数が23万件を超えて最高を記録したが、令和４年は約12万6700件とおおよそ半減し、平成初期の件数に戻っている。当事者の権利意識は平成初期と比べ格段に向上していると考えられることなどからすると、訴訟事件が増えていないのは何が原因であろうか。平成初期と比べ大幅に数が増えた弁護士が関与することによって、紛争が訴訟に至る前に解決されているといいのだが……。

平均審理期間は、〈図表１〉のとおり、過払金訴訟の影響で平成20年に6.5か月となったが、その後増え、やはり平成初期と同じく10か月程度となっている。

地裁の第１審通常訴訟の終局区分（令和５年）は〈図表２〉[4]のとおりであり、対席判決率は、判決で終局した事件のうち50.6％、全事件では25.0％である。

上訴率（判決で終局した事件の中で上訴された事件の占める割合）は、令和４年で20.8％となっている[5]。欠席判決の中で控訴される事件もわずかにあるが[6]、

4　最高裁判所事務総局「令和５年司法統計年報１（民事・行政編）」第19表。
5　最高裁判所事務総局・前掲資料（注２）95頁図22のうち上訴率の推移。
6　筆者の大阪高裁第６民事部の経験によると、部に年間250件程度控訴事件が来るが、そのうち第１審が欠席判決であったのは２、３件程度である。

575

26 控訴審の審理

〈図表2〉　終局区分別の既済件数および事件割合

事件の種類	民事第1審訴訟
既済件数	137,596
判決	67,986 49.4%
うち対席 （％は判決に対する割合）	34,405 50.6%
和解	44,909 32.6%
取下げ	20,680 15.0%
それ以外	4,021 2.9%

　仮に、上訴事件がすべて対席判決であるとすると、38.6％の割合で控訴されていることになる。

Ⅲ　高裁における控訴事件

　控訴審は、続審であるから、第1審の審理を前提としてさらに審理を続行し、新たな証拠を補充し、最終的に第1審判決を維持するか、取消し・変更するかを決めることになる。

　以下、控訴審の新受件数からみていくこととする。

1　新受件数

　控訴審の新受件数の推移は、〈図表3〉[7]のとおりである。

　新受件数は、地裁のピークより1年遅れて平成22年に約1万8900件となった

7　最高裁判所事務総局・前掲資料（注2）231頁図3。

〈図表3〉　新受件数および平均審理期間の推移（民事控訴審訴訟事件）

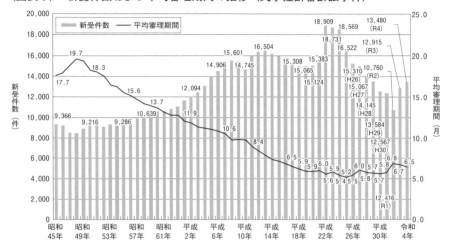

後、減少し、令和2年に約1万0800件と相当低い件数となっている。これは、コロナウイルス禍で審理が止まっていた影響も大きいと考えられる。令和3年、4年と増加し、令和4年は約1万3500件となっている。おおむね平成初期の件数と同じなのは、地裁と同様である。

2　控訴することができる場合

(1)　控訴の利益

控訴は、第1審として地裁または簡裁がした終局判決に対してすることができる（民訴281条1項）[8]。

高裁の第1審判決に対しては、控訴審が省略されているため、上告しかできない（民訴311条1項）。例としては、公職選挙法203条、204条等があげられる。

控訴の利益は、第1審によってその申立ての全部または一部が排斥された場合に認められるのが原則である。

原告については、第1審における申立てが全部認容されていれば、控訴の利益は認められない。控訴審において、訴えを変更してより有利な判決を得たい

8　以下は、地裁が第1審の訴訟事件を念頭において議論を進める。

と考えたとしても、第1審で全面的に勝訴している以上、控訴の利益は認められない[9]。ただし、予備的請求で勝訴しても、主位的請求が棄却されていれば、控訴の利益が認められる。また、最判令和5年3月24日民集77巻3号803頁は、口頭弁論に関与していない裁判官が民事訴訟法254条1項により判決書の原本に基づかないで第1審判決を言い渡した場合において、全部勝訴した原告であっても、第1審判決に対して控訴をすることができる旨判示している。第1審判決に民事訴訟法249条1項違反がある場合、第1審判決には再審事由（同法338条1項1号）があることになり、将来、相手方が再審の訴えを提起すれば、再審開始決定がされ、確定判決が取り消されるおそれがあることを考慮したものである。

被告については、第1審で全部または一部につき請求が認められた場合に限り、控訴の利益が認められる。訴え却下の判決については、原告は当然であるが、請求棄却を求めた被告にも控訴の利益が認められる[10]。

理由中の判断には判決の効力（既判力）が及ばないので、理由に不満があっても控訴できない。例えば、債務の成立を争うとともに消滅時効を主張していた場合、消滅時効が認められて請求が棄却されると、いくら債務の不成立を認めてもらいたいと思っていても、既判力は判決主文に限り生じる（民訴114条1項）ので、事実審の口頭弁論終結時に債務が存在しないことに既判力が生じ、不服の利益は認められない[11]。ただし、予備的主張である相殺の抗弁が認められて原告が勝訴した場合には、相殺で主張した債権が存在したが消滅したことにつき既判力が生じる（同条2項）ので、勝訴した被告も控訴することができる。

(2)　仮執行宣言

仮執行宣言の裁判に対しては、明文の規定はないが、それに不服があっても本案判決と独立して控訴することはできないと解されている。仮執行宣言の付随性や暫定性を理由とする。

9　大判大正10年3月11日民録27号514頁。
10　最判昭和40年3月19日民集19巻2号484頁。
11　最判昭和31年4月3日民集10巻4号297頁。

⑶ 訴訟費用

訴訟費用の負担の裁判に不服があっても、独立して控訴することはできない（民訴282条）。訴訟費用の裁判の付随性からその当否を判断するためだけに本案の審理をするのは本末転倒だからである。なお、控訴審が第1審判決を変更する場合には、第1審の訴訟費用の裁判は不服を待たずに当然に効力を失い、控訴審は訴訟の総費用について裁判しなければならない（同法67条2項）。

3　控訴権の放棄・不控訴の合意

⑴　控訴権の放棄

控訴権の放棄は、控訴権を有する当事者が、自らこれを行使しない意思を裁判所に表示する訴訟行為である（民訴284条）。相手方に不利益を与えるものではなく、相手方の同意は不要である。控訴権の放棄は、明文の規定はないが、第1審判決の言渡しによって具体的に控訴権が発生した場合にのみ認められると考えられる。

⑵　不控訴の合意

不控訴の合意は、当事者双方がいずれも控訴しないことを約して、事件を第1審だけに限定することを目的とした訴訟上の合意である。判決言渡し前に不控訴の合意をするのは、当事者間の公平上、双方の当事者がいずれも控訴しないことを合意した場合にのみ有効と考えられる。

4　控訴期間

控訴期間は地裁・家裁（人事訴訟）の終局判決の判決書の送達を受けた日から2週間である（民訴285条）。期間の初日は算入されないため（同法95条1項、民140条）、第1審判決書の送達の日の翌日から起算して2週間である。末日が日曜、土曜、祝日、12月29日〜1月3日の日にあたるときは、その翌日が満了日になる（民訴95条3項）。訴訟代理人の過失によって控訴期間が経過した場合、追完は許されない。訴訟代理人としては、くれぐれも控訴期間を徒過しないように気をつける必要がある。

26 控訴審の審理

5 控訴提起

(1) 控訴提起の方式

　控訴の提起は、控訴状を第1審裁判所に提出して行う（民訴286条1項）。控訴が不適法で補正できないことが明らかである場合は、控訴の提起を受けた第1審裁判所が決定で控訴を却下する（同法287条1項）。例としては、控訴期間を経過した後の控訴等がある。控訴却下決定に対しては、即時抗告をすることができる（同条2項）。

　控訴状には、①当事者および法定代理人、②第1審判決の表示および控訴の申立てを記載する（民訴286条2項）。第1審判決の表示は、事件番号や言渡日で特定すれば足りる。共同訴訟の場合には、誰から誰に対する控訴なのかを明示する必要がある。

　控訴の提起があった場合、裁判所書記官は、控訴却下の決定があったときを除き、遅滞なく控訴裁判所の裁判所書記官に記録を送付しなければならない（民訴規174条）。

(2) 事件の移審

　控訴の提起があると、事件は控訴審に移審する。控訴提起の効力は、控訴人の不服申立てにかかわらず、第1審判決の全部について不可分に生じる。控訴不可分の原則といわれている。

　控訴不可分の原則により、第1審判決中の控訴人の勝訴部分も確定せず、控訴審に移審する（民訴116条2項）。このため、被控訴人は、控訴権が消滅した後であっても、附帯控訴によって自己の敗訴部分について不服を申し立てることができる（同法293条1項）。ただし、通常共同訴訟の場合、控訴の効力も各共同訴訟人と相手方との間にだけしか及ばないのが原則であり（同法39条）、控訴審の対象となっていない共同訴訟人に対する附帯控訴をすることはできない。

(3) 不服の範囲

　どの限度で第1審判決の変更を求めるかは、控訴状の必要的記載事項ではなく、口頭弁論で陳述すれば足りる。控訴の効力は、控訴不可分の原則から、すべてが控訴審での審理の対象となるからである。ただし、控訴裁判所は、不服

580

Ⅲ　高裁における控訴事件

の申立ての限度でのみ第1審判決の取消し・変更をすることができ（民訴304条）、不服の申立ての範囲は控訴状に貼付する手数料額を定めるのに必要であること（同法288条、289条2項）から、控訴状に記載するのが一般的である。

　不服の範囲については、第1審で敗訴した全部ではなく、敗訴部分の一部に限定することが広く行われている。例えば、訴訟物が二つ以上あり、いずれも敗訴したが、そのうちの一つについて控訴する場合（質的限定）、3000万円を請求していたが、敗訴したために、そのうち1000万円について控訴する場合（量的限定）がある。不服の範囲の限定は、その範囲の手数料を納付すれば足りるので、控訴手数料を節約できるメリットがある。終局までの審理状況に応じて、不服の範囲を拡張することができる。ただし、質的限定の場合、時機に後れたとして却下される可能性を否定できないので、注意が必要である。

6　控訴審での審理

(1)　控訴状審査

　控訴審では事件記録が第1審から送付されてくると、部がある控訴審では各部ごとに順次配点がされる。

　配点を受けた控訴裁判所の裁判長が、控訴状の必要的記載事項（民訴288条、286条2項）の記載について審査し、不備があれば、相当期間を定めて控訴人にその不備の補正を命じる。控訴人が期限内に不備を補正しない場合、裁判長は、命令によって控訴状を却下し、控訴提起の手数料を納付しない場合も、同様である（民訴288条、137条2項）。控訴状却下命令に対しては、即時抗告をすることができる（同法288条、137条3項）。

(2)　訴訟代理人の選任状況

　通常訴訟事件の訴訟代理人の選任状況は、〈図表4〉[12]とおりであり、双方に訴訟代理人がついている割合は、地裁と比べて、相当増えている。もっとも、地裁では被告が欠席の場合を含めているので、欠席の場合を控除すると、訴訟代理人がついている割合はある程度増えることになる。

12　最高裁判所事務総局・前掲資料（注4）第23表、第42表。

581

26 控訴審の審理

〈図表4〉 訴訟代理人の選任状況

事件の種類	民事第1審訴訟	民事控訴審訴訟
双方に訴訟代理人	58,946 42.8%	9,922 73.3%
原告（控訴人）側のみ訴訟代理人	64,522 46.9%	841 6.2%
被告（被控訴人）側のみ訴訟代理人	3,953 2.8%	2,087 15.4%
本人による	10,175 7.4%	685 5.1%

(3) 審理状況

　高裁での審理方式は、各高裁の各部によって異なると考えられるが、最も一般的と考えられるところに従って説明する。

　　ア　口頭弁論期日

　控訴すると、控訴人は控訴理由書を控訴提起から50日以内に高裁に提出しなければならず（民訴規182条）、被控訴人はそれから1か月程度で反論書（同規則183条）を提出することを見込む。第1回口頭弁論期日は、双方の主張立証がされた後に設定することが口頭弁論を終結するうえで望ましく、双方の代理人弁護士等の都合も考慮する必要があるので、地裁判決の言渡しから4〜5か月先を指定することが多い。

　控訴審での平均期日回数および平均期日間隔は〈図表5〉[13]のとおりであり、高裁での口頭弁論期日は1回だけというのが主流であって、65.2%が口頭弁論期日を1回で終結している[14]。

　かつて高裁でも証人尋問や本人尋問を実施していたが、その後、徐々に証人・本人尋問をしなくなり、第1審の審理中に提出された証拠に限るという事後審にある程度近い運用になっている。つまり、事実審理については、第1審

13　最高裁判所事務総局・前掲資料（注2）236頁表12。
14　最高裁判所事務総局・前掲資料（注2）236頁図13。

Ⅲ　高裁における控訴事件

〈図表5〉　平均期日回数および平均期日間隔（民事控訴審訴訟事件）

事件の種類		民事控訴審訴訟
平均期日回数		1.8
	うち平均口頭弁論期日回数	1.1
	うち平均争点整理期日回数	0.7
平均期日間隔（月）		3.6

に重点をおき、控訴審はあくまで補充的なものとして合理的に制限されているといえる。例えば、時機に後れた攻撃防御方法は、民事訴訟法157条が準用され（同法297条）、時機に後れたかは第1審、控訴審を通じて判断されるので、控訴審の第1回に提出したとしても、時機に後れたとして却下されることもあり得る。

　　イ　争点整理手続

　控訴審で争点整理手続をする事件の割合は18.3％である[15]。争点整理をする事件としては、第1審での審理が不十分で争点が整理されていない事件が中心であるが、控訴審で新たな主張をし、そのために争点を整理する必要がある事件もある。

　全事件に占める争点整理期日の回数割合は、〈図表5〉のとおり、0.7回であり、争点整理実施率が18.3％であるから、平均的な争点整理期日の回数は3.8回と考えられる。

　　ウ　人証調べ

　高裁における人証調べの状況であるが、人証調べ実施率は1.6％、人証調べが実施された事件における平均人証数は1.8人である[16]。60件余に1件しか証人・本人尋問は実施されておらず、すこぶる少ないことがわかる。

　高裁での人証調べは、地裁判決の審理が不十分で本来地裁で人証調べをしておくべきであった事件、病気や長期間の外国出張等の事情がなくなって人証調べが可能となり人証調べによって結論が変わる可能性がある事件、地裁判決を

15　最高裁判所事務総局・前掲資料（注2）236頁表14。
16　最高裁判所事務総局・前掲資料（注2）237頁表15。

踏まえて新たに主張立証がされ、それにつき人証調べが必要な事件などに限って実施するのが一般的であり、それらが少数であることに基づく。

　　エ　和　解

　控訴審では、第1回口頭弁論期日後に、行政事件等の一部の事件を除いて、受命裁判官による和解勧告の機会を設けるのが一般的である。

　なお、後述のとおり、高裁での和解成立率は25.4％と判決と比べ相当低いが、最高裁で破棄される割合は上告・上告受理申立事件の中で1％程度であるから、訴訟代理人としては、それを踏まえて、和解を検討すべきであるといえる。

(4)　弁論更新

　控訴審は、第1審の弁論の続行であるから、第1審の結果を上程しなければならず、第1回口頭弁論期日において、通常、「原判決記載のとおり、原審口頭弁論の結果陳述」とするのが通常である。この場合、第1審判決書の事実摘示が第1審における当事者の主張と異なっていたとしても、その主張は判決の事実摘示のとおりに変更されたものと解される[17]。

　このため、当事者の主張が第1審判決の事実摘示と異なる場合、当事者がその旨主張することが必要になるが、次の三つの方法がある。いずれも大差ない。

①　「原審口頭弁論のとおり結果陳述」とする。

②　「原判決記載のとおり、原審口頭弁論の結果陳述」としたうえで、第1審判決に記載されていない主張を当事者が口頭で主張し、それを当該口頭弁論調書に記載する。

③　口頭弁論調書には、「原判決記載のとおり、原審口頭弁論の結果陳述」としたうえで、第1審判決書にない主張を控訴審で当事者が準備書面に記載して提出する。

(5)　平均審理期間

　高裁における平均審理期間の推移は、前述の〈図表3〉のとおりである。平均審理期間は、昭和48年の19.7月をピークとして、一貫して減少傾向を示して

17　最判昭和61年12月11日判時1225号60頁。

Ⅲ　高裁における控訴事件

〈図表６〉　高裁における事件受理から終局までの期間

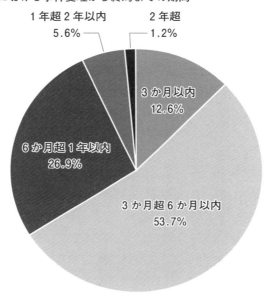

いたが、平成17年に6.5か月となって以降、おおむね半年前後となっている[18]。

　高裁の令和５年における事件受理から終局までの期間は、〈図表６〉[19]のとおり、３か月以内12.6％、３か月超６か月以内53.7％、６か月超１年内26.9％と90％以上が１年以内となっている。

　第１審受理から控訴審終局までの期間別の既済件数および事件割合は、令和４年において、〈図表７〉[20]のとおりであり、平均期間は29.3月で、おおよそ２年半となっている。１審と併せて２年を超える期間を要した事件の割合は57.0％である[21]。

18　この統計は、控訴審記録受理から控訴審終局までの期間であり、地裁の判決言渡しから控訴審記録受理までの期間は含まれていない。
19　最高裁判所事務総局・前掲資料（注４）第38表。
20　最高裁判所事務総局・前掲資料（注２）233頁表７。
21　最高裁判所事務総局・前掲資料（注２）233頁。

26　控訴審の審理

〈図表7〉　第1審受理から控訴審終局までの平均期間並びに期間別の既済件数および事件割合（民事控訴審訴訟事件）

事件の種類	民事控訴審訴訟
既済件数	11,843
平均期間（月）	29.3
1年以内	1,053 8.9%
1年超2年以内	4,036 34.1%
2年超3年以内	3,982 33.6%
3年超5年以内	2,414 20.4%
5年を超える	358 3.0%

※附帯控訴申立て等を除く。

7　控訴取下げ

　控訴人は、控訴審の終局判決までの間、控訴を取り下げることができる（民訴292条1項）。控訴の取下げは、第1審判決を確定させるためであって、第1審からの訴え提起がなかったことにする訴えの取下げとは異なる。

　控訴の取下げは、訴えの取下げが終局判決確定まで可能であるのとは異なり、控訴審の終局判決までに限られる。控訴の取下げは、被控訴人の同意を要しない。民事訴訟法292条2項が訴えの取下げに関する同法261条2項を準用していないためであるが、実質的な理由は、控訴が取り下げられると、被控訴人に有利な第1審判決が確定することになるからである。

　控訴審においても、口頭弁論期日・弁論準備期日に当事者双方が欠席し、または沈黙のまま退廷した場合には、その後1か月以内に期日指定の申立てがな

586

いと、控訴の取下げがあったものと擬制される（民訴292条2項、263条）。この趣旨は、不出頭の事実をもって当事者の訴訟追行が不熱心であるとして、訴訟係属が維持されることにより裁判所の効率的な訴訟運営に支障が生ずることを防ぐところにある。緊急入院などやむを得ない事由があり、かつ、その事由が解消されれば審理を進行することができると見込まれる場合にも一切例外を認めないことは、当事者に酷であり、硬直的すぎる。最判令和5年9月27日判タ1516号60頁は、拘置所に収容されている死刑確定者が2回続けて欠席した場合について、主観的に訴訟追行の意思を失っていなかったにせよ、裁判所の訴訟運営に支障が生じており、これが直ちに解消される状況にはなかったことが明らかであるとして、訴えの取下げがあったものとみなされないとした原審の判断を取り消している。

8　附帯控訴

　附帯控訴は、被控訴人において、控訴人の不服によって限定されている控訴審の審判の範囲を拡張し、自己に有利な判決を求める申立てである。例えば、1審で100万円の支払を求める申立てをしたところ、1審が60万円の支払を求める部分を認容し、残部40万円の部分を棄却したのに対し、原告が40万円を棄却した部分が不服であるとして控訴を提起したところ、被告が60万円を認容した部分が不服であるとして附帯控訴をすることである。

　附帯控訴は、控訴権が消滅した後であっても、控訴審の口頭弁論終結まですることができる（民訴293条1項）。附帯控訴は、独立の控訴ではなく、相手方の控訴を前提として、これによって開始された訴訟手続を利用して自己に不服がある部分について審理を申し立てるものであるからである。

　第1審判決において主位的請求が棄却され、予備的請求が認容されたところ、被告が控訴した場合、控訴裁判所が主位的請求を認容する場合に原告の附帯控訴を要するかという問題があるが、被告が控訴する場合、被告の不利益に変更できないので、原告の附帯控訴が必要であると解すべきである[22]。控訴裁判所としては、このような場合、附帯控訴の機会を失わせないよう附帯控訴に

22　最判昭和43年2月20日民集22巻2号236頁。

つき釈明義務を負っていると考えられる。

附帯控訴は、主たる控訴によって開始された控訴審手続に従属しているので、控訴の取下げがあった場合、または不適法として控訴が却下された場合には、効力を失う（民訴293条2項）。控訴の取下げには被控訴人の同意は不要である（同法292条1項）ので、控訴人は、控訴が認められず、逆に附帯控訴が認められそうな場合には、控訴を取り下げて第1審判決以上に自己に不利益な結果を避けることが多い。

9　反訴の提起

控訴審において、原告は訴えを変更し（民訴297条、143条）、被告は反訴を提起し（同法297条、146条1項）、第1審で審判の対象となっていなかった新請求を提起できる。ただし、反訴の提起については、第1審とは異なり、相手方の同意が必要である（同法300条1項）。反訴被告の審級の利益を害することを考慮したものである。

10　終局区分

(1)　概　要

令和5年の高裁における訴訟事件の既済件数は1万4355件である。内訳は、〈図表8〉[23]のとおりであり、6割強が判決で、3割弱が和解で終局している。

(2)　判決内訳

高裁での判決のうち控訴棄却が78.4%、原判決取消しが20.6%、その他1.0%となっている[24]。おおよそ5件のうち1件しか取り消されていないのかと思うと、そうではない。訴訟物が一つで、それが高裁で地裁判決は不当ということで取り消すと、当然「原判決取消し」としてカウントされるが、訴訟物が二つあり、一方が控訴棄却、他方が原判決取消しの場合は、その事件は「控訴棄却」にカウントされることになっている[25]。このため、二つ以上の訴訟物があ

23　最高裁判所事務総局・前掲資料（注4）第38表、第71表。
24　最高裁判所事務総局・前掲資料（注4）第37表。
25　「裁判統計報告書（事件票）作成要領　民事・行政編」（平成17年12月統計執務資料第38号）において、「1件の事件が、同時に又は時を異にして『終局区分』欄記載の2個以上の終局事由で終局した場合には、『終局区分』欄の該当する各終局事由のうち最先順位の

〈図表8〉　高裁における訴訟事件の既済件数

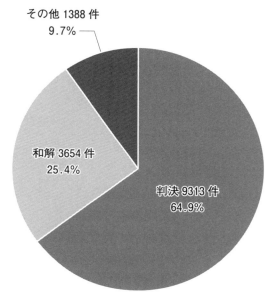

り、一方につき地裁判決を取り消して自判しても、他方が控訴棄却で終わった場合、終局区分は「控訴棄却」となる。

　筆者の感覚としては、高裁で一部でも取り消される割合は25％程度はあるのではないかと思う。

　以下、各場合に分けて検討する。

(3)　**控訴棄却**

　控訴棄却は、①第1審判決を相当とするとき（民訴302条1項）、②第1審判決が不当であっても、他の理由により、結論が正当であるとき（同条2項）にされる。控訴棄却の場合、第1審判決が債務名義となるが、その既判力は控訴審の口頭弁論終結時を基準とする（民執35条2項参照）。

　訴えを不適法として却下した判決について、控訴審で第1審判決を是認する場合も、訴えを却下したことの当否が本案になるので、控訴棄却の判決をす

もの1個を選択する」とされており、順位として、「①棄却」、「②取消し自判」、「③取消し差戻し」、「④取消し移送」などと決められているからである。

る[26]。

　これに対し、相殺の抗弁についての判断には既判力が生じる（民訴114条2項）ので、例えば、予備的主張である相殺の抗弁を採用して請求を棄却した場合、勝訴した被告も控訴することができ、控訴審で相殺の抗弁によらずに、そもそも原告の請求が理由がないと判断した場合には、第1審判決を取り消して、あらためて請求棄却判決を言い渡すことになる。

　請求を認容する第1審判決につき控訴審で請求の減縮がされた場合には、その限度で第1審判決に対する不服が控訴審の審判の対象から除かれるから、残部について第1審判決を維持するときには、控訴棄却判決をすれば足りる[27]。もっとも、単に主文で控訴棄却だけであると、第1審判決がそのまま維持されたように読めるので、控訴審の主文で「なお、原判決主文○項は、被控訴人の請求の減縮により、……と変更されている」等と記載するのが一般的である。

(4)　第1審判決の取消し・変更

ア　原　則

　控訴された第1審判決は、原則として、すべて控訴審へ移審するが、控訴審がその当否を判断できるのは、当事者が控訴または附帯控訴により不服を申し立てた範囲に限られる。控訴人は、控訴が認められなくとも、控訴を棄却されるだけなので、第1審判決以上に不利益を被らず、安心して上訴できるという機能がある。ただし、附帯控訴があり、それが認められる場合には、不利益に変更されることとなる。

　相殺の抗弁に基づいて請求棄却判決をしたところ、それを不服とする原告のみが控訴したのに対し、原告の請求権がそもそも存在しないとして控訴を棄却するのは不利益変更となり、許されない[28]。

イ　不利益変更の例外

　職権調査事項については、第1審判決を控訴人に不利益に変更することができる。例えば、専属管轄違背や当事者能力、訴訟能力の不存在に基づいて第1審判決を全部取り消して訴えを却下する場合である。

26　最判昭和34年6月16日民集13巻6号718頁。
27　最判昭和24年11月8日民集3巻11号495頁等。
28　最判昭和61年9月4日判タ624号138頁。

土地境界確定訴訟においては、第1審判決が定めた境界線が正当でないと認めたときは、自ら正当と判断する線を境界と定めるべきであり、不利益変更禁止の適用はない[29]。公法上の地番の境界確定を目的とした非訟事件であると考えられるからである。共有物分割訴訟も同様に不利益変更禁止の適用はない。

離婚訴訟に伴う財産分与について、非訟事件である審判の申立てであるから、不利益変更の禁止の適用を受けない[30]。

原告Xの被告Y、Zに対する固有必要的共同訴訟において、原審がYに対する請求を認容し、Zに対する請求を棄却し、Yが控訴した場合、控訴審において、Xが控訴または附帯控訴をしていないときであっても、合一確定に必要な限度で、第1審判決のうちZに関する部分をZに不利益に変更することができる[31]。合一確定の要請を貫くために、上訴審における不利益変更禁止の例外を認めたものである。

独立当事者参加のような3面訴訟において、一人が上訴した場合も、合一確定に必要な限度で、勝訴した当事者に不利益に変更することができる[32]。

　　ウ　自　判

第1審判決が不当な場合、取り消さなければならない（民訴305条）。その場合、自判するのが原則である。

XがYに対し100万円の支払を求め、第1審が60万円を認容し、その余を棄却し、Xが控訴したところ、控訴審が全部認容すべきであると考えた場合、主文としては次の取消方式と変更方式の二つがあり、どちらでも差し支えない。

①　取消方式

> 原判決中、X敗訴部分を取り消す。
> Yは、Xに対し、40万円を支払え。

②　変更方式

> 原判決を次のとおり変更する。

29　最判昭和38年10月15日民集17巻9号1220頁。
30　最判平成2年7月20日民集44巻5号975頁。
31　最判平成22年3月16日民集64巻2号498頁。
32　最判昭和48年7月20日民集27巻7号863頁。

> Yは、Xに対し、100万円を支払え。

　同じ事案で、Yが控訴し、控訴審が全部棄却すべきであると考えた場合、取消方式のみが用いられる。

> 原判決中、Y敗訴部分を取り消す。
> 上記取消部分につき、Xの請求を棄却する。

エ　差戻し
　自判の例外として差し戻す場合を検討する。

(A)　必要的差戻し
　控訴裁判所は、訴えを却下した第1審判決を取り消す場合、事件を第1審裁判所に差し戻さなければならない（民訴307条本文）。当事者の審級の利益を考慮したものである。ただし、第1審判決が訴えを却下しているが、理由中で念のためとして請求棄却の判断をしており、事件につきさらに弁論する必要がない場合は、原審に差し戻す必要はない（民訴307条ただし書）[33]。
　不利益変更禁止との関係で、訴えを却下されたことを不服として原告だけが控訴した場合、裁判所が訴えは適法であるが、請求は理由がないと考えたとしても、不利益変更禁止の原則により、第1審判決を取り消して請求棄却判決を言い渡すことはできない[34]。

(B)　任意的差戻し
　民事訴訟法307条による必要的差戻し以外に、控訴裁判所が差戻しをするのが相当と判断した場合には、第1審裁判所に差し戻すことができる（民訴308条1項）。当事者が有する審級の利益を保護するためである。差し戻すのが相当な場合としては、例えば、抗弁A、Bがあり、第1審が抗弁Aを認めて請求を棄却したが、それが不当であるが抗弁Bについて十分な審理がされていない場合、第1審が欠席判決であり、相当な審理が必要であると考えられる場合などがある。

(C)　差戻判決後の手続
　差戻判決も終局判決であるから、これに対して上告することができる。差戻

33　最判昭和37年2月15日裁判集民58号695頁。
34　最判昭和49年9月2日判時753号5頁等。

審判決の確定によって事件は第1審に移審する。差戻審では、差戻し前の裁判官が関与することは禁止されていないが（民訴325条4項参照）、実務では、別の裁判官が関与するのが通常である。

なお、第1審の管轄違いを理由として第1審判決を取り消す場合、判決で事件を管轄裁判所に移送しなければならない（民訴309条）。任意管轄の場合は、控訴審で主張できないので（同法299条）、専属管轄違反の場合である。

(5)　**判決書**

控訴審の判決書は、基本的に第1審判決の引用をベースにして、付加訂正を加える変更方式が主流である。

最判平成18年1月19日判タ1205号138頁において、泉徳治裁判官は、第1審の継ぎはぎ的引用は、誤りを招く危険性があって、わかりやすい裁判の実現という観点から望ましくなく、できるだけ避けるべきである、という補足意見を述べている。

これについては、大多数の事件は、上告・上告受理の申立てがあっても、簡単に上告棄却、上告不受理で終わるものであること、当事者や関係者以外に関心をもつ者はまずいないことなどからすると、引用方式が控訴審としては手間がかからずに相当であるといえる[35]。他方、法律問題があり上告受理の申立てがあると最高裁で取り上げるかもしれない事件[36]や世間から注目されている事件については、高裁としては、理由、特に判断部分については、引用ではなく、同じ趣旨のことであっても、自分の言葉で書き下ろすのが相当であると思う。

Ⅳ　上　告

最後に、上告の点も簡単に触れる。

---

[35]　仮に、全文を書き直すとすると、第1審判決書の記載で感心しない点（例えば、冗長である、表現が稚拙である等）も含めて書き直す必要があり、労力が大きい。引用しているのは、記載されている内容で趣旨としては合っているというものである。

[36]　筆者の高裁での経験では、部での上告・上告受理申立事件は年間50件程度あるが、そのうち最高裁でとり上げるかもしれないと思う事件は、2、3件程度であり、そのような事件は、高裁判決だけをみてわかるように心がけた。

26 控訴審の審理

　最高裁の新受件数[37]は、令和 5 年の場合、上告事件が2369件（上告提起率25.4%[38]）、上告受理申立て事件が2968件（同31.9%）であるが、上告と上告受理申立てを兼ねたものも多く、それを 1 件と数えると、新受件数は3254件（同34.9%）である。

　既済件数は、上告事件が2253件、上告受理申立て事件が2804件で、両者を兼ねたものを 1 件と数えると、3111件である。

　令和 5 年の既済事件についてみると、上告・上告受理申立て事件3111件中、破棄判決は19件である[39]。つまり、上告・上告受理申立て事件のうち約0.6%にすぎない。 1 ％前後というのは例年のことである。

　このように、最高裁がとり上げる事件は相当絞られているので、それを踏まえて上告・上告受理の申立てを検討するのが相当であるといえる[40]。

37　以下、新受件数および既済件数の統計は、川﨑直也＝山本拓「最高裁民事破棄判決等の実情——令和 5 年度」判時2595号（2024年） 5 頁による。

38　令和 5 年の上告事件の新受件数2369件を同年の高裁の判決数9313件（民事控訴事件8542件＋行政控訴事件771件）で除したもの。以下も同じ計算方法による。

39　川﨑＝山本・前掲論文（注37） 5 頁。双方上訴など複数の当事者からの上訴を併合した事件を 1 通の判決書で処理したものを 1 件と換算した判決書単位の数。

40　筆者の高裁での経験で、部での上告・上告受理申立事件は年間50件程度あるが、そのうち最高裁でとり上げるかもしれないと思う事件は、前述のとおり、 2 、 3 件程度であり、無駄な上告・上告受理申立てが多すぎる。上告・上告受理の申立事件の手数料が、地裁の 2 倍であること（民訴費 3 条 1 項・別表第 1 の 3 項）をも考慮すると、代理人としては上告・上告受理の申立てを最高裁でとり上げられる可能性のある事件に絞り込むのが相当であるといえる。

27 抗告審の審理

植 屋 伸 一
尼崎簡易裁判所判事
（元大阪高等裁判所部総括判事）

I　はじめに

　筆者は、定年（令和5年5月）までの3年余り、大阪高等裁判所の民事抗告（集中）部に在籍した。

　抗告は、民事訴訟（判決手続）に関してされることが多いが、それ以外の分野、例えば、民事執行事件、民事保全事件、倒産事件、家事事件その他の非訟事件などでされることも多く、実に多種多様で、在籍期間中は、こんな類型の事件もあるのかなどと、知的好奇心を揺さぶられるものも少なくなかった。また、商事仮処分など、限られた時間内で、ときには即日あるいは数日内で、難しい判断を迫られる事件もあった。もっとも、担当部には、執行、保全、倒産事件等の経験がある頼りになる書記官の面々がいて、裁判官は皆、大いに助けられた。そんな中、事件処理において、常に頭にあったのは、効率的、迅速な処理の要請と、当事者の手続保障の要請とを、いかにうまく折り合いをつけるかということであった。抗告審の審理のポイントは、このことに尽きるように思う。

　以下、抗告について、基礎的なことについて触れた後、抗告審の審理について、筆者の経験を踏まえながら、当事者（代理人）として、また、裁判所として留意すべきことを、ときに感想も交えて、述べていきたい。

595

Ⅱ　抗告の手続

1　抗告の意義、趣旨

　一般に、裁判等に対する不服申立てのうち、上級裁判所に対してされるものを上訴というが、抗告は、判決以外の裁判、すなわち決定または命令について、上級裁判所に対し、その取消変更を求める独立の簡易な上訴である。すべての決定または命令に対して許されるのではなく、法律が認めた場合に限られる。

　訴訟手続に関してされる決定または命令が不当な場合、その多くは包括的に終局判決とともに上訴審の判断を受けることによって是正することが可能である。例えば、証拠の申出を却下する決定、訴えの変更を許さない決定などは、本案に対する終局判決に対し控訴・上告がされたときに、終局判決と一緒に控訴・上告審でその当否を審査することが予定されている（民訴283条、313条）。しかし、決定または命令の中には、例えば、移送決定、忌避申立却下決定などのように、本案の審理と関係が薄く、付随的、派生的な事項で特に迅速な確定を必要とするものも多く、これらをすべて終局判決に対する上訴の対象とすることは、上訴審の審理を複雑にするとともに、過度に慎重な判断手続を持ち込むことになり、訴訟遅延の原因にもなりかねない。また、終局判決に至らず、それに対する上訴の機会がない決定または命令の場合（例えば、訴状却下命令、上告状却下命令など。そのほか決定をもって完結する事件の分野として、民事執行事件、民事保全事件、倒産事件、家事事件その他の非訟事件などがある）や、終局判決後に決定または命令がされる場合（判決の更正決定、担保取消決定など）、終局判決に対して不服申立てができない第三者に対する決定または命令の場合（証人に対する過料決定、受継申立却下決定、文書提出命令など）については、控訴・上告によって裁判の是正を求める機会がない。このようなさまざまな理由に基づいて、法は、抗告という、判決手続に対する上訴とは別に独立の不服申立方法を認め、任意的口頭弁論の方式により、簡易迅速に決着させることによって手続の効率的な進行を図ることを可能にしたのである。

Ⅱ　抗告の手続

　もっとも、訴訟手続に関してされる付随的な決定の中には、例えば文書提出命令のように、重要性が高く手続保障の要請が強いものがあるし、上記のとおり民事執行事件、民事保全事件、倒産事件、家事事件その他の非訟事件などでは本案の裁判も決定でされ、これに対する不服申立てが抗告でされる独立的なものがあり、これらは争訟性が訴訟事件に劣らず強いものも少なくなく、これまた手続保障の要請が強いといえる。

　以上のような背景があり、これまで、立法や解釈により、抗告審の審理において、効率的、迅速に処理する要請と、当事者特に相手方の手続保障の要請との調整を図る工夫がされてきた。「はじめに」でも触れたが、抗告審の審理にあたっては、このことを十分念頭におきながら、手続を進めていくことが肝要である。

2　抗告の種類

　基本を押さえる趣旨で、抗告の種類を簡単に述べておく[1]。

⑴　通常抗告と即時抗告

　抗告の要件、効果の面、特に抗告期間の定めの有無による区別[2]である。

　通常抗告は、不服申立て期間の定めがなく、原裁判の変更取消しを求める利益（抗告の利益）がある限りは、いつでも提起することができ、執行停止の効力はない。抗告の通常の形式で、民事訴訟法が特に即時抗告と定めていない場合は原則として通常抗告である。

　これに対し、即時抗告は、裁判の性質上特に迅速に確定する必要を認めて、不変期間として抗告期間（1週間）を設けている（民訴332条。ただし、他の法律では2週間と定められているものもあることに注意を要する（破9条後段、民再9条後段、会更9条後段、家事86条、非訟67条1項、民保19条1項など））。原則として抗告の提起に執行停止の効力を有し（民訴334条1項。ただし、例外もある）、訴訟行為の追完・付加期間（同法97条、96条）に関する規定の適用があり、法

1　最高裁判所ウェブサイト「裁判所データブック2024」〈https://www.courts.go.jp/toukei_siryou/databok/index.html〉16頁の関係図を参照。
2　裁判所書記官研修所『民事上訴審の手続と書記官事務の研究〔補訂版〕』（司法協会、2019年）311頁には、抗告の種類ごとの抗告期間が整理されているので、参照されたい。

597

に明文でその提起を許す規定がある場合、または解釈上同一に取り扱うべきものと認められる場合に限られる。同一事項についての裁判に対する抗告であっても、裁判の内容により通常抗告と即時抗告の区別を生じる場合がある（例えば、担保取消決定の認容決定に対し即時抗告が認められる（民訴79条4項）が、却下決定に対しては通常抗告が認められる（同法329条1項））。

(2) 最初の抗告と再抗告

審級的見地からの区別である。

最初の抗告は、原裁判所のした裁判に対し最初にされるものであり、再抗告は、最初の抗告に基づいて抗告裁判所がした裁判（終局決定）に対してされる再度の抗告であり、憲法違反または法律違反を理由としてされる（民訴330条）。再抗告は、簡易裁判所の裁判につき抗告審として地方裁判所がした裁判に対し、高等裁判所へ抗告する場合に限られる（最決昭和42年3月29日裁判集民86号771頁）。最初の抗告を審理する裁判所は事実審の性格を有するので、抗告につき事実および法律の両面から原裁判の当否を審判し、控訴および控訴審手続の規定が準用される（民訴331条本文）。他方、再抗告裁判所は法律審の性格を有するので、上告および上告審に関する規定が準用される（同法331条ただし書）。

(3) 特別抗告と許可抗告

いずれも最高裁判所に対する「訴訟法において特に定める抗告」（裁7条2項）である。特別抗告は、地方裁判所または簡易裁判所の決定または命令で不服を申し立てることができないもの並びに高等裁判所の決定または命令に対して、憲法違反を理由とするときに限り提起することができる（民訴336条1項）。許可抗告は、法令解釈の統一を図ることを目的として、高等裁判所の決定または命令に対して、憲法違反を理由とする以外の一定の場合について、その高等裁判所の許可を条件として認められる抗告で、現行法で導入された制度である（民訴337条1項）。いずれも原裁判の確定を遮断するものではなく、上訴ではない。許可抗告についての詳細は、別稿[3]に譲る。

---

3 土井文美「許可抗告制度の運用」本書620頁以下。

II　抗告の手続

3　抗告の提起（最初の抗告）

⑴　抗告の適用範囲

抗告をすることができる決定または命令として、以下のものがある。

① 口頭弁論を経ないで訴訟手続に関する申立てを却下した決定または命令（民訴328条1項）

② 個別にまたは特別の定めがある場合に限って許されている決定または命令

　　個別に抗告が許されている場合は、民事訴訟法上すべて即時抗告の許されている裁判である。特別の定めがある場合に限って許されている例としては、民事執行法10条1項の執行抗告のほか、家事事件手続法85条、99条および非訟事件手続法79条などがあげられる。

③ 決定または命令で裁判すべき根拠がないのにされた違式の決定または命令（民訴328条2項）

④ 受命裁判官または受諾裁判官に裁判に対する異議の申立てについての裁判（民訴329条2項）

抗告することができない決定または命令として、以下のものがある。

① 個別に不服申立てを禁止されている場合

　　例えば、裁判官の除斥または忌避を理由があるとする決定（民訴25条4項）、証拠保全の決定（同法238条）、執行停止等の申立てについての裁判（同法403条2項）などがある。

② 抗告以外の不服申立ての方法が認められている場合

　　決定または命令に対する不服申立方法として、抗告のほかに異議がある。民事訴訟手続において規定される異議は、裁判長、受命裁判官および受託裁判官の裁判（民訴202条3項、329条1項）並びに裁判所書記官の処分（同法121条）に対して原裁判所（同一審級）に申し立てるものであり、上級裁判所への不服申立てである抗告と区別される。

③ 高等裁判所の決定または命令

　　最高裁判所は、訴訟法において特に定める抗告以外について裁判権をもたないからである。

599

④　最高裁判所への決定または命令

　最高裁判所には、それ以上の上級裁判所がないからである。

(2) 抗告裁判所

　抗告裁判所は、常に原裁判をした裁判所または裁判官が属する裁判所の直近の上級裁判所である。したがって、簡易裁判所の決定または命令に対しては地方裁判所が、地方裁判所の決定または命令に対しては高等裁判所が、それぞれ抗告裁判所となる（裁24条4項、民訴331条、281条1項）。数は圧倒的に高等裁判所が抗告裁判所になる場合が多い。地方裁判所が抗告裁判所としてした決定に対しては再抗告ができるが（裁16条2項、民訴330条）、高等裁判所が抗告裁判所としてした決定に対しては再抗告ができない。なお、高等裁判所が抗告裁判所としてした決定は、特別抗告または許可抗告の対象となるが（裁7条2項、民訴336条、337条）、これらは、通常の不服申立手段が尽きて決定が確定している場合の特別の不服申立手段と位置づけられる[4]。

(3) 抗告の当事者

　抗告手続は、判決手続と異なり当事者対立の基本構造が一貫していない。例えば、訴状または控訴状の却下命令、証人に対する過料決定などにおいては、利害関係の対立する相手方がいないため、抗告人が主体となって手続が進められる。

ア　抗告人

　抗告を提起する者を抗告人という。抗告を提起することができる者（抗告権者）は、原裁判によって法律上の不利益を受ける訴訟当事者、補助参加人または第三者である。補助参加の申立てを却下する決定について、参加申出人は即時抗告をすることができる（民訴44条3項）。また、第三者が抗告権者となる例としては、過料を科された証人、文書の提出を命じられた第三者などがある。

　抗告権者にあたるか否かが問題となった例として、訴訟救助の決定に関する本案事件の相手方当事者（最決平成16年7月13日民集58巻5号1599頁は積極）（許可抗告実情186【6】[5]）、文書提出命令に関する所持者ではない本案事件の相手

4　田中敦編『抗告・異議申立ての実務』（新日本法規、2021年）12頁。
5　判例時報編集部編『許可抗告の実情―平成10～29年度―』（判例時報社、2019年）。以下「許可抗告実情」という。

方当事者（最決平成12年12月14日民集54巻9号2743頁は積極）（許可抗告実情36【15】）、担保不動産競売の売却許可決定に関する他の買受申出人（最決令和2年9月2日判タ1480号130頁は消極）などがある。

　イ　相手方

　原裁判の変更によって法律上の不利益を受ける者を相手方という。相手方となる者は、原裁判の内容上、抗告人と利害が対立する相手方当事者、補助参加人または第三者である。本案事件の一方当事者が抗告人である場合には、その対立当事者が相手方になる場合が多いが、例えば、不出頭の証人に対する過料決定、証言拒絶についての裁判、訴状却下命令、文書提出命令（民訴223条7項）、文書不提出についての裁判（同法225条2項、229条4項）などのように、相手方が観念できないものもある。なお、執行抗告においては、必要があると認めるときは、抗告裁判所が相手方を定めることができる（民執74条4項）。

（4）　**抗告の提起から移審の手続まで**

　抗告事件の大多数は高等裁判所で処理される。以下もこれを念頭において述べることとする。

　抗告は、原裁判をした裁判所に申し立てられる（民訴331条、286条1項、非訟68条1項、家事87条1項）。提出先が控訴の場合と異なり原裁判所となっているのは、提出期間が短いため訴訟記録が原裁判所にあることが通常であるとともに、抗告の場合は、後記の再度の考案による更正の可能性があるためである。

　原裁判所は、抗告の適法性や抗告状の記載事項等について審査し、必要に応じて提出者に任意の補正を促すなどする。そして、原裁判所は、抗告期間の徒過等、抗告が不適法で、その不備を補正することができないことが明らかであるときは抗告を却下する（民訴331条、287条）。抗告人は、抗告状に抗告理由の具体的な記載がないときは、抗告の提起後14日以内にこれを記載した書面を原裁判所に提出しなければならない（民訴規207条）。

　原裁判所（または裁判長）は、抗告を理由があると認めるときは、その裁判を更正しなければならない（民訴333条、非訟71条。民事訴訟法333条は、民事執行法20条より同法に準用されると解される。他方、民事保全事件および家事審判の別表第二事件では上記更正は認められない（民保41条2項、家事90条））。これは再度の考案とよばれている。

原裁判所が再度の考案をしないとき、すなわち、抗告が不適法であり、または抗告に理由がないと認めるときは、その旨の意見を付して事件を抗告裁判所に送付しなければならない（民訴規206条）。この意見の性質は、原裁判の一部を構成するものではなく、抗告裁判所にとっては参考意見にとどまるものと解される。この意見は、「本件抗告は理由がないものと思料する」という程度のものでもよいとされているが、抗告裁判所としては、特に原決定に付された理由が定型的なようなものの場合は、具体的に理由を付加して記載してもらったほうが、抗告裁判所として適正、迅速に判断するうえで、ありがたいと感じたことが多かった。

なお、抗告状が原裁判所ではなく（民訴331条、286条1項）、抗告裁判所に直接提出された場合、どうするか。原裁判所への提出を促すことが考えられるところ、これに応じてもらえない場合、いくつかの考え方があるが、実務上は、事件を原裁判所に移送する取扱いが多いように思われる。最決昭和57年7月19日民集36巻6号1229頁は、執行抗告却下決定に対する特別抗告と題する書面が最高裁判所に提出された事案において、執行抗告の抗告状が原裁判所以外の裁判所に提出された場合には、これを受理した裁判所は民事訴訟法30条（現行の同法16条）を類推適用して事件を原裁判所に移送すべきではなく、執行抗告を不適法として却下すべきであるとしたが、抗告事件一般を射程とするものとは解されていない。

(5) 抗告提起の効力

決定または命令は、原則として告知により効力が生じ（民訴119条。例外として、移送決定、訴訟記録の閲覧制限決定の取消決定、売却許可・不許可決定、不動産引渡命令、即時抗告の対象となる家事審判などがある）、執行力も生じると解されるが、即時抗告の対象となる裁判は、即時抗告の提起により確定が遮断され、原則として執行停止の効力が生じる（民訴334条1項）。この裁判は当事者等の利害に影響を及ぼすことが多いからである。もっとも、この裁判に執行停止の効力が生じないとする規定がおかれている場合（破産手続開始決定前の保全処分等に対する即時抗告（破24条5項、25条7項、28条4項）、非訟手続一般（非訟72条1項））や、そのように解釈されている場合（破産手続開始決定など）がある。また、執行抗告および保全抗告の提起にも執行停止の効力は生じない（民

執10条6項、民保42条4項、27条1項）。いずれも裁判の内容について迅速な効力発生の要請が強いためであると考えられる。

　他方、通常抗告の提起には執行停止の効力は生じず（民訴334条1項参照）、上記のとおり即時抗告にも執行停止効がないものがあるが、これらについては、抗告裁判所または原裁判所（裁判長）は、抗告についての決定がされるまでの間、原裁判の執行停止を命ずることができる（民訴334条2項。同旨の規定として民執10条6項、民保42条1項、非訟72条1項ただし書）。

4　抗告審の審理

(1)　最初の抗告手続

ア　抗告手続の構造と別段の定め

　最初の抗告手続には、別段の規定がある場合および抗告の性質に反する場合を除き、控訴および控訴審の訴訟手続に関する規定が準用され（民訴331条、民訴規205条）、さらに第1審の訴訟手続に関する規定（ただし、簡易裁判所に関する特則を除く）が控訴審の訴訟手続に準用され、結局、第1審および控訴審手続に関する規定が抗告審に準用される。したがって、審判の対象・審理構造も、抗告審は事実審にして続審という構造を原則的に有することとなる。

　民事抗告および抗告審の訴訟手続に関する別段の定めとしては、即時抗告期間（民訴332条。1週間の不変期間）、抗告裁判所への事件送付（民訴規206条）、再度の考案（民訴333条）、抗告理由書提出強制（民訴規207条。抗告提起後14日以内）、任意的口頭弁論（民訴87条1項ただし書）、利害関係人の審尋（同法335条）などがある。

イ　相手方への通知の要否

　控訴状は、被控訴人に送達しなければならないが（民訴289条1項）、これは民事訴訟法331条により抗告手続に準用されるか。

　この点については、抗告手続に内在する簡易迅速性の要請を重視し、また、抗告状の送達には費用がかかり、抗告人の郵券を使用して送達をすることは許されないなどとして、裁判所は相手方に抗告状を送達することはできないという見解もあり得る。しかし、当該事案の内容や経過によっては、裁判所が抗告状を送付することなく、主張、立証の機会を与えずに、相手方に不利益な判断

をすることには問題があると思われる場合がある。

　抗告されたことを相手方に通知することなく、抗告裁判所が相手方に不利益な裁判をすることの適否が問題とされた最高裁判所の判例として、①最決平成20年5月8日判タ1273号125頁、②最決平成21年12月1日家月62巻3号48頁、③最決平成23年4月13日民集65巻3号1290頁がある。

　①は、婚姻費用分担に関する家事審判において、抗告裁判所が第1審決定よりも即時抗告の相手方に多額の支払を命じた事案についての特別抗告事件の決定であり、②は、遺産分割審判において、抗告裁判所が第1審決定よりも即時抗告の相手方に不利な内容の分割をした事案についての許可抗告事件の決定である。いずれも非訟事件に属する家事審判事件（平成23年法改正による廃止前の家事審判法旧9条1項乙類事件）である。最高裁判所は、①事件について、即時抗告の相手方が抗告状および抗告理由書の写しの送達を受けずに不利益な判断をしても憲法32条の裁判を受ける権利を侵害したことにはあたらないとして特別抗告を棄却したが、なお書きにおいて、そもそも上記相手方（抗告人）に不利益なものに変更するのであれば、家事審判手続の特質を損なわない範囲でできる限り抗告人にも攻撃防御の機会を与えるべきであり、少なくとも実務上一般に行われているように即時抗告の抗告状および抗告理由書の写しを抗告人に送付するという配慮が必要であったというべきである旨判示した。また、②事件については、即時抗告の相手方において即時抗告があったことをすでに知っていたことがうかがわれるうえ、抗告状に記載された抗告理由も抽象的なものにとどまり、即時抗告の相手方に攻撃防御の機会を与える必要とする事項は記載されていなかったという事情の下では、抗告状の副本の送達またはその写しの送付がなかったことによって即時抗告の相手方が攻撃防御の機会を逸し、その結果として十分な審理を尽くされなかったとまではいえず、抗告審の手続に裁判に影響を及ぼすことが明らかな法令違反があるとはいえないとして、特別抗告を棄却した。

　これに対し、③事件は、時間外勤務手当の支払を求める本案訴訟の第1審裁判所が、同手当の計算の基礎となる労働時間等の立証のために被告が所持する原告のタイムカードが必要であるとして原告が申し立てた文書提出命令の申立てを認めて発した同命令に対する即時抗告により、同命令を取り消して同命令

の申立てを却下した原決定に対し、同命令の申立人（即時抗告の相手方）が、抗告状等の写しを受けずに原決定がされたことが裁判を受ける権利の侵害等にあたるとして特別抗告をしたものである。最高裁判所は、本案訴訟において上記タイムカードは原告が労働に従事した事実および労働時間を証明するうえで極めて重要な書証であること、被告が上記タイムカードを所持しているとの事実の存否の判断は当事者の主張やその提出する証拠に依存するところが大きいこと、即時抗告申立書には被告が上記タイムカードを所持していることを認めた原決定に対する反論が具体的な理由を示して記載され、かつ、上記理由を裏付ける証拠として上記決定後にその写しが提出された書証が引用されていたこと、原告において被告が即時抗告をしたことを知っていた事実やそのことを知らなかったことにつき原告の責めに帰すべき事由があることはうかがわれないこと等の事情の下においては、原審が即時抗告申立書の写しを原告に送付するなどして原告に攻撃防御の機会を与えることのないまま原々決定を取り消し本件申立てを却下するという原告に不利益な判断をしたことは、明らかに民事訴訟における手続的正義の要求に反するというべきであり、その審理手続には裁量の範囲を逸脱した違法があるといわざるを得ないなどとして、原決定を破棄し事件を原審に差し戻した。この決定は、民事訴訟事件における付随的な決定に対する抗告に関するものである点、抗告がされたことを抗告の相手方に知らせずに相手方に不利益に変更した抗告審の決定を違法であるとして破棄した点において、上記①、②の各決定とは異なっている[6]。

　非訟事件および家事事件の領域では、上記①、②の決定の趣旨を汲む形で、法改正が行われ（平成23年法律第51号および同第52号。いずれも平成25年1月1日施行）、終局決定または審判に対する即時抗告があった場合には、①即時抗告が不適法であるときまたは②即時抗告に理由がないことが明らかなときを除き、相手方に抗告状の写しを送付しなければならない旨の規定がおかれた（非訟69条1項、家事88条1項）。そして、その後、民事訴訟規則（平成27年最高裁判所規則第6号による改正。平成28年1月1日施行）にも、再抗告以外の抗告があ

---

[6]　上記③の判例批評として、加藤新太郎「抗告審の審理における手続保障」判タ1375号（2012年）52頁、宇野聡「抗告状の写しの不送付等と抗告審における手続保障」ジュリ1440号（2012年）131頁などがある。

ったときは、①抗告が不適法であるとき、②抗告に理由がないと認めるとき、③または抗告状の写しを送付することが相当でないと認めるときを除き、相手方に抗告状の写しを送付する旨の上記と同様の定めがおかれた（民訴規207条の2。同項は民事執行規則15条の2により民事執行事件に、民事保全規則6条により民事保全事件に、それぞれ準用されると解される）。

以上のとおり、上記①～③の判例を受けて、実務上は、特に相手方に不利益な判断をするような場合は、相手方に抗告状の写しを送付する運用が定着してきているといえるし、上記各立法でそのことが明文化されたともいえよう。

(2) 審理の範囲

抗告裁判所の審理の範囲は、処分権主義の適用のある事件では、当事者の不服申立ての範囲にとどまる（民訴331条、296条1項）。また、抗告審が事実審であり、原審の続審であることから、原審記録に現れた事実や証拠は当然に抗告審に引き継がれるとともに、抗告審においても新たな事実主張や証拠を提出することができるほか、抗告審の裁判があるまで、抗告の基礎に変更がなく、抗告手続を著しく遅延させない限り、申立ての範囲を変更でき（同法331条、297条、143条）、新請求の提起が可能であるとされており（原裁判の前後いずれにおいて生じた事情に基づくものであるかは問わない）、相手方は附帯抗告をすることができる（同法331条、293条）。附帯抗告とは、抗告の相手方が抗告の裁判を自己に有利に変えるため、抗告人のした抗告手続に附帯してする申立てである。そして、処分権主義の適用のある事件では、不利益変更禁止の原則が適用される（民訴331条、304条）。

これに対し、処分権主義の適用のない事件では、抗告審の審理の範囲は、当事者の申立ての限度にとどまらず、相手方の附帯抗告の手続もない（非訟事件手続法73条2項および家事事件手続法93条3項は、民事訴訟法293条および296条を準用していない）。そして、処分権主義の適用のない事件では、不利益変更禁止の原則の適用はない（財産分与に関する最判平成2年7月20日民集44巻5号975頁）。なお、非訟事件手続法においては不利益変更禁止の原則に相当する規律は設けられなかった[7]。

7　田中・前掲書（注4）23頁参照。

Ⅱ　抗告の手続

(3)　**抗告の利益**

　明文にはないが、上訴一般に適法性の前提として上訴の利益が必要と解されているのと同様に、抗告についても抗告の利益が必要と解されている。抗告の利益は抗告の提起のときに必要であるが、手続の進行に伴い抗告の利益が失われることがある。例えば、受訴裁判所が文書提出命令の申立てを却下する決定をするとともに口頭弁論を終結した場合は、その後された上記却下決定に対する即時抗告は不適法であるし（最決平成13年4月26日判時1750号101頁）、控訴審における裁判官忌避の申立てについて、対象裁判官を含む合議体が簡易却下決定をしたうえで判決を言い渡した場合には、上記却下決定に対してされた抗告は不適法である（最決平成13年12月20日判例集未登載）。

(4)　**審理の方法**

　最初の抗告手続には、第1審および控訴審手続に関する規定が抗告審に準用される結果、抗告審の審理については、抗告裁判所の裁量により、任意的口頭弁論（民訴87条1項ただし書）または審尋（同法335条）、あるいは、書面審理（これにも、①原審記録および抗告審における抗告状、抗告理由書等のみにより審理し、相手方から意見を求めない場合と、②抗告状副本および抗告理由書等を送付する際に抗告状等に対する意見や反論を一定期間を定めて期間内に書面で提出するよう催告するなどして、相手方に意見を求める場合がある）によることになる。多くは書面審理の方法により判断されている。

　審尋とは、非公開で、裁判所が書面または口頭で、方式を定めずに陳述の機会を与えるもの（民訴87条2項、187条、335条）であり、任意的なものと必要的なものがある（後者の例として、民訴199条1項、223条2項（第三者に対する文書提出命令における第三者審尋）、民保29条（保全異議）などがある）[8]。

　この点、非訟事件手続法および家事事件手続法には、抗告裁判所は、相手方の陳述を聴かなければ、原審の決定または審判を取り消すことができない旨の定めがおかれた（非訟70条、家事89条1項）。上記以外の手続においても、相手方がある事件で、相手方に不利益に判断する場合には、その陳述を聴くという

8　実質上、審尋と類似の性格を有するものに「審問」がある。これは、非訟事件手続における事実の調査や証拠調べ等のための非公開期日における手続を意味するものと解される（非訟49条1項、借地借家51条等）。

27 抗告審の審理

手続上の配慮が必要であると考えられる。

　相手方に不利益な判断をするわけではない場合にどの程度の手続上の配慮をすべきかについては、事案によって異なり、一律には決まらないと思われる。この点、家事事件手続法には、家事事件の別表第二事件については、原審の審判を取り消すかどうかにかかわらず、即時抗告が不適法であるとき、または即時抗告に理由がないことが明らかなときを除き、相手方の陳述を聴かなければならない旨の規定がおかれた（家事89条2項。なお、非訟事件手続法においては、抗告の対象となる決定に種々の性質のものがあることに鑑み、同旨の規定はおかれなかった）。しかし、上記のような規定のない手続において、原審の裁判を取り消すことが決まっていない場合に、相手方の陳述を聴く手続を実施するかどうか、実施するとして口頭弁論か審尋（口頭か書面か）かについては、裁判所が事案に応じて（民事訴訟事件における付随的な手続においては、その重要性には濃淡があり、一律に非訟事件手続および家事事件手続における抗告審の取扱いに倣う必要はないと考えられる）、手続保障の要請と手続の効率的、迅速処理の要請との調整を図りつつ、最適な手続を選択すべきである[9]。

(5) 抗告審の裁判

ア　抗告審の決定

　抗告審の裁判は決定でされる。決定には、判決に関する規定が準用されるので（民訴122条）、主文、事実、理由、当事者、法定代理人、裁判所の記載が必要である（同法253条）。非訟事件手続法、家事事件手続法の規定による抗告については、抗告裁判所の裁判には理由の要旨を付することが求められている（非訟73条1項、57条2項、家事93条1項、76条2項）。民事保全手続上の抗告については、抗告裁判所の裁判には理由の要旨の記載で足りる場合（民保規9条2項6号）、調書決定の方式によることができる場合（同規則10条1項）があり、さらに決定書に記載する理由には、主張書面を引用することができる場合もある（同規則9条4項）。

9　田中・前掲書（注4）17頁、加藤・前掲判批（注6）58頁、宇野・前掲判批（注6）132頁のほか、林道晴「決定手続における対審審理における手続保障」新堂幸司監修『実務民事訴訟講座［第3期］第3巻民事訴訟の審理・裁判』（日本評論社、2013年）224頁が参考になる。

抗告審の決定の記載様式として、原決定（命令）の事実および理由の記載を引用することができる（民訴規205条、184条）。実務における事実および理由の記載は、原審の裁判書を引用し、抗告審における主張について判断を加える様式の決定が多数である。

抗告に対する決定書で相手方を表示するかどうかについては、実務の取扱いは一定していないが、相手方に対して不利益な裁判をする場合には、再抗告や許可抗告をする関係もあり、決定書を送達しなければならないので、決定書にも相手方の氏名を記載するのが相当である[10]。他方、上記の場合以外に、決定書に相手方を表示するかどうかや、相手方に対して決定を告知するかどうかについては、裁判所が上記(1)、(4)と同様の観点から、最適な手続の選択をすべきものといえる。

なお、抗告費用については、その抗告審の決定をもって事件が完結する場合には、職権で負担の裁判をしなければならない（民訴67条）。したがって、原裁判が本案事件とは別個独立の手続である強制執行手続や仮差押・仮処分手続に関するものである場合などには、抗告費用の裁判を要する。これに対し、移送や忌避の裁判のように、原裁判が基本事件に付随する手続に関する場合には、実務の取扱いは必ずしも一致していない。終局裁判の総費用の一部となる抗告費用の負担の裁判をする必要がないと考えられる一方で、基本事件と付随事件とで勝敗が異なる場合も想定されるため、衡平の観点から抗告費用の負担の裁判をすべきであるという考え方もある[11]。

イ　抗告の裁判の種類

抗告の裁判としては、次のものがある。

①　抗告状却下命令（民訴331条、288条、286条2項、137条）

②　抗告却下決定

　　抗告が適法要件を欠くと認めるときは、決定で抗告を却下する。

③　抗告棄却決定

　　抗告が適法であるが理由がないときは、抗告棄却の決定をしなければならない（民訴331条、362条）。原裁判を相当と認めるときは、原裁判所と理

10　秋山幹男ほか『コンメンタール民事訴訟法Ⅵ』（日本評論社、2014）408頁。

11　小池一利「民事抗告審の実務と考察」判タ1274号（2008年）28頁参照。

由を異にする場合を含む（同法302条 2 項）。

④　抗告に理由があるとき

ⓐ　抗告を理由ありとするときは、原裁判を取り消さなければならない（民訴331条、305条）。例えば、証人に対する過料の決定に対する抗告事件においては、原決定を取り消すだけで足りる。

ⓑ　原裁判を取り消すだけでなくさらに裁判を必要とする場合には、自判するか、原裁判所に差し戻さなければならない（民訴331条、308条 1 項）。自判するか差戻しをするかは、裁判所が、争いの早期決着を見据え、事案に応じて、さらに審理を要するかどうか、決定後の執行に配慮するなどしつつ、裁量により定めることになろう。ただし、申立てを不適法として却下した原裁判を取り消す場合（民訴331条、307条）や、違式の裁判であることを理由に原裁判を取り消す場合（同法308条 2 項）は、差戻しをする必要がある。

差戻しを受けた原裁判所（原裁判に関与した裁判官は差戻し後の裁判には関与することはできない）は、抗告審のした判断に拘束される（裁 4条）。ここでいう判断とは、原裁判取消しの理由となった事実上および法律上の判断をいうと解される。

Ⅲ　各種の抗告事件の処理上の問題

以下、分野ごとに、抗告事件の処理にあたって特に留意すべきと思われる点を、思いつくまま述べることとする。

1　民事訴訟事件

(1)　管轄・移送決定に対する抗告事件

管轄の有無・移送の要否は、提訴から間もない時期に問題となることが多く、当事者の裁判を受ける権利、訴訟遂行の負担という当事者の利害に大きな影響を与えるため、この点に関する裁判は、適正かつ迅速に行う必要がある。なお、裁判手続のデジタル化は、遠隔地にいる当事者等の訴訟関与を容易にするため、管轄・移送に関する判断に影響を与える可能性があることに留意する

必要がある[12]。

(2) 訴状却下命令に対する抗告事件

抗告審で審理していて、原裁判所において、濫訴訟ではないかと考えたのであろうか、補正命令をしたうえで民事訴訟法137条1項の要件を十分吟味せずに、訴状を却下した事案がいくつかみられた。しかし、同項の要件は慎重に審査することが必要であって、安易に訴状却下命令をすることは厳に慎まなければならない。

(3) 除斥・忌避に関する抗告事件

除斥・忌避に関する抗告は、そのほとんどは理由がなく、もっぱら手続の引き延ばしや裁判官等に対する牽制に利用されている実情にあり、迅速な処理が求められる。民事訴訟手続においても、刑事訴訟法24条のような明文の規定はないものの、忌避権の濫用にあたるという場合は、当該裁判体が申立てを却下するという簡易却下の手続が実務に定着していると思われる。なお、最決平成27年12月17日裁判集民251号121頁（許可抗告実情791【2】）で、小池裕判事は補足意見で「手続の適正な進行を著しく妨げる場合には、制度や手続の趣旨に反する濫用行為に当たるものとして、申立て等の効力を否定すべき場合もあるというべきである」と述べており、申立ての効力自体を否定することの可能性について言及している。

なお、裁判手続のデジタル化に伴って生じる可能性のある濫用的な忌避申立て等にいかに対処していくかは今後の課題である。

(4) 文書提出命令に対する抗告事件

充実した審理を実現し、実体的真実解明を図るには、必要な証拠が本案訴訟に速やかに提出されることが重要である。相手方や第三者の手持ち証拠の提出の可否が訴訟の帰すうを決することがある。これらのことに照らすと、文書提出命令の申立てに係る決定は、重要なものであり、関係人の手続保障を充実させ、不服申立手段として実効あらしめる必要がある（前出（Ⅱ4(1)イ）の最決平成23年4月13日参照）。他方で、近時、付随問題であるはずの文書提出命令の判断に長期間を要し、本案の解決が遅延しているとの指摘もあり、迅速性の要請

12　福田剛久『民事訴訟のIT化』（法曹会、2019年）222頁以下参照。

をも満たす必要がある。抗告審として、これらのことを踏まえて、適切な運用を図ることになろう。

抗告にあたっては、次の諸点に留意すべきである。

抗告権者について、本案訴訟の当事者は、文書の提出を命じられた所持者および申立てを却下された申立人にあたらない限り、抗告の利益が認められず、即時抗告はできない（最決平成12年12月14日判時1737号34頁（許可抗告実情36【15】））。

申立時期について、「抗告の利益」のところ（前記Ⅱ4(3)）でも触れたが、受訴裁判所が、文書提出命令の申立てを却下する決定をしたうえで即時抗告前に口頭弁論を終結した場合には、申立てに係る文書につき当該審級で証拠調べをする余地がないから、この却下決定に対し口頭弁論終結後にされた即時抗告は不適法である（最決平成13年4月26日判時1750号101頁（許可抗告実情77【21】））。

証拠の採否は裁判所の専権に属する（民訴181条1項）。したがって、証拠調べの必要性を欠くことを理由として文書提出命令の申立てを却下する決定に対しては、必要性があることを理由として独立に不服の申立てをすることができず、不適法である（最決平成12年3月10日判時1708号115頁（許可抗告実情30【8】）。インカメラ手続を実施したか否かを問わない（最決平成17年7月1日判例集未登載（許可抗告実情228【7】））。また、文書提出命令に対し証拠調べの必要性がないことを理由として即時抗告をすることも同様に許されない（前掲最決平成12年3月10日等）。

2　民事執行事件

(1)　執行抗告、執行異議

民事執行手続が実効性をもつためには、執行手続が手続に係る法令に適合し、かつ、実体上の権利関係に合致していることが前提である。

前者に反する場合（違法執行）に対しては、簡易迅速に是正・救済し、他方で、不適法または理由のない不服申立てを速やかに排斥して手続を進行させるために、執行手続内の不服申立てとして、抗告、異議の一種である（いわば変形ともいえる）執行抗告（民執10条）、執行異議（同法11条）が設けられている。なお、実体法上の権利確定手続を経ずに開始される担保権の実行をめぐる執行

Ⅲ　各種の抗告事件の処理上の問題

抗告、執行異議では、手続の違法のほかに、担保権の不存在または消滅という実体法上の理由も主張することができる（同法182条）。

執行抗告は、特別の定めがある場合に限り認められる（民執10条）[13]。

これは、執行手続の迅速性、実効性を維持しつつ、関係者に重大な影響を及ぼす裁判については、抗告裁判所の審判の機会を与えるためである。提起期間は、裁判の告知を受けた日から1週間の不変期間である（民執10条2項）。抗告提起期間の始期は、抗告人が原裁判の告知を受けるべき者であるか否かによって異なる（民執規2条、5条、54条、80条、96条3項等参照）。

(2)　実務上頻出する執行抗告

実務上たびたび出くわす、不動産執行における引渡命令に対する執行抗告と、債権執行等における差押禁止債権の範囲変更の申立てについての裁判に対する執行抗告について、若干触れる。

ア　不動産執行における引渡命令に対する執行抗告

引渡命令については、不動産の占有者につき事件の記録上買受人に対抗することができる権原により占有していると認められる者でないことが執行抗告の要件の一つとされており、この占有権原に関し、事実誤認の主張がされることが多いが、基本事件である競売事件における固有の手続的瑕疵に関する不服（例えば、売却不許可事由の存在等の主張）は、執行抗告の理由とはならない。

引渡命令に対する執行抗告は、執行妨害の目的で濫用的にされることが比較的多いと感じた。このような濫用目的の執行抗告事件の審理にあたっては、速やかに排斥して執行手続の迅速性を図り、是正、救済すべき場合を見逃さないことが肝要である。

イ　差押禁止債権の範囲変更の申立てについての裁判に対する執行抗告

近時の経済状況の厳しさを反映してか、差押禁止債権の範囲変更の申立てが増えているという印象をもっていた。この申立てには、①債務者による差押命令の全部または一部の取消しの申立てと②債権者による差押命令の差押禁止部分の範囲の減縮の申立てがあるが、いずれについても、債務者および債権者の生活状況その他の事情を考慮して判断されることになる（民執153条1項）。「債

13　裁判所書記官研修所・前掲書（注2）353頁、354頁には、執行抗告の対象となる裁判の一覧表がある。

務者の生活の状況」については、「現在の一般的な生活水準に比較して、債務者が差押えによって著しい支障を生じない程度の生活水準を確保し得るか否か」がメルクマールとなると解されている。債務者が当該債務のほかに債務を負っている事情については、直ちに斟酌すべき事情になるとはいえないと解される。「債権者の生活の状況その他の事情」としては、債権者の収入、資産、生活状態等のほか、請求債権の種類や額（扶養義務等に係る債権、不法行為に基づく損害賠償請求権の場合は特に問題となる）等が検討対象となろう。以上の考慮要素からして明らかなように、抗告審としても、抗告人側、相手方側双方の事情を総合考慮しての微妙な判断を迫られることが多いため、抗告の相手方に抗告状、抗告理由書謄本等を送達し、相当期間を定めて答弁書の提出を促すケースが多いように思われる（もっとも、上記①のケースでは、濫用的な申立てと思われるものも散見され、そのような場合は、迅速、厳正に対応することが求められよう）。なお、上記①の申立てを認容する裁判は、確定しなければその効力を生じないとされているが（民執12条2項）、却下、棄却する裁判に対する執行抗告には、執行停止の効力がなく、別途、執行停止を命ずる決定が必要である（同法10条6項）。執行停止を命ずる決定に対しては、不服申立てはできない（同条9項）。

3　民事保全事件

　民事保全事件に関する不服申立方法としての抗告には、即時抗告と保全抗告とがある。

(1)　即時抗告

　即時抗告は、保全命令の申立てを却下する裁判（理由のない保全命令の申立て等）に対する不服申立方法であり、抗告人は債権者である。

　申立期間は、複雑困難な事案における準備の必要性を考慮し、民事訴訟法332条の即時抗告期間である1週間より長く、決定の告知を受けた日から2週間の不変期間としている（民保19条1項）。

　審理の対象は原決定の当否ではなく、保全命令の申立ての内容そのものである。

　民事保全法23条4項（必要的債務者審尋）の規定の適用については、①実質

III 各種の抗告事件の処理上の問題

的手続保障の見地から審級ごとに適用されるという考え方と、②原審・抗告審を通じて考えるべきであり、すでに原審で債務者審尋を行っておれば、抗告審はこれを経ずに（仮の地位を定める）仮処分命令を発することができるという考え方があるが、②の考え方をとるとしても、債務者に不意打ちとならない配慮が必要であろう。

(2)　保全抗告

保全抗告は、保全命令発令後の保全異議の申立てについての決定（民保32条1項）等に対する不服申立方法である（同法41条1項）。保全抗告には、当然には執行停止の効力が認められないほか（同条4項、27条）、再度の考案も認められない（同法41条2項）。前者が当然には認められないのは、もともと暫定的な裁判でしかない保全手続において、しかも、すでに保全異議等の審理において双方審尋を経ているのであり（同法29条、40条1項）、保全抗告に伴い、当然に保全執行が停止されたりするのは妥当ではないと考えられる一方、保全異議等の申立てに伴う執行停止に際して想定されなかったような事情や原決定に明らかな法解釈の誤りがあるような場合が、保全抗告の提起に際して絶対に生じないとは限らないからと考えられる。後者が認められないのは、保全異議の申立てに関する決定は、民事訴訟法上の決定と異なり、上記のとおりある程度対審構造の充実が図られているので、原裁判所に安易な更正を認める必要がなく、かえって保全命令手続の迅速な完結を図る必要があるからと考えられる。

保全抗告状には、事件の表示、当事者の住所および名称のほか、抗告の趣旨（原決定の取消しを求める旨およびその範囲）および理由を記載しなければならず、抗告の理由は、原決定の取消し・変更を求める事由を具体的に記載し、かつ、立証を要する事項ごとに証拠を記載しなければならない（民保規39条、24条）。これらの記載がない場合、抗告を不適法として却下することはできないが、迅速な処理のためにも、抗告人に対し規則の趣旨に従った書面の追完を促すべきであろう[14]。

保全抗告の審理も任意的口頭弁論によるが（民保3条）、口頭弁論または債務者が立ち会うことができる審尋の期日を経なければ、保全抗告について決定

14　裁判所書記官研修所・前掲書（注2）357頁。

することができない（同法41条4項、29条）。審理を終結するには相当の猶予期間をおいて、審理を終結する日を決定しなければならない（同法41条、31条）が、口頭弁論または債務者が立ち会うことができる審尋の期日においては、直ちに審理を終結する旨を宣言することができ（同法41条4項、31条）、実務上は後者の方法によることが多い。

保全決定に係る主文については、さまざまなバリエーションがあり、注意すべきである[15]。

なお、仮の地位を定める（商事）仮処分命令申立て→同命令発令→保全異議申立て→同却下→保全抗告申立て→抗告認容→許可抗告申立て→許可抗告棄却の経過をたどった最近の事例として、最決令和3年12月14日資料版商事法務454号101頁がある。

4 倒産事件

(1) 倒産手続に係る抗告審

倒産手続に係る裁判につき利害関係を有する者は、倒産法に特別の定めがある場合に限り、その裁判に対し、即時抗告をすることができる（破9条、民再9条、会更9条）[16]。したがって、例えば、移送決定（破7条、民再7条、会更7条）については、特別の定めがないので、民事訴訟法における移送決定と異なり、即時抗告は許されない。

倒産事件においては、自己破産における破産手続開始決定など、申立人らからの主張、立証のみによって裁判がされ、利害関係者からこれに対する即時抗告がされることにより初めて問題が顕在化することも多いため、原審裁判所における再度の考案（民訴333条）の余地は、通常訴訟における即時抗告の場合に比べて大きい。また、倒産事件の決定は、定型文言でされることが多いから、原審裁判所としては、即時抗告に理由がないと判断したとしても、意見書において、単に「抗告には理由がないものと思料する」といった記載で済ませるの

---

15 八木一洋ほか編『民事保全の実務(下)〔第3版増補版〕』（金融財政事情研究会、2015年）141頁参照。

16 裁判所書記官研修所・前掲書（注2）360頁、361頁には、破産事件、民事再生事件について即時抗告の対象となる裁判の一覧がある。

Ⅲ　各種の抗告事件の処理上の問題

ではなく、決定に至った理由、即時抗告の理由を踏まえた意見など、抗告審での審理に資するような具体的な記載をすることが望ましい場合が多い。

(2)　免責許可（不許可）決定に対する即時抗告

破産事件に係る抗告事件の中で、実務上数が圧倒的に多い免責許可（不許可）決定に対する即時抗告について一言する。

ア　免責許可決定に対する即時抗告

免責許可決定には定型文言が用いられていることが多く、その場合には、決定書に理由の詳細までは記載されていない。

そこで、不服申立てをする債権者としては、破産管財人が選任されている事件では、破産裁判所が、破産管財人が作成した免責に関する意見書の内容、あるいは、破産手続開始決定があったとき以後にされた債権者からの意見申述（破252条1項）に対する申立代理人作成の反論書の内容等を踏まえて免責許可の判断をしていると考えられるから、これらを参照したうえで、抗告状に、的確な疎明資料に基づく具体的な抗告の理由を記載することが望まれる。特に、この記載にあたっては、破産法252条1項各号のどの免責不許可事由が存在するのか、各号の条文解釈に十分留意して具体的に指摘することを心がけ、また、免責不許可事由があっても裁量免責が相当である場合には免責が許可されるから、裁量免責も相当でないといえる事情（免責不許可事由に該当する行為の内容・程度、支払不能になった原因・経過、破産手続における破産者の態度、破産手続開始後の破産者の状況、今後の生活設計等、さまざまな要素を考慮することになろう）を明らかにすべきである。

イ　免責不許可決定に対する即時抗告

これについても、不服申立てをする債務者としては、破産管財人の免責に関する意見が裁判所の結論と同一である場合もそうでない場合も、同意見を、債権者による免責意見の申述がされている事案では当該意見を、必ず参照して、抗告の理由を検討することになる。

また、免責不許可事由の存在自体を争うのか、免責不許可事由が存在するとしても裁量免責が相当であると主張するのかを、具体的に明らかにして抗告の理由を記載すべきである。

617

ウ　その他

　免責許可（不許可）決定に関する抗告審における審理は、通常口頭弁論を開かずに審理が行われ、必要があれば職権で調査することもできる（破8条）。裁量免責の相当性を審理するため、破産者の抗告審係属後の生活状況、態度等の疎明資料を求めることもあろう。

　抗告審で、棄却するにしろ、原決定を取り消して自判するにしろ、告知によって直ちに免責許可（不許可）の決定が確定する。

5　会社非訟事件

(1)　会社非訟事件とは

　会社非訟事件とは、会社法の規定による非訟事件をいい（会社非訟規1）、会社法第7編第3章「非訟」に規定が設けられているほか、非訟事件手続法第2編の規定が適用される（会社875条参照）。会社非訟事件を事件類型別にみると、会社の機関（清算人、検査役等）等の選任を求める選任型非訟事件、裁判所の許可を求める（株主総会招集許可、取締役会議事録閲覧・謄写許可等）許可型非訟事件、株価決定（株式売買価格決定、株式買取価格決定、株式取得価格決定等）に係る非訟事件等に大別することができる。

(2)　終局決定に対する即時抗告

　会社非訟事件については、会社法872条が即時抗告のできる裁判と即時抗告権者を定め、同法874条が不服申立ての認められない裁判を定めている。会社非訟事件のうち会社法872条および874条に定められていない裁判については、非訟事件手続法66条によることとなる。そして、同条は、終局決定により権利または法律上保護される利益を害された者は、その決定に対し、即時抗告をすることができる旨定めるとともに、申立てを却下した終局決定に対しては、申立人に限り、即時抗告をすることができる旨定め、同法79条は、終局決定以外の裁判については、特別の定めがある場合に限り、即時抗告をすることができる旨定めている。

　会社非訟事件の終局決定に対する即時抗告は、2週間の不変期間内にしなければならない（非訟67条、68条1項）。

　会社非訟事件については、会社法873条により、同法872条の即時抗告は、同

法870条 1 項 1 号から 4 号までおよび 8 号に掲げる裁判を除き、執行停止の効力を有する旨定められている（非訟72条 1 項、民訴334条 1 項参照）。

(3) その他

　会社非訟事件については、会社法および非訟事件手続法等に詳細な規定はあるものの、会社を取り巻く法律関係が複雑化、多様化する中、各法令の解釈を示す判例の動向にも関心をもつ必要があるとの指摘があり[17]、同感である。

Ⅳ　おわりに

　近時、民事訴訟手続とともに、民事訴訟以外の各種の民事裁判手続（民事非訟・家事等手続）のデジタル化に向けての法改正の議論が加速度的に進められている[18]。オンライン申立て、事件記録や裁判書・調書等の電子化、ウェブ会議または電話会議の利用等が議論の中心となっており、これらの議論を経て、法改正により、これらの手続も大きく変わっていくものと思われる。しかし、このような大きなうねり、変化の中にあっても、「はじめに」で述べたように、これらの手続にかかわる抗告審の審理においては、デジタル化によるさまざまなメリットをうまく活かしつつも、効率的・迅速な処理の要請と当事者の手続保障の要請をうまく調和させ、最適の手続を選択して、事案の解明を図り、適正・迅速な裁判を目指すという姿勢を持ち続けて臨むのが肝要と考える。

17　田中・前掲書（注 4 ）430頁。

18　民事訴訟手続以外の各種の民事裁判手続のデジタル化についての最近の論考として、青木哲「民事執行・民事保全・倒産に関する手続の IT 化」ジュリ1590号（2023年）67〜71頁、杉山悦子「非訟事件・民事調停・労働審判・人事訴訟・家事事件等に関する手続の IT 化」同72〜77頁などがある。

28 許可抗告制度の運用

土 井 文 美
大阪地方裁判所部総括判事

I　はじめに

　許可抗告とは、高等裁判所の決定・命令に対し、その高等裁判所が判例違反などの法令の解釈に関する重要な事項を含むと認めて申立てを許可した場合に最高裁判所に対してすることができる不服申立制度である（民訴337条）。

　許可抗告制度は、平成 8 年の民事訴訟法改正（平成 8 年法律第109号）において新たに導入され、平成10年 1 月 1 日から施行された（家事審判事件や非訟事件については、以前は明文の定めがなかったが、家事事件手続法や非訟事件手続法においても明文で特別抗告と許可抗告が定められた（家事94条、97条、非訟75条、77条））。

　改正前の民事訴訟法の下では、最高裁判所に対する決定や命令に対する抗告としては、憲法違反を理由とする特別抗告以外認められていなかった。しかし、決定や命令であっても、法解釈の統一が求められる事件が増え、重要な法律問題についての高等裁判所段階での判断が分かれるという状況が生じており、それにもかかわらず違憲を理由とする場合にしか最高裁判所の判断を求められないこととしたのでは不合理であることから、判断の対象を高等裁判所が許可したものに限ることとして最高裁判所に対する負担が過重にならないよう配慮をしつつ、上記の要請に応えようとしたものである[1]。

　このような許可抗告制度により、制度が施行された平成10年 1 月 1 日以降、

最高裁判所においては、高等裁判所の決定や命令に対し、さまざまな法令の解釈に関する重要な事項についての判断が示され、現在までにされた許可抗告事件における決定は、平成29年度までの20年間で約900件に及び、このうち民事判例集（民集）や裁判集民事（裁判集民）に登載されたものは150件（民集98件、裁判集民52件）[2]、令和5年度までには約185件にまで及んでいる。

　他方、許可抗告制度は、最高裁判所がその判断する対象を法令の解釈に関する重要な事項に限定することにより法解釈の実現と最高裁判所の負担とのバランスを図ったものであるという点において上告受理制度と共通するが、抗告を許可するかどうかの判断を当該決定や命令をした高等裁判所が自ら行うこととしている点に上告受理制度とは異なる特徴を有している（かつ、許可決定に対する許可抗告も許されない（後記Ⅱ1(3)）。

　このような許可抗告制度特有の問題点については、Ⅲで詳述するが、まず、その前提として、高等裁判所が許否の判断をすることとなった趣旨や、最高裁判所において許可された事件がどのように処理されるのかの理解も必要であると思われるため、Ⅱで許可抗告制度の趣旨や内容を概観しておきたい。

Ⅱ　手続概要

1　許可抗告の対象となる裁判

　抗告許可申立ては、高等裁判所の決定や命令であり、次のものは対象にならない（民訴377条1項）。なお、許可抗告の対象とならない高等裁判所の決定、命令についても、特別抗告（同法376条）は認められる。

(1)　簡易裁判所や地方裁判所の決定

　簡易裁判所や地方裁判所の決定は、通常認められている不服申立てによればよいと考えられることから、許可抗告の対象から外された。なお、そもそも通

1　法務省民事局参事官室『一問一答新民事訴訟法』（商事法務研究会、1996年。以下「一問一答」という）374頁。
2　判例時報編集部編『許可抗告事件の実情——平成10〜29年度——』（判例時報社、2019年。以下「実情〔平成10〜29年度〕」という）Ⅷ頁（ただし一つの決定で複数の同種事件の判断をした場合は1件として計算した場合の数）。

常の不服申立て手続が認められていないものについては、許可抗告も認められない（(4)参照）。

(2)　再抗告（民訴330条）

抗告裁判所の決定に対しては、その決定に憲法の解釈の誤りがあることその他憲法の違反があること、または決定に影響を及ぼすことが明らかな法令の違反があることを理由とするときに限り、さらに抗告をすることができる（民訴330条）。すでに、簡易裁判所、地方裁判所、高等裁判所と判断がされている判断について、重ねてさらに最高裁判所の判断を認める必要はないからである[3]。

(3)　抗告許可申立てについての裁判（民訴337条2項）

高等裁判所のした抗告許可申立てに対する許可不許可の判断については、許可抗告を申し立てることができない（民訴337条1項）。

その趣旨は、抗告の許否の判断に対する不服申立てを認めて抗告の許否の相当性につき最高裁判所が判断することになると、許可の申立てが無限に繰り返されることになるおそれがあり妥当ではないこと、最高裁判所に対する抗告を高等裁判所が許可した場合には、許可の当否について独立の不服申立てを認めるまでの必要はなく、最高裁判所における抗告審において原裁判そのものの当否を争う機会を与えることとすれば十分であると考えられたからとされる[4]。

もっとも、このような定めの帰結として、抗告の許可不許可の判断に対しては、違憲を理由とする特別抗告（民訴336条）以外は許されないこととなり（実例として最決平成10年7月13日裁判集民189号111頁等）、許可や不許可の判断の相当性を理由とする不服申立てができないということとなる（Ⅲ参照）。

(4)　その裁判が地方裁判所の裁判であるとした場合に抗告をすることができないもの（民訴337条1項ただし書）

これは、高等裁判所の決定および命令が、仮に地方裁判所の裁判であるとした場合に抗告の対象とならないような決定または命令であるときは、当該裁判がたまたま高等裁判所においてされたというだけで不服申立てを認めるのは制度の趣旨と矛盾することになるから許可抗告の対象としないこととされたものである[5]。

3　一問一答376頁。
4　一問一答376頁。

例えば、除斥または忌避を理由があるとする決定（民訴25条4項）、執行停止決定（同法403条2項）、証拠保全の決定（同法238条）等はこれにあたる。また、証拠調べの必要性を欠くことを理由とする文書提出命令申立て却下決定に対する許可抗告（最決平成12年3月10日民集54巻3号1073頁）、人身保護法による釈放の請求を却下または棄却した決定に対する許可抗告（最決平成22年8月4日裁判集民234号379頁）についても、地方裁判所の決定に対する不服申立ての規定がおかれていないことから、高等裁判所の決定も許可抗告の対象とならない。他方、高等裁判所のした保全抗告についての決定は、民事訴訟法337条1項ただし書の趣旨からこれにあたらず、許可抗告の対象から除外されない（最決平成11年3月12日民集53巻3号505頁）。

2　抗告許可申立て手続の流れ

(1)　申立て

許可抗告を最高裁判所に対して行うためには、まず、裁判の告知を受けた日から5日の不変期間内に（民訴337条6項、336条2項）、抗告を許可することを求める旨の抗告許可の申立てを、その高等裁判所に対してする必要がある（同法337条1項）。

(2)　許可の判断をする高等裁判所

許可の判断をする高等裁判所とは、条文上は「その高等裁判所」とあるところ、これは、いわゆる国法上の高等裁判所であり、必ずしも当該部とか当該裁判体ではないと解されるが、これは事務分配の問題であって、受訴裁判所が行うこともできる[6]。むしろ、実務上は当該事案を承知している当該裁判体で行われているのが通常である[7]。なお、許可不許可の判断を高等裁判所が行うことが違憲であるとして申し立てられた特別抗告事件（前掲最決平成10年7月13日）の決定では、「審級制度の問題」であり、憲法81条の規定を除き立法に委ねられるから違憲ではないとされている。

5　一問一答377頁。

6　竹下守夫ほか「〈研究会〉新民事訴訟法をめぐって（第25回）」ジュリ1143号（1998年）117頁〔柳田幸三発言〕。

7　北川弘治「許可抗告制度による法令解釈の統一」判例評論571号（2006年）2頁（判時1934号171頁）、竹下ほか・前掲座談会（注6）117頁〔柳田幸三発言〕。

(3) 裁判長による申立書の審査

抗告許可申立ては、上告についての規定が準用されているので（民訴337条 6 項）、申立ては書面で行う必要があり（記載事項は、同法313条、286条 2 項）、高等裁判所の裁判長は申立書の審査を行う（同法313条、288条、289条）。

(4) 抗告許可申立通知

裁判所は、申立書に問題がないときは申立人に抗告許可申立通知書を送達し、相手方に抗告許可申立書および通知書を送達する（民訴規189条 1 項・2 項）。

(5) 抗告許可申立理由書の提出

申立人は、抗告許可申立書に理由の記載をしていない場合は、抗告許可申立書の送達を受けた日から14日以内に、原裁判所に抗告許可申立理由書を提出しなければならない（民訴337条 6 項、315条 1 項、民訴規210条 1 項・2 項）。

抗告許可申立理由書には、原裁判に判例違反その他法令の解釈に関する重要な事項を含むことを具体的に示さなければならない（民訴337条 6 項、315条 1 項、民訴規209条、192条、193条）。

抗告許可申立書または提出期間内に提出された抗告許可申立理由書の記載が民事訴訟規則の定める方式に違反することが明らかなときは、高等裁判所は相当の期間を定め、その期間内に不備を補正することを命じなければならず、その期間内に不備の補正がされない場合には、抗告は「不許可」となる[8]。

3 高等裁判所での抗告許可申立てに対する許可決定または不許可決定

(1) 許可の基準

抗告許可申立てが適法な場合でも、高等裁判所はすべての抗告を許可するのではなく、当該決定または命令について、「判例違反その他法令の解釈に関す

---

8 申立てが不適法な場合は、高等裁判所は抗告許可申立てを却下すべきとする見解もあり、実際そのような例もある（最決平成11年 3 月12日民集53巻 3 号505頁は許可抗告を却下した原決定に対し特別抗告がされたもの）。しかし、許可抗告の場合、抗告許可申立てが不適法である場合も申立て理由に重要な事項が含まれていない場合と同様、抗告不許可決定をするのが実務の多数と思われる（上記最決についての調査官解説（高部眞規子「判解」最判解民〔平成11年度〕245頁）と同旨）。

る重要な事項を含む」と認められる場合にのみ、決定で抗告を許可すべきことになる（後記Ⅲ参照）。

　他方、高等裁判所は、抗告許可申立ての理由が上記の事由によるものではない場合は、抗告を「不許可」とすべきである。原裁判に憲法の違反があることを理由とした抗告許可申立てをすることはできない（民訴337条3項）ので、その場合も抗告を不許可とすべきである（このような場合は特別抗告が可能であるので許可抗告の対象から外されたものである）。

(2)　理由の排除

　高等裁判所は、抗告許可申立書の理由中に複数の理由があり、そのうち、重要でないと認めるものがある場合はこれらを排除することができ、排除したときは許可決定において排除したものを明らかにする（なお、その趣旨からすれば、法令の解釈に関する重要な事項でない理由はむしろ排除すべきであろう）[9]。

(3)　最高裁判所への送付

　高等裁判所が抗告を許可した場合には、高等裁判所は事件を最高裁判所に送付する。

4　最高裁判所での手続

(1)　高等裁判所による許可後の審理

　許可抗告は、高等裁判所によって抗告許可がされて初めて最高裁判所に送付される。

　抗告許可がされると最高裁判所への抗告があったものとみなされ、高等裁判所において抗告の許可に際して重要でないと認めて排除したもの以外のものが抗告理由とみなされる（民訴337条4項）。すなわち、抗告許可がされると、最高裁判所は許可抗告事件について、「応答義務」が生ずることになる。

　許可後の手続は特別抗告に関する規定が準用されているため（民訴337条6

9　小林宏司「許可抗告制度とその運用について」実情〔平成10～29年度〕Ⅹ頁によれば、高等裁判所は、当事者が多岐にわたる主張をしている場合においても、抗告許可申立理由のうち、特定の主張についてのみ法令解釈の重要事項を含むと判断した場合は、許可の決定中において重要でない部分の排除決定を併せて行うのが適切である。そのような事案において高等裁判所が単に抗告を許可するとだけ決定した場合、最高裁判所としては、当該多数の主張のうち高等裁判所がどれを重要な事項を含むと判断したのかが判然としないことになりかねないからであるとされている。

625

項、336条3項）、その後の審理は、特別抗告と同様基本的には書面審理であり、結論にかかわらず口頭弁論は必要的ではないが、裁量で開かれることもある。最高裁判所は、職権調査事項を除き、高等裁判所で排除された理由以外の理由についてのみ調査義務を負う（民訴337条6項、336条3項、318条3項・4項、327条2項、320条）。事実関係については原審の適法に確定した事実に拘束される（同法337条6項、336条3項、327条2項、321条1項）。

(2) 許可抗告に対する裁判の種類

上記(1)のようにして許可された許可抗告事件に対し、最高裁判所は、次のような決定をする。

ア 抗告却下

許可抗告では、まず高等裁判所で抗告許可をするか否かの判断がされるから、そもそも不適法なもの（例えば抗告の利益がない、抗告期間を過ぎている場合等）については、通常は、高等裁判所の段階で「不許可」とされ、最高裁判所には送付されない。しかし、不適法な抗告許可申立てであっても、高等裁判所で抗告が許可されてしまうことがあり、そのような場合は、最高裁判所で抗告が却下されることがある（前掲最決平成22年8月4日、最決令和2年9月2日裁判集民264号51頁[10]）。

イ 抗告棄却

適法な抗告の場合、許可された抗告理由に理由がないと判断された場合には、抗告を棄却する決定がされる。

そして、このような抗告棄却決定でも、許可された抗告理由に法令解釈上の重要事項が含まれている場合は、これを維持したこと自体に重要な意味があるので、当該抗告棄却の決定中で、法令の解釈に関する重要な事項についての最高裁判所の判断が示され、当該決定は民集や裁判集民に登載されることがある。

他方、同じ抗告棄却決定でも、法令解釈上の重要事項を含まないと認められる場合は、通常、抗告棄却の理由として「所論の点に対する原審の判断は、正

---

10 売却許可決定に対する執行抗告棄却決定についての許可抗告事件において、最高価買受申出人以外の他の買受申出人による執行抗告を不適法とし、原決定を破棄して原々決定を却下したものである。

当として是認することができる。論旨は採用することができない」等とのみ理由が記載されるにとどまり[11]、抗告理由に対する具体的な判断は示されず、民集や裁判集民にも掲載されない。そして、このような事案の中には、そもそも抗告を許可したことが適切でなかったといえるものも相当数含まれていると考えられる。

ウ　破棄自判ないし破棄差戻決定

　許可された抗告理由を検討した結果、裁判に影響を及ぼすことが明らかな法令違反がある場合には、決定で原裁判は破棄され（民訴337条5項）、原審に差戻しまたは自判される。このような場合は、その決定中で破棄の理由として、許可された抗告理由に対する最高裁判所の判断が示され、これは当然に法令解釈上の重要事項に係る判断であるから、通常は民集や裁判集民に掲載される。

　なお、許可された抗告理由以外の事由について裁判に影響を及ぼすことが明らかな法令違反があることが判明した場合にも、最高裁判所は、原裁判を破棄することができると解されており、実際、職権で破棄されたものもある（最決平成11年3月9日裁判集民192号109頁[12]、前掲最決令和2年9月2日等）。もっとも、高等裁判所が許可に際して排除した理由について職権で判断することは通常はないものとも解されている[13]。

11　当該抗告理由に対し特段の具体的な理由までは示されない場合の決定は通常このような文面となっているが、常に同じというわけではなく、例えば原審での手続運営に疑問を有している場合等にはこれをうかがわせる文面となっていることもある。実情〔平成10～29年度〕598頁【49】は、家事審判手続において相手方の主張書面を申立人に送達せず裁判所が判断をしていた（当時は家事事件手続法施行前）ことを主張する抗告が許可された事案であるが、「所論の点を考慮しても、原審の判断は結論において是認することができる」としており、適正手続の観点からは職権主義に立つ家事審判手続でも実質的に当事者への手続配慮が必要であり、今後は家事事件手続法等に則った適正な手続運営に留意すべきとの姿勢を示したものと解されている。

12　抗告人が上告受理の申立てをしたところ、原審が、当該事件が民事訴訟法318条1項の事件にあたらないことを理由に、同申立てを却下する旨の決定をしたため、抗告人が同決定に対して抗告をした事案。最高裁判所は、職権で、上告受理の申立てに係る事件が同項の事件にあたるか否か（法令の解釈に関する重要な事項を含むものと認められる事件にあたるか否か）は、上告裁判所である最高裁判所のみが判断し得る事項であり、原裁判所は上告受理の申立てを却下することはできないとして、原決定を破棄した。なお、本事案の抗告許可申立理由は、同法318条1項の事件に「あたる」としてこれにあたらないとした判断の当否の問題を不服とする内容であった。

13　秋山幹男ほか編『コンメンタール民事訴訟法Ⅵ』（日本評論社、2014年）466頁、高田裕成ほか編『注釈民事訴訟法第5巻』（有斐閣、2015年）455頁〔内山衛次〕。

[28] 許可抗告制度の運用

Ⅲ　運用上の問題点

1　抗告許可申立てに対する許否の判断

　このように、抗告許可制度が導入された結果、最高裁判所において、従来は判断をする機会がなかった、決定や命令に関する法令の解釈に関する重要な事項について、多岐にわたる分野の重要な判例が形成されるようになった。

　もっとも、繰り返し述べているとおり、許可抗告制度は、原決定等をなした高等裁判所が許可不許可の判断を行うという、上告受理制度とは異なる仕組みをとっている。このように抗告の許否の判断を高等裁判所に委ねたのは、高等裁判所が「法令違反については原則として最終判断を委ねられ、かつ多数の抗告事件を処理している[14]」ことや、当該事件の処理にあたった裁判所が最も論点の重要度を熟知しているはずであるから[15]などと論じられているが、いずれにせよ、このような制度の構造からすると、許可抗告制度の適正な運用のためには、高等裁判所における許可不許可の判断が適正になされることが不可欠である。したがって、法令解釈上の重要事項を含むものではないにもかかわらず許可がされたり、これを含むにもかかわらず不許可とされるようなことがないかという点については、今後も不断の注意が払われていく必要がある[16]。

14　実情〔平成10～29年度〕2頁〔富越和厚〕。

15　北川・前掲論文（注7）2頁。

16　最決平成22年2月23日資料版商事法務312号123頁（実情〔平成10～29年度〕504頁【52】）は、抗告不許可決定における特別抗告事件であるが、そこでの田原睦夫裁判官の補足意見では、「法令の解釈に関する重要な事項を含むものではないにもかかわらず、その許可をなすことは、ただでさえ大量の事件処理に追われている最高裁判所に更なる負担を強いるものであって、その制度趣旨に反する。他方、重要な事項に関するものであるにもかかわらず不許可とすることは、この制度を設けた趣旨を無にするものであって、許されるものではない」と述べられている。

　実情〔平成10～29年度〕2頁〔富越和厚〕は、高等裁判所としては、自らがした決定、命令について、当事者がその違法を主張するときは、自らの判断は正当であり、当事者の不服の申立てを不当に制約するものではないことを明らかにするためにも、抗告を許可したいという気持が働くものの、「当事者との対応を円滑にする」といった目的で許可することは相当でないとし、北川・前掲論文（注7）3頁も同様に「本来の抗告は棄却するが、その代わり最高裁判所への抗告は許可することによって当事者の不満を減殺しようとするような扱いは制度の目的に背馳するものである」とする。

628

2 実 情

そこで、実際に高等裁判所の許可不許可の判断が適正に行われているかにつき概観を試みる。まず、高等裁判所における抗告許可申立てに対する処理状況をみると、高等裁判所にされたすべての抗告許可申立て事件のうち、許可がされている割合は、令和4年度の場合、抗告許可申立て件数が1561件であるのに対し、許可件数は23件、不許可が1102件、取下げ54件、その他382件と、許可の割合はわずか1.5％程度にすぎない（令和3年度も、抗告許可申立て件数1549件のうち、許可が18件、不許可が1064件で1.2％程度）[17]。この数字は、許可の判断が高等裁判所によってかなり厳格にされていることを示すものということができる。これを、最高裁判所が自ら法令解釈上の重要問題であると認めた場合に受理の判断をする上告受理制度における受理決定の割合と比較してみると、令和4年度の民事事件および行政事件の上告受理申立て事件は2701件であるが、このうち不受理が2629件、受理され、上告棄却もしくは原判決破棄の判断が示されたものが36件と約1.3％であること（令和3年度の場合は2295件中不受理が2233件、判断が示されたものが41件で約1.7％）であることからすると、ほぼ同等の割合ということもできよう（ただし、逆に許可すべきであるのに許可されていない場合についてはうかがい知ることができない）。

このようにして高等裁判所で許可され、最高裁判所に許可抗告事件として受理された事件の数は、令和元年以降はほぼ実質20件前後で推移しているが、これらに対して行われる最高裁判所決定のうち、民集や裁判集民に掲載されているものは（それ以外のものは、Ⅱ4⑵イで述べたように、具体的な法令解釈は示されず、「所論の点に対する原審の判断は、正当として是認することができる」など定型的な理由のみが記載され、民集や裁判集民にも掲載されない）、例年、ほぼ20％台程度で推移している[18]（当然、各年度によって違いはあり令和4年度は38％とや

17　令和3年、令和4年の最高裁判所事務総局「司法統計年報1民事・行政編」。
18　実情〔平成10～29年度〕に加え、毎年判例時報に掲載されている各年度の「許可抗告事件の実情」参照（小林宏司ほか平成30年度・判時2430号（2020年）3頁、同令和元年度・判時2452号（2020年）4頁、福井章代ほか令和2年度・判時2492号（2021年）103頁、同令和3年度・判時2516号（2022年）5頁、同令和4年度・判時2570号（2023年）5頁。以下「実情〔年度〕」という）。

629

や多い）。もちろん、許可抗告事件の決定が民集や裁判集民に掲載されるか否かの判断には、諸般の要素が勘案されるものと考えられるから、これらに掲載されなかったことのみで一概に許可が不相当であったということはできないが、そもそも高等裁判所が法令解釈上の重要事項と認めた事件だけが許可抗告事件として受理されていることからすると、許可されたもののうち5分の1程度しか実質的な判断が示されないというのは、やはり真に法令解釈上の重要事項を含むもののみが許可されているとはいいがたいと思われる（上告受理申立て事件の場合、上告が受理された事件については、法令解釈上の重要事項について判断が示され、ほぼ全件が民集か裁判集民のいずれかに掲載される）。

　また、具体的にどのような抗告理由について高等裁判所が抗告を許可し、最高裁判所に送付され、最高裁判所でどのような処理がされているのかは、毎年公刊されている「許可抗告事件の実情」[19]に詳しいところ、これらをみれば、単なる事実認定に関する事項やもっぱら受訴裁判所の裁量に属すると考えられる事項等を理由に抗告が許可されている事例が、今なお少なからず存在することが認められる。

　なお、同書から明らかになるのは、許可がされて最高裁判所に申立てがあったとみなされる事件のみであるから、許可すべきものが許可されていない場合については同書からも知ることはできない。

3　許可の基準

(1)　「判例と相反する判断がある場合その他法令の解釈に関する重要な事項を含むと認められる場合」（民訴337条2項）の解釈

　上記のとおり、高等裁判所の許可不許可の判断は、厳格に行われ、許可抗告制度が制度の趣旨に沿った効果を上げているということはできるが、許可不許可の判断は困難な場合もあり、許可が適正でない事案で許可がされる場合も依然として存在することは否定できない。

　そして、この問題は、抗告を許可するか否かの基準「判例と相反する判断がある場合その他法令の解釈に関する重要な事項を含むと認められる場合」がど

19　前掲（注2）および同（注18）参照。

のような場合を指すか（民訴337条2項）の解釈にかかっているといえる。もっとも、「判例と相反する判断がある場合」については、判例違反は法令の解釈に関する重要な事項を含むと認められる場合の一例というべきで、判例に違反しているのに法令解釈上の重要事項とならないということは通常は考えがたいことからして、結局は、法令の解釈に関する重要な事項を含むと認められる場合にあたるかどうかの判断に集約されることができよう。

(2) 許可の相当性が問題となる場合

法令解釈上の重要問題であるか否かは、一般的には、当該事案において法令の解釈が問題となっており、当該問題につき高裁間で解釈が分かれるなどの事情により、最高裁判所による法令解釈の統一が求められる場合であるかなどの観点から判断されるべきものであるといえる[20]。

このような観点からすると、許可の相当性が議論となるのは、以下①～⑤のような場合であるといえよう。このうち①～④は、例年、「許可抗告事件の実情」でも問題が指摘されているものである[21]。

① 単なる当該事案限りの事実認定や裁量事項にすぎないもの

② 法令の解釈自体はすでに明確になっている場合に、個別事件における事実認定や要件ないし法理への単純なあてはめを問題とするもの

③ 最高裁判所の判例により示された法令解釈の基準の具体的適用にかかわる事項

④ 論点自体としては、法令解釈に関する重要な事項にあたるが、当該事案の結論に影響しない事項

⑤ 「論点の成熟性が欠けているとき」「判例がない新論点について高等裁判所が新解釈を示した場合」[22]

---

20 実情〔平成10～29年度〕iv頁、田中敦編『抗告・異議申立ての実務』（新日本法規、2021年）171頁。

21 ①～④につき、実情〔平成10～29年度〕、実情〔平成30年度〕～同〔令和4年度〕、田中・前掲書（注20）5頁、171頁。

22 ⑤は、実情〔平成10～29年度〕の平成12～20年度の「はじめに」（2頁〔富越和厚〕、103頁〔髙橋利文〕、273頁〔福田剛久〕等）や北川・前掲論文（注7）3頁に記載されている。

(3) 検 討

ア 「単なる当該事案限りの事実認定や裁量事項にすぎないもの」（①）

原決定の事実認定への不服等は法令解釈問題ではないことは明らかであり、不相当であることはいうまでもないであろう。例えば、移送について民事訴訟法17条の「審理を著しく遅延させる場合に当たるか否か」の要件該当性や、「子の親権者（監護者）として父母のいずれが適切か」等の原審の裁量判断に対する許可抗告申立て等が典型である（後述）。

イ 「法令の解釈自体はすでに明確になっている場合に、個別事件における事実認定や要件ないし法理への単純なあてはめの判断」（②）

抗告理由が法令解釈である体裁をとっていたとしても（むしろ、抗告理由書には、通常、法令解釈上の重要事項として記載されているはずである）、当該法令解釈自体は、すでに判例や解釈上明確となっており、もはや争点とはなっていないにもかかわらず、あえてそのような体裁がとられている場合がある。このような場合も、その実質は、原決定の個別的な事実認定や、単純なあてはめの問題に対する不服にすぎない場合は、通常は、許可が相当とはいえない[23]。

ウ 「最高裁判所の判例により示された法令解釈の基準の具体的適用にかかわる事項」（③）

この場合、許可が相当と思われる場合もあるのではないかと思われるが、仮にこのような事案で抗告が許可されたとしても、最高裁判所において実質的な法令解釈についての決定が示されることは少ないことからすると、慎重な検討を要するであろう。すなわち、「最高裁判所の判例により示された法令解釈の基準の具体的適用に関わる事項は、当該実務を担当する下級裁における事例集積にこそ意味がある場合が多い。このような場合、下級裁での事例集積、要件の類型化に関する実務的検討が十分にされていない段階で、個別事案に関する

---

23 例えば、以下のような場合である。相続放棄の熟慮期間の起算点に関しては、最判昭和59年4月27日民集38巻6号698頁が、自己が法律上相続人となった事実を知った時から3か月以内に限定承認または相続放棄をしなかったのが、相続財産が全く存在しないと信じたためであり、かつ、このように信ずるについて相当な理由がある場合には、民法915条1項所定の期間は、相続人が相続財産の全部もしくは一部の存在を認識した時または通常これを認識しうべかりし時から起算するのが相当であるとの基準が実務上も定着している以上、これに従った原審の法令解釈が誤っている等としてされた抗告を許可することには、問題がある（実情〔平成10〜29年度〕538頁【24】）。

要件該当性の争いを法律審である最高裁判所に判断させることは、相当でないことが多い」[24]ということができる。このような趣旨からすると、ある法令解釈の具体的適用をめぐり下級審の判断が一定期間積み重ねられる中で、ある場面における具体的適用について下級審の判断が二分され、学説等でも議論されるような状況となってきた場合には、許可をすることが相当な場合も生じ得るとは思われる。

エ　「論点自体としては法令解釈に関する重要な事項にあたるが、当該事案の結論に影響しない論点」（④）

許可抗告も、「当該事案の解決を目的とするものであることはいうまでもなく、抽象的な法令解釈のために抗告を許可することは、当事者を具体的事件の解決から離れた論争に巻き込むことになり、事案の解決を目的とする制度の趣旨に反する」ことから、抗告を許可することは不相当になるものと考えられるとされる[25]。例えば、当該論点について許可抗告事由に関するいずれの立場をとっても、別の要件が認められないためにいずれにせよ当該申立てが排斥される場合や、仮定的な説示に対する抗告を許可するような場合等である[26]。

実務上、移送や文書提出命令の許可抗告においては、許可抗告のために本案事件が1、2年の間進行できなくなることがあり（特別抗告と同様、許可抗告でも抗告が許可されても原裁判の執行を遮断する効果はない（民訴337条6項、336条3項、334条2項）のであるが、実際は抗告審の結論を待って手続は進行することが多い）、結論に影響しない抗告により当事者が迷惑を被ることもあるので、この点にも留意が必要であろう。

オ　「論点の成熟性が欠けているとき」「判例がない新論点について高等裁判所が新解釈を示した場合」（⑤）[27]

このような場合については、「当該論点について未だ実務的検証や批評等もなく、論点が未成熟な段階で、直ちに抗告を許可することに対しても、一考の

24　実情〔平成10〜29年度〕、実情〔平成30年度〕〜同〔令和4年度〕、田中・前掲書（注20）5頁。

25　前掲（注23）参照。

26　実情〔平成10〜29年度〕25頁〔富越和厚〕。

27　北川・前掲論文（注7）3頁、実情〔平成10〜29年度〕のうち、平成12年度〜20年度の「はじめに」参照。

633

余地」があることがしばしば指摘されている。「決定、命令手続に関する論点について法律審の判断が示されれば、実務の運用が容易になるといえるが、判断材料の少ない段階で、しかも簡易迅速な判断を求められる手続で法律審の判断を示すことには、実務の運用を硬直化するおそれがあることも否定できないから」というのが理由である。他方、このような考え方に対しては、法令解釈の重要事項であると認められる場合には、最高裁判所の判断を求めたほうがよい場合もあり得るから、最高裁判所がかかる点も含めて判断をすべきであるとの意見もある[28・29]。高等裁判所は、そのような場合でも不許可とすることもできる以上、両者は必ずしも矛盾するわけではなく、事案ごとに慎重な判断を要するものと考えられる[30]。

4　事件類型別の検討

以上のとおり、法令解釈上の重要事項であるかどうかの判断は必ずしも一義的ではなく、困難な場合も多い。そこで、具体的な事案においてどのような抗告理由が申し立てられ、許可が行われているのかを、実際の許可抗告事件の中で件数の多い類型ごとに、ピックアップして紹介することとしたい。

(1)　移　送

移送申立て事件に係る許可抗告事件は、そもそも移送申立て事件自体が多いためか、許可抗告事件も多い類型の一つである。そして、その中でも争点となることが多い民事訴訟法17条による移送決定についての「著しい遅滞が生ずる」かどうか、「当事者の衡平を害するか」どうかという要件の認定判断の不当を理由とする抗告は、当該事案の訴訟の内容や当事者双方の主張立証状況、訴訟の現状に基づく将来予測によってされる個別性の高い単なる原審の認定判断への不服にすぎないのであり、このような要件のあてはめに法令解釈の統一の観点から法律審が介入する事項はほとんどなく、許可は相当とはいえないと

28　実情〔平成10〜29年度〕504頁【52】田原裁判官補足意見。

29　竹下ほか・前掲座談会（注6）115〜116頁〔鈴木正裕発言〕〔青山善充発言〕。青山発言では、「新しい法律が施行されて、その極めて重要な事項について解釈が統一されていない、多数意見、少数意見が分かれている状態で、ある高等裁判所がその一つを採用したような場合に、統一的な法令の解釈を示す必要があるという観点から、許可抗告の対象にしてよい」とする。

30　竹下ほか・前掲座談会（注6）115〜116頁〔竹下守夫発言〕。

考えられる[31]。また、自庁処理（民訴16条1項）の相当性を問題とする許可抗告も単に判例（最決平成20年7月18日民集62巻7号2013頁）の判断基準のあてはめにすぎない場合は許可は相当とはいえない[32]。

なお、この点に関しては、平成18年頃以降は少なくとも民事訴訟法17条の要件該当性を理由とする抗告が許可される事例はほとんどなくなっている。一方、管轄の定め方に関する法令解釈等、重要な法令解釈を理由とする抗告が許可され判例が形成される例もある[33]。

(2) 訴訟上の救助

訴訟上の救助の申立て事件では、民事訴訟法82条の要件に該当するか否かの判断が問題になる場合がほとんどであると考えられる。そこで、「勝訴の見込みがないとはいえないとき」にあたるか否か（民訴82条1項ただし書）を理由とする抗告が多く、このような抗告が許可されている場合もかつては少なくなかったようである。しかし、このような個別的な要件該当性が問題になるにすぎないものは、法令解釈上の重要事項とはいえないことはすでに述べたとおりであり、許可は相当でないであろう[34]。もっとも、近年はこのような理由による抗告を許可したケースはほとんどみられなくなっている。他方、訴訟救助の相手方が即時抗告をすることの許否が問題になった場合（最決平成16年7月13日民集58巻5号1599頁）等、法令解釈上の重要事項を含んでいる事案もある。

(3) 訴訟費用

訴訟費用に関しては、ある費用が民事訴訟費用等に関する法律（以下「費用法」という）の訴訟費用に該当するか否か[35]といった争点が抗告理由となっている場合は、法令解釈上の重要事項にあたり得ると考えられるが、それがすでに実務上定着し、法令解釈として異論のない事項であるのにあえてこれを抗告理由とし、実質は原審に対する不服をいうにすぎないような抗告許可申立てに

31　実情〔平成10～29年度〕6頁【1】～【9】、222頁【1】等。

32　実情〔平成10～29年度〕563頁【5】、田中・前掲書（注20）44頁。

33　例えば、離婚訴訟において原告と第三者との不貞行為を主張する被告が上記第三者を相手方として提起した上記不貞行為に基づく損害賠償請求訴訟の管轄（人事訴訟法8条1項該当性）についての最決平成31年2月12日民集73巻2号107頁。

34　実情〔平成10～29年度〕449頁【4】等。

35　最決平成26年11月27日民集68巻9号1486頁は、準備書面の直送郵便金が含まれるかが抗告理由となった事案である（消極）等。

635

は注意を要する[36]。

(4) 除斥、忌避

除斥、忌避の申立ても、実務上1審、2審段階では多数申し立てられているところ、これに伴い、抗告の件数も多く、これが許可された例も平成10年度から29年度までに15件ある。いずれも前記Ⅱ4(2)イのとおりの「所論の点に対する原審の判断は、正当として是認することができる」等とのみ記載され、特段の具体的説示もなく抗告が棄却されている。

忌避に関する抗告理由は、濫用的申立てに対する簡易却下の違法を問題とするものが散見されるが、忌避権の濫用にあたるかどうかは個別事情の下で裁判体が認定判断するものであるし、簡易却下が許されることについては、実務に定着しているもので法令解釈上の重要事項とは考えがたい[37]。このように、忌避に関しては法令解釈がほぼ確立しており、しかもその多くは個別事案における単なる認定非難にすぎないものであることや濫用的申立ても多いことからすると、許可は慎重に行うべきであろう[38]。

(5) 文書提出命令

文書提出命令についての許可抗告事件は、最高裁判所による民集や裁判集民に登載される重要な決定が特に数多く出されている分野ということができる。例えば、貸出稟議書の法律関係文書該当性（民訴220条3号後段）や自己利用文書該当性（同条4号ニ）が問題となった最決平成11年11月12日民集53巻8号1787頁は、その後の、自己利用文書該当性の判断基準として、あるいは法律関係文書該当性との関係についてその後の実務に大きな影響を与えているし、金融機関の自己査定資料が民事訴訟法220条4号ニの自己利用文書に該当しないとの判断（最決平成19年11月30日民集61巻8号3186頁）、当事者が顧客である場合の顧客情報の職業上の秘密該当性についての判断（最決平成19年12月11日民集61巻9号3364頁）、公務秘密文書該当性の判断基準（最決平成17年10月14日民集59巻

36　実情〔平成10〜29年度〕225頁【4】は鑑定料が費用法上の訴訟費用にあたるかが争点となった事案で、抗告理由は、費用法2条2号、11条1項1号および18条2号によりこれに含まれるとの原審判断の誤りを抗告理由とするものである。しかし、これは、実質的には訴訟における訴訟費用負担の裁判の判断への不服をいうものにすぎないとして、許可に疑問がある旨指摘されている。

37　実情〔平成10〜29年度〕138頁【2】。

38　田中・前掲書（注20）47頁。

8 号2265頁）、技術職業秘密文書該当性の判断基準（最決平成12年 3 月10日民集54巻 3 号1073頁）等、同法220条 4 号所定の除外事由の解釈に関しても多くの決定が出され、これらもその後の実務の重要な指針になっている。もっとも、相手方の当該文書の所持の有無のような事実認定の問題にすぎない場合や、法令の解釈問題の形式をとっているものの当該問題については、すでに判例で当該類型の文書についての各号該当性の基準が定められているため単なるあてはめが問題となるにすぎないケースもあり、そのような場合は、必ずしも許可が適切とはいえない（判時2516号11頁【7】[39]等）。ただし、すでに法令解釈についての判例があったとしても、対象文書の類型次第では事例判断として重要な意味を有する場合もあると考えられるので、許否の判断についても事案ごとに慎重な判断を要すると思われる。

　また、文書提出命令等の付随的な決定については、抗告に伴い本案の手続が事実上進行できなくなることもあり、不相当な抗告により訴訟が不相当に遅滞する場合があるので、この点にも留意が必要であろう。

(6)　破産、更生、再生

　この分野の許可抗告事件では、破産手続開始決定の要件該当性の問題として、支払不能か否か、更生計画認可決定に対して計画の遂行可能性、免責許可決定につき免責の可否を抗告理由とする抗告が許可されている事例もしばしばある。しかし、これらはいずれも個別の事案ごとの認定問題であり、原審の裁

39　例えば、民事訴訟法220条 4 号ロの「公務員の職務上の秘密」、「その提出により公共の利益を害し、又は公務の遂行に著しい支障を生ずるおそれ」の解釈については、最決平成17年10月14日民集59巻 8 号2265頁において、「単に文書の性格から公共の利益を害し、又は公務の遂行に著しい支障を生ずる抽象的なおそれがあることが認められるだけでは足りず、その文書の記載内容からみてそのおそれの存在することが具体的に認められることが必要である」との判断基準が示され、労働基準監督署の調査担当者らの作成した災害調査復命書がこれにあたることが認定されているところ、別の事案で、指定障がい者福祉サービス事業者取消処分のため市の職員が行った事業者の従業員や利用者からの聴取事項を記載した調書の同号ロの公務秘密文書該当性が問題となったとしても、上記判例の個別のあてはめの当否の問題にとどまるとされ、許可には検討の余地があったとされている（実情〔令和 3 年度〕11頁【7】）。また、中学生の自死に関し教職員や生徒からの聴取内容を集約した文書（アンケート）について公務秘密文書該当性を認めず提出命令が出たことから抗告された事案でも、同様に「当てはめの問題にすぎない」とされている（同【8】）。また、国際郵便小包の配達証等の同法220条 4 号ニ該当性については、最決平成11年11月12日民集53巻 8 号1787頁の判断枠組みのあてはめが問題となるにすぎず、許可に問題がある旨指摘されている（実情〔平成10～29年度〕733頁【6】）。

量判断に係るものであるから、このような理由による抗告を許可することは相当でないと考えられる。

他方、免責不許可決定に対する即時抗告の抗告期間を示したケース（最決平成12年7月26日民集54巻6号1981頁）、再生計画認可決定に対し、民事訴訟法174条2項3号や個人再生の場合の同法202条2項4号所定の「再生計画の決議が不正の方法によって成立するに至ったとき」の解釈が問題になったケース（最決平成20年3月13日民集62巻3号860頁、最決平成29年12月19日民集71巻10号2632頁）等は、法令解釈上の重要事項として判断が示されている。

(7) 執行、保全関係

執行関係における許可抗告事件は、不動産競売開始決定、売却許可決定、引渡命令、譲渡命令、間接強制、債権差押命令等、多岐にわたるが、単なる事実認定に関する問題や、取扱いがすでに実務上確立されている判断に対する不満にすぎない場合、あるいはそもそも不適法な抗告にあたらないかは慎重に検討される必要があることは、他の類型と同じである。

また、保全事件に関しては、被保全権利の疎明が足りているかや、保全の必要性があるかといった個別的な認定判断に関する抗告許可申立てが許可されている例も散見されるようであるが、これらの許可には問題がある[40]。

他方、そもそも許可抗告制度が設けられたのは「民事執行法や民事保全法の制定等に伴い、決定により判断される事項の中に重要なものが増えている」ことがその理由の一つとされていたように[41]、執行や保全に関する決定は、法令解釈上の重要事項が含まれることが十分に想定される分野であると考えられ、実際、多岐にわたって重要な決定がされ民集や裁判集民等に登載されている。例えば、いわゆる全店一括順位付け方式により差押債権を表示した債権差押命令の適否について示した（否定）事案（最決平成23年9月20日民集65巻6号2710頁）、共有物分割のための不動産競売についての無剰余取消しについて定めた民事執行法63条2項が準用されるとした決定（最決平成24年2月7日裁判集民240号1頁）等は、執行実務が下級審で二分されているようなケースについて抗告が許可された結果最高裁判所において法令解釈の統一が図られたというこ

40　実情〔平成10～29年度〕419頁【31】、853頁【11】等。
41　一問一答174頁。

とができる。

(8) 家事事件関係

ア　遺産の分割審判

遺産の分割審判に対する許可抗告についても、他の類型と同様単なる個別的な事実認定を理由とする抗告許可申立てもあるが、法令の解釈に関する重要事項が問題となる事案もある。抗告が許可された結果、死亡保険金請求権の特別受益該当性を示した最決平成16年10月29日民集58巻7号1979頁や、預貯金債権が遺産分割の対象となるかについて大法廷での判断がされた最決平成28年12月19日民集70巻8号2121頁等、重要な判断が示されていることは周知のとおりであろう。

イ　子の監護に関する処分（監護者指定、養育費、面会交流、子の引渡し）、親権者指定、扶養料等

これらの事件では、ほとんどの場合に、いずれを親権者または監護者に指定することが子の利益に資するか、子の引渡しを否定すべき特別の事情があるか否か、面会交流の方法、扶養料の算定等、個別的事案に関する原審の裁量判断に係る事項が主要な争点となる。したがって、抗告理由も上記の点に係る不服であることが多いものと思われる。しかし、このような抗告理由は、いかに当該事案で重要かつ唯一の争点であったとしても、通常は法令解釈に関する重要事項を含むとはいえないのであり、許可に問題があるであろう[42]。

他方、この分野でも、例えば、面会交流に係る審判に基づき間接強制決定をできる場合について示した例（最決平成25年3月28日民集67巻3号864頁）や、父母以外の第三者で事実上子を監護してきたもの（祖父母）が子の監護者指定の審判を申し立てることはできないとした例（最決令和3年3月29日民集75巻3号952頁）等、実務で判断の分かれていた問題について最高裁判所が統一的な見解を示した例もある。

42　例えば、面会交流の費用は相手方が負担すべきである等として抗告許可申立てがされた事案（実情〔平成10〜29年度〕649頁【47】）、扶養料の算定方法の適否を問題とした事案（同書599頁【50】、実情〔令和2年度〕114頁【16】、実情〔令和3年度〕20頁【22】等）でも抗告が許可されており問題である。

ウ　婚姻費用分担、財産分与

　婚姻費用の分担の審判や、財産分与の審判、同居の審判等についても、婚姻関係の破綻の有無、有責性の有無、別居、同居を求めることが相当か否か、婚姻費用や財産分与の算定等、原審の裁量に係る個別的な認定判断を理由とする抗告許可申立てが多く、かつこれが許可されているケースもままみられる。しかし、これらを理由とする抗告許可申立てを許可することが相当でないことは、すでに述べたとおりである。

　他方、婚姻費用分担請求の申立て後に当事者が離婚しても、離婚成立時までの婚姻費用分担請求権は消滅しないとした最決令和2年1月23日民集74巻1号1頁、家事事件手続法154条2項4号の給付命令の適用範囲に係る最決令和2年8月6日民集74巻5号1529頁、財産の分与に関する処分の審判の申立てを却下する審判に対し相手方が即時抗告をすることを認める最決令和3年10月28日民集75巻8号3583頁等、財産分与や婚姻費用の分野でも、手続のあり方に係る問題の場合は、法令解釈上の重要事項を含むことになる。

5　まとめ

　以上のとおり、許可抗告制度については、この制度の導入により、従来は最高裁判所の判断を示す機会がなかった決定や命令に関する法令の解釈に関する重要な事項につき多岐にわたる最高裁判所の判断が示されるようになり、実務的にも理論的にも多大な成果が表れているということはできる。しかし、このような成果は、高等裁判所における許可や不許可の判断が適正にされていることなくしては得られないものであり、今後もこの点に関しては、高等裁判所のみならず、下級審や当事者を含め当該制度の趣旨を正しく理解し、運用することが重要といえよう。

29 再審の訴え

西 田 隆 裕

公証人（元大津地方・家庭裁判所長）

I　再審の訴えの意義

　再審の訴えとは、法定の再審事由を主張して確定判決を取り消し、これにより終結した従前の訴訟の再審理を求める訴えである[1]。

　判決が確定すると、当該判決がされた訴訟の訴訟物について既判力等が生じ、後訴において、上記訴訟物の存否について争うなどすることはできなくなる。しかし、確定判決に重大な瑕疵があった場合に上記効力を維持することは、裁判の適正の理念に反するし、裁判への信頼を損なうおそれもある。他方、確定判決の効力を簡単に覆すことができるとすると、法的安定性を大きく損なうという問題が生じる。そこで、法的安定性の要請を確保しつつ、重大な瑕疵が内在する判決に限り、これを取り消して再審理を許す制度が再審の訴えである。

　民事訴訟法は、上記の重大な瑕疵として、後に説明する10個の再審事由（民訴338条1項1号〜10号。以下、各再審事由について、同項の号数をもって、例えば「1号の再審事由」と表記することがある）を定めている。

1　再審には、本稿で解説する再審の訴えのほか、確定した決定・命令に対する再審の申立て（準再審）があり、民事訴訟法は、即時抗告をもって不服を申し立てることができる決定・命令について、準再審を認めている（民訴349条1項）。

641

II　再審の訴えの訴訟物・性質と審理手続の構造

1　訴えの訴訟物・性質

　再審の訴えの訴訟物・性質について、再審の訴えは、①確定判決の取消要求と②事件の再審理要求の二つの要求によって構成されており、それぞれについて訴訟物を観念することができ、訴えの性質も、前者の確定判決取消要求に係るものは訴訟上の形成訴訟であり、後者の再審理要求に係るものは付随訴訟であるととらえるのが従来の通説であった[2]。これに対し、確定判決取消要求は、独立した訴訟物を構成するものではなく、再審の適法要件にすぎないとし、再審の訴えの訴訟物は、再審理要求がされている本案（原事件）の訴訟物だけであるとする説等もある[3]。もっとも、訴訟物についていずれの立場を採用したとしても、それらが再審手続の解釈論上の問題解決に特に画期的な寄与をもたらすものではなく、実践的にみれば、大きな意味がある議論ではないとする見解もある[4]。

2　審理手続の構造

　審理手続も、上記の複合的な申立てに対応するものとして、理論上、再審理開始の許否を判断する審理（以下、この審理手続を「再審開始決定手続」という）と、開始決定後の事件の再審理（以下、この審理手続を「本案再審理手続」という）の二つの段階に分かれる。平成8年法律第109号による民事訴訟法の改正前は、前者の審理と後者の審理を一つの手続内で行っていたが、上記改正により、再審の審理手続を再審の訴えの理論的な段階的手続構造に合わせて、まず、前者を先行させ、その後に本案に関する再審理と裁判を行うものとされた[5]。その趣旨は、旧法のように、一つの手続で審理すると、再審事由と本案

---

[2]　高田裕成ほか編『注釈民事訴訟法第5巻』（有斐閣、2015年）461頁〔内山衛次〕、高橋宏志『重点講義民事訴訟法(下)〔第2版補訂版〕』（有斐閣、2014年）767頁。

[3]　従来の通説と異なる説につき、高橋・前掲書（注2）768頁参照。

[4]　三谷忠之『民事再審の法理』（法律文化社、1988年）98頁、坂原正夫「再審の手続構造」伊藤眞＝徳田和幸編『講座新民事訴訟法Ⅲ』（弘文堂、1998年）97頁。

の主張立証が並行して行われ、審理が複雑になるという問題点や、第1審で再審事由があるとして本案判断をしても、控訴審において再審事由が否定された場合には、結果的に本案の審理判断が無駄になるという問題点を回避することにある[6]。また、実務上は再審事由が認められない場合が圧倒的多数であるところ、上記改正において、再審事由の審理が決定手続として任意的口頭弁論にされたことで、相手方および裁判所の負担軽減にもつながっている。なお、再審開始決定手続の審理には、再審の訴えが訴訟要件（適法要件）を満たすかについての審理と再審事由の存否についての審理とが含まれている。

　裁判所は、再審の訴えが不適法である場合には、決定で、これを却下しなければならず（民訴345条1項）、再審の事由がない場合には、決定で、再審の請求を棄却しなければならない（同条2項）。また、裁判所は、再審の事由がある場合には、再審開始の決定をしなければならない（同法346条1項）。そして、裁判所は、再審開始の決定が確定した場合には、不服申立ての限度で、本案の審理および裁判をし（同法348条1項）、判決を正当とするときは、再審の請求を棄却し（同条2項）、それ以外の場合には、判決を取り消したうえ、さらに裁判をしなければならない（同条3項）。

Ⅲ　再審開始決定手続（再審理開始の許否についての審理手続）

　民事訴訟法341条は、「再審の訴訟手続には、その性質に反しない限り、各審級における訴訟手続に関する規定を準用する」と規定するが、前記Ⅱ2のとおり2段階に分かれる審理手続のうち再審開始決定手続に関しては、同条による準用を想定することができず、再審を提起する裁判所がいずれの審級の裁判所であるかにかかわらず、第1審訴訟手続の訴え提起の規定が、その性質に反しない限り、準用される[7]。

5　旧法においては、再審事由がない場合にも、必要的口頭弁論の原則（民訴87条1項本文）に従い、口頭弁論を開いて、再審請求棄却の判決をしていたところ、現行法は、再審事由の審理と本案の再審理を手続上分離し、前者については決定手続において判断することとした。平成8年法律第109号による民事訴訟法の改正の詳細については、川勝隆之「再審に関する改正」三宅省三＝塩崎勤＝小林秀之編『新民事訴訟法大系──理論と実務──第4巻』（青林書院、1997年）116頁以下参照。

6　法務省民事局編『一問一答新民事訴訟法』（商事法務研究会、1996年）381頁。

643

29 再審の訴え

以下では、訴え提起（後記1）、訴えの適法性判断（後記2）、再審事由（後記3）について、順に、留意すべき点等を説明する。なお、後記1、2の手続段階における主なチェック項目を列挙したチェック表を本稿末尾に掲載する。

1 訴えの提起

(1) 再審の訴えの管轄

再審は、不服申立てに係る判決をした裁判所の専属管轄である（民訴340条1項）。訴額や審級にかかわらない。専属管轄裁判所以外の裁判所に提起された場合には、裁判所は、民事訴訟法16条1項により専属管轄を有する裁判所に訴訟を移送することになる（最決昭和24年7月6日民集3巻8号279頁）。

上訴がされ、同一事件について複数の確定判決が存在し、かつ、各確定判決に再審事由が存在するときは、原則としていずれの確定判決に対しても再審の訴えを提起することができ、それぞれの確定判決をした裁判所に専属管轄が生ずる。もっとも、同一事件について控訴審が控訴棄却の本案判決をしたときは、第1審の訴えに対して全面的に再審理がされたことになるので、第1審判決に対して再審の訴えを提起することはできない（民訴338条3項）[8]。

審級の異なる裁判所が同一事件についてした判決に対する再審の訴えが下級審裁判所と上級審裁判所にそれぞれ提起された場合、矛盾する判断を回避するという趣旨から、上級審裁判所が併せて管轄する（民訴340条2項）。この場合、下級審裁判所の管轄は否定されて上級審裁判所に専属管轄があるものとして扱われ、下級審裁判所は、管轄違いの訴えとして、事件を上級審裁判所に移送しなければならない[9]。

(2) 再審訴状

再審の訴えは、簡易裁判所に提出する場合を別にして（民訴271条）、再審訴状を不服申立てに係る判決をした裁判所に提出してしなければならない（同法

---

7 秋山幹男ほか『コンメンタール民事訴訟法Ⅶ』（日本評論社、2016年）53頁。

8 控訴審が第1審判決を取り消したときは、その第1審判決は再審の対象となる余地はない。また、民事訴訟法338条3項にあたる場合、第1審判決に対する再審の訴えが第1審裁判所に提起されたときには、当該再審は不適法な訴えであり、控訴裁判所に移送されることなく却下される。

9 兼子一ほか『条解民事訴訟法〔第2版〕』（弘文堂、2011年）1735頁〔松浦馨〕、高田ほか・前掲書（注2）511頁〔内山衛次〕。

644

Ⅲ　再審開始決定手続（再審理開始の許否についての審理手続）

340条１項、341条、133条１項）。

　再審訴状には、①「当事者及び法定代理人」、②「不服の申立てに係る判決の表示及びその判決に対して再審を求める旨」および③「不服の理由」を記載する（民訴343条）ほか、不服の申立てに係る判決の写しを添付しなければならない（民訴規211条１項）。なお、再審の訴えの提起は、前訴およびその判決に対し直接影響を及ぼさないので、再審の対象となる確定判決の執行力は当然には停止されず、裁判所は、申立てにより厳格な要件の下において、強制執行の一時停止または執行処分の取消しを命ずることができるにすぎない（民訴403条１項１号）。

　再審訴状に記載すべき「不服の理由」とは、各再審事由を指すものと解されており、「不服の理由」として、具体的な再審事由を記載しなければならない。後記３(1)のとおり、旧訴訟物論の立場からは、民事訴訟法338条１項の各号ごとに、かつ、その基礎とする事実を異にすれば、異なる請求原因（形成の訴えとしての再審の訴えの「訴訟物」）になるものと理解されており、再審原告は訴状において請求原因を具体的に他と識別できる程度に記載しなければならない[10]。

　再審訴状は再審被告に送達される（民訴341条、138条１項）。期日が指定された場合には、当事者は期日に呼び出される（同法341条、139条）が、再審の訴えが不適法な場合には、期日を開くまでもなく決定で再審の訴えを却下する（同法345条１項）ことができる（同法140条参照）。再審原告の主張が明らかに再審事由に該当しない場合がこれにあたる。これに準じて再審事由が明らかに存在しない場合、実務では、民事訴訟法140条に準じ、訴状を被告に送達することなく、棄却決定（同法345条２項）するという処理もされる[11]。

(3)　手数料の納付および送達費用の予納

　再審の訴えを提起する際には、再審提起手数料を納付しなければならない（民訴費３条１項）。上記手数料は、簡易裁判所への訴え提起の場合は2000円、それ以外の裁判所への訴え提起の場合は4000円である（同条１項、別表第一の８項）。

　再審原告は、再審訴状の送達等に必要な費用を予納しなければならない（民

10　秋山ほか・前掲書（注７）67頁。
11　秋山ほか・前掲書（注７）65頁。

645

訴341条、138条2項、137条)。

(4) 補正命令および再審訴状却下命令

再審訴状の必要的記載事項に不備がある場合、再審の訴え提起手数料に相当する収入印紙が貼り付けられていないかもしくは不足する場合、または再審訴状の送達をすることができない場合には、第一次的には任意の補正を促すが、再審原告がこれに応じないときは、裁判長が相当期間を定めて補正命令を発する（民訴341条、137条1項、138条2項）。再審原告が所定の補正期間内に補正しないときは、裁判長は命令で再審訴状を却下することになる（同法341条、137条2項）。

上記再審訴状却下命令に対しては、即時抗告ができる（民訴341条、137条3項。ただし、最高裁判所に対しては即時抗告することができない〔裁7条2号参照〕)。

2 訴えの適法性判断

再審の訴えが不適法である場合、裁判所は訴え却下の決定をしなければならない（民訴345条1項）。「再審の訴えが不適法である場合」とは、再審の訴えが訴訟要件を欠く場合を意味し、再審の訴えの訴訟要件としては、訴えの一般的訴訟要件（訴えの利益、当事者適格等）と再審の訴えに固有の訴訟要件（再審期間〔同法342条〕の遵守、再審の補充性〔同法338条1項ただし書〕の適用がないことと、刑事上罰すべき行為に係る再審事由について有罪確定判決等〔同法338条2項〕が存在すること等[12]）がある。

(1) 再審の訴えの訴訟要件

再審の訴えの訴訟要件に関し、留意すべき事項は、以下のアないしオのとおりである[13]。

---

[12] 学説の中には、再審の補充性の適用がある場合には、再審事由たる瑕疵は治癒されることから、再審事由の不存在として請求は棄却されるとする見解がある。また、刑事上罰すべき行為について有罪確定判決等が存在することは適法要件であるかについても争いがあるが、通説、判例（最判昭和45年10月9日民集24巻11号1492頁）は、適法要件説に立ち、この要件を欠くときは、訴えは却下されるとする。以上につき、高田ほか・前掲書（注2）503頁、539頁〔内山衛次〕参照。

[13] その他、現行の再審手続では、再審開始決定が確定した後でないと、本案再審理手続には移行しないため、本案請求そのものが内容上明らかに失当という場合でも、まず再審開

646

Ⅲ　再審開始決定手続（再審理開始の許否についての審理手続）

ア　再審の訴えの対象

　再審の訴えは、確定した終局判決を対象とする[14]。終局判決である以上、全部判決（民訴243条１項）であるか一部判決（同条２項）であるか、本案判決であるか訴訟判決であるかを問わない。

　「判決の基本となる裁判」について再審事由がある場合（民訴338条１項４号～７号の再審事由がある場合には同条２項に規定する場合に限る）には、その裁判に対して独立した不服申立方法が定められているときにおいても、その事由を判決に対する再審の理由とすることができる（同法339条）。そこでいう「判決の基本となる裁判」とは、確定した終局判決の前提となっていてこれに直接影響を与える裁判、すなわち終局判決を準備する目的でされる中間的裁判をいい（最大決昭和30年７月20日民集９巻９号1139頁参照）、中間的裁判には、中間判決（民訴245条）のほか、終局判決に先立つ訴訟手続上の決定および命令も含まれ[15]、中間的裁判には独立の再審の訴えは許されないが、これらに再審事由があれば、それに基づき終局判決に対する再審事由とすることができる。

　人身保護請求事件の確定判決に対しても、人身保護手続が民事訴訟の例によるとされている以上（人身保護規則46条）、再審の訴えを提起することができる（東京地判昭和48年６月14日下民集24巻５～８号388頁・判時705号31頁・判タ297号155頁）。また、裁判上の和解調書、調停調書、請求の放棄調書、請求の認諾調書は、いずれも確定判決と同一の効力を有するが、これらが再審の訴えの対象

　始決定手続の審理の中で再審事由の存否を判断すべきこととなるが、このような不経済を回避すべく、本案請求そのものが明らかに失当という場合は、訴えの利益を欠くものとして再審開始決定手続の審理段階で却下できないかについて議論がある（中野貞一郎＝松浦馨＝鈴木正裕『新民事訴訟法講義〔第３版〕』（有斐閣、2018年）696頁、秋山ほか・前掲書（注７）71頁、兼子ほか・前掲書（注９）1744頁〔松浦馨〕）。また、一般に訴訟要件は本案判決の要件になるとされるが、再審の訴えにおいては、２段階の審理構造が採用され、再審事由の判断も決定手続としてされるため、訴訟要件が再審事由に係る判断（再審開始決定または再審請求棄却決定）の前提になるか（訴訟要件の充足と再審事由の存否についての審理順序）について議論がある（秋山ほか・前掲書（注７）71頁、兼子ほか・前掲書（注９）1743頁〔松浦馨〕）。

14　未確定の終局判決に対する再審の訴えは不適法であるが、上訴または附帯上訴として扱う余地はある（最判昭和54年11月16日裁判集民128号123頁）。なお、未確定の判決に対して再審の訴えを提起し、その審理中（再審の訴え却下決定前）に判決が確定すれば、再審の訴えは適法になるとする裁判例（東京地判昭和41年９月16日判タ198号172頁）もある。

15　秋山ほか・前掲書（注７）47頁。

647

となるかについては、これらに既判力を認めるべきか否かの見解の対立に応じて、見解が分かれている[16]。

イ 当事者適格

再審の訴えは、確定判決の取消し（既判力の排除）を求めるものであるから、確定判決の既判力によって不利益を受ける者が、利益を受ける者に対して提起するのが原則である。

(A) 再審原告

原則として、再審対象判決の当事者で全部または一部敗訴した者が原告適格を有するが、口頭弁論終結後の一般または特定承継人も判決効を受けるから、当事者と並び、またはこれに代わって、再審原告となることができる[17]。判例も、特定承継人は単独で原審原告になることができるとする（最判昭和46年6月3日裁判集民103号87頁）。

当事者が他人のため原告または被告となった場合は、その判決の効力を受ける他人（民訴115条1項2号）も、訴訟物について訴訟をする権能を有していれば、再審ができる[18]。

前訴が必要的共同訴訟であった場合、その確定判決を対象として共同訴訟人の一人が再審の訴えを提起すれば、他の共同訴訟人も当然に再審原告となる（東京高判昭和36年12月7日高民集14巻9号653頁）。

(B) 再審被告

原則として、再審対象判決で勝訴した当事者が被告適格を有し、その者が死亡した場合は、その一般承継人を被告とすべきである。

人事訴訟において、再審被告となるべき者が死亡した後は、検察官が再審被告とされる場合がある（人訴12条3項、26条2項、44条1項、45条2項）。

ウ 再審期間

3号の再審事由のうちの代理権の欠缺および10号の再審事由（確定判決の既判力との抵触）を理由とする場合は、出訴期間の制限はないが（民訴342条3項）、その他の場合は、再審原告は、①確定判決後、再審事由の存在を知った日から

---

16 石川明＝高橋宏志編『注釈民事訴訟法(9)』（有斐閣、1996年）23頁。
17 秋山ほか・前掲書（注7）5頁、高橋・前掲書（注1）794頁。
18 兼子ほか・前掲書（注9）1715頁〔松浦馨〕。

Ⅲ　再審開始決定手続（再審理開始の許否についての審理手続）

30日の期間内で（同条1項）、かつ、②判決確定後（再審事由が判決確定後に生じた場合はその事由が発生した日）から5年内に（同条2項）、訴えを提起しなければならない。上記①の期間は不変期間であり、上記②の期間は除斥期間である。

　上記①の不変期間は、判決確定前から再審事由の存在を知っている場合には、判決確定の日から進行する（最判昭和28年4月30日民集7巻4号480頁、最判昭和45年12月22日民集24巻13号2173頁）。再審の事由を知ったとは、確実な事実的根拠に基づいて再審事由の存在を現実に了知したことをいう（東京地判平成10年9月2日判時1676号80頁・判タ1067号264頁）。民事訴訟法338条1項4号〜7号の各再審事由を不服の理由とする場合は、同条2項が定める有罪の確定判決等のあったこと、または、その確定判決等の得られないことを知った時から進行する（大判昭和12年12月8日民集16巻24号1923頁）。

　上記②の除斥期間については、上記のとおり、再審の事由が判決確定後に生じたときは、除斥期間は、再審事由を知った日からではなく、再審事由の発生した日から進行する（民訴342条2項かっこ書）。確定後に民事訴訟法338条1項8号の基礎となった判決の変更がされた場合などのほか、同条2項の要件が再審対象判決の確定後に具備された場合（この場合、可罰行為につき有罪判決等が確定した時または有罪判決等を得ることができないことが確定した時が起算点となる）がこれにあたる（通説、最判昭和47年5月30日民集26巻4号826頁、最判昭和52年5月27日民集31巻3号404頁）。

　民事訴訟法338条1項9号の判断遺脱の再審事由について、判例（最判昭和45年12月22日民集24巻13号2173頁）は、再審期間の起算点を再審対象判決確定の日からとする。また、判断遺脱の再審事由のように、判決正本の送達を受けた時に再審の事由を知ったとみることができる場合（大判昭和17年4月21日民集21巻399頁）は、判決送達の日が再審の事由を知った日であるが、判決確定前において期間は進行しないので、判決が確定した日から起算する（最判昭和28年4月30日民集7巻4号480頁）。

　不服の理由を変更（民訴344条）した場合、再審期間の遵守（同法342条）は、個々の請求原因ごとに、不服の理由として請求をした時（不服の理由を変更した時）を基準として判断される（最判昭和36年9月22日民集15巻8号2203頁）。

29　再審の訴え

エ　再審の補充性

　再審の訴えは、非常の救済手段であり、その濫用を防止し、法的安定性を確保するため、当事者[19]が再審事由をすでに先の上訴手続で主張していたか[20]、または、その存在を知りながら主張しなかった場合には、再審を認められない（民訴338条1項ただし書）。これを再審の補充性という。

　有罪確定判決等の存在を要件（民訴338条2項）とする民事訴訟法338条1項4号〜7号の各再審事由の場合、上記にいう「再審事由を知る」とは、再審事由該当の事実を知ることで足り、その事実が犯罪事実を構成するかどうかまで認識することを要さず、例えば、文書の変造の場合には、変造という事実を知ることで足り、必ずしもその事実が私文書変造罪を構成することを知っていることを要しない（最判昭和36年9月19日民集15巻8号2189頁）。当事者が重大な過失によって知らなかった場合も、「再審事由を知る」場合にあたる（松江地益田支判昭和44年5月23日下民集20巻5・6号383頁）。

　民事訴訟法338条1項4号〜7号の各再審事由については、有罪確定判決等が再審対象判決の確定後に成立した場合には、上訴で再審事由の存在を知りながら主張しなかったときでも補充性要件に反しない（最判昭和47年5月30日民集26巻4号826頁）。

　民事訴訟法319条1項9号の判断遺脱の事由は、当事者としては、特別の事情が認められない限り、判決正本の送達を受領した時に、その判決を読んで知ったものと解するのが相当であるから、判決を知り得なかった特別の事情を主張、立証しない限り、再審の訴えを提起することができない（最判昭和36年9月22日民集15巻8号2203頁、最判昭和41年12月22日民集20巻10号2179頁）。

オ　有罪確定判決等の存在

　民事訴訟法338条1項4号〜7号の各再審事由（判決の基礎資料に犯罪と関係する重大な欠陥があること）に関しては、①「罰すべき行為について、有罪の判

19　「当事者」には、訴訟代理人も含まれる（最判昭和38年7月11日裁判集民67号45頁参照）。

20　ここでいう再審の補充性とは、再審事由の存否につき、裁判所が先行して消極的判断をしている場合には、重ねて判断を求めることはできないというものであり、当事者が上訴により主張したが、上訴裁判所がそれについて判断しなかった場合には、同一の事由を主張して再審の訴えを提起することができる（東京高判昭和27年12月13日下民集3巻12号1761頁）。

Ⅲ　再審開始決定手続（再審理開始の許否についての審理手続）

決若しくは過料の裁判が確定したとき」（以下、この要件を「有罪判決要件」という）、または②「証拠がないという理由以外の理由により有罪の確定判決若しくは過料の確定裁判を得ることができないとき」（以下、この要件を「有罪判決代替要件」という）に限り、再審の訴えを提起することができる（民訴338条2項）。

　上記①の有罪判決要件の充足を必要とするのは、再審の事由が存在することの蓋然性が顕著な場合に限定することによって、不確かな再審事由を主張して再審の訴えを提起する当事者を牽制し、濫訴を防止することにある（最判昭和45年10月9日民集24巻11号1492頁）。有罪判決要件は、再審原告が主張、立証することを要する。

　上記②の有罪判決代替要件は、例えば、意思能力を欠き犯罪とならない場合（刑38条、39条）、刑事被疑者または被告人の死亡（刑訴339条1項4号）または所在不明、公訴時効の完成（同法337条4号）、大赦等の事実が存在する場合がこれに該当する。判例（最判昭和42年6月20日裁判集民87号1071頁、最判昭和52年5月27日民集31巻3号404頁）は、上記のような有罪確定判決を得られなくなった理由の存在に加え、「有罪の確定判決を得る可能性」の存在をも要件とする。有罪判決代替要件は、再審原告が主張、立証することを要する。例えば、被疑者が死亡したことを理由として不起訴処分がされたときは、その事実を主張立証することに加え、その事実がなければ有罪の確定判決を得ることが可能であったことについても立証しなければならない（前掲最判昭和42年6月20日、最判平成6年10月25日裁判集民173号189頁等）。また、起訴猶予処分も、有罪判決代替要件を充足し得ると解されているところ（最判昭和41年9月6日民集20巻7号1305頁等）、いかなる理由で起訴猶予処分にされたかは、当事者がこれを証明しなければならない（前掲最判昭和42年6月20日。刑訴260条、261条参照）。

　有罪判決要件や有罪判決代替要件について、通説、判例（前掲最判昭和45年10月9日）は、再審の訴えの適法要件と解する。したがって、民事訴訟法338条1項4号〜7号の各再審事由については、実務上、有罪判決要件や有罪判決代替要件の存否を確認し、これがなければ訴えを却下し、あれば、再審の事由が存在するかどうかの審理をすることになる[21]。

651

(2) 再審却下決定およびこれに対する不服申立て方法

　再審の訴えが不適法である場合、再審裁判所は決定で再審の訴えを却下しなければならない（民訴345条1項）。

　再審裁判所が簡易裁判所、家庭裁判所および地方裁判所である場合、再審裁判所によりされた再審却下決定に対しては、即時抗告ができる（民訴347条）。再審裁判所が高等裁判所である場合、再審却下決定に対しては、特別抗告（民訴336条1項）または許可抗告（同法337条1項）による以外不服申立てができない（裁7条2号）。

　なお、再審の訴えが不適法として却下された場合に、再び再審の訴えを提起できるかについては、当該却下決定の理由とされた訴訟要件の欠缺について、同一の状況の下に再審の訴えが提起されたときには、民事訴訟法345条3項を類推して訴えが却下されるものと解される[22]。

3　再審事由

(1) 再審事由と訴訟物

　前記Ⅱ1のとおり、再審の訴えについて、対象事件の確定判決の取消しを求める形成の訴えと当該事件の再審理を求める付随訴訟の複合的なものとしてとらえるのが従来の通説であるが、そこでは、形成の訴えとしての側面に着目した場合の訴訟物について、再審事由がその訴訟物を構成するものとされ、さらに、旧訴訟物論の立場からは、再審事由にあたる事実がそれぞれ再審の訴えの請求原因となり、その各個の事由ごとに別個の請求、訴訟物が構成されるものとされた[23]。判例（最判昭和36年9月22日民集15巻8号2203頁）も、再審の訴え提起後に再審事由を変更[24]した場合においては、変更の時に新再審事由による訴

21　秋山ほか・前掲書（注7）42頁、43頁、高田ほか・前掲書（注2）503頁〔内山衛次〕。
22　秋山ほか・前掲書（注7）72頁。
23　例えば、偽造文書が複数存在する場合において、ある文書の偽造に基づく再審請求の棄却決定があったとき、別の文書の偽造を主張して新たな再審請求をしたとしても、民事訴訟法345条3項の「同一の事由」にはあたらず、事実として異なる以上、訴訟物を異にし、同項との関係で、訴えの提起を妨げられることはない（同法342条の再審期間の充足は別途必要となる）。秋山ほか・前掲書（注7）10頁、74頁。
24　再審の訴えを提起した当事者は、不服の理由（再審事由）を変更することができる（民訴344条）。

えの提起があったものとして再審期間（民訴342条）を計算すべきであるとしており、再審事由ごとに訴訟物が異なるとする見解を前提にしているものと解される。

これに対して、当事者が数個の再審事由を主張していても１個の確定判決の取消しを求める法的地位を訴訟物として把握し、再審事由は攻撃防御方法とみるべきとする見解等もある[25]。

(2) 各再審事由およびその留意点

再審事由は、一般的には、重要な手続上の瑕疵に属するもの（下記ア、イ）と裁判の基礎に関係する瑕疵に属するもの（下記ウ〜カ）とに分類されている。前者の事由については、絶対的上告理由と共通であることから、再審事由たる瑕疵と当該確定判決の結論との間の因果関係は問わないが、後者の事由については、上記因果関係が必要と解されている（通説）[26]。

これらの事由は、従来、制限列挙であるといわれてきたが、今日では、通説・判例とも、一定の限度で拡張解釈や類推解釈を認める。例えば、訴状の有効な送達がないために訴訟に関与する機会が与えられなかった場合（最判平成４年９月10日民集46巻６号553頁）、訴状送達が有効でも、実質的に手続関与の機会が与えられなかったと評価すべき事情が認められる場合（最決平成19年３月20日民集61巻２号586頁）などにも再審事由が認められている[27]。

ア　裁判所の構成に違法があること（民訴338条１項１号・２号）

１号は「法律に従って判決裁判所を構成しなかったこと」を、２号は「法律により判決に関与することができない裁判官が判決に関与したこと」（例えば、民事訴訟法23条１項の除斥原因のある裁判官、同法24条１項の忌避理由のある裁判官、同法325条４項により破棄差戻し後の裁判に関与できない裁判官が再審対象判決に関与した場合）をそれぞれ再審事由と定める。

25　再審事由と再審の訴訟物に関する学説の状況等については、加波真一「再審訴訟の訴訟物論と再審事由の機能」摂南法学34号（2005年）１頁、山本研「新民事訴訟法における再審手続の論点」沖縄法政研究２号（2000年）85頁参照。

26　中野ほか・前掲書（注13）697頁。なお、４号の再審事由については、因果関係を不要とする見解が多数を占めつつある（同書698頁の注８）。

27　学説および判例は、民事訴訟法318条１項３号の再審事由を手続保障の欠缺の場合に拡張する傾向があるとされる（高田ほか・前掲書（注２）492頁〔内山衛次〕。判例等について、秋山ほか・前掲書（注７）26頁以下参照）。

653

再審をもって不服を申し立てられた裁判に関与した裁判官が再審対象判決に関与しても、民事訴訟法338条1項2号の再審事由とはならない（大判昭和16年3月26日大審院判決全集8輯13号16頁）。

イ　法定代理権、訴訟代理権または代理人が訴訟行為をするのに必要な授権を欠いたこと（民訴338条1項3号）

3号の再審事由に該当する瑕疵は、追認によって治癒される性質のものであるから（民訴312条2項ただし書参照）、同項の準用により、追認があると、判決確定後の場合も含め、再審事由ではなくなるものと解される[28]。

代理権、代表権の濫用が再審事由となるか議論があるが、判例は、株式会社の代表者が自己または第三者の利益を図る意思で訴訟行為をし、相手方当事者がそのことを知りまたは知り得る場合について、再審事由があるとはいえないとする（最判平成5年9月9日民集47巻7号4939頁）。

なお、3号の再審事由のうち、法定代理権や訴訟代理権の欠缺の場合については、再審期間の制限がない（民訴342条3項）。

ウ　判決の基礎資料に犯罪と関係する重大な欠陥があること（民訴338条1項4号～7号）

4号は「判決に関与した裁判官が事件について職務に関する罪を犯したこと」を、5号は「刑事上罰すべき他人の行為により、自白をするに至ったこと又は判決に影響を及ぼすべき攻撃若しくは防御の方法を提出することを妨げられたこと」を、6号は「判決の証拠となった文書その他の物件が偽造又は変造されたものであったこと」を、7号は「証人、鑑定人、通訳人又は宣誓した当事者若しくは法定代理人の虚偽の陳述が判決の基礎となったこと」をそれぞれ再審事由と定める。

4号の「職務に関する罪」とは、職権濫用（刑193条）、収賄（同法197条、197条の2～197条の4、198条）、公文書偽造（同法155条、156条）の罪などである。

5号の「自白をするに至ったこと」と不利な判決との間に因果関係が必要であり、自白を基礎として再審対象判決がされ、自白がない場合異なる判断に達した可能性のあることが必要とされる。また、同号の「判決に影響がある」と

28　秋山ほか・前掲書（注7）25頁。

Ⅲ　再審開始決定手続（再審理開始の許否についての審理手続）

は、攻撃防御方法の提出が妨げられたことによって判決内容に影響を受けたことおよび提出が可能であれば異なる判決がされた可能性が認められることをいう。

　6号の「判決の証拠となった」とは、再審対象判決の理由において、その証拠が事実認定の資料とされている場合であり[29]、その書証が提出されていない場合、あるいは排斥された場合、さらには偽造または変造の趣旨に沿う形では事実認定の資料として用いられていない場合は、判決に影響を与えていないから、再審事由にならない（大判昭和3年9月19日法律新聞2908号10頁、最判昭和43年3月15日裁判集民90号749頁等）。また、証拠の記載内容が判決主文における判断に影響を及ぼしたことが必要であるが、裁判所がそれを斟酌しなかったとすれば当該確定判決とは異なる判決をしたであろうとの一応の推論をなし得る関係にあるものであれば足り、それが唯一の証拠資料となったか、他の証拠方法とともに認定の資料となったにすぎないかは問わない（東京高判昭和43年11月27日下民集19巻11・12号748頁・判タ233号156頁）。

　7号の「判決の基礎となった」とは、争点の認定の資料として判決書に記載されており、しかもその認定が判決の主文における判断に影響がある場合に限られ（最判昭和34年11月19日民集13巻12号1500頁）、したがって、証人の虚偽の陳述による認定が主文の判断に影響がない場合には再審事由にならないし（大判昭和14年10月24日法律新聞4488号10頁）、証人の証言が虚偽であっても、その証言が判決理由において仮定的に引用されているにすぎない場合には、再審事由にならない（大判大正6年3月17日民録23輯452頁）。また、虚偽の証言その他の陳述が他の証拠と総合されて争点が認定されている場合、虚偽の陳述が証拠となったことにより判決内容に影響を受けたこと、偽証の証人等が真実を供述したならば争点につき異なる判決がされたであろうとの可能性があればよく、虚偽の証言が直接証拠であるか間接証拠であるかを問わないし（前掲大判大正6年3月17日）、虚偽の証言が唯一の証拠でなくとも、主要事実認定の際の証拠の一つにあげられれば足り（大判大正6年4月28日法律新聞1296号31頁）、総合認定の一資料となっている場合を含めて、偽証の証人が真実を供述したならば争

29　秋山ほか・前掲書（注7）33頁。

655

点の認定が異なり、異なる判決がされたであろうとの一応の見込みがあれば足りる（大判昭和9年4月20日民集13巻9号662頁）。

なお、民事訴訟法338条1項4号〜7号の再審事由については、前記2(1)オのとおり、訴訟要件として、有罪判決要件や有罪判決代替要件を充足する必要があるが、それらの要件が存在し、再審の訴えが適法とされた場合には、裁判所は再審事由の有無について、審理することになる。この場合においては、判決に影響を及ぼす可罰行為の有無について再審裁判所としてあらためて審理し、その存在を確定する必要があるが、再審事由に該当する可罰行為があったかどうかについては、有罪確定判決等に拘束されることはなく、再審裁判所があらためて自由な心証によって事実認定をすることになり、有罪確定判決等が存在するにもかかわらず、再審事由はないとして再審の請求を棄却すること（民訴345条2項）もできる（起訴猶予に係る事件において、同様の趣旨を判示したものとして、最判昭和45年10月9日民集24巻11号1492頁）。

エ　判決の基礎の変更（民訴338条1項8号）

8号は、「判決の基礎となった民事若しくは刑事の判決その他の裁判又は行政処分が後の裁判又は行政処分により変更されたこと」を再審事由とする。上記変更の結果、再審対象判決の事実認定に影響が及び、その結論が異なる可能性が生じた場合は、審理をやり直し、同一または関連する紛争についてできる限り統一的で公正な解決を図ろうとする趣旨から設けられたものである。

ここにいう「判決の基礎となった」とは、裁判または行政処分が、再審対象判決に対して拘束力がある場合と、その裁判または行政処分により事実認定をし、その事実に基づき判決をした場合をいう（千葉地判昭和35年1月30日下民集11巻1号176頁）。

変更の事由および方法は、再審、上訴、異議、抗告等、その種類を問わないが、その変更が確定している必要がある[30]。

8号の民事・刑事の判決以外の「その他の裁判」とは、非訟事件の裁判、家事審判、売却許可決定等の裁判である。

後に行われる行政処分の変更は、裁判機関（行政訴訟）による必要はなく、

30　秋山ほか・前掲書（注7）36頁、37頁、高田ほか・前掲書（注2）498頁〔内山衛次〕。

処分行政庁あるいは他の行政庁によってされてもよいが、その変更は、遡及的なものでなければならない（大阪高判昭和38年12月16日下民集14巻12号2532頁）。

オ　重大な判断の遺脱（民訴338条１項９号）

９号は、「判決に影響を及ぼすべき重要な事項について判断の遺脱があったこと」を再審事由としており、再審対象判決に「判断遺脱」があっても、そのことを理由に不服を申し立てることができない場合を救済する趣旨から設けられたものである。

ここにいう「判断遺脱」とは、判決の結論に影響を及ぼすべき重要な事項につき、それが職権調査事項であると否とにかかわらず、当事者が攻撃防御方法を主張し、または職権発動を促す意味で主張したにもかかわらず、判決理由中でそれについて判断していないことである。職権調査事項につき、当事者が職権調査を裁判所に促さなかった場合には、再審事由とはならない（大判昭和７年５月20日民集11巻10号1005頁、東京高決昭和31年７月27日判タ61号70頁）。また、証拠申請の不採用は、判断遺脱に該当しない（東京高判昭和51年12月20日判時843号55頁）。

判決の主文における判断に影響のある事項についてであれば、その判断を遺脱した場合には常に再審事由となるので、さらにそれが重要であるかどうかを判断する必要はない[31]。

判断を遺脱したかどうかは、判決書の理由によって明らかであるから、当事者がその判決に対し上訴しなかったときはもちろん（最判昭和36年９月22日民集15巻８号2203頁、最判昭和41年12月22日民集20巻10号2179頁等）、上訴したときに、当事者が判断の遺脱を主張しないのは、多くの場合、これを知って主張しなかったものと認められる。したがって、判断遺脱が再審事由として問題となるのは、主として上告審判決である。

カ　既判力の抵触（民訴338条１項10号）

10号は、前後二つの判決がされ、既判力が衝突するのを避けるための規定であり、訴訟提起の先後にかかわらず、先に確定していた判決の既判力に、後に確定した判決の既判力が抵触する場合に、後者の判決を再審により取り消すこ

31　高田ほか・前掲書（注２）501頁〔内山衛次〕。

とを認める[32]。

前記2(1)エの再審の訴えの補充性（民訴338条1項ただし書）との関係で、判例（大判昭和14年12月2日民集18巻22号1479頁）は、同一当事者間で前の訴訟において抵触する確定判決があった以上、特別の事情のない限り、本号の再審事由の存在を知っていたと認めることができるとする。

(3) 再審事由の存否に関する審理

再審裁判所は、訴訟要件等の審査後、本案の審理をする前に再審事由の存否について審理を行う。この審理については、本稿Ⅲの冒頭部分記載のとおり、第1審の訴訟手続に関する規定が準用されるが、審理は決定手続で行われるため、訴訟手続に固有の規定は準用の対象とならず、任意的口頭弁論により（民訴87条1項ただし書）、必要に応じて当事者の審尋がされる（同条2項）[33]。ただし、再審開始決定をする場合には、あらかじめ相手方を審尋しなければならない（同法346条2項）。再審事由の存在については、再審原告が主張立証責任を負う[34]。

審理の結果、再審事由がない場合には、再審裁判所は、決定で、再審の請求を棄却しなければならない（民訴345条2項）。また、この決定が確定したときは、同一の事由を不服の理由として、さらに再審の訴えを提起することができず（同条3項）、これに違反した再審の訴えは、不適法なものとして決定で棄却される（同条1項）[35]。再審事由がある場合は、再審開始決定をする（同法346条1項）。再審請求棄却決定や再審開始決定に対しては、即時抗告ができる（同法347条）[36]。

32　取り消される以前に、いずれの判決の既判力が優先するかについては議論がある（秋山ほか・前掲書（注7）40頁）。

33　秋山ほか・前掲書（注7）70頁。

34　秋山ほか・前掲書（注7）71頁、高田ほか・前掲書（注2）515頁〔内山衛次〕。

35　秋山ほか・前掲書（注7）73頁。

36　即時抗告ができるのは、簡易裁判所、地方裁判所、家庭裁判所がした決定であり、高等裁判所または最高裁判所がした決定に対しては即時抗告ができない。高等裁判所のした決定に対しては、特別抗告（民訴336条）または抗告許可の申立て（同法337条）をすることができるにとどまる。

Ⅳ　本案再審理手続（再審開始決定確定後の審理手続）

1　審理の範囲

　再審開始決定が確定した場合には、裁判所は、不服申立ての限度で、本案の審理および裁判をする（民訴348条1項）。ここでいう「本案」とは、再審の訴えそのものをいうのではなく、再審の訴えにおいて取消しの対象となっている確定判決がされた事件の本案のことであり、処分権主義に基づき、当該本案についての「不服申立ての限度」で審理、裁判されることになる。例えば、数個の請求が1個の判決で裁判され、再審原告がそのうちの特定の請求についてだけ再審の訴えを提起したときは、再審事由が他の請求について認められるとしても、再審裁判所は、不服申立てのあった請求についてのみ「本案の審理および裁判」をすることになる。

2　審理の方式

　本案再審理手続には、その性質に反しない限り、再審の対象である判決の審級における訴訟手続が準用される（民訴341条、民訴規211条2項）。

　本案の審理は、前訴の口頭弁論終結前の状態に復し、再審事由に関しない限りは従来の手続が効力を有する。よって、裁判所の構成に変更があれば、弁論を更新して審理する（民訴341条、249条2項、297条、313条）。もっとも、審理に際しては、理由があると認定された再審事由に拘束されるから、それに応じて審理の態様にも変更が生じ得るのであり、例えば、代理権の欠缺（民訴338条1項3号）についての再審事由が認められた場合には、訴状の送達からやり直す必要が生ずることもある。

　法律審である上告審の判決に対する再審の訴えは別として、再審期間等の要件や各訴訟行為の要件を満たす場合には、再審原告は、新たな請求を併合したり、訴えの変更をしたりすることができ、再審被告は、再審原告の再審請求との関係で反訴の要件（民訴146条、300条1項）を満たす場合には、再審期間内であれば、再審反訴を提起することができる。また、再審の訴えは、再審の対

象となる確定判決が前提にあることから、機能的には上訴に類する面を有し、附帯上訴（同法293条1項、313条）に準じて、附帯再審の提起をすることができる。附帯再審の提起は、再審の訴えが取り下げられ、または不適法として却下されたときは、独立の再審の訴えの要件を具備していない限りその効力を失う（同法341条、293条2項）が、再審反訴の提起は、再審の訴えが取り下げられてもその効力を失わない。

3　判決および不服申立て

　再審裁判所は、本案の再審理をした結果、再審対象判決を正当と認めるときは、再審請求棄却の判決をしなければならない（民訴348条2項）。再審開始の決定が確定したときは、常に再審対象判決を取り消すことが理論的であるともいえるが、現行法はそのようにせず、再審理の結果、裁判所の判断の結論が再審対象判決と同内容になったときは、裁判所は、当該判決を取り消すことなく、再審請求棄却判決をすべきものとする。事実審の再審での再審請求棄却判決については、本案についての再審理手続が行われているのであるから、既判力の基準時は、再審対象判決の口頭弁論終結時ではなく、本案再審理手続の口頭弁論終結時となると解される[37]。

　再審対象判決を不当と認めるときは、これを取り消して、新たに当該審級に応じた本案判決をしなければならない（民訴348条3項）。

　前記2のとおり、再審開始決定が確定すると、本案再審理手続には、その性質に反しない限り、再審の対象である判決の審級における訴訟手続が準用される（民訴341条、民訴規211条2項）から、再審の本案判決に対する上訴もその審級に対応する[38]。

---

[37]　高橋・前掲書（注2）805頁、高田ほか・前掲書（注2）517頁〔内山衛次〕。これに対して、再審対象判決の基準時後の理由により棄却された場合は、本文記載のとおりであるが、基準時前の理由により棄却された場合は、その既判力の基準時は再審対象判決の基準時にとどまるとの異説等もある。学説の状況については、坂原・前掲論文（注4）113頁以下参照。

[38]　控訴審の確定判決に対する再審手続は控訴審手続であり、この再審の訴えについてされた終局判決に対する上訴は上告である（最判昭和42年7月21日民集21巻6号1663頁）。

Ⅳ　本案再審理手続（再審開始決定確定後の審理手続）

〈再審開始決定手続段階のチェック表〉

再審開始決定手続段階における主な一般的チェック項目（個別再審事由の存否判断に係るものを除く）は、以下のとおり。なお、下記の【　】内は、「Ⅲ　再審開始決定手続」中の説明箇所の項目番号、脚注番号を示す。

◎　管轄（管轄違背の場合、移送決定）【1⑴】
　　□　再審対象判決をした裁判所への訴え提起か

◎　裁判長による訴状審査（任意の補正に応じない場合、補正命令を発し、それに応じなければ、訴状却下命令）
　　□　再審訴状の必要的記載事項（①当事者および法定代理人、②不服の申立てに係る判決の表示およびその判決に対して再審を求める旨の表示、③不服の理由（具体的再審事由）〔民訴343条〕）の有無【1⑵】
　　□　手数料の納付および送達費用の予納の有無【1⑶】

◎　訴訟要件（適法要件）の具備の判断（具備しなければ、訴え却下決定）
　　○　再審対象の相当性等
　　　　□　確定した終局判決か（未確定の場合、上訴または附帯上訴として扱う余地あり）【2⑴ア】
　　　　□　（第1審の確定判決を対象とする場合）同一事件について控訴審が控訴棄却の本案判決をしていないか（民訴338条3項）【1⑴、注8】
　　○　当事者適格
　　　　□　原告適格【2⑴イ(A)】
　　　　□　被告適格【2⑴イ(B)】
　　○　再審期間の遵守（3号中の代理権欠缺および10号を除く再審事由に係るもの）【2⑴ウ】
　　　　□　判決確定後、再審事由を知った日から30日の不変期間内に提起されているか（民訴342条1項）
　　　　□　判決確定後から5年の除斥期間内に提起されているか（民訴342条2項）
　　○　再審の補充性（民訴338条1項ただし書）の適用の有無【2⑴エ】
　　　　□　再審事由をすでに先の上訴手続で主張していないか
　　　　□　再審事由の存在を知りながら上訴手続で主張しなかったか
　　○　有罪確定判決等（民訴338条2項）の有無（4号～7号の再審事由に係る

29 再審の訴え

　　もの）【2(1)オ】
　　　□　刑事手続で有罪の判決もしくは過料の裁判が確定したか（有罪判決要件）
　　　□　証拠欠缺以外の理由により有罪の確定判決もしくは過料の確定裁判を得ることができないか（有罪判決代替要件。なお、有罪判決代替要件との関係で、判例は、有罪確定判決等を得る可能性の存在も要件とする）
　○　先行する再審の訴え却下判断との抵触の有無【2(2)】
　　　□　（先行する再審の訴えにおいて訴え却下の決定がされ、それが確定していた場合）先行訴訟における却下理由に係る状況の同一性の有無（同一性があれば、民訴345条3項類推により、訴え却下）

事項別索引

【英数字】

（Ｆ）RAND 宣言	295
1段目の推定	18
2段目の推定	18
Forms を用いた参考事項聴取	115
mints	107, 119
——による裁判書類の電子提出	107

【あ行】

アミカスキュリエ	296
アミカスブリーフ	296
争いのない事実	448
異議審（少額訴訟手続）	570
意見書の作成	434
遺言無効確認の訴え	199
遺産の分割審判（許可抗告）	639
遺産分割協議の不存在確認を求める	
訴え	199
遺産分割協議の無効を求める訴え	199
異時廃止	226
意思表示の擬制	468
慰謝料	382
移送	40
——の申立て	43
管轄違いによる——	41
関連請求に係る訴訟の——	47
遅滞等回避のための——	548
遅滞を避ける等のための——	42
反訴の提起に基づく——	51
移送申立て事件に係る許可抗告事件	
	634
一期日審理の原則（少額訴訟手続）	
	563, 565

一元的構成	443
一時金賠償	67
一部請求	58
一部認容	68
一部判決	205
一括記載方式	447
一体型審理（少額訴訟手続）	566
一般調停委員	415
一般的経験則	397
入会権	196
医療ガイドライン	401
医療過誤訴訟（時機に後れた攻撃	
防御方法の提出）	337
因果関係	363, 388
——の立証	390
インターネットによる申立て	110
ウェブ会議	186
——による口頭弁論	109, 135, 139
——による争点整理	106, 134
ウェブ口頭弁論	149
訴え	54
訴え提起前の和解手続	543, 545
訴え取下げ契約	532
訴えの客観的併合	66
訴えの取下げ	202, 519
——の要件	520
閲覧等の制限の申立て	109
応訴	202
応訴管轄	38
オンラインによる参考事項聴取	137

【か行】

外国法等に関する法律意見書	290
介護費用の賠償	372

事項別索引

改ざんのおそれ	349
会社非訟事件（抗告審）	618
蓋然性説	390
開廷日立会方式	556
介入尋問	319
外貌醜状の後遺障害	380
確定期限の到来	469
確定した移送の裁判	52
確定判決	463
——と同一の効力を有する債務	
名義	463
確認の訴え	55
——における訴訟物	56
各論型事件	145
下線式（脚注式）認否	138
画面共有機能	115, 136
仮執行宣言	65
仮執行宣言（控訴審）	578
簡易裁判所	538
管轄	32
——の合意	37
——の恒定	39
管轄・移送決定に対する抗告事件	610
管轄違いによる移送	41
関係図	29
簡裁特則	549
簡裁の事物管轄	547
間接事実	81, 449
間接事実等の補充	6
間接損害	369, 384
鑑定	98, 399, 422
——の対象	289
関連裁判籍	35
関連請求に係る訴訟の移送	47
期日外釈明	168
期日指定の申立てがないとき	

（取下げ擬制）	530
期日の続行（少額訴訟手続）	569
期日への出頭	202
技術説明会	400
偽証教唆	310
擬制自白	551
擬制陳述	38
基礎収入（後遺障害逸失利益）	378
機動的任命	426
規範的要件	24
既判力の抵触	657
義務履行地	34
休業損害	376, 377
給与所得者の——	377
事業所得者の——	377
主婦である場合の——	378
休業損害証明書	377
休止	530
休止満了	530
求釈明	92
休車損害	386
旧訴訟物理論	2
急迫の事情	344
給付の訴え	55
——における訴訟物	56
給付判決	462, 497
——による意思表示の擬制	515
給付文言	495
給与所得者（休業損害）	377
境界確定訴訟	27, 196
業者事件	539
供述の信用性	22
強制執行	505
協同進行主義	231
共同申請の原則	459
共同相続人間における遺産確認の	

訴え	198	原告本人の意見陳述	148
共同相続人間における相続権不存在		現在の給付の訴え	55
確認の訴え	198	検証	355
共同訴訟	187	——の実施	355
——の適法要件	188	検証協力義務	356
共同訴訟参加	217	検証対象物の証言拒絶事由	357
共同訴訟的補助参加	221	検証対象物の特定	347
共同訴訟人独立の原則	190	検証場所への立入り	355
共同訴訟人の主張の援用	193	検証物提示命令	356
共同訴訟人の一人のした訴訟行為	201	建築関係事件（調停）	416
共同提言（民事判決書の新しい		建築関係訴訟（時機に後れた攻撃	
様式について）	441	防御方法の提出）	338
共有権の確認	195	現地調査	430
共有者内部における共有関係確認の		権利主張参加	213
訴え	197	権利に関する登記	459
共有物の分割	504	権利の濫用	25
共有物分割の訴え	63, 197	権利保護形式	66
共有持分権の確認	195	故意（時機に後れた攻撃防御方法の	
許可抗告	598, 620	提出）	326
許可の基準（許可抗告）	630	合意管轄	37
許可の相当性（許可抗告）	631	広域活用	426
金銭賠償	363	後遺障害慰謝料	382
経験則	9, 27, 288, 395	後遺障害逸失利益	376, 378
——の証明の必要性	397	合一確定	591
経済的全損	385	——の要請	194
形式的形成訴訟	63	合意に基づく必要的移送	47
形成の訴え	55	効果的な尋問	301
——における訴訟物	56	合議相当性	131
契約の解釈	81	合議体による審理	131
契約の成否	15	抗告	596
契約不適合	431	——の利益	607
結論に影響する重要な証拠	332	抗告棄却	626
原因裁定嘱託制度	400	抗告却下	626
厳格な証明	398	抗告許可申立書	624
原告の地位に変動があった場合		抗告許可申立理由書	624
（登記手続を命ずる判決）	475	抗告権者	600

事項別索引

抗告裁判所	600
抗告状の写し	240
抗告審の裁判	608
抗告審の審理	595
抗告人	600
抗告費用	609
交互面接方式	493
控訴期間	579
控訴棄却	589
控訴却下決定	580
控訴権の放棄	579
控訴状	580
控訴状却下命令	581
控訴状審査	581
控訴審の判決書	593
控訴提起	580
控訴の取下げ	528, 586
控訴の利益	577
控訴不可分の原則	580
公知の事実	28
口頭協議	249
口頭議論	85
——の活性化	128
口頭による訴えの提起	544
口頭弁論期日（取下げ擬制）	529
口頭弁論等の期日に出頭せず	
（取下げ擬制）	529
口頭弁論の再開	250
口頭弁論の分離	237
口頭弁論の分離・併合	251
高度の蓋然性	391
公平	84
衡平要件	44
抗弁の提出	202
国内法に関する法律意見書	291
子の監護に関する処分（許可抗告）	

	639
個別項目の損害額の積上げ計算	153
個別損害項目積上方式	366
固有損害	384
固有必要的共同訴訟	194
婚姻費用の分担の審判（許可抗告）	
	640
混合型事件	146
コンピュータ関係事件（調停）	417

【さ行】

債権者代位訴訟における参加	218
債権者の証明すべき事実	469
債権的登記請求権	460
再抗告	598
財産状況の調査	517
財産的損害	368
財産分与の審判（許可抗告）	640
最初の抗告	598
最初の抗告手続	603
再審開始決定確定後の審理手続	659
再審期間	648
再審却下決定	652
再審原告	648
再審事由	652
——の存在を知った日	648
——を知る	650
再審訴状	644
再審の訴え	641
——が不適法である場合	646
——の管轄	644
——の訴訟要件	646
再審の補充性	650
再審反訴	659
再審被告	648
再訴禁止	526

事項別索引

再度の考案	601
裁判官の私知利用	100
裁判上の和解	479, 559
裁判所外の施設での開廷の希望	148
裁判所書記官	541
裁判所設置端末を用いた閲覧	258
裁判資料	2
裁判籍	33
裁判の基本理念	84
裁判の迅速化	154
債務者の証明すべき事実	469
債務名義	505
在来様式判決	440
裁量移送	50, 548
裁量権行使の理由開示論	232
詐害行為取消権において債務者が	
する補助参加	222
詐害行為取消訴訟	473
詐害防止参加	213
差額説	366, 375
差戻審	593
参加承継	227
——の申立て	228
事案解明義務	408
事案の要旨	448
時機	324
——に後れた攻撃防御方法の却下	
	321
——に後れた提出	323
事業所得者の休業損害	377
時系列表	29, 286
事件指定方式	556
事件の移審	580
事件の実相の把握	8
事後メモ	114
事実	80, 82

事実実験公正証書	510
事実上の面接	346
事実的因果関係	388
事実認定	449
——を踏まえた評価	449
私生活についての重大な秘密	274
自然科学的経験則	397
事前メモ	113
自庁処理	48
失権効	152
執行、保全関係（許可抗告）	638
執行異議	512, 612
執行開始要件	506
執行抗告	512, 612
執行文	505
——の付与	469
執行文付与の申立ての拒絶	470
実質的証拠力	287
実体的真実発見	244
実体法的構成	443
私的鑑定書	289, 399
私的自治	77
——の原則	2
自動リンク付き証拠説明書	119
自白	202
——をするに至ったこと（再審事	
由）	654
自白原則	80
支払督促手続	542
自判	591
事物管轄	33
司法委員制度	555
死亡慰謝料	383
死亡逸失利益	376, 381
司法書士の訴訟代理権	561
市民型訴訟事件	540

事項別索引

氏名等が秘匿事項とされる場合	269	主要事実	81
氏名の推知事項	270	準再審	641
借地借家関係事件（調停）	416	準備書面の省略等（簡裁特則）	549
釈明	11, 83, 168	傷害慰謝料	382
釈明義務の違反	169	少額訴訟手続	562
釈明権	167, 184	消極損害	369, 374
——の行使	71, 234	消極的釈明	169
釈明権行使の違法	169	証拠共通の原則	192
車両の時価額	385	上告	593
終局決定に対する即時抗告（抗告審）		証拠原則	80
	618	証拠制限（少額訴訟手続）	563
住所、氏名等の秘匿制度	108	証拠説明書	160
住所等の推知事項	273	証拠の優越説	390
住所等の秘匿決定	263	証拠保全	342
重大な過失（時機に後れた攻撃防御		——の記録	360
方法の提出）	326	——の裁判	346
重大な判断の遺脱	657	——の事由	348
集中証拠調べ	303	——の申立却下決定	353
集中証拠調べ（簡裁の審理）	552	——の申立て	344
自由な証明	398	証拠保全決定	352
修理費	385	証拠保全手続の費用負担	361
主観的併合要件	188	症状固定	371
主観的予備的併合	206	商事留置権	502
主尋問	310, 316	上訴	202, 204
——の省略	283	上訴不可分の原則	191
——を省略する尋問	317	承諾請求訴訟	474
主張共通の原則	79	商人間の留置権	502
主張原則	78	証人尋問	299
主張書面	157	証人尋問（簡裁の審理）	551
主張整理書面	158	証人等の陳述の調書記載の省略等	
主張責任	79	（簡裁特則）	554
主張の追加	335	証人の在廷	311
主張の変更	335	証人の証拠調べ（簡裁の審理）	551
主張立証活動の制限	248	証明すべき事実	348
出力書面	111	証明度	390
主婦である場合の休業損害	378	証明力	287

668

事項別索引

将来の給付の訴え	55
職分管轄	32
職務代行	426
職務に関する罪（再審事由）	654
書証	160
——の証拠調べ（簡裁の審理）	551
——の二段階提出	138
書証目録の省略（簡裁特則）	553
除斥、忌避の申立て（許可抗告）	636
除斥・忌避に関する抗告事件	611
職権証拠調べの禁止	60
職権進行主義	231
職権探知主義	75
職権による閲覧等の制限	267
序盤の口頭協議	116
処分権主義	2, 54, 59, 65, 70
処分証書	15
——の真正な成立の有無	17
書面尋問（簡裁の審理）	552
所有権の数次の移転登記、抹消登記	472
信義則による攻撃防御方法の却下	323
審級管轄	32
親権者指定（許可抗告）	639
真実義務	76
真実発見の要請	84
審尋	607
真正な登記名義の回復	468
人的損害	368
審問	607
尋問等に代わる書面の提出（簡裁の審理）	552
新様式判決	442
審理期間の長期化	123
審理計画の策定	155
——の支障となる事情	152

審理計画の修正	157
審理契約論	232
随時提出主義	322
生活費控除率	381
請求原因の補充	5
請求の拡張	202
請求の原因	56, 544
請求の趣旨	56, 544
請求の認諾	203, 534
請求の放棄	202, 534
清算条項	495
精神的損害	368
責問権の放棄	189
積極損害	369, 370
積極的釈明	169
積極的釈明権の行使	12
先給付	498
専属的合意	37
選択的併合	66
前提事実	448
全面的価格賠償	504
専門委員	97
——の関与	423
専門委員制度	295
専門家委員	425
専門家調停委員	415
専門訴訟	95
——における主張立証	337
専門調停	96
専門的経験則	100, 398, 399
専門的知見を要する事件（調停）	415
増額事由（慰謝料）	383
相殺の抗弁	525
争点	448
——に対する判断	449
争点整理	11, 151

669

事項別索引

争点整理（控訴審）	583	続行期日における陳述の擬制	550
争点整理案	85	外側説	58, 370
争点整理期間の長期化	125	その他当該者を特定するに足りる	
争点整理手続終了後の攻撃防御方法		事項	272
の提出	324	疎明の程度	349
争点別記載方式	447	疎明の方法	349
総論型事件	145	損害事実説	368
訴額	33	損害の基準化	364
即時抗告	614	損害の定額化	364

【た行】

即時抗告申立書	101	第1審判決の取消し	590
訴訟運営	243	第1審判決の変更	590
訴訟からの脱退	229	第1テーゼ	74, 78
訴訟完結の遅延	328	第2テーゼ	74, 80
訴状却下命令に対する抗告事件	611	第3テーゼ	74, 80
訴訟救助	495	代位原因証明情報	472
訴訟記録	257	大規模訴訟	141
——の電子化	258	——における審理計画	151
訴訟係属	59	——の判決	162
訴訟係属中の当事者の死亡	224	第三者による意見聴取制度	292
訴訟係属中の破産手続開始決定	225	代車使用料	385
訴訟参加	211	退席	530
訴訟承継	223	対席方式	493
訴訟上の救助の申立て事件（許可抗		代替氏名	271
告）	635	代替住所	271
訴訟上の和解	479	立退料	503
訴状の補正	546	弾劾証拠	310
訴訟引受の申立て	228	単純執行文	506
訴訟費用（許可抗告）	635	単純併合	66
訴訟費用（控訴審）	579	単独調停	425
訴訟費用の負担の裁判	65	遅滞回避要件	43
訴訟物	2, 10, 56, 70	遅滞等回避のための移送	548
——の特定	56	遅滞を避ける等のための移送	42
確認の訴えにおける——	56	中間確認の訴え	526
給付の訴えにおける——	56	調査嘱託	294
形成の訴えにおける——	56		
訴訟法的構成	443		

調書判決（少額訴訟手続）	563
調停案の策定	433
調停委員	424
調停委員会	424
調停事件の管轄	414
調停に代わる決定	437
直接損害	369
陳述記載書面（簡裁の審理）	555
陳述書	278, 304
——の作成方法	280
——の信用性	287
追記型証拠説明書	138
通常共同訴訟	190
通常抗告	597
通常手続への移行	568
定期金賠償	67, 373, 380
データ活用型審理	117
データを活用した審理運営	137
適時提出主義	322
適正	84
デジタル化	104
手続案内	541
手続裁量	230
手続裁量論	232
手続的適正性	84
電磁的記録の送達	111
電磁的訴訟記録	258
——の閲覧	112
電子判決書	439, 455
伝聞制限	287
同一の訴え	526
登記義務者	459
登記協力義務者	461
登記原因	468
登記原因証明情報	467
登記権利者	459

登記所	462
登記申請権の代位行使	472
登記請求権	460
登記請求権者	461
登記請求訴訟	461
——の当事者	471
登記手続を命ずる判決	458
——の対象となる登記	464
登記の目的	467
登記引取訴訟	474
同居の審判（許可抗告）	640
登記を実現するための訴訟	461
倒産手続に係る抗告審	616
当事者主義	83
当事者尋問	299
当事者双方不出頭での弁論準備手続	
	109
当事者の実質的公平を考慮した訴訟	
指揮	246
当事者の主張	448
当事者の手続保障	244
当事者本人の証拠調べ（簡裁の審理）	
	552
同時審判の申出	205
同時廃止	226
同時履行の抗弁権	499
当然承継	223
東大ルンバール事件	389
答弁書の記載事項	4
特殊執行文	506
特定計画事項	152
特定承継	223, 227
特別抗告	598
特別裁判籍	34
特別代理人	346
独立裁判籍	34

事項別索引

独立当事者参加	213
土地管轄	33
土地境界確定の訴え	63
特許権侵害訴訟等における第三者	
意見募集制度	294
取下げ擬制	529
取下げの取消し	534
取下げの無効	534

【な行】

内容的適正性	84
生の事実	83
二重起訴の禁止	219
二段階書証提出	120
二段の推定	15, 302
入通院慰謝料	382
任意管轄	40
任意的差戻し	592
任意の出頭による訴えの提起等	545
人間行動的経験則	397
人証	161
人証計画	302
人証調べ	156
人証調べ（控訴審）	583
人証テスト	310
年金	382
ノンコミットメントルール	87, 130,
249, 301	

【は行】

廃棄・散逸のおそれ	351
破棄差戻決定（許可抗告）	627
破棄自判（許可抗告）	627
破産、更生、再生（許可抗告）	637
破産債権確定訴訟	225
破産債権に関する訴訟	225

判決に影響がある（再審事由）	654
判決の言渡し	560
判決の基礎となった（再審事由）	655,
656	
判決の基礎の変更（再審事由）	656
判決の基本となる裁判（再審）	647
判決の証拠となった（再審事由）	655
判決までの予定期間	153
反射損害	384
反訴	525
——の禁止（少額訴訟手続）	566
——の提起に基づく移送	51
反訴（控訴審）	588
反対給付の履行があることの証明	510
反対給付の履行と相殺	514
反対給付の履行の提供があることの	
証明	510
反対尋問	311, 317
——の準備	283
——を経ていない者の陳述書	308
判断遺脱	657
引受承継	227
引換給付	498
引換給付判決に基づく強制執行	505
引換給付判決による意思表示の擬制	
	515
被告の地位に変動があった場合	
（登記手続を命ずる判決）	475
非財産的損害	368
非訟事件	64
筆跡鑑定	17
必要的移送	547
必要的仮執行宣言（少額訴訟手続）	
	563, 570
必要的記載事項（訴状）	4
必要的共同訴訟	194

必要的計画事項	152	普通裁判籍	34
必要的差戻し	592	物権的登記請求権	460
非電磁的訴訟記録	258, 261	物権変動的登記請求権	460
秘匿決定	108	物的損害	368, 384
——の取消し等	268	不動産関係事件（調停）	417
——の申立て	257	不動産登記手続請求訴訟	461
——の要件	264, 270	不動産に関する訴訟の必要的移送	50
秘匿事項記載部分	108, 272	不服の範囲	581
——の閲覧等の制限	265	不服の理由	645
——の閲覧等の制限の申立て	266	不法行為があった地	35
秘匿事項届出書面	108, 263	不法行為に関する訴え	35
——の閲覧等の制限	263	扶養料（許可抗告）	639
秘匿事項を推知することができる		不利益陳述の問題	79
事項	270	不利益変更禁止の原則	205
秘匿情報	262	不利益変更の例外	590
非秘匿対象当事者による閲覧等の		ブロック・ダイアグラム	29
許可	268	文書提出命令（許可抗告）	636
秘密記載部分の閲覧等の制限	273	文書提出命令に対する抗告事件	611
——の取消しの申立て	275	文書による証明	509
評価根拠事実	24	紛争の要点	545
評価障害事実	24	並進方式	422
評価損	385	ペーパーレス（ECO）審理	138
ファイル共有機能	114, 136	弁護士代理の原則	561
フェーズ1	106	弁護士費用	386
フェーズ2	108	弁論	38
フェーズ3	110	——の分離	205
付加的合意	37	弁論権	83
付款	498	弁論更新（控訴審）	584
不控訴の合意	579	弁論再開	238
附帯抗告	606	弁論主義	2, 60, 74, 75
附帯控訴	580, 587	——の根拠	77
附帯再審	660	弁論準備手続期日（取下げ擬制）	529
付調停	555	弁論等をしないで退廷等（取下げ	
——に適すると考えられる事件	414	擬制）	530
付調停後の訴訟手続	421	包括一律請求	153
付調停事件	415	包括一律請求方式	366

673

事項別索引

報告文書	19	民事保全	64
法定管轄	32	民事留置権	501
法定審理期間訴訟手続	111, 132, 297, 455	民法上の損害	366
法廷における配席	146	無職の者（休業損害）	378
法廷の運営	146	明示的一部請求の訴え	58
法廷への物の持込み等の禁止	147	滅失登記	465
法的観点	80	メッセージ機能	113, 136
法的観点指摘義務	81, 87, 328	免責許可（不許可）決定に対する即時抗告	617
法律意見書	288		

【や行】

法律行為の瑕疵	14	役員報酬（休業損害）	377
法律上併存し得ない関係	206	唯一の証拠方法	236
法律問題指摘義務	81	優越的蓋然性説	391
補完的要素（慰謝料）	383	有罪確定判決等の存在	650
補充尋問	311, 320	誘導尋問	284
補助参加	211	要件事実の考え方	82
——への異議	213	予備的併合	67
補助事実	81		

【ら行】

保全異議の申立て	615	履行の請求	525
保全抗告	615	履行の提供の継続	513
保全抗告状	615	履行の提供の方法	508
本案	659	離婚意思	19
本案再審理手続	659	立法事実	99
本人尋問（簡裁の審理）	552	留置権	501
本人訴訟	8, 139	理由中の判断（控訴審）	578
本人訴訟（時機に後れた攻撃防御方法の提出）	340	類型的信用文書	19
本人訴訟主義	561	類似必要的共同訴訟	200
		連続2回口頭弁論等の期日に双方不出頭（取下げ擬制）	531

【ま行】

抹消登記手続	465	労働能力喪失期間	380
民事裁判の目的	2	労働能力喪失率	379
民事訴訟手続のIT化（デジタル化）	134	録音テープ等による調書代用（簡裁特則）	555
民事調停手続	542		
民事調停の終了	434		

674

事項別索引

【わ行】

和解	164	和解案の再調整	491
和解（簡裁特則）	558	和解打切り	488
		和解勧試	483
		和解に代わる決定（簡裁特則）	558

編者紹介

田 中　　敦（たなか　あつし）

摂南大学法学部特任教授

（略歴・経歴）

1981年4月	神戸地方裁判所判事補
	高知地方・家庭裁判所、大阪地方裁判所、金沢地方裁判所（名古屋高等裁判所金沢支部職務代行）を経て
1991年4月	金沢地方裁判所判事（名古屋高等裁判所金沢支部職務代行）
	東京地方裁判所判事・大阪地方裁判所判事を経て
2000年4月	大阪地方裁判所部総括判事
2005年4月	大阪国税不服審判所長
2007年4月	大阪地裁部総括判事
2011年4月	大阪高等裁判所判事
2012年6月	神戸地方・家庭裁判所姫路支部長・姫路簡裁判事
2013年8月	広島家庭裁判所長
2014年9月	大阪高等裁判所部総括判事
2020年4月	定年退官
2020年6月	摂南大学法学部特任教授（〜現在に至る）

（主な著書）

『【専門訴訟講座③】保険関係訴訟〔第2版〕』（編集。民事法研究会、2023年）／『抗告・異議申立ての実務』（編集。新日本法規出版、2021年）／『和解・調停の手法と実践』（編集。民事法研究会、2019年）／『債権法改正と家庭裁判所の実務』（執筆。日本加除出版、2019年）／『大阪地裁における交通損害賠償の算定基準〔第2版〕』（執筆。判例タイムズ社、2011年）／『交通事故損害賠償実務の未来』（執筆。法曹会、2011年）

ほか著書、論文多数

民事裁判実務論点大系
──裁判官からみた手続運用と実践知

令和7年3月21日　第1刷発行

編　者　田中　敦

編著者　民事裁判実務研究会

発　行　株式会社ぎょうせい

〒136-8575　東京都江東区新木場1-18-11
URL：https://gyosei.jp

フリーコール　0120-953-431

ぎょうせい　お問い合わせ　検索　https://gyosei.jp/inquiry/

〈検印省略〉

印刷　ぎょうせいデジタル株式会社　　　　　　　　©2025　Printed in Japan
※乱丁・落丁本はお取り替えいたします。

ISBN978-4-324-11458-2
(5108968-00-000)
〔略号：民事裁判〕

「法律構成」に悩む実務家必携の1冊！

事例シミュレーション
新債権法の実務
―― 弁護士・裁判官の視点に基づく解釈と運用

江原健志（長野地方・家庭裁判所長）、**大坪和敏**（弁護士）〔編集代表〕
法曹フォーラム〔編著〕

A5判・定価5,940円（10％税込） 〔電子版〕価格5,940円（10％税込）
※電子版は ぎょうせいオンラインショップ 検索 からご注文ください。

- ◆令和2年4月に施行された平成29年改正民法下の実務について、弁護士と裁判官が実際に経験して悩ましいと感じた論点について実務指針を提示した1冊！
- ◆具体事例を基に「弁護士としての視点から」「裁判官としての視点から」を掲げた上で「ディスカッション」にて実際の研究会の白熱議論を再現！ここにしかない情報を豊富に掲載！
- ◆立案担当者による解説や法制審議会での議論では、法律構成が困難なケースにおける対応方法を徹底検証！

目 次

第1章	債務不履行による損害賠償責任	第6章	相殺と差押え・債権譲渡
第2章	詐害行為取消権	第7章	契約不適合責任
第3章	連帯債務の絶対的効力（定型約款を含む。）	第8章	賃貸借（保証を含む。）
第4章	保証・併存的債務引受	第9章	請 負
第5章	免責的債務引受	第10章	経過措置

株式会社 ぎょうせい
〒136-8575 東京都江東区新木場1-18-11
フリーコール TEL：0120-953-431［平日9～17時］ FAX：0120-953-495
https://shop.gyosei.jp ぎょうせいオンラインショップ 検索

ハイクラス・スキルを獲得できる一冊！

最高裁破棄判決
失敗事例に学ぶ
主張・立証、認定・判断

田中 豊［著］

A5判・定価3,850円（10%税込）　　［電子版］**価格3,850円**（10%税込）

※電子版は ぎょうせいオンラインショップ 検索 からご注文ください。

■事案の概要から原審判断、最高裁判所の破棄理由を提示しつつ、訴訟代理人、事実審裁判官は「何を」「どこで」「どうして」間違えたのかを明示。

■「事例から汲み取るべきレッスン」において、法律実務家の対応すべき考え方と手法を詳解しています。

詳しくはコチラから！

目次	
序　章	最高裁破棄判決とは
第1章	主張と立証に関する民事訴訟の基本原理
第2章	請求及び主張と失敗事例
第3章	直接証拠による立証と失敗事例
第4章	間接証拠による立証と失敗事例
第5章	証拠の提出に関する問題

執筆著者紹介

田中　豊（たなか・ゆたか）
弁護士（大江・田中・大宅法律事務所）
略　歴
1973年東京大学法学部卒業、1977年ハーバード大学ロー・スクール修士課程修了（L.L.M.）、1975年裁判官任官、東京地方裁判所判事、司法研修所教官（民事裁判担当）、最高裁判所調査官(民事事件担当)等を経て1996年弁護士登録(東京弁護士会)
慶應義塾大学大学院法務研究科教授（2004年～2021年）
司法試験考査委員(民事訴訟法　1988年～1989年/民法1990年）
新司法試験考査委員（2006年11月～2007年10月）

 株式会社 **ぎょうせい**

〒136-8575 東京都江東区新木場1-18-11

フリーコール
TEL：0120-953-431 [平日9～17時] **FAX：0120-953-495**
https://shop.gyosei.jp　ぎょうせいオンラインショップ 検索